仏教社会
福祉辞典

Buddhist
Social Welfare
Dictionary

日本仏教社会福祉学会 編

法藏館

刊行の辞

　日本仏教社会福祉学会設立趣意書が1966(昭和41)年9月1日付で発表され，同年11月11日に立正大学で設立総会ならびに第1回大会を開催してから，はや40年になろうとしています。これは，仏教社会事業の研究と推進に関心をもつ有識者によって，新憲法下の仏教社会事業のあり方と仏教社会福祉の本質的性格，ならびに仏教的実践の行動規範等に関する学術的研究を啓発，普及することを目的として設立された学会であり，正式に日本学術会議に登録されている公認の学会です。

　そのような学会の社会的活動のなかで，仏教社会福祉研究を進めるための入門書，あるいは辞典の刊行に取り組む必要性を実感していた若干の理事らのなかに，仏教社会福祉論または仏教福祉論の講義担当者の利便性をも考慮した『仏教社会福祉辞典』出版の声が聞かれるようになりました。そこで，1989(平成元)年10月27日，大正大学で行われた理事会で私がその議題を提案して議決され，翌日の総会において承認されたのです。そして翌年6月9日，大正大学での理事会で，編纂委員長に私が選任されました。驚きと不安のなかで，「学会員のご協力を得ながら，私なりの努力をいたします」とお引き受けしたことを，今改めて思い起こしています。それからの四季のめぐりは光陰矢のごとし，縁起所生の理法を噛み締めているところです。見出し項目の選定のための編集会議を何十回と開催するたびに，学会員の皆様から多大のご助言や励ましの言葉をいただきました。しかし，出版をお引き受けいただいた法藏館の編集担当者の交代や一部原稿の紛失等の思いがけない事故，加えて執筆者サイドの事故や原稿修正等々によって，編纂事業は思いのほか大幅に遅延することになってしまいました。私の生涯において，もう二度と経験することはないであろう辞典編纂の難しさを，私の大事な宝ものとして胸に刻んでいきたいと思う次第です。

　仏教社会福祉の研究を進めるうえで最も基本的な条件は，仏教社会福祉の概念を明確にすることと，仏教社会福祉の対象を正確に把握することといえるでしょう。また，仏教社会福祉の研究は，あるがままの仏教社会事業・社会福祉を実体概念として捉えることから始まることでしょう。さらに，仏教社会事業・社会福祉を歴史と社会に規定された社会事業の一形態として捉え，一定の仏教教団もしくは仏教者または僧侶集団との関わりについて正しい認識を得ようとすることから始まるといってよいでしょ

う。

　にも関わらず，社会事業や社会福祉を心情的・愛他的行為としてしか捉えない結果，篤志家や宗教家・仏教者らの善意や奉仕の活動ないし社会(福祉)事業を感動的に物語る場合が，今なお，多いようです。いいかえれば，種々雑多な用語や概念が混在していて，正確な意味内容についての混同と混乱が存在しているのです。いってみれば，利他的な行為を美徳化したり称賛したりするだけで，社会事業や社会福祉に対する正しい認識を欠落させたまま，古いタイプの慈善・善意・親切・世話・奉仕などの諸概念と混同してしまっているのです。そのため，福祉を幸福と読みかえるか，あるいは幸せを与えることと解釈し，幸福即福祉とか仏教即福祉，あるいは慈善事業即社会事業とか宗教教化事業即社会事業と理解してしまう過ちを犯すこととなっているのです。

　もちろん，仏教社会事業・仏教社会福祉といっても，近代産業化社会の構造的欠陥から必然的に創出される社会的障害問題ないし生活問題への対応策であるという点で，両者の本質的な性格は異なるものではありません。したがって，まず社会事業の前史的形態としての慈善事業を歴史的・社会的現実態において把握し，そのうえで仏教的慈善または仏教社会事業の固有性や独自性を明らかにすることは，とりもなおさず仏教社会事業の本質・概念・内容・対象，ないし方法について明確な認識を得ることにほかなりません。

　したがって，生成・修正・改革を経てきた慈善(行為・活動・事業)・慈恵政策・感化救済事業・社会事業・厚生事業・社会福祉(政策・制度・活動・事業)などの必然的発生の歴史的・社会的変動過程において，仏教者または仏教教団によって実践された民間社会(福祉)事業ならびに諸活動などの関わりと，そのあり方を解明し，仏教社会事業または仏教社会福祉の民間性・固有性・開拓性・主体性ならびに歴史性について検討していくところに，仏教社会福祉学の基本的な命題を認識することができます。歴史的・社会的に規定される社会的障害事象ないし社会福祉問題を，社会構造的把握を脱落させたまま，超歴史的・超社会的に存在する仏教精神あるいは教義体系の上に解釈したり，慈悲や報謝の実践行の具現化として規定したりして，現実性や具体性に欠けた恣意的で偶発的なものに終始してしまうことは許されません。

　仏教社会事業・社会福祉の特色は，社会的諸問題の本質の把握を前提としながらも，法律によってなされる公的社会福祉の施策を超えて，それ以上に地域の実態に即応した社会福祉事業または活動のよりすぐれたプログラムを策定し，民間団体としての宗

教教団にしかできない固有の啓発的,自発的,主体的な実践活動を展開するところにあるといえます。人間が人間として人間らしく生きる生き方といのちの尊さを,現実的・具体的に確認しあうことのできる社会の実現に寄与することにほかなりません。このことは,また,共に生き,共に育つ人間であることに共感しあえる福祉のまちづくりを推進する原動力となり,社会福祉行政の良きパートナーシップとして位置づけるとともに,地域福祉活動に参画する支援団体としての寺院あるいは仏教僧であることを認識することであります。

　従来の仏教社会事業研究の歴史的系譜は,社会事業の一般的高揚に比例してゆるやかな発展を遂げ,1897(明治30)年以降,大内青巒・藤井芳信・芦津実全・白雨生らの言説が公刊され,大正期に入って,渡辺海旭・矢吹慶輝・長谷川良信らが仏教理念と社会事業の統合化に関わる論説を試みています。そして,戦後処理期も終わろうとする1955(昭和30)年以降,中村元・森永松信・道端良秀・守屋茂・孝橋正一・吉田久一らに続いて,日本仏教社会福祉学会の発足後,陸続として少壮有為の研究者が育ってきたと申し上げても過言ではないと思います。加えて,仏教社会福祉研究にすぐれて有用な素材は,歴史研究です。幸いにも昭和期に入って浅野研真『日本仏教社会事業史』(1934)をさきがけとして,戦後の谷山恵林に続いて吉田久一が精緻で綿密な日本仏教社会史研究を行い,長谷川匡俊とともに日本仏教福祉思想史研究にリーダーシップを発揮していただいている学恩にはいい尽くせぬものがあります。

　仏教社会福祉の視点から,用語の解説と意味づけを試みることは,仏教社会福祉研究における統一的認識を進めていくためにも,すぐれて重要な課題であると思います。学会会員として真摯にたゆむことなく研究を続ける諸兄姉が積極的に辞典編纂にご協力いただいたおかげで,このたびの刊行に到達することができました。実践としての報謝行として受け容れていただいたことに心から感謝したいと存じます。

　とりわけ,吉元信行・宮城洋一郎両会員には,公私ともご多忙のなかを長期間にわたり,大量の校閲をお願いし,法藏館の編集室まで数知れないほど足を運んでいただきました。仏教学分野と史学分野それぞれからのご助言にとどまらず,追加執筆・加筆・添削までお手伝いくださったことは,私にとっても大きな励みと力になりました。祝祭日を返上して,夜中まで付き合っていただくこともしばしばでした。衷心より幾重にもお礼申し上げます。

　また,索引の作成にあたってくださった長崎陽子会員,見出し項目の英語表記の点

検をお引き受けくださった，安部行照・名和月之介会員には，煩瑣な作業をいとわず受け入れていただき，迅速かつ的確にこの作業を進めていただきました。ここに，こころから謝意を申し上げます。

　出版にあたって，厳しい出版情勢にもかかわらず，本辞典の刊行を快くお引き受けいただいた法藏館の社長西村七兵衛氏をはじめ，さまざまのご助言とご教示をいただいた編集長の上別府茂氏，ならびに原稿の整理・編集・校閲などの煩瑣な作業に対して，惜しみなく御報謝くださった戸城三千代氏に心より感謝の意を表したく存じます。

　このような先駆的で開拓的な編纂業務は，先達らの言を借りるまでもなく，確かに忍耐と精進を伴う厳しい作業でした。しかし，この学問研究へのチャレンジに対するステッピングストーンの尊さは計り知れないものがあります。この辞典を手にされた研究者や御同朋御同行の方々からのご叱正とご鞭撻を得ながら，いつの日か本辞典が歴史的・社会的に評価される完成品に仕上がることを期待し，会員諸兄姉のより一層のご研鑽とご精進を念じたく存じます。

　最後になってしまいましたが，最初からこの編纂計画に加わり執筆にも積極的に関わってくださりながら，私の処理能力の不足による不本意な長期遅延の結果，出版の日を見ないまま不帰の人となられた宇治谷義雄・木川敏雄・西光義敞・早坂博・吉田久一会員諸氏に心からお詫びとお礼を申し添えたく存じます。

合掌

2006(平成18)年初春
　　生駒山麓の大気汚染と騒音公害の街かどから

仏教社会福祉辞典編纂委員長　中垣昌美

編纂委員

中垣昌美　　吉元信行　　宮城洋一郎

執筆者一覧（五十音順）

赤松徹真	朝枝善照	東　一英	安部行照	天野マキ
池上要靖	池田敬正	石川到覚	上田千年	上村康子
上山大峻	宇治谷義雄	梅原基雄	岡田正彦	小此木輝之
長上深雪	落合崇志	柏原信行	桂　泰三	木川敏雄
菊池正治	桑原洋子	合田　誠	近藤祐昭	西光義敞
佐賀枝夏文	沢田健次郎	志田　利	島崎義孝	清水海隆
清水教恵	硯川真旬	高石史人	滝村雅人	田代俊孝
谷山洋三	玉里恵美子	千草篤磨	智谷公和	禿　了滉
徳広圭子	中垣昌美	長崎陽子	中西直樹	中野東禅
奈倉道隆	名和月之介	根本誠二	野呂　昶	長谷川匡俊
早坂　博	林　俊光	林　信明	福田朋範	藤腹明子
藤本正晃	藤本信隆	藤森雄介	藤原正信	松尾信亮
水谷幸正	神館広昭	三友量順	宮城洋一郎	三好一成
村井龍治	村上尚三郎	村中祐生	山下憲昭	湯通堂法姫
吉元信行				

凡　例

〔構成〕
■ 本文
社会福祉の現場でよく使われる社会福祉用語や，キーワードとなる仏教語，仏教と福祉の意味を見いだせる日常語のほか，日本の社会事業に携わった主要な仏教者や施設・団体なども最大限取り入れ，立項項目数は368項目。
■ 索引
見出し項目のすべてと，解説文中の重要語彙を最大限採録し，採録項目数は約4500項目。

〔見出し項目〕
1，見出し項目は，まず漢字またはカタカナ表記とし，漢字の場合は，振り仮名を付した。
2，日本語の仮名表記は，現代仮名づかいとした。
3，同一項目で種々の呼称のあるものは慣用に従い，別称は本文中に示した。
　　ただし，一部，／を使用して並記したものもある。
4，見出し項目が人物の場合，生没年を付した。ただし不確定な場合は？を付し，全く不明の場合は「生没年不詳」とした。
5，配列は五十音順とし，清音→濁音→半濁音の順とした。促音・拗音も音順に数えた。

〔解説文の記述〕
1，本文の記述は簡明な表現とし，敬語や難解な用語の使用はなるべく避けた。
2，見出し項目には，原則として英語とサンスクリットをあげたが，必要に応じてパーリ語を並記した項目もある。また，該当するサンスクリットがない場合は省略した。
3，英語には E，サンスクリットには S，パーリ語には P の略号を付した。
4，英語表記は，固有名詞は大文字を使用し，一般名詞は小文字を使用。固有名詞は，個々の表記を優先するなど，ゆるやかな統一を図った。
5，各項目の冒頭に簡略な定義を付して，一目で項目の概要が理解できるようにした。
6，解説本文は，〈定義〉〈展開〉〈仏教社会福祉的意味づけ〉の3区分を原則とし，人名の場合は，〈略歴〉〈業績〉の2区分を原則とした。
7，差別を認めない，許さないという立場から，歴史的差別用語を「　　」に入れて使用し，歴史事象の解明に努めた。
8，難読または誤読のおそれのある漢字には，振り仮名を付した。
9，重要人物には，可能な限り振り仮名と生没年を付した。
10，寺院には，可能な限り所属宗派名を付した。

11，当時の地名表記を優先し，（　）内に現地名を示した。ただし，現地名は2004年1月時を基準とする。
12，数字は，原則としてアラビア数字を用い，万以上は，「万」の単位語を付した。固有名詞や概数，仏教語などの特殊な場合は，「千」「百」「十」の単位語を用いた。
13，年は西暦を原則とし，和暦は（　）の中に付した。ただし，1項目内に同じ年号が出る場合，和暦は初出箇所のみに限った。
14，参考文献は，解説文末尾に参の略号を付して掲げた。
15，各項目の文末には，（　）の中に執筆者または文責者名を入れた。
16，関連項目は，⇨の略号を付して各項目の末尾に示した。

あ行

◇愛

E love　S tṛṣṇā; priya

慈しむ心。

定義　キリスト教では神が人類に幸福を与える博愛を意味し、仏教では貪りによる渇愛・愛欲を意味する。キリスト教では最高の価値ととらえ、仏教では煩悩の顕現ととらえる。

展開　もともとエロス(愛)という言葉は、ギリシャ神話に登場する徳と幸福の獲得に関わる神の名であったが、今日では官能的意味合いで使われている場合が多い。プラトンはその著『饗宴』のなかで、愛は何かに向かう性質を有し、未だそれを実現していない者にとって憧憬であり、美であり善であり究極においてイデアであるとし、絶対的価値を有するものに向かう衝動のなかに愛の本質をみようとした。その後、プラトンの愛が自己中心的であるとして、アリストテレスは他者との間の互報的な愛のあり方を模索した。

聖書によれば、イエスは「心をつくし、精神をつくし、思いをつくし、主なるあなたの神を愛せよ」「自分を愛するようにあなたの隣人を愛せよ」と説き、「わたしがあなたがたを愛したように、あなたがたも互いに愛しあいなさい」と諭す。さらにパウロは「いつまでも存続するものは、信仰と希望と愛の三つである。このうち最も大いなるものは、愛である」と強調する。そしてこれらの愛の思想は、パウロによって「アガペー」の一語にくくられるが、とりわけ隣人愛は、キリスト教の慈善事業を支える中心思想となった。

ところで、仏教における愛は、愛著・愛染・愛欲・渇愛などのように、貪りの心をもってものにとらわれることを意味する。執着から生じる煩悩から脱却して涅槃の境地に至る道筋を説く仏教にとって、このような愛は大きなさまたげとなる。しかし、仏典には愛育・愛他・愛語といったポジティブな使い方もある。なかでも愛語は人々を救う四摂事の一つで、人に心のこもったやさしい言葉をかけることである。ここでの愛は利己的なものではなく、慈悲による利他的な意味合いがある。「慈」はすべての人々に対して慈しみの心をもつことであり、「悲」は人の悲しみや苦しみに同感することであり、このような慈悲を実践する者が菩薩と呼ばれる。仏教の教えはすべての人々が救われることを究極の目標とし、そのためにお互い切磋琢磨するところにその本意があり、その意味で慈悲は仏教福祉の実践にとってきわめて重要な概念となる。

儒教は宗教とは違って、この世の生き方を教える倫理である。孔子は仁の意味を「人を愛することだ」とし、人の道について多くを語ったが、愛については親子兄弟の慈しみを例に引くにとどまる。それに対して孟子は、「惻隠の心は人間誰でもがもっている。……惻隠の心が仁である」と述べ、他人の不幸・運命・境遇をおもんぱかる心が仁の根本であり、それが道徳にまで

高められたものが愛であると考えた。

　最後に，アダム・スミスは最大限の利潤を引き出そうとする「経済人」について論ずるが，同時に『道徳情操論』で「人間というものは，これをどんなに利己的なものと考えても，なおその性質の中には他人の運命に気を配って，……それらの人達の幸福が自分自身にとってなくてはならないもののように感じさせる原理が存在する」と述べる。利己心を人間の本性ととらえていたスミスではあるが，それだけに一層，人間を人間たらしめる要素として，利他心の重要性を意識していた。

　仏教社会福祉的意味づけ　仏教社会福祉の立場では，慈悲の発露という表現を用いるとしても，愛の心情による行為としては用いないところに特徴がある。むしろ，利他的行為としての慈悲の具現化を強調する。

　参　プラトン『饗宴』岩波文庫，1952年。フロム『愛するということ』紀伊國屋書店，1959年。中村元『慈悲』平楽寺書店，1967年。　　　　　　　　　　（林　信明）

　⇒**四摂事**　⇒**慈悲**　⇒**自利利他**

◇愛知育児院

　E　Aichi-Ikuji'in
1886（明治19）年，森井清八（1843～1905）・荒谷性顕（1864～1920）が発起人となって設立した児童養護施設。

　展開　現在の「社会福祉法人愛知育児院」，養護施設「南山寮」の前身。

　森井清八の生家は，当時の愛知郡有松村（現・名古屋市緑区）で農家を営むかたわら染め物業の紺屋を営んでいた。彼はその長男として1843（天保14）年に生まれ，父・平九郎が病人などを自宅で面倒をみていたことから，自らも慈善行為にあこがれをもつようになった。

　森井は育児院設立の理由として，第一に聖徳太子（574～622）による四天王寺・四箇院創設に感銘を受けたこと，第二に東京で外国人が教育所を設けて孤児の教育に従事しているのを見て，貧民救済を外国人に任せている事実に憤慨したこと，第三に隣村の嬰児殺害事件を知って子どもや母親への哀れみの情を感じたことなどの3点をあげている。また，大阪の「愛育社」（1886年に設立されたキリスト教系児童養護施設）を訪ねて，わずかの同情金であっても子どもを養えることを知り，愛知や知多の篤志家を訪ね歩いた。

　このような森井の行動を支えたのが，彼が育児院設立の発願をした時にまず訪ねた同村の曹洞宗祇園寺住職・荒谷性顕であった。その後両者は設立に向けて日夜努力を共にすることになるのである。そして両者の熱意に同意した浄土宗正覚寺住職・六萬隆見は，自坊の塔頭を同志の会合所に提供し，ここに愛知育児院創設の事務所を置いた。のちにそれが愛知育児院の開設場所となった。この時愛知県知事宛に提出した設立願に連名したのが，浄土宗をはじめとして曹洞宗・真宗・真言宗・日蓮宗・時宗・臨済宗など各宗各派の僧侶32名であった。

　1886年10月愛知県知事の許可がおり，翌1887年1月，最初の院児が入院する。その後の沿革は以下のとおりである。1894年11月，中区矢場町に移転。1904年2月，財団

法人として認可。1909年4月，現在の昭和区南山町に移転。1952(昭和27)年5月，社会福祉法人として認可。1963年8月，愛知育児院を南山寮と改称。1969年12月，「南山ルンビニー保育園」創設。1999(平成11)年4月，全面改築し，新たに特別養護老人ホーム「南山の郷」創設。

こうして，児童養護施設「南山寮」，保育所「南山ルンビニー保育園」，ケアハウス「南山の郷」，特別養護老人ホーム「南山の郷」を擁する法人となった。

その目的は，「仏教精神の『慈悲』に基づき，児童福祉法による養護施設として孤独無告の児童を救済し，父母の代わりで之を教養感化し，独立自営の人たらしむる」ことにあるといわれる。今日の「設置ならびに運営の理念」は「仏教精神を基盤として，関係役員職員一同，常に己を深信して，同一念仏無別道の世界を通じて寮生，園児，及び家族に接し，共に苦しみ，共に喜ぶ同朋相互扶助の日々を生活の信条とする」とある。

初代院長は六萬隆見で，その後しばらくは愛知県知事が院長となり，育児院の総会を県議事堂で開催している。現在は成瀬賢也(18代目)である(2001年12月現在)。

仏教社会福祉的意味づけ　愛知育児院の特徴は，第一に，真宗大谷派の本山がいち早くその援助につき諭達を出したことで各宗派もそれにならい，仏教各宗派の協力を得ることができたこと，第二に，資金調達の方法を考えて定額収入の道をつくったことである。育児院はその設立の当初から，賛助会員の名簿をつくり慈善会として義捐金額の記載を依頼したことに始まり，愛知県下だけでなく遠く関西の有名寺院および駅などに慈善喜捨箱を設置し，さらに「愛知育児院道徳講」を設立した。第三に，こうした援助を得るために各地で積極的に講演会などを開催して社会的理解を深めることに努力したことがあげられる。

愛知育児院が発足したのち，1894(明治27)年には，釈放者保護事業を行う「愛知慈恵会」(愛知県出獄人保護会)が愛知県下の仏教各宗派の僧侶によって設立され，この両者がその後の愛知県社会福祉事業発展の基盤を形成した。

参　愛知育児院史百周年関係文献各種。三上孝基「愛知県社会福祉史管見(一)」(『同朋社会福祉』第7号，1979年)。

（滝村雅人）

⇒更生

◇**赤松照幢**　1862(文久2)～1921(大正10)

E　AKAMATSU Shōdō

明治～大正期に慈善活動に尽力した浄土真宗僧侶。

略歴　京都市岡崎の浄土真宗本願寺派願成寺に生まれた。父は，同寺住職で勤王僧として活躍した与謝野礼厳(1823～98)，母は初枝。兄に和田大円(勧修寺管長)，弟に寛(歌人，号「鉄幹」)がいた。1879(明治12)年に得度し，本願寺派鹿児島別院堂掌などをへて，1886年，赤松連城(1841～1919)の長女安子と結婚し，連城の自坊である山口県徳山市徳応寺に入寺した。同年，妻安子とともに「徳山婦人講習会」(翌年「白蓮女学校」，1890年「徳山女学校」と改称)を開設して地域の女子教育の普及に尽くし，

慈善活動の実施を期して「山口県積善会」を結成した。

1888年, 女学校内に「防長婦人相愛会」を組織, 慈善市を開いて慈善活動資金の募財に着手し, 1899年には会の事業として育児所を設け, 受刑者の乳児らの保育活動を始めた。育児の世話には, 安子や相愛会会員のほか, 女学校の生徒も交代で従事した。また1901年に「鳳雛幼稚園」を, 1903年に農園を女学校に付設。農園は生徒の実習に利用されるとともに, そこでの収穫物で慈善行商を行い, 収益は学校経営・慈善事業の経費に充てられた。ところが, 1913（大正2）年に安子が世を去ると, 育児所は存続が困難となって閉鎖され, 公立女学校が設置されたこともあり, 女学校も1916年に廃校となった。

その後も照幢は, 少年教化・免囚保護事業などに従事し, 1920年には, 住職を長男の智城（宗教学者, 京城帝国大学教授）に譲り, 長女常子（労働・婦人運動家, のちに参議院議員）と被差別部落に移り住み, 託児所を設けて生活相談や生活環境の改善指導などセツルメント活動に着手した。

しかし, 翌年8月, 託児所の児童を引率して海水浴の最中に心臓マヒを起こし急逝した。死後, 照幢が居住した地には, その徳を顕彰して, 照幢の号「尚白」の名を付した文化センター「尚白園」と「尚白園託児所」（現・尚白保育園）が設立された。

仏教社会福祉的意味づけ　照幢は, 1888（明治21）年に創刊した『山口県積善会雑誌』1号において, 慈善とは, 富裕者が有り余る金銭を貧窮者に恵むことをいうのではなく, 同朋の辛苦を我がことと感受して力を尽くすことにあると述べている。その主張は, 当時の社会通念であった惰民・愚民観や, それに基づき支配者階級が共通理解としていた慈恵救恤思想に対して, 卓越した救済理念を提起するものであった。

また慈善事業について, 必ずしも特別な者が事業所を設立して行うだけでなく, 万人が社会にあって, これをよくするように日常的に心がけて実践すべきものであるとの考えをもっており, そうした心がけを養うため, 徳山女学校では, 教育現場に慈善活動が積極的に採用された。

その実践は, 国家社会の一員として果たすべき責務への強い認識によるものであったが, 仏教的立場を明らかにした言動はあまりなかったようである。

参　赤松照幢述『土曜講話』徳山真宗徳華婦人会, 1925年。脇英夫編「赤松照幢・安子夫妻年譜」（『徳山地方郷土史研究』4号, 1982年）。中西直樹『日本近代の仏教女子教育』法藏館, 2000年。（中西直樹）
⇒赤松連城

◇赤松連城　1841（天保12）～1919（大正8）

E　AKAMATSU Renjō

浄土真宗本願寺派の僧侶。

略歴　加賀金沢大工町（現・金沢市）に扇箱製造を業とする佐助・梅の3男として出生, 幼名宇三郎。幼くして金沢西勝寺に養われ, 藩校明倫堂で学び, 富山の願称寺にて得度した後, 9歳で若狭妙寿寺にいた宗学者栖城に入門。20歳の時, 師に随従した熊本で島地黙雷（1838～1911）と対論して勝負を決しなかったという。1863（文久3）

年，23歳で徳山徳応寺に赤松真成の養子として入寺。1866(慶応2)年から大洲鉄然(1834〜1902)らと周防・長州の真宗改革運動に従事した。1868(明治元)年以降は神道国教化政策や廃仏毀釈に対応すべく島地らと本山改革に奔走し，1872年には本山の命で英国に留学。1874年に帰国した後は神仏合併布教を目指した教部省行政に抵抗して，その拠点大教院からの真宗離脱を主導した島地を支え，自らも教導職制の廃止を建議している。教団の教育改革に尽力して大教校校長・大学林綜理・仏教大学学長を務め，西本願寺「寺法」の編成や「集会」の創設にも関わり，執事など種々の要職を歴任した。

また真宗結社「興隆社」をおこし，小野梓らと啓蒙団体「共存同衆」を結成したりして活動は広範囲に及んだ。1903年勧学に陞ったが，1914(大正3)年に本山の負債問題で門主大谷光瑞(鏡如，1876〜1948)が引責辞任したのにあわせて第一線から退いた。

1919年自坊で病没，法号は円通院。婿養子照幢(1862〜1921)は与謝野鉄幹の次兄。克麿(社会運動家)・常子(労働・婦人運動家)は孫。『赤松連城——資料』全3巻(本願寺出版部，1982〜84年)がある。

実践　すでに英国留学中からキリスト教の「貧院」などに関心をもっていたが，照幢の「山口積善会」設立と呼応するようにして，その後しばしば「慈善」関係の講演・著述を行った。内地雑居に伴うキリスト教の慈善活動普及を危惧した門主大谷光尊(明如，1850〜1903)の意を受け，「大日本仏教慈善会財団」の設立に準備段階から参画，1901(明治34)年の設立認可と同時に評議員となり，のち理事長としてその運営を担った。

参　常光浩然『明治の仏教者』上，春秋社，1968年。髙石史人「赤松連城の慈善観」(『龍谷大学論集』第430号，1987年)。

(藤原正信)

⇒**大日本仏教慈善会財団**　⇒**赤松照幢**

◇**浅野研真** 1898(明治31)〜1939(昭和14)

E　ASANO Kenshin

昭和戦前期の宗教社会学者。

略歴　1898年，愛知県中島郡祖父江町に生まれる。生家は真宗大谷派の寺院であった。1923(大正12)年，日本大学を卒業，同大学の社会学研究室助手を務めながら，「東京労働学校」の開設，運営にも力を尽くした。1928(昭和3)年7月，フランスに留学してデュルケム学派の宗教社会学を研究し，1930年に帰国。ただちに，プロレタリア教育の科学的建設を唱える新興教育研究所の創設に参加し，またその著書『社会現象としての宗教』(1928年)などにみられるようにマルクス主義，反宗教運動に関心を傾けていった。その一方で『社会宗教としての仏教』(1934年)を著わして，「社会不安と仏教的救援の働きかけ」を問題にし，大乗仏教の社会的実践を高く評価し，1935年に自ら仏教社会学院を開設し，社会事業従事者の教育・養成にあたった。晩年は一向一揆の研究にも着手したが，完成をみずに1939年3月に死去した。

仏教社会福祉的意味づけ　仏教の社会的実践に強い関心を示した浅野は，『日本仏教社会事業史』(1934年)を著わし，「宗教

的民衆愛は，社会認識を伴う時，必ずや止むに止まれぬ衝動の下に，之が社会的に働き初め，所謂社会事業の発生」となると述べ，社会的実践と民衆愛の結合により仏教社会事業の成立をとらえようとした。そこから，仏教が古代より社会的実践の中心を担っていた事実を明らかにし，仏教の社会的意義を体系化することに貢献したといえる。こうして仏教社会事業の存在を歴史的・社会的の事業としてとらえることで，マルクス主義の反宗教運動に一石を投じた。

参　吉田久一『社会事業理論の歴史』一粒社，1974年。　　　　　（宮城洋一郎）

◇足尾銅山鉱毒事件

E　Incident of Mineral Pollution by Ashio Copper Mine

明治中・後期に起こった公害問題。

定義　栃木県足尾銅山排出の鉱毒(主に硫酸銅)による渡良瀬川の汚染と沿岸耕地の荒廃化がもたらした各種の被害と，それに対する田中正造(1841～1913)を中心とする被害者の反対運動。

展開　1610(慶長15)年に発見された足尾銅山は，江戸時代を通じて幕府が経営したが，明治維新後民間に払い下げられ，1877(明治10)年に古河市兵衛が買収。その後，資本主義の展開とともに銅の産出量が急速に増大し，鉱毒による公害が表面化した。早くも1880年には，栃木県令によって渡良瀬川の魚の捕獲が禁止されている。その産出量の増大は，山林乱伐による洪水の頻発と相俟って，鉱毒による魚類の死滅や農作物の枯死を招くだけでなく，死亡・死産・失明など人命に関わるほどの被害をもたらし，その被害は渡良瀬川から利根川の流域である栃木・群馬・埼玉・茨城・千葉・東京にまで広がった。

反対運動は，被害地各村が銅山の操業停止を求める請願書提出から始まり，1891年の第二議会に栃木県選出の代議士田中正造により「足尾銅山鉱毒加害之儀ニ付質問書」が提出されて以来，中央政府に直接向けられるようになった。古河鉱業と結びついた政府がこれに応じなかったため，農民たちは，「むしろ旗」を掲げて集団的に政府に訴える「押出し」といわれた大衆請願行動を開始し，1900年には数十名の逮捕者を出す。その翌年には田中が天皇に直訴を試み，世論を動かした。

古河鉱業は洪水防止のため，谷中村(現・栃木県下都賀郡藤岡町)を強制買収して，遊水池化することによって，事態の鎮静を図った。しかし渡良瀬川の水質は必ずしも改善されず，1968(昭和43)年の水質保全法に基づく排水規制でも流域住民を安心させなかったのである。

仏教社会福祉的意味づけ　1府5県の4万町歩余を鉱毒で侵した1896(明治29)年9月の大洪水による多くの被害民は，田中の指導で曹洞宗雲竜寺(現・館林市)に結集し，同年11月には，足尾銅山鉱業停止請願事務所を設置した。また，新造の沈殿池が1898年9月に大雨で決壊すると，大被害を受けた農民1万余が雲竜寺に結集して第3回の大規模な押出しを決意し，決行した。

当時の政府はこの鉱毒公害事件を社会問題として把握せず，住民無視の立場を貫いた。これに対し，田中は，雲竜寺を拠点に

反対運動を展開した。寺院のもつ地域性・社会性がここによみがえったといえよう。

　田中は1913(大正2)年9月4日，渡良瀬川沿岸の足利郡吾妻村(現・佐野市)で73歳の生涯を終えた。田中の生家の向かいにあった菩提寺の阿弥陀堂で密葬を執行し，同じ佐野市にある春日岡山惣宗寺で本葬後，栃木県下都賀郡谷中村の田中霊祠堂や雲竜寺など5ヵ所に分骨されるほど，農民らの信奉と崇敬を集めた。自然と人間との共生を求めつつ，人権と自治の思想を根づかせた功績は大きい。
〔中垣昌美〕

◇あそか会（かい）

E Asokakai

九条武子(1887〜1928)の実践を記念して設立された社会事業団体。

定義　九条武子の悲願を受け継ぎ，義姉にあたる大谷紝子（おおたにきぬこ）(1893〜1974)を会長として1930(昭和5)年に設立された財団法人。生前は歌人としても活躍した武子が，種々の社会事業活動に積極的に協力・参加を惜しまなかった思いを継承して，その活動団体の名称を「あそか会」とした。「あそか」の名称は，サンスクリット語のaśoka(無憂（むゆう）)から採用されたものである。なお，ムユウジュ(無憂樹)はボダイジュ(菩提樹)とサラノキ(沙羅樹)とともに仏教三聖樹の一つとされている。

展開　関東大震災の被害は，特に深川・本所・浅草などの下町で火災による炎上が著しく，ほぼ壊滅の状況を呈した。京橋区の築地本願寺も夜9時過ぎ，八丁堀方面から襲ってきた猛火のため全焼したが，武子らはその焼跡に臨時救災事業本部を設置した。そこで①児童保護事業，②救療・衛生事業，③人事相談事業，④簡易宿泊事業，⑤簡易食堂事業，⑥職業紹介・補導事業，⑦教化事業，⑧弔慰，⑨慰問ならびに慰問品配給などの活動にあたった。なかでも日比谷公園での救療事業は長期に及び，診療所のほか無料宿泊所も併設した。武子は『無憂華』(1927年)の印税をこの診療所の充実発展に充てることを決意。武子亡きあとの1930年，この診療所は「あそか病院」として竣工された。現在は社会福祉法人となり，近代的リハビリテーションの設備をもつ総合病院(288床)として，1979(昭和54)年6月には特別養護老人ホーム「あそか園」を併設し，老人介護の先駆的社会福祉施設としてビハーラ活動の拠点でもあり，仏教医療・保健福祉活動の原点としても注目されている。

仏教社会福祉的意味づけ　地域の医療と福祉の向上を目指し，仏の心を医の心として，仏教地域医療福祉の分野を切り開いた先駆的役割と業績は大きい。

参　あそか会六十年史刊行会編『あそか会六十年史』社会福祉法人あそか会，1990年。千葉乗隆編『仏教婦人会百五十年史』仏教婦人会総連盟，1982年。
〔中垣昌美〕

⇒**九条武子**

◇遊（あそ）び

E play　S vikrīdita; vihāra

日常的生活から心身を解放し喜び楽しむこと。

あそび

定義 心のおもむくままにさまざまな行動で楽しむこと。元来，神事に伴う音楽・舞楽に端を発しているともされるが，広く楽しむ行動をいうようになった。一般的に，「慰み」「遊興」「賭博」「遊女」「失業」などという意味で使われることが多い。

展開 「遊び」あるいは，その動詞「遊ぶ」は仏教用語でもあり，『遊行経』に「一時仏那難陀に遊び」とある。これは決して仏陀が遊び呆けるというような意味ではない。その原語の動詞形は vihārati であり，逸脱などを意味するのではなく，むしろ，「存在している」というような現在進行形の意味をもち，そのことから，「住む」「へ巡り歩く」「くつろいでとどまる」「ゆったり過ごす」という状態を表す。この動詞の名詞形が vihāra で，「精舎(僧院)」と訳される。1992(平成4)年，新潟県長岡市に開設された仏教ホスピスに，このような場所でありたいという願いを託して，創唱者の田宮仁が「ビハーラ」と名づけた。

一方，日本では，元来は神事や葬送などの祭祀に端を発するとされ，大化前代の部民「遊部」が天皇の葬礼に際し，殯宮でタマシズメ(鎮魂)を行うため，音楽・舞踊を行った。天岩戸の前でのアソビや天若日子の死におけるアソビ，葬送令にみえる遊部の記述がその例である。転じて後世一般的に，広く喜び楽しむ行動をいうようになり，現代では詩歌・管弦・賭け事など，楽しみを求める行動と，生活上の仕事などにあくせくせず，くつろぐことなどをいうとされ，多義にわたる。

仏教社会福祉的意味づけ 仏教では，巷を説法して歩き回ることを「遊行」という。古代日本においても遊行僧が各地を歩いて人々を救済したという事例がある。現代語で「ゆうぎ」と発音する「遊戯」とは，菩薩の自由自在な活動のことで，仏の境地に徹して人々を導き，それによって自らも喜び楽しむことである。したがってこの概念は，教化する者とされる者が一体となって自在になるというカウンセリングの最終段階とも会通することになる。すなわち，「遊び」とは，人間本来のあり方に返ることを意味する。

このことは仏教だけに限らない。たとえば，文化人類学者の岩田慶治は，その著書で人間の本質と子どもの遊びとの関連に注目し，「仏教も，アニミズムも，子供の遊びも，同じところ，同じ宇宙の，同じ土台の上に，それぞれの構造を築き上げていた」と述懐している。つまり，人間が遊びに志向するということは，宗教とか，西洋・東洋とかいう以前に，人間存在の根底に「遊び」があり，人々がそこに返ろうとしているのだということである。この視点は非行少年の処遇に特に有効である。

このような意味が転じて，「車のハンドルの遊び」というような言葉が残っているのはおもしろい。

参 五来重「遊部考」(『仏教文学研究』第1巻，1964年)。岩田慶治『人間・遊び・自然』NHKブックス515，1986年。

(東 一英)

⇒勧進 ⇒ビハーラ ⇒非行

◇安達憲忠 あだちけんちゅう 1857(安政4)〜1930(昭和5)

E ADACHI Kenchū

明治から大正期に活躍した社会事業家。

略歴 備前国小野田村(現・岡山県赤磐郡)の農家に生まれ,幼少の頃,母を失い,遠縁にあたる天台宗願興寺の徒弟となり,10歳で僧籍を得た。青年期の1879(明治12)年から1883年頃,「山陽新報」記者として岡山県下における自由民権運動で活躍したが,県令高崎五六の弾圧があって,挫折した。1883年末に上京,新仏教運動への関わりや「福島新聞」の記者などをへて,1887年,かつての政敵であった東京府知事高崎五六を訪問,府雇員に採用され,1891年,「東京養育院」幹事事務取扱に任じられた。

展開 安達は幹事として,渋沢栄一(しぶさわえいいち)(1840〜1931)院長のもとで,その近代化に尽力することとなった。まず,孤児の養育にすぐれた実績をもつ瓜生岩(うりゅういわ)(1829〜97)を主任に抜擢し,里親制度や感化学校の設立にも取り組んだ。養育院児童のなかに肺病で死亡するものが多くいたことから,1909年に虚弱児童対象の「海浜療養所安房分院」を開設,長期保養所の先鞭をつけた。明治末期には,2000人を超す児童を救助するため,江戸時代から引き継がれた七分積金を基金としたり,本願寺や社会事業家と協力して職業紹介所・無料宿泊所・公益質屋の経営にも取り組んだ。

仏教社会福祉的意味づけ 安達の仏教社会事業に関する論稿は少ないが,福島新聞論説「仏教改革論」(1886年)や『仏教徒社会事業大観』(1920年)によると,当時の仏教教団のあり方に対し,批判的な態度をとっている。社会の進展に対する仏教側の認識の遅れや教条主義を批判し,急激に変化する現実の社会で,貧窮に苦悩する人々への救済は精神面と物質面の両方からなされるべきであるとした。また,彼は「仏教同志会」の設立で幹事を引き受けたり,上宮教会(じょうぐうきょうかい)の理事としても活躍した。

参 内藤二郎編『安達憲忠関係史料集』彩流社,1981年。原典仏教福祉編集委員会編『原典仏教福祉』北辰堂,1995年。

(山下憲昭)

⇨瓜生岩 ⇨仏教同志会

◇阿弥陀来迎 あみだらいごう

E welcoming of an aspirant into the Pure Land by Amida Buddha

S pratyudyāna

臨終に際し,阿弥陀仏と菩薩が迎えにくること。

定義 来迎ともいい,念仏行者の臨終の際に,阿弥陀三尊が25人の菩薩とともに白雲に乗り,往生浄土を願う人を迎えに来て,極楽浄土にひきとること。特に阿弥陀仏の本願を信じ,念仏往生に励む浄土教において説かれる。聖衆来迎(しょうじゅらいごう)・来迎引接(らいごういんじょう),単に迎接(ごうしょう)ともいう。

展開 『無量寿経』に法蔵菩薩四十八願中の第十九願として「十方の衆生,菩提心を発し,もろもろの功徳を修め,至心に発願して,わが国(極楽)に生まれんと欲せば,寿命の終わる時に臨んで,大衆とともに囲繞(にょう)して,その人の前に現ぜん」と説かれていることによる。阿弥陀仏が臨終に来迎

することによって，凡人でも心が転倒せず，錯乱せず，失念せず，正念往生することができるというのである。この信仰は平安朝中期以後盛んになり，阿弥陀来迎図が数多く描かれるようになった。構図によって，阿弥陀仏二十五菩薩来迎（早来迎）図，山越来迎図，帰り来迎図など種々あるが，臨終行儀が盛んに行われるようになるにつれて，死に臨んで枕元に置く屏風形式のものがつくられていった。儀式化された迎接会（ごうしょうえ）や迎講（むかえこう）が現代も行われている。

仏教社会福祉的意味づけ 阿弥陀来迎の絵画による具象的表現は，臨終時の人々の不安や恐怖を軽減するため，浄土教の信心に加えて安らかに死を迎えるための大きな役割を果たしている。また，現代の仏教福祉の一つの課題として，ターミナルケアの問題があり，死を受け容れ死を乗り越えるためには，痛みを和らげ，苦痛を癒す援助が必要とされる。阿弥陀来迎の思想は，限りないいのちを生き，心安らかな臨終に導くための間接的な支援となり，仏教福祉活動としてのターミナルケアやビハーラ活動のなかにも取り入れられている。（水谷幸正）

⇒往生　⇒臨終行儀

◇**新居日薩**（あらいにっさつ）　1830（天保元）～1888（明治21）

[E] ARAI Nissatsu

江戸時代末から明治中期の日蓮宗僧侶。「福田会育児院」の初代会長。

略歴　1830（天保元）年に上野国（現・群馬県桐生市）に生まれ，1838年，9歳で秩父・浄蓮寺大車院日軌（にちき）の弟子として得度する。1848（嘉永元）年，19歳の時より7年間，優陀那院日輝開設の石川県金沢・立像寺「充治園（じゅうじえん）」に学ぶ。

1874（明治7）年，教部省の命により身延山久遠寺第73世にのぼり，同年，日蓮宗一致派初代管長に推薦された。日薩の活動は，宗門内外に及んでいる。1872年に東京芝二本榎・承教寺に宗教院（のちに日蓮宗大学林，日蓮宗大学をへて立正大学に改組）を開設し僧侶教育を行っている。1875年には，「神仏判然令」を契機とする廃仏毀釈（はいぶつきしゃく）運動の展開に対して，福田行誡（浄土宗）・密道応（真言宗）・諸嶽奕堂（曹洞宗）・荻野独園（臨済宗）とともに『諸寺院連名建白書』を太政官左院に提出し，14ヵ条にわたる仏教国益論を展開した。また，1881年には僧俗一体の伝道機関としての「妙法講清浄結社」を創立し，全国に展開するなど，積極的な組織整備に尽力している。

1884年，池上本門寺第65世に晋山（しんざん）するが，1888年8月，遷化（せんげ）する。

実践　1873（明治6）年の千葉監獄の創設に際して，その前年に成立した「監獄則」の精神を受け，教誨認許を得て，教誨活動の先駆者となった。1876年に，今川貞山（臨済宗）・杉浦譲・伊達自得らが計画した仏教福祉活動である福田会育児院（児童養護施設）の初代会長に就任し，以後3期にわたりその職を務め，各宗僧俗とともに貧困児童の救援活動を行った。1877年に島地黙雷（もくらい）（浄土真宗）・福田行誡・原坦山（はらたんざん）らと「和敬会」を設立し，在家居士仏教運動を援助している。

このように，日蓮宗管長として宗門を代表すると同時に，当時の仏教各宗門を取り巻く廃仏毀釈などの社会環境や，近代当初

の社会変革などに起因する混乱への対応に取り組み，近代社会成立期における僧侶の社会認識・社会的実践を理解する好例といえよう。

参 中里日勝『福田会沿革略史』福田会，1909年。牧野内寬清『明治仏教史上に於ける新居日薩』明治仏教研究会，1937年。薩和上遺稿事蹟編纂会『新居日薩』同編纂会，1994年。　　　　（清水海隆）
⇨福田会

◇有難う

E thanks

P kiccha　S kṛtajñatākathana

相手に対する感謝の表現。

定義　ふつう日常語において，感謝の意味で「ありがとう」という言葉をよく使う。そのほか，感謝に堪えないことを「ありがたい」，あるいは「ありがたくちょうだいする」などという。この言葉はもともと形容詞「ありがたい」の連用形「ありがたく」のウ音便で，かたじけない，うれしく思うなど，感謝の気持ちを表す挨拶の言葉として用いられる。日本独自の挨拶語。

展開　この挨拶語はもともと，仏教用語としての漢語「難有」が語源であり，そのようなことはきわめて困難なことなのに，私のためにこのようにしていただいて，という時に出る感謝の言葉である。当初そのような意味でいわれた言葉が日常化して，感謝の意味を込めた挨拶としてごくふつうに使われるようになった。

仏教社会福祉の意味づけ　したがって，「ありがとう」という言葉は，ただ相手に感謝するという意味だけではなく，そのことがきわめて得難いことであることを披瀝していることになる。この言葉は，ことに仏教においては，最も古い原始経典の一つとされる『ダンマパダ』（法句経）182偈に「人として生まれることは有難く，人間としての寿命も有難い。正法を聞くことは有難く，諸仏の出現したまうことも有難い。」とみえる，古い歴史と背景をもった言葉でもある。

このように，「ありがとう」という言葉には，宗教的感動が込められている。社会福祉の現場においても，あなたとの出会いも有難く，援助できることに恵まれた勝縁も有難く，共に生きることの喜びと仲間たちとのふれあいも有難い。このような意味での「ありがとう」という挨拶が互いに交わされたならば，より円滑な援助関係が展開されるであろう。

参 中村元訳『真理のことば』岩波文庫。
　　　　　　　　　　　　　　（吉元信行）

◇安居

E religious dwelling during the rainy season　S vārṣika

僧が一定期間修行すること。

定義　インドにおいては，もともと「雨期」の意味であったが，仏教教団において，雨期に行われる比丘のための年中行事として用いられるようになった。インドにおいて夏期の降雨量の多い期間中（4月15日から7月15日に至る90日間）に限って，その間は遊行に不便であることから，托鉢に便利な一定の場所に定住して，もっぱら研

あんじん

修・修養に努めることをいう。安居の終了後，自らの犯した罪をお互いに問い，反省する作法を「自恣」といい，このことが初期仏教教団において重要な行事となった。

展開 この行事はインドにおいては重要な行事とされ，仏教教団において厳修され，ことに，安居や自恣について規定した律蔵聖典などには，規則(律)を乱したことへの反省およびそれに対する対処の仕方などが具体的に規定されている。しかし，中国では気候風土の違いや人情の違いもあって年中行事としては特に重要視されることはなかった。

日本では7世紀頃から天皇の勅により夏期に安居の行事が行われるようになった。なお最澄(766〜822)は地方で活躍する弟子たちに対して，安居の施料を地方官に返却し，社会実践(池の修理・架橋など)の費用に充てるように求めていくべきことを主張している。当初と形態は変わっているが，現在でも多くの宗派において，夏期に一定の期間を定めて厳粛な学習・修行が行われている。

仏教社会福祉的意味づけ 安居は一定期間の学習・修養あるいは自己統制・自己反省のことを意味するのであるから，社会福祉現場における自己研修や，現場訓練においてもこれに倣った研修制度を取り入れることは有効な手段となろう。　(吉元信行)

◇安心

[E] settled mind; peace of mind

心を不動の境地にとどめること。

定義 一般には「あんしん」と読み，心配・不安がなく，心が安らいでいることをいう。仏教では「あんじん」と読み，心を一所にとどめて安住させ不動であることを意味し，特に信心によって往生が決定することを安心決定，あるいは信心決定といい，往生の不可欠の要素とされている。

展開 安心の語は本来浄土教において阿弥陀仏のすくいを信じて往生を願う心の意味で用いられた。『観無量寿経』に説く至誠心・深心・廻向発願心の三心，『無量寿経』に説く至心・信楽・欲生の三心，そして『阿弥陀経』に説く一心もすべて安心といえる。

浄土真宗の蓮如(1415〜99)による文書伝道において，一心一向に如来をたのむ信心一つで極楽往生することの確かさを説き，「安心といふ二字をば"やすきこころ"とよめるはこのこころなり」(『御文章』〈『お文』〉)と明言している。このように蓮如は，安心の語を用いて，信心による心の安定を説き，よく民衆の心をつかんだことで知られる。

仏教社会福祉的意味づけ 日常生活において心労・不安がなくなることを安心するというが，仏教における安心とは，生死の不安が除かれた，より根源的な安心立命の境地といえる。安心(信心)が仏法の徳目とされたゆえんである。

一方，社会福祉は現代社会に伴う構造的欠陥から生ずる社会的問題の担い手である国民(労働者)大衆を対象とし，その福祉の欠如態としての欠陥・欠落・欠乏の諸条件を改良，補完し，さらに国民全体の積極的福祉の増進を志向する社会的援助である。その意味で，社会福祉が社会的問題の軽

減・緩和によって問題の担い手に安心を付与するだけでなく，仏教精神の援用によって社会福祉がより根源的な安心を付与する視座が開けてこよう。仏教社会福祉の理念は，安心と安全を保障するよりよき生存（well-being）の維持ならびに増進にある。

参 中垣昌美『社会福祉学原論』さんえい出版，2004年。中村元『新仏教語源散策』東京書籍，1994年。　（名和月之介）
⇒蓮如

◇池上雪枝 1826（文政9）～1891（明治24）

E IKEGAMI Yukie

明治期に感化救済施設を創設した女性。

略歴　1826（文政9）年2月1日，大阪天満に大久保又一郎・お幸の長女として出生したが，決して幸せな家庭に養育されたとはいえない環境であった。しかし，幼少の頃より天才少女として評判が高く，4歳の時には乳母に背おわれながら歌を詠んだほどで，7歳になると所望されて京都近衛家に預けられ，27歳で丹波の氷上郡（現・兵庫県丹波市）の池上歓三と結婚，5男2女を育てる。結婚をするまでは近衛家での生活が続き，結婚後も近衛家の人々との関係から明治維新に活躍した勤王の公卿・志士とも自然に深いつきあいが続いた。社会情勢を敏感に感じる性格が，その生涯にも大きな影響を与え，感化教育事業への軌跡が確立されたと考えられる。

その結婚生活も，必ずしも恵まれたものではなかった。歓三が事業に失敗し，家計を立て直すために雪枝は易学や占相学を始めた。神道大成教教導職の看板を掲げ，やがて東の易断家高島嘉右衛門，西の池上雪枝と並び称されるほどになり，そのことが評判をよんで来訪者も多くなり，経済的にも安定した。

多くの人から人生相談などを受けているうちに社会救済の実践に深く関心をもつようになり，感化教育の実践へと発展していった。1881（明治14）年9月11日，東京の「朝野新聞」が阪部寔・加藤九郎・中村正直らの「感化院設立願」を掲載したことが大きな刺激となり，感化教育事業を開設することとなったのである。

展開　1883年6月27日，北区空心町の自宅（宅地103坪，家屋2階建29坪・平屋建20坪の2戸）に少年たちを住まわせて感化教育の事業を始めたが，次第に手狭になり，翌年9月，松ヶ枝町に施設を新築移転した。

この施設は黒板塀に囲まれ，門には注連縄が張られ，講堂の祭壇には神霊が祀られていた。自身も白装束で礼拝・祈禱・説教を担当し，精神面の教育に尽くした。2女の賀枝は多くの外国人宣教師の協力を得て英語教育を担当していた。また，2男・英三郎は雪枝の片腕となって施設の運営にあたるかたわら，授産事業部の主任として新しい企画に直接関わっていた。そこでは実業教育として洋傘の柄，ステッキ，石鹸，硫化染料などの製造を取り入れた技術教育がなされた。校則を定めて少年たちを生徒とよぶものの，家庭的な教育が採用され，精神教育の重要性と職業教育を通じての自立を基本理念とした施設の運営が行われていたのである。

「池上感化院」は，このように神道を基盤に設立運営されていたが，内務省監獄局

所属後に兵庫県仮留監典獄になった阪部寛，当時の兵庫仮留監教誨師原胤昭らキリスト教関係者との関係もあり，近代社会事業の理論を構築した生江孝之（1867〜1957）も池上雪枝の業績を高く評価している。

また，短い期間ではあったが『雪枝草子』の出版活動も行い，創刊号は1550部以上の発行をみた。しかし池上感化院は衰退し，没する直前には閉鎖状態となり，1891年5月2日，2女・賀枝に看取られて死去した。没後，同院の子どもたちは「小林授産場」に引き取られたが，その事業の精神は，明治・大正期の社会事業・教化事業の指導的役割を担った留岡幸助（1864〜1934）や高瀬真卿（1853〜1924）らに受け継がれ，また，感化法の立法化を促すことにもつながったのである。

参 井上和子『福祉に生きたなにわの女性たち』編集工房ノア，1988年。五味百合子編著『社会事業に生きた女性たち 続――その生涯と仕事』ドメス出版，1980年。矢島浩『日本社会事業団体・施設史研究 大阪府明治編』上巻，日本社会事業団体・施設史研究会，1994年。

（清水海隆）

⇒感化院

◇意地

E disposition; temperament
S mano-vijñāna-bhūmika

自分の思うことを通そうとする心。

定義 この言葉はもとは仏教用語で，人間の五官（五根）による認識（眼識・耳識・鼻識・舌識・身識）の次にくる第六意識（心）のこと。あらゆるものを成立させる根源になる大地にたとえられている。

展開 人間の心は，あらゆるものを生み出し，また収める無限の可能性をもっている。しかし，人は，どうしても自分中心にものごとを考える。その心が日常語でいういわゆる「意地」という感情を生み出し，それが思うようにならない時，被害者意識がはたらき，怨みが発生し，そこに紛争が起こってゆく。

釈尊も，心は思いどおりにならない（苦）という，人間の歴史が始まって以来の大きな問題に真正面から取り組み，苦の生起する原理（縁起の理法）を発見した。釈尊は，「遠くさすらい，独り行き，形もなく，洞窟に隠れた，この心を制御する人は，魔王の束縛より脱する」（『ダンマパダ』〈法句経〉第37偈）と説く。

仏教社会福祉的意味づけ 仏教は，まさにこの心の制御の道を教えるものである。のちに大乗仏教（唯識学派）では，この心を分析して，深層意識・マナ（末那）識を発見，さらにその奥に，認識経験を蓄え，次の心を生み出すもとになる原理であるアーラヤ（阿頼耶）識という深層意識下の意識（超自我）を究明し，そこに人間存在成立の不思議なメカニズムを解明した。

今日，いわゆる意地によってさまざまな紛争が起こっているが，ワーカーは，クライエントのもつ自己を愛してやまない心のメカニズムを理解し，そのうえで自己統制・制御のために必要な援助を共に模索していくことが望まれる。意地という言葉そのものに，紛争解決の鍵が隠されているのである。

参 佐竹洋人ほか『意地の心理』創元社，1991年。吉元信行『アビダルマ思想』法藏館，1982年。　　　　　　　　（吉元信行）
⇨**縁起**　⇨**身心**

◇石川照勤 1869(明治2)〜1924(大正13)

E ISHIKAWA Shōkin

明治〜大正期に成田山の教育文化事業を確立させた僧。

略歴　千葉県印旛郡弥富村(現・佐倉市弥富)に中村又十郎・ヨシの2男として生まれた。幼名を兵蔵といい，のちに川越市本行院(真言宗智山派)の石川一心の養子となった。10歳の時，成田山新勝寺中興13世住職原口照輪の弟子となり，翌年得度して名を照勤と改め，加行・新加・交衆・受戒・灌頂などの行位を歴修した。その後，智積院中学林，哲学館，新義派大学林で宗学・仏教学を修学するかたわら，中村正直の同人社などに入学して洋学も学んだ。また，加藤咄堂・境野黄洋・高島米峰らと交わり，望洋子・真得子などの号を用いて『明教新誌』などの仏教系新聞雑誌において盛んに時弊を論じた。

　1894(明治27)年，新勝寺中興14世住職三池照鳳が病により退隠したため，26歳の若さで15世住職を継職。1898年3月には，アメリカに渡り，ついでイギリス・ドイツ・フランスを歴訪して，欧州諸国の教育・宗教・社会の実情をつぶさに視察し，インドの仏跡参拝をへて，1900年4月に帰国した。帰国後，新たに函館寺(函館市)・天真寺(北海道増毛町)を建立し，歓喜院(千葉県鋸南町)・清浄院(前橋市)などを復興して宗門の興隆に尽くす一方，教育文化事業を次々に実現させた。

仏教社会福祉的意味づけ　欧州の文化施設の高い水準に感銘を受けた石川は，1898年10月に「成田中学校」を設立。国民一般の知識と道徳の向上のため，当時未だ普及していなかった図書館の設立を訴え，1902年2月に「成田図書館」を開設した。ついで，1905年に「成田幼稚園」，1908年に「成田女学校」(1911年成田高等女学校に改組)を設置し，さらに同年，「千葉感化院」の院舎を新勝寺内に新築移転して「成田感化院」(現・成田学園)と改め，ここに成田山の五大事業を完成させた。

　また，こうした教育文化事業の経営のほか，済生会・赤十字社などの社会事業支援，災害援助，戦費献納などで活発な運動を展開した。このように石川は，欧米の教育文化に明るい進歩的な宗門人として，真言宗智山派の社会福祉事業の基礎を築いた。

参　神崎照恵「大僧正石川照勤伝」(『密教文化』104号，1973年)。小嶋照本編『成田山史』成田山開基一千年祭事務局，1938年。　　　　　　　　（中西直樹）
⇨**成田学園**　⇨**『明教新誌』**

◇石川素堂 1841(天保12)〜1920(大正9)

E ISHIKAWA Sodō

曹洞宗大本山総持寺を横浜に移転し，曹洞宗の制度改革に貢献した僧。

略歴　尾張(現・名古屋市)の道家祐三の3男。幼名寿三郎。素童とも。9歳で出家，各地の名僧に学び，1879(明治12)年に曹洞宗専門学本校学監，曹洞宗大学林学監をへ

て，1903に能登（現・石川県）の曹洞宗大本山総持寺住職となった。1904年より隔年で曹洞宗の管長を務めた。

それより先，1898年に能登の総持寺は伽藍を消失していて，1903年に再建事務総長に任ぜられていた素堂は，新時代に対応するために「関東移転」を打ち出した。賛否両論がまき起こったが，1907年に鶴見・総持寺を起工し，1911年竣工，移転した。

石川は，宗制改良委員・教師検定委員・制度調査会評議員などを兼任しながら，永平寺の森田悟由とともに宗門教育制度の改革や宗憲・宗制などの制定に尽力し，また檀信徒教化のために国内外を巡錫するなど曹洞宗の近代化に努めた。

仏教社会福祉的意味づけ　石川は総持寺の関東移転後，感化事業の一環として設立された「神奈川県立薫育院」の院長を引き受けた。のちに総持寺は，この薫育院をもとに各種社会事業を展開することになる。特に1923（大正12）年の関東大震災のあと，少年保護事業・労働宿泊所・図書館・公益質舗・託児所などの活動を展開した。

著書に『現代と修養』『獅子吼』など数点ある。

参　泰慧孝・石川大玄編『近代曹洞宗法語精選』乾，斎々坊，1994年。山田奕鳳『大円玄致禅師行実』同刊行会，1932年。松山祖元編『鶴見が丘』総持寺，1965年。

（中野東禅）

⇨大本山総持寺社会事業部

◇**伊豆社会福祉事業会**

E Izu-Shakaifukushi-Jigyōkai

日蓮宗僧侶・小池政恩（1899～1963）が創業した事業をもとに展開された社会福祉法人。

定義　静岡県三島市に所在する日蓮宗本山妙法華寺住職・小池政恩が，同寺境内の鉱泉を活用して，入浴と宿泊のできる高齢者のための施設を1951（昭和26）年春に創設し，「調養荘」と称したことに始まる。1972年に社会福祉法人の認可を受け，現在の法人名となった。今日では，軽費老人ホーム・特別養護老人ホーム・母子休養ホーム・各種在宅福祉サービス事業などを運営する総合福祉施設として，地域社会に貢献している。

展開　妙法華寺は，日蓮宗本山で，1284（弘安7）年日蓮上人の法弟日昭上人が鎌倉玉沢に創建し，1621（元和7）年に現在地に移転した名刹である。第61代住職である小池は，1928（昭和3）年から1947まで村会議員や衆議院議員を務めた政治家であったが，同じ郷土山梨の人で，日蓮宗僧侶を父にもつ石橋湛山が政界を志す時，地盤をもたない石橋のため，「この人はいずれ総理大臣になる人だから」と，自らの選挙地盤である静岡県伊豆地域の人々を説得してゆずることにした。自身は政界を離れ，地域のための福祉活動に身を転ずることを決意した。

そこで，第一線を退いた高齢者のために寺として何かできないかと考え，寺境内の鉱泉を活用して風呂をつくり，泊まることもできる施設，調養荘を高齢者に開放した

のである。そこでは，法話をし，高齢者とともに歌をつくり，泊まって語りあうこともできることを運営方針とし，さらに青年のためのユースホステルを設け，世代間の交流をも試みたのであった。調養荘を始めて3年後には，新しい建物もつくられ，住職の法話も評判となり，地域に開かれた寺として評価を得るようになった。戦時中には働き手を戦地におくりだした地域の農家の子どもたちのための農繁期託児所を開設した。さらに，宗門の寺々によびかけてこの託児所を広げるとともに，檀家の主婦らと昼と夕の惣菜をつくり，働きづめの農家に配る，今日の給食サービスのはしりに相当する試みも実践している。

　この政恩のあとを継いだ65代住職小池政臣は，師父の創業の精神を継承し，社会福祉法人認可ののち，1973年に「軽費老人ホーム昭寿園」「特別養護老人ホーム玉瀾園」をつくり，在宅老人福祉サービス事業を開始していくことに伴い，1977年に調養荘は母子休養ホームとなり，多様なニーズに応えていくことになった。

　福祉を大切にする寺として着実に実績を積み上げていった。こうした地域の福祉のための貢献により，政臣は2001(平成13)年には三島市長に就任している。

仏教社会福祉的意味づけ　自己の政治家としての職務を将来性ある若手にゆずり，自らは福祉の道を開拓していった小池政恩には，求められるニーズを敏感に受け止め，実践に結びつける仏教者の立場が鮮明に表されている。そうした立場が，静岡県の著名人の活躍を記載した『現代名士百選』において「宗教家であり政治家，そして福祉に貢献。終戦後の混沌とした世相のなか宗教を用いんとするは日蓮聖人の再来かとおもわされる」と評価された。

　今や当法人は，広大な寺の敷地（約2万坪／66000㎡）のなかに多くの福祉施設を配置し，風格ある寺院とあわせて市民の心のよりどころ，生活支援の拠点として大きな信頼を集める仏教社会福祉実践を継承する社会福祉法人となった。

参　池田一夫『現代名士百選』静岡通信社，1951年。　　　　　　　　（志田　利）

◇**一隅(いちぐう)を照(て)らす運動(うんどう)**

[E] Movement of 'Brighten the world at your corner'

天台宗の社会教化運動。

定義　1969(昭和44)年6月，天台宗臨時宗議会，宗務所長会において「一隅を照らす運動」を実施することが決議された。この運動は，伝教大師最澄(さいちょう)(766～822)の教えを現代に生かすこと，1971年の伝教大師1150年大遠忌(おんき)法要を前に新たな教化活動を展開することを目的に，現代社会に生きる宗教者として，公害問題，経済問題，物質文明の弊害などに関わり，そのあり方を求めていこうとすることにあった。最澄の「山家学生式(さんげがくしょうしき)」にある「一隅を照らす，これすなわち国宝なり」からその名称をとり，会長に当時著名な作家として活動していた同宗の今東光(こんとうこう)(1898～1977)が就任，副会長に財界人でサントリー㈱副社長(当時)・鳥井道夫(1923～)らを起用して，天台宗の幅広い教化運動を目指した。

展開　結成時の12月に「一隅を照らす運

動」推進街頭托鉢を実施して、集まった浄財を社会福祉協議会などの福祉関係機関・団体に寄付するなどし、社会とのつながりを確かにする活動を展開していた。

その活動を大きく変化させたのが、1981(昭和56)年のローマ法王ヨハネ・パウロ2世の比叡山来山であった。この交流が機縁となって、「インドシナ難民救援金」の募財活動が始まり、タイ、ベトナム、カンボジア、ラオスなどに積極的に救援金を贈る活動を展開した。1994(平成6)年2月にはラオスにおいて中学校建設に独自に取り組み、この建設作業を現地の人々とともに実行していった。募財を寄付し自ら現地に赴いて、共に作業し、その喜びを分かちあう実践へとつながっていったのであった。

こうした実践の深まりをへて、この運動は、1994年に「共生・奉仕・生命」を実践目標にした教化運動へと広がりをみせていくことになった。また、難民救援のための募財活動は、「地球救援募金」としてさらに幅広く活用され、他の寄付金も各種の福祉団体などへの助成事業として拡充されていった。

こうした教化運動の発展とともに、天台宗では宗門内で社会活動に従事している僧侶の組織化を進め、「天台宗保護司会」「天台宗教誨師会」「天台宗民生・児童・主任児童委員会」「天台宗保育連盟」「天台宗人権擁護委員会」「天台宗社会福祉事業推進協議会」などを立ち上げていった。

仏教社会福祉的意味づけ　教化運動から出発して、募財活動を展開し、国際的な活動へと実践を広げつつ、現代社会の矛盾を宗教者としてどのように解決していくかと

いう課題を背負うことで、この運動が単なる社会教化にとどまらず主体的実践者を育成する社会福祉的課題を担っていくことになったといえる。「共生・奉仕・生命」をキータームとするこの運動の積み重ねのなかに、共に生き、共に実践する喜びを分かちあう、仏教社会福祉的実践としての意義を見出すことができる。

（宮城洋一郎）

◇**一期一会**　いちごいちえ

E once-in-a-lifetime meeting
生涯に一度の出会いであること。

定義　一期は一生涯のことであり、一会は一度の出会いということである。人間の一生において、"今"という瞬間は再び繰り返されることはない。「生者必滅　会者定離」ともいわれるように、"今"の出会いは一生に一度のものであり、「会うは別れの初めなり」ということでもある。また、修行のための限られた一定の期間を指していうこともある。

展開　『山上宗二記』に「常ノ茶湯ナリトモ、路地へ入ルヨリ出ヅルマデ、一期ニ一度ノ会ノヤウニ、亭主ヲ敬ヒ畏ルベシ」とある。これが、茶の湯をする人たちの心得となり、井伊宗観（直弼）の『茶湯一会集』では、一期一会が熟語として初めて使われている。そこでは貴重な出会いの縁は会いがたくして会えた不思議な縁であると述べられている。同時に、再び巡ってこない機縁であると自覚することが、まさに一期一会である。

仏教社会福祉的意味づけ　一期一会の心得をもって出会いを喜び、"今"という時

間を大切にし，サービス提供の基本とすることが仏教社会福祉活動の原則である。1回きりの人生であることを自覚し，"今"を力一杯精進する生き方にこそ，仏から学ぶ共生の人生がある。対話・面接・訪問・ビハーラなどの実践におけるソーシャルワーカーは，まさに一期一会の心得でもってあたるべきであろう。　　　　（中垣昌美）

◇一念発起

E　bringing about the enlightened mind
S　bodhicittotpādanatā

菩提（さとり）に向かう心を起こすことをいう。

定義　一念発起菩提心の略で，菩提心は，阿耨多羅三藐三菩提心ともいい，今まさにこのうえないさとりの智慧を得ようとする心を起こすことである。

展開　転迷開悟の教えである大乗仏教では，さとりを開くためにはまずさとりを得ようとする最初の心を起こさなければならない。これを菩提心を起こすといい，仏教では，発菩提心という。また初めて菩提心を起こすことを初発心とか，新発意という。本来人間には清らかな心（自性清浄心）が備わっているが，煩悩におおわれて，それが明らかにならない。しかし，仏道修行などの種々の縁（条件）によって菩提心は起こされるものである。それゆえ，正しい観察と認識が動機づけとなって，真実に生きようとする菩提心が促されるのである。

仏教社会福祉的意味づけ　仏教社会福祉の実践において重要なことは，安易な衝動的動機より発する実践ではなく，現実を正しく認識することにおいて，自発的・主体的・継続的動機づけを行うことである。その意味で一念発起は，そのうちの主体的動機づけを明確にする概念である。（中垣昌美）
　⇒初心　⇒転迷開悟

◇一揆

E　riot

一致団結してはかりごとをすること。

定義　揆を一にすること。目的や方法を同一にすること，さらに，その集団のことをいうようになった。それは，神仏の前で同じ仲間である「一味同心」の誓いを交わし，強い連帯感をもって決起した集団である。

一揆という用語が使われるようになったのは，中世になってからであるが，同族あるいは同一地域における武士集団や寺院の僧衆が心を一つにして結集することを意味した。さらに，地域内の農民などが自らの生活を守るために団結して決起した集団を意味するようになった。

展開　14世紀に形成される地域の土着武士である国人層の地域的結合を，「一揆同心の大名」あるいは「国人一揆」と称するようになる。さらに，15世紀になると，主に畿内を中心とするが，村内の名主百姓を中心とする年貢減免などを求める強訴が起こり，それはさらに，徳政を要求する名主百姓に指導される農民層や都市貧民も参加する土民の一揆へと広がっていった。この「土一揆」を，国人層の指導により一国規模に発展させたのが「国一揆」である。それを代表する，1485（文明17）年の山城国一

揆は8年間，一揆の勢力による支配を存続させた。

他方，本願寺を頂点とする一向宗門徒による「一向一揆」は，畿内から東海北陸地方に拡大している。土一揆が惣村の自治を基盤とするのに対して，一向一揆は宗教的自治都市である寺内町を基盤とした。加賀の一向一揆は「百姓のもちたる国」として1488（長享2）年から約100年間にわたって，自治的支配を実現させた。その点で，一向一揆は史上最大の一揆であり，空前絶後の民衆闘争であったとも評価されている。

近世封建制社会は，一向一揆を徹底的に弾圧解体することをとおして確立していった。この封建制社会の支配に対抗して起こった一揆が「百姓一揆」である。百姓一揆は享保の改革から幕末にかけての期間（18世紀中葉〜19世紀中葉）を中心に約3200件起き，ほぼ全国に及んでいる。農民への収奪が強化されるなかで年貢の減免や検地の中止を求めたり，特権商人の営業独占や専売制度の反対などを要求して闘われた。こうした百姓一揆の頻発は，幕藩体制を崩壊させる要因ともなった。

明治維新以降は，新政府による一連の政策に反対する「農民一揆」が数多く起きた。この農民一揆は小作・貧農を含めた抵抗であったが，豪農と貧農に分化していくなかで，従来の一揆形態による闘いは，自由民権運動や小作争議などにその役割をゆずっていくことになる。

仏教社会福祉的意味づけ　「土一揆」「一向一揆」「百姓一揆」「農民一揆」は，それぞれの時代・社会のなかで日本民衆による生活防衛の闘い・運動として重要な役割を果たしてきた。特に，史上最大の一揆である「一向一揆」の宗教的基盤となったのは，浄土真宗の教えであった。その開祖・親鸞（1173〜1262）は，「悪人正機」「呪術からの解放」を説き，支配と抑圧のなかに置かれてきた民衆に，人間としての尊厳と自信を取り戻す営みを促してきたのである。

そこから，蓮如（1415〜99）らによる伝道活動を通じて，自らの生活を自らの責任で営んでいく精神が形成され，講集団を中核とする地域住民の「自立」と「自治」の結合形態を生み出し，宗教的平等性に支えられて，商人・職人・農民・運送業者・金融業者・武士・僧侶などが，身分・職業を超えて連帯する闘いを展開した。

それは，多様な地域住民の結合によって，その信仰と生活を守り向上させてきたことで，近代の人権運動の先駆けとなり，地域福祉活動の原点ともなるものであった。

参　寺木伸明『被差別部落の起源』明石書店，1996年。　　　　　（近藤祐昭）
⇒長　⇒蓮如

◇**一遍**　1239（延応元）〜1289（正応2）

E　Ippen

鎌倉時代の時宗の開祖。

定義　鎌倉中期の念仏聖であり，遊行聖，捨聖ともいわれている。一遍の名は「1遍の念仏」に由来する。

略歴　伊予（現・愛媛県）の名族，河野氏の出自。幼名は松寿丸。10歳で出家，随縁と号し，太宰府で，法然の高弟・証空（1177〜1247）の弟子であった聖達（生没年不詳）を師とし，浄土の奥義を学ぶ。25歳，

父の死で伊予に帰る。33歳で善光寺参詣ののち、霊山・霊社を巡り、36歳の時熊野本宮証誠殿に参籠。そこで、熊野権現が夢に現れ、衆生が往生することは阿弥陀仏が法蔵菩薩と名乗っていた十劫の昔に誓い、決まったことだから、信不信を選ばず、浄不浄を嫌うことなく、縁ある人に念仏札をくばるべきとの教示を得た。これにより、16年間道俗を教化し、51歳で入寂する。

仏教社会福祉的意味づけ　一遍は熊野参詣によって成道して以来、全国を遊行して多くの民衆に念仏札を授与し、踊念仏（おどりねんぶつ）を勧めるなどの活動を展開した。この民衆教化にはカリスマ的性格もあったが、大寺院の高僧と違って民衆に直に接し、親身になって悩み考える姿勢が貫かれていた。男女貴賤を問わず被差別民や死者まで限りなく接し、念仏を説いていく点で世俗的価値を捨てて「捨聖」の立場を貫いたのであった。その立場から、往生を願ったり、仏を念ずることは、人間の我執（とらわれの心）や妄念（まよいの心）を離れた姿ではないと唱えた。そこから阿弥陀と私は一体であるという考えに立ち、没する直前には自ら著わした経典類を焼却するなど捨聖の生涯を貫いた。

信仰者として自己に厳しく、すべての人々を無限に受容するところに、仏教社会福祉的意味を見出すことができよう。

参　大橋俊雄『一遍』吉川弘文館人物叢書（新装版）、1988年。

（早坂　博・中垣昌美）

◇いのち

E life　S jīvita

生命のこと。または人間の最も大切なものとしての「いのち」。

定義　いのちは、生命活動を営む「生命体」として客観的に認識される面と、主体的に生きることそのものとして認識される面とがある。生物学や医学は主として前者の面から、宗教や社会福祉は主として後者の面から認識するが、仏教は両面を重視する。

展開　仏教は生老病死の四苦を克服することを目指しており、いのちの主体の面はもとより、老・病・死に至る生命活動にも目を向けている。生命は、蛋白質などの物質で精巧に組み立てられた身体が、一定の環境条件のもとで次のような現象を展開することをいう。①時空間のなかで自発的に変化する活動パターンを示す。②環境から物質やエネルギーを取り込み、代謝活動をする。③環境との間で機能的に間作用を営む。④部分の間あるいは部分と全体との間に相互依存性が認められる。⑤状況の変動に対抗して自己の恒常性（ホメオスタシス）を保とうとする。⑥外界に対応するための情報の蓄積をする。⑦自己と同じような個体を複製することができる。⑧世代交代による系列のなかで進化する力をもつ。以上のような現象がなぜ起きるかを、生物学や医学は生命体の構造や機能の面から追究しているが、部分的にしか解明されていない。なぜ生命現象が自発性をもって展開するのか、さらに自己自身や自己と他者との間において協調的な活

動をなぜするのか，このような基本的なこともまだわかっていない。また，生命現象はさまざまな問題を生じつつそれを克服しながら前進していく。同様のことが，生活のレベルにおいてもうかがわれる。生活者はさまざまな生活課題と直面し，それを解釈しながら主体的に生きるのである。

いのちには，個体を維持するための食欲や種を維持するための個体の再生産を促す性欲などがあり，また主体的に生きようとするあまり我執を生ずることもある。こうした欲望や我執は煩悩となって人を苦しめるようにもなる。人生をよりよく主体的に生きることを目指す仏教は「一切皆苦」と説き，人生は苦そのものであることを示している。その苦の本質を見出すことによって縁起の道理を明らかにし生きる力を引き出すのである。

また，人間は社会的存在であり，さまざまな苦は社会との関係によって生ずることが多い。貧困・失業・疾病・老齢・差別などによる生活困難は，いのちの危機とみることもできる。そこにいのちの保障と暮らしの保障につながる社会問題への視座も必要となる。

仏教社会福祉的意味づけ　仏教社会福祉は，仏教思想に基づく社会福祉活動を行うものであり，いのちの問題と積極的に関わることが求められる。特に生老病死の四苦に伴う課題は重要である。たとえば出生の問題では，生殖医学の発達で人工的な生殖が可能となるが，障害児が生まれた時には育てる親がなくなるとか，羊水チェックという妊娠中の検査で障害をもつ可能性のある胎児が発見されると中絶の決断を迫られるといったことが起き始めている。老いの問題では，介護に伴う老人虐待や，生きがいを失った高齢者の自殺の問題が生じている。病の問題では，エイズなどの治療困難な患者の生活，ガン告知に伴う不安の問題，移植医療をめぐる心の動揺など新しい問題が生じている。死の問題では，安楽死・尊厳死・自殺の問題，終末期の不安や精神的ケアの体制の問題などが提起されつつある。これらは仏教の実践課題であるが，社会的取り組みを必要とする社会福祉の課題でもある。なお，仏教各教団ではいのちの大切さと人間の尊厳性を強調し，限りなく尊いいのちを生きる生き方や，限りなく尊いいのちを生かす生き方などを提唱している。

（奈倉道隆）

⇒縁起　⇒煩悩

◇祈り（いのり）

E prayer　S ayacana

神仏に救いを求めたり願（がん）をかけること。

定義　祈りには，祈禱・祈願が含まれ，黙禱・心願・祈念は類語である。祈禱は呪文を含めて言語形をとる。宗教によってさまざまな祈禱書・祈禱文がある。祈る時に人間が神仏によびかけ，あるいは話しかけたりする祈りと，心の中で神仏に願を立てる心願と無言のまま心の中で祈る黙禱とがある。祈りは人生において直面している根本的問題を解決し，切望する理想を実現するために必要な一つの行動様式であり，また，生命を鼓舞する重要な原動力でもある。

展開　念仏はきわめて日常的・典型的な祈りの形態の一つである。念仏は仏を想う

こと，思念・想念・憶念・観念，そして称念の意味がある。観念とは仏・菩薩の姿を心に思い浮かべて念仏すること，称念は阿弥陀仏の名を称する意である。常行三昧(じょうぎょうざんまい)は一夏(90日間)，口に阿弥陀仏の名を称え，心に阿弥陀仏を念ずる修行法である。密教の修法は，息災増益の護摩法や長寿・雨乞いなど仏の加持力を受けて祈願，祈禱すること。

なお，民俗信仰には共同祈願と個人祈願がある。共同祈願には虫送りなどのように，災いをなす悪霊を村落の外に送り出す鎮送儀礼がある。また村落祭祀では，農民・漁民・山民により安全と五穀豊穣が祈願されてきた。個人祈願は主として任意の儀礼であるが，病気平癒・商売繁盛・交通安全・海上船舶安全・立身出世などがある。また，神祇への祈願には参拝・参籠・奉納・祓(はらい)禊(みそぎ)各種の祈願や祈禱がみられる。

このように人間の生活的欲求を直接的に実現させる最も重要な方法は祈りである。社会や時代をとおして変わらぬものは成功への欲求，幸福への欲求，長寿への欲求である。具体的な民衆の信仰現象は上の三つの範疇のいずれかに収まることを付言しなければならない。

仏教社会福祉的意味づけ　祈りは信仰の積極的な活動の第一歩である。主体的に祈ることで他者と悩みを共有する。それによって自己の悩みの何たるかを明確に把握できるだけでなく，解決の方向を見出す。この意味で祈りは精神的ケアと関係する。人格的関係のなかで自己を解放し新しい次元の道を開くことになる。人間はまず自己に関心をもたずに他人に関心をもつことはできない。概して，祈りは自己の願望であるから，生き方への関心をもつことで他人への関心が始まる。その意味で，祈りは自利(りた)利他の福祉の行為となり慈悲の表現となる。

参　堀一郎『我が国民間信仰史の研究』創元新社，1966年。宮家準『宗教民俗学』東京大学出版会，1989年。楠正弘『庶民信仰の世界』未來社，1984年。桜井徳太郎『日本民間信仰論』弘文堂，1982年。井之口章次『日本の俗信』弘文堂，1975年。
(早坂　博)

⇒祈禱　⇒慈悲　⇒自利利他

◇石見仏教興仁会病院(いわみぶっきょうこうじんかいびょういん)

E　Iwami-Bukkyō-Kōjinkai Hospital

浄土真宗本願寺派僧侶の有志の設立による「弘宣講(ぐせんこう)」が島根県浜田市に設立した病院。

定義　明治前期，真宗寺院子弟の育英事業を行うために設立された弘宣講は，明治中期に入ると，真宗門徒の経済活動の促進を目的に，製炭・養蚕・製紙などの奨励と技術改良にも事業を拡大していった。さらに1904(明治37)年，貧困者救済のため「一厘(りん)講」を起こして浄財を募り，「大日本仏教慈善会財団」の補助金も得て，その利子で困窮者への無料施薬を始めた。しかし，医師の診断をへない調剤投薬は違法であることから，医師を招いて病院を設立することとなり，1912年7月，県の認可を得て，浜田片庭の元楓川仏教中学(1908年廃止)の校舎を病院にあて，貧困者のみならず一般患者の治療を開始した。

展開　病院は，1913(大正2)年に仏教各宗派の共同事業に改められ，「石見仏教興

仁会病院」と称した。浜田および近隣の区長や寺院に施療券を配布し，それを持参する者や，区長・住職の証明のある困窮者には無料で診療した。1915年からは，病院部のほか，養老部・育児部・講演部を設けて活動領域の拡張を期した。しかし，病院部以外の事業はあまり振わず，間もなく廃止された。1919年，産婦人科を増設したため病舎が狭くなり，若宮町の旅館を買収して移転。この頃，産婦人科のほか，内科・外科・眼科があり，のちには小児科・歯科も増設された。本院は良医をそろえ，一般患者に対しても診療費が安価であり人気があった。そのため，他の町医の反対が強く，間もなく他と同等の診療費に改められた。

病院は，戦前の浜田市で随一の医療機関であり，仏教各宗が共同経営した点で意義深い。しかし太平洋戦争の混乱期に医師の補充がつかず衰退に向かい，1970（昭和45）年に閉鎖された。

仏教社会福祉的意味づけ　明治前期，講社組織による仏教徒の互助団体は，全国各地に存在し，そのなかには，医療救護活動を行うものもあった。なかでも，「石見仏教興仁会」は，群馬の「前橋積善会」とともに，医療機関にまで発展した数少ない事例である。

参　藤田享『濱田市醫師會史』浜田市医師会，1998年。中西直樹『仏教と医療・福祉の近代史』法藏館，2004年。（中西直樹）

⇒大日本仏教慈善会財団　⇒前橋積善会

◇因果（いんが）

E cause and effect　S hetu-phala

原因と結果のこと。

定義　ものごとを生起させる原因と，結果として生起した事象。善因には楽果（らっか），悪因には苦果（くか）が必ずあるという因果の法則を因果応報とよぶ。

展開　道徳は神の命令であり，それゆえに遵守（じゅんしゅ）すべきものであるとする西洋などにみられる道徳観に比して，古代インドでは，自らが受ける業（カルマ）に対する応報という面から道徳をとらえた。

また，個人の生命は同一の霊魂を宿し，悠久の時のなかに繰り返されると考えられていた。そこに輪廻と業による応報思想が登場した。仏教における業と応報の思想は，運命論の立場ではなく，人間の行為に対する責任の問題に関わるものである。したがって応報思想に基づけば，「自業自得」という成語に表されるように，自らの業による報いは自らが受けねばならない。この応報思想を，積極的に現実を生きるうえで，「自らに深い内省を促す教え」としてとらえることもできるであろう。仏典には，善因による応報（楽果）ばかりではなく，悪因による応報（苦果）もしばしば説かれている。

このように因果応報は個人の意志とは無関係の「運命」をいうのではない。不可避的なものも，それは運命の必然的な力ではなく，業と縁起によると仏教ではとらえた。なにごとも，しかるべき理由があって起こる。それを因縁ともよんだ。

苦しみながら自らが得べき応報（苦果）で

あるとしても，人間は，他者の苦しみを等閑視してはいない。彼らに手をさしのべることも，善なる因であるからである。しかし大乗仏典は，功徳果報を期待した行為を厳しく戒めている。大乗仏教では一切衆生に対する利他行に徹する者を菩薩とよんだ。本来ならば，自らが受けるべき苦しみではなくとも他者の苦しみを代わって受ける「大悲代受苦」も，菩薩行の実践であるとした。

仏教社会福祉的意味づけ　大乗仏教における仏教の因果論は，縁起に基づいた因果の道理を説明するものであって，因果応報論のみを強調するものではない。この立場から仏教社会福祉実践においては，逆境・困難・障害を縁として理解し，それらに遭遇した際には，援助・改善・回復・調整などのサービスをとおして，生活や環境の条件整備を図ることが，福祉の増進につながるとするのである。

参　中村元『ヴェーダの思想』『ウパニシャッドの思想』中村元選集〈決定版〉第8・9巻，春秋社，1989〜90年。今西順吉「因中有果論の論証法」(『印度学仏教学研究』第17巻第2号，1969年)。

（三友量順）

⇒**縁起**　⇒**菩薩行**

◇インフォームド・コンセント

E informed consent　S vijñāpana

患者と医師とが相互に合意して治療を進めること。

定義　医師が患者を治療する際には，まず病状・診断結果・予後や可能な治療法およびそれぞれの治療法の効果や危険度などを患者に説明し，十分な話しあいによって，合意を得ることが望まれる。

展開　欧米では，1970年頃から行われているが，日本では形式的に行われている場合が多い。従来の医療は医師が主体的に進め，患者は受け身の姿勢で臨んできたが，今日では，医療は患者のために行われるものであり，患者は十分な情報を得たうえで，自分にとって望ましい医療を選んで受けるべきだと考えられるようになった。

その理由は，医療技術の発達によって同じ疾病に対してもいくつかの治療法が選択できるようになり，また，治療効果が高くなった反面，危険や障害が伴うことも考えなければならないからである。さらに，アメリカの消費者運動や人権運動の流れのなかで，患者の人権を重んじ，その自己決定権を重視するべきだという風潮が国際的にも高まったからである。

最近の医事訴訟では，患者の意思の尊重が問題とされることも多い。そのため「日本医師会生命倫理懇談会」は，1990年に「説明と同意についての報告」を作成して実施をよびかけているが，患者の権利という認識は，医師の側にも患者の側にも十分になされてはいない。時には医事訴訟の防衛のために形式的に説明し同意を取り付けるという場合もみられる。また，これを行うために治療が消極的となったり，患者に不利益とならないかが懸念される。

インフォームド・コンセントは，患者の意思や主体性が尊重されるという点で望ましいものではあるが，従来は受け身の姿勢であった患者が主体的に医療を受けなけれ

ばならなくなり，患者の側にも相応の努力が要求される。また，治療の危険度を知ったうえで患者が自分の意思で受けることを決意しなければならず，患者の精神的負担は大きくなる。今後はこのような患者を，患者の主体的側面からいかに支援すべきかが重要となってくる。いい換えれば，医師の立場ではなく患者の立場に立って，共に考えてくれる援助者が求められる。おそらく患者は，自分の価値意識や生活状況を理解し，必要があれば親族などとも話しあってくれたり，医療担当者とも話しあってくれる援助者を望むであろう。

　欧米の病院ではメディカルソーシャルワーカー（ＭＳＷ）がその役割を担うが，日本には訓練されたＭＳＷが勤務する病院は少なく，またその役割が医療担当者によく理解されていないために，患者の側に立って援助することが困難な場合が多い。インフォームド・コンセントが患者の意思や人権を尊重する立場で進められる点に留意し，患者が主体性を十分に発揮するための支援をする体制を整えることが急務であろう。

　最近，ガンの告知などが関心をよんでいるが，これはガン患者のインフォームド・コンセントにほかならない。本来は，患者にガンという病名を告げるだけでなく，それに対し現在の医療がどのように対応できるか，たとえ根治することはできないにしても，緩和ケア（痛みを和らげる医療）が発達していること，心の安らぎが生命の維持や生活の質の向上に必要であり，そのためのホスピスケアがあること（クオリティー・オブ・ライフ：ＱＯＬ）など，必要な情報を十分に伝え，患者がどのようなケアを望むかを聞くことが大切である。こうした話し合いをぬきに病名だけを告げるのは宣告であり，患者の生存への希望を奪うことにもなりかねない。

　仏教社会福祉的意味づけ　インフォームド・コンセントにおいて重要なことは，患者の意思や感情を大切にすることであり，治療が困難な患者に対しても「いのち」の尊重を支援していく姿勢を示すことである。患者には，社会的な側面からの援助だけではなく，メンタルケアを基盤とする宗教的な側面からの援助も必要であり，ビハーラ活動への期待も高まっている。仏教社会福祉との関わりは，患者支援体制を整えるうえからも大切であると考える。　（奈倉道隆）

　⇒決定　⇒ビハーラ　⇒仏教看護

◇上田明照会

E　Ueda-Meishōkai

大正期に設立された児童福祉事業を行う団体。

　定義　1918（大正7）年9月，横内浄音（1892〜1977，浄土宗・呈蓮寺）により，浄仏国土（社会環境の浄化）と成就衆生（円満な人格の形成）を目指す信仰団体として，長野県上田市で結成された。

　展開　1919年に子供会（日曜学校）を開き，1922年には，当時乳幼児の死亡率が高かったことに対処するため，市内浄念寺の子安観音の縁日（毎月17日）を選んで児童無料健康相談所を開設，さらに1925年，児童歯科と妊産婦の相談事業を開始した。また，市街地に子どもの遊び場が不足していたことを考慮して，浄念寺境内に遊具・運動器具

を設置して児童遊園地を造営した。翌年には、託児所「甘露園」（現・甘露保育園）を開設し、児童福祉事業の整備・充実に力を注いだ。

1929(昭和4)年、不況が深刻化し母子心中事件が頻発するなか、乳幼児を抱えて就業できない女性の支援事業にも着手し、洗濯や布団の打ち直しなどを行う授産所を併設した。さらに、1935年には、母子寮「見誓寮」（現在も母子生活支援施設として存続）を設置した。

時代と地域社会の要請に即応する福祉事業を展開する努力は、戦後も続けられた。1952年に社会福祉法人となり、1959年には知的障害児通園施設「宝池園」（現・蓮の音こども園）を開所させた。その後、知的障害者通所更生施設「宝池慈光園」、知的障害者通所授産施設「宝池和順園」、知的障害者入所更生施設「宝池月影寮」「宝池住吉寮」などを次々に設置して現在に至っている。

仏教社会福祉的意味づけ　上田明照会は、信仰団体として発足し、大正・昭和戦前期を通じて児童福祉の面での先進的取り組みを次々と展開してきた。戦後においても、いち早く知的障害児施設に着手した意義は大きい。

参　『創立五十年史』社会福祉法人上田明照会，1966年。長谷川匡俊「横内浄音と上田明照会」（同編『近代浄土宗の社会事業』　相川書房，1994年）。

（中西直樹）

⇒三重済美学院

◇宇治谷了嶽　1880(明治13)〜1938(昭和13)

E　UJITANI Ryōgaku

禁酒・禁煙運動を通じて青年教化を勧めた真宗の僧。

略歴　福井県今立郡新横江村下新庄（現・鯖江市下新庄）に、父・山崎伊左衛門と母・志まの長男として生まれ、伊三治郎と名づけられた。中国・インド・イギリスに留学し、仏教理念を基礎とした教育を行っていた鯖江市の真宗大谷派浄覚寺住職・禿了教（1854〜1937）の門下となり、1907(明治40)年に得度し、了教より了嶽と称することをゆるされた。翌年、了教の勧めにより、米国オハイオ州クリーブランドに渡り、禁酒運動の実際と青年運動を学び、3年後に帰国して、福井市宝永下町に「日本有期禁酒禁煙会」と「日本教化研究会」を設立し、禁酒・禁煙運動を始めた。1916(大正5)年、了嶽は宇治谷加奈の入り婿となり、滋賀県愛知郡湖東町平柳の信乗寺住職となった。そこで、会も信乗寺に移して活動を広めたが、志半ばの59歳で事故のため死去した。

展開　明治期の地方社会にあっては、農業生産を基本としていたこともあって、3世代同居が一般的な家族形態であった。そのため、世代間での軋轢が絶えず、それを避けようとして男性の多くが深酒となり、そのために家族紛争を引き起こし、しばしば社会問題ともなった。こうした状況のもとで、了嶽は禁酒運動への関心を高め、米国から帰国後に始めた禁酒・禁煙運動では、まず、身体の発育を考慮して、酒・煙草を

30歳まで禁止すると，期間を明記して有期であることを掲げた。そのうえで，土曜・日曜の夜，小学校の教室を借りて，映画「酒の鬼」（マキノプロ製作）の鑑賞や酒・煙草の弊害を漫画にしたリーフレットを配布して，集まった青年たちと禁酒・禁煙の必要性を話しあった。信乗寺に移ってからは，青少年とともに「修養日誌」をつくり，禁酒・禁煙，世のため人のためになることをするなどを毎朝仏前に誓い，月に一度は反省のため本堂に集まり，了嶽のもとで話しあいを深めた。こうした方法が他の寺院にも及び，滋賀県内に広がっていった。

仏教社会福祉的意味づけ　不飲酒（ふおんじゅ）は，在家者の基本的な戒律である五戒の一つで，厳しく誡められている。飲酒が家族問題・社会問題となる背景には，農業生産を中心とする社会から資本主義社会へと転換していく明治後期以降にあって，家族間の交流が弱まり，世代間の連携が薄れていく状況があった。そうしたなかで，禁酒・禁煙を掲げて青年教化を果たしていくことは，地域社会の活性化を生み出すためにも必須のことであった。このような課題を見出し，五戒を基礎に青年教化のための運動を広げたことで，近代社会の教化活動に貴重な実践課題を提起した。　　　　（宇治谷義雄）

⇒禿了教（とくりょうきょう）

◇宇都宮仏教慈善会（うつのみやぶっきょうじぜんかい）

[E] Utsunomiya-Bukkyō-Jizenkai

大正期に宇都宮の各宗寺院により設立された慈善団体。

定義　「宇都宮仏教慈善会」は，1890（明治23）年頃に宇都宮市杉原町の浄鏡寺に設立された「仏教協和会」にその源をたどり，1913（大正２）年，宇都宮の各宗寺院により，慈善事業団体として設立された。同会は仏教の精神に基づいて貧困者の感化救済・施薬救療を目的とし，有志の寄付金および各宗寺院住職の托鉢（たくはつ）により運営された。

展開　1917年には会員組織に改組され，患者は市内の病院に委託された。同年度の延べ施療実績は150名余にのぼっている。

1921年２月に新たに設立された「宇都宮仏教連合会」にその事業が引き継がれ，同年７月，宇都宮市内に「敷島幼稚園」を開設した。

当園は1926年３月に「宇都宮託児所」と改称され，宇都宮仏教連合会が運営主体となり，同会役員が運営責任を負った。当初の幼児数は十数名であり，園長・主事・保母・助手・嘱託の６名の職員により，満３歳より６歳までの幼児を午前７時半より午後５時まで保育していたが，1925年度には150名前後の幼児を抱えるに至っている。

なお，同会の事業と関連すると思われるものに宇都宮市宮島町の池田和吉による「宇都宮仏教協会」があげられる。1914年池田は市内32ヵ寺に建議書を送り，1919年には寄付金の募金に着手。1922年には仏教講話の開催，葬儀に関する習慣の改善，葬具設備の賃貸葬儀執行者への便宜供与，布教会堂の設置，貧民児童教育の一部補助，仏教経典その他諸雑誌の縦覧，宗教道徳の普及を図るための機関誌の発行，風教の改善感化および精神収容に関する事業など，幅広い活動を展開していた。

このように，大正期を中心に宇都宮にお

いて展開された慈善・社会事業の基盤を宇都宮仏教慈善会および宇都宮仏教連合会が担ってきたといえる。貧困対策に始まり，地域社会のニーズに応える保育事業から，教化活動にまで及ぶこれらの地域活動は，寺院の社会的実践がいかにあるべきかを提起している。

参　宇都宮市編『宇都宮市社会事業概要』宇都宮市，1940年。宇都宮市編さん委員会編『宇都宮市史』宇都宮市，1981年。栃木県社会事業史刊行委員会編『栃木県社会事業史』栃木県社会福祉協議会，1977年。矢島浩編『日本社会事業団体・施設史研究　栃木県編』むさしの書房，1993年。　　　　　　　　　　（清水海隆）

◇瓜生　岩 うりゅういわ 1829（文政12）～1897（明治30）

E　URYŪ Iwa

明治時代に活躍した女性仏教慈善事業家。

略歴　陸奥国耶麻郡熱塩村（現・福島県耶麻郡熱塩加納村）に1829（文政12）年2月15日誕生。通称岩子。岩の児童救済活動は，1842（天保13）年，伯父の医師・山内春瓏のもとへ行儀見習いに行き，その際，間引き・堕胎の現実を知ることから始まる。結婚後，1男3女に恵まれたが，夫や実母が相ついで亡くなる。彼らの死を契機に熱塩村の示現寺住職・隆覚の教えにより，衆生救済を目的とする菩薩道の実践を決意する。1868（明治元）年に会津戦争の罹災者救済活動をはじめ，戦争孤児の養育，幼学所の設置，孤児・棄児の教育，戦死者の施餓鬼法要などの諸活動が評価され，1870年に政府民政局より表彰される。幼学所閉鎖後は喜多方近郊の岩崎村長福寺を拠点に教育所を設置，堕胎・間引きの撲滅や行旅病人の救済に着手し，貧困家庭の子女のために裁縫指導を実施した。1889年に，念願の「福島教育所」を設立した。これが岩にとって前半生における本格的・組織的な教育事業の集大成となった。

中央とのつながりができ，1891年には，帝国議会に女性として初の「婦人慈善記章制定請願書」を提出した。同年，東京市養育院幼童世話掛長に招聘されるが，自らの意志を貫き福島県下三郡に育児会，喜多方町に産婆養成所を設置した。さらに翌年「福島瓜生会」を結成し，大山捨松らの協力を得て，全国的な組織づくりに入った。1893年には，「福島鳳鳴会」の設立や「済生会病院」の開設とともに，窮民救恤・孤児教育活動を展開した。1896年には女性初の藍綬褒章を受章した。翌年4月19日心臓病のため69歳の生涯を閉じた。

仏教社会福祉的意味づけ　岩の教育・救貧活動と仏教寺院（示現寺・長福寺）との関わりには強いものがある。観音講や念仏講などの講組織を積極的に活用したり，授戒会を開き教化・矯風活動を展開したことは，まさに菩薩道の実践であり，幕末から明治中期における仏教慈善事業の先駆者として評価できる。

参　合田誠「瓜生岩と児童教育事業」（『現代日本と仏教』第iv巻，平凡社，2000年）。古林淑子「瓜生岩」（五味百合子編『社会事業に生きた女性たち』ドメス出版，1973年）。　　　　（合田　誠）

⇨**安達憲忠**

◇有漏（うろ）

E outflow of affliction　S sāsrava

煩悩によって汚されていること。

定義　煩悩によって汚されているものの意で，仏教用語であるが，日本語では「世俗の凡夫」の意味で，「有漏の身」などとして用いられる。漏とは，六根（五つの感覚器官と心）から流れ出ることで，煩悩のことであるから，有漏とは汚れ（煩悩）を有する迷いの状態を指す。それに対して，煩悩を離れた状態を「無漏（むろ）」という。

展開　上記の定義からすると，人間社会は有漏なるものである。そこにはさまざまな問題・紛争などが流出しているからである。また，人体そのものも汚物が流れ出し，汚れた心をもっているから，まさに有漏である。

仏教社会福祉的意味づけ　仏教の修行の目的は，あらゆる苦をもたらす有漏なる煩悩を滅して涅槃を得ることである。しかし，人間が生きていくうえにおいて，この煩悩を滅するということは困難きわまりないことであった。生きとし生けるもの（有情（うじょう））にとって，煩悩は，ちょうど身体の六つの穴（目・耳・鼻・口・大小便道）から不浄物が流れ出るように，ひとりでに流出してくるものである。

このような煩悩を滅するために，仏教では出家という厳しい修行による解脱の道を教えた。しかし，厳しい修行のできない在家者にとって，煩悩を滅するということは大変な問題であった。仏教が普遍的に万人のための教えとして展開する時，煩悩のなかにこそさとりの境地があるとする在家仏教が成立してきた。人間が生活している以上，そこには当然煩悩が湧き出る。大乗仏教では，そのような煩悩に満ちあふれた凡夫をそのまま受け入れた。特に浄土真宗では「人みなこれ凡夫なり」という御同朋（おんどうぼう）・御同行（おんどうぎょう）としての共感と共生の価値実現と自己実現化に向けて，共に育つ福祉社会の実現を図ろうとするのである。（吉元信行）

⇒御同朋・御同行

◇栄西（えいさい）→明庵栄西（みょうあんえいさい）

◇叡尊（えいそん）　1201（建仁元）〜1290（正応3）

E Eison

鎌倉時代の僧，西大寺中興の祖。

略歴　大和国添上郡箕田郷（現・奈良県大和郡山市白土町）に生まれる。父は興福寺の僧・慶玄，母は藤原氏。字は思円，諡号（ごう）は興正菩薩（こうしょうぼさつ）。幼くして母を失い，醍醐寺・高野山での修行をとおして真言密教の研鑽に努めるなか，弘法大師空海（くうかい）（774〜835）の戒を受持する教えに導かれ，戒律重視への志向を強めた。しかし，南都の仏教界において戒律を伝える系譜が途絶えていたため，興福寺の覚盛（かくじょう）（1194〜1249）らとともに，東大寺大仏の前で自誓受戒して，戒律復興の道を開いた。これ以降，衰亡した西大寺の復興を手がけて，その拠点をつくり，授戒活動を展開した。戒を授けた人人は，9万7710人（出家者1694人，在家者9万6016人）に及んだという（『思円上人度人行法結夏記』）。

また，戒律の伝道のために「殺生禁断」

の地を各所に広げていき，1281（弘安4）年宇治橋修築とともに漁労を万代に禁止する網代の停止にあたった。さらに，文永・弘安の役と称される蒙古襲来に際し，敵船を損なうことなく帰還せしめる旨の祈禱を行い効験を得た。これにより，後嵯峨上皇らの戒師となり，さらには執権北条時頼の要請を受けて関東に下向するなど，社会上層部にもその名声が及んだ。

しかし，経済的には，弟子や信者からの零細な支援を主とし，幕府・朝廷からの有力な資縁（外側から仏道修行を助ける縁となる衣食住など）や西大寺への広大な荘園の寄進などを固辞し，必要以上のものを求めなかったという。

実践 叡尊の社会的実践は，忍性（にんしょう）(1217～1303)との出会いのなかで得た文殊信仰による非人救済である。中世社会の最下層にあった非人身分の人々に対し，文殊供養・授戒を基調に，食料の施与などを展開した。その代表的な事例となるのが，1269（文永6）年の般若寺無遮大会（むしゃだいえ）である。そこで，叡尊は「文殊菩薩像造立願文」を起草して，前世の因縁から「盲聾」（視覚・聴覚障害）・「疥癩病」（かいらい）（ハンセン病）・「乞丐」（こつがい）（ものごい）・「孤独」（身寄りのない者）・「囚人」となっている者のために文殊像の造立を祈願したという。そこには，さまざまな軋轢（あつれき）に苦しむ人々への救済を決意する意図がうかがえるが，彼らがこの現状に置かれた理由を前世の因縁に求めることで，差別を容認する見解に導くことにもなっている。しかし，この願文の最後に，捧（ささ）げる人も受ける人も「禅悦の味を嘗めん」（心豊かな境地に入って楽しもう）と述べてい

る。こうして，「施す」「受ける」という関係ではなく，両者の対等な立場から仏法への導きを果たそうとしている。

このように，古代・中世社会に広くみられる因縁に基づく差別容認の立場と，対等な立場を認める新たな主張が混在している。

また1275（建治元）年，叡尊と非人身分の人々との間で交わされた4ヵ条の願文がある。その一つに，非人身分の人々の職掌であった葬送儀礼に関し，その職分を認めると同時に，施物の不足などが生じても要求しないとの掟を交わした。これによって，非人身分の人々の職掌が守られる反面，非人身分の固定化が促されたとされている。

このように，叡尊は，社会の最下層にあった人々への救済事業を展開していったが，そこに，さまざまな歴史的な課題が提起されることになった。

参 細川涼一『中世の身分制と非人』日本エディタースクール出版部，1994年。吉田文夫「叡尊と忍性」（長谷川匡俊編『日本仏教福祉概論』雄山閣出版，1999年）。　　　　　　　　（宮城洋一郎）

⇨**忍性**

◇廻向（えこう）

E transference of merit

S pariṇāmanā

自らの善根功徳をさとりに向かって廻らすこと。回向とも書く。

定義 今日の一般的な用法としては，廻向は死者への追善供養を意味するが，本来は自己の行った善根を廻らし，ひるがえして一切衆生のさとりのためにさしむけるこ

とをいう。最澄(766〜822)にあっては功徳を自らのものとせず，人々に廻施して無上の菩提を得させようという願いを立てている。また浄土門では，浄土往生の目的のために，すべての功徳をふり向けることをいう。そこでは，廻向に往相と還相の2種を説く。阿弥陀仏の浄土への往生を願って行う廻向を往相廻向といい，さらに浄土から還って衆生を浄土に向かわせるための廻向を還相廻向という。親鸞は，そのいずれも他力の廻向であるとした。

展開 因果論に基づけば，本来，自らが修した善根の功徳は自らが受けることになる。自らの善根を一切衆生のさとりにふり向けるということには，大乗の菩薩思想が大きく関わってくる。こうした思想に，西北インドの当時の宗教からの影響も指摘されている。菩薩はさとりに向かって自らの善根を廻らす。そのさとりが一人自らのためのものであれば，廻向は自利のための行為となる。しかし「自らは未だ成仏していなくても先に他者を救う」という菩薩の行為は利他の実践である。菩薩は，利他の実践によってやがてさとりを得ることができる。ここに自らの善根功徳を一切衆生にふり向けるという，菩薩行としての廻向がある。

仏教社会福祉的意味づけ 自分の受容した功徳を他者と分かちあうことは，仏教社会福祉の実践基盤である。それは，利己的行為をひるがえした利他的行為から発現するものである。

参 寺川俊照「願生の仏道――親鸞の二種回向論」(『インド哲学と仏教』平楽寺書店，1989年)。梶山雄一『「さとり」と「回向」』講談社現代新書，1983年。

(三友量順)

⇒因果

◇越前大一揆

E Big Riot in Echizen

1873(明治6)年，福井県に起こった宗教一揆。

定義 1873年3月に，敦賀県大野・坂井・今立の3郡(現・福井県大野郡，あわら市，坂井郡，今立郡)で起こった宗教一揆で，ボロンカ(暴論家)騒動ともいう。

展開 明治政府が1868(明治元)年に神道国教化政策の一環として「神仏分離令」を発布し，神道を中心にした宗教政策をとったため，全国に存在する寺院仏閣の破壊を進める廃仏毀釈運動(寺こわし)が起きた。

このような仏教危機の嵐が吹きまくるなかで，今立郡定友村の唯宝寺出身の石丸八郎(1837〜89)は政府教部省の教導職にあり，仏教擁護の立場からキリスト教の動向を調査したり，仏教寺院の統廃合政策を進める役割を担っていた。

彼の動きを知った大野郡の真宗寺院や門徒衆らが，仏教を排除してキリスト教を導入するものと誤解したことから，3月6日に一揆の幕が切って落とされたのである。そして，この一揆は，坂井郡や今立郡へと拡大していき，「越前大一揆」と名づけられる大暴動へと展開していったのである。

仏教社会福祉的意味づけ 明治の仏教は，廃仏毀釈の影響や，キリスト教の広がりなどにより，その存立の危機を迎えていた。そのなかにあって，仏教各教団はそれぞれ

に独立を訴え，仏教の社会的有用性を強調するなどして，仏教慈善運動を推進する契機を生み出していった。したがって，仏教福祉という概念が未だ成立していなかった，いわば明治維新の社会的・政治的変動のなかで，仏教の目指した慈善事業は，キリスト教の慈善活動に劣らないほどの社会的有用性を保持しながら，一方においては，外教排除を目指す試みでもあった。

このようなことから，このボロンカ騒動にみられる仏教排除とキリスト教導入への民衆の反発は，明治期に仏教が慈善事業に取り組む一つの契機となったものといえる。

（中垣昌美・藤本正晁）

⇨一揆

◇**慧澄**（えちょう） 1780（安永9）～1862（文久2）

E Echō

江戸末期の天台宗の学僧。諱（いみな）は癡空，号は愚谷。

略歴 近江国滋賀郡仰木村（現・滋賀県大津市）に生まれる。父は高橋氏，母は松野氏。1789（寛政元）年，比叡山安楽律院に入り，剃髪。ここで，大乗の菩薩が受持すべき戒である菩薩戒を，自誓受戒（仏前において自ら誓って戒を受けること）した。以後，山城国（現・京都府），尾張国（現・愛知県）などを遊学して，文化年間（1804～1818）頃には，比叡山無動寺で倶舎論，東叡山寛永寺・浄名律院で法華玄義などを講じて，天台宗の学僧として名声を博した。1830（天保元）年には，紀州藩に請われて粉河（こかわ）・十禅院の第1世住職である開山ともなった。こうして各地で僧俗を教化し，多く

の著述を残し，弟子を養成した。

実践 学僧としての慧澄は，大乗・小乗を兼修する安楽律の学統を継承していたが，広く仏教全般を視野におさめた通仏教の立場が顕著であったという。この立場から弟子を養成し，天台宗の多田孝泉（ただこうせん），浄土宗の福田行誡（ふくだぎょうかい）（1809～88）らを輩出した。彼らは，明治維新の渦中にあって，貧困による堕胎や棄児の問題に取り組み，「福田会育児院（ふくでんかい）」の設立に深く関わった。また，福田行誡は戒律復興と旧来の慣習の弊害を打破するため内省自戒の生活を提唱した。さらに，「浄土宗労働共済会」を創設した渡辺海旭（わたなべかいぎょく）（1872～1933）もその行動規範を慧澄に求め，仏教思想に基づく社会事業へと邁進したのであった。こうした人々の活躍は，戒律を重視し学問を究めた慧澄の立場を深く反映したものであった。こうして，慧澄は近代仏教の福祉実践の根拠を提起していたのであった。

参 雲馨「慧澄和尚行業記」（『山家学報』18，1923年）。 （小此木輝之）

⇨浄土宗労働済会 ⇨福田会 ⇨渡辺海旭

◇**縁**（えん）

E condition; relationship　S pratītya

間接的原因，条件。

定義　「縁」は多義に用いられるが，仏教では本来，存在のあり方として釈尊がさとった内容をいい，あらゆるものは偶然で成り立つものはなく，さまざまな縁（条件）の複合によって存在するということである。

こうした複合を意味づけているのが「因」

と「縁」である。「因」とは，原因があって結果があるというような直接的原因をいうが，「縁」はもっと広義で，間接的な原因，副次的原因，あるいは条件のような関係である。

それ以外にも「縁」としての関係性にはさまざまなあり方がある。「袖ふりあうも多生の縁」「縁は異なもの」というような日常語があるように，「縁」なる概念は今日までごく日常茶飯事に使われており，それが深い仏教用語であることに案外気づいていないことが多い。それは人間関係の向上をもたらす関係性としなければならないであろう。

このような意味での人間関係を仏教では慈悲ともいう。この慈悲にも関係性のあり方によって3種類あるとされる。①衆生縁：いわゆるふつうの凡夫の慈悲であって，相手の苦しみを何とかしてあげたいというような人間関係で，小悲ともいう。②法縁：阿羅漢や菩薩が宗教的真理によって相手を導くような慈悲で，中悲ともいう。あらゆる事象は因縁の和合したものであることを宗教的真理によって正しく知り，あらゆるものはもとより自性はないという立場から，衆生を導く慈悲である。③無縁：あらゆる差別を離れて，仏・菩薩の側に属する絶対平等の大悲であり，多くの人々を救おうとする慈悲である。

仏教社会福祉的意味づけ　縁が人間関係の向上のために用いられる時には，社会の福祉のためにも積極的な意味をもつ。すなわち生活の質を高め，喜びを共有しあう関係性の構築によって縁が意味づけられるのである。ことに，あらゆる差別を離れて絶対平等の大悲である「無縁」は，報酬を求めない人間の生き方であり，共に生きようとする共感と，喜びのなかで，つくられる縁である。これを仏教では勝縁ともいう。勝縁に結ばれあうことの，心と心の結ばれあいが，真の仏教ボランティアを形成する。

参　若原雄昭「無縁の慈悲──大乗荘厳経論XVII章を中心に」（『日本佛教学会年報』61号，1996年）。　　　（吉元信行）
⇒縁起　⇒関係

◇縁起（えんぎ）

E dependent origination
S pratītya-samutpāda

あらゆる事象は因縁によって成立しているとする教理。

定義　すべての現象は，無数の原因や条件が相互に関係しあって成立しているものであり，独立自存のものはありえないとする仏教独自の基本的教説。釈尊が菩提樹下において発見した思想である。原因があって結果があるという「因果（いんが）」の理法にさらに「縁」の思想が加わり，あらゆるものは関わりあって成り立っているというまさに「ネットワーク」の思想である。日常的には「縁起がいい」とか，「縁起でもない」というように，吉凶の前兆というような意味で使われているが，これは原意からずいぶん転化している。また，「社寺の縁起」という時の「縁起（nidāna）」は，「由来」というような意味で，これもここでいう「縁起」とは語源も異なり，別の意味である。

展開　釈尊は苦なる人生の問題を解決す

べく出家し，その原因を究明することによって，真理を体得した。この釈尊の問題追究の経緯は十二縁起の図式により説明できる。①老死：人間の現実である苦を「老死」という二字で象徴させる。②生：老死という人間苦の原因は人間として生まれてきたからである。③有：人間というのは輪廻的存在である。生まれて育ち，死んでまた生まれるというように，我々の人生は流転輪廻の姿である。④取：有としての存在は人間存在に執着しているからである。執着しているからいろんなことに不適応を感じ，輪廻的存在になる。⑤愛：執着の原因は「愛」である。男女の関係の場合は愛欲というが，一般の事象に関していえば欲求，すなわち欲することすべてが愛である。⑥受：その受は，対象を受け入れるという感受作用(受)による。⑦触：その対象を受け入れる心と対象が接触する，それを触という。⑧六処：人間の感覚器官を六処という。感覚器官とは，眼(目)・耳・鼻・舌・身(皮膚)・意(意識)のことである。⑨名色：人間の身体と心である。個体的存在としての人間そのもののこと。⑩識：その名色と六処が接触する(触)ことによって「識」(認識作用)が起こる。それは自己存在を認識することである。⑪行：この認識作用の原因は「行」である。過去の経験を私たちの心の中に蓄積をしていく作用を「行」という。⑫無明：その経験を蓄積させていく作用をつくっているものを無明という。

その無明を滅することによって，それぞれ上記の項目が滅せられ，老死に代表される人間苦の克服のあることを，釈尊はさとったのである。

仏教社会福祉的意味づけ　人間というものは本来事実を知ろうとしないものである。そうである限り，人間的不適応たる老死をはじめとする苦は免れない。この無明を克服すれば，人間的適応があるとするのが縁起の思想である。自分の行為を悪いこととは自覚していない場合，それは無明のもたらすものである。しかし，何らかの契機に動かされて，真実を直視することができるかもしれないと考える。そこに，暗闇(無明)から明るい(明)世界に移行できる可能性がある。

ただ，その無明は，他人がそうだと教えても決してわかる性格のものではないことを仏教は教える。本人の自覚を待たないことには明には転換しないのである。その自覚を促す方法こそ，苦・集・滅・道の四諦であり，八正道であると釈尊は説いている。

したがって十二縁起は問題追究の方法論といえる。老死というその人間の苦の原因が「集」であり，その原因が極められた時，「滅」がある。そしてその滅に至るための方法論が「道」すなわち八正道であった。この苦・集・滅・道という四つの真理こそが，問題解決のための仏教の福祉的方法論である。

参　吉元信行『人間仏陀——仏跡・足跡と思想』文栄堂，1999年。　（吉元信行）
⇒縁　⇒四聖諦

◇遠州仏教積善会

E　Enshū-Bukkyō-Sekizenkai
明治末に免囚保護活動を行う団体として設立された社会福祉法人。

定義 1910(明治43)年5月，浜松市内の寺院僧侶と有志は，浜松分監長のよびかけに応じ，刑務所を出所した者の保護事業を始めた。1912年に至って，地域の各宗寺院が中心となって「遠州保護会」を設立し，浜松市長が会長となり，市内三組町に事務所を置いて，本格的な保護活動を開始した。1913(大正2)年「遠州仏教救済会」と合併し，「遠州仏教積善会」と改称した。

展開 発足当初より，事務所に収容施設を設け，ここでの直接保護に加えて，静岡県遠州地方(大井川以西)の各地に支部を置き，各寺院僧侶が執行猶予者・微罪釈放者のもとを訪問して監督指導する間接保護事業も行われた。1920年には，市から鴨江町の現在地を無償譲渡されて本部施設を新築し，翌年4月に財団法人としての認可を受けた。

1945(昭和20)年6月の浜松大空襲で施設を焼失したが，終戦直後にバラックを建てて犯罪者などの保護事業を再開した。1952年，社会福祉法人の認可を受けたが，進駐軍が示した「社会福祉事業における公私分離の原則」により，法人独自での施設再建が困難となり，同年，浜松市が建設した「浜松市立慈照園」の運営を受託することとなった。また対象者を犯罪者などから生活困窮者に変更し，生活保護法による更生施設に改めた。

1993(平成5)年，施設の建て替えと同時に，更生施設「浜松市立慈照園」運営の委託契約を解除，救護施設「慈照園」を設置し，運営を始めた。現在，主に精神障害者を対象とし，さらに救護施設退所者などの自立生活援助事業，救護施設通所事業も展開している。

仏教社会福祉的意味づけ 遠州仏教積善会は，明治末に免囚保護団体として発足し，戦後直後に「生活保護法」(1946年)による「更生施設」，さらには同法(1949年改訂)による「救護施設」へと変貌を遂げてきた。地域のニーズに即応しながら，長い歴史を刻んできた仏教系福祉団体としてユニークな存在である。

参 左右田文夫ほか編『70年の歩み』社会福祉法人遠州仏教積善会，1983年。

(中西直樹)

⇒斉修会　⇒埼玉自彊会　⇒豊州保護会

◇援助
えんじょ

E help; assistance　S sevā

困窮状況に対して救いの手をさしのべること。

定義 経済的援助とか国際的援助というように一般的によく使われる言葉であるが，厳密で詳細な定義づけはない。社会福祉では生活困窮者などに対して国または自治体が援護の制度を設け，それに基づく公私の援護や生活支援の諸事業を援助という。しかし，具体的には生活「保護」・戦没者遺族「援護」・災害「救助」のような種々の用語が用いられる。高齢の病弱者に対する介護なども援助の具体的な活動を示す用語である。仏教に関連する用語には慈善・慈悲・援護・支援などがある。

展開 古代から病気・困窮・災害の場合，血縁(家族・親族)・地縁(同じ地域に生活する共同体の住民)によって人々の困窮状

況に援助の手がさしのべられた。限られた小地域内で自助努力と親和連帯性などで困難に対応した。反面, 外来者(ヨソ者)に排斥的態度があったことは否定しきれない。ムラ社会のなかでは相互扶助(相助・互助)による援助方式も形成されたが, 近・現代の資本主義社会においては, 援助の社会性・公共性が強調され, 国家責任の原則による援護・救済・救助・扶助・援助・支援という方式が主となった。現代の人間疎外の社会的状況に対応する援助としては, 物的援助(ハード:貨幣的サービス)とともに, 心的援助(ソフト:非貨幣的サービス)が強調され, 心のケアや自立支援といったサービスも含まれるようになった。

仏教社会福祉的意味づけ 仏教がこの面で荷った大きな役割はおおよそ次のように考えられる。①仏教社会福祉事業として明確に位置づけられ, 運営されている各宗派寺院の福祉事業(保育所・児童養護施設・老人ホームなど), ②仏教者による福祉関係の公務員あるいは民生児童委員・保護司としての地域の福祉推進活動, ③このほか仏教者による日常の布教活動やボランティア活動などのなかで有形無形の福祉の役割, ④宗派による海外の発展途上国や民族対立の戦乱に苦しむ難民の援助活動など。

医学の進歩, 経済の発展などによる生活水準の向上の結果, 平均寿命はのびたが必ずしも老後の幸福を保障するものではない。医師・看護師・僧侶などの協力とチームによる仏教的末期医療であるケアーワークとしてのビハーラ活動が最近高まり, 仏教社会福祉の幅の広さ, 奥行きの深まりが注目される。

生活水準は向上したが, その反面失われたものも多い。学校におけるいじめ問題, 歪んだ学歴社会, 神経をすり減らす企業社会の競争, 家庭崩壊, 老人いじめ, このような現実に失望し, 救いを特異なカルト集団に求める青年たちによる自己破壊と反社会的犯罪。これらかつてみられなかった多くの問題を抱える日本社会に対して, 仏教は何ができるのかというような仏教社会福祉の使命について問われることが多い。心のケアを主とする仏教カウンセリング, 仏教の影響を受けた森田療法・内観療法など, 福祉と関わりの多い隣接領域の専門的・心理的な援助の活用も注目できる。

最近多くみられる災害被害者や社会的重大事件の被害者・加害者双方の悲惨な状況は, 現実的・具体的な援助と心理的援助の必要性を示している。アメリカの宗教福祉関係者の「信仰と祈りが援助となり治癒的価値があることを見逃さないように」という提唱は, 国内外に問題が多い現在, 一定の説得力があることは確かである。時代に対応し, 公的福祉が取り組み不十分な問題(難病に苦しむ人の援助など)に対して先導的役割を果たすことが仏教社会福祉の課題である。福祉のネットワークが重要視される現在, 仏教社会福祉がもつ社会資源を活用することは, 福祉社会の建設に大きな貢献といえよう。

参 中垣昌美『仏教社会福祉論考』法藏館, 1998年。「現在仏教福祉データベース」2004年, 長谷川仏教文化研究所。http://www.hbc.shukutoku.ac.jp/db

(沢田健次郎)

⇨**カウンセリング** ⇨**ビハーラ**

◇往生

E birth in Pure Land

S upapatti; upapanna ほか

浄土に生まれること。

定義 この世で命を終え浄土（仏国土）の世界に生まれること。日常語では「大往生」というように死ぬことを意味しているが、臨終のみを意味するのではなく「往きて生まれる」ことである。大乗仏教の立場では「往生」はさとりを得るための手段の一つとして規定されている。

一般的には「極楽往生」や「念仏往生」といった用例がある。他の日常語としては「あきらめる」「観念する」「断念する」という意味で用いられる。また「立ち往生」「往生する」というように、どうにもならない状況を表す場合もある。

展開 「往生」は、インドでいわれる天界（神々の存在する世界、仏教では六道のうちの一つであり輪廻のなかにある）に生まれようとする「生天」に由来する。その意味が次第に異なり、「往生」は成仏につながる輪廻からの解脱を意味するものとなった。往生するためには、功徳を積み善い行為を修めること（諸行往生）、仏の名を聞いて信じること（聞名往生）などが説かれるが、中国・日本で最もよく説かれるのは「念仏往生」であり、そのなかでも仏の名を称えて往生することが広く信仰されてきた。

中国廬山の慧遠（334〜416）による念仏結社「白蓮社」に代表される「念仏往生」は、阿弥陀仏の西方極楽浄土を願う「極楽往生」であり、それは「念仏往生・極楽往生」という信仰を現代にまで伝える機縁となった。また「往生」という概念を深く追究したのは同じく中国の曇鸞（476〜542）である。その著述『往生論註』に説かれる「無生之生」（浄土に生まれ変わることは迷いの世界を離れることであるから、再び生まれ変わることはないとすること）は、凡夫であっても往生できるとする浄土教の発展につながっている。そのような背景をもつ「往生」は「念仏（特に称名）」と深く結びついた。

日本では「往生」について、源信（942〜1017）の『往生要集』にその特徴が表されている。それは六道を輪廻する迷いの世界から、阿弥陀仏の極楽浄土に生まれるために10種の分類（十門）によって説かれたものであるが、特に「往生之業念仏為本（往生の業は念仏を本とする）」の表現に集約される。法然（1133〜1212）、親鸞（1173〜1262）もこれに類する句を引用している。このため日本でいう「往生」は、「念仏往生」「極楽往生」を指す場合がほとんどである。『往生要集』では平生の念仏と臨終の念仏も重視されている。

仏教社会福祉的意味づけ このように「往生」を願う人々の間では、臨終の間際に念仏によって迷いなく命終を迎えるにはどのようにすればよいかが説かれてきた。それは現在注目されるターミナルケアとしての臨終行儀にまで波及し、「往生」を通じて生き様・死に様を考察するきっかけを与えてくれる。

参 源信著・石田瑞麿訳註『往生要集』岩波文庫、1992年。石田瑞麿『往生の思想』平楽寺書店、1968年。中村元『往生

要集』古典を読む5，岩波書店，1983年。

(上田千年)

⇒**阿弥陀来迎** ⇒**浄土** ⇒**臨終行儀**

◇往生伝

E Ōjōden

極楽へ往生を遂げた人々の伝記を集めた書。

定義 往生伝は一般的に平生および臨終の行状と往生の証としての好相・奇瑞などが記されており，布教・信仰資料として高い価値をもつ。

展開 初めインドや中国で編纂され，10世紀末から日本にも登場した。伝中に僧俗念仏者の生き方として，福祉的実践に関する記述が少なからず含まれている点が注目される。伝記に登場する多くの僧俗念仏者に共通する点は，正直・慈悲・柔和などの徳性を備えていることである。それゆえ彼らには慈悲心の発露として，布施行から貧者救済などの公共的福利事業に至るまでさまざまな実践がみられる。

古代の往生伝では，『日本往生極楽記』の行基・空也，『続本朝往生伝』の高明・覚尊，『拾遺往生伝』の清仁・薬縁・藤原良相・永観，『後拾遺往生伝』の安尊・教真・西法，『三外往生伝』の理満・好延・良疏・勝義，比良山麓の一老尼，江州の優婆塞，江州志賀郡の一女人，『本朝新修往生伝』の佐伯成真・力能・平実親らの人々をあげることができる。14世紀以降，往生伝の編集は跡絶えるが，やがて近世も17世紀後半から浄土宗系の往生伝を中心に復活する。主なものに『緇白往生伝』『新聞顕験往生伝』『現証往生伝』『勢州緇素往生験記』『近世念仏往生伝』がある。近世には寺請檀家制の定着に伴い仏教が庶民生活に浸透し，他方，幕藩体制における思想善導策に呼応する側面もあって，在家念仏者の慈善行為の例を多く見出せる。

仏教社会福祉的意味づけ その福祉的実践は，飢饉時における窮民救助をはじめ，鰥寡孤独・貧困者・罪人・非人・病者の救済，生類愛護などにまで及ぶ。当時の庶民の福祉意識をうかがううえでも手がかりを与えてくれよう。往生伝はある意味で末期の看取りの臨床記録でもあったことから，仏教のターミナルケアの歴史研究に欠かせない史料である。

参 長谷川匡俊『近世念仏者集団の行動と思想』評論社，1980年。長谷川匡俊『近世浄土宗の信仰と教化』渓水社，1988年。 (長谷川匡俊)

⇒**阿弥陀来迎** ⇒**ビハーラ** ⇒**臨終行儀**

◇近江婦人慈善会

E Ōmi-Fujin-Jizenkai

滋賀県下に設立された浄土真宗本願寺派の仏教婦人会。

定義 1887(明治20)年11月,「大津婦人慈善会」が結成され，翌年2月「近江婦人慈善会」と改称された。

展開 近江婦人慈善会は，慶善寺住職・田口義門が発起し，婦人の徳性の涵養と大津付近の細民救済を目的として創設された。同会は，災害や生計に苦しむ人々を救済するために慈善市を開催し，慈善事業，看護法や裁縫・刺繍の練習，講話会などを行

うとともに、日露戦争下では包帯の寄贈、出征軍人遺族の慰問などに活躍した。1914（大正3）年11月に財団法人となってからは、保育園経営などの保育事業のみを継承していった。

仏教社会福祉的意味づけ 1915年9月、長寿寺住職・遠野了真により大津市寺町に創立された「近江婦人慈善会保育所」は、滋賀県で最初の常設保育所である。当時の寺町は貧しい人たちの住む地域や花柳界を擁していた東海道大津宿場町であった。当初は3名ほどであった園児も次第に増えたため、1918年には大津市布施屋町に移転し、1931（昭和6）年6月には「長等保育園」と改称した。また1924（大正13）年には、それまでの4歳から学齢までの対象児を拡大して、県下で初の乳幼児保育を始めるなど、1945（昭和20）年8月に閉園するまで滋賀県下の保育事業の先導的役割を担った。1975年3月に同会は解散したが、その精神は同年4月に、同会の設立精神による乳幼児保育事業を復興させるために設立された「竜が丘保育園」に引き継がれている。

参 滋賀県私立保育園連盟編『滋賀の保育園史』滋賀県私立保育園連盟、1982年。

（徳広圭子）

◇**大内青巒** おおうちせいらん 1845（弘化2）～1918（大正7）

E ŌUCHI Seiran

明治・大正期に言論・教育・社会事業界で指導的役割を果たした在家の仏教者。

略歴 仙台藩士大内権右衛門の3男に生まれ、のちに曹洞宗の僧範庵のもとで得度し、原坦山に師事して禅学を修め、福田行誡に宗派にとらわれない通仏教的立場を学んだ。明治初年、大洲鉄然らの推挙により、浄土真宗本願寺派の明如法主の侍講となるが還俗し、それ以後在家の仏教者として、宗派を超えた護法活動を展開した。

1874（明治7）年に小野梓・馬場辰猪・井上毅・島地黙雷らとともに、藩閥政治と急進的民権主義との共存の道を旗印に掲げ、啓蒙言論結社「共存同衆」を結成して『共存雑誌』を創刊。この前後に『報四叢談』『曙新聞』『明教新誌』を次々と発刊し、信教の自由を主張するなど、仏教界を代表する啓蒙思想家として、活発な言論活動を展開した。また文書伝道の隆盛を期して、1876年に活版印刷所「秀英舎」（のちの大日本印刷）を、1881年に仏教書出版業「鴻盟社」を創設した。

1879年、教監として「楽善会訓盲院」（のちに文部省直轄校、現・筑波大学附属盲学校）の開設を推進し、翌年の開院にあたって初代院長に選出され、1883年までその職にあった。また1887年には、各宗派の賛同を得て、僧侶に宗学以外の学問を教授するため「高等普通学校」を設置、翌年には僧侶教員による貧児教育の推進を期して「教員速成伝所」を付設するなど、教育事業も多く手がけた。

1890年の第1回衆議院議員選挙に際しては、「尊皇奉仏大同団」を結成して仏教界からの議員選出を目指し、死刑廃止建議をたびたび国会に行うなど政治的にも行動した。その一方で、「曹洞宗扶宗会」「上宮教会」などの在家信者集団を組織するなど、布教活動にも積極的に従事した。

このほか、動物愛護会の副会長を長く務

め、「明教生命保険会社」を設立するなど多方面にわたって活躍した。1914（大正3）年、前田慧雲の後をうけて、東洋大学の第3代学長となったが、病のため1918年9月に学長を退き、同年12月に没した。

仏教社会福祉的意味づけ 大内青巒は、各宗派の有力者に人脈をもつ在家信者として、通仏教的立場から数々の事業を手がけたが、福祉の面でも多くの事績を残した。1875（明治8）年には、『官准教会新聞』（のちの『明教新誌』）に棄児院設立を仏教界に勧告する論説を発表し、これが機縁となって「福田会育児院」が設立された。1878年に「貧癩院」の設立を計画し、楽善会訓盲院の院長を務めるなど、病者・障害者救済においても先駆者であった。

明治20年代初頭に貧困が社会問題化すると、『明教新誌』主筆の村上泰音にその状況を調査させ、1890年6月から9月にかけて「貧民救恤原論」を連載する一方、曹洞宗扶宗会の事業として、全国に貧児教育機関の設立を計画した。また1909年、内務省主催の感化救済事業講習会に参加した各宗僧侶らにより「仏教同志会」が結成された際には、会頭に選出されるなど、明治・大正期を通じて仏教社会事業の指導者として活動を続けた。

参 常光浩然『明治の仏教者』上、春秋社、1968年。吉田久一『日本近代仏教社会史研究』吉川弘文館、1964年。

（中西直樹）

⇨**上宮教会**　⇨**福田会**　⇨**仏教同志会**
⇨**『明教新誌』**

◇**大草慧実** 1858（安政5）～1912（明治45）
おおくさえじつ

E　ŌKUSA Ejitsu

免囚保護・貧民救済事業に尽力した真宗大谷派の僧。

略歴　真宗大谷派の長覚寺（京都市）に生まれる。1874（明治7）年、堂衆として本山（東本願寺）に出仕し、1890年に井波別院輪番に着任、1894年に東京浅草別院輪番に就任。今日の更生保護にあたる免囚保護事業に取り組み、1895年頃大塚に「免囚保護所」を設立し、1901年には、安達憲忠（1857～1930）とともに貧民救済および労働保護の新規事業として浅草神吉町に「無料宿泊所」を起こした。1904年、巣鴨に免囚保護事業団体として「自立会」を創設し、理事長に就任した。1910年、第二無料宿泊所を深川に開設した。1911年4月、「大谷派慈善協会」が大草の活動拠点であった浅草別院で設立され、8月に機関誌『救済』が創刊された。1912年、病に倒れ、惜しまれながら55歳の生涯を閉じた。

仏教社会福祉的意味づけ　大草の慈善事業には、免囚保護事業と貧民救済・労働者保護事業の二つがある。前者はキリスト教の拡大が図られることへの危機感から出発し、1898（明治31）年の巣鴨監獄教誨師事件にみるように、教誨師の職責をめぐりキリスト教教誨師・留岡幸助（1864～1934）らと対立し、翌年、大草は大谷派の教誨師を着任させ、仏教側の地位保全の役割を果たしている。後者は、時代のニーズを受けて増設されていき、1921（大正10）年、「職業紹介法」が制定され政府に移管されるまで重

要な役割を果たした。

主な著作に、『PRINCIPAL TEACHINGS OF THE TRUE SECT OF PURELAND』(東京浅草本願寺，1910年)がある。　　　　　　　（佐賀枝夏文）

⇒大谷派慈善協会

◇大阪養老院 おおさかようろういん

E Ōsaka-Yōrōin

明治期に岩田民次郎(いわたたみじろう)(1869～1954)が創設した老人福祉施設。

定義　1902(明治35)年12月1日，岩田民次郎(いわたたみじろう)が聖徳太子信仰に基づいて大阪に創立した老人福祉施設。現在松原市に所在する「社会福祉法人聖徳会・大阪老人ホーム」の前身で，教団や寺院にはかかわらず，岩田個人の仏教信仰に基づく。

展開　資本主義の発展のもとで苦労しながら財を成した岐阜県出身の岩田が，四天王寺参詣者の慈悲にすがろうとする高齢者を目の当たりにして，仏教の篤信者としてその救済に着手した。明治中期の都市，とりわけ大阪では孤児や孤老が放置されていた。児童施設はいくつか設立されたが，高齢者施設はまったくみられないという状況に対し，岩田は地域の篤志家および寺院関係者と相談しながら，自殺さえ考える高齢者の「天命ヲ全フセシメン」(設立趣意書)がための施設として発足させる。このことは，資本主義の荒波のなかで成長してきた実業家の岩田が，仏教の慈悲の思想に導かれて一身を投げ出し，人道主義的な慈善事業に乗り出したことを示す。だが岩田は自らの実践を「社会的慈善事業」として，「社会」がすべきことを「個人」が進めていると説き，慈善事業に社会性を見出した。そして，1908年4月21日，公費助成も始まるなかで財団法人となり，社会的支援も得ながら新しい展開を始める。1944(昭和19)年以降，第二次世界大戦の空襲を避けるため，大阪市阿倍野から郊外の松原(現・松原市)に移転を進め，1962年8月「老人福祉法」施行のもとで現在の施設名に改称し再出発した。

仏教社会福祉的意味づけ　大阪では最初の高齢者施設であり，創始者にキリスト教関係者が多い慈善事業施設のなかで，仏教篤信者の創始した施設として注目される。

参　聖徳会編『道ひとすじ』聖徳会，2000年。　　　　　　　　　（池田敬正）

◇大谷瑩韶 おおたにえいしょう　1886(明治19)～1962(昭和37)

E ŌTANI Eishō

「大谷派慈善協会」の会長として慈善事業・社会事業を指導した僧。

略歴　真宗大谷派22世大谷光瑩(おおたにこうけい)(現如)を父に，同派23世継承者光演(彰如・句仏)を兄に，連枝(れんし)(門主の兄弟など)の一人として誕生。

真宗京都中学から真宗大学(現・大谷大学)を卒業後アメリカへ留学し，慈善事業の見聞を深め，1914(大正3)年に帰国。翌年には，児童教化と派内日曜学校の組織として設立された「大谷派児童教会」の会長に就任。同年，大谷派慈善協会の会長にも就任し，派内慈善事業の啓蒙的な指導者として活躍した。また同年には，第3回の全国慈善事業大会で，井上友一(いのうえともいち)(1871～

1919)・小河滋次郎(1862～1925)・米田庄太郎(1873～1945)らとともに中心となって活躍した。1918年に「京都府慈善協会」が設立され，副会長に就任，のちに顧問となり協会発展に尽力した。同年，内務省に救済事業調査会が設置され，井上友一・留岡幸助(1864～1934)・山室軍平(1872～1940)らとともに委員として委嘱された。日本の慈善事業・社会事業の動向にきわめて深く関わった。

仏教社会福祉的意味づけ　瑩韶は，慈善事業段階から社会事業段階への過渡期に活躍した人物である。同派の児童教化と慈善事業・社会事業の啓蒙的指導者であるばかりでなく，日本の仏教社会事業のリーダーでもあった。大谷派児童教会の月刊雑誌『ほとけの子』『児童教化』や大谷派慈善協会の月刊雑誌『救済』には，主筆として多くの論文が残されている。瑩韶の筆となる記事や解説の多くは，「教育と宗教」が分離されていることへの憂慮から，宗教的教育や宗教的情操養成の必要性を説いている。近代化の弊害を指摘しつつ時代のリーダーとしての姿勢を貫いた実践家であるとともに，思想家でもあった。

参　真宗大谷派宗務所出版部編『「宗報」等機関誌復刻版17』1995年。（佐賀枝夏文）
⇒『救済』

◇大谷派慈善協会

おおたにはじぜんきょうかい

[E] Ōtaniha-Jizen-Kyōkai

真宗大谷派の慈善救済活動団体。

定義　同協会の設立の経緯は，宗祖親鸞(1173～1262)の650回大遠忌法要が東本願寺で1911(明治44)年4月に営まれ，その記念行事として感化救済事業講演会が京都高倉大学寮講堂で開催されたことに由来している。その折り，宗主光演から感化救済事業奨励の「御教書」が出されたことが端緒となって誕生した慈善活動団体。顧問は，小河滋次郎(1862～1925)，南条文雄(1849～1927)，村上専精(1851～1929)。

展開　同協会の組織は本部を京都に，東京には支部を置き，逐次地方に支部が置かれて組織化が図られた。設立の目的と事業内容は，既存の慈善事業の調査，新規事業の調査，慈善事業に関係する派内の僧侶の公表，そして連絡，慈善事業の普及のための講演会の開催，機関誌『救済』の発行であった。その後，滋賀県庁の社会改良主任であった武内了温(1891～1968)を迎えて，1921(大正10)年に真宗大谷派の宗務機構のなかに社会課が設置されることによって，同協会の役割が引き継がれた。

仏教社会福祉的意味づけ　同協会が設立された背景には，明治後期に同派の僧侶が関係した監獄教誨・慈善事業などを組織化する動きがある。組織化のなかで，宗派内の社会事業の基盤がつくられ，また機関誌をとおして，仏教と社会事業と意味づけが議論されている。このような組織化の動きは同派だけのものではなく，1901(明治34)年浄土真宗本願寺派の大日本仏教慈善会財団の設立や，渡辺海旭(1872～1933)による1911年の浄土宗労働共済会の設立など一連の流れに位置している。

参　『救済』(復刻版)，不二出版，2001年。　　　　　　　　（佐賀枝夏文）
⇒『救済』　⇒武内了温

◇**大茶盛** おおちゃもり

E Ōchamori

僧侶が大茶碗に茶を点てて参会者に勧める行事。

定義 現在奈良・西大寺で1月15日、4月第二日曜とその前日、10月第二日曜とその前日に行われている大茶盛が最も代表的なもので、叡尊(1201〜90)が始めたとされている。

展開 日本に初めて抹茶を伝えたのは臨済宗の開祖栄西(1141〜1215)であり、『喫茶養生記』を著わして、茶の栽培や喫茶の方法、茶の養生などについて述べている。そのなかで栄西は「茶は養生の仙薬なり。延命の妙術なり」として、茶の薬用的効能をたたえている。したがって、茶をふるまうことは、病貧者・非人・乞食などを含む庶民の教化・授戒の方便として行った施薬であった。大茶盛は、西大寺において、叡尊が、1239(延応元)年に修正会後、参詣者の健康を祈願してふるまったことを始めとし、以後、説教する際に必ず施茶というかたちで民衆・参詣者らに施したことから発展した。さらに叡尊は律院で茶園を設けさせて施茶を実施したことから、現存する銘茶の産地には叡尊ゆかりの律院に由来するものが多いといわれている。

仏教社会福祉的意味づけ 施薬としての施茶は、慈善救済の一形態として重視されただけではなく、みんなが力を合わせて大きな茶碗を持ち、同じ茶碗の回し飲みによって、和合と共同の精神を培って、人間生活における相扶と共助の意味づけがなされたことは、仏教社会福祉の原点としてとらえることができる。

参 菊池武「茶所と庶民信仰」(『印度学仏教学研究』第25巻第2号、1977年)。

(長崎陽子・中垣昌美)

⇒叡尊　⇒明庵栄西

◇**大西良慶** おおにしりょうけい　1875(明治8)〜1983(昭和58)

E ŌNISHI Ryōkei

大正から第二次世界大戦後にかけて京都仏教界を指導した清水寺貫首。

略歴 大和の多武峰(現・奈良県桜井市)の妙楽寺塔頭智光院に生まれ、郡山中学(現・郡山高校)に進学するが、1889(明治22)年から法相宗本山・興福寺に入り、得度。翌90年から法隆寺勧学院にて唯識学を学び、1899年に興福寺住職となる。日露戦争に際して従軍僧となるが、それ以降は全国に布教し、廃仏毀釈後の仏教再興隆に努力した。1914(大正3)年、再興されてきた京都東山の清水寺住職を兼務する(1942〈昭和17〉年、興福寺住職兼務を辞す)。毎月16日に般若心経の講義を通じて布教活動し、それが100歳を超えても続けられ、盂蘭盆会法話(京都の夏の行事として有名な暁天講座)となった。

実践 1921(大正10)年、仏教教団の新たな社会活動のために結成されていた「京都仏教護国団」団長に、求められて就任する。この各宗派共同の活動を通じて仏教社会化の先頭に立つが、同年12月には老人福祉施設としての「京都養老院」(現・社会福祉法人同和園)の創設にこぎつけた。この施設は、良慶を中心にしながらも、各宗派有

志の協力によって経営されたことは注目される。1976(昭和51)年には, 朝日社会福祉賞を受賞した。

また, 僧良慶の慈悲の思想は「反戦平和」にも向けられ, 1954(昭和29)年に平和を求める京都仏教徒会議を結成し, その理事長となる。1962(昭和37)年には日本宗教者平和協議会理事長に就任し, 仏教内だけでなく宗教各派に広がる日本の平和運動の中心となった。その107年にわたる生涯は, 教団を超えた大徳であったことを示す。

(池田敬正)

⇨京都養老院　⇨仏教護国団

◇奥村五百子 1845(弘化2)～1907(明治40)

E OKUMURA Ihoko

軍人遺家族の保護事業団体・愛国婦人団体の創設者。

略歴　真宗大谷派の高徳寺(佐賀県唐津市)の12世奥村了寛を父, 浅子を母として誕生。2歳上の兄, 奥村円心(1843～1913)は朝鮮開教・千島開教など開教事業を推進した人物。

実践　五百子の社会事業は兄円心と深い関わりがあり, 1897(明治30)年に円心の開教の地である朝鮮の光州に渡り, 翌年には「光州実業学校」を開いて慈善事業への端緒をつくった。北清事変後, 東本願寺連枝・大谷勝信に同行して戦地慰問をし, 惨状をつぶさに体験して軍人遺族扶助を思い立ち, 具体化へ向けて奔走する。1901年, 五百子が57歳の時に東京九段の偕行社で大山捨松をはじめ板垣絹子・大隈綾子など著名な女性を発起人として「愛国婦人会」の発会式を挙げる。5年後には同会を退く。その間に精力的に募財をし, 会員拡大・巡回講演を行って礎を築いた。

同会は戦死ならびに準戦死者の家族および廃兵の救護, 軍人遺家族の子弟の保護事業, 授産事業, 保育事業, 職業紹介事業などきめの細かい慈善事業を展開した。日露戦争を契機に拡大し, 会員, 団体規模を拡大し活動を展開, 第二次世界大戦中の1942(昭和17)年に「大日本婦人会」に統合された。

仏教社会福祉的意味づけ　五百子の設立した愛国婦人会の趣旨は軍人遺家族の生活支援を目的とするもので, 五百子が着手するまで未開拓の事業であった。五百子は鋭い感性と旺盛な行動力を支える阿弥陀信仰のもと, 賛同者が節約して拠出した資金をもとに, 各種の慈善事業を展開した。同会のモットー「半襟一掛けの用を節約せよ」を奥村精神として事業が行われた。

参　小笠原長生『正伝奥村五百子』南方出版社, 1942年。

(佐賀枝夏文)

◇長

E leader

中世後期以降の村落の指導者・実力者。

定義　「長」は, 乙名・老・大人など史料によってさまざまな文字があてられるが, 15世紀頃から各地に広がる農民の自治的結合体である惣村の実力者を指すようになる。中世社会の農村は, 平安時代以来の荘園制の崩壊と, 鎌倉時代末期以降の農業生産力の発展に支えられて惣村とよばれる村落結合体を基礎に再編成されていく。この惣村

を代表する地位にあったのが長で、その経済力を背景に土地の領有を進め、一般農民に土地を貸し付けて地主―小作関係を結び、もう一方で、支配者である領主には、年貢・公事などを農民に請け負わせる在地の支配者としての役割を果たし、その存在を認めさせていった。

展開 このような経緯をたどって、在地における支配権を獲得した長は、在地の指導層として年貢・公事を収納する権力機構の一端を担い、それによって一部の税の免除を受ける特権を得ていた。そのうえで、太閤検地・刀狩令をとおして確立していく兵農分離政策のなかで、城下町に集住した領主層に代わって、村の代表者として村落社会の統轄を委ねられる地位を獲得していくことになった。

江戸時代に入ると、長など村落社会の指導層は、幕府の地方統治を担う村方三役(地方三役)として、年貢の徴収や役負担の責任を負っていくことになる。この村方三役は名主(庄屋)・組頭(長百姓・年寄)・百姓代によって構成されている。名主は、領主からの命令を受け取り、組頭の補佐を得て、それを周知徹底させる一方で、村の運営の円滑化を図るために百姓代を監視役に任じていた。こうして、村落社会の指導層であった長らは、統治者としての性格を確立し、一般農民に対しても冠婚葬祭をはじめとする生活全般への関与を明確にするようになった。

仏教社会福祉的意味づけ 村落社会の指導層を教化対象に、教線の拡大を図ったのが蓮如(1415～99)であった。浄土真宗を中興した蓮如は、その組織拡大のために、村の指導層である坊主・年寄・長(乙名)を門徒に引き入れることを指令し、彼らを教化すれば、村落のすべての構成員を門徒化できると説いていた。もう一方で、長などにより礼拝の場としての道場が置かれるようになった。そこでは、寄合(講)を通じて、談合という話しあいがもたれた。この談合では、蓮如が説いた「御文」(御文章)をもとに念仏の救いなどを学びあい、疑問点を話しあった。こうして、ヨコの関係を強化して相互の連帯性も図っていった。

こうしたタテとヨコの関係を巧みに操っていく蓮如の組織化の過程は、村落社会の構造そのものを熟知した結果であった。タテの関係による支配の体系とともに、農民自身による相互扶助に基づく連帯性が村落社会に根づいていたことに蓮如の教化活動の成功の要因があったといえる。村落社会のタテとヨコとの関係を生かし、タテの関係の上部に位置する長の地域社会の指導層としての役割に着目することで、コミュニティ形成を図るための方法が提示されている。

参 安藤精一『近世農村史の研究』清文堂、1984年。中垣昌美『仏教社会福祉論考』法藏館、1998年。『親鸞・覚如・蓮如』千葉乗隆著作集1、法藏館、2001年。

(林　信明・宮城洋一郎)

⇒一揆　⇒蓮如

◇恩赦

[E] general pardon

犯罪者に対して罪をゆるす制度。

定義 恩赦とは、刑事手続きによらず、

元首・行政の最高機関の特権により公訴権を消滅させ，また裁判の法的効果である刑罰権を消滅，軽減することをいう。

　展開　恩赦は，日本の古代社会にあっては，主に朝廷の慶事を祝い，凶事に際してその退散を願うなどの理由によって，天皇の詔により実施されてきた。慶事には，天皇の即位，皇子の出生，改元などがあり，凶事には皇族の病気，疫病の流行，天災の継続などがあった。中世に入ると，恩赦を行う権限は将軍に移ることとなった。鎌倉時代の武家の法典である「御成敗式目」には，伊勢神宮の訴えによる罪人には恩赦を適用しないとの規定があった。恩赦の実施主体である将軍も，伊勢神宮には一歩譲ることとなっていた。近代以降，恩赦は再び天皇の大権事項となった。「日本国憲法」制定後，恩赦は内閣が決定し，これを天皇が認証することにより実施されることとなっている。

　現行法における恩赦には，大赦，特赦，減刑，刑の執行の免除，復権の5類型がある。大赦とは，政令で定めた罪について，有罪の言い渡しの効力および公訴権を消滅させることである。特赦とは，中央更生保護審査委員会から申し出のあった特定の者について，有罪の効力を失わせることである。減刑とは，刑の言い渡しを受けた者に対して，刑を軽くすることで，政令で罪または刑の種類を定めて行う一般減刑と，個個の処分として特定の者に対して行う個別減刑とがある。刑の執行の免除とは，刑を変更することなくその執行を免除することである。これが言い渡されると刑の執行が終了したのと同じ効力が発生する。ただし刑の執行猶予中の者に対してはこれを行うことができない。復権には，有罪判決を言い渡されたことにより資格を喪失，停止された者に対して，政令で一定の要件を定めて行う一般復権と特定の者に対して行う個別復権がある。復権は資格を回復させる効果をもつが，刑の言い渡しの効力を失わせるものではない。

　仏教社会福祉的意味づけ　戦前・戦後を問わず，従来から主として宗教者が教誨師・保護司として司法福祉（司法保護事業）の分野で幅広い活動を続けてきたことは周知の事実である。在監者の恩赦については，恩赦に関する上申権をもつ刑務所長が教誨師の意見を打診してこれを行う。また保護観察中の犯罪者の恩赦に関しては，恩赦について上申権をもつ保護観察所長と保護司との話しあいが行われる。特に，保護司は，将来恩赦が必要と思われる対象者に，保護観察所長あての恩赦の出願についての説明，恩赦を受けるために解決すべき問題点を指摘することになっている。また罪を犯した本人に，その問題を解消するよう努力すべきことを指導する。さらに罪を犯した者と被害者をはじめとする地域社会との間で人間関係調整の労をとっている。こうした努力の集積が，恩赦の適用につながっていくのである。

　したがって，恩赦に導く教誨師・保護司の役割は大きく，歴史的にみて，その大半を宗教者，特に僧侶や檀信徒をはじめとする仏教者が担ってきた事実は，仏教の慈悲の精神を実践するものとして評価され，そこに福祉的援助の一端が示されている。

　参　前野育三・前田忠弘・松原英世・平

山真理『刑事政策のすすめ』法律文化社, 2003年。前野育三『刑事政策論』法律文化社, 1994年。瀧川政次郎『日本法制史』角川書店, 1971年。谷山恵林『日本社会事業史』大東出版社, 1950年。

（桑原洋子）

⇒更生 　⇒保護

◇御同朋・御同行
（おんどうぼう・おんどうぎょう）

E　Shin-Buddhist's companionship

浄土真宗の門徒のこと。

定義　同朋とは，「とも同朋」のことであり，法然上人を師とする同じ門下のともがらのこととされる。同行とは，同じ仏道修行に励む者のこと。

展開　天台大師智顗（538〜97）の『摩訶止観』には，同行とは，「（中略）切磋琢磨し，心を同じくし志を斉しくして一船に乗るがごとく，たがひにあひ敬重して世尊を視るがごとくす」と述べられているように，互いに敬いあう関係であると説く。善導（613〜81）は，同じ念仏行に生きる者の意味とし，親鸞（1173〜1262）の『御消息』では，ともに念仏の教えを聞き行ずる人々として「御同行」，朋として「御同朋」と記されている。

このように同朋といい，同行というが，専修念仏に生きる者の平等のありようとして使用された概念である。信の行者は心を同じくして，同じ方向に向かって道を行ずる者であることを示している。そこには，阿弥陀仏の平等の大悲に包まれて，ともに仏子として摂い取られていく念仏者の平等性と互敬の思いが示されているといえる。すなわち，正定聚（正しく往生が定まった人）の位につき，尊い仏と同じ徳に生かされることができることを指す。

仏教社会福祉的意味づけ　「御同朋・御同行」は同一の念仏に生きる者として，互いに信頼と尊敬の念をもってと敬愛しあって生きるべきことを示している。『歎異抄』の表記に「親鸞は父母の孝養のためとて，一返にても念仏申したること，いまだ候はず。そのゆゑは，いつさいの有情はみなもつて世々生々の父母・兄弟なり」といい，念仏者だけではなく，すべての人間は同じいのちにつらなる父母・兄弟であるとしている。同朋の観念を一切衆生にまで拡大し，普遍化しているところに，仏教者コミュニティを形成する同朋教団として意味づけることができる。したがって，仏教社会福祉の対象は「仲間」であり，「同朋・同行」であり，ひいてはすべての人間である。

（中垣昌美）

⇒親鸞　⇒蓮如

か行

◇海外開教
（かいがいかいきょう）

E　overseas missionary work

海外に仏教を伝道すること。

定義　仏教各教団は海外への正法伝道の必要性から布教使（開教使または開教師）を世界各国に派遣した。

展開　1898年（明治31）1月，ハワイに

「本願寺ハワイミッション」の名で開教が始められたことをきっかけに，以後浄土真宗（本願寺派・大谷派），浄土宗（鎮西派），真言宗，曹洞宗，身延山日蓮宗の仏教各宗の僧侶が布教を目的としてハワイへ渡った。そして，布教所や説教所をつくり布教活動の拠点とした。いずれもプランテーションや耕地キャンプへの訪問布教，各種義捐金募集や救援・慰問活動，相談・助言，就職斡旋，書簡代筆や世話・援助活動などを展開した。これにより，布教所は，「海外に雄飛し故郷に錦をかざれ」をスローガンに渡海していった日本人海外労働者ないし日系二世家族のコミュニティの文化・福祉・教育のセンターにもなったのである。

なかでも，移民五県といわれた広島・山口・熊本・福岡・和歌山の真宗門徒からの要請に基づいて，本願寺派が「米国仏教団」の名において1899年にはアメリカ本土に，1904年にはカナダにそれぞれ開教を展開している。

戦後はブラジル，アルゼンチン，スイス，イギリス，ドイツ，フランス，台湾，アフリカなどにも開教地を拡張した。しかし，世界各地に定着するに従って，各国それぞれの社会や文化に同化することを拒む日本仏教の閉鎖性が問われるようになった。そのことから日本仏教の各国・各地の社会的・文化的適応・順応・同化が始まり，受容・寛容・変容の様式はそれぞれ独自の展開がみられるようになった。

仏教社会福祉的意味づけ 海外の仏教会と日系人社会の結合関係はきわめて強く，無尽講や頼母子講に似た相互扶助的組織化もみられた。強い仏教社会福祉的援助関係を維持存続させてきたのである。また付属教化団体（仏教婦人会，仏教青年会，仏教壮年会，ダルマスクール，ボーイスカウト，ガールスカウトなど）や日本語学校が，地域の交流と連帯の場として仏教福祉の活動拠点になった場合も多い。保育所や高齢者福祉施設を運営する仏教会もあり，ダーナの日（布施の日）を定めて布施の行を実践し，施設訪問や居宅への友愛訪問，ホットミールサービス（給食・昼食会）に協力する仏教ボランティア団体もある。さらに，日系三世による権利擁護運動への支援や日本の災害救援活動にも情熱的に取り組んでいる。

（中垣昌美）

⇨ダーナ運動

◇階級差別

[E] caste discrimination

身分・門地・職業などを根拠に差別を容認する考え。

定義 インドには古来，カースト制という階級差別が存在する。このカーストは，広義には，ヴァルナとジャーティの二つを含む概念とされている。ヴァルナは，本来「色」という意味であり，紀元前1500〜1200年頃インドへ侵入したアーリア人が，アーリア（高貴な，神則を守る）・ヴァルナと，肌色の黒い先住民ダーサ・ヴァルナとを肌色で区別するために用い始め，身分・階級という意味が生じてきたといわれている。そこから，バラモン（婆羅門・司祭者），クシャトリア（刹帝利・王族），ヴァイシャ（毘舎・庶民），シュードラ（首陀羅・隷民）の四姓が生まれ，さらに，その下に社会の

枠組みの外(アウトカースト)として，不浄な人々とみなす不可触民(アンタッチャブル)を設け，下賤とされる職業に就かせた。

これに対し，ジャーティは，「生まれ」の意味で，インド社会にある実体的な社会集団を指し，職業の相違などによって細かく分類され，全体で2000～3000もあるとされる。そこでは，世襲制により職業を継承し，婚姻も同一職業間でなされ，他の職業の者との通婚を認めず，食事などの場合も異なった職業の者との同席はしないという厳格な規定を設けてきた。

こうしたヴァルナとジャーティにより序列づけられた社会制度がカースト制である。そこには，地縁・血縁・職能が密接に絡みあった排他的な集団が多数存在し，その構成員の結婚や職業，食事に至るまで厳しい規制がなされ，それぞれの集団の自治が機能していたのであった。

展開 パーリ語経典の一つ『スッタニパータ』(経集)のなかの『賤民経』(ヴェーダッラ)に「人は生まれによって賤しい者(ヴェーダッラ)となるのではなく，生まれによってバラモンとなるのではない。行いによって賤民となり，行いによってバラモンとなる」という偈がある。この語句をもって，「仏教は階級差別を否定している」と説かれてきた。しかし，全体の文脈からも明らかなように，「賤しい者」とされる人々は，さまざまな悪行をなすものととらえられていて，その代表として「賤しい者」をあげるなど，必ずしも階級否定の立場にあるわけではない。

また，多くの仏典に表れ，仏法を守護する八種の神々の総称とされる「天竜八部衆」とよばれる，天・竜・夜叉・乾闥婆・阿修羅・迦楼羅(金翅鳥)・緊那羅(天の楽人)・摩睺羅迦らは，過去には，これらは実在するものとしてとらえられていた。竜(nāga)は，インドの先住民族であるナーガ族を神格化したものである。また，セイロン島の先住民族のヴェッダー族のことを夜叉，セイロン島の旅芸人を緊那羅と称したこともある。このように「天竜八部衆」は，先住民族や，旅芸人などの被征服者を「非人」として扱ったことに由来する。そこに，人格を認められてこなかった差別の事例が歴史的にみられる。

仏教社会福祉的意味づけ 仏典には，悪因悪業にこじつけた階級差別につながるさまざまな言辞がみられる。また差別戒名やセイロン島の仏教教団間のカースト差別など，仏教は歴史的・社会的状況のなかで，差別容認の立場をとってきた。しかし，古代以来の身分制度に拘束された社会的通念や習俗と当時の経典をそのまま現代に適用して評価を下すことには，慎重な議論が必要である。

また，バラモン教やアビダルマ仏教において業思想が差別容認の根拠となったこともあるが，仏教本来は個の置かれた環境を直視し，意業によって個自らの主体的な行動を重視することによって，個を苦悩から解放するのである。

自由と平等を前提とする現代社会でありながら，好むと好まざるとにかかわらず社会的諸問題を担わされている国民大衆は，差別と向きあっていかねばならない現状にある。差別の根源は偏見にある。偏った考えや独りよがりにとらわれがちの自分が共

に生きる人間の存在を確認し，いのちの尊さを認識し，共に歩む仲間であることを認めあう社会を実現していく努力のなかに，差別を克服する仏教社会福祉の立場がある。

参 中村元『インド思想史』(第2版)，岩波書店，1968年。小谷汪之『不可触民とカースト制度の歴史』明石書店，1996年。　　　　　　　　　　（柏原信行）

⇨宿業　⇨同和問題　⇨平等

◇介護(かいご)

E social care work

介抱・介助を含めた支えあいの世話を意味する用語。

定義　個人の尊重と生活の自立支援および生存の意義を見出し，交流と連帯を支援すること。近年では介護福祉の例で使われることが多い。

展開　人間が人間らしく輝き，かけがえのないいのちを生きることができる社会の実現こそ，人間尊重と福祉優先の理想である。そのことはまた，21世紀を輝く人間の世紀にしていくためのすぐれて基本的な課題である。高齢者や障害者を特別視することは許されてはならないことであるが，好むと好まざるとを問わず，何らかの身体的・精神的・社会的障害を担わされざるを得ないすべての人間が，生活者として安心して安全に住み，暮らし，生きることができると同時に，可能な限り自立して主体的に暮らせるために，誰もが安心して共に生きる共生，共感，共育の環境づくりが不可欠になった。

その一番大切で最初の援助の原点ともいうべきものが，介護である。身辺介護・世話・清潔から始まって，食事，排泄，更衣，入浴・清拭，移動その他日常生活動作の介助も含め，当事者のバリアフリー（障害物の排除をとおして自立を支援し，社会参加を促進する）とリハビリテーション（機能回復訓練），ならびにノーマライゼーションとユニバーサル・デザイン（誰にも利用しやすい暮らしの場）を考えて援助することを介護活動（ケアワーク）といっている。

日本仏教における介護（福祉）の歴史をみると，光明皇后(701～60)の温室(薬風呂)供養における身体的介護や，浄土教における臨終行儀にみられる宗教的介護，源信和尚(941～1017)の二十五三昧会における生活面の相互介護があげられる。鎌倉時代に入ると湯施行の広がりのなかから，温室（薬風呂）供養による身体的介護が生まれ，光明皇后が「癩者」を救ったとする「あかこすり伝説」なども広がっていった。こうした伝統が今日の仏教ホスピスともいえるビハーラ活動などにつながっている。

仏教社会福祉的意味づけ　起きる，食べる，寝る，排泄するなどの日常生活が繰り返されるだけでは，クオリティ・オブ・ライフ（QOL）すなわち充実した生活とはいえない。そこに大切なことは，コミュニケーションである。意思の疎通であり，心と心のふれあいである。会話であり，語らいであり，気づきとうなずきの交流である。身体的介護だけが強調されるのではなく，心理的介護も重要である。介護利用者の現在置かれている状況を見つめると同時に，現在もっている気持ちを知見し理解することによって共感していくことである。ある時

は慰め，ある時には励まし，お互いに生きることを確かめあうなかで，緊張緩和と心の安らぎを得られる環境をつくることが忘れられてはならない。ビハーラやホスピスなど仏教者による相談・助言・介護活動への新たなルートが展開するなか，仏教精神を基盤とした活動の展開が期待されており，決して布教や信者獲得の方法に利用されるべきではない。　　　　　　　　（中垣昌美）

⇒臨終行儀

◇カウンセリング

E counseling

悩みや緊張を緩和するための相談。

定義　カウンセリングは専門的な教育と訓練を受けたカウンセラーが，クライエントの悩みや抱える問題の解消に向けて助言することをいう。また，クライエントの人格の変容や成長発達を援助する目的で行うものである。なお，用語については，相談と類似しているために「相談」があてられることがあるが，十分な表現とはならないために英語のカウンセリングがそのまま使われている。

展開　カウンセリングは欧米で誕生し発展したものである。古来日本では，文化的風土として，何か問題があれば寄り集まり，お互いの意見を出して語りあう「談合」が行われてきた。また，他人に意見を求める「相談」が行われてきた。談合や相談の文化や伝統は，わが国が近代化するまで，その機能を果たしてきた。その理由は，農耕を主体とする地縁・血縁で結ばれた地域共同体であったこと，寺院が談合・相談の場として機能するなど，民衆のなかに仏教が広く深く浸透していたことがあげられる。

仏教とカウンセリングの出会いは，終戦後にアメリカ占領軍によってカウンセリングが導入されたことに始まる。カウンセリングは学生相談として始められ，次第に幅広く活用されて定着し，現在に至っている。仏教カウンセリングは，藤田清（元・四天王寺国際仏教大学学長）による研究がさきがけとなった。人間の悩みや抱える問題の解決や解消を目的にしていることに着目した仏教者らによって，研究と実践の両面にわたる関心が高まっていった。活用されている領域は，仏教福祉や仏教教育などを中心に広範囲にわたっている。

しかし，一方的に欧米の影響を受けるだけではなく，ドイツの精神分析学者のフロム（Erich Fromm, 1900～80）は，禅仏教に深く関心を寄せた代表的な一人である。また，アメリカの女性精神分析者ホーナイ（Karen Horney, 1885～1952）も仏教に多大な影響を受けた研究者である。その功績は欧米に禅の思想を紹介した鈴木大拙（1870～1966）によるものであり，特に精神科医であり深層心理学者のユング（Carl Gustav Jung, 1875～1961）の「夢の分析」には仏教の唯識思想が大きく影響を与えた。

仏教社会福祉的意味づけ　相手の素質に適した教えを説く対機説法によって広められた仏陀の教えは，本来カウンセリング的なものであって，仏陀は偉大なカウンセラーであり，仏教そのものが大きなカウンセリング体系ともいえる。その意味で仏教福祉の領域として，ビハーラ活動や司法福祉など具体的な活動の場面で，実践と研究

が重ねられている。仏教系大学において仏教とカウンセリングの講義が設けられ、研究会や研修会が内外を問わず継続的に開催されていることは意義深い。

参 鈴木大拙・E.フロム・R.デルティーノ『禅と精神分析』東京創元社、1960年。藤田清『仏教カウンセリング』誠信書房、1964年。J.マーヴィン・スピーゲルマン・目幸黙僊『仏教とユング心理学』春秋社、1985年。河合隼雄『宗教と科学の接点』岩波書店、1986年。

(佐賀枝夏文)

⇒**感応道交**　⇒**機**　⇒**共感と同情**
⇒**受容**

◇各宗協同仏教慈善会

E Kakushū-Kyōdō-Bukkyō-Jizenkai
明治中期に「仏教各宗協会」が、貧民救済を目的に創立した慈善団体。

定義　1890(明治23)年6月、各宗派管長は協議会を開き、仏教各宗派の提携を図るため「仏教各宗協会規約」の制定を決議した。その背景には、キリスト教への対抗意識と、同年実施の衆議院議員選挙で僧侶に被選挙権が与えられなかったことへの危機意識があり、各宗共同で仏教側の権益を確保しようというねらいがあった。こうして仏教各宗協会は、慈善事業の実施を事業の一つに掲げ、国家に仏教の有用性をアピールしようとし、「各宗協同仏教慈善会」を併設したのである。

展開　同会の創立委員には、古谷日新(日蓮宗)・水島洞仙(曹洞宗)・高志大了(真言宗)・渥美契縁(真宗大谷派)・大洲鉄然(浄土真宗本願寺派)が選出された。当時、地方行政の要請を受けて各地に仏教者による貧児教育機関が設立されつつあり、1890年の第一次資本主義恐慌もあって、仏教者の慈善事業参加への気運は高まりをみせていた。ところが、同年10月に「新小学校令」と「教育勅語」が発布され、貧児教育を寺院僧侶に依頼する方針が転換されると早くも活動は停滞し、大きな成果を上げることができなかった。

設立母体の仏教各宗協会には、1893年に設立された「仏教博愛館病院」に補助金を交付するなどの活動もみられたが、真言宗・浄土宗・臨済宗が退会し、各宗の足並みもそろわなくなった。そこで、1898年、仏教各宗協会は、政府による寺院法案が浮上したことを機に、各宗一致団結して活動するため、新たな団体を結成することとし、解散した。

仏教社会福祉的意味づけ　各宗協同仏教慈善会の構想は、貧民救済だけでなく、出獄者保護・不良少年感化などにも及ぶ壮大なものであったが、中央の方針を地方まで浸透させる総合的システムを構築できず、宗派間の調整も困難であったことから基本的構想を具体的に展開することはできなかった。しかし、その計画は仏教界に思想的刺激を与え、慈善活動に仏教の存在意義を見出す路線は、その後、仏教教団各派に定着していった。

参　吉田久一『日本近代仏教社会史研究』吉川弘文館、1964年。『明教新誌』1890年7月16・20・22・30日付。(中西直樹)

⇒**大日本仏教慈善会財団**　⇒**日本大菩提会**

◇拡大と拡散(かくだい かくさん)

E extension and diffusion

社会福祉サービスの質に関わる議論。

定義 拡大は，大きく広く拡張することであり，それに対して拡散は，広範囲に散らかすという意味である。わかりやすくいえば，拡大は「広がり」であり，拡散は「ばらまき」ととらえられる。

展開 近代社会福祉機構のなかで，「拡大」と「拡散」の概念規定に混乱があり，制度の拡大とサービスについて，1970年代以降きわめて不透明な議論が展開されている。

現代社会における社会的ニーズが多様化し，それに対応する公私の援助サービスの供給は量質ともに拡大してきた。その場合に重要なことは，社会福祉対象の正確な把握と設定である。社会的ニーズの多様化に比例して，社会福祉の対象は拡大してきたが，具体的な対象把握が逆に不明確になる傾向にある。すなわち，社会福祉対象の明確な把握，つまり誰が誰を援助するのかについて本質的な理解を怠った安易な対応は，サービスの拡散化を生み出す。それは実質的効果または実体的成果を上げることにつながらない。

仏教社会福祉的意味づけ 拡大と拡散の混同は許されない。仏教教団の実践する福祉施策を拡大することはあっても，拡散することは福祉対象に対する福祉活動目標の真の達成ではないからである。とりわけ，仏教福祉の理念からみても，現実直視の視点を失うことなく，上記のようにサービスの拡大と拡散をはっきり区別することが重要である。
〔中垣昌美〕

◇合 掌(がっしょう)

E putting one's hands together
S añjali

両手の掌(てのひら)を合わせること。

定義 仏神に対して行うだけではなく，インドや東南アジアでは礼法としても行われ，広くアジア仏教文化圏では共通の礼拝法となっている。仏教が中国に伝わった当初は，「叉手(しゃしゅ)」とも訳された。

展開 古来インドでは，合掌は人間のなかの神聖な面と不浄な面を合一したところに人間の真実の姿があるという考えを表すものとされた。右手を清浄な手とし，対する左は不浄な手とみなされてきたが，それを合わせ示すことは，人間のありのままの姿を表すことになる。真言密教では，右手が仏，左手は衆生を表し，両手を合わすことは，仏と凡夫が一体となることを意味づけている。

このように，尊敬や感謝の念，謙虚さ，あるいは敬虔さはかたちとなって現れる。そのかたちの一つが合掌であるといえよう。ただし，そうした形式のみが絶対視されてきたのではない。たとえば仏陀に対して「一手」をあげることによっても，その礼拝の功徳によってさとりに達することができると，『法華経』方便品は述べている。

仏教社会福祉的意味づけ 『法華経』に登場する常不軽菩薩(じょうふきょうぼさつ)は，自らは軽蔑されても，人を決して軽んじることなく，彼らがやがて尊敬されるべき仏陀となることを信

がん

じて，礼拝行を行った。その菩薩こそが，釈尊の前生の姿であるという。常不軽菩薩の礼拝行は人の仏性を拝むことである。この場合の合掌は他者を分け隔てなく敬うことであった。尊敬のみならず感謝の念を表す時にも，合掌はごく普通に行われてきた。福祉の現場において，お互いに合掌しあう心をもつことが真の仏教福祉実現につながるであろう。「手を合わせおがむあなたがおがまれる」という心情や態度が，共生・共感・共育の原点にあり，人と人とを結びつける縁と絆となるのである。

参 中村元『ウパニシャッドの思想』中村元選集（決定版）第9巻，春秋社，1990年。　　　　　（三友量順）

⇒有難う

◇カルナ学園 (がくえん)

E Karuna-Gakuen

浅草寺の社会事業活動の一環として設立された知的障害児施設。

定義　「カルナ学園」は1933(昭和8)年に浅草寺貫首(当時)大森亮順を学園長に，東京府北多摩郡神代村(現・調布市)に設立された。顧問には富士川游(1865〜1940)，高嶋平三郎が就任した。そして，林蘇東(1896〜1956)が，学園主事として学園における実際上の指導・運営に携わった。なお，カルナ(karṇā)とは，慈悲の「悲」を表すサンスクリット語である。

展開　林は，浅草寺住職の縁戚に生まれ，東洋大学在学中は心理学を専攻。在学時代から知的障害児に関心を寄せ，知的障害児に関する研究論文を発表した。またその後，ドイツに3年間留学し，シュテルンのもとで基礎研究を行うと同時に，当時，ドイツの治療教育の代表的施設であるトリュペル治療教育院において知的障害児の実際指導を学んで帰国した。帰国後，知的障害児施設である藤倉学園治療教育学研究室に籍を置き，園長川田貞次郎(1879〜1959)のもとで研究を重ねた。

林のこうした実践や経験をもとに，カルナ学園では，児童の「技巧的的能力を発達せしめて手指筋肉作用の発達をなさしむると共に書字法の上達を促し，次いでは意志の訓練並に性格の陶冶を計る」ことを目的に，治療体操(筋肉の訓練を通じて意志で体力の増進発達を図る)を組織的に取り入れる処遇を実践した。

その一方で，林は，知的障害児施設の協議会である愛護協会の幹事を務め，1935年，第8回社会事業大会での提起を受け，久保寺保久(1891〜1942)とともに，心理学会建議メンバーの一人として「精神薄弱者保護法」などの建議にも力を尽くした。

仏教社会福祉的意味づけ　カルナ学園は1945(昭和20)年の浅草寺本部の戦災により，やむなく閉園となっているが，仏教系の知的障害児施設として先駆的な処遇方針を明らかにするなど，昭和期の仏教社会事業界に残した功績は大きい。　（村井龍治）

⇒浅草寺福祉会館　⇒富士川游

◇願 (がん)

E vow　S praṇidhāna

祈願や誓願のこと。

定義　祈願や誓願のこと。さとりのため

に起こす誓願。仏陀が、菩薩であった時に衆生救済のために立てた誓願。阿弥陀仏の四十八願、薬師如来の十二願、普賢菩薩の十大願などがある。

展開 願と訳されるサンスクリットの原語には「努力・熱望」の意味がある。努力や熱望が宗教的な行為として昇華された時に、さとりのための誓願となる。浄土往生の願いを起こすことを発願といい、同時に、さとりのための菩薩の誓願を起こすことでもある。『大無量寿経』には阿弥陀仏の四十八願を説き、『薬師如来本願経』には薬師如来の十大願、『華厳経』普賢行願品には普賢菩薩の十大願が説かれている。これらの誓願が成就されて初めて菩薩は仏陀となる。阿弥陀仏の四十八願においては、すべての人々がさとりを得ないならば自分は仏陀とはならないと誓っている。衆生を残らず救済するという衆生済度の誓願は、限りなく続く菩薩行であることを意味している。『華厳経』十地品では十波羅蜜の第八に「願波羅蜜」を置く。菩薩は誓願の完成（波羅蜜）に向かって絶えざる努力をしなければならないと考えられた。

仏教社会福祉的意味づけ 「願」は福祉と調和のための祈りであり、実践に向けての誓いでもある。社会の福祉と調和のためには、不断の努力が必要とされる。その目標の達成に向かって精励することは、四十八願の立場にも通じる。理想社会を願うことは、その理想社会の実現に向けて努力することである。菩薩行の永遠性は、福祉実践の永遠性にも連動する概念である。したがってよりよい生存を願う仏教社会福祉の実践は、自己完結型援助ではなく、普遍的援助である。

参 西義雄「菩薩とその願 Praṇidhāna 行 carita について」（『印度学仏教学研究』第11巻第2号、1963年）。（三友量順）
⇒誓願

◇願阿弥 生没年不詳

E Gan'ami

室町時代、飢饉救済にあたった時衆の僧。

略歴 1461（寛正2）年の飢饉に際して、時衆の僧として活躍した。願阿弥に関する詳しい事績は不明である。越中国（現・富山県）の漁師に生まれ、殺生の報いをさとって出家したともいう。または、筑紫（現・福岡県）の人であったともいう。当時、時衆の徒には、経歴のはっきりしない勧進聖たちが多く、願阿弥もその一人であった。1461年の飢饉は、室町時代に何度となくおそった天変地異のなかで最も多くの被害を与えたものの一つである。旱魃による飢饉の広がりのために、京都には数万人の飢えた人々が集まり、餓死者は町中にあふれていたという。この悲惨な状況下で、身をもって対処したのが願阿弥であった。

実践 願阿弥がこの時の飢饉で活躍したのは、夢のなかに将軍義教（1394～1441）が現れて、願阿弥に人民救済を依頼したことによるという。そこには、幕府に救済活動を実施する力がなく、将軍の指示のもと、僧に飢饉救済を委ねざるをえない危機的な状況があったことを意味している。願阿弥は、六角堂の一角に人々を集め、連日数千人もの人々に粥などを施したとされる。また、倒れた人々を竹輿に乗せて運ぶなど、

細心の注意を払うように指示したこともあげられている。しかし、死者が続出するなかで、食料の施行は限界に達し、死者の供養にも力を尽くすことになった。その活動は、人々の称賛を得るものであった。

しかし、飢餓に苦しむ人々に食料などを施与することに終始するなど、人々を救済対象者としてのみとらえていたと思われる点や、その集団内の人々を命じ、使役する関係にあったことなどが指摘されている。そこには、宗教者としての立場が生かされず、未曾有の飢饉を前に、施行の物理的限界を克服しえない側面があったとされる。

参 『京都市史』第3巻、京都市編さん所、1968年。宮城洋一郎『日本仏教救済事業史研究』永田文昌堂、1993年。

(宮城洋一郎)

⇒勧進

◇感化院
かんかいん

E reformatory

非行少年に適切な環境を与え、社会の一員とすることを目的に設立された施設。

定義 日本では、律令時代から、少年犯罪者を処罰対象から除外し、刑を軽減する寛刑の思想があったが、少年を保護し教育的に処遇しようとするものではなかった。

1880(明治13)年制定の旧刑法では、12歳以上16歳未満で弁別能力がなく刑罰法令に触れる行為があった少年や、8歳以上20歳以下で家出・怠学などの不良行為があった少年を留置する「懲治場」制度が設けられた。しかし、教育的配慮が十分ではなく、刑罰の域を出るものではなかった。

同じ頃、小崎弘道らキリスト教者により、欧米の感化事業が紹介され始め、民間に感化院設立の気運が高まり、1883年に池上雪枝が「池上感化院」(1891年に廃止)を、1885年に高瀬真卿(1853〜1924)が「私立予備感化院」(1886年に「東京感化院」となり、1912年日蓮宗に経営移管、1923〈大正12〉年に「錦華学院」と改称、戦後「児童福祉法」による児童養護施設に転換)を設立した。

展開 仏教系の施設としては、1886(明治19)年設立の「千葉感化院」(現・成田学園)をはじめとして、1888年に「岡山感化院」、1889年に「京都感化保護院」「長崎県慈善感化院」などが設立されている。

1900年には、日本最初の少年保護立法として「感化法」が制定され、府県は、懲治場留置の言い渡しを受けた少年たちを入院させる感化院を設置すべきとされた。しかし、少年育成よりも、条約改正に伴う諸外国への体面から、成人犯罪を予防して社会保安を追求しようとする目的意識が強いものであり、また設置は府県の任意とされ、財政も府県の負担であったため、一部の府県が設置したにとどまった。

1908年、新刑法の施行により、14歳未満の少年の犯罪行為は処罰しないこととなり、懲治場が廃止された。同時に「感化法」も改正されて国庫の補助が始まり、内務省が感化救済事業講習会を開催して感化事業を奨励したこともあって、1910年までに各地で感化院が設立された。同年9月の内務省調査によると、全国に53の感化院があり、25道府県には公立の感化院が設置されていたが、代用の私立感化院しかない府県も21

かんかいん

あり，その代用感化院は，2，3を除いて，ほとんどが仏教者の設立によるものであった。

1919（大正8）年に国立の感化院として「武蔵野学院」（現在も国立の児童自立支援施設として存続）が設置され，1922年には旧「少年法」が制定された。同法によって，少年審判所が14歳以上18歳未満の非行少年に対する保護処分を行うこととなり，これに伴って「感化法」も改正され，入院年齢を原則として18歳未満から14歳未満に引き下げるとともに，少年審判所より送致された者を入院させる規定を追記した。

1933（昭和8）年に「少年教護法」が制定され，懲戒的性格を克服して，教育的保護に重点が置かれることとなり，感化院は「少年教護院」と改称された。「少年教護法」では，入院前後の院外教護のため少年教護委員制度が新設され，在院中に所定の教科を履修すれば尋常小学校修了が認定されるなど，院内教育の充実が図られた。

戦後，1947年公布の児童福祉法に伴って，少年教護院は「教護院」となり，児童福祉施設の一つとされた。さらに1998年の児童福祉法の改正により，教護院は「児童自立支援施設」に改められた。なお，仏教系施設のなかには，戦後，新「少年法」（1948年制定），「更生緊急保護法」（1950年制定）により法務省所管の更生保護会に移行していった施設（京都感化保護院など）や，児童養護施設に移行していった施設（「成田学園」など）もあった。

仏教社会福祉的意味づけ　明治期，仏教者により数多くの感化院が設立されたが，これらは，のちに県の施設に移管され，または公立施設の充実に伴い廃止されていった。戦前の仏教者の感化事業は，地方行政と一体で行われ，その不備を補う役割を果たしてきた反面，独自の主体的理念が希薄であったため，国家の刑事政策上の出先機関としての性格を脱して，社会福祉施設へと発展することができなかったのである。

2001（平成13）年現在，全国に57の児童自立支援施設があり，私立のものは2施設あるが，いずれもキリスト教系（北海道家庭学校・横浜家庭学校）で，仏教系の施設は存在しない。

なお，県に移管され，現在の県立児童自立支援施設となった仏教者設立の感化院に，岡山感化院（1888年設立，1928年県移管，現・岡山県立成徳学校），広島感化院（1899年設立，1931年県移管，現・広島県立広島学園），清水育児院感化部豊島学院（1906年設立，1935年県移管，現・岐阜県立わかあゆ学園），明峯学院（1908年設立，1910年県移管，現・群馬県立群馬学院），長崎開成学園（1908年設立，1922年県移管，現・長崎県立開成学園），杜陵学園（1908年設立，1948年県移管，現・岩手県立杜陵学園），薫育寮（1909年設立，1912年県移管，現・山口県立育成学校），福岡学園（1909年設立，1928年県移管，現・福岡県立福岡学園），日州学院（1909年設立，1915年県移管，現・宮崎県立みやざき学園）などがある。

参　内務省社会局編『感化事業回顧三十年』内務省社会局，1930年。（中西直樹）
⇒池上雪枝　⇒星華学校　⇒成田学園

◇鰥寡孤独
かんかこどく

E poor persons with no relative

戸令(こりょう)に規定される身寄りのない困窮者の称。

定義 戸令 鰥寡条(第32条)において，種々の困窮民として「鰥寡・孤独・貧窮・老疾」で自存することのできない者をあげ，それらの人々に対して，近親者をもって収容，養育させ，近親者がいない場合は坊里(地域社会)に安置することが示されている。さらに同条では，路上において病気となった者を，村里にて安置し，医療を施すことを規定している。また，令の注釈書である『令集解』によると，「鰥」は61歳以上の老いて妻なき者をいい，「寡」は50歳以上の老いて夫なき者をいい，「孤」は16歳以下で父なき者をいい，61歳以上の老いて子なきを「独」としている。

展開 律令制度は，6世紀末に中国を統一した隋(581～619)によって立てられた法体系で，中央集権的専制国家体制を支える原理として，皇帝をも法体系に位置づけるシステムとして確立された。律が刑罰，令が行政法・民法を示し，隋に代わって中国統一を完成させた唐(618～907)によって，その制度は揺るぎないものとなり，周辺の東アジア諸国にも伝播した。

日本の律令制度は，7世紀頃に近江令が編纂されたことに始まるとされ，7世紀後半，天武・持統天皇の浄御原(きよみはらりょう)令に引き継がれ，701(大宝元)年に藤原京において編纂された大宝律令によって，令と律をあわせた本格的な法制度となる。戸令は，全文45条からなり，編戸・造籍に関するもの，戸内の秩序を規定したもの，良賤の規定，国郡司の部内行政に関するものなどに分けられる。

このなかにあって，鰥寡条は，80歳以上の高齢者や重度の障害者に侍者(そばに仕える者)を置くことを定めた給侍条(第11条)とともに，救済的規定として注目すべきものである。これらは，律令の基本精神である儒教の王道政治に基づき，社会の安定のために相互扶助の原理を支配秩序のなかに組み入れたものであった。そこでは，身寄りのない者，高齢者，障害者を家族や地域において相互に扶助していく共同体の原理を，法制化を通じて王権の支配秩序として位置づけたのであった。しかし，近親者を第一の収容者とし，安置するのは坊里までとなっている。また，路上にて病気となった者に対し，官物を給付しないことが注釈として記されている(『令集解』)ように，あくまでも地域社会の相互扶助の範囲内で救済することを原則としていた。

仏教社会福祉的意味づけ 鰥寡孤独は，それぞれに孤立した立場に置かれた人々を指しているが，仏典にあっては，こうした立場の人々への救済に関し，祇園精舎(祇樹給孤独園(ぎじゅぎっこどくおん))があげられる。古代インドのコーサラ国の都シュラーヴァスティのスダッタ長者は，釈尊のために祇園精舎という僧園を寄進し，貧しい孤独な人々に安息の場を提供した。また，文殊信仰では，文殊菩薩がこの世に貧窮孤独苦悩の衆生となって現れるとし，その救済をとおして，文殊菩薩と出会うことがあるとしている。日本では，『行基年譜』で行基(ぎょうき)(668～749)が日本にも給孤独園を造るべきことを聖武天皇

かんきょう

に要請している。行基は、摂津国に惸（孤）独田150町を設け、その救済事業の成果を示している。さらに、近世では浄土宗捨世派の僧・関通（1692〜1770）は「貧窮孤独田夫下賤」の者を先に教化することで、際限なき慈悲を忘れないとの決意を示している。これらのことから、身寄りのない独身者への救済は、仏教においても古くから重要な実践であったことがうかがえる。

参 石母田正『日本古代国家論』第一部、岩波書店、1973年。長谷川匡俊『近世浄土宗の信仰と教化』渓水社、1988年。

（宮城洋一郎）

⇒行基 ⇒浄土宗捨世派 ⇒文殊信仰

◇環 境

E environment　S parikṣepa

人および生類の周囲にあって影響を及ぼすすべての事物や状態。

定義 環境は自然環境と社会環境に大別できる。社会環境とは人間がつくりだす環境のことを指す。まず仏教では、自然と人間を対立関係とはみなさない。自然界に精霊の存在を認め、神々や人間、生きとし生けるものたちの利益・福祉・安楽を願った。自然環境と社会環境は、それぞれ相互に影響を及ぼしあっている。

展開 18世紀後半、イギリスにおいて始まった産業革命以降、産業化・工業化などの都市化の進行により、20世紀における大量生産・大量消費・大量廃棄の経済システムが形成されることとなった。確かに社会の物質的繁栄が、一面において達成されたが、反面、地球温暖化（地球気候変動）、オゾン層破壊、熱帯雨林の乱伐そして砂漠化現象など、全地球的な規模での環境破壊を招来した。

このような地球環境問題に対して、1972年のストックホルムにおける「国連人間環境会議」は、経済成長を志向するあり方が資源枯渇や環境汚染を惹起していると指摘し、人間の諸活動は地球環境に対して責任を負うものでなくてはならないと宣言した。そして1992年のリオデジャネイロにおける「環境と開発に関する国連会議」（地球サミット）では、経済社会の発展に「持続可能な発展」という理念が掲げられ、従来の経済成長・発展を抑制する原理が志向されることとなった。こうした考えのもとで全世界規模において、各種のエコロジー運動が展開されている。

仏教社会福祉的意味づけ 初期仏教教団の規律である「律蔵」には、樹木の伐採と、その行為に対して樹木に棲む精霊が怒ったというエピソードが伝わっている。自然界に対する畏怖（畏敬）の念が、自然を無反省に傷つけることを躊躇させたのである。中国・日本仏教においては、「草木国土悉皆成仏」といわれるように、自然環境を構成する草木や、生活環境を構成する国土にも、いのちの存在を認めている。

しかし人間は、地球のいのちのなかでわがいのちを生かしているにもかかわらず、開発という名において草木国土と対立し、征服しようとする我欲・貪欲によって、地球・自然・環境を破壊している。そこには、暴力・破壊・征服はあっても、調和・調整・共存はない。また、環境汚染や環境破壊はあっても、環境保全や環境浄化は考え

られない。仏教福祉におけるキーワードは，共生・共育・共感であり，人間と環境との調整・調和ならびに共存を強調するものである。

参 朝日新聞社編「国際環境法」(『朝日キーワード』別冊国際編，1996年)。

（名和月之介・中垣昌美・三友量順）

⇨共生

◇関係（かんけい）

E relationship　S pratītya

物事の関わりあうこと。

定義　二つ以上の物事が関わりあうことをいうが，人と人との間柄とか，縁故のことでもある。仏教では縁起による相依相関（そうえそうかん）をいう。

展開　縁起による相依相関とは，これがあれば彼があり，彼がなければこれがないということである。このことは，これがあるから彼があり，彼があるからこれがあるということによって，相互によりかかり，関わりあって存在していることを意味する。したがって，すべての現象は無数の原因や条件（縁）が相互に関係しあって成立しているのである。

個人が社会人として果たすべき機能（はたらき）と役割を遂行すれば，日常生活上の欲求を充足することは可能であるが，社会生活上の困難を援助する制度やサービスの体系として社会福祉制度はある。このような人間と制度の関係は，基本的に重要な社会関係である。

仏教社会福祉的意味づけ　合理主義的な西欧文化の流入により，現代社会は社会制度を分化させ，専門分業化を進めた。仏教の相依相関の縁起思想を根本原理とする仏教社会福祉とは，人間が人と人との間で生きる存在であることを確認することである。すなわちクライエントとワーカーが相互に関係しあい，相互に参加しあうことにより，問題を解決していくことを強調する。そのような個別的援助過程におけるクライエントとワーカーとの信頼関係をソーシャルケースワーク関係という。　（安部行照）

⇨縁　⇨縁起

◇看護（かんご）

E nursing　S upasthāna

傷病者に手当をしたり，世話をすること。

定義　「看護」という言葉は，日常的には「けが人や病人の手当てや世話をする」という意味で使われる。類似の言葉に「看病」「介抱」「介護」があるが，「看病」は，一般に「病人」に付き添って世話をする場合に用いられることが多い。また「介抱」は病人やけが人のみならず，酔っ払いなども含め一時的に相手の世話をするような場合に用いる。「介護」は，「寝たきりの父を介護する」などのように，病院以外での病人などの身の回りの世話を指すことが多い。

しかし，医療の専門領域で用いられる「看護」の概念は，日常的な看護とはその内容を異にしている。看護の専門領域においては，看護は健康・不健康を問わず個人・集団・地域がその対象となる。したがって看護の目的は，対象者の健康の保持・増進，疾病の予防・早期発見，病気からの回復，リハビリテーション，死への援助な

どのすべてが含まれ，科学的看護論に依拠した看護が実践される。また，そのような看護を実践するには，資格が必要であり，看護師国家試験や準看護師試験に合格しなければならない。看護者などという場合には，保健師・助産師・看護師・准看護師を指している。

展開 看護の歴史は人類の歴史と始まりを同じくしてきたと想像できる。おそらく原始時代から，人間は出産・育児・病気・死などに対して，経験をとおして助けあい，配慮しあいながら生命を守り，生活を営んできたことであろう。

歴史のなかの看護については，訓練や教育を受けた職業看護婦が出現する前後の二つの時期に分けてとらえる場合と，原始・古代社会における家族による看護，宗教による看護，職業としての看護の3形態に分けてとらえる場合があるようである。もちろん，日本と西洋においては，その時期・実態は異なるものと考えられるが，その本質においては同様な経過をたどっていると考えられる。

一般に近代看護は，イギリスのフローレンス・ナイチンゲール（Florence Nightingale，1820～1910）の画期的な活躍によって確立されたとされている。彼女は，看護婦のための訓練学校を設立して看護教育を普及したことや，数多くの著書や書簡を通じて近代看護に向けての大きな足跡を残した。看護の本質は，いつの時代も変わらないものと思われるが，その役割機能や看護の概念は，時代の要請に応じて少しずつ変化してきている。特に日本の看護理論や看護研究は，アメリカから入ってきた科学的看護論の影響を色濃く受けながら発展してきている。

仏教社会福祉的意味づけ 看護の対象は人であり，看護とは人が人に関わる領域の行為である。しかも，看護の対象およびその内容は，人間の誕生前から死後の世話までを含め「いのち」の「生老病死」すべてに関わるものであり，「癒し」や「救い」という領域の事柄をも問われるものである。

ところで，日本の看護の歴史は仏教を抜きにしては語れない。日本の看護は渡来した仏教の精神や智慧から出発し，医僧・看病僧などによる組織的な救療活動へと発展した系譜がある。とりわけ，浄土宗の僧の然阿良忠（1199～1287）が書き著わした仏教書『看病用心鈔』は，日本における看護書の最初のものと位置づける説もある。また，「臨終行儀」や「往生伝」にも看病や看死のあり方が記されている。特に，良忠は看取る者と看取られる者との信頼関係，看取る者の人数・分担・チームワークに言及するなど，浄土往生への具体的援助方法を提示した。このような看取りの理念・知恵・方法論を看護に取り入れることは意義あることといえよう。それこそが「仏教看護」につながるものであり，仏教看護によって科学的看護論に価値と方向性を与えられ，より日本的な新しい看護論の一つになり得る可能性を秘めている。

参 水谷幸正編『仏教とターミナル・ケア』法藏館，1996年。藤腹明子『仏教と看護――傍らに立つ』三輪書店，2000年。

（藤腹明子）

⇒**介護** ⇒**仏教看護** ⇒**臨終行儀**

◇監察（かんさつ）

E inspection

人間の行為や状況を調査し検査すること。

定義 「監察」とは，監督し，視察し，取り締まること。行政機関が，その職務の執行状況について調査や検査などをすることをいう。また，江戸幕府の職名，目付の異称としても監察の語が用いられている。監察の類義語として「監護」「監督」がある。監護とは，監督し保護することをいい，民法の親権規定によると，子を監督，保護，教育することをいい，「児童福祉法」「少年法」では「現に監護する者」を保護者としている。監督とは，取り締まること，取り締まる人のこと，あるいはある人またはある機関が，他の人または他の機関の行為を不法・不利に陥らせないためにこれを監視し，必要の場合には指揮・命令または制裁を加える，という意味である。

展開 仏教的な意味としては，閻魔王が罪人の罪を調べることをいう（『灌頂経』12巻）。閻魔とは地獄の主神，冥界の総司として死者の生前の罪を裁くと考えられており，もともとは『リグ・ヴェーダ』に現れる神で，死者の楽園の王，死んで天界にある祖先を支配する神と考えられていた。のちに，閻魔は手に捕縛をもち，それによって死者の霊魂を縛り，自らの国に連れていくと考えられ，その名は征服者または処罰者の意味とも考えられるようになった。死者の審判を行う神としての閻魔は，地蔵信仰と習合する。『地蔵十王経』によると，冥界十王の第五で，死者は死後57日目に閻魔の庁の彼の前で罪過を裁かれるという。『日本霊異記』（下9）に，「我は閻魔王，汝が国に地蔵菩薩といふ是れなり」とあり，地獄に落ちる者を救済する地蔵菩薩と同一視する信仰が生まれた。閻魔が，死者に対して生前の善悪を記した帳簿や簡札を勘案して審判するということから，生徒・児童の成績や行状などを記入して考査する帳簿や，巡査が罪科を調べて書きとめておく手帳などを「閻魔帳」という。

仏教社会福祉的意味づけ 社会福祉の現場においても，この監察の精神は重要な要素を占める。閻魔王に対する地蔵菩薩のように，監察の結果そこに問題があった場合，それを切り捨てるのではなくて，努めて救済する立場に立つということを決して忘れてはならない。

（梅原基雄）

⇒地蔵信仰

◇観察（かんさつ）

E observation

S upanidhyāna; vipaśyanā

物事をあるがままに見ること。

定義 仏教における観察の語義は，広義においては物事を心に思い浮かべて細やかに明らかに考えること，熟思熟考し，考察することである。また，智慧をもって世界のありのままを正しく眺めること（止観）である。狭義においては，世親（ヴァスバンドゥ：320～400，旧訳は天親）が『浄土論』に説明しているように，浄土教において安楽国に往生するための五つの具体的な行法とされる五念門（礼拝・讃嘆・作願・観察・廻向）のなかの一つを指し，イメージ

を心に浮かべる観想・観仏・観心のことである。すなわち，浄土や，仏や，菩薩のおごそかさを観察することであった。

展開 中国において，曇鸞(476〜542)は世親の五念門を取り入れ，とりわけ観察を重視した。しかし善導(613〜81)は五念門に代わる新しい念仏形態または行法として「五正行」という形をつくり，称名（南無阿弥陀仏と称えること）を最重視している。そこでは「観察」は補助的な行者としての助業と考えられ，阿弥陀仏とその浄土について観察，憶念することをいった。

日本においては，源信(942〜1017)がその著『往生要集』において，五念門を示し，曇鸞と同様，仏のすぐれた姿・形を観想する観察を重視した。

仏教社会福祉的意味づけ 事実をあるがままに直視し，真実の姿を智慧のまなこをもって正しく見きわめ，歴史的・社会的現実を公平・公正に観察，分析することによって培われた，偏見や差別から解放された正しい認識と判断が最重視されなければならない。事実をあるがままに観察するということは，ただ，現象を表層的に観察するのではなく，そのよってきたる因果法則性を正しく見つめることによって，本質を知るということである。正しく，しかも深く考え，本質を知るために偏執や偏見を排除していくことが，真の観察である。

参 金岡秀友・柳川啓一監修『仏教文化事典』佼正出版社，1988年。中垣昌美『仏教社会福祉論考』法藏館，1998年。
　　　　　　　　　　　　　　（中垣昌美）

◇勧進 かんじん

E urging people to do a meritorious act
S protsāhanā

仏道に入り善根を積ませること，また寺院堂塔の建立のため，寄付を勧めること。

定義 人々を教化して仏道に入ることを勧め善に向かわせる勧誘策進が転じたとされる。この善根を積む行為を作善といい，仏に供養し，僧に施し，像を立て，写経をするなどの実践へと展開していく。この実践が寺院建立，堂塔・仏像の造立などのために浄財を寄付することを意味づけるようになった。募財・勧募を促す人を勧進と称する場合もあるが，この場合は，勧進僧・勧進聖・勧進上人などとよばれることが多い。

展開 勧進を早い段階で実践したのが，743(天平15)年，紫香楽宮での大仏造立のために「衆庶を勧誘」した行基(668〜749)であった。平安時代には，空也(903〜72)が諸国を遊行して橋・道路・堂宇などを修補したことも，この系譜に連なる。また，作善と浄財の寄付が結びついていくのは，東大寺再建を図るために全国への勧進を命ぜられた重源(1121〜1206)に代表される。重源は，勧進上人とよばれ，東大寺再建のために資財の勧進を一門をあげて精力的に展開して，勧進僧の実践基盤をつくりあげた。また，高野聖の集団も形成され，高野山が極楽浄土信仰の中心として注目される要因となっていった。しかしながら，彼らのなかには，造寺・造塔のための勧進から自らの生活の糧を得るための勧進に転化さ

せる者もあり，一様にはとらえがたい。鎌倉時代には，造寺事業の勧進とともに非人救済のために勧進を行う叡尊(1201～90)・忍性(1217～1303)らの活動があり，室町時代には，京都・五条橋修架工事に浄財を寄進した慈恩(生没年不詳)とその設計にあたった慈鉄(生没年不詳)らの活動，飢饉救済にあたる願阿弥(生没年不詳)などの活躍がみられる。また四条橋架橋のために四条河原において勧進田楽が催される例もあった。この例が，近世に入って，寺院などの造営のための興行による勧進となっていく。

仏教社会福祉的意味づけ 勧進は，造寺事業のために浄財を勧募する性格を当初より有しているために，必ずしも福祉的な意味をもたない。しかし，架橋・道路工事，非人救済などの事業展開において，そのことが作善につながることで，仏教信奉を基盤とする社会的実践として仏教社会福祉的意味をもつことになった。

参 辻善之助『慈善救済史料』平楽寺書店，1976年復刻。五来重『高野聖』角川書店，1975年。　　　　　（宮城洋一郎）

⇨**叡尊**　⇨**願阿弥**　⇨**行基**　⇨**重源**
⇨**忍性**

◇**鑑真** 688(垂拱4・持統天皇2)～763(天平宝字7)

E Ganjin

奈良時代に来日した唐の僧。日本における律宗の開祖。

略歴 唐・揚州江陽県(現・江蘇省揚州市)に生まれ，俗姓は淳于。701(長安元)年，父の帰依する知満禅師のもとで，江陽県の大雲寺に配属された。708(景竜2)年長安の実際寺の戒壇で具足戒を受ける。713(開元元)年には律を講じる学匠となり，故郷である淮南の地に帰って戒律を教授した。この頃より名声が挙がり，造寺造仏に努め，袈裟2000枚を山西省の五台山に寄付し，一切経3部3万3000巻を写本，戒を授けた弟子は4万人余となるなど，幅広い功績を顕した。

8世紀前半の日本の仏教界では，僧尼を取り締まる僧尼令に違反する者も多く，国家公認の官僧を養成するためには戒律研究が必要であるとの考えが高まった。そこで入唐求法の僧である栄叡・普照らは，舎人親王の要請を受けて揚州・大明寺で律学を講義していた鑑真に，日本への伝法を願い出た。日本への渡航は妨害や難破などで失敗し，栄叡が病没し，鑑真も視力を失うなど悲運に遭遇したが，753(天平勝宝5)年6回目の渡航により来日を果たした。翌年に平城京に入り，東大寺大仏殿前の臨時戒壇で聖武上皇，光明皇太后らに授戒，翌年には東大寺戒壇院が建立された。758(天平宝字2)年には朝廷より大和上の尊号が与えられ，翌年には唐招提寺が完成し，日本の律宗の開祖として多くの門人を養成した。

仏教社会福祉的意味づけ 鑑真には，建築・造仏・薬学の知識もあり幅広い活動がみられる。中国では，万人平等の大法会を開き，貧民や病人の救済事業を起こした。日本では，中国伝来の薬物に関し，名前と実物が一致しているかどうか不明のものが多かったため，一つひとつを鼻でかぎ分けて整理したという。この伝承により，中世以降，鑑真を医事の祖として祀り，江戸時

代には薬袋に必ず鑑真像が印刷されていたという。あらゆる困苦を乗り越えて戒律を伝えた鑑真への尊敬の念が，こうした形となって表れたといえる。

参　安藤更生『鑑真』吉川弘文館人物叢書，1967年。
(朝枝善照)

◇感応道交
かんのうどうこう

E　mutual interaction of mind

心と心が通いあうこと。

定義　仏と衆生の関係を定義したもので，衆生の感と仏の応とが相互に通じあい，通い交わることをいう。また，師と弟子とが相投合することもいう。

展開　感応とは，感じ応ずるということである。人間が感じることに対して，仏の方から応じてくれるという関係を示した概念であろう。衆生の信心のまことに感じて，衆生を救済しようとする仏の慈悲心が一つに合するはたらきである。衆生の思いと仏の慈悲心が互いに通じて交わりあうはたらきである。

仏教社会福祉的意味づけ　ワーカーとクライエントの信頼関係を示す最も的確な用語である。仏教社会福祉ワーカーがクライエントに向かいあう態度は，まさに感応道交であり，苦悩するクライエントや社会的障害の担い手であるクライエントに対して，傾聴・受容・共感の態度を支持することである。
(中垣昌美)

⇒慈悲

◇機
き

E　potentiality of receiving the teachings　S　vineya

仏の教えを受ける対象，あるいはその素質や能力。

定義　縁に遇って法(仏法)を受けることによって心や身体などが動きだす可能性をもったもの。説法・教化の対象としての衆生。縁によって法に遇い，機となるので機縁とも称される。さらに，機は，必ず何らかのそうなるための根本的性質や資質をもっているので，それを根機あるいは，機根という。

展開　機には，微・関・宜の三つの意味がある(『法華玄義』巻6)。つまり，法によって発起する可能性のある微かな善を内に秘めている，法と衆生の根機との相関関係をもつ，法に宜しくかなうものである，との意である。

一方，同様の意味で器という字も用いられる。両者の違いは，機には可発の意味があり，器には用の意味があることである(『法華経文句記』)。

機については，そのありようによって，さまざまな機類(機品)がある。たとえば，善悪による善機・悪機，救いが直接か間接かによる正機・傍機，資質や能力による上機・中機・下機，たちまちさとる頓機，次第にさとる漸機，ストレートにさとる直入の機，方便によって回り道をしてさとりに入る迂入の機，または迂回の機，法の受け手がいないため，聖者が仮に受け手として現れる権機，実際の受け手である実機，

純粋に法華の教えを受ける直機、そうでない雑機、また、正・像・末の時代の衆生をいう正・像・末三時の機、そのほか、各宗にさとりに至る衆生を示すさまざまな機がある。

　教えを受ける相手（機）の性質や能力に応じてそれにふさわしい方法で教えを説くことを対機説法という。釈尊は機に応じて法を説いたのでさまざまな経典ができた。これを薬にたとえて、応病与薬（病に応じて薬が与えられる）といわれる。別名、随機説法ともいう。教えが機に逗うのを逗機、仏が機に応じるのを応機、教えを機が感受するのを機感という。これらが一致することを「感応道交」という。また、機が教えを説くための縁になることを機縁という。その時が熟することを「時機純熟」という。さらに、時代・社会と衆生に相応する教えを「時機相応の法」という。

　また、禅では機を師家（指導者）の心のはたらきとし、それが学人に施されるとする。そして、その両者が相応して、師家の心が学人に及ぶことを機投という。

　ところで、機と法について、中国の善導（613〜81）が『観経疏』の「散善義」で「自身は現にこれ罪悪生死の凡夫にして、曠劫より已来、常に没し、常に流転して出離の縁あることなし」と自己を厳しく見つめる「機の深信」と、「彼の阿弥陀仏の四十八願は衆生を摂受して、疑いなく、慮りなく、彼の願力に乗じて定んで往生を得る」と信ずる「法の深信」をあげて救いの原理を述べている。つまり、自身は罪深く、はるか昔からさまよい流転する愚か者であることを深く自覚し、このような者が阿弥陀の本願によって必ず救われると深く信じ、本願のはたらきを感得するということである。両者は二種深信とよばれ、法然（1133〜1212）や親鸞（1173〜1262）はこの点に着眼した。特に親鸞は、闇の自覚である「機の深信」と光を仰ぐ「法の深信」は、ことがらとしては2種で説明されるが、信心が2種あるのではなく、経験としては両者は1体（機法一体）であるとする。つまり、光によって闇は自覚され、闇の自覚によって光がいよいよ仰がれるのである。この立場による厳しい自己洞察が愚禿という名のりや、悪人往生の基本的な考え方となった。また、如来真実（法の深信）に異なっている自己を歎く（機の深信）との二種深信が『歎異抄』を貫いている。

　かつて、二種深信のうち、機の深信のみを特に強調し、自己の過去を内観、内省させるものに、「身調べ」とか「土蔵秘事」とよばれるものがあった。一定期間、蔵の中や洞窟に閉じこもり、誕生から現在までの成育歴を順次回想し、今に至るさまざまな恩や他者からしてもらったことを内観する。あるいは、「機ぜめ」と称して、相手に自己批判を強要した。いずれも狭い空間で断食を伴ったり、特殊な状況下で行われたりするため、精神的に不安定になる者もあった。一様に、一時的には感激を受けるが持続しない。いずれも、江戸時代に民間でなされ、真宗からは異端とされた。

　のちには断食や強制をやめ、また、その効果が一時的であったため、集中内観・日常内観を併用するなど、それらに改良が加えられ、吉本伊信（1916〜88）らによって、内観療法として確立された。今では、刑務

所や少年院などで用いているところもあり，全国にいくつかの内観道場や研修所がある。

仏教社会福祉的意味づけ　仏教では機によって法が動くとする。救われがたい私をめて（機）に動き出した法（仏法）であるからこそ，説法の形式としては，仏教ではキリスト教のように大衆伝道形式ではなく，対機説法の形式を基本とする。僧侶が臨床の場などに出かけていって一対一で，相手に応じて説教をする場合でも，このように対機説法といわれてきた。臨終説法も対機説法の一つである。このような教化方法は，以前から一部の僧侶によってなされてきたが，最近，特に，末期の患者に臨床で説法し，その精神的不安を除こうということがビハーラ運動のなかで各地でなされ始めた。しかし，この場合，あくまでも高いところから一方的に教えを説くのであれば，相手には響かない。相手とともに法を学び，共に聞法するという態度が大切である。仏教の機についての分析は，カウンセリングにおけるクライエントの分析にも通じるものがあり，大いに参考になる。だが，どこまでも法に対する機であることを忘れてはならず，仏法を仰ぐ精神が，仏教社会福祉には必要である。　　　　　　　　　　（田代俊孝）

⇒**カウンセリング**　⇒**感応道交**

◇喫茶（きっさ）

[E] tea serving

鎌倉時代に中国から伝わった茶を飲む習慣。

定義　喫は，食う，飲む，吸うなどの意を包括する言葉であり，喫茶は茶を飲むことをいう。たとえば禅宗に「喫飯来（きっぱんらい）」という用語があるが，「さあ来て飯を喫せよ（ご飯を食べなさい）」という意味である。

展開　1191（建久2）年，宋で禅を学んでいた栄西（えいさい）（1141～1215）が，茶の種と葉っぱを粉にして飲む「抹茶法」を日本に持ち帰った。茶は各地で禅寺を開山した栄西により禅宗とともに普及したといえる。1211（建暦元）年に栄西が著わした『喫茶養生記（きっさようじょうき）』に，「茶は養生の仙薬なり。延命の妙術なり」と述べているように，茶は薬あるいは健康食品として扱われていたようである。たとえば，読経後の喉の渇きを癒したり，修行の折りの眠気覚まし，消化を助けるものなどとして広く用いられた。

寺院を含めて上層知識階級に広まった喫茶の風習は，鎌倉末期から南北朝にかけて，闘茶や茶礼のような茶寄合として広まり，やがて社寺の門前や橋のたもと，峠や街道筋などに茶屋が出て，階層や地域を問わずに普及した。なかでも，八十八ヵ所巡礼で有名なお遍路たちに，街道や札所寺院の接待所や茶堂などで湯茶や物品をふるまった「接待講」（摂待講）の活動はよく知られるところである。

仏教社会福祉的意味づけ　茶を飲むことが茶を施し（施茶），茶を供与し接待するということで人と人の交流の場を拡大した。その交流は，茶を勧めることで精神的交流の場ともなっていったとも考えられる。そこに茶の心があり，地域における仏教福祉の一側面が接待講の活動にみられる。寄合と語らい，交流と連帯の場を提供する喫茶の効用性はすぐれて仏教福祉的であり，布施行や報謝行の実践でもある。

参　菊池武「茶所と庶民信仰」（『印度学

仏教学研究』第25巻第2号，1977年)。

（長崎陽子・中垣昌美）

⇨明庵栄西

◇祈禱

E prayer　S upāsanā; prārthanā

心願をこめ，神仏の加護を祈ること。

定義　祈念・祈請ともいう。古代インド社会では，その民間の信仰基盤のなかに呪術的要素が深く浸透しており，罹災・治病などの祈禱が日常的に行われていた。紀元前1200年頃に成立したとされるアーリア人の神々への讃歌『リグ・ヴェーダ』には，多種多様な利益を司る神々が描かれ，祈雨・豊作・戦勝・除病などを祈る文言が記されている。さらに呪文を集大成した『アタルヴァ・ヴェーダ』では，現世利益を願う呪法をもとにして，祈禱を具体的に発達させた。

展開　初期仏教では呪法・祈禱は行わず，むしろ禁じた。しかしながら，伝承では釈尊自身，あるいは仏弟子が神通力を用いて教化したとされるように，仏教教団にはその初期の段階から根強い呪術的要素が内包されてはいた。その後，バラモン教の影響や大乗仏教の哲学的成熟をへて，現世での具体的救済を標榜する密教の出現とともに，インド社会において呪法の体系化がなされ，祈禱として普及していった。なお，古くから南伝仏教においてもヘビよけの呪文などのパリッタ（護呪）として，祈禱的な儀式が行われている。

密教のもとで，祈禱は修法として体系化され，『蘇悉地経』『大日経』系では息災法（病疾や災害を除く法）・増益法（財運を高め吉祥をもたらす法）・降伏法（煩悩を消滅し，あるいは敵を撃退する法）の三種法があり，『金剛頂経』系ではそれらに鉤召法（本尊や神仏を招請する法）・敬愛法（慈愛の心を生ぜしめ，和合をもたらす法）の2種を加えて五種法に分類，確立された。

また中国では，玄宗の庇護のもと，『大日経』（善無畏訳）・『金剛頂経』（金剛智訳）の純密経典が漢訳され，胎蔵界系と金剛界系の密教がほぼ同時期に伝えられた。金剛智の弟子不空（705～74）は，宮中内道場においてさまざまな修法を行い，国師として唐期の尊宗を一身に集めた。不空によって完成された密教は，その弟子恵果をへて空海（774～835）に正統に相承され，日本に請来されることとなった。

自然崇拝という神道の祈禱文化を有する日本においては，祈禱の神秘性と仏教の思想性が深く融合した。奈良時代の仏教は鎮護国家のための法会・祈禱の実施と経典の教理研究を主体とし，天皇が施主となった国家レベルでの法会および祈禱が執り行われた。

こうした祈禱の役割を理論的に体系づけたのは，空海であった。空海は「護国安民」「済生利民」こそが密教の祈禱の目的であるとして，祈雨や疫病退散など，庶民の苦しみを具体的にとらえ，密教の儀軌に則った修法による祈禱法を確立させた。

仏教社会福祉的意味づけ　やがて，時代の変遷とともに，祈禱は国家レベルから個人レベルへと広がり，その目的もさまざまに拡大した。しかし祈禱の本来的な意義は，仏への帰依と衆生への慈悲を発露として行

われる祈りのかたちである。祈り（相手の幸せを願う強い思い）を実践的・具体的に表現する行為のなかに、祈りと救いの関係形態があるのであり、まさに仏教福祉的援助関係そのものを意味している。

（湯通堂法姫）

⇒祈り　⇒願

◇木村武夫　1910（明治43）〜1986（昭和61）

E　KIMURA Takeo

戦後日本の仏教社会福祉学の確立に尽力した研究者。

略歴　1910年4月3日，京都山科に父柳田正一，母きさゑの子として出生。京都帝国大学文学研究科（大学院）修了後，旧制浪速高等学校・相愛女子専門学校・大阪経済大学・龍谷大学・神戸女子大学・京都短期大学・種智院大学などの専任教員として日本史研究と教育に専念するとともに，大阪市城東区の本派本願寺派寺院（栄照寺）に入寺し，法務活動にも多忙な日々を送った。また，三重海軍航空隊教官（海軍教授）や大阪府児童福祉司・大阪家庭裁判所家事調停委員・大阪市同和問題研究室理事長などを歴任した。1986（昭和61）年12月29日，行年77歳で没した。法名，釈武応。

業績　龍谷大学短期大学部社会福祉科の新設（1962年）をはじめ，同文学部の社会福祉学専攻（1968年），高野山大学社会福祉学専攻（1970年），種智院大学仏教福祉コース（1975年）など，仏教系大学が社会福祉関係学科を設置する際に，その申請手続きならびに教員スタッフの整備などに尽力し，戦後日本の仏教社会福祉研究の発展に対して指導・支援を惜しまなかった。とりわけ，「日本仏教社会福祉学会」の結成に際しては発起人の中心にあって活動し，仏教社会福祉研究者の育成に尽くし，自らは佐伯祐正（1896〜1945）の研究をはじめ，児童福祉と仏教寺院との関わりについての歴史研究にも取り組んだ。

参　木村武夫編『近代日本社会事業史』ミネルヴァ書房，1979年。　　（中垣昌美）

⇒佐伯祐正

◇逆境と順境

E　reverse of fate and favorable circumstances

思うようにならない境遇と，万事都合のいい境遇。

定義　逆境・順境のことを，仏教では逆縁・順縁という。『摩訶止観』に「因縁に順逆あり」とあることから，順調な，めぐまれた縁を順縁といい，自分の修行をさまたげる因縁を逆縁という。また逆縁は，悪事がかえって仏道に入る縁となることも意味する。

展開　一般的によく使用する「順次」という用語は，仏教用語の順次生の略であり，やがて，いつかは未来の世に生まれるということを意味する。順には「従う」という意味があり，自分の心に従う対象を「順境」といっている。また対語として，自分の心に背く対象を「逆境」という。

人生には苦もあり楽もあるといわれるように，人間界には順境ばかりの人生はなく，むしろ逆境の多いのが人生である。自分の人生をさまたげる因縁が多く，苦難や苦悩

から解放されることがないと嘆き，自己喪失に陥ったり，逆境をさまよう場合も多い。しかし，順境は煩悩や迷いを起こすもとになり，逆境がかえって仏道に入る縁となったり，順調な人生を回復する縁となるのである。これを「逆境の恩寵」とも表現している。

仏教社会福祉的意味づけ　縁起観を基本原理とする仏教は，順縁も逆縁も人生であり，順境も逆境もまた生涯であるという人生観に立っている。順境からの落層よりも，逆境からの浮上にこそ，人間らしい生き方を見出すのである。したがって，仏教社会福祉の具体的援助対象は逆境にある人または集団であり，逆境の肯定的転換を支援することである。　　　　　　　　　（中垣昌美）

⇒縁　⇒縁起

◇救済
きゅうさい

E relief　S paritrāṇa

救い助けること。

定義　一般的には「きゅうさい」と読み，仏教用語として読む場合は「くさい」という。現在では，救済事業や救済制度などといわれていることが多い。そのため，一般の語義として，「救い」という語も「済い」という語も同じように救い助ける意であると理解されている。

展開　救済という語には，次のような用例がみられる。中国・三国時代，呉の大帝・孫権(182～252)の伝に「世難を平げ黎庶を救済せんと思う」とあり，権威ある為政者の側から弱者である黎庶(人民)を救済することを述べている。日本では，733(天平5)年5月，聖武天皇が皇后の病が癒えないことを憂い，「天下に大赦してこの病を救済すべし」としている。ここでは，罪人の赦免を可能とする天皇の権威を代償に，病気から皇后を救済しようというものであった。

これに対し，『倶舎論』界品では「帰依は救済を義とす」としている。帰依が救済であるとするのは，心身の苦悩から解き放される意識をもって生活することを意味する。また，三帰依をもって救済の義とする教説も一般的である。三宝への帰依だけではなく，そこには，恭敬や敬礼の意を尊重することも含まれており，そうした思いをもって日常の道義的心情を豊かにすることが，救済であり，心底からの満足感・充足感・達成感にもつながるとしている。

このように，仏典においては，為政者の立場とは異なり，帰依から救済が導かれると説かれている。

仏教社会福祉的意味づけ　以上のような救済の二つの用例を考えると，前者は権威ある為政者による弱者への救済を強調し，それに対し，後者の用例は三帰依をもって相互に尊重しあうなかで達成される救済を強調している。仏教社会福祉の立場は，基本的に帰依・恭敬・敬礼の意をもって相互に尊重することにある。したがって，人間が相互に命を尊重しあうことが救済の真意といえる。なお，九条 武子(1887～1928)は，『無憂華』で，まことの救済とは，衣食住に対する扶助ではなく，生活の意義を見出すことにこそあるとし，その生活を育み向上させるには，信仰の体現こそ重要であると記している。　　　　　　　（村中祐生）

◇『救済』

E　Kyūsai

「大谷派慈善協会」の機関誌。

定義　1911(明治44)年，大谷派慈善協会が設立され，発足と同時に雑誌『救済』が機関誌として月刊で出版された。

展開　同誌は浅草別院で編集された。当初，投稿原稿は「東京養育院」の教誨所宛てとなっていた。創刊号は，協会設立のきっかけとなった同講演会の来賓である内務省斯波淳六郎宗教局長・司法省小山温監獄局長・内務省中川望書記官らの祝辞と講演を掲載している。それぞれの内容は免囚保護事業や慈善事業で宗教家に大いに期待する旨が述べられている。毎号の編集形態は，仏教と慈善事業，時事問題を「会説」のなかで継続して取り上げ，中心となる慈善論文を数篇掲載し，「彙報」では広く一般や他宗派の慈善事業の動向をニュースとして紹介している。時には「海外近時」として海外事情なども紹介している。編集を本部(東本願寺)へ移した1915(大正4)年11月分と，米騒動で紙代が高騰し，やむなく休刊した1918(大正7)年11月分を除いて，第9篇2号の終刊まで9年間刊行が続いた。

仏教社会福祉的意味づけ　発刊当初から「会説」で，仏教慈善は心の救済か，物質的救済かという根本的な問題に懸命に取り組んでいる。また，仏教と社会を射程距離に，仏教のあり方を模索し，社会実践は宗教的実践とは別の原理に立ちつつ相関関係にあるとする提言をしている。

参　大谷派慈善協会『救済』第1篇第1号，1911年（『救済』〈復刻版〉，不二出版，2001年）。　　　　　　　（佐賀枝夏文）

⇨大谷派慈善協会

◇九州大学仏教青年会

E　KYŪSHŪ University Bussei Students Association

明治期に九州大学の関係者により結成され，医療救護などの活動を展開してきた社団法人。

定義　1907(明治40)年5月，「京都帝国大学福岡医科大学仏教青年会」として発足した。一宗一派に偏しない仏教精神の涵養を通じて，同大学における学生・看護婦・教職員・患者に「仏教の妙理を会得させ，不動の境地に至らしめる」ことを目的としていた。

展開　発足当初の活動は，月次講演会・信仰座談会・夏期講演会などを開催することが中心で，村上専精(1851〜1929)・大内青巒(1845〜1918)・境野黄洋(1871〜1933)・前田慧雲(1857〜1930)・富士川游(1865〜1940)といった当時の著名な仏教者が講演に訪れている。1911(明治44)年，大学の名称変更に伴い「九州帝国大学仏教青年会」と改称した。1917(大正6)年10月には，博多万行寺で動物慰霊祭を挙行し，以後恒例となり現在まで続けられている。

1918年には，初代会長に就任した旭憲吉教授(1874〜1930)が中心となって，博多承天寺内祥勝院に無料診療院を設置し，その後，地方巡回診療・災害慰問救護活動なども実施した。1921年，社団法人としての認可を受け，1925年には福岡市内に会館お

およびび学生寮を建設，付属中央日曜学校も開設し，さらに1927(昭和2)年に法律扶助部を設け，法律相談も始めた。これらの活動は，戦中戦後の混乱期にも継続して行われた。戦後になり，1947年の学制改革により「九州大学仏教青年会」と改称し，翌年には，「社会事業法」による事業施設として認められ，施療院を診療部に改めた。その後，戦後の経済復興などによる社会情勢の変化に対応して，1986年に診療部を「九大仏青クリニック」とし，その収益をもって，ボランティア活動を続けている。

仏教社会福祉的意味づけ 明治後期，「医は仁術」とする儒教倫理が後退しつつあったなか，医学を志す者のなかに，仏教による精神修養を求める気運が起こりつつあった。九州帝国大学仏教青年会の設立は，その典型的な事例であった。このほか，東京慈恵会医院医学専門学校(現・東京慈恵会医科大学)でも，1903(明治36)年に「明徳会」という精神修養団体が発足し，仏教講義を生徒に聴聞させている。

学校の仏教青年会により医療救護活動が行われた事例として，関西の各大学・専門学校により設立された「関西仏教青年会」も，1929(昭和4)年に無料診療所を設置している。しかし，一大学の仏教青年会が常設の診療機関をもち，戦後も事業を継続させたのは，他に例をみない。

参 九州大学仏教青年会創立80周年記念誌『抜苦与楽』1992年。常光浩然『明治の仏教者』下，春秋社，1969年。

(中西直樹)

◇教 誨 (きょうかい)

E prison chaplain activity
S pranayana

受刑者の徳性を活かし教えさとすこと。

定義 「教」は教え，「誨」も教えさとすことを意味する。服役中の受刑者に対して，過ちを改め善いことをするように悔い改める道を講説することから始まった。対して現代の教誨は，時間をかけて被収容者の自己凝視を援助し，示唆に富んだ助言を続けることに特質がある。

展開 1872(明治5)年に「監獄則」が制定され，監獄則第4編第1章に法文化された教誨師の設置によって，仏教者だけではなく，キリスト教者やその他の種々の宗教者も派遣されるようになり，監獄教誨事業は現在まで維持存続されている。

一般教誨とは，倫理・道徳・収容などに関する教誨として，受刑者・少年院在院者ら全員を対象に，その徳性の涵養(かんよう)を推進していくことである。一方，宗教教誨の特徴は，集合教誨・特殊教誨・個人教誨・宗教集会および宗教行事の5種類に大別される。宗教教誨は被収容者中の希望者のみを対象とし，権利としての信教の自由を侵害することなく，心情の安定，徳性の涵養に向けて公正で温和な宗教的助言者として奉仕することである。

仏教社会福祉的意味づけ 教誨活動は，疑い深く不信感の強い自分が，仏の智慧を疑いなく信じて心晴れわたる境地に転ずるよう援助する活動である。それは仏国土(浄土・報土)の生活に仲間入りすることで

あり，み仏の本願を疑う心を転じてまことの心に気づかすことでもある。犯した罪に対して報復的に科せられる刑罰の世界ではなくて，「一切衆生悉有仏性」(いっさいしゅじょうしつうぶっしょう)(生きとし生けるものすべてに仏性がある)の立場に立って，監獄教誨だけではなく，免囚保護，出獄人保護，執行猶予者・釈放者保護，司法保護などにおいても重要な役割を果たしている。

このように，教誨活動は，仏教福祉活動ときわめて深い関わりをもってきた。特に東西本願寺の教誨事業は，教誨師会の全国組織化を図り，充実した研修プログラムや『教誨師必携』などのテキストづくりなど，その活動に対する評価も高い。

参 教誨百年編纂委員会編『教誨百年』上・下，浄土真宗本願寺派本願寺・真宗大谷派本願寺，1973年。『教誨師必携』浄土真宗本願寺派矯正教化連盟，1990年。

(中垣昌美)

⇒更生

◇『教海一瀾』(きょうかいいちらん)

E Kyōkai'ichiran

浄土真宗本願寺派の任免辞令・事業報告・論説などを掲載した雑誌。

定義 発行所は教海雑誌社で，京都府京都市下京区下魚棚通猪熊東入魚棚4丁目9番戸に置かれた。発行兼印刷人は松川源三郎(まつかわげんざぶろう)，編輯人は小笹庄三郎(おざさしょうざぶろう)であった。当初の発行は毎月2回(のちに1月3回，1週1回と変遷)，定価1冊分金4銭，1ヵ月分金8銭，1ヵ年分金96銭(郵税共1円8銭)で，広告料金は1行8銭，1段1円であった。

展開 第1号は1897(明治30)年7月25日に創刊され，1939(昭和14)年9月25日発行の第871号をもって終刊となった。しかし，戦時国策に即応するため翌10月4日に『本願寺新報』(当面毎月3回刊)第1号と改題して引き継がれた。ただし，第871号の終刊に至る間，1909(明治42)年2月第1号～1910年9月第83号にかけて『龍谷週報』(編輯人・松宮増蔵，毎週土曜日定期発行)と名称を変えて発刊された時期がある。なお『教海一瀾』の前身は『京都新報』であった。

実践 同誌の発行の辞で「本誌の起る他意あるにあらず，専ら教界の新事を報じ，傍ら内外の近聞を伝ん為に在り」というように，浄土真宗本願寺派に関わる情報を中心に報道し，同時に政治社会の状況に対する論説・評論などを掲載して，啓蒙・啓発の役割を担っていた。

仏教社会福祉的意味づけ 同誌は事実上本願寺派の機関誌という性格をもち，発刊期間内の本願寺派の動向を知る基本資料である。「大日本仏教慈善会財団」の設立とそれに伴う保育事業や養老事業・救済活動など，本願寺派の社会福祉への取り組みを記載しており，本願寺派の社会福祉への関わりを示す基本資料となるものである。

(赤松徹真)

⇒大日本仏教慈善会財団

◇共感と同情(きょうかんとどうじょう)

E empathy and sympathy

S anukampā, maitrī-karuṇā

相談援助の技術の理論的根拠となる用語。

定義 「同情」は、他者の苦しみや悲しみなどの境遇を思いやることであり、自然に起こる感情でもある。しかし、「共感」は訓練と学習によって習得される相談援助のための技術である。そこでは、援助者は、他者の感情をそのままに理解するようにして、自らの感情を抑え、他者の気持ちを受け入れ、冷静かつ正確に相手を理解しようとする。したがって、「共感」と「同情」という言葉は、共に自分の気持ちと他者の気持ちが同じになるという点において類似しているが、まったく同じ意味ではない。

展開 この共感の技法をカウンセリングの理論として体系化したロジャース（Carl Ransom Rogers, 1902〜87）は、「クライエントの私的な世界を、あたかも自分自身のものであるかのように感じとり、しかも"あたかも……のように"（as if）という性格を失わない」と述べて、あたかもわがことのように、クライエントの気持ちを感じ取ることで、共感的関わり・共感的理解（empathetic understading）がなされ、クライエントに人格的変容を起こさせるとしたのであった。

この「共感」と同様の意味内容をもつ仏教用語が「憐愍（れんみん）」である。釈尊の伝道宣言のなかで「比丘らよ、遊行に歩きなさい。多くの人々の安楽、世間への憐愍のために」と、その目的を説いている（律『大品』）。ここにいう「憐愍」とは、他の苦をみて心がふるえることであり、共感によって同情が成立することを意味づけている。

大乗仏教の論書である『大乗起信論』には、衆生に向上心があっても、仏・菩薩による外からのはたらきかけがなければ向上することがないとし、また衆生に向上したいという意欲がなければ、仏・菩薩の教化があっても向上することがないとしている。しかし、自らの向上心と外からの教化によって、衆生の心は開かれ、さとりを求めるようになるとしている。衆生が大乗の道に進むことを願い、そして、さとりを得るまでの間、仏・菩薩はその性質に応じて外からのはたらきかけを行っていく（対機説法）。その時、仏・菩薩は、眷属（けんぞく）・父母・諸親・給仕・友人・怨敵などの姿で現れたり、衆生を引きつけ救う四摂事（ししょうじ）を起こすなど、あらゆる限りの方法で、衆生のために教え導くのである。そこに、関係する人に対して、その人の性格・感情・気持ちに応じて共感的に関わろうとする態度と実践を促す立場がうかがえる。

仏教社会福祉的意味づけ この共感に基づく教化が、単に同情に終わるものではないことは、仏・菩薩が四摂事を起こして、衆生のために教え導こうとしたことで明らかである。この四摂事の実践から、共感的関わり・共感的理解へのつながりを考えると次のようになる。①布施摂法は、真理を教え、財物を与えることであるが、クライエントの機根に応じて外からのはたらきかけを行っていく（対機説法）ことである。②愛語摂法は、理解あるふれあいと誠意ある語らいの態度によって、他者のあるがままの心をあるがままに受け入れることである。③利行摂法は、他者のためになる行為を指しているが、クライエントが何を必要としているのかを正しく聞きわけ、クライエントのために何ができるかを考えることであ

ぎょうき

る。④同事摂法は、クライエントと同じ立場に身を置くことであり、同じ目線で語ることであり、互いにうなずき、共に歩むことである。

このような、四摂法の立場からのクライエントへのアプローチこそ、共感的理解を可能にさせるものである。したがって仏教の社会福祉活動においては、傾聴と共感や共生を強調することもきわめて重要な課題である。

参 C. R. ロジャース著／伊藤博編訳『サイコセラピィへの過程』岩崎学術出版社、1966年。木川敏雄「仏教カウンセリング」(『日本仏教社会福祉学会年報』第17号、1986年)。吉元信行「仏陀最晩年の福祉思想」(『日本仏教社会福祉学会年報』第20号、1989年)。（木川敏雄）
⇨カウンセリング ⇨四摂事 ⇨受容

◇行基 668(天智天皇7)～749(天平21)
ぎょうき

E Gyōki

奈良時代の僧。

略歴 和泉国(現・大阪府南部)の渡来系豪族高志才智を父に、同国大鳥郡蜂田里(現・大阪府堺市)の豪族蜂田氏を母とする。682(天武天皇11)年に出家。50代の頃まで主に山林修行を続けた。717(霊亀3)年4月、平城京において「百姓を妖惑し、罪福を説き、社会的混乱を招く集団行動を起こした」として、政府の禁圧を受けた。奈良時代の法体系である律令の規定により、僧尼は寺院を離れた布教活動が禁じられていたことが、禁圧の理由であった。一方、平城京造営工事に伴い全国から労役を課せられた人々が徴発されたが、過酷な負担から逃亡する者も多く、行き場を失った彼らは次々に行基の集団に参加したのであった。

たび重なる禁圧の結果、行基とその弟子たちは天平年間の初め(729年)頃から畿内各地で活動を展開して、院の建立と池・溝などの農業関連施設および橋・布施屋などの交通関連施設を建設する活動形態をとっていく。それに対し政府は、731(天平3)年行基に従う優婆塞(男性の在俗信者)61歳以上、優婆夷(女性の在俗信者)51歳以上の者に政府公認の僧尼であることを認める得度を許可した。さらに、745年には紫香楽宮の地において大仏造営の詔を発し、行基を勧進に抜擢した。大仏の造営は、その後現在の東大寺においてなされることになった。行基は747年、大僧正に任命されるが、この大僧正に関して、行基没後まもなく記された『行基舎利瓶記』には「然といえども以ふことあらず」とあり、行基の本意とは異なることが記されている。墓所は奈良県生駒市の竹林寺に所在。

実践 行基の思想基盤となる仏教について、その卒伝(『続日本紀』天平勝宝元年2月条)には『瑜伽唯識』を学び、ただちにその意を理解したと記す。この『瑜伽唯識』は、唐の玄奘(602～64)が漢訳し、その弟子である入唐僧・道昭(629～700)がこれを学び、日本に将来した。道昭は一時期「天下周遊」して橋を造り津を設けるなどの実践活動を行った。

こうした社会的実践は、『諸徳福田経』に説かれる福田思想により、社会のニーズに対応していく菩薩の実践行と深く関連している。

行基の活動を記録した『行基年譜』(平安時代末期の成立)によると，農業関連施設・交通関連施設は，行基生誕の地である和泉国，猪名川中流域(現・兵庫県伊丹市)，淀川流域(現・大阪市および大阪府北部)などにほぼ集中している。和泉国では人口の漸増傾向から農耕地の拡大が求められたが，猪名川中流域は交通の要衝の地でありながら，洪水の発生しやすい地であった。また淀川流域は，下流域で難波宮の造営，中流域で農耕地の拡大などの課題があった。このような地域社会のニーズが，行基らの実践を促していった。

一方，猪名川中流域には惸独田(けいどくでん)150町があった。惸独田とは，身寄りのない者のための農地で，行基の農耕関連施設が単に地域社会の農地拡大の要請にとどまらず，社会的に弱者の立場に置かれた人々のためのものでもあったことがわかる。そこに，菩薩行としての実践であったことが明らかである。

しかし，行基に関連する諸施設は，その没後急速に衰退し，政府の保護を受けるところもあった。行基の仏教に基づく実践は，その後継者に継承されることはなかったが，最澄(さいちょう)(766〜822)は行基の実践を評価し，菩薩行と理解した。

参 井上薫『行基』吉川弘文館，1959年。二葉憲香『古代仏教思想史研究』永田文昌堂，1962年。吉田靖雄『行基と律令国家』吉川弘文館，1987年。中井真孝『行基と古代仏教』永田文昌堂，1991年。

(宮城洋一郎)

⇒福田　⇒菩薩行

◇教化(きょうけ)

E edification　S vineya

人を教え諭し，誤ったものを正しい道に導くこと。

定義　一般には「きょうか」と読む。仏教の意味では「きょうけ」が慣用である。通例では，人を教えて悪を善に向かわしめることの意である。感化するという言葉にも通じて使われることがある。

展開　教化のほかに，感化・徳化などの言葉もある。それらは，道徳的な意味を内含して使われることが多く，かつて感化教育・感化事業・感化法などをもって少年非行問題への対応がとられたことがあった。教化は，それらをも含めてより広く人の道徳的・倫理的な性向にはたらきかけることをいう。

たとえば，『法華経』方便品には，「諸仏如来は，ただ菩薩を教化し，他を利する」ことを基本的なあり方として，人として常に心安く楽しみに満ちた生き方を説き明かす姿勢に立っている。その意を基に，ある人が他を教えるという行為においては，安楽であり安心ができるという方向を教示している。

その経説について，『摩訶止観』によると「教化の四随」として四つの理念を示している。①他の人の思いのままにという姿勢をもって，どんな楽欲の願いに関心が向いているか，②それについてどんな対応を期待しているか，③それは必ずしも最適ではないことに自らで気づくか，④そしてよりよい方向に展望をもつ意志が募ってくる

きょうせい

か。このような観察をもって他に対する時に，初めて善い教化が成立するという。また，『菩薩善戒経』功徳品に，教化の十種について述べている。①悪いと思われる心のあり方を改めさせる。②卑劣な言動を治めさせる。③罪を犯すことのないようにさせる。④すでに罪を犯した場合に自らを恥じ悔いるように導く。⑤心身を常に爽快に保つように工夫させる。⑥勝手気ままな行為をしないように慎みを大切にさせる。⑦悪い心の人とは交際しないようにさせる。⑧喧騒の場を遠ざけ静かで心の落ちつく所を選ぶようにさせる。⑩心の縛りから解き放されるように心がけさせる。

さらに，『漸備一切智徳経』暉曜住品に，教化の十慧について次のように述べている。①人がある目標や目的をさだめた場合に簡単には放棄しない。②宗教的に崇高な理念について篤く信仰し，③心に緊張がなくなる気楽な時間や場所を大切にする。④心が晴れて道理にかなった行為を心がける。⑤世の中の出来事にはその背景に必ず原因があり，評価されることを知る。⑥人のあらゆる幸福感や罪悪感には，その理由となる背景があることを理解する。⑦日常の心の動揺や変容や，それらがなく落ちついた心境に至ることを，自分なりに言葉で語ってみる。⑧心に常に起伏があるけれども，一方には起伏を超えて自分の本心があることについて明白に意識する。⑨さりげなく自分の過去のこと現在のこと未来のことを語ってみる。⑩心に止めどない想念があり，尽きることがないことを見きわめておく。

このように教化に関わる経典の記述には，人の倫理的なことへの気づきの大切さを述べ，その気づきを促すことで対人援助の基本原則を明らかにしている。

仏教社会福祉的意味づけ　このように教化を説く経典には，①道徳的意味づけ，②対人援助の基本原則が明記されている。こうした方向から自他の心身の安定を図ることをとおして，生活習慣や生活環境を改善し，自立を強めるとともに他との連帯に導くように生活支援のありようを強調している。

（村中祐生）

⇒説教

◇共生

[E] idea of living together
[S] sahaja

「縁起」に基づく自他の共存関係を表す概念。

定義　現在使われている「共生」の語は，単に共に生きる，共存するなどの意味合いで用いられていることが多く，身体的・思想的にさまざまな特徴をもつ個々人や集団，あるいは国際間で異なる民族や国家が，その差異性を互いに認め，またその差異性に価値を見出しつつ共存していく状態だとしている。

しかし，仏教の立場からの「共生」は，共生ともいい，さらに一方では，自者と他者が互いに差異性をもった個別的存在であることを認識しつつも，あらゆる存在の相依相関を示した「縁起」思想に基づき，自他の共存関係を表す概念とされている。つまり，共に楽しみ，共に喜び，共に生きることを願う人々の営みをとおして自他の尊

厳性に目覚め，生命を全うしていくことのなかに「共生」の意味がある。なお，この「共生」と思想的共通点をもつ関連概念として，渡辺海旭(1872〜1933)が提唱した「共済」がある。

展開 近代仏教にあって最も早い時期に「共生」の用語を用いたのは，浄土宗僧侶の椎尾弁匡(1876〜1971)である。椎尾は，善導(613〜81)の『往生礼讃』にある「願共諸衆生　往生安楽国」(願わくば諸の衆生とともに，安楽国に往生せん)より「共」と「生」の文字に着目し，その浄土教精神を解して「往生の生は，共に生きるということ」と述べるとともに，人間が本当に生き，真の人生を完うすること(真生)こそ，「縁起を認識すること」であるとして，「縁起」をいいかえ，より近代的な意味づけを果たす概念として「共生＝ともいき」と表現したのであった。

また椎尾は，この「共生思想」を机上にとどまるものとせず，積極的に社会に働きかけるため，1922(大正11)年，仏教の新しい教化運動団体である「共生会」を発足させ，急速に全国に広げていった。椎尾の「共生思想」の影響を受けた人々のなかから，児童保護事業を行った横内浄音(1892〜1977)の「上田明照会」(現・社会福祉法人上田明照会)や，隣保事業等を展開した名越隆成(1893〜1946)の「隠岐華頂女学院」(現・社会福祉法人隠岐共生学園)などの社会事業の先達が輩出された。

なお生物学上の「共生」は，「異種の生物が一緒に生活し，互いに行動的あるいは生理的な結びつきを定常的に保つこと」という生物の共存様式を意味するsymbiosisの訳語として知られている。しかし一方でこの用語は，相互の信頼関係が失われがちな現代社会にあって，新たな人間関係を導き出すための有効な概念の一つとして考えられるようになってきた。利益や利潤を追求することに終始しがちな人間不在の地域社会において，性別・年齢・職業を問わず，人間存在の確認を共有するところに共生・ともいきが重視されるようになったのである。

仏教社会福祉的意味づけ 共に生き共に育つ安全と安心のコミュニティづくりを目指す現代地域福祉のガイドラインとして，「共生」の概念は，有効かつ的確な意味づけを与えている。

また，「自他不二」の縁起的相関関係を基盤にもつ「共生」は，現代社会に対応する仏教の社会的役割を根拠づけ，相互の交流と連帯を強化しながら，みんなのためのみんなの福祉を具現化する仏教社会福祉の重要な価値概念となっている。

参 木村清孝「共生と縁成」(『日本佛教学会年報第64号——佛教における共生の思想』1998年)。坂上雅翁「『共生』について」(『日本印度仏教学会第49回学術大会発表要旨』1998年)。久米原恒久「仏教の社会教化運動——椎尾弁匡の共生会運動について」(長谷川匡俊編『日本仏教福祉概論』雄山閣出版，1999年)。

(藤森雄介)

⇒上田明照会　⇒椎尾弁匡　⇒渡辺海旭

◇教団社会事業
きょうだんしゃかいじぎょう

[E] social work of Buddhist denomination

仏教教団が中心となって展開する社会事業。

定義 古来，仏教徒による社会的実践が絶え間なく展開されてきたが，個々の僧侶によるのではなく，教団としてその社会的な責務を自覚して社会事業に取り込むことを，教団社会事業と定義する。仏教各宗派は，近代以降，欧米への僧侶派遣などを通じて積極的に組織の近代化と後継僧侶養成のための高等教育の整備を図ったが，そのなかにあって，眼下の社会問題への対応，キリスト教の社会的な進出への対抗などの理由により，慈善事業・社会事業に注目していくことになった。

展開 近代的な組織形態を整え，教団として慈善事業・社会事業への取り組みを示す早い例が，1901(明治34)年に設立された浄土真宗本願寺派による「大日本仏教慈善会財団」であった。また，内務省主催の感化救済事業講習会に出席した仏教関係者によって1909年に「仏教同志会」が結成されるなど，教団関係者に慈善事業・社会事業への関心の高まりがみられた。そのなかにあって宗祖法然上人の700年遠忌を記念して1911年に事業を開始した「浄土宗労働共済会」は，近代仏教教団としての社会的責務を自覚して，労働者の生活向上改善を目的とした本格的な教団社会事業というべきものであった。この年には，「大谷派慈善協会」が結成され，翌年には「日蓮宗慈済会」「曹洞宗慈善会」が発足している。こうして教団レベルでの取り組みが顕在化し，大正期には内務省社会局の設置と相俟って，防貧教化意識に基づく社会事業として，各教団において展開していくことになる。戦後は，生活困窮者への救援活動などを出発点に，各教団に社会部が設置され，恒常的な事業への取り組みが開始されていく。その内容は，災害援助・保育事業・教誨活動などがあり，教団としての全国的な組織活動を果たしてきた。

教団別にみていくと，天台宗系教団では，各宗ごとに独自の活動がみられ，和宗の「四天王寺福祉事業団」，延暦寺の「一隅を照らす運動」，浅草寺の相談援助活動などがある。真言宗では，教誨師・保育などで連盟が組織されている。浄土宗では，1952年に浄土宗全国社会事業大会を開催し，社会事業関連施設の調査を進め，教学事務組織に社会福祉を位置づけるなど本格的な取り組みを果たし，1964年に「浄土宗保育協会」を，1974年に「浄土宗社会福祉事業協会」を結成するなど，社会福祉関連事業の養成を行うに至っている。浄土真宗本願寺派では，戦後の社会福祉事業を総括して，1978年「浄土真宗社会福祉基本要項」を作成し「施設サービスから地域福祉サービスへの転換」を図っている。曹洞宗では戦後すぐに社会部を設置し，保育事業に傾注してきた。1980年に「曹洞宗東南アジア難民救済会議（ＪＳＲＣ）」を発足させ，1992年「曹洞宗国際ボランティア会（ＳＶＡ）」と改組して，国際ボランティア活動の先駆的役割を果たしている。日蓮宗では，1950年に「事業仏教を興起せよ」の働きかけのもとで「日蓮宗社会事業規定」が成立し「一

教師一事業」を義務規定とした。さらに，1981年の宗祖700遠忌に際し「社会福祉法人立正福祉会」が認可を受け，家庭児童相談室を開設している。その一方で，国際難民救済募金(1980年)を組織するなど，多方面への活動をみせている。

仏教社会福祉的意味づけ　このように，教団を単位とする社会事業は，戦前・戦後を通じて顕著な活動を展開してきた。そこには，社会事業をそのまま教化事業と理解し，その両輪によって社会的責務を果たそうとするねらいがあった。こうした実践を可能にさせたのは，仏教が「色心不二」の立場を有し，物質や経済を尊重しつつも教化を重視して，社会事業の任にあたることを是としてきたからであった。

しかし，物質的・経済的な救済にのみ終わることは，仏教として第二義に属することとされる。貧しき者に物質を与え，飢えたる者に食を与えることは，社会事業の重要な任務の一つであるが，仏教的立場に立つ時，その根本を見極め，社会的な欠陥のよってくるところの是正に努める原動力を導くという立場から，教団には社会的な浄化力を発揮していく責務がある。そこに，社会救済のために果たす教団社会事業の役割がある。こうした理念を基礎とすることで，各教団が，その依拠する立場に従って，独自な事業を展開し，社会的な期待に応えていくことができる。

参　藤井實應「教団社会事業」(『浄土宗社会事業年報』第一輯，1934年)。「公開シンポジウム　戦後日本の仏教系社会事業の歩みと展望」(『日本仏教社会福祉学会年報』第31号，2000年)。　　(林　俊光)

⇨一隅を照らす運動　⇨大谷派慈善協会
⇨四天王寺福祉事業団　⇨曹洞宗国際ボランティア会(SVA)

◇京都私立子守学校

E Kyōto-Shiritsu-Komori-Gakkō
富山県出身の日蓮宗僧侶中村寛澄らが，京都に開いた子守学校。

定義　1904(明治37)年，修学のため京都に居住していた中村寛澄は，有志とともに「本化幼年学園」を設立し，日露戦争の出征軍人遺族の幼児保育事業などを始めた。1907年に貧困者子弟の教育を行うこととなり，「慈悲教育院」と改称して，同年2月に「京都私立子守学校」を設置した。

展開　仁王門通新高倉の寂光寺に本部を置き，六角堂・本圀寺などにも教場を設けた。尋常科・高等科があり，修業年限はいずれも2ヵ年で，授業料などは徴収せず，教科書・学用品もすべて給与された。1908(明治41)年9月には，家庭の事情で昼間に通学できない者を対象として，「慈光夜学校」も開設した。1910年度の『京都市学事要覧』によれば，慈光夜学校に50名の男子が，子守学校に52名の女子が在籍していた。

中村は，1909年に内務省主催の感化救済事業講習会に京都府代表として参加したのを契機に，「淬励会」を設置し，免囚保護事業にも着手した。さらに1911年，事業が拡大されたことに対応して，法人組織に転換することとなり，「社団法人明徳学園」の設立認可を受けた。

1914(大正3)年4月，京都市が市内の小学校に不就学児のための補助学級を設けた

ことや，就学率が向上したこともあって，1916年に子守学校・夜学校を廃止して，裁縫学校(塾)に事業変更し，「明徳学園教育部」と称した。その後この学校は，本圀寺の協力のもと，「明徳女学校」となり，現在は，京都経済短期大学・京都明徳高等学校・京都成章高等学校を設置する「学校法人明徳学園」へと発展している。

仏教社会福祉的意味づけ　近代資本主義経済の進展に伴う生計上の都合から，女児を早くから家事に従事させ，あるいは他家に子守奉公に出すことが多くあり，その不就学は大きな社会問題となっていた。明治から大正初期にかけて，こうした不就学女児を対象とする子守学校が各地で設置された。それらは公立小学校に付設されることが多かったが，行政の不備を補うかたちで，仏教者により設立される場合もいくつかあった。代表的な事例として，京都私立子守学校のほか，群馬県高崎市の「樹徳子守学校」(1903年曹洞宗長松寺に設立)，鹿児島市の「西本願寺別院子守教育会」(1909年設立)，香川県丸亀市の「鶏鳴学館附設子守学園」(1914年設立) などがある。

参　『明徳学園六十年史』学校法人明徳学園，1980年。長田三男『子守学校の実証的研究』早稲田大学出版部，1995年。

(中西直樹)

⇒鶏鳴学館　　⇒真龍女学校

◇**京都婦人慈善協会**

[E]　Kyōto-Fujin-Jizen-Kyōkai
仏教思想に基づいて京都に結成された女性団体。

発足　1894(明治27)年5月，浄土宗信徒福田もと子の主唱により，烏丸通松原下ル因幡薬師堂において創立発起人会を開き，翌月，浄土真宗本願寺派の明如門主夫人・大谷枝子を会長に迎えて発足した。発起人には，島地黙雷(1838～1911)・赤松連城(1841～1919)・渥美契縁(1840～1906)などの真宗僧侶ほか，竹村藤兵衛(初代下京区長，衆議院議員)，池田清助(池田合名会社社長)，飯田新七(高島屋当主)ら京都政財界の有力者が名を連ねた。

展開　当初は，真宗僧侶を招いて法話を聴聞することが主たる活動であったが，1899年に社団法人としての認可を受けた頃から，活発な慈善活動を展開し始めた。1900年以降，貧困者への白米施与をたびたび行い，翌年からは，毎年のように慈善市を開いた。その収益金は，「平安養育院」「京都施薬院」などの慈善事業に寄付されたほか，遠くサンフランシスコの地震をはじめ，各地の災害発生時に義捐金として贈られた。会員には当初，仏教各宗派の女性信者が参画していたようだが，1907年に浄土真宗本願寺派が「仏教婦人会連合本部」を結成して女性信者の組織化を図ると，その関係団体としての色彩が強くなっていった。この頃，会員も5000名近くとなり，1911年には，「西本願寺布教会」の協力を得て，六角通烏丸東入ル南側に活動の拠点として「六角会館」を建設した。

　大正期に入ると，さらに慈善活動は活発化していった。1915(大正4)年からは，牛乳給与活動を行い，貧困者の健康維持に尽力するとともに，1921年には巡回診療活動を開始した。京都市内の各所で年間に70回

以上の無料診療を行い、延べ１万人前後の受診者があった。この時期、会員の啓蒙活動のため、中央郵便局・蹴上浄水場などの社会見学会や、廃物利用講習会・裁縫講習会なども開催された。また、女性の社会進出が活発化するなか、会員の高齢化に伴う活力低下を防ぐ目的もあって、1924年に35歳未満を対象とした「六条仏教女子青年会」（同年「京都仏教女子青年会」と改称）も発足した。

昭和初期には、真宗講座・無憂華講座・冬期講座などが六角会館で始まり、聞法道場としての実践・伝道も活発化した。1929（昭和４）年には、京都仏教女子青年会の事業として、西本願寺北山別院の隣接地に非行少女保護施設「六華園」も開園した。

ところが、戦時体制が強まると、徐々に活動は停滞し、1936年に会員の減少により京都仏教女子青年会と合併して、名称を「京都仏教婦人会」と改め、翌年には、巡回診療活動を終了した。牛乳給与活動も次第に規模を縮小し、やがて母子寮への資金援助に変更して、1946年に活動を終えた。慈善市も1942年以降停止され、終戦時に会員が609名まで減少した。1949年から「黎明会」という聞法の例会が開かれ、災害への救援寄付、母子寮の慰問など慈善事業も再開された。しかし、急激なインフレと財政を援助してきた篤志家の没落によって運営は低迷し、会館の固定資産税を支払うことさえ不可能となった。そこで、1957年には「宗教法人六角教会」に組織変更して再出発を期し、1979年には、さらに「六角仏教会」と改称した。1986年、会館の建て替えが完了し、会館で仏教文化講座を開くほか、聞法シリーズなどの出版事業、ビハーラ講座の企画などに取り組んで、聞法道場として活動を続けている。

仏教社会福祉的意味づけ　「京都婦人慈善協会」の慈善活動は、日露戦後における女性の国家・教団への参画意識の高揚を背景として活発化し、さらに、大正・昭和初期における女性の社会進出、婦人公民権運動を受けて盛り上がりをみせた。しかし、それは国家・教団が要求する女性の役割を全うすることを通じて、女性の地位向上を目指そうとするところに意味があった。

参　京都婦人慈善会・京都仏教婦人会六角仏教会『百年のあゆみ』宗教法人六角会、1992年。仏教婦人会連合本部編『仏教婦人年鑑』仏教婦人会連合本部、1932年。　　　　　　　　　　（中西直樹）

◇京都養老院

E　Kyōto-Yōrōin

大正期に創設された仏教系老人福祉施設。

定義　1921（大正10）年12月11日、「京都仏教護国団」により創設された仏教系の老人福祉施設で、現在の「社会福祉法人同和園」の前身。

展開　1910年代を中心とする社会福祉事業の公共的形成のなかで、京都府が1921年度予算に、新規項目として「養老院諸費」を計上する。これは京都市が計画にとどめていた養老事業を、府が公同委員の実態調査に基づいて委託方式で開始しようとしたものであった。この年、大西良慶（1875～1983、清水寺貫首）が団長となり再建された京都仏教護国団が、仏教思想に基づく社

きょうとり

会活動として，府の計画受容の意向を示した。ところが，府との協議が進まず，京都仏教護国団が独自に下京の浄土宗・西福寺（現・下京区）を借用し，「京都養老院」として発足させたのである。その後，府との協議が進み，1922年5月に委託契約が成立した。ここに，京都仏教護国団の団長が院長，常務理事が主事（施設長）となり，団に参加した各宗派僧侶の協力により運営されたが，府の委託事業になっていく。同年6月には，真言宗・仁和寺の塔頭尊寿院の敷地に移転し，本格的に運営されることとなった。移転当初9名であった在院者が，1926年には30名を超える。1932（昭和7）年1月施行の「救護法」により，府の委託事業から離れ，市を通じて措置をうける体制に入ることとなった。ついで1934年8月に現在地（伏見区醍醐）に移り，さらに1941年に財団法人の認可を受け，「同和園」（戦後，社会福祉法人）と改称した。

仏教社会福祉的意味づけ この施設は，京都仏教護国団が経営主体となってきたことにより，特定の教団・寺院に依拠せず，広く京都の仏教界の協力により運営された。また同時に園内に建墓された無縁塔は，独居老人の入居を積極的に進め，園内で葬儀を行い，納骨していたことを示す。核家族化・高齢化・少子化が進行するなかで，独居老人の最後の住み処としての特色が見出される。

参 同和園編『同和園70年史』同和園，1997年。　　　　　　　　（池田敬正）
⇒**大西良慶**　⇒**仏教護国団**

◇京都療病院

E Kyōto-Ryōbyōin

明治初年，西洋医学による医師養成を目的に設立された病院。京都府立医科大学の前身。

定義 1871（明治4）年2月，当時京都府に出仕していた明石博高（1839〜1910）は，外国人教師を招聘して洋式病院・医学校を設立すべきことを建議した。しかし，府はその資金の目途が立たず，時期尚早であるとして却下した。そこで明石は，禅林寺住職東山天華・銀閣寺住職佐々間雲厳・願成寺住職与謝野礼厳らと図り，寺院住職40余名の協力を得て，府の許可を取り付け，翌1872年11月，粟田口青蓮院に仮病院の開院式を挙げた。

展開 京都には，豊臣秀吉が朝廷に請願して設立した「大施薬院」が御所の南にあり，施薬院全宗（1526〜99）が治療にあたっていたとされる。この施設は江戸期まで存続していたが，維新後消滅した。仏教側は，この施薬院の復興を意図して，開業後まもなく貧困者に対する施療施薬を建言した。1873年9月，この建言を受けて，「京都療病院」内に貧病室が設けられた。さらに1875年には，東山天華の尽力により，日本最初の公立精神病院として，「京都癲狂院」も南禅寺に設立された。

仏教社会福祉的意味づけ 明治政府は，1868年に西洋医術の長所の採用と，窮民のための施療病院を設立すべきことを指示した。ついで1874年には「医制」を公布し，1877年頃までには，ほとんどの府県に西洋

医学による医師養成の役割を負った官民合同・半官半民の病院が設立された。こうした病院の設立に仏教側が資金を提供する事例は、他の府県でもみられた。たとえば、真宗三派（本願寺派・大谷派・高田派）は愛知県病院設立の募金に応じ、浄土真宗本願寺派は大分県病院に、真宗大谷派は鹿児島県医学校附属病院に多額の寄付をしている。これらの病院は、貧窮者を施療する役割も担っていたが、西洋医学の移植・模倣を優先する国策により、徐々に貧窮者救療の側面をなおざりにしていった。京都療病院の貧病室も長くは存続せず、京都癲狂院も京都府の財政難のため、1882年に廃止され、私立（現・川越病院）に移管された。

参 京都府医師会編『京都の医学史』思文閣、1980年。中西直樹『仏教と医療・福祉の近代史』法藏館、2004年。

（中西直樹）

⇒埼玉自彊会

◇勤労 きんろう

E work; labor　S ārabdha-vīrya

勤めはげむこと。

定義　仏教では、本来、精進とか勤求・勤行・勤苦・勤修・勤善・勤息・勤労といった用語で表現される。

展開　原始教団における出家の比丘集団（サンガ）では、労働するという意味での勤労という概念はほとんど問題にされなかった。勤労が問題にされたとすれば、在家信者の場合であった。そもそも仏教において、初めインド僧たちは托鉢によってのみ生活していた。僧たちは自分たちが働いて何かを生産することは禁じられていた。しかしながら瞑想的・哲学的傾向を有するインド人に対して、実際的・行動的傾向を有する中国人は、インドから伝来した仏教を中国独特の中国仏教として新しく展開させ、定着させることになる。自由な立場での仏教思想が勃興したといえる。特にその自由の風潮は達磨大師を宗祖とする「祖師禅」の系統においてきわめて顕著であった。

達磨大師から4代目の四祖道信禅師の頃より、禅定に対する考え方が変わり、日常的な起居動作である行住坐臥のなかに禅定をみようとする傾向が強くなってきた。それはインド的な修行形態を脱皮した、中国的できわめて自由な、修行の新しい形態であった。そしてこの頃より特定の禅林に定住する修行僧が増え、禅教団は次第に大集団化していった。そのため、もはやインド以来の托鉢行のみでは大集団の生活を維持することが不可能となり、自然とそこには自給自足の生産体制が生まれた。

このような生活上の必要性と、自由な中国仏教の新しい傾向とが重なって、中国仏教史上に驚くべき変化が起こる。従前の出家修行者は生産から遊離していたのであるが、今や禅僧たちは自給自足のために生産に従事しながら仏道修行をするという、きわめて自由な宗教生活を行うこととなった。そして集団生活態としての禅林には、必然的に、集団維持のための一定の規則が必要となってきた。中国の唐代に百丈懐海という禅僧が禅寺における宗教生活の規定として書き残した『百丈清規』は、このような事情のもとに成立したのである。

その『百丈清規』のなかに「作務」また

は「普請」という綱目がある。作務は肉体労働のことであり，多くの場合その作務は一山総出で行うところから「普請」ともいったのである。一般に「働かざる者は食うべからず」とよくいわれる。これは他律的制約であるが，百丈禅師の教えた「一日不作 一日不食」は自律的制約である。「今日一日自分は食事をしない」と，自分で自分を制約するのである。百丈禅師のこの信念の根底には，仏教における勤労の意義をうかがうことができる。

かくして僧たちは作務中にも自由に禅問答を交わし，作務中に機縁を得て開悟する者も多かった。こうして祖師禅という仏教の一派は，静態的に停滞することを嫌い，「きわめて動態的な宗教」「はたらきのある宗教」「生活のなかの宗教」「生きた宗教」として発展していく。そして僧団生活における自給自足から生まれた仏教における勤労は，経済的にはまったく無欲の労働であり，「無心の行為」ともいうべき宗教性の高い労働といえる。現実的生存のための勤労を行いながら，そこに宗教的な理想の実現を達成しようとする次元の高い労働といえる。これが仏教における勤労の意義である。

仏教社会福祉的意味づけ ところで，現代資本主義社会では「働く」ということは「稼ぐ」ということであり，「稼がなければ生きていけない」という考え方が一般的である。常識的には「働く」ことは「収入を得る」ことであり，経済的・生産的評価が労働の評価となる。しかし，人間は「パンなしには生きられない」といいつつ，一方において「パンのみでは生きられない」と

いう精神性をもっている。この点に反省の眼をもつ時，「働く」ことを通して「生きる」ことを考え得る人間となり，勤労の精神は単なる経済的価値にとどまらず，人格の形成を理想としなければならぬことに気づくであろう。その時，百丈禅師の「一日不作 一日不食」（一日なさざれば，一日くわず）の名言によって象徴される仏教における勤労の意義が，現代人に訴えるところは多大である。また，多くの大乗経典では菩薩行が主張されるが，この菩薩行とは，他者を救い，援助するための勤労と理解しても誤りではない。

参 福島慶道「宗教と労働：一日不作一日不食（一日作さざれば，一日食わず）」（『大乗』第34巻第11号，大乗刊行会，1983年）。　　　　　　（中垣昌美）
➡作務

◇苦

E suffering; pain　S duḥkha
辛いこと。苦しいこと。思うようにならないこと。

定義　「苦」という言葉は，一般に，苦痛や苦労で表され，辛いことや苦しいことである。たとえば「苦になる」といえば，気がかりのもとになる，心配の種になることであり，「苦にする」といえば，ひどく気にして苦しみ悩むことである。また，苦を表す熟語を眺めれば，苦しみや難儀のことを「苦難」といい，困り苦しむことを「困苦」といい，物事が思いどおりにいかず，苦しく辛い思いをすることを「苦渋」といい，あることを成し遂げるためにいろ

いろと心を使い苦労することを「苦心」といい，苦しみを耐えて戦うことを「苦闘」というのである。仏教では，苦は欲望などの煩悩から生まれるとする。

展開　初期仏教やアビダルマ仏教では，苦をありのままにみて，苦を超克することが重視されている。初期仏教である「阿含経」群に多くみられる教説は，人生は「不浄・苦・無常・無我」と説く教えである。また人間存在を構成する五つの要素を五蘊という。すなわち，いろ・かたちあるものが色であり，感受作用が受であり，表象作用が想であり，形成作用が行であり，識別作用が識である。これら五蘊は，無常であり，苦であり無我であることを，ありのままにみて，この世のあらゆる存在するものに対して，執着することを離れ，むさぼる心を滅して，さとることを仏教は教えているのである。

アビダルマ文献では，苦を逼悩（圧迫して悩ます）と定義している。

人間苦の最大のものは，何といっても老死である。『縁起経』では，老死のあとに，愁・悲・苦・憂・悩が加えられる。しかしこれらは生のあとに老死とともに生ずることで，苦は老死により代表される。老死の苦を解決するために，老死を追究すれば，無知（無明，真実に暗いこと）や愛（渇愛，強い欲求のこと）が苦の原因として見出される。よって，これらを滅することができれば，苦も消滅することができるとされた。これが縁起（存在のあり方のこと）説である。縁起とは，よって起こることで，種々の条件によって現象が起こる基本の原理であり，それは存在のあり方なのである。

縁起や無常・苦・無我を含む教えに，四諦（四つの真実）の教えがある。そのなかの苦諦とは，迷いの世界においてはすべてが苦であるという真実である。苦は四苦八苦という言葉に代表される。四苦とは，生・老・病・死であり，八苦とは前述の四苦と愛別離苦（愛する人々と生別し死別すること）・怨憎会苦（嫌いな憎い人々と出会い共に暮らすこと）・求不得苦（自分の思いどおりの欲求が満たされないこと）・五取蘊苦（五蘊は取着〈執着〉のもとであるあるから苦である）である。このように一切の物事がすべて苦であるから一切皆苦（一切行苦）ともいわれる。

苦苦とは，疫病や飢餓などから生ずる心身の苦悩をいう。行苦は常に受動する無常の世界であることから受ける苦悩であり，現代社会の変動過程に順応できない状態や適応障害をもっている状態をいう。壊苦は楽しいものが滅することから生ずる苦であり，死別・離別による母子・父子世帯の担わされる苦悩などをいう。

仏教社会福祉的意味づけ　仏教では，苦から解放される真の自由を得る道を教える。人間はもともと悪でもなければ善でもない。しかし，親鸞（1173〜1262）によれば，人間は「苦悩の有情（生きとし生けるもの）」（『正像末和讃』）ともいわれるように，迷いや苦しみが果てしなく続き，悩みやこだわり，とらわれの心から解放されていない。逆にいえば，悩みや苦しみをもっていることが人間であることの現実を表しており，生きていることの証でもあるのである。したがって，苦を避けたり，苦から逃げたりすることによって苦から解放されようとす

ることは，かえってより深い迷いや苦しみに陥るのである。

　人間が人間として生きるうえで，苦悩の現実を避けることはできない。普遍的な根本苦をはじめとして，社会的・歴史的に規定される生活苦を，好むと好まざるを問わず必然的に担わされている現実を直視し，社会的諸問題の因果関係を正しく認識することを教える。正しい現実認識こそ，物心両面にわたって苦から脱却し苦を超克する仏教社会福祉の課題である。

参　佐々木現順『阿毘達磨思想研究』清水弘文堂，1972年。佐々木現順『人間——その宗教と民族性』清水弘文堂，1973年。　　　　　　　　（智谷公和）
⇨**四聖諦**

◇**空海**　774（宝亀5）～835（承和2）

E　Kūkai

平安時代前期の高僧，真言宗の開祖。

略歴　讃岐国多度郡（現・香川県善通寺市）に生まれる。父は佐伯氏，母は阿刀氏。幼名を真魚。15歳の時母方の伯父・阿刀大足について漢文を習い，18歳で大学に入る。律令制下の大学は都に置かれ，中央貴族の子弟のための官吏養成機関であった。そのため地方豪族出身の空海が入学したことは，異例のことであった。しかし，在学中に一沙門のすすめで虚空蔵求聞持法の修行をし，大学への失望もあって阿波（現・徳島県）・土佐（現・高知県）などでの山林修行生活に入った。24歳の時に著述したという『三教指帰』は儒教・道教・仏教の三教の優劣をそれぞれの立場から説き，仏教が最もすぐれていることを主張したものである。これより空海は，官吏としての栄進を期待する一族の願いを拒み，自ら主体的に選択した仏道修行への志向を明確にした。

　804（延暦23）年，遣唐大使藤原葛野麻呂に従って入唐。中国密教の大成者不空三蔵の直系の弟子・恵果より灌頂を受け，秘法を授けられた。

　806（大同元）年，恵果の没後ただちに帰国し，812（弘仁3）年11月に最澄（766～822）とその弟子たちに金剛界結縁灌頂を，12月に胎蔵界結縁灌頂を授け，真言密教の日本における伝法を開始した。816（弘仁7）年には，高野山の開創を願い出，823（弘仁14）年には平安京を守護する寺院である東寺に真言僧50人を置くことを勅賜せられ，真言密教の拠点を設けた。830（天長7）年に『秘密曼荼羅十住心論』を著わして，真言宗の教判を確立した。834（承和元）年宮中に真言院を設け，玉体安穏・鎮護国家・五穀豊穣を祈念する法会である後七日御修法を導入させた。

実践　空海は真言密教をとおして，鎮護国家の実現を図ろうとしたが，そこには，人々の安寧が必要であるとの認識があった。空海の社会的実践として特筆すべきものに，難工事の末，灌漑用水を確保した満濃池の修築と，一般庶民に開かれた教育機関である「綜芸種智院」の設立があげられる。

　821（弘仁12）年，讃岐国から空海に満濃池（現・香川県仲多度郡満濃町）の修築工事の指揮を要請された。弘仁年間には多くの天変地異が生じ，讃岐国にも2度にわたって朝廷から救援がなされていた。こうした災害に対処するためにも，この工事が急が

れていた。しかし、「工多くして民少なし」という現状のために工事は難渋をきわめていた。そこに、讃岐国出身の空海に工事の指揮を要請した理由があった。地方の行政機関である讃岐国が、こうした工事に民衆を徴発する場合は、有償労働の形態がとられていたが、十分な労働力が確保されていなかった。そこで、空海の宗教的人望により質の高い労働力を求めようとしたのであった。一方、空海には金剛界・胎蔵界の灌頂を通じて、和気氏をはじめとした地方行政にすぐれた実績をあげてきた官人である良吏との交流があり、安定した農耕生産を生み出す灌漑用水の確保に対する理解があった。これらの要因により満濃池修築工事が成功したとみられる。

また、828(天長5)年『綜芸種智院式』を著わし、その教育の基本を記している。その骨子は、①儒教・道教・仏教など当時の学問を総合的に教育すること、②庶民に開かれた教育機関であること、③閑静にして人々の往来がある地を立地条件としたこと、④給費制であることなどにその特色を求めることができる。そこには、教育の機会均等をはじめとした近代学校教育の原点にも通じる内容がうかがえる。しかし、綜芸種智院は空海没後10年にして、東寺の教学を維持する経済基盤である伝法料の確保のために売却され、廃絶となった。

参 小山田和夫・久木幸男編『論集空海と綜芸種智院』思文閣出版、1984年。久木幸男『日本古代学校の研究』玉川大学出版部、1990年。宮城洋一郎『日本仏教救済事業史研究』永田文昌堂、1993年。

（宮城洋一郎）

⇒満濃池

◇倶会一処 (くえいっしょ)

E getting together at one place(the Pure Land)

S satpuruṣaiḥ saha samavadhā-naṃ bhavati

共に一所に集まり、会うこと。

定義 『阿弥陀経』のなかに出てくる用語であり、阿弥陀仏の浄土に往生することによって、すでに浄土に往生した人々とともに会えるところがあるという意味で、共に一所に集まって会うことをいう。

展開 阿弥陀救済の基本的理念として、多数の人間が共に会える場があることを認知することが究極の救いであることを強調する。孤独・孤立・孤絶などからの解放こそが救いである。

仏教社会福祉的意味づけ 仏教社会福祉活動の達成目標は、みんなの、みんなによる、みんなのための福祉風土をつくることであり、共生・共育・共感の場の構築である。倶会一処は共に生きる福祉のまちづくりを目指す地域福祉の鍵概念である。

（中垣昌美）

⇒共生

◇九条武子 (くじょうたけこ) 1887(明治20)～1928(昭和3)

E KUJŌ Takeko

明治から昭和期に活躍した女性仏教社会事業家。

略歴 浄土真宗本派本願寺第21世明如宗主と藤子との間の4男2女の末娘として誕

生。1891(明治24)年，京都府師範学校付属幼稚園に入園，続いて同付属尋常小学校から同高等小学校で初等教育を受けた。その後は，寺内での教養と教学教育を主とし，安国淡雲(やすくにだんうん)(1830～1905)や赤松連城(あかまつれんじょう)(1841～1919)などの碩学から指導を受けた。

1907年，兄光瑞(第22世鏡如)の妻籌子(かずこ)が総裁となり「西本願寺仏教婦人会連合会本部」を創設すると同時に武子は本部長となり，実質的な運営責任者として終生その任にあたった。1909年，武子23歳の時，籌子の実弟である九条良致と結婚。大正前半期は，特に女子大学設立のための資金調達に奔走したが，設立不認可となり計画を変更し，京都女子高等専門学校を1920(大正9)年に創設した。

1923年9月，関東全域を襲った大地震(関東大震災)によって武子自身も被災者となった。本派本願寺教団では築地本願寺別院に臨時救災事務所を設置し，被災者救護にあたった。武子も関係者と協力して被災児童の救護を行うため上野公園や日比谷公園に子ども学校や幼稚園を設置し，子どもの教育の再興に尽くした。以後，武子の活動は，大震災の被災者救護事業を中心に展開された。1924年には，「仏教女子青年会」の協力によって震災孤児や頼るべき者のいない若年女子の生活施設である「六華園(ろっかえん)」を創設し，武子自身が同施設の園長に就任した。

このほか，女囚の社会復帰を目的とする「両全会」(1917年創設)への協力，そして，武子の最後の事業ともいうべき震災救護の一環として設置された診療所の発展形態としての「あそか病院」の創設に心血を注いだが，志半ばの1928(昭和3)年2月7日，42歳でこの世を去った。しかし，あそか病院は，武子の遺志を継ぎ1930年に開業の運びとなった。

思想 武子は，仏教婦人会本部長としての巡教の生涯を送った。同役職に就任以来，全国各地の支部の会合に，また，多くの教団関係の催しに精力的に出席している。歌人・九条武子は，その時々に歌を詠み，自らの心情をこれに託して表現している。武子の歌や行動の根底に流れるものは，信心＝他力本願に支えられた生き方であり，「信仰は生活の力なり」といわしめた。武子の「我しらず人また知らずよき旅は大きな恵みにまもられつつ」とか「大いなるものゝ力にひかれゆくわが足あとのおぼつかなしや」などの歌にみるように，彼女の生活の根幹に仏の智慧の自覚があった。社会事業実践においては，対象者への物的救済とともに，信仰によって生活の意義を自覚させることが真の救済につながると確信していた。したがって，彼女の実践は，物的救済と精神的教化が同時になされ，対象者の生活者としての自立を促すものであった。

実践 武子の社会事業実践は，関東大震災を契機として展開する本願寺派の社会事業の一環として存在する。それは，「東京真宗婦人会」の付属事業として六華園での震災孤児保護事業に園長として尽力したことや，震災直後の本願寺救護班の活動から出発し，その後わが国の医療社会事業の先駆的施設であるあそか病院の基礎をつくったことなどに代表される。武子は，「あそか病院」の開設のため資金調達に奔走し，また，自らの出版の印税を事業に投入しそ

の実現のための財政面を支えた。志半ばにして死去したが、この遺志は大谷籌子（1893〜1974）や大角真八医師、田中元主事らによって引き継がれ、1930年11月に深川区住吉町に総合病院としてあそか病院が誕生した。1935年に財団法人となり、この年度の取り扱い患者数は17万有余名を数えるに至っている。

参 佐々木信綱編『九条武子婦人書簡集』実業之日本社、1929年。籠谷真智子『九条武子』同朋舎出版、1988年。

（菊池正治）

⇒あそか会

◇供養 （くよう）

E reverence; offering　S pūja; pūjana
食物や衣服を仏・法・僧の三宝、父母・師長・亡者に供えること。

定義　本来の意味は、尊敬の念をもって懇ろにもてなすことで、供布施・供給ともいう。

展開　初期の仏教教団では、衣服・飲食・臥具・湯薬など「四事供養」が説かれ、これらが僧団に施与されていたが、のちに塔廟・仏像・房舎・土地までも施されるようになった。そこで、仏像の開眼供養、経巻の開題供養などが行われ、供養塔なども建てられた。しかし、財と法を区別する考えも表れ、恭敬供養・讃歎供養・礼拝供養など精神的な崇敬の態度も供養と理解された。こうして、『法華経』の十種供養（華・香・瓔珞・抹香・塗香・焼香・繒蓋・幢幡・衣服・伎楽）、密教の五種供養（塗香・華・焼香・飲食・灯明）、十地経の三種供養（財物の利供養、香や花、幡などの恭敬供養、修行による行供養）といった種々の供養方法が提示されるようになった。

日本では、亡者を弔うための追善供養の意味で供養の言葉が用いられている。また、供えられる物品や食物も供養とよばれている。さらに、自らが殺生した生きものへの追善供養として虫供養などがあり、さらに発展して、無生物に対する針供養・人形供養・扇供養なども行われている。これらは、すべてのものが仏となることができるとする大乗仏教の悉有仏性の思想を反映したものであり、感謝の念、あるいは罪悪感による罪滅ぼしの意図によるものとされている。

なお、広島県や島根県などの牛供養田における牛供養は、ベナレスでの聖牛の放生によるプージャと同様、牛によるカミへの供養である。

仏教社会福祉的意味づけ　一般的には、現世にある者が功徳を積み、その功徳を地獄や餓鬼道に落ちた亡者に廻向するという意味で、供養が理解されている。これは、下位の者に対する上位の者の姿勢である。しかし、供養の原義「プージャ」は、神に対する尊崇を意味している。仏教においても、仏に対する尊崇の意味で用いられてきた。死者を仏としてとらえた場合こそ供養の原義が生きる。この意味を、仏教社会福祉の立場からとらえなおすと、哀れみや同情などではなく、供養する側が供養する縁に恵まれたところに救いがあるとするところに意味がある。したがって尊崇の念をもって他者と向きあうことが、自己の功徳になり、真の対人関係を築くことにもなると

理解できる援助者として，自らを正しく位置づけることができる。　　（柏原信行）
⇒布施

◇恵愛福祉事業団
けいあいふくしじぎょうだん

E Keiaifukushi-Jigyōdan

真言宗僧侶・松村祐澄(1920〜)が創設した福祉事業団。

定義　この事業団の創始は，総本山仁和寺第45世門跡・真言宗御室派管長で千光寺住職の松村祐澄が香川県白鳥町(現・東かがわ市)に，1948(昭和23)年5月に「恵愛保育所」を開設したことに始まる。この開設から4年後，千光寺の一角に「恵愛学園」を設立，児童養護施設として運営を開始した。1953年8月に社会福祉法人の認可を受け，1966年10月，知的障害者施設「白鳥園」を開園させ，総合的な施設を有する事業団として，今日に至っている。

展開　松村祐澄が，福祉事業を開始するに至った理由には，師であり，父であった孝澄の存在があった。同師は，香川県監獄署の女子受刑者の子どもたちを養育する「高松保育会」(1910年に「讃岐学園」と改称)に関わり，1935(昭和10)年には，園長にもなっていた。また，自坊・千光寺においても「延齢会」を組織して，60歳以上の男女を招待して催しを行うなどの事業も手がけていた。父の地域に根ざした社会事業の影響を受けて「白鳥園」が設立されたのである。同園の創設には，当時学力テスト日本一を誇った香川県にあって，知的障害をもつ子どもたちが学校教育から排除されようとしている事実を知り，彼らのための施設づくりを決意したという経緯もある。そこで，当時厚生省が進めていたコロニー構想をモデルに，白鳥町の塩越海岸に臨む地に，同園を設立した。この地は，景勝に富み，地域住民の生活圏にも近いうえ，園の規模は国立のそれに比べはるかに小規模だったので，園児たちとの交流も密であった。こうした利点を生かし，この地を拠点に「児童寮」，授産を目的とする「青年寮」，更生を目的とする「和光寮」などを建設，さらに1992(平成4)年にグループホーム(障害者や高齢者が一定の経済負担を負って共同生活する住居)も立ち上げた。また，千光寺の一角に所在した恵愛学園の敷地内に，1995(平成7)年「白鳥児童館」を開設し，24時間誰もが利用できる施設として養護・保育の併合を進め，不登校児への援助，地域交流にもつながる施設としての機能をもたせたのであった。また，近年では知的障害者のためのホームヘルパー3級講座を開催するなど意欲的な活動を行っている。

仏教社会福祉的意味づけ　このように，松村祐澄の実践の基礎は，地域社会と深く関わり，地域社会のニーズを把握し，また時代の要請に即応していくところにある。そこに，寺院の社会的役割を生かし，働きかけていった福祉実践の意義を見出すことができる。特に，利用者の家族を組織し，地域社会における支援者の会である「白鳥園を育てる会」を結成させるなど，地域ぐるみの施設経営を実践してきたことで，仏教者が担うべき本来の福祉のあり方を明確にしたのであった。

参　宮城洋一郎「松村祐澄師と恵愛福祉事業団」(『密教福祉』第2号，2002年)。

讃岐学園百年誌編集委員会編『讃岐学園百年誌』同学園、2003年。（宮城洋一郎）

◇京華看病婦学校

E Keika-Kanbyōfu-Gakkō

仏教者が設立した最初の看護婦養成学校。

定義 1893（明治26）年5月、真宗大谷派泉徳寺住職・橋川恵順（1860〜1920）の発起により、「大日本仏教法話会」の付属事業として、京都市中京区下白山町に開設された。すでに京都では、1886年同志社設立による「京都看病婦学校」があった。当時京都の富豪層の間では、病気見舞いと称して看護婦を派遣することが流行しており、京都看病婦学校の卒業生の献身的看護に感激して、キリスト教徒になる者が多数あったようである。「京華看病婦学校」設立には、この同志社の看病婦学校に対抗する意図があった。

展開 修業年限は1年で、前期で生理・解剖・看護術を学んだのち、後期で実地講習を行うこととしていた。当初生徒は30名で、設立の翌年26名を卒業させた。法話会のメンバーであった旧京都府立病院医師山本幾太郎・東本願寺嘱託医小森芳次郎が教員となり、津田寅吉（西陣帯地商）・瀬川藤兵衛（呉服商）・田伏六右衛門（旅館業）・西村七平（書籍出版業）ら地元の商人200余名が「悲田会」を組織して資金面で支援した。

1898年に木之下町に移転し、その頃から付属病室を置いて貧困者には無料で施薬治療を始めた。さらに1928（昭和3）年には、これを「京華診療所」へと発展させた。また各地で災害や疫病が発生した際は、看護婦を派遣して救助活動も行った。1924（大正13）年頃に認可を受けて「京華看護婦学校」と改称したが、1932（昭和7）年から経営難のため休校状態となり、1938年頃に廃止となった。

仏教社会福祉的意味づけ 京華看病婦学校の活躍は仏教界に大きな影響を与え、1898（明治31）年に「本願寺看護婦養成所」（京都市、浄土真宗本願寺派）、1903年に「桜花義会看護婦学校」（名古屋市、真宗大谷派）、1906年に「華頂看護婦学校」（京都市、浄土宗）、「悲田会看病婦養成所」（滋賀県長浜市、日蓮宗）、1924（大正13）年に「中央看護婦学校」（東京都、浄土真宗本願寺派）などが設置された。しかし、仏教主義による近代的看護の理念を確立するには至らず、その多くは、看護婦養成機関が制度的に整備される大正期以降に廃止されていった。

参 英晋「京華看病婦学校小歴史」（『婦人雑誌』96・97号、1896年）。中西直樹『日本近代の仏教女子教育』法藏館、2000年。　　　　　　　（中西直樹）

◇鶏鳴学館

E Keimei-Gakkan

明治期に香川県丸亀市に設立された教育施設。

定義 1903（明治36）年10月、丸亀市福島町（現・新浜町）の真言宗遍照庵に、同庵住職蓮井麗厳（1856〜1914）の主唱により、教育を受けることができない青少年を対象に設立された。

展開 授業は毎朝午前4時から5時半ま

で行われ、多くの人が未だ床にある鶏鳴時に開校されることから、「鶏鳴学館」と命名された。生徒たちは、家族や雇用先の人々を起こさないよう、手足に細紐を結わえ、その端を戸外に出しておき、班長や当番の者が紐を引っ張って起こし、誘いあって登校したという。1907年1月、付属事業として「気象観測所」を設けて天気予報を始めた。1914（大正3）年9月に「子守学園」を併設し、翌年に認可を受けて財団法人となった。

1923年には、私設の方面委員（現在の民生委員）を設置して、教育事業から各種窮民救済事業へと活動を広げていった。1926（昭和元）年、「保健相談所」を設け、「理髪得業士養成所」も付設した。その後、活動は生活育児などの相談指導から、医療券配付などの保健衛生事業、児童の保護奨学活動、借家・職業・葬儀等の周旋・斡旋、生活費や日用品の貸与・給与など、幅広い領域に及んでいった。1936年9月には、「産婆・看護婦養成所」も設立したが、1959年に丸亀市社会福祉協議会に施設などの残余財産を寄付して解散した。

仏教社会福祉的意味づけ　経済的事情による不就学児に対するユニークな教育機関として、また仏教者による幅広い分野にわたる施設であったことは評価されている。

参　佛教徒社會事業研究会編『佛教徒社会事業大観』1920年。香川県編『香川県史』通史編近代Ⅱ、1988年。丸亀市史編さん委員会『新編丸亀市史』3 近代・現代、丸亀市、1996年。白川悟『丸亀──郷土の歴史を彩った人々』丸亀市、1998年。
（中西直樹）

⇒京都私立子守学校　⇒四恩学園
⇒真龍女学校　⇒東海仏教慈恵学校
⇒同善会

◇解脱（げだつ）

E liberation　**S** vimukti; vimokṣa

煩悩に悩まされている状態から解放されて、迷いの苦を脱すること。

定義　解き放たれることを意味したが、迷いの世界を渡り終わるという意味から度脱ともいう。得脱は解脱を得ることを指す。涅槃の同義語ともされる。

展開　もともとは涅槃とともに、仏教の実践における究極の境地を指す言葉だった。インドの一般的な思想では輪廻からの離脱を意味した。釈尊の解脱が典型的なものだが、彼は35歳で成道し、その後80歳で入滅した。成道は身体をもったままの解脱であるが、のちの仏教学ではこれを有余涅槃という。まだ身体が残っており、涅槃が完全なものになっていないが、やがて身体の死とともに、肉体が滅して心身の束縛を離れて完全な涅槃に入ると無余涅槃とか大般涅槃とよばれる。

その後、解脱という言葉は、仏教の展開の仕方に応じて、いろいろな意味が付加されて解釈されるようになった。原始仏教では、釈尊の解脱にみられるように、修行者の目指す、煩悩を滅し、苦悩から解放された状態を指す。この状態に至るには、戒・定・慧の三学を修得し、さらに解脱・解脱知見（すなわち自らは解脱したという自覚）の五つの条件（五部法身）を得る必要がある。これを得た者は阿羅漢とよばれ、人間が陥

りやすい貪愛から解放されており（心解脱），すべては無常で一定の決まった相があるわけではない事実をしっかり理解しており（慧解脱），智慧と禅定の両面を得て解脱しているとする。初期仏教ではどこまでも出家者個人の救済・解脱が問題にされていたため，これは一部の限られた人々だけの解脱であり真実の解脱ではないという批判が生じ，ここから大乗仏教といわれる革新運動が生じてくる。大乗仏教ではこのように解脱を得てもそれに執着して他を利益しない者を「解脱の深坑に陥った者」とよび，かえって罪が深いと批判した。自己の解脱は衆生，すなわち生きとしいけるものと共にあるという立場から，利他行を重んじたのである。六波羅蜜はその実践徳目として代表的なものだが，それらは此岸から彼岸に渡る際に不可欠な要件であると同時に他者救済の要件でもある。仏教には「上求菩提 下化衆生」という言葉があるが，これはさとり・解脱を求めることが，そのまま衆生の救済につながることを意味している。

仏教社会福祉的意味づけ 解脱という言葉は何か特別な人や，長年の厳しい修行を重ねてきた人だけが到達できる境地のように思われている。しかし決してそうではなく，解脱とは自分の気づきと相手の気づきが一致することであると考えてもよかろう。すなわち他者の幸福のなかに自らの幸福を見出すこと，他者の喜びを自らの喜びとすることに通じる。解脱は一般的な解放や結果としての癒しにつながるが，対人関係性においては共感と相互了解の回路となりうる。すなわち，解脱は，クライエントの苦悩を理解し受容するワーカーの立場にも通ずるといえよう。　　　　　（島崎義孝）
⇨**四摂事**　⇨**六波羅蜜**

◇決定

E decision　S niyāma

はっきり決めること。

定義　仏教では「けつじょう」と読み，定まって動かないこと，絶対的な安定を意味する。動詞としては，定まって動かない境地に達すること，絶対的な安定を得ることをいう。あるいは副詞的に用いた，「決定して……する」という表現もみられる。

展開　決定という用語の意味としては，一般的には物事をはっきり決めることを指すが，仏教では目指す究極的なもの，絶対的なものがわが身の上に顕現するか，あるいは体得されるという意味合いが強い。たとえば，大乗仏教において，布施・持戒・忍辱・精進・禅定・智慧の六度（六波羅蜜）の行によって得た６種の功徳を六事決定という。浄土教において，正しく浄土への往生が決まることを決定往生という。浄土真宗では，その往生が定まるのは臨終の時ではなく，平生における信心決定の時であるとする。いいかえれば，迷いから目覚めた自己，煩悩から解放された自己が，自己の行く方向と道を主体的に決定することができた境地である。この自己の意志決定がはっきりしている人を，信心の人，信心の行者といい，正定聚ともいう。

仏教社会福祉的意味づけ　現代社会においては，生活に関わる重要なことがらについて，誰が，どのような手続きをへて決定

するかということが、きわめて重要視される。本人もしくは当事者の意向や利害を無視し、民主的手続きをへないで物事を決定することは、極力避けなければならない。自分の生き方や生活に関することは自分で決めるという「自己決定の原則」が、最大限に尊重されなければならない。たとえば、医療行為の決定や、福祉サービス受給の決定が、必ずしも患者やクライエントの自己決定を最優先してなされていない現状を、徹底的に検討しなおすべきであろう。また、正当な手続きをへて決定したことを、誰が、またはどういう機関が、責任をもって実行するかを明確にしておくことも重要である。

　仏教福祉においては、自己の主体性を尊重し、主体的な自己決定を尊重する立場を堅持していることが明らかである。真実なるものを真実と認識し、真実なるものへの到達を信じるうえでの自己決定であるから、他者からの指示や圧力を受けて決めるというものではない。したがって、仏教社会福祉的援助は、その現場において自己の主体的な意志決定ができるように援助することであり、福祉利用者における行為主体の自立と自律を尊重することを原則とする。インフォームド・コンセントが、患者の意思や人権を尊重する立場で進められるべきだとされるのは、もともと仏教福祉の目指す自己決定の主体性の原則に立っていることを明かしている。

　そして自己決定の原則は、告知を素直に受け容れる信心決定の境地に立つことを前提とするのである。　　　　　（西光義敞）

⇒**インフォームド・コンセント**　⇒**信仰**
⇒**六波羅蜜**

◇現象

E phenomenon; appearance

現れている姿。観察される事実。

定義　本質との相関的概念として、本質の外面的な現れであり、本来は現れた姿(像)そのものを意味する。

展開　仏教においては、現象と本質が別のものとして存するという考え方を否定した。本質は人間の経験によって、あるともないとも、あるいは有限であるとも無限であるとも、記述判断することはできない。人間の問題とすべきは現象世界であり、その現象を仏教では縁起によってとらえた。すなわち、一切の現象は種々さまざまな条件によって(縁)、仮にそのようなものとして成り立っている(起)。現象の一々に自体・自性があるのではなく、周囲の環境と相依り相俟って相対的・関係的に成り立っているとする。

仏教社会福祉的意味づけ　現象としての社会福祉問題あるいは社会的障害事象は仏教の縁起説によって次の二つの面で意味づけできよう。第一に、その問題あるいは障害事象は独立自存のものではなく、ある因果法則性によって生起している(一般的縁起)。現象は常に変化する(時間・空間により限定される)が、法則は不変である。第二に、心のなかに善悪業がどのように生じるのかを考える面がある(価値的縁起)。社会的障害の諸問題を担わされているかまたは可能的に担わされる現代社会において、その問題の解決、あるいは軽減・除去を図るだけではなく、障害を縁として、より高

い社会福祉的価値を志向していくことが重要である。本来人間のもつ価値をより高次の価値に高める福祉理念こそ，仏教社会福祉の志向するものである。

参 水野弘元『仏教の基礎知識』春秋社，1971年。　　　　（中垣昌美・名和月之介）

◇講

E religious get-together for Buddhist practice

仏教実践のための寄合(よりあい)。

定義　人を集めて経典などを講釈する法会のことをいう。最初は，聖徳太子が606（推古天皇14）年に岡本宮（奈良県生駒郡斑鳩町岡本。現・法起寺）で『法華経』を講義したことに始まるとされる。のちに，祖師や高僧の徳を称え，その教えを信心し実践する集団をいう。すなわち，信徒が寄りあって語りあい，相談し，教義上の疑念を晴らして信を確認する寄合と談合を意味する。

展開　古くは比叡山横川(よかわ)の源信(げんしん)(942〜1017)が984（永観2）年5月に「二十五三昧(にじゅうごさんまい)式(しき)」を撰し，25人の同志と毎月会して念仏三昧を修行したのが講（迎え講）の始まりであるといわれるが，講という文字の初見は覚如(かくにょ)(1270〜1351)の『報恩講式(ほうおんこうしき)』であろう。しかし，実際の講が組織化されたのは，門徒による寄合（お寄り）と談合を勧めた蓮如(れんにょ)(1415〜99)の時代である。

講の形態は多様であり，宗教（法義座談ないし懇志上納や物納），経済，趣味・娯楽などに至るまで数え切れないほどの講の名称がある。報恩講・念仏講・和讃講・大師講・知恩講・歓喜講・聞信講・聞名講・聞思講・一心講など寄合の内容や性格による名称，観音講・地蔵講・大師講・大日講など信ずる対象による名称，二日講・十二日講・二十八日講といった寄合日による名称，女人講・女御講・女房講・尼講・最勝講・若衆講・親父様講(おやじさまこう)などのように性別・年齢による名称，花講・畳講・御鏡講・仏飯講・蠟燭講・香華講・盛物講・博労尼講（椀方講）・御戸張講・冥加講・番方講・馳走講など本山への上納や報謝の内容による名称，その他，頼母子(たのもし)講・無尽講・預金講・接待講・強健講・仏匠講・呉服講・門徒講等々がそれである。なかでも，頼母子講は毎月掛け銭をしてまとまった金を順番に融通する「頼もしい講」であり，また，無尽講は「いつまでも尽きることの無い講」ということからできた。また，講を中心として活動した僧侶は，代筆，相談・助言，仲裁，託児などの援助もした。

仏教社会福祉的意味づけ　寄合と談合による住民主体のコミュニティ形成を促進した蓮如の基本的理念は，交流と連帯による人間存在の確認と自立と自治による相互扶助の組織化に連動するものであった。またこのことは，政治の揺らぎと生活の不安定・不透明のなかで，心理的にも不安化・緊張・葛藤などを担わされていた時代に，無権利状況に置かれている庶民仲間の存在と住みよい語らいのある地域づくりでもあった。それはまさに，仏教福祉の原点であり，地域福祉の基本的視点である。

（宇治谷義雄・中垣昌美）

⇒**蓮如**

◇更生 (こうせい)

E rehabilitation S punar-utpādana

もとのよい状態に戻ること。

定義 「更生」という言葉は「生き返ること，新しい状態に戻ること」という意味で使われる。倒産企業の「会社更生法」の申請，犯罪者の更生や非行少年の更生保護などの例がある。仏教語では「きょうしょう」という。

展開 大乗経典『涅槃経(ねはんぎょう)』に，体の衰弱でまさに死なんとする帝釈天(たいしゃくてん)が釈尊の説法によって生き返った時，次のような感謝の気持ちを告白している。「世尊よ，私は今，即死即生しました。命を失い命を得たのです。(中略)このことがまさに"更生(きょうしょう)"です。あらためて命を得たということです」と。このことは，次のような有名な仏典の物語にもみることができる。

釈尊の時代，もとは残忍な凶賊であったアングリマーラという仏弟子がいた。ある時，彼が托鉢(たくはつ)していると，難産で苦しんでいる婦人をみかけた。婦人は彼に安産をもたらす真実語を称えてくれるように求めた。しかし，何百人もの人を殺した彼にとって，自分の過去についての真実の告白はどうしてもできないので，釈尊に教えを求めた。そして釈尊の教えに従い「私が仏弟子となって以後，決して他を害したことはありません」という真実語を婦人の前で称えたところ，彼女は安産した(『中部経典』)。彼は出家をしたけれども，過去のことにとらわれて，なかなかさとりが得られなかったが，暗い過去のしがらみを超えて，すっかり生まれ変わって，これからの精進こそ大切なことであることを学び，さとりの境地に達したという。

仏教社会福祉的意味づけ 一般に，更生というのは，周りから手助けされるもの，与えられるものと受け取られがちであるが，社会福祉の現場では，私たち自身が強い意志をもって，新しく生まれ変わり，変革していこうとする主体的な生き方を援助することである。　　　　　　　　　　(吉元信行)

⇒教誨

◇香典(こうでん)(香奠)

E obituary gift for incense

香の代物の意味から転じて，仏前に供える金銭をいう。

定義 香典の「典」は，物を買い取るという意味であり，香奠の「奠」は，まつる，すすめるという意味である。また，香資・香儀・香銭・香田という場合もある。

展開 江戸時代中期の故実書である『貞丈雑記(ていじょうざっき)』第九書札門には，「仏事などの時，香の代物を香奠とも，香典とも書くが，典の字を書くことがよい。典の字は『おきのる』と読み，物を買い取ることを意味するので，香典と書けば，香の代物ということになる」と述べられていることから，この頃には定着していたものと思われる。しかし，今日では，香典と書くことが常識になっている。仏前に香や物品を供える代わりに贈る金銭を意味し，遺族が負担する葬儀費の一部に充当するという趣旨も含まれていた。また，今では，「香典返し」といって，香典の返礼として物品を礼状とともに

送り届ける風習も生じている。さらに、香典返しの代わりに、福祉団体や公益法人に寄付する慣例も広がっている。

仏教社会福祉的意味づけ 日本の前近代的社会においては、ツチを唯一の生産手段とするムラ社会を形成し、イエにおける生活の共同をとおして、血縁・地縁の生活共同体を維持存続させた。そこには、相互に温情をもって慰めあい、情愛をもって援護し、支援しあうという親和連帯性と相互扶助性が、強力な「ユイ」（結）の社会関係をつくりあげていた。こうした社会関係の形成により、仲間意識のなかで相互に痛みを分けあい、悔やみや励ましの心情が成立し、浸透してきたのである。ここに葬儀費用の負担を軽減し援助することを通じて相互連帯の福祉的土壌が培われていくことになったのである。　　　　　　　　　（中垣昌美）

⇒**相扶**

◇**孝橋正一** こうはししょういち　1912（大正元）〜1999（平成11）

[E] KŌHASHI Shōichi

戦後日本の社会科学的社会福祉ならびに仏教社会福祉理論を構築した研究者。

略歴　1912（大正元）年兵庫県神戸市で誕生。1935（昭和10）年京都帝国大学経済学部（社会統計学専攻）を卒業し、「財団法人協調会」に勤務。その後大阪府立産業医学研究所（のちに労働科学研究所）をへて、大阪社会事業学校（のちに大阪府立社会事業短期大学）・龍谷大学・東洋大学・佛教大学の教授に就任して、学部・大学院で主に社会事業・社会政策に関する研究と教育指導を展開した。

その間に和歌山大学・滋賀大学・大阪市立大学・同志社大学・日本女子大学などにも非常勤講師として出講したほか、日本社会福祉学会・社会政策学会・日本仏教社会福祉学会などでも活躍した。文学博士。

業績　戦後日本における社会事業（社会福祉）理論研究者の代表的存在であり、主著は『全訂・社会事業の基本問題』（ミネルヴァ書房、1962年）、『続・社会事業の基本問題』（ミネルヴァ書房、1973年）、『現代資本主義と社会事業』（ミネルヴァ書房、1977年）である。また、仏教福祉に関するものとしては『社会科学と現代仏教』（創元社、1968年）、『現代人の仏教』（永田文昌堂、1971年）、『現代仏教論』（永田文昌堂、1971年）があげられる。

社会事業や仏教社会事業以外にも、労働統計、労働運動・労働運動史、社会科学、福祉国家、社会保障、生活保護、児童問題、保育、老人問題・老人福祉、医療社会事業、地域福祉などに関する多数の著作がある。

思想　歴史的・社会的な存在として、社会事業を社会科学的に解明し把握すべきことを主張する孝橋の仏教社会事業論では、社会事業の上位概念や基底概念として仏教を位置づけたり、仏教の形式・方法や儀式・行事をそのまま社会事業にもちこんで、それを仏教社会事業ととらえることを否定する。仏教の真理が社会事業に関わる主体的契機、自覚的な姿勢を確立させ、社会事業の体系のなかで自己実現すべきものと理解される。そのことによって、歴史的社会的に規定される客観的条件や、社会状況を本質的に把握し、主体的契機としての仏教精神が、仏教社会事業の体系化に寄与してい

こうみょう

くことを意味した。

参 孝橋正一先生に感謝する会『森のミネルヴァ』同朋舎，1984年。孝橋正一『社会科学と現代仏教』創元社，1968年。大久保克子・孝橋静子・岩見恭子「孝橋社会事業理論構築への軌跡」(『華頂社会福祉学』第2号，2004年)。　　(清水教恵)

◇光明皇后　701(大宝元)～760(天平宝字4)

E　Empress Kōmyō

聖武天皇の皇后。

略歴　父は藤原不比等，母は県犬養三千代。名は安宿媛といい，光明子とも伝える。716(霊亀2)年皇太子の首が聖武天皇として即位し，その夫人(妃)となった。729(天平元)年，藤原氏の勢力を背景に，それまでの慣例を破って貴族出身者として初めて皇后となる。父不比等の邸宅を皇后宮(のちの法華寺)とし，一切経の写経事業を展開。また，奈良時代の仏教興隆の中心的な担い手として，東大寺大仏をはじめ，全国に国分寺・国分尼寺を創建する事業を聖武天皇とともに進めたとされる。なお，国分尼寺を法華滅罪之寺とし，女性の立場からの仏教信仰を特色づけた。

実践　730(天平2)年，皇后宮職に施薬院が設けられ，同時に悲田院も設置された。この両院は，723(養老7)年に藤原氏の氏寺である興福寺に設けられたもので，私的な機関として出発し，光明皇后による事業の開始によって公的な性格をもつに至った。両院の設置の意図を「天下の飢疫の徒を療養するため」とし，756(天平勝宝8)年6月，聖武天皇の七七忌に，60種21櫃の薬種

が大仏に供養され，病に苦しむ者には僧綱(僧尼を統制する機関)を介して用いることを許可するとし，庶民の万病を除き，苦しみから救うことを祈願している。一方，悲田院に関しては明確な史料がなく，施薬院の付設機関とみられる。

なお，平安京には東西悲田院が官設され，病者・孤児の収容保護などにあたった。藤原氏からの荘園収入などを財源として，12世紀半ばまで機能していた。また，施薬院も平安京に置かれ，施薬のほかに悲田院と同じように病者や孤児の収容にも関わっていたことが明記されている。

仏教社会福祉的意味づけ　光明皇后の仏教事業の一端として，施薬院・悲田院があり，公的な性格とともに，多くの人々を対象としている点で，衆生救済のための仏教福祉の実践形態を見出すことができる。

参　林陸朗『光明皇后』吉川弘文館，1961年。新村拓『日本医療社会史の研究』法政大学出版局，1985年。　(宮城洋一郎)

◇空也　903(延喜3)～972(天禄3)

E　Kōya

平安時代中期に浄土教を布教した僧。「くうや」ともいい，「弘也」とも書く。

略歴　出自は不明。醍醐天皇の第5子，あるいは仁明天皇の皇子常康親王の子との伝承もある。若き日より修行者として各地を巡礼。20歳の時尾張国分寺で得度し空也と称した。938(天慶元)年平安京に戻り，巷に乞食をしながら人々に口に念仏を称える口称念仏を勧め，また人々も空也を阿弥陀聖，市聖と称賛した。948(天暦2)

年比叡山で座主・延昌より大乗戒を授けられ光勝の法号を受けたが，自らは受戒前の沙弥名である空也と終生称した。

951年に都で疫病が流行した際，自ら十一面観音像を刻み，車に安置して市中を巡り茶を点て，仏前に献じた。これにより病魔を鎮めたことから，この茶を皇福・玉福・大福とも書き，正月3日，番茶に梅干しを入れて服する大福茶の伝統となって都に広がったという。

また，金泥の『大般若経』の書写事業を，13年かけて963（応和3）年に完成させ，鴨川の東岸の地に仏舎をつくり供養した。この仏舎から西光寺が創建され，空也没後の977（貞元2）年天台宗別院六波羅蜜寺と改称した。

仏教社会福祉的意味づけ 空也は各地の霊山旧跡を回り，山野にさらされている遺骸を火葬し，険しい所に道を開き，橋を架け，井戸を掘るなどの社会的実践を積極的に展開してきた。都にあっては，阿弥陀井と称される井戸を開削し，療病や救貧にも努めた。そこには，戦乱や天災が渦巻いていた激動の社会にあって，聖としての捨身苦行を体現しつつ，民衆に念仏を広めようとした菩薩行の実践があった。

参 堀一郎『空也』吉川弘文館人物叢書，1963年。吉田久一・長谷川匡俊『日本仏教福祉思想史』法藏館，2001年。

（朝枝善照）

◇ゴールドプラン

E Gold Plan
1989（平成元）年12月に策定された「高齢者保健福祉計画十ヵ年戦略」のこと。

定義 21世紀の超高齢化社会に備え，高齢者保健福祉公共サービスの具体的数字をあげた基礎的な整備目標であり，1999年度までの10ヵ年間における「達成計画」を示したものである。内容は，①市町村におけるホームヘルパーやデイサービスの数の確保など在宅福祉対策の緊急整備，②「ねたきり老人ゼロ作戦」として，機能訓練，脳卒中や骨折予防教育などの展開，③在宅福祉などを拡充するための「長寿社会福祉基金」の設置，④特別養護老人ホームやケアハウスなどの施設の整備，⑤高齢者の生きがい対策の推進，⑥長寿科学研究の推進，⑦高齢者のための総合的な福祉施設の整備などである。

展開 ゴールドプランは，一連の福祉見直し・改革の一環として理解，把握することが必要である。その端緒は，1989（平成元）年3月の福祉関係三審議会合同企画会意見具申として今後の社会福祉の方向を示した「今後の社会福祉のあり方」に始まる。これは，それまでの社会福祉改革の意見を集大成したものであった。その後，新たな社会福祉の運営実施体制の構築などを実現するための関係各法の法的整備が緊急かつ現実的な課題となり，1990年6月には，「老人福祉法等の一部を改正する法律」が公布され，社会福祉関係八法が改訂され，居宅生活支援事業（ホームヘルプ・ショートステイ・デイサービス）の社会福祉事業としての位置づけ，老人保健福祉計画の作成，その他の改訂点が提示された。また，1994年3月には，厚生省私的懇談会において，21世紀に向けての高齢者介護と子育て

に関する福祉社会の建設への展望として「21世紀福祉ビジョン」が発表された。

さらに、同年12月には、「高齢者保健福祉計画十ヵ年戦略の見直しについて」のいわゆる「新ゴールドプラン」がまとめられた。このプランは、全国の都道府県・市町村で策定された地方老人保健福祉計画において、ゴールドプランを大幅に上回るニーズが明らかとなったために、大蔵・厚生・自治の3大臣合意によりまとめられたものである。その内容としては、ホームヘルパー17万人、ホームヘルパーステーション1万ヵ所、ショートステイ6万人分、デイサービス1万7000ヵ所、特別養護老人ホーム29万人分、老人訪問看護ステーション5000ヵ所、寮母・介護職員20万人、OT（作業療法士）・PT（理学療法士）1万5000人など目標水準の引き上げと、①利用者本位・自立支援、②普遍主義、③総合的サービスの提供、④地域主義という基本理念を定めた。

仏教社会福祉的意味づけ 仏教は、インド古来の伝統医学であるアーユルヴェーダに基づき、科学だけでなく、ホリスティックな医学思想の大きな影響を受けてきた。仏教においては「ブッダ最後の旅」の冒頭に説く七不退法のなかに、老人の尊重と保護が説かれている。また仏教教団においては、老首・老宿という、徳を積んだ高齢僧への敬称がある。こうした仏教理念をもって、高齢者の保健・医療、社会福祉を裏づけることは、「老い」に関する深い認識と社会全体の価値意識を転換させるうえで有用である。また、ゴールドプランの見直し・実施（高齢社会に正面から取り組む）にあたり、人間の生命や人権・人格の尊重を確実にし、あわせて、生命活動における四苦（生老病死）を乗り越えるうえでの不安を和らげ、生涯を人間らしく生き貫けるような「老い」を保障することになろう。

さらには、人と人とのつながりを大切にする視点を付与するとともに、自己中心的で排他的な考えから脱却し、自己実現のための「他者援助」の構えを相互に確立し、お互いに支えあう社会を築くことを可能にするであろう。

参 奈倉道隆『仏教と生活の医学』佛教大学，1987年。硯川眞旬『高齢者の生活相談・援助』中央法規出版，1996年。硯川眞旬『老人福祉論』金芳堂，1999年。

（硯川眞旬）

⇒**介護**

こくさいしゃかいふくし
◇国際社会福祉

E international social welfare
国境を越えて展開される福祉問題への援助。

定義 国際社会福祉という用語は定着しているが、日本でも海外でもその明確な定義は確立されていない。各国の政府間の援助協力の場合、国連などの国際機関が主として推進する場合、民間ボランティア組織・大学・研究所など、活動する組織により国際社会福祉の活動内容に幅がある。しかし国際的福祉援助活動の推進（開発途上国、戦乱・民族紛争地域の難民・移民など、大規模災害・公害の被災者の援助）が主要なものといえる。またこれらの実践の基本的理念、各国の制度施策の比較調査研究、福祉教育制度の研究のための人的交流なども広義の国際社会福祉に含まれる。

展開　国際社会事業の先駆的活動は1863年の赤十字国際委員会の創設と国際赤十字条約の成立に始まる。しかし、赤十字以外の国際的救援活動が大規模に推進されるようになったのは第二次世界大戦末期からで、国連では1948年に世界人権宣言が採択され、その理念の実現を目指して「ユニセフ(国連児童基金)」「WHO(世界保健機関)」「国連難民高等弁務官事務所」などの各機関が設立され活動を始めた。人権宣言の主旨徹底のため、国連は1966年に「経済的、社会的及び文化的権利に関する国際規約(国際人権A規約)」および「市民的及び政治的権利に関する国際規約(国際人権B規約)」を採択し、日本政府は1979(昭和54)年から両規約を批准している。特にA規約では国際的援助および協力、労働権利の保障、家族生活の援助、生活水準の向上、児童の保護、健康の享受、教育の権利、人格の尊厳、人種的・種族的あるいは宗教的集団の間の理解・寛容・友好の促進を図ることなどをこの規約の締結国に求めている。この規約は締結国内だけでなく社会福祉の国際的協力、地球的規模の国際福祉推進のよりどころでもある。なお、1919年に創立され、現在国連の有力な専門機関である「ILO(国際労働機関)」は加盟国政府の労働や社会保障担当省庁・労働者組織代表・使用者組織代表の三者から構成され、労働問題だけでなく社会保障制度の推進、貧困の防止に大きな役割をもつ権威ある機関で、国際社会福祉に深い関係がある。

一方、国連の各専門機関、各国政府の協力による国際福祉活動のほかに、民間団体による国際社会福祉の実践活動が大きな役割を果たしている。その筆頭は「国際赤十字」である(アラブ諸国では赤十字でなく、「赤新月社」という)が、カトリック教の「国際カリタス」は世界的な規模で緊急援助の調整、移民の援助などをしている。1970年代頃から非政府民間団体(NGO)が地球上の各地で救援活動を進め、必ずしも狭義の社会福祉に該当しない活動(たとえば井戸の掘削など)も含めて多様な活動を展開している。これらの民間団体による活動のなかには、既存の機関では実施困難な事業を推進し、地域住民に密着した草の根的活動も多い。

世界各国の社会福祉の協力、情報交換などを目的とする国際社会福祉会議が4年に一度開催され、国際福祉の発展に寄与している。社会福祉制度・施策・福祉の専門教育の国際的比較調査研究も重要であり、最近はアジアやアフリカにも視野を拡大する方向にある。

仏教社会福祉的意味づけ　仏教では東南アジアにおける若い僧侶を中心とした「曹洞宗国際ボランティア会(SVA)」の活動、日蓮宗や天台宗の青年僧侶を中心とする「仏教救援センター(BAC)」など仏教系のNGO(Nongovernmental Organization 非政府組織)による活躍がある。またエイズ患者やガン末期患者を対象としてアメリカ西海岸地区で援助活動をする「HSZC(ハートフォード禅センター)」の開拓的な活動は、小規模であるが注目されている。

仏教者あるいは仏教教団による国際社会福祉活動は年々増大しているが、未だ任意のボランティア活動が中心であり、今後はより組織化された国際社会福祉活動として

展開することが期待されている。

参 International and Comparative Social Welfare, Encyclopedia of Social Work 19th ed., 1995, NASW, pp. 1490–1499.「海外情報」『日本仏教社会福祉学会年報』第23・24号, 1992・1993年。　　　　　　　　　（沢田健次郎）

⇨曹洞宗国際ボランティア会（SVA）

◇極道 （ごくどう）

E scoundrel

悪事を行うこと。

定義　もともと「獄道」と綴り, 地獄に落ちるような悪い行為を行うことまたはその人, あるいは放蕩な行為または人を意味する。そのことから, 人を罵倒する時にも使われる。ところが, 世間で「獄道」とよばれるような人たちが, 自らを「道を極める」という意味の「極道」という漢字に当て, それが今日ごくふつうに使われるようになったと考えられる。いわゆる「やくざ」とか「暴力団」とかいわれる人たちが自らを誇らしげに「極道」とよぶ場合もある。

展開　しかし,「獄道」が「極道」という漢字に置き換えられようと, その人たちが「暴力」や「放蕩」という生き方をしている以上, それは地獄に落ちる道であるといわねばならない。この言葉の原意である「獄道」の意味を知り, その生活が道に反する地獄に落ちるべきものであるという反省をもってほしいものである。

仏教社会福祉的意味づけ　仏教の仏性思想によると, どのような人も必ず仏になる素質をもっているとされる。また, 親鸞（しんらん）（1173〜1262）は悪人正機（悪人であるがゆえに, 阿弥陀仏の本願に摂（す）り取られる正しい資格があること）の教えを残された。その意味で, ここで「極道」といわれる人たちにも仏教の救いは用意されている。しかし, その場合も, その人たちにその道が「獄道」であるとの自覚・反省がなければならない。親鸞の説く「悪人」とは, 決して悪い行為を肯定するのではなく, むしろ, 罪を犯さなければ生きていけない身の上に対する共感と自覚を指す用語である。当事者の自覚が懺悔に変わり, 懺悔が感謝に変わる過程を正しく認識することこそ, 援助者の依拠すべき立場である。　（吉元信行）

◇極楽国土 （ごくらくこくど）

E Amida's Land; Buddha's Paradise
S sukhavatī-loka-dhātu

阿弥陀如来の仏国土。

定義　極楽国土は西方十万億仏国土のかなたにあり, 諸々の苦しみがなく, ただ安楽な国土であるとされる。極楽世界・安楽国・安養界・楽邦ともいい, 単に極楽ともいう。また阿弥陀如来が建立した浄土を指す場合が多い。

展開　浄土は, 大乗仏教が説く「浄仏国土成就衆生（じょうぶつこくどじょうじゅしゅじょう）」の教えに基づいている。「極楽」は「浄土」と合成して極楽浄土といいならわされることが多く, 単に浄土という時も極楽浄土を意味している場合が多い。浄土宗・浄土真宗という宗名の浄土がそれである。

極楽国土がどのような世界であるかについては浄土教経典に詳しく説かれている。

たとえば、『無量寿経』と『阿弥陀経』は極楽を説く双璧であるが、その内容は必ずしも一致していない。『阿弥陀経』における描写を紹介すれば、①位置は西方十万億土のかなた、②地獄・餓鬼・畜生が存在しない、③大地は黄金色、④七重の欄楯、ターラ樹の並木、鈴をつけた網がある、⑤並木や網が吹く風によって快音を出す、⑥八つの功徳の水で満ちた七宝の蓮池があり、周囲に四宝の階段や七宝樹がある、⑦鳥たちが法音を出す、⑧天の音楽、散華があることなどをあげることができる。このように極楽国土は、いのちの輝きに満ちた光の仏国土であり、阿弥陀如来の願いと誓いによって救われる者の心のふるさととして建立された世界である。この浄土で阿弥陀仏が現在なお説法しているという。

極楽国土について古代人のユートピア的幻想であると単純に批評する向きもあるが、この極楽国土という表現法は、現世の苦悩を超克する庶民の願いを文学性豊かに具現化した宗教的情操の表れである。み仏の救いによって極楽浄土を願うところに心の癒しがもたらされ、心安らかな日常生活、ひいては死(往生)を、迎えることができるのである。

仏教社会福祉的意味づけ　「浄仏国土」とは、この世を清浄な仏の国土にするという、いわば福祉国土を意味する。「成就衆生」とは、衆生をして仏たらしめるという、いわば自己実現を目指す大乗仏教の精神といえる。

共に極楽往生を願うという、善導(613〜81)『往生礼讃』の「願共諸衆生　往生安楽国」(願わくは諸の衆生とともに安楽国に往生す)は「共生」の原意である。真実の安らぎへ共に生まれるということは、この世の真実を目指して共に生きていくことを指す。したがって安定と安全を保障する社会すなわち福祉社会の実現を目指して、共に生きるところに仏教福祉の理念がある。

（水谷幸正）

⇨**往生**　⇨**浄土**

◇五濁

E　five degeneracies　S　pañca-kaṣāya

悪世における5種のけがれ。

定義　五濁とは、劫濁・見濁・煩悩濁・衆生濁・命濁の5種の汚染(汚れ・煩悩)を意味する。劫濁は、時代が汚染を拡大し、環境を破壊することである。見濁は、思想の混乱と混迷を意味する。煩悩濁は、むさぼり・怒り・迷い(貪・瞋・癡)という三毒の煩悩に汚染された人間退廃の様相をいう。衆生濁は、人間の退化によって資質が低下することをいう。命濁は、人間の寿命が短くなる姿である。

展開　人間の煩悩によって汚染され、苦悩に満ちた忍土(この世)として規定される娑婆の現実は「五濁の悪世」と表現される。また、五濁に汚染された逸脱と退廃の時代であることを表現して、「末法の濁世」ともいう。

仏教社会福祉的意味づけ　大気汚染や環境破壊が拡大する現代の社会的諸問題を、好むと好まざるとにかかわらず担わされる社会的障害としてとらえ、その因果法則性を追究するところに、現代社会福祉の視点がある。そして人間の果てしない我欲と混

こつじき

迷によって汚染されている現実に対応し，その方策を講ずるための社会的努力が，仏教社会福祉に求められている。五濁悪世であるからこそ，苦悩する衆生を捨ててはおけないとする如来の願いと誓いを深く認識するところに，仏教社会福祉実践の出発点がある。　　　　　　　　　（中垣昌美）

◇乞食（こつじき）

E alms-gathering; monk
S piṇḍapāta

修行僧が食を乞い求めること。

定義　沙門（修行僧）の生活様式であって，一般在家の人々に食を乞い求める行為（托鉢行）またはその行為者をいう。出家僧団の一定の規律に従って行われた厳密な生活手段であった。のちに道心がなく形だけまねた者を俗に「こじき」と発音して，さげすんだ意味で使われるようになった。この言葉は仏教用語以外では差別語として使われてきた歴史がある。

展開　古代インドや現在のスリランカ，東南アジアの仏教国では，僧侶が労働することは禁じられている。労働によって，たとえば農耕などをすると鍬や鋤で生きものを殺してしまう怖れがあり，それは僧侶の最も基本的な戒律である殺生戒を破ることになるからである。生産活動をしないことが仏教が中国に渡るまでの沙門の基本的な生活様式であり，その生命を支える糧はまったく世俗の人々の喜捨によった。したがってそのような乞食には当然いろいろ細かい規定が設けられていた。乞食に関する注意事項を記した「乞食四事」には，①集落に入って乞食する時，心身を整え正しい戒律に従って行う。②沙門としての身なりを正し，人に尊敬の念をもたれるようにする。③午前中に行い，この行為によって人々に迷惑がかからないようにすること。④身体をもっていることは苦の原因であることを認識し，生命を維持するに足るだけの喜捨を受け，むさぼりの心を起こさないようにすること，などが決められていた。また，乞食して得たものはその沙門が占有するのではなく，仲間の修行者，貧しい一般の人々，鬼神にそれぞれ施与することになっていた。

この乞食の行為が「托鉢」というよび方に変わったのは，中国に仏教が入って以後のことであり，釈尊の時代の持鉢または捧鉢の遺風であろう。中国の禅林では毎年冬夏2季および荒年で非常の時に，あらかじめ期日をもうけ，「乞食四事」のような規則に従って托鉢が行われた。

日本でも禅宗はじめ各宗派でこの乞食を行ってきたが，とりわけ江戸時代の普化宗（禅宗の一派，虚無僧で知られる）では一定の法規のもとで托鉢を修行した。袈裟の色，衣の材質，帯，尺八の造作に至るまで地味な装束が強調されたのである。しかし，一方で仏道を修行する気持ちのない者が僧侶の服装をして衣食を乞うこともまれではなく，弊害も少なからずあったらしい。単なる物乞いに終わってしまうこともあったので，明治になってからは，1873(明治6)年に教部省が托鉢を禁止した。しかし戦後は文部大臣(現・文部科学大臣)の許可で行われている。今日，禅宗の雲水が行う托鉢は，乞食の本来の姿を彷彿させてくれ

る。また，現代の南方の上座部仏教においても，乞食(托鉢)が日常的に行われ，社会的に受け容れられている。

このように乞食は施与者が受者に施すことによって布施の功徳を積む宗教的行為である。したがって単なる物乞いへの蔑称としての「こじき」という言葉は適切ではない。

仏教社会福祉的意味づけ 現代の仏教福祉活動として，一般から金銭・現物の施与を集め，その施与を必要とする人たちに分かち与えるか，または施与される物品を集めてバザーを開催し，その収益金を福祉活動資金として活用する場合などは本来の意味の乞食と考えられる。また地方によっては，たとえば，僧侶研修会の日程に托鉢または乞食活動を組み入れ，僧侶が行脚し，托鉢行や乞食行を実践して，その志納金を社会福祉施設に寄付するなどしている。このような乞食精神は，現代の仏教社会福祉活動の主体的契機として受け継がれていくことに意味があろう。　　　　(島崎義孝)

⇒**布施**

◇困窮 こんきゅう

[E] poverty; destitution　[S] duḥkhin
困り果てた状態。

定義　困窮の同義語に仏教では困苦・困篤という言葉がある。困り果てた状態に至った原因が追究されなければいたずらに困惑し，苦しみ，絶望し，困難が続くこととなる。原因を除去し，あるいは克服する公私の方策がとられなければならない。

展開　歴史的にも，社会的にも，健康で文化的な一定の生活が営めない困窮状態は存在している。その原因は自然的原因・個人的原因・社会的原因(政治的原因を含む)としてとらえることができる。

さらに資本制社会の発展とともに，資本主義的生産関係が存在する限り，貧困者が必ず生まれることは明らかである。

日本では古代から，仏教者のみならず朝廷・幕府などによって「鰥寡孤独貧窮老疾，自存すること能わざる者」や「無告の窮民」への「救済施策」が取り組まれてきた。

国際的には，国連が発表した「人間開発報告1996」で，1日1ドル以下で生活する者，という従来のとらえ方に，さらに「能力の貧困」として，①標準体重以下の5歳未満の子どもの比率，②医師や助産師の立ち合わない出産の比率，③女性の非識字率，を指標として加えている。そして前者の「所得的貧困」は途上国の21％，9億人，後者の「能力の貧困」は37％，16億人になるとしている。

1995(平成7)年3月，国連主催の「社会開発サミット」で，1996年を貧困撲滅年とし，各国が国内政策を策定することに合意している。ついで，同年6月の「リヨンサミット」でも「2015年までに世界の貧困人口の半減」という目標が掲げられた。

今日では，地球的規模で，飢餓・難民・子ども・女性の困窮状態を人権の視点でとらえる貧困撲滅が課題となっている。

仏教社会福祉的意味づけ　自然的災害により困窮や貧困に対する苦難の歴史が長く続いた日本では，地域に散在する仏教寺院が，託児(保育・養護)，救貧，施米や助け

ざいけしゅ

あい募金行脚などの活動を展開してきた。

　少子・高齢化の現代では，特に増加が著しい次のような事件――児童による虐待死，親による子への虐待と子殺し，老人虐待，リストラによる40代・50代の自殺大幅増，過労死により残された家族――これらは，まさに五濁悪世極まる諸相であり，政治的・社会的要因によるものが多い。それらへの対応として，寺院の住職や坊守のなかには，民生児童委員や保護司に任命され活動している方は数多い。早期発見，本人や家族への指導と支援によって，一定の役割を果たされてはいるが，こうした地域奉仕や援助活動は，各宗派本山も含め，今後も自利利他の仏教思想による実践としてより一層取り組むべき課題でもあろう。

　参　『朝日新聞』（大阪版），1996年7月16・19日付。　　　　　　（桂　泰三）
⇨鰥寡孤独

さ行

◇在家主義

　E principle of layman　S gṛhastha
世俗の生活をしながら仏教信仰を続ける立場。

　定義　在家主義とは妻子を養い，財をもち，家庭生活を営みながら仏教信仰を続ける立場をいう。

　展開　出家のことを塵（俗）を離れるため出塵といい，緇（黒，正確には鼠色）の衣を着るため緇衣・緇門ともいう。また，衣をその色に染めるため染衣ともいう。一度出家した者が再び在家にもどることを還俗・帰俗という。出家の者は，在家の者に法を説き（法施），在家の者は檀家となって出家の者に財施（布施）をする。

　在家の者は，仏法僧に帰依して仏教徒になるが，一般には，在家戒として五戒がある。つまり，不殺生・不偸盗・不邪婬・不妄語・不飲酒の五つである。ただし，厳密に守ることが義務ではなかった。

　親鸞（1173～1262）は，出家仏教では出家者のみの救いであるとの批判から，在家仏教の立場をとり，戒を受けず，肉食妻帯し，家庭をもった。そして，流罪にあったことを機に自ら「非僧非俗」といい，俗生活をしながら「無戒名字の比丘」として道を求めた。「加古の教信沙弥」や聖徳太子を理想像とした。

　一方，近世・近代の日本仏教も，在家主義の仏教活動が盛んとなり，今日の仏教系新宗教もほとんど在家主義である。

　仏教社会福祉的意味づけ　仏教を社会福祉活動の主体的契機とする仏教社会福祉の実践者には，在家と出家の区別はない。しかし，在家主義の立場（つまり，家庭生活をしながら道を求めるという立場）に立った仏教社会福祉活動をとおして，出家者の理念（つまり平等な社会の実現と慈悲行を実践する理念）を自覚するとともに倫理観を高めることが望まれる。また専門職としての倫理観を明確にする仏教社会福祉倫理綱領の作成も望まれる。　（田代俊孝）
⇨**出家**　⇨**親鸞**

◇**西光万吉** 1895(明治28)～1970(昭和45)

E SAIKŌ Mankichi

「全国水平社」の理論的指導者。

略歴 本名清原一隆。1895年，奈良県葛上郡掖上村(現・御所市)の浄土真宗本願寺派西光寺に生まれる。部落差別のため，県立畝傍中学，私立平安中学の二つの学校を中途退学。上京して画家の道を歩むが，やはり差別のために志半ばで挫折する。やがて西光寺門徒総代の子，阪本清一郎(1892～1987)や，のちに『中外日報』の記者として水平運動支持の健筆をふるう，近くの同派誓願寺の僧侶三浦大我(参玄洞)(1884～1945)の励ましによって，自ら差別と闘う方向を見出す。

1922(大正11)年3月3日，京都で阪本清一郎らと，部落解放を目指す全国水平社を創立。創立趣意書『よき日の為めに』の執筆，平野小剣の加筆はあるものの著名な水平社宣言の起草，黒地にキリストのいばらの冠を赤で配する社旗・荊冠旗の考案をする。また，解放への思いを論文や戯曲で発表し，各地の水平社結成に東奔西走するなど，水平運動の理論的指導者となった。

その後まもなく，部落解放のために農民運動の必要性を感じ，日本農民組合に入り幹部として活躍する。また，政府に対する不満などから日本共産党にも入党。1928(昭和3)年の第1回普通選挙に労働農民党公認で立候補したが落選。その後の3・15事件で検挙され，5年の刑に服する。

獄中で，いわゆる転向の形で，「マツリゴトによる高次的高天原の展開」という独自な理論を表明する。天皇制のもとでの平等社会を目指すもので，国家社会主義的運動に転じた。阪本清一郎も創立以来の仲間と運動を展開したが，左右両翼から激しく批判される。アジア・太平洋戦争時には，それをアジア諸民族の解放と日本の「浄化維新」の機会と考え，近衛新体制に協力した。しかし，結果的には，彼自身厳しく批判した戦争指導者と同じ過ちを犯すことになった。

戦後は，戦争加担への深い反省から，朝鮮戦争の頃から始まった再軍備の流れに抗して，平和運動を展開する。釈尊の不殺生の教えが根底にある「不戦思想」と，それを具現化する条件としての，高度な科学技術による「和栄政策」を主張。特に，軍事力ではなく，技術力によって国際平和に貢献する「和栄隊」を力説した。国内のみならず国連にまで訴えたが，非現実的と無視，黙殺された。しかし，今日，その先見性は否定できない。

仏教社会福祉的意味づけ 西光万吉は全国水平社創立時，本願寺派僧侶であった。決議の一つに本願寺教団の対応次第によっては行動を起こすとあり，それに基づき，東西両本願寺へ募財拒絶を通告した。親鸞(1173～1262)への回帰という西光万吉の強い思いが込められているといえよう。

当時の本願寺派指導層は，親鸞の信心を来世の浄土往生に限定し，それに伴う社会的実践は否定した。そして，差別は前世の行為の結果であり，親鸞の名のもとに平等社会を現世につくることは，因果の道理に反し，社会秩序を破壊し，悪平等を招くと水平運動を暗に批判した。

それに対して西光万吉は、『中外日報』に「業報に喘ぐ」を発表した。そこで、差別を固定化し、仏教原理に反する「宿業論」と、親鸞の「御同朋」の教えに反する「悪平等論」を批判した。そして、親鸞の信心には、個人的な自己の浄土往生としての往相廻向、現世で苦悩する者に対する社会的実践としての還相廻向が本質的に備わっていると了解したうえで、自己の部落解放という行為がそれであると認識した。

西光万吉は、親鸞を被差別民衆とともに歩む社会的実践者と位置づけたが、同時にその教学的根拠をも見出したことは注目すべきことであった。

参 北川鉄夫・木村京太郎・難波英夫・阪本清一郎監修『西光万吉著作集』全4巻、濤書房、1971～74年。「西光万吉集」編集委員会編『西光万吉集』解放出版社、1990年。　　　　　　　　（藤本信隆）

⇒**全国水平社**

◇斉修会

E Saishūkai

明治期に大乗仏教の教えを基調として設立された更生保護団体。

定義　1889(明治22)年、仏教各宗派の僧侶が共同で設立した「東京出獄人保護会」を嚆矢とする。浅草松山町に事務所を設けて寄付金を募集したが、未だ時機が至らず、翌年に閉鎖された。その後、浄土真宗本願寺派の有志が「斉修会」と名を改めて復興し、1899年7月に事業を再開した。

展開　会復興の中心となったのは、市ヶ谷監獄の教誨師河野純孝(1862～1929)であった。河野は、前任地の埼玉県監獄で「埼玉慈善会免囚保護院」(のちの埼玉自彊会)の運営にあたった経験をもち、1898年6月に市ヶ谷監獄に転ずると、当地に適当な更生施設がないことを遺憾に思い、本願寺派有志に協力を呼びかけた。翌年、河野は、島地黙雷・多田賢住・大洲鉄然らの協力を得て、牛込袋町に家屋を購入し、築地本願寺に事務所を置いて事業を再開、1910(明治43)年には、「大日本仏教慈善会財団」より新宿百人町の現在地を貸与され、事務所・収容施設などを新築・移転。1913(大正2)年3月、会運営維持のため広く会員を募ることとなり、会長に大谷尊由(1886～1939)が就任した。

戦災により施設を全焼したが、戦後、大日本仏教慈善会財団より貸与されていた土地を無償譲渡され、その一部を売却した資金で施設を再建した。また「更生緊急保護法」による保護会となり、1952(昭和27)年には財団法人としての認可を受けた。その後、1968年に「日本自転車振興会」や有志の援助を得て施設を改築し、1996(平成8)年には「更生保護法人法」の制定により、更生保護法人となった。

仏教社会福祉的意味づけ　明治・大正期に設立された免囚保護団体は、そのほとんどに仏教者が関わっていたが、戦後、大乗仏教主義に基づいて保護活動を行う団体は減る傾向にある。そうしたなか、斉修会は明治以来一貫して仏教を基調とした保護活動を行ってきた代表的な更生保護法人の一つである。

参 『新修築地別院史』本願寺築地別院、1985年。更生保護50年史編集委員会編

『更生保護50年史』全国保護司連盟・全国更生保護法人連盟・日本更生保護協会，2000年。　　　　　　　　　（中西直樹）
⇨**遠州仏教積善会**　⇨**埼玉自彊会**
⇨**大日本仏教慈善会財団**　⇨**豊州保護会**

◇済世事業論
（さいせいじぎょうろん）

E doctrine of Buddhist's generic charity work

『教海一瀾』で主張された仏教慈善のあり方。

定義　済世事業の急を論じ，慈善会財団の設立に向けて，当局者の仏教的慈善や社会認識，真宗の役割などについて述べた論説。『教海一瀾』第38号（1899〈明治32〉年2月1日発行），第39号（2月26日発行），ならびに第41号（3月26日発行）において上・中・下の3章を掲載し，同誌第76号（1900年9月11日発行）に「続済世事業論」として加えられた社説である。

展開　掲載された3章の論題とその要旨は，次のとおりである。

その一「仏教徒は社会の危殆を救ひ同胞の悲惨を済ふ任なき乎」と題して，慈善事業に対する仏教徒の興起を論じている。政治・経済体制の変容による近代化社会における仏教の再生化という課題を論じ，社会的有益性を発揮することによって，自らの存在をアピールしうると主張した。

その二「済生事業は仏教徒殊に真宗教徒の任にはあらざる乎」と題し，仏教は厭世教であるという批判や，慈善においても内面的な愛に支えられたものではないという批判に対して，仏教の立場を明らかにし，逆に厭世思想こそ社会の危殆を救済する思想であり，特に真宗が済世事業を担いうるとしている。

その三「社会の首部に立つ者は世を済はずんば己れを済ふ能はず」と題して，社会は協力分担する人類の集合体であることを認識することを前提として，仏教は危機に瀕する社会状況を認識し，それを救うことによって自らの社会的有益性を示しうるとした。

その四「続済世事業論」には論題がなく，1899年6月10日の慈善会設立趣意についての明如宗主の親示を受けて，慈善・博愛の事業についてその趣旨に沿えるよう仏教徒の本分を全うすることを強調している。社会と宗教の両面から論じ，現代社会の腐敗濁乱を救うものは慈善であり，済世教としての真宗こそ利他大悲の報恩行を備え，内にあっては仏教界の退を救い，外にあっては社会の危機を救う大任を担っていると結論している。

仏教社会福祉的意味づけ　明治中期前後の，キリスト教勢力が浸透していく内地雑居の社会状況が生み出した，すなわち明治仏教の存立危機への認識から仏教慈善の急を説き，真宗教徒の興起を促し，自らの社会的有益性を顕示することに論説の特徴がある。
　　　　　　　　　　　　　（中垣昌美）
⇨**『教海一瀾』**

◇済世病院
（さいせびょういん）

E Saise Hospital

京都市南区教王護国寺（東寺）内に設置された救療病院。

さいせびょ

定義 「済世病院」は，「古義真言宗祖風宣揚会」の事業として，1909(明治42)年6月に京都府の認可を受け開業された。祖風宣揚会は，新聞発刊・人材育成・慈善事業などの実施を目的に掲げて，1903年に真言宗各派の有志により発会したもので，当初から慈善病院の設立も企図していた。この計画は，医師小林参三郎(1863～1926)の協力を得て実現された。

展開 小林は，1863(文久3)年に兵庫県加東郡東条町に生まれ，陸軍軍医総監松本順の門下生となったのち，アメリカに渡ってクーバー医科大学に学んだ。卒業後，欧州留学などをへてハワイで慈善病院を開いていたが，当地で風土病に冒され，高熱で生死をさまよったことが契機となり，「信仰治療」の必要性を痛感したという。

一時帰国していた小林は，祖風宣揚会の病院設立計画を知り，無償でこれにあたることを承諾し，院長に就任した。また東寺の信徒総代で質屋を営んでいた矢野長蔵が院主として財政面を担当した。さらに祖風宣揚会のメンバーの一人で広隆寺住職であった清瀧智龍が主事として経営実務にあたった。

設立の翌年1910年7月，真言宗各派連合議会は満場一致で病院に対する補助金の交付を決議した。当初，経費の都合で婦人科のみであったが，同年11月には男性の治療も始めることとなり，第二診療所の建築に着手，翌年2月には第二病舎にも着工した。3月には京都市会も建築補助金の交付を決め，6月に竣工落成を遂げ，10月には耳鼻咽喉科も開設した。1914(大正3)年，労働者などの便宜を考慮して夜間診療を始め，第三病舎も完成した。

本院では，貧困者に施療券を配付して全額無償で治療する方法はとらず，階上に安置した仏前に「浄財喜捨箱」を備え付け，患者の経済力に応じて任意に浄財を喜捨してもらうこととしていた。

ところが，1920年に財政面で多くの負担を引き受けてきた矢野院主が死去すると，経営が徐々に苦しくなっていった。清瀧主事は病院組織を財団法人とすべく奔走したが，なかなか実現できず，6年後には小林院長も世を去った。

小林の死後，西谷宗雄が後任の院長となった。西谷は，京都帝国大学に学び，同大学助手をへて中国天津の病院に勤務していた。小児内科が専門であったため，小児健康相談所を開くなど，新たな方面での発展を期した。しかし，1928(昭和3)年には西谷も院長を退き，入江栄次郎(内科医)に交代した。一方，清瀧主事は，病院経営を支援するため，広隆寺に「聖徳婦人会」を組織，翌年には産院を付設して病院の拡充を図った。1932年には，「救護法」に基づく救護施設としての認可を京都府より受けたが，戦後，経営難に陥り廃止された。

仏教社会福祉的意味づけ 西洋医学と仏教信仰に基づき諸病を根本的に治療するという小林院長の仏教医療は，仏教界に大きな影響を与え，特に真言宗では，大正期の「悲眼院」「信貴山成福院積徳会医院」の開設につながった。

参 中西直樹『仏教と医療・福祉の近代史』法藏館，2004年。　　(中西直樹)

⇒**信貴山成福院積徳会**　　⇒**悲眼院**

◇埼玉自彊会 (さいたまじきょうかい)

E Saitama-Jikyōkai

埼玉県に設立された仏教更生保護団体。

定義 1890(明治23)年1月，県会議長で弁護士でもあった大島寛爾(おおしまかんじ)(1853〜1933)が，各宗派寺院有志と協力して，北足立郡六辻村(現・鳩ヶ谷市)の真言宗智山派真福寺に設立した「埼玉慈善会免囚保護場」を前身とする。ところが予想外の出費のため資金不足に陥り，わずか7，8ヵ月で休止状態となった。1892年に至り，浦和監獄の教誨師下間鳳城(しもつまほうじょう)らにより再興され，「埼玉慈善会免囚保護院」と改められた。

展開 その後，2000余ヵ寺の加入があり，その協力のもと，1896年5月に浦和市高砂町に敷地を購入して，収容施設・事務所を建設，1901年9月には，認可を受けて社団法人となった。大正期に入ると，度重なる恩赦に対応するため，収容施設による直接保護だけでなく，埼玉県下37ヵ寺に支部を置いて活発な間接保護を行うようになり，1914(大正3)年「埼玉自彊会」と改称した。1936(昭和11)年に思想部を設置し，翌年には少年保護部を浦和市原山新田北原に建設した。1938年に火災により埼玉自彊会の施設を全焼したが，関係者の努力によって翌年には再建された。

戦後，思想部は消滅したが，青少年特別錬成道場に転用されていた少年保護部は，「浦和少年学院」として復興され，1949年の「少年法」の改正に伴って，国へ譲渡された。一方，埼玉自彊会は，1950年制定の「更生緊急保護法」による更生保護会としての認可を受け，毎朝の仏参などを通じて収容者の仏教的感化に努め，その社会復帰に寄与してきた。ところが，1969年11月に浦和刑務所が閉鎖されることとなったため，「財団法人埼玉県仏教会」に対し残余財産を寄付し，翌年3月に解散された。

仏教社会福祉的意味づけ 1881(明治14)年の改正「監獄則」では，刑期満了後も「頼るべき所なき者」は別房にとどまることが認められていた。ところが明治20年頃には，この別房留置人が在監人の2割近くを占めるようになり，地方財政を圧迫した。このため，1889年7月に監獄則が改正され，別房留置制度が廃止されて，民間保護会社の設立を奨励する内務省訓令が出された。当時，刑務所を出所した者，執行猶予・起訴猶予となった者を更生保護することは，「免囚保護」といわれ，仏教者設立による免囚保護団体も数多く設立された。そのなかでも埼玉自彊会は，先駆的団体の一つであった。

参 『埼玉仏教百年史』第二十五回全日本仏教徒会議埼玉大会実行委員会，1977年。法務省保護局更生保護誌編集委員会編『更生保護史の人びと』更生保護法人日本更生保護協会，1999年。　(中西直樹)
⇒**遠州仏教積善会**　⇒**斉修会**　⇒**豊州保護会**

◇**最澄** (さいちょう) 766(天平神護2)または767(神護景雲元)〜822(弘仁13)

E Saichō

平安時代初期の高僧。日本天台宗の祖。

略歴 近江国滋賀郡(現・大津市)の渡来系豪族・三津首(みつのおびと)氏の出身。生年について

は出家に際して作成された「国府牒」に基づく766年説と最澄の消息（書簡）を根拠とする767年説があり、いずれとも決していない。

778（宝亀9）年，近江国分寺の行表の弟子となり，780年に得度して，最澄の法名を授かる。785（延暦4）年の春，東大寺で受戒したが，比叡山に入り草庵を開くことになった。この頃に書かれた『願文』には「極愚・極狂」と徹底した自己省察のもとで自らをとらえ，修行のための入山であったことが述べられている。

797年に内供奉として朝廷に用いられるまでの12年間，最澄は師・行表の学問を継承しながら，天台教学へと進んだ。804年に入唐求法の還学生（短期留学生）として中国に渡り，本格的に天台教学を学ぶことになった。そこで，道邃・行満から天台法門を学び，特に道邃からは円頓大戒（天台宗で行う大乗戒）を授けられた。また，脩然からは禅を伝授されている。さらに，帰路の途中に順暁から当時の中国仏教の中心であった密教を学んでいる。こうして最澄は，天台ばかりではなく戒・禅・密教など幅広く中国仏教を吸収して，805年に帰国した。

帰国後の最澄は，天台の教法が最高の法を伝えるものであるとして，その独立を朝廷に要請し，806（大同元）年に年分度者（毎年，僧として出家できる者）2名を賜ることになった。さらに，818（弘仁9）年には自ら東大寺で受戒した小乗仏教の戒律である具足戒の棄捨を宣言し，比叡山に大乗戒壇を建て，天台宗が大乗仏教教団として真に独立していくことを朝廷に要請した。

この時，最澄は「天台法華宗年分学生式一首」（六条式）を朝廷に提出し，新しい天台宗の僧の養成の方法を明らかにし，そのうえで「比叡山天台法華院得業学生式」（八条式）によって生活の方法に関する細かな規則を定め，「天台法華宗年分度回小向大式」（四条式）で寺についてのあり方を打ち出した。こうして，大乗仏教教団としての独自な意義を体系的に提示して，独立を訴えたのであった。しかし最澄は，822（弘仁13）年6月4日に没し，その7日後に大乗戒壇設立の勅許がおりたのであった。

823年2月，延暦寺の寺号を賜る。元号を寺号とした初めての例でもあった。さらに，866（貞観8）年に伝教大師の諡号（高僧に死後贈られる名前）を朝廷より賜っている。

仏教社会福祉的意味づけ　最澄の福祉思想の第一には，『法華経』の立場からすべての者には仏性があり，さとりを得ることができるとする「一切衆生悉有仏性」を唱え，平等の人間観を確かなものとしていたことがあげられる。

第二は「六条式」において示した人材養成のあり方である。道心（さとり）を求める人を国宝とし，学問にすぐれた人材を国師，修行にすぐれた人材を国用とし，それぞれの適性を生かすことを提示した。国宝は「衆の首」として教団の指導者と定めたが，国師・国用には，国司・郡司らの地方官を通じて地方教化や社会の救済につなげることを求めた。それにより，地方から道心の人が輩出されることを願った。そこには，行基（668～749）や空海（774～835）のように直接社会実践に関わるのではなく，地方

における安居（あんご）の法要の施料を国司や郡司に返却し，彼らの監督のもとで，池の修理や橋を架けることなどに用いるように要請し，国師や国用には経を講じて学問・修行に専念することを求める最澄の姿勢がうかがえる。そうすることによって道心を求める人々を掘り起こしていくことにつながるとしたのである。

第三は，この「六条式」に述べる慈悲観である。仏道を歩む者の姿勢として「悪事は己に向へ，好事は他に与へ」るべきであるとし，「己を忘れて他を利する」ことこそ「慈悲の極み」と述べている。このことは，原始仏典以来さまざまに解釈されてきた慈悲について，実践主体の具体的行動を示したものとして注目すべきものである。すなわち，利用者サイドに立つ実践者の立場が，好むと好まざるとにかかわらず担わされている利用者の不利益に対し，敢然と立ち向かうソーシャルワーカーの姿勢につながるものである。

参　田村晃祐『最澄』吉川弘文館人物叢書，1988年。朝枝善照『平安初期仏教史研究』永田文昌堂，1985年。吉田久一・長谷川匡俊『日本仏教福祉思想史』法藏館，2001年。　　　　　　　（朝枝善照）
⇒安居（あんご）　⇒慈悲

◇佐伯祐正（さえきゆうしょう）　1896（明治29）〜1945（昭和20）

E　SAEKI Yūshō
大正から昭和戦前期に活躍した仏教セツルメント事業家。

略歴　浄土真宗本願寺派光徳寺（大阪市）の住職・佐伯祐哲とタキの長男として誕生。寺院後継者として地元の小学校から平安中学校，さらに仏教大学（現・龍谷大学）へ進学。大学では仏教学・真宗学を中心に学んだ。1920（大正9）年，父の死去により，光徳寺を継承。翌年，自坊を開放してセツルメント施設「光徳寺善隣館」を開設。この前後，佐伯の社会事業に多大な影響を与えた志賀志那人（しがしなと）（1892〜1938）が館長を務める大阪市立北市民館でボランティア活動を体験し，セツルメント事業の方法を学んだ。1925年夏には，実弟の天才画家祐三をパリに訪ね，この機会に欧米各地のセツルメント施設を見学。特にトインビー・ホールには長期滞在し，イギリス流のセツルメント事業を修得して，翌年春に帰国した。1929（昭和4）年「大阪セツルメント教会」設立に役員として参画。前年の1928年には，事業の拠点の拡大を図り，光徳寺のみならず郊外の刀根山にカントリー・ハウスを開設して，1930年には27種類の事業を展開した。1939年には，大阪隣邦孤児の保護にあたった。1945年，大阪空襲により光徳寺善隣館は全焼，佐伯もこの時に負った傷が原因で同年9月，49歳で没した。

思想　佐伯の寺院を拠点としたセツルメント実践は，現実の仏教の非社会的なあり方への懐疑や寺院の閉鎖性から出発している。彼が求め続けた仏教は，人間が直面する苦悩に対する慰めではなく，それに立ち向かう勇気をもたせるものであることである。寺院は住職の私有物ではなく公の家でなければならず，寺院に門信徒のみならず地域住民の施設としての役割をもたせた。彼が構想する住民の生活水準レベルまで現状の暮らしを向上させることを目的にし，

その具体的な方法を従来の物質的救与による施与主義ではなく，ふれあいを基調とする人格的接触主義によって対応し，その改善に着手させる自覚的・教育的運動であるとした。彼はこの自覚的・教育的運動としての社会事業の具体的表現をセツルメント事業に求めた。セツルメント事業と寺院との関係について，両者は多くの共通点をもっており，寺院建立の趣旨に従って活動を展開すれば，それがおのずとセツルメント活動となり，同時に理想的な寺院の姿となるととらえ，寺院の開放をなすセツルメントこそ，最適の事業であると考えた。

実践 光徳寺善隣館の設立は，1921（大正10）年であるが，活動が本格化するのは欧米のセツルメント視察後のことである。1930年の事業報告によると宗教部・社会教育部・社会事業部の3部門27事業の多くを開設しており，有給従業員11名。無給9名となっている。事業の主なるものは説教（宗教宣布と情操教育）・幼稚園（幼児保育）・蛍雪クラブ（学童保育）・図書館・夜間裁縫・日曜学校などである。これが1936（昭和11）年には内容的に整備され，年間利用者延人数は約10万人と報告されている。寺院セツルメントの独自の活動としては，法務係を設置して，係が檀信徒の家庭を訪問し，その生活状況の把握と諸問題の発見を行い，効果的な活動を展開するように努めた。自坊でのセツルメント協会では，特に，仏教寺院の開放策としてのセツルメント活動を三浦大我（1884～1945，中外日報社）とともに研究し，寺院と社会事業の関係を実践で模索した。

主な著作として『宗教と社会事業』（顕真学苑出版部，1931年），「セツルメントとしての寺院利用」（『社会事業研究』第17巻第5号，大阪社会事業連盟，1929年），「わが信仰と社会事業」（『同上誌』第23巻第10号，1935年）などがある。　　（菊池正治）

◇佐賀清光園

E Saga-Seikōen

明治期に佐賀市に設立された，児童養護施設。

定義 1901（明治34）年9月，当時佐賀県内に児童福祉施設がなく，身寄りのない児童が隣県の長崎県や福岡県の施設に入所せざるを得ないのを憂慮した曹洞宗寺院有志により，「佐賀孤児院」として天祐寺内に設立された。

展開 1904年，各宗派寺院有志の共同事業となり，佐世保にも分院を設け，1906年に市内水ケ江町に土地を購入して移転，1920（大正9）年には認可を受けて財団組織となり，さらに1926年に「佐賀育児院」と改称した。1932（昭和7）年，「救護法」による救護施設として認可を受けたが，1944年に太平洋戦争の激化に伴って，施設が軍需工場設置のため接取され，大和町尼寺国分寺に疎開した。

戦後，進駐軍より佐賀の中心部に孤児院施設を設けるよう指示を受け，1947年6月に市内呉服元町称念寺（浄土宗）境内地に移転し，「佐賀清光園」と改称した。さらに同年7月，「児童福祉法」の施行により児童養護施設となり，1952年に社会福祉法人としての認可を受け，現在に至っている。

仏教社会福祉的意味づけ 明治30年代，

資本主義経済の進展に伴う貧困問題の顕在化や、日清・日露戦争による戦没者遺族の出現に対応して、各地で多くの児童福祉施設(孤児院)が設立された。その多くに仏教者が関わっており、九州地方だけでも、龍華孤児院(1899年)・若松孤児院(1899年)・西海孤児院(1900年)・小倉孤児院(1901年)〔以上、福岡県〕、慈善奉公会教養院(1904年)・大分育児院(1904年)〔以上、大分県〕、長崎孤児院(1901年)・佐世保孤児院(1906年)〔以上、長崎県〕などの開院をみている。しかし経営の継続は難しく、佐賀清光園のように今日まで存続した事例は少ない。

また本園は、創設以来、曹洞宗・浄土宗を中心とする各宗派寺院の有志によって運営され、一貫して仏教的感化により児童の徳性の涵養に努めてきた。その意味でも、仏教社会福祉の意義は大きい。

本園が100年を超える歴史のなかで社会に送り出した児童数は、1000名を超えている。

参 社会福祉法人佐賀清光園編『八十周年史』社会福祉法人佐賀清光園、1984年。

(中西直樹)

⇒讃岐学園　⇒湘南学園　⇒吉江学園

◇颯田本真尼 1845(弘化2)〜1928(昭和3)

E SATTA Honshin'ni
明治〜大正期に災害救助に邁進した浄土宗の尼僧。

略歴　愛知県幡豆郡吉田町(現・吉良町)に颯田清左衛門の長女として生まれ、俗名を「りつ」といった。篤信家の両親の薫育を受け、12歳で愛知県碧海郡旭村(現・碧南市)中山貞照院の天然について得度し、修道生活に入った。1862(文久2)年、郷里に「慈教庵」(のちの徳雲寺)を創設して3年間の不臥念仏を修し、1881(明治14)年に光明寺法主獅子吼観定(1819〜99)より浄土宗の宗戒両脈を相承、1885年には、貞照院戒幢から形同沙弥戒を受けた。その浄土律に基づく真摯な修道生活のかたわら、多くの尼僧を弟子として養育し、その数は100名近くにも及んだ。1889年、天然寺(西尾市)の住職も兼務し、1903年には、日清戦争戦死病没者追悼のため、在京信者の懇請を受けて、神奈川県藤沢に「慈教庵」(のちの本真寺)を建立した。

1890年8月に三河地方を襲った大津波では、徳雲寺本堂も浸水するなどの被害を受けたなか、被災民の救助活動に従事し、近隣住民百数十人の葬儀を執り行った。この経験が機縁となって、生涯を難民救済活動に捧げることを決意した。以後、各地で、地震・津波・火事などの災害が起こると、衣料などの施物を携えて被災地に赴き救助活動を行った。その布施行脚は、80歳で中風症により病臥するまで34年間続けられ、美濃大震災(1891年)、酒田震災(1895年)、三陸津波(1896年)、静岡掛塚・白羽火災(1899年)、小田原火災(1902年)、函館大火災(1908年)、青森大火災(1910年)、桜島噴火(1914〈大正3〉年)、藤沢市震災(1924年)などに際して、全国23県150余町村を訪れ、施与した戸数6万余、勧化結縁した家は10万余戸に及んだ。

仏教社会福祉的意味づけ　本真尼の難民救済事業は、六波羅蜜の一つ布施行に基づくものであり、社会問題に対する明確な認

識をみることはできないが、矢吹慶輝(1879~1939)らに思想的影響を与えた人物として注目される。

参　藤吉慈海『颯田本真尼の生涯』春秋社、1991年。　　　　　　　（中西直樹）

⇒矢吹慶輝

◇札幌慈啓会

E　Sapporo-Jikeikai

大正末期に札幌市に設立された高齢者福祉団体。

定義　不況と凶作が続いた大正末期、札幌の新善光寺(浄土宗)には、生計のすべをなくした数名の老人が常時身を寄せており、その数は次第に増える傾向にあった。これを見た林玄松住職(1872~1928)は、同寺の付帯事業として養老院を設立することを決意し、檀信徒一同の協力を得て、賛助会員620名を募り、1925(大正14)年10月に「札幌養老院」を開院させた。

展開　1927(昭和2)年12月に財団法人となり、1931年には医務室を設置し、院舎の大改築にも着手した。旧院舎は、「札幌学院感化院」の廃校舎の払い下げを受けたもので、施設として不適切であり、また当初5、6名の在院者も26名に増加したためであった。新院舎には、医務室・夫婦室のほか礼拝堂も設けられていた。その後、1940年に院舎を焼失したが、翌年に新善光寺用の資材を転用して復旧された。

戦後、引揚者の入所に対応して医療部門の整備拡充に努め、1947年に増築工事を行い、翌年病院として認可を受けて「札幌養老院付属病院」と称し、1969年には「慈啓会病院」と改称した。一方、設置主体は、1952年に社会福祉法人に改組し、1969年「札幌慈啓会」と改称した。高齢者福祉施設の充実もめざましく、「慈啓会養護老人ホーム」「慈啓会特別養護老人ホーム」のほか、札幌市の受託施設として「稲寿園」「菊寿園」「拓寿園」などの各種老人ホームの運営にも着手した。また1997(平成9)年に在宅介護支援センターなどを設置し、翌年、特別養護老人ホームを増改築するとともに、老人保健施設を設置し、保健・医療・福祉事業の一体化を実現させた。さらに2000年、養護老人ホーム・生活支援ハウス・地域交流センターなどを備えた「ふれあいの郷」を開設するなど、時代のニーズに即応した活動を続けている。

仏教社会福祉的意味づけ　すでに明治期より大都市では、高齢者福祉専門の仏教系施設として、「大阪養老院」(1902年、岩田民次郎設立)、「東京養老院」(1903年発足、1910年浄土宗に経営移管)などがあったが、地方では、「大勧進養育院」や「身延山功徳会」のように、孤児・障害者を含む混合収容施設が中心であった。

大正後期になると、相次ぐ不況のなか、生活に困窮する高齢者が増大し、地方でも仏教系の高齢者福祉施設の設立が進んだ。札幌慈啓会と同時期に設立され、今日まで存続しているものとして、「三重養老院」(1921年真宗高田派設立、現・高田慈光院)、「京都養老院」(1921年に京都仏教護国団設立、現・同和園)、「福岡養老院」(1922年に福岡仏心会設立、現・博多老人ホーム)などがある。

参　社会福祉法人札幌慈恵会編『養老の

道をたずねて半世紀　札幌慈啓会五十年史』社会福祉法人札幌慈恵会，1981年。

(中西直樹)

⇨大阪養老院　⇨大勧進養育院　⇨身延山功徳会

◇さとり

E enlightenment　S bodhi

迷いから目覚めること。

定義　転迷開悟ともいい，真理に目覚めること。悟り・覚り・正覚とも。さとりを意味する菩提の語は「覚・智・道」とも翻訳され，「智」や「知」も古くは「さとり」と訓じられた。さとりの境地を涅槃ともよぶ。

展開　仏教におけるさとりは，釈尊の成道によって始まる。釈尊は苦行を離れ，瞑想によって真理に達した。その究極のさとりは阿耨多羅三藐三菩提（無上正等正覚）とよぶ。さとりは実践の究極の目標であり，それは真理に到達することにほかならない。

さとりの境地はさまざまな言葉で表現されている。ニルヴァーナ（涅槃）や彼岸もその一つである。最上の安らぎ（寂静）や最上の安楽も理想のさとりの境地とみなされた。原始仏典には，妄執をなくし貪・瞋・癡の三毒の煩悩を除くことによって不滅のさとりの境地に至ると述べられている。

古来インドの宗教家たちは，輪廻の生存から脱し，再生しないことを願った。インドでは一般に，そうした精神的な解放を表す語を解脱とよんだ。宗教的な解脱は智によっても得られると考えられ，原始仏教にも，その思想は継承されている。出家修行者たちは現世にも来世にも執着すべきでないという意味で，生死の超越が説かれた。生も死も超越したところに理想の修行者としての生き方ができると考えられていた。修行者たちには来世が関心事であってはならないのである。

さとりに向かう心を菩提心とよび，大乗仏教では修行の出発点とした。大乗経典には，声聞（小乗の仏弟子）には四諦の法，縁覚（さとりを開いたが法を説くに至らなかった聖者）には十二縁起の法，菩薩には六波羅蜜の法を釈尊が説いたと述べる。大乗仏教の菩提心は衆生救済という利他の願が含まれる。『大乗起信論』では本覚と始覚を説いている。この場合の「覚」はさとりの智慧をいう。本覚は本来心に存するさとりの智慧であり，始覚は修行によるさとりの智慧の進展を意味する。やがて修行が完成すると始覚は本覚と一体となるとみる。

仏教社会福祉的意味づけ　原始仏教以来，宗教的実践として強調されたのは，一切衆生に対する慈悲であった。さとりは真理に気づくことであると同時に，大乗仏教ではさとりを得るために，菩薩は慈悲の実践に生きなければならないと考えた。自らの解脱やさとりを得ることだけを目的とする従前の仏道修行者たちの姿勢を，大乗仏教では小乗とよんで非難した。そこで慈悲を基本とする理想的な自己実現は，社会との関わりのなかで達成されると主張した。そのうえでさとりのための修行を菩薩行として位置づけた。

欲望や迷いを転じて人間真実の姿に目覚めることを深く認識することが，仏教社会

福祉の基本的な立場である。これにより人間社会との関わりのなかで周囲との調和を尊重する人間存在を再確認し，社会的個人を仏教社会福祉的援助の行為主体として位置づけることができる。

参 中村元『ウパニシャッドの思想』中村元選集（決定版）第9巻，春秋社，1990年。早島鏡正「初期仏教における涅槃」（『田村芳朗博士還暦記念論集 仏教教理の研究』春秋社，1982年）。

（三友量順）

⇨願　⇨四聖諦　⇨慈悲　⇨六波羅蜜

◇真田増丸（さなだますまる） 1877(明治10)～1926(昭和元)

E SANADA Masumaru

大正期に仏教済世軍を設立した社会事業家。

略歴 福岡県豊前市の浄土真宗本願寺派浄円寺に父慶善，母時枝の3男として出生。1908(明治41)年31歳で東京帝国大学哲学科卒業後，1910年に楳溪（ばいけい）イクノと結婚。1926(昭和元)年，50歳で没した。

業績 1914(大正3)年に八幡市（現・北九州市）で労働者とその家族のための伝道を決心し，子ども会や野外伝道を開始した。1915年11月10日，八幡「至誠館」を拠点にして仏教済世軍の結成を宣言し，機関誌『仏教済世軍』を創刊。八幡製鉄所や三池炭坑をはじめ，東京・静岡・名古屋・神戸・広島・呉，ならびに九州全域を路傍伝道して回り，各地に支部を置き，「慈善穂集め」などの活動をとおして社会事業活動を展開した。とりわけ，1923(大正12)年の関東大震災には，仏教済世軍東京本部も焼失したにもかかわらず罹災者救護運動を展開し，『点字済世軍』も発刊した。西本願寺の要請により，ハワイやアメリカでの伝道を予定していたが，その直前に急逝した。

仏教社会福祉的意味づけ 「済世利民」を基調とし，六字の名号（南無阿弥陀仏）を軍旗とした仏教済世軍は，山室軍平（やまむろぐんぺい）(1872～1940)の救世軍と同時代に組織された。しかし，個人的喜捨や寄付に依存していたため，常に活動資金の不足に苦悩した。「慈善穂集め」などの基金収納力には限界があり，寺院組織を活用しなかったところにも弱点があったといえよう。労働者の思想善導を目的とする路傍伝道，慈善事業・活動に対する情熱と行動力で真田に勝る者はいないが，彼亡きあとの仏教済世軍の組織化と運動の継承力については，救世軍に一歩譲ることになった。

（中垣昌美）

⇨仏教済世軍

◇讃岐学園（さぬきがくえん）

E Sanuki-Gakuen

明治期に香川県高松市に設立された児童養護施設。

発足 香川県監獄の典獄（現・刑務所長）であった高木光久が，1899(明治32)年，女囚の子女を教育保育するために設立した「高松保育会」を前身とする。高松市築地町深妙寺に開設され，高木が会長となり，監獄署員の協力によって経営されていた。ところが，一般の孤児も収容するようになって院児が増加し，また関係署員の転出もあって，経営が困難となった。そこで，1901年1月，真言宗僧侶有志が事業を継承することとなり，名称を「讃岐保育会孤児

院」と改めた。会長には，土宜法龍(どぎほうりゅう)(1854～1923，のちの高野山真言宗管長)がなり，同年11月には，市内二番丁に2階建院舎の建築に着手した。12月には「小豆郡慈善会」を併合してその院児を受け入れ，翌年，院舎が完成した。

展開 1903年以降，香川県の補助やライオン歯磨本舗の寄付金を得ており，1907年には財団法人として認可を受けた。1910年には，孤児院という名称が院児にコンプレックスを与えるとして，「讃岐学園」と改めた。

大正期に入ると，仏前への懺悔，和讃の読誦などが始められ，仏教的訓育が活発化した。また，院内作業として農作業を行わせ，賃金を支給して貯蓄させていた。

1932(昭和7)年，西浜新町に用地を購入して新築移転し，戦後，「児童福祉法」の施行により，児童養護施設となった。1952年には，社会福祉法人としての認可を受け，その際，定款第1条に「弘法大師済世利人の教旨に則り，薄倖児を救済し正常な社会人として生活することが出来るように保護育成すること」を目的に掲げ，仏教主義に基づく施設であることを明文化した。その後，園舎を鉄筋コンクリート造へ改築するなど，施設設備の整備が進められて現在に至っている。

仏教社会福祉的意味づけ 明治30年代は，仏教者による児童養護施設(孤児院)が，広く各地で設立され始めた時期である。讃岐学園と同じ頃に設立され，児童養護施設として現在も存続しているものに，「佐賀清光園」(佐賀県)，「湘南学園」(滋賀県)，「吉江学園」(福井県)などがある。また戦後，主に知的障害児施設へと改められたものに，「山陰家庭学院」(島根県)，「三重済美学院」(三重県)などがある。

参 社会福祉法人讃岐学園編『讃岐学園八十年誌』社会福祉法人讃岐学園，1981年。　　　　　　　　　　(中西直樹)

⇒佐賀清光園　⇒山陰家庭学院　⇒湘南学園　⇒土宜法龍　⇒三重済美学院　⇒吉江学園

◇差別(さべつ)と人権(じんけん)

[E] discrimination and human rights

人間存在を否定する立場とそれを克服する原理。

定義 仏教が思想上・歴史上において果たしてきた性差別・身分差別と，それを克服すべき原理としての人権との関わり。

展開 釈尊は身分差別を認めるバラモン教の立場とは異なる，人間平等の立場から教化活動を展開してきた。ところが仏教経典には，性差別・身分差別を根拠づける側面がみられ，それをもとに，歴史上差別が公認されてきた。

まず，性差別に関して，原始仏典における女性観のなかに，女性差別がみられる。『スッタニパータ』(経集)には，「女に溺れ，酒にひたり，賭博に耽る」ことを破滅への門としているが，そこには修行のさまたげとして女性を蔑視する表現がみられる。このことが，「女は怒りやすい，女は嫉妬深い，女は物惜しみをする。女はおろかである」(『増支部経典』)などのように，女性が悪のすべてのような記述となっていく。また，初期大乗仏教経典を代表する『法華経』

さべつとじ

には、女性は「垢穢にして、これ法器にあらず」と述べて「女人五障」と説き、女性は生まれながらに存在する障りによって梵天王・帝釈天・魔王・転輪聖王・仏にはなれないとされ、龍女成仏について「忽然の間に変じて男子と成り」と記し、「変成男子」が説かれた。『大無量寿経』には「変成男子の願」として、「女身を嫌悪せん、寿終わりてのち、また女像とならば、正覚を取らじ」と記す。これらは、女性のままでは仏になることも、浄土に生まれることもできないとする女性差別を根拠づけ、後世に甚大な影響を与えることになった。

また、身分差別を助長させた原理として業(カルマ)の思想がある。業はインド思想一般に広く用いられ、輪廻説と結びつけられていた。仏教では、修行・精進に関わり、現状を打破する自発的行為と理解されてきたが、現世の苦楽を過去世の宿業によるとする宿命論は、特に日本の封建社会体制のなかで通念化し、被差別身分を肯定する原理となっていった。そのため、生まれによる差別は宿命であるとして逃れようのない恐怖心を植えつけ、社会体制の維持を図っていくことにもなった。

さらに、身分差別を根拠づけるのが「旃陀羅」である。『法華経』ではこの「旃陀羅」は猪・羊・鶏などを飼ったり、漁捕したりする者と同じように、親しくすることを禁じられる存在とし、アウトカーストの者とみなしている。また、浄土教の根本経典である『観無量寿経』では実母を殺害しようとする悪逆性を「旃陀羅」にたとえている。このように「旃陀羅」を蔑視され差別される存在として位置づけ、非人間的扱いを受ける人々の存在を認めることで、仏教は身分差別を助長してきたといえる。

仏教が性差別・身分差別の根拠を与えてきたことで、歴史上、女性の蔑視・排除となり、女人禁制・女人結界を生み出し、三従制(女は、幼くしては親に、嫁しては夫に、老いては子に従うべきだとする考え方)を強要していくことになった。また、江戸時代においては、差別戒名(法名)をつけるなど、被差別身分の固定化を促してきたといえる。

仏教社会福祉的意味づけ　このような差別観をもたらす反面、仏教にはまた、本来人間が平等の立場にあることも説かれている。先述の『スッタニパータ』には「生まれによって賤しき者となるのではない、生まれによってバラモンとなるのではない」とあり、身分制度に疑問を投げかけている。だが、こうした仏教の立場を広く理解できたのは、近代以降の文献学の発達によって、原始仏典が解明されてきたことによると指摘されている。封建体制下にあっては、先述のような差別観が、重要な位置を占めてきた。したがって、こうした差別観を克服していくには、近代市民社会の原理である平等の人間観を起源とする人権思想の立場を導入し、仏教本来の立場を取り戻していくことが求められる。また、仏教教団による差別に苦しんできた被差別部落の人々の告発や、女性の差別を訴えてきた人々の運動を抜きにしては、明らかにできないことも事実である。

これらの点から、仏教の差別観を克服し、現代社会の福祉理念を支える原理としての仏教福祉を考えると、差別の歴史を正面か

ら受け止め，その批判と反省の上に立って，仏教本来の平等の原理を積極的に評価していくことで，被差別民衆の告発に応えていくべきであるとして，現在，同宗連（同和問題に取り組む全国宗教者連絡協議会）などを中心に啓発活動・組織活動が展開されている。

参 仲尾俊博『仏教と差別』永田文昌堂，1985年。柏原祐泉『仏教と部落差別』解放出版社，1988年。大越愛子・源淳子・山下明子『性差別する仏教』法藏館，1990年。『「業論」への取り組み』同和問題に関する真言宗四派連絡協議会，1991年。　　　　　　　　　（宮城洋一郎）

⇨階級差別　⇨宿業　⇨同和問題
⇨女人成仏　⇨平等

◇作務（さむ）

E work(labor) in the Zen Sect

禅門における労働。普請作務ともいう。

定義　禅僧が寺院において種々の勤労に従事することをいう。特に自給自足的な生活を維持するための労働をすることは修行とみなされている。

展開　元来，出家者の生活を支えていたのは，在家者からの喜捨であった。「紡まず，耕さず」というのが，出家者の基本的な生活形態である。生産活動，たとえば農作業をすれば地中の生物のいのちを害し，必然的に殺生を伴わざるをえないからである。すなわち，基本的な戒律の一つである殺生戒を犯すことになるため禁じられていた。こうした修行形態が成り立ったのは，出家者の生活領域が「まち」に近接しており，托鉢（たくはつ）という行為を可能にしたからである。

ところが中国において，坐禅を修行の中心に据えた禅門が形成され，ひたすら深い坐禅修行をするために，禅僧たちは「まち」を避けて山にこもり始めた。そこでは，一般在家者の喜捨を期待することはできず，修行僧たちは自ら労働することによって，生活の糧を得る自給自足的な作務の生活をするようになった。

仏教社会福祉的意味づけ　修行僧（雲水）は自分の身辺介護（洗濯，裁縫，炊事・典座，清掃など）や農耕，剪定，日用品の製作，糞尿の処理など，道場で生活するための労働を修行として義務づけ，相互に支えあった。その労働は生産のための労働というよりは，自立と共同生活を確立するための労働であり，自助・相助・互助の原形ともなった。この点，カトリック修道者にみられる労働とは異なる。修道院では，個々の人人が修道者であると同時に，図書・建築・機械・医学・酪農などの諸分野の専門家でもあり，生産活動に従事しているとみなしうるからである。

禅院で独自の日常生活規範（清規（しんぎ））を制定した百丈の「一日作さざれば，一日食わず」（『祖堂集』）という言葉は作務の主体的契機を端的に示している。　　（島崎義孝）

⇨勤労

◇山陰家庭学院（さんいんかていがくいん）

E San'in-Kateigakuin

明治期に設立された児童保護事業団体。

定義　1901（明治34）年，晋叟寺（しんそうじ）（曹洞宗）

住職嘉本俊峰(1860〜1940)により，松江市洞光寺の禅堂に「山陰慈育家庭学院」として設立された。貧困無告(貧困で身よりのない)の児童らに家庭的環境を与え，仏教の道義により教導感化することを目的に，孤児・貧児を対象とする「育児部」，盲啞児のための「訓育部」，不良少年などを対象とする「感化部」，「免囚保護部」を置いた。

展開 1904年に出雲地方の各宗派寺院の共同経営となって財団法人の認可を受け，翌年には，市内に中原町に本館・感化部・育児部などの施設を建築した。

1912年，「松江盲啞学校」の設立により訓育部が，「島根県授産会」の創立に伴い免囚保護部が廃止された。また感化部は，1909年に島根県代用感化院の指定を受け，1920(大正9)年の「少年教護法」により「島根家庭学校」となったが，1939(昭和14)年に「県立八雲学校」が設置されたため廃止された。

戦後，育児事業を仏教会が行うことを不可とする進駐軍の指令を受け，育児部は島根県に移管され，「県立松江学院」となった。同時に法人名から「慈育」が削除され，島根家庭学校の元校舎を「青雲寮」と称して青年訓育事業を行うのみとなった。しかし，1952年に社会福祉法人の認可を受けると，養護老人ホーム「慈光苑」を開設し，老人福祉事業に乗り出した。1959年，松江学院が法人の経営にもどり，児童養護施設「松江学園」と改称し，さらに1968年には，県の要請を受け，知的障害児施設に変更した。

1990(平成元)年に島根町大芦地区の用地を購入して造成，1991年に慈光苑を移転し，1992年には，松江学園もこの地に移すとともに，知的障害者更生施設「松江学園」(1999年，知的障害者厚生施設「はばたき」と改称)を併設した。その後も，1993年に老人短期入所施設「海鳥の家」，1996年に特別養護老人ホーム「ゆうなぎ苑」，1997年に知的障害児・者短期入所施設「みのりの家」，1999年にグループホーム「ひまわりの家」を設置するなど，活発な活動を続けている。

仏教社会福祉的意味づけ 本学院は，山陰地方における仏教者の社会事業団体として先駆け的存在である。また戦前戦中の公的事業の進展や，戦後に進駐軍の示した「社会事業における公私分離の原則」を乗り越えて事業を継続，発展させてきた数少ない団体でもある。

参 山陰家庭学院創立百周年記誌『大慈悲心』社会福祉法人山陰家庭学院，2001年。　　　　　　　　　(中西直樹)

⇒讃岐学園　⇒三重済美学院

◇三聖病院

E Sanshō Hospital

大正期に臨済宗東福寺派の社会事業として設立された神経症の治療施設。

定義 設立の中心となったのは，三重県上野市山渓寺の住職宇佐玄雄(1886〜1957)であった。宇佐は，かねてより，気質が一様でない人々を教化するためには，精神医学を学ぶ必要があることを痛感していた。

1914(大正3)年に内務省の感化救済事業の講習に参加した宇佐は，一層その念を強

くし，翌年，東京慈恵会医院医学専門学校に入学した。寺務に従事するかたわら，1919年に卒業し，さらに東京帝国大学で精神医学の研究・実地治療にあたり，1921年，本山に治療所の設立を進言した。その趣意書には，近代医学と大乗仏教の精神に基づき，心と体の両面を治療することが明記された。翌年派内の協力を得て本山の塔中・万寿寺(旧・三聖寺)内に「三聖医院」として開院することとなり，東福寺住職・家永一道が院主を，宇佐が医院長を務めた。現在は「さんせいびょういん」と通読されている。

展開 同院は，森田正馬(もりたまさたけ)(1874～1938)が，二十数年に及ぶ苦心の末，1920年頃に創案した森田療法による治療を行う最初の医療施設であった。森田療法は，薬物や精神分析による治療は行わず，知性により精神作用をコントロールすることを排除し，自己の「あるがままの心」を患者に受け入れさせることを期するものである。それゆえ宇佐は，森田療法と禅とが「理屈抜き」という点で共通性があることを認識し，禅宗僧堂の風格を治療現場に取り入れることに努めた。1926年には強迫観念に悩んだ倉田百三も治療を受けている。翌年12月には，隣接地に38床の病棟を新築し，「三聖病院」と改称した。戦後，1951(昭和26)年には，認可を受け医療法人となった。1957年に宇佐は没したが，長男の宇佐晋一が院長を継ぎ，現在に至っている。

仏教社会福祉的意味づけ 三聖病院は，仏教に基づく精神修養を近代精神医療に応用した貴重な医療機関である。このほか，仏教に影響を受けた精神療法として，吉本伊信(よしもといしん)(1916～88)が，真宗の一派に伝わる「身調べ」をもとに確立した「内観法」がある。

参 宇佐晋一「三聖病院」(『森田療法学会雑誌』4巻1号，1993年)。宇佐晋一『あるがままの世界──仏教と森田療法』東方出版，1987年。吉本伊信『内観法』春秋社，1965年。　　(中西直樹)

◇三世(さんぜ)

E three periods(the past, present, and future)　S adhva-traya

過去・現在・未来のこと。

定義 仏教における三つの時間区分で，過去(過ぎ去ったもの)・現在(生起しつつあるもの)・未来(未だ来ないもの)という意味。過現未とも略され，已今当ともいう。仏典ではしばしば過去(去)・未来(来)・現在(現)の順で表現され，時間を変化の過程としてとらえる。

展開 インド人の思惟には，中世のヨーロッパにおいても顕著な来世主義的な傾向のあることが指摘されている。彼らは現世は来世を迎えるための準備としてとらえた。このとらえ方は，一方では厭世観を促し，他方では過去と未来における現在の行為主体とのつながりの問題，すわなち業(ごう)と応報との因果説となって展開した。因果も三世にわたり，三世を貫く永遠の理法(ダルマ)の体現によって人は目覚めた者・仏陀となる。理法(ダルマ)を体現した仏陀は過去にも存在したことになり，やがて未来にも現れ出ることになる。三世にわたり法(ダルマ)の本体が不変の特性をもって実在する

さんぼう

と主張したのは説一切有部(インドにおいて紀元前後に成立した実在論的立場をとった部派)である。

仏教社会福祉的意味づけ　仏教興起時代のインドには幾人もの名高い道徳否定論者が現れた。当時の都市社会の爛熟が道徳の頽廃を促したため、唯物論者アジタ・ケーサカンバリンは、人間は死とともに無に帰し、現世も来世も存在しないと主張した。彼の実践生活は快楽至上主義の立場であったとされている。

仏教の哲学思想のなかに時間を過去→未来→現在と並べる時系列的考え方がある。過去は記憶として現在のなかに残り、未来は期待として現在のなかに秘められている。すなわち過去と未来は現在に総合される。その立場に立つと記憶という過去も予期という未来も主観的現在の意識の内容にすぎず、現在は行為的主体としてのはたらきであるといえる。今、ここにいる、この私の存在こそ、最も尊重されるべきである。すなわち三世を貫く原点を、今という時間に過去と未来が内包されている縁起的世界観に求めるのである。現実を直視することによって、ソーシャルワーカーとしての職務を遂行することが、仏教社会福祉活動の必須条件である。

参　中村元『ウパニシャッドの思想』中村元選集(決定版)第9巻、春秋社、1990年。中村元『原始仏教――その思想と生活』NHKブックス111、1970年。

(三友量順)

⇒因果

◇**三宝**

E three treasures
S ratna-traya; tri-ratna

仏・法・僧のこと。

定義　三つの宝の意で、仏(buddha:さとった人)と、法(dharma:仏が説いた教え)と、僧(saṃgha:仏教の教えを伝える)のこと。この三つが世の中の宝と同じように、すぐれてけがれがない徳であるから、宝という。仏法と法宝と僧宝の三宝は、仏教徒が帰依すべき基本的な要件である。

展開　釈尊が最初に説法された教えは、パーリ聖典『聖求経』によると、「……、みずから染汚せるものの存在にして過患を知り、……無染汚・無上・安穏のニルヴァーナをさとった。さらに、そこで、わたくしに"わたくしの解脱は不動である。これは最後の生まれである。いまや輪廻の再生はない"という正しい理解と見解が生じた」。前述の『聖求経』の相当漢訳『羅摩経』において、5人の修行者に中道と八正道を説いた。この説法によってまず、5人の修行者のうち、コンダンニャが阿羅漢(仏教の聖者の最上者)の境地に達し、釈尊より戒律を受けた。ついで、ヴァッパ、バッディヤ、マハーナーマ、アッサジの順で阿羅漢に達し、みな戒律を受けた。これによって、釈尊と弟子5人による仏教教団(サンガ)が誕生する。このようにして、仏宝と法宝と僧宝の三宝が成立したのである。

仏教社会福祉的意味づけ　三宝に帰依することは仏教徒としての基本的条件である。三宝は個別的ではあるが、本質的には一つ

である。ここにいう僧は僧侶を意味するのではなく，教えを聞き，教えを奉じて修行する和合衆（僧伽）を指す。聖徳太子（574〜622）の十七条憲法に「以和為貴　篤敬三宝」と示される，あつく三宝を敬う精神も，仏教的生き方とあり方を教えた基本的精神である。仏教社会福祉実践の主体的契機はまさにこの三宝に帰依することから始まる。すべての人たちが仏になる可能性（仏性）をもつ人格として互いに敬いあい，共に生きる命の輝きを知ることが期待される。

参　佐々木現順「仏・法・僧」（『仏教学セミナー』22号，大谷大学仏教学会，1975年）。
（智谷公和・中垣昌美）

◇椎尾弁匡　1876（明治9）〜1971（昭和46）

E　SHIŌ Benkyō

「共生」を主唱した浄土宗僧侶。

略歴　愛知県春日井郡庄内村（現・名古屋市西区新福寺町）の円福寺に生まれ，1905（明治38）年に東京帝国大学（宗教学専攻）を卒業，翌年宗教大学（現・大正大学）教授となる。のち東海中学校長・日本大学教授となるが，1926（大正15）年に大正大学に戻り，1936（昭和11）年に学長就任。この間の中国仏教史や浄土教の研究は，近代仏教学を大成させたといわれる。

実践　他方この大正から昭和にかけての社会的変動に対応して，仏教の社会性，寺院の社会事業を通じて仏教に真の生命を見出そうとする運動に参画したことは注目される。その一つは，個人的解脱ではなく「社会的に解脱し真の共生を完うすべきである」とする，諸縁和合による仏教の社会化を求める共生運動であった。この運動は，渡辺海旭（1872〜1933）の「共済」論につながるものであって，日本主義的な雰囲気は国粋主義的傾向が示すが，社会福祉を提起する仏教理念となった。

もう一つは，仏教福祉実践を直接目的とする「慈友会」の結成である。この組織は，1919（大正8）年の名古屋における浄土宗寺院および信徒の会合において，「寺院改造」を進め，時代の変化に対応した「社会施設」としての寺院や，社会事業の推進が論ぜられたのが始まりである。翌年，椎尾を幹事長として発足するが，「共働奉公，以て社会の福祉を増進する」ことを目的とする。名古屋における寺院の社会化に総合的に取り組む組織となった。そのなかには，現在につながる施設もある。

参　長谷川匡俊「椎尾弁匡と慈友会」（同編『近代浄土宗の社会事業』相川書房，1994年）。
（池田敬正）

⇒共生　⇒渡辺海旭

◇慈雲　1718（享保3）〜1804（文化元）

E　Jiun

江戸時代後期，正法律を提唱した真言宗の学僧。

略歴　大坂に生まれる。父は上月宏範，母は桑原氏（のちに川北氏の養女となる）。諱は飲光（初めは忍瑞）。早くに父を亡くし，1730（享保15）年，13歳で摂津田辺（現・大阪市東住吉区）・法楽寺の貞紀について得度。16歳から3年間，師の命により京都の伊藤東涯の門に入り，儒学を学ぶ。1736（元文元）年，河内・野中寺の秀巖から沙弥

戒を受け、後任の住持を託されるがこれを辞して、信濃・正安寺の大梅法璞から禅を学ぶ。1744(延享元)年河内高井田(現・大阪府東大阪市)の長栄寺に住し、戒律を講じて正法律を実践する。その後、摂津有馬(現・神戸市北区)の桂林寺、生駒山の双竜寺、京都の阿弥陀寺の住持を歴任して、河内葛城山中の高貴寺に隠棲し、正法律の総本山とし、弟子の養成に努めた。

実践 慈雲の提唱した正法律は、自ら「世尊の宗名」とよんでいるように、釈尊在世時の戒律を復興させ、厳密に実践することを目指すために提唱されたものであった。そこから慈雲は、一宗派に限定せず、広く仏教をとらえる通仏教的な立場から真理を体得させるべく『十善法語』を著した。そこでは、庶民のために平易な言葉で、悪をなさず善を行うための十善戒を定めている。この十善戒は、もともと人間に備わっている徳であると説き、大乗小乗、顕教密教など仏教全般にわたる戒律を総合して、次のように提示した。身の三善業として不殺生、不偸盗、不邪婬、口の四善業として不妄語、不綺語(いつわりかざった言葉を使わない)、不悪口、不両舌、意の三善業として不貪欲、不瞋恚、不邪見など10をあげている。

仏教社会福祉的意味づけ このように、十善戒は戒律をもとに仏教の基本を生活に反映させるための教えであった。そこから、慈雲は、戒を守り続ける原動力としての戒体、実践修行としての戒行、持戒の姿としての戒相という戒律実践のための原理を明らかにして、生活上の善なる行為を正当化し、実践化させる意味づけを行った。その

ことは、善を基調とする倫理観に基づいて、他者との信頼関係を構築し、適切な援助を可能にさせるソーシャルワーカーの行動指針ともなるであろう。

参 長谷宝秀編『慈雲尊者全集』思文閣出版、1977年。　　　　(小此木輝之)

◇四恩

E four gratitudes　S catur-upakāra

すべての人が受ける4種の恵み。

定義 4種の恩と報恩の意味。四恩とは母・父・如来・説法師(『正法念処経』巻61)から受ける恩恵または、父母恩・衆生恩・国王恩・三宝恩(『心地観経』巻2)をいい、ほかにもいくつかの分類がある。四恩を供養し讃歎することは菩提と戒律にも深く関わる。恩を知る者は恩を報ずると説かれ、道を求める者の実践徳目とされる。

展開 大乗戒では父母・師僧・三宝への孝順を真理に達するための法とし、そのことを戒と名づける。孝順心と慈悲心は仏性という同じ基盤で説かれている(『梵網経』。中国で成立した『心地観経』は報恩の思想と戒律を説き、三聚浄戒と仏道の実践および人生の重要な徳目を指示する。特に家庭生活(父母恩)と社会生活(衆生恩)における人間関係の基礎が説かれている。よって四恩はすべての人間の義務とされる。衆生恩と父母恩の関係は、人間が六道輪廻の無限的時間経過のうちで何回も生まれ変わり相互に慈父・悲母になることを意味する。すなわち親子・隣人関係を大切にし相互に利益しあうべきことを教える。平安時代以降、日本では四恩思想と祖先崇拝の信仰の

仏教社会福祉的意味づけ　四恩の思想は人間不在や人間疎外の現代社会において、相互に人間存在を認めあい、つながりと「ユイ」（結）の文化を継承できる人間の連帯感を再発見させる。仏教の生活倫理は常に家庭倫理と社会倫理が固く結びついていることに特徴がみられ、感恩や知恩をとおして、生活倫理規範としての報恩が、仏教徒の日常生活のうえに具現化される。そこに菩薩行としての福祉的実践に対して、報謝行としての福祉的実践をみることができる。自利利他の菩薩行の実践は自力修行の実践であるが、報謝行の実践は、今、ここに、生かされているといういのちの恵みに感謝し、知恩報徳の実践として具体化する。

参　仏教思想研究会編『恩』仏教思想4、平楽寺書店、1979年。頼富本宏『中国密教の研究』大東出版社、1979年。

（早坂　博）

⇒**自利利他**

◇四恩学園（しおんがくえん）

E　Shion-Gakuen

大正期、浄土宗の有志者によって、大阪市釜ヶ崎に設立されたセツルメント。

定義　1915（大正4）年11月、松浦春濤（1881～1929、西福寺住職、のちに知恩院初代社会課長）・長谷川順孝（1889～1970、成道寺住職）ら、大阪市内の浄土宗僧侶が、街頭で慈善托鉢を行うために結成した「四恩報答会」を前身とする。1917年に釈尊降誕会花祭りを大阪で初めて行い、翌年釜ヶ崎に起こった米騒動の際は、府警察の依頼を受けて児童保護活動にあたり、1920年2月には園舎を建築して、不就学児童の託児保育などを行うため「四恩学園」を創設した。

展開　大正末から昭和初年にかけて、同学園の調査研究部による釜ヶ崎地域困窮民の生活実態調査に基づいて、児童保育事業以外にも活動の領域を広げ、セツルメントへと発展していった。昭和初年、地域の児童に対しては、100名以上を収容する保育部があったほか、日曜学校が開かれ、歯科の相談治療や無料理髪なども行われた。夜間には、就労女性にミシンや生花が教授され、講演会・座談会・ハーモニカ指導などを行う青年クラブもあった。また、無料または実費で応診する診療所も併設され、地域の人々の法律・助葬・人事相談にも応じていた。このほか、生活改良に向けて貯蓄を奨励する開運貯金や、敬老会・年末施餅などの各種慰安事業も活発に行われ、米・薪・炭など日用品を扱う消費組合会館も設置されていた。さらに1931年に給食部・牛乳配給部・妊産婦無料助産部を設け、1935年には宿泊部・食堂も新設して、困窮民の支援体制を整備した。1945年3月の空襲でほとんどの施設を焼失したが、戦後、乳児室として再建され、1949年には天王寺区に児童養護施設「玉水園」を新築、1963年11月に乳児室を住吉区に移して、現在に至っている。

仏教社会福祉的意味づけ　大正期の大阪は、全国に先駆けて府が方面委員制度を採用し、市営のセツルメント「北市民館」が創設されるなど、社会福祉事業の先導的役割を担っていた。民間のセツルメント事業

も活発で、仏教系では、浄土真宗本願寺派僧侶佐伯祐正（1896～1945）の設立した「光徳寺善隣館」、浄土宗尼僧有志らによる「累徳学園」、同じく浄土宗の「高津学園」などがあり、なかでも、当時東洋一のスラムといわれた釜ヶ崎における「四恩学園」の活動にはめざましいものがあった。そのなかにあっても、戦時体制が強まり「公有民営論」が叫ばれると、民間の社会福祉事業の経営は困難となり、次第に事業を縮小し、さらに空襲で大きな打撃を受けた。そのなかにあっても、「四恩学園」第4代理事長・林文雄（1901～79）らの活躍により、厳しい経営難を乗り越えて、戦後飛躍的に発展したことは特記される。

参 長谷川匡俊編『近代浄土宗の社会事業』相川書房、1994年。中西直樹『仏教と医療・福祉の近代史』法藏館、2004年。

（中西直樹）

⇒鶏鳴学館　⇒佐伯祐正　⇒真龍女学校　⇒東海仏教慈恵学校　⇒同善会　⇒林文雄

◇自我

E ego; self　S ātman

行為主体としての自己自身。

定義　日常、我々は"我"とか"自我"という言葉をよく使う。"我"の方は「あの人は我の強い人だ」など、わがままな考えの意で使われ、どちらかといえば負のイメージが強い。"自我"の方は「自我に目覚める」というように、自己自身、あるいは、思考・感情・行為など、心理機能を司る人格の中枢機能のことを意味し、人間にとって不可欠なものであるとされる。福祉臨床現場では、①人格全体を代表するものとしての自我（人格自我）、②自己に対する態度としての自我（自我態度・自己覚知・自己洞察など）、③自我関与としての自我（自我関与）、④病理現象理解のための自我（自我障害・自我脆弱・自我歪曲）など、多義にわたる用例が認められる。

展開　西洋の合理主義的人間関係諸科学においては、「自我」が意識の中心であるとするのに対して、「自己」は意識と無意識とを含んだ心の全体性の中心であるとした。自己は自我と一致するものではなく、大きい円が小さい円を含むように自我を包含するのである。そして自我の確立という考え方が学問や実務のうえで大きな比重を占めてきた。このような自己を経験する過程を「自己実現の過程」とし、ユング心理学の立場では「自我」および「自己」の用例が近年台頭している。

一方、仏教以前のインド思想において、自我（我＝ātman）とは人間の中心になるものであり、最も基本的な常住なものであると考えた。インドでは、古来この自我の意義が重視され、「梵我一如」（宇宙即自我）という神秘主義的思潮が主流を占めていた。

仏教社会福祉的意味づけ　仏教では、この自我説を批判して、自我には実体はないと考えた。したがって、自己のみならず、社会・人生、すべては変動するものであり固定性のない実体のないものであるから、それはいかようにでも変容しうるものと考えられた。そこで人間の心にも自由意志が存在し、このことによって、人間の修養・努力・教育、あるいは処遇においても変容

の可能性が認められることになるのである。すなわち、自我は実在するのではなく、縁（条件の複合）によって存在するのであり、それによってすべての事象が成り立っているという立場である。仏教では、行為主体としての自己自身（客体的存在＝セルフ）である自我は積極的に容認するが、実体としての自我（主体的存在＝エゴ）は否定したのである。

したがって、福祉現場における人間関係においても、自我のみを重要視するのではなく、自己も他者も環境・社会も縁によって成り立っているという立場が必要となる。そのような縁（関係性）によってあらゆる現象が起きるとする東洋的な着想を忘れてはならない。

参 中村元『インド思想史』（第2版）岩波書店、1968年。　　（東　一英）

◇自覚

E self-consciousness

S svayam abhijñā

自らさとること。

定義　自分の行動や思考について反省し、あるべき姿を認識すること。仏教用語としては、自分が主体となって迷いや煩悩をなくして正しい道をさとること。

展開　「自覚」の語は「自覚・覚他」と一対で用いられる場合が多く、『大般涅槃経』巻18梵行品では仏の特性を表す名称として、如来・応供・正遍知・明行足・善逝・世間解・無上士・調御丈夫・天人師・仏・世尊の十号が説かれているが、そのうち仏については「仏を覚と名づく。既に自ら覚悟し、また能く他を覚らしむ」とあり、仏の特性としての自覚・覚他の二があげられている。また、これを引用する『大乗義章』巻20末でも「仏はこれ覚知なり。（中略）既に自ら覚し、また能く他を覚し、覚行窮満す」とあり、同様に自覚・覚他によって覚行が全うされることが述べられている。これらの用例は、さとりを得て「覚者」である仏になるということは、自己がさとりを獲得することと同時に、他者に対して彼がさとりに到達するようにはたらきかけることによって、初めて完結することを説いているのであり、「自覚」は「覚他」と一体となって初めて完成することを示しているのである。

仏教は基本的には自己向上型の宗教であり、自己の救済は自己の行為によって達成されるというのが、基本的な考え方である。この考え方のもとに、釈尊以来仏教は自己向上のための教義を展開してきたのである。これに対し、のちに興った大乗仏教は自己向上と他者救済を一体のものと考え、同時に他者の救済なくして自己向上もありえないという観点から、大乗仏教の中心教義である菩薩行が説かれたのである。菩薩のキーワードである「上求菩提　下化衆生」は、仏教者はさとり（菩提）を求める（自覚）と同時に、他者（衆生）を救済（教化）しなくてはならない（覚他）という、菩薩行の自利利他（自己を利益し、他者に利益を与える）の同時的・一体的な実践を述べ、この実践者を菩薩とよび、菩薩の完成された姿を仏とするのである。

仏教社会福祉的意味づけ　この自他への関与の一体性は同様に「自利利他」の語で

も示され，『維摩経（ゆいまきょう）』文殊師利問疾品の有名な「一切衆生病むを以てこの故に我病む。もし一切衆生の病滅すればすなわち我が病も滅せん」の一文でも示されている。これらは人間存在の「自他不二（じたふに）」性（自他平等性）を背景としており，自己と他者の間には存在としての絶対的な価値の相違はなく，自己をも含めた絶対的な平等の認識がその根底にあるのである。そして，これは現代社会における対人関係や要援助者への関わりを考察するうえにおいても重要である。

参　『大般涅槃経』巻18。『大乗義章』巻20末。『維摩詰所説経』巻中。（清水海隆）
⇒さとり　⇒自利利他

◇信貴山成福院積徳会

E　Shigisan-Jōfukuin-Sekitokukai

大正期に大阪市興徳寺に設立された，医療を中心とする社会福祉団体。

定義　鎌倉時代に貧民救済に尽くした忍性（にんしょう）（1217〜1303）の事蹟にならい，信貴山成福院の事業として，大阪市東区小橋寺町（現・天王寺区餌差町）の真言宗・興徳寺内に設立された。中心となったのは，成福院住職鈴木恵照と，興徳寺住職・積徳会主事で，医師でもあった平田真照であり，1916（大正5）年12月に大阪府の認可を得て，翌年まず困窮者救済のため眼科中心の付属医院「信貴山成福院積徳会医院」を開設した。

展開　1918年の米価高騰の際，府の要請を受けて白米の廉価販売を行い，1922年には「盲人綜芸院」（のちに「積徳盲学校」と改称し，1933年に廃止）を設けて，失明者の按摩・鍼灸術（しんきゅう）講習にも着手した。1924（大正13）年8月には，大阪少年審判所の依頼を受けて，罹病の保護少年の受け入れを始めた。「少年法」（1922年公布）により，保護処分となった罹病少年は，各病院に送致し，もしくは審判所指定の主治医に委託，診療させることとなったが，一般病院が，その受け入れを拒む傾向にあったためであった。積徳会では，不運な境涯から不良少年となり，さらには病魔にも襲われた少年を救済するため，彼らを一手に引き受けて加療することとし，翌年9月に3階建の積徳会館を新築して，「積徳少年治療院」を置いた。1階は従来の治療室と失明者の教育の場とし，2階に15名が入所できるように部屋をとり，3階にはサンルームを設け，バルコニーは運動の場となっていた。1933（昭和8）年1月には，天保町の大阪友愛会内に出張所を設け，5月に保護少年結核患者の隔離室も増設したが，戦時中の大空襲により，すべての施設を焼失し廃止となった。

仏教社会福祉的意味づけ　信貴山成福院積徳会は，眼科中心の救療機関として発足し，その後，多方面に活動を広げていった。特に，行き場をなくした保護観察中の罹病少年を保護，治療してきたことの意義は大きい。

参　中西直樹『仏教と医療・福祉の近代史』法藏館，2004年。　（中西直樹）
⇒済世会

◇慈済（じさい）

E　compassionate relief

慈悲の心と救済の心をあわせもつこと。

定義 慈しみをもって，生きとし生けるすべてのものの生存の価値を共有する意志と，その行為をいい表している。

展開 唐代に道宣(596〜667)が著わした『広弘明集』の慈済篇では「命を厚くするの方」として，「生を増し死を悪む」という自然の道理を説き，仏教の不殺生を根拠づけている。誠功篇では慈済の行為の実践を誓わせて，深く懺悔する自立的な生き方を提唱している。こうして，人のすぐれた感性を養う意義を説いている。そこでは，生き物のいのちをめぐって自然環境との望ましい循環を観察し，それら自然や環境に対して保全すべきであることを示唆している。

仏教社会福祉的意味づけ このように慈済の行為は，おのずからいのちあるすべての自然や環境の循環を正しく観察し，己の心身の総体に関わる自然や環境にやさしい共生の心を養っていくことである。その深い慈しみや思いやりの心を形成することが仏教社会福祉の基本精神である。(村中祐生)

⇒救済　⇒慈悲

◇四摂事（ししょうじ）

E four methods of winning over
S catvāri saṃgraha-vastūni

菩薩が人々をさとりに導くための四つの行為。四摂法ともいう。

定義 四摂事または四摂法とは布施摂事・愛語摂事・利行摂事・同事摂事で，慈悲の具体的な内容を示している。布施摂事は施し分け与えること。愛語摂事は慈悲に満ちた言葉をもって語りかけること。利行摂事は他人のためになる行為。同事摂事は相手の立場に立って他者と協力することをいう。

展開 一般に金銭や物品を施すことを布施というが，仏教では特にそれを財施という。このほか人間としての生き方，教えを説き与える法施，種々の恐怖から解放させる無畏施がある。

道元(1200〜53)は「その布施といふは不貪なり。不貪といふは，むさぼらざるなり。むさぼらずといふは，よのなかにいふへつらはさるなり」(『正法眼蔵』)と述べ，純粋な布施を行うことが大切だとしている。

愛語は，人に心からの親切な言葉をかけることであり，相手の立場を尊重して行う行為である。

利行は相手の利益を考えてする行為である。不利益な立場にある者の側に立つ行為であり，今日のボランティア活動の理念にも通じる。同事は互いに協力することをいうが，衆生と苦楽を共にして生活や事業を同じくすることである。

仏教社会福祉的意味づけ 以上のように四摂事とは，自己の存在が他の存在を認めることによって起こる行為である。自らが生き，他を生かすということに社会福祉の実践的意味があるとすれば，四摂事は利他的行為としての社会福祉活動の基本理念を明らかにしているといえよう。つまり利他的行為のなかに自利が内包されているとみる点に，仏教社会福祉的意味がある。

参 道元『正法眼蔵』(4)，水野弥穂子校注，岩波文庫。　　　　　(島崎義孝)

⇒慈悲　⇒受容　⇒自利利他　⇒道元
⇒布施

◇四聖諦 (ししょうたい)

[E] four noble truths　[S] catuḥ-satya

人生の問題を解決するための四つの真理。

定義　仏教ではふつう「四諦(したい)」というが，この教理はすぐれて神聖なものであるから，経典の中では「聖」の字をつけて，「四聖諦」と記されていることが多い。「諦」とは，真理・真実という意味である。すなわち人生は「苦」(思いどおりにならないこと)であり，その苦の「集(く)」(苦の原因)は渇愛・無明であり，苦の「滅(めつ)」(苦の解決した状態)が涅槃であり，涅槃に至るための「道」(さとりに導くための実践)が八正道(はっしょうどう)である。

展開　釈尊は菩提樹下で老死に集約される人間苦の原因を追究して，その根本が無明(むみょう)であるということを十二縁起をとおして明らかにした。人間苦を正しく見ることを，体系的に表したのがこの四聖諦である。この四聖諦のうちで，「苦」と「集」は迷いの世界の結果と原因を示し，「滅」と「道」はさとりの世界の結果と原因を示す。すなわち苦＝人間苦(生・老・病・死)，集＝原因追究，滅＝苦の因果法則性が明らかになること，道＝正しい認識の上に立ってさとりへの日常実践のあり方を問う，ということを強調したのである。

仏教社会福祉的意味づけ　西洋医学において，医師はまず人間(病人)を診断して，疾患部分を明らかにする。そして，その疾患への治療(対応)をするうえでさまざまな方法を施す。この方法論を先の四諦に適用すれば，苦・集・道・滅という次第になる。ところが，東洋医学(中国の漢方，インドのアーユルヴェーダなど)では，まずその疾患の原因を正しく観察し，その根本原因から治していく方法をとる。したがって，東洋医学の次第は，苦・集・滅・道となる。その疾患をもたらしている根本原因をきわめて，その改善を目指すことによって自然に疾患も治癒する。そこでは，疾患を治療していく過程にこそ意味がある。それが八正道(正しい見解，正しい思い，正しい言葉，正しい行為，正しい生活，正しい努力，正しい気遣い，正しい心の落ち着き)である。人間の社会的・文化的・経済的困難および障害について，その原因を追究し，その診断(ニーズの発見)と治療(援助または苦悩の解決)に向けての援助過程と援助関係(信頼関係)を尊重するのである。そこに仏教における涅槃の意味も理解され，四諦八正道の日常的実践の価値を見出すことができる。

参　吉元信行『人間仏陀――仏跡・足跡と思想』文栄堂，1999年。　(吉元信行)

⇒縁起

◇施設 (しせつ)

[E] institution; home　[S] prajñapti

こしらえ設けること(もの)。

定義　一般に公の事業のなされている建物，なかでも社会福祉や司法福祉，あるいは医療などのサービスが行われている事業体に使われることが多い。仏教では，「施設」は「積極的に知らしめること」という原意であり，「せせつ」と発音する。それは「実物」(本当のもの，本来のもの)の反

対語であり，実在しないあるものを，仮にあると設定することである。

展開 最近，これらの施設が特に充実しており，その偉容には目を見張るべきものがある。しかし，いくらその外見が素晴らしいものであっても，そこに生活している人たちにとって問題点はないであろうか。たとえば，病院や高齢者施設において死に直面している老人が，家庭に帰って，家族のなかで死にたいと切実に訴えているのを見る。また，司法福祉の現場においては，以前より施設内処遇に代わるものとして，「社会内処遇」が重要視されてきた。最近，西欧のターミナルケアの現場においても，「在宅ホスピス」が主流になりつつある。

仏教社会福祉的意味づけ 仮に設置されたものが施設であるとしても，社会福祉資源として必要であり，また，必然性によって設置されたことには，変わりはない。しかし，それはあくまで手段であり，器にすぎない。そこでいかにすれば人間本来の生き方ができるかということが大切である。やはり「施設依存」という今日の社会の考え方は，仮のものであるという「施設」本来の意味に還って，もう一度見直してみる必要があるのではなかろうか。「施設」という言葉そのものが，人間は本当の自分自身を見失ってはならないということを，現代の我々に教えてくれている。社会福祉の現場の施設内処遇においても，そこで人間本来の生き方ができるようにという配慮が必要である。　　　　　　　（吉元信行）

◇慈善(じぜん)

E charity　S maitrī

情けをかけ，哀れみ慈しむこと。

定義 語義は，「慈愛の気持ちをもって哀れむこと」，あるいは「情けをかけること」を意味するが，あきらかに困窮者への施与をとおして功徳が得られるとする，チャリティとしての意味合いが含まれる。英語のチャリティは，ギリシャ語のagape（愛）のラテン語訳であるcaritasを語源としている。カリタスは，「神は愛である」と説くキリスト教においては，すべての人間を包み込む大いなる友愛を意味している。仏教には「慈善根」という用例があり，もろもろの善を生み出す慈悲心を意味する。

展開 1896（明治29）年制定の民法に慈善の用語が記されることにより，社会的に定着してきた。明治の内務官僚の窪田静太郎(くぼたしずたろう)（1865～1946）は，慈善事業について人道博愛の精神であると説明するとともに，それが国家社会の公益上必要であることを強調する。また北村透谷(きたむらとうこく)（1868～94）は近代的女性の最高道徳であるとし，慈善は「恵与」であり「同情」であるという人格的平等に基づく慈善を強調する。しかし，20世紀の現代社会形成に伴い，貧民救済問題は個人主義的道徳観より社会的対応が強調され，とりわけ戦後においては国家責任の原理や最低生活保障の原理による基本的人権を重視することになったのである。そのため慈善から社会事業・社会福祉への社会構造的変容は，慈善・救済といった伝統的な価値意識が適合しなくなったことを明らか

にした。

仏教社会福祉的意味づけ 仏教における慈善的教え方の起源は，聖徳太子が説いた「日常生活即仏法」とする基本的理念に求められよう。その理念とは，自己のさとりを強調する自利の仏教であると同時に，すべての人間を仲間として助けあい，利他の仏教すなわち菩薩道の精神による福田思想に求められる。とりわけ明治期における仏教慈善は，内地雑居のなかで外教排除・自宗擁護と社会的的有用性を強調するために，「大日本仏教慈善会財団」の設立や，各宗連合による種々の福田会活動をとおして広がりをみせた。　　　　（池田敬正・中垣昌美）

⇨慈悲　⇨福田　⇨大日本仏教慈善会財団

◇『**慈善救済史料**』

[E] Jizen-Kyūsai-Shiryō

辻善之助(1877〜1955)が編纂した日本の慈善・救済関係の古代から近世にわたる史料集。

定義　東京帝国大学教授兼史料編纂官であった辻善之助を編者として，1932(昭和7)年に発行(発行元は金港堂書籍株式会社)された日本史上の慈善・救済事業関係の史料集。1976年に復刊(発行元は平楽寺書店)。

展開　本書は，明治以来史料編纂官として『大日本史料』の編集に関わってきた辻が，1919(大正8)年に計画された「本邦に於ける慈善救済事業に関する史料」の展覧(中止)のために，山下信哉・高柳光寿・桜井秀(いずれも歴史研究者)の協力を得て蒐集したものが中心となっている。その後も，この史料集に随時追加されており，それらが公刊されていないことを惜しんだ篤志家の支援により出版された。その際，辻が別個に蒐集していた「僧侶の社会事業」に関する史料を追加編入している。

本書は，六国史に始まり明治維新に至る基本文献から蒐集した関係史料を年代順にまとめたものであって，日本の前近代における慈善・救済事業に関する唯一の史料集である。本書の例言によると，収録された史料は「賑給に関するもの」「諸国疾疫により薬を賜ふ類」「風雨災害天変地異による救恤の類」「大赦に関するもの」「義倉社倉に関するもの」となっていて，朝廷や幕府の賑給・賑恤など慈恵的な救済に関する史料が比較的整えられている。ただ前近代の救済事業史のなかで重要な分野である地域の相互扶助に関する史料がほとんどみられない。それは編年的に編纂することが困難であること，この種の学問的関心が薄かったことにもよるだろう。

仏教社会福祉的意味づけ　本書には，数多くの仏教関係史料があり，寺院や僧侶による仏教の慈悲思想に基づく実践に関わる史料も広く採録されていて，その福祉実践の歴史研究にとって貴重な文献である。

（池田敬正）

◇**地蔵信仰**

[E] belief in Jizō (guardian deity of children)

救済を願う庶民信仰の一つ。

定義　インドに起源を発する信仰だが，

来世での往生を願う浄土教思想が展開していくなかで，地獄に落ちることを恐れる民衆に受け入れられ，地獄での苦しみを代わって受ける地蔵への信仰となって発展，定着した。地蔵は，『大方広十輪経』『地蔵菩薩本願経』などにおいて，釈尊滅後，弥勒菩薩の成仏までの間，衆生済度を付託された菩薩とされ，宝珠・錫杖をもつ比丘(びく)の姿で知られている。

展開 インドにおける地蔵信仰は，インドの農耕女神を起源とするが，独立した信仰としては発達しなかった。中国においては，北涼(397～439)の時代に地蔵信仰の経典名が登場し，唐代に玄奘(げんじょう)(602～64)により『大方広十輪経』などが訳出され，信仰が広まる基盤ができた。特に，隋代(581～619)に堕地獄の恐怖と末世下愚の衆生は地蔵を教主とすべきと説く三階(さんがい)教(きょう)が登場し，そこでは山林修行を否定し，街頭集落における民衆の宗教的共助活動を重視し，無尽蔵施と称する布施行によりわが身と先祖の罪業が消滅するとされた。この三階教は地蔵説話集の撰述とも相俟って7世紀後半には民衆の間に隠然たる勢力を有し，中国の民間社会に地蔵信仰を広げる役割を果たした。

日本への地蔵信仰の伝来は，奈良時代の写経文書に関連する経典名がみられるが，平安時代に入ってもその例は少ない。浄土教が民衆に広がりをみせる11世紀以降，『今昔物語集』『地蔵菩薩霊験記』が成立して，地蔵信仰が盛んになっていく。ここでは，阿弥陀浄土往生を骨子に地蔵説話が展開され，地獄に落ちる人を救う地蔵菩薩が多く描かれている。

また，鎌倉時代に伝統仏教の立場から編纂された『沙石(しゃせきしゅう)集』では，地蔵は浄土に住まず地獄・餓鬼・畜生・修羅などに住み，罪深き人を友とするゆえに末世の人々に最も縁深い菩薩とされた。そこに，地獄に落ちた人々に代わって苦しみを受け，救済にあたる代受苦の立場があった。さらに，この立場が，近世以降，「身代わり地蔵」「田植え地蔵」など民衆の欲求に応じて現世利(げんぜり)益(やく)的な信仰を生んでいくことになった。

現代につながる民間行事として地蔵盆(旧暦7月24日)があるが，これは京都市内を中心に発展したもので，子どもの成育を願う目的とともに継承されてきた。

仏教社会福祉的意味づけ 地蔵信仰がこのように展開したのは，代受苦の立場による。この代受苦は，民衆の苦しみを受容して，その欲求を充足させるはたらきを示す。ここでは，クライエントのもつ不安や悩みを可能な限り分かちあう，共感的な受容関係を生み出すことにつながっている。そこから地蔵信仰が地蔵盆行事と結びついて，各地域における子どもの健全育成を促す福祉的援助活動として展開している。

参 速水侑『地蔵信仰』塙書房，1975年。

(宮城洋一郎)

◇**自尊心**(じそんしん)

E pride S ahaṅkāra

自分の人格を尊重し品位を保とうとする心。

定義 一般には，自己を尊重する気持ち，自分を大切にしようとする心情をいう。また，自分の尊厳を意識したり，主張したりして，他人の干渉を排除しようとする心理

や態度のことをいう場合もある。

展開 古代インドのサーンキヤ哲学(インド六派哲学の一つ)では，自我意識のことをいい，あらゆる現象の根元であると主張した。これに対して，初期仏教では我執ととらえ，煩悩のなかの慢の一部であるとした。ここにいう慢とは，自分より劣った者に対して，自分の方がすぐれていると自負し，同等である者に対しては同等であるとして心をたかぶらせることをいう。しかし，のちに大衆仏教としての大乗仏教の形成につれて，自己に我執があるからには相手も同じ我執をもった存在であることを認める立場も現れてきた。このような立場から，自尊心を最も高らかに宣言したのが，釈尊の生誕の際の有名な物語だろう。

仏伝によれば釈尊が出生した時に7歩歩み，右手を天に，左手を地に指さして「天上天下唯我独尊」と唱えたという。しかし，この言葉は独りよがりの自惚れという意味ではもちろんない。むしろ，人間性の尊厳を表した宣言だということができる。真の意味は，実はいのちをいただいてこの世に生まれてきたすべての存在を認めた主体的宣言であることに尽きる。つまりたとえ小さないのちではあったとしても，それがかけがえのない，他の存在とは取り替えることのできないいのちそのものをいうのである。

仏教社会福祉的意味づけ このような主張は決して釈尊や特定の人々のみを尊いとするのではなく，衆生(生きとし生けるもの)が一人ひとりかけがえのない存在であり，光輝くいのちであるとの意義を主張したものといえる。現代社会において，たとえば，非行少年などはこの自尊心の欠けた行為をしているといえるかもしれない。この少年たちの陥っている自己を見失った状態に対して，「唯我独尊」の精神を引き出していくことが，仏教社会福祉実践の課題の一つであるといえよう。　(島崎義孝)

⇒出生　⇒唯我独尊

◇**七山病院**(しちやまびょういん)

[E] Shichiyama Hospital

16世紀末に真宗大谷派寺院で始められた治療活動に起源を発する精神科病院。

定義 徳川家康の家臣・本多正信の弟とされる本多浄仙は，本願寺教如宗主の命を受け，1573(天正元)年，和泉国(現・大阪府泉南郡熊取町七山)の「七山村道場」主となった。七山村道場は，本願寺と豊臣秀吉との石山合戦のさなか，いったん破壊されたが，浄仙の子・本多左内(1563～1633)によって再建され，その後，「浄見寺」となった。左内には，医術の心得があり，漢方薬などを用いて，精神病患者を中心に治療活動を開始した。

展開 江戸時代を通じて，代々の浄見寺住職は，僧侶として教化活動にあたるとともに，精神病患者の治療に従事してきた。第11代住職本多義勧(1791～1857)の時代には，患者が門前に列をなして盛況をきわめたという。この頃までに，浄見寺は「爽神堂」と呼ばれるようになり，寺院の周囲には患者が入所するための施設も建設された。

明治に入り，第12代の本多義憧は「狂癇治療一科」の医業免許を受けた。ついで，第13代の本多栄(1877～1924)は，堺医学

校で西洋医学を習得し，1882(明治15)年に正式の病院としての許可を得て「本多病院」と称した。当時，全国的に精神病院は数例しかなく，そのほとんどは公立の病院であった。1889年には，浄見寺内の爽神堂とは別に病舎を新築して「七山病院」と改称し，同時に浄見寺住職との兼務を離れて病院運営に専念することとなった。1912年，浄見寺近隣の高台に西洋建築の病舎「養生園」を新築し，開放病棟とすることを期したが，認可が下りず，急きょ鉄格子を打ち付けて1913(大正2年)に許可を得た。

1930(昭和5)年に至り養生園を増築，患者を1ヵ所に集め，1933年には大阪府代用病院の指定を受けた。戦後，1961年頃より，鉄筋コンクリート造への改築を順次進め，1972年に法人組織に改組して，「医療法人爽神堂七山病院」となった。その後も施設の建て替えを推進し，2001(平成13)年に現在の本館が完成した。またこの年，現在の理事長(兼院長)・本多義治(1954～)が，1世紀ぶりに第16代浄見寺住職を兼務し，現在に至っている。

仏教社会福祉的意味づけ 近代以前，精神病患者の療養所としての機能を兼ねていた寺院が各地に存在しており，明治以降に西洋医学を採用して精神病院へと発展したものもあった。七山病院は，その代表的病院の一つである。そのほかの事例としては，応永年間(1394～1428)に三河国(現・愛知県岡崎市)の順因寺(真宗大谷派)で創設された「羽栗病院」，1808(文化5)年に安芸国(現・広島県廿日市市)の専念寺(浄土真宗本願寺派)で創設された「武田精神病院」(1942年廃院)，天保年間(1830～44)頃に越後国(現・新潟県加茂市)の順行寺(浄土真宗東本願寺派)で創設された「永井精神病院」(1918年廃院)などがある。

参 鈴木英鷹他「七山浄見寺爽神堂および七山病院の歴史」(『精神医学史研究』Vol.6-1，2002年)。金子順二編『日本精神医学年表』日本精神病院協会，1973年。 (中西直樹)

◇実践 (じっせん)

E practice　S pratipad; paricaya

実際に実行，実施すること。

定義 課題の解決を目指し，理論(知識)に基づいた行動として，その課題へ介入したり，あるいはまた，その環境へ意識的にはたらきかけ，有効・適切な変化を促進(変革)させるために実際に実行，実施すること。

社会福祉における実践は，社会福祉が果たそうとする社会的に容認された機能的要素の範疇にあり，その機能をより効果的・体系的に遂行，整序する社会資源や方法・技術に支えられている。

すなわち，社会福祉制度によって行政権限・責任の発動をする行政行為(措置)として利用者へ関わったり(保護)，生活能力・機能の低下や未熟な問題状況に対して一定水準の維持・発展を目指した処遇(支持・支援・援護・育成・指導・補導・教護・養護・治療・診療・療育等)などの「自立援助」を指していう。

なお，日本の社会福祉における「実践」に関しては，用語上の混乱がみられる。「社会福祉実践」と称するほかに，「ソーシ

ャルワーク」という用語があてられている。あるいはまた，ソーシャルワーク実践とか，社会福祉事業・社会福祉活動・専門社会事業・社会福祉処遇・福祉労働および，社会福祉の方法など，さまざまな用語が用いられている。

展開 社会福祉における実践は，人々の個別性を尊重(人間尊厳・人権尊重)する思想(自立援助)と，実証性・客観性を第一義とする科学とが統合された観点からの展開である。そこで初めて，全体的・社会的存在としての人間理解(生活の全体的・統合的理解)に立った実践が可能となり，かつ，自立援助の実践を効果的・体系的なものにする。

いかなる実践も，実践の基盤が曖昧なままであれば，その実践は断片化し，恣意的にならざるをえなくなり，目標達成・課題解決もおぼつかない。社会福祉の実践の基盤は，人間の生命，生存権的人権に関わる労働であり，社会的権利の阻害に苦しむ人の権利擁護の公共サービスとしての社会的責任の認識に立脚した営みである。

なお，社会福祉実践は，専門職・準専門職によるものと，一般市民(ボランティア)によるものとからなる。前者の実践においては，専門性の向上・確立が問われる。それは，ニーズの多様化・複雑化・高度化への適切な対応であり，クライエントの自立助長を援助するものである。

仏教社会福祉の意味づけ 仏教における実践は，利他の行為に基づく慈悲を実現することであり，すなわち，四無量心・四摂事である。

仏教社会福祉の実践は，社会福祉サービスの利用者自身が菩提心・慈悲心に基づいたさまざまな自立援助を自主的に行うところに仏教社会福祉の成立根拠がある。

つまり，無差別平等・自他不二の慈悲(万人に対する純粋な愛)をもって，人生にまつわる悩み・悲しみ・苦しみ・迷いなどから解脱し，心身の平安を得るのを助ける。こうした一切衆生への実際的援助行為として，仏教福祉の実践をとらえることができよう。

個人による実践活動はもとより，現代社会福祉の大きなうねりのなかでは，基本的人権に基づいた差別撤廃や人権擁護を中心とする仏教社会福祉実践活動も組織化されつつある。

参 仲村優一・松井二郎『社会福祉実践の基礎』有斐閣，1981年。京極高宣・高木邦明『福祉実践の新方向』中央法規出版，1991年。硯川眞旬『現代社会福祉方法体系論の研究』八千代出版，1995年。

(硯川眞旬)

⇒**教団社会事業** ⇒**差別と人権** ⇒**四摂事** ⇒**慈悲**

◇四天王寺福祉事業団

[E] Shitennōji Welfare Group

昭和初期に創設された，四天王寺を母体とする社会事業団体。

定義 1922(大正11)年，聖徳太子1300年御聖忌が四天王寺において奉修された記念として，四箇院制の再興を企図し，仏教の根本思想である慈悲の実践として身心両面の救済を図ることが決議された。この精神を受けて1931(昭和6)年7月10日，「四天

王寺施薬療病院」が開設された。これをもって「四天王寺福祉事業団」の創立としている。

展開 事業団創設の基本精神となった四箇院制は、聖徳太子創建の四天王寺に置かれていた。それは①敬田院(仏・法・護持の学術道場)、②施薬院(一切の芝草薬物の類を栽培し施薬する)、③療病院(男女無縁の病人を寄宿させて療病する)、④悲田院(貧困・孤独・単身の人々を寄住させ飢渇なきようにする)、と明らかにされている。

これらの思想的根拠は福田(ふくでん)思想であり、原始仏教(『中阿含経』)に早くも説かれている。また『優婆塞戒経(うばそくかいきょう)』には三福田が説かれ、①功徳福田(仏・法・僧の三宝に帰依すること)、②報恩福田(父母・師長を敬うこと)、③貧窮福田(貧窮・困苦の人々を救うこと)がそれである。『倶舎論』には四福田が説かれている。しかし、この四天王寺四箇院は中世には廃絶されていたとされる。

1931年に四天王寺施薬療病院を開設し、続いて1937年に「四天王寺悲田院」を、往古の難波京と大和飛鳥の京を結ぶ中間地点の埴生野(はにゅうの)(現・羽曳野市)に開設した。そして、戦後、大阪府からの委託・助成などを受けて養老施設・児童養護施設・母子寮・保育所と、次第に事業団の事業を拡大させていったのである。1972年には「社会福祉事業法」(2000年6月以来「社会福祉法」)の施行に基づく組織変更によって、総合福祉施設としての「社会福祉法人四天王寺福祉事業団」の組織が確立した。現在、老人福祉施設(11施設)、児童福祉施設(4施設)、障害者施設(8施設)および病院など計23施設を擁している。

仏教社会福祉的意味づけ 当事業団は仏教社会福祉総合施設として全国で最大の規模を誇る事業団といっても過言ではない。総合病院としての「四天王寺病院」も社会福祉法人であり、早くからソーシャルワーカーを配置しているが、今後はビハーラ実践が課題である。このことは、悲田院にもいえるが、日本有数の規模をもつ民間の施設として通園・診療・介護・訪問など地域に根ざした社会福祉施設の理想を追求している。　　　　　　　　　　(中垣昌美)

⇒**教団社会事業**　⇒**福田**

◇自然(じねん)

E of itself; natural

S anābhogatas

一切のとらわれを離れた、あるがまま、なすがままの状態。

定義 一般的に「自然(しぜん)」という用語はおのずからあるがままの姿をいい、宇宙の自然界のことを指してきた。しかし仏教では「自然(じねん)」といい、作為を離れておのずからそうなっていること、あるいはそれ自身のもつ法則をいう。また、その法則に従って、そのままにあることを法爾(ほうに)という。

展開 仏教では、自然について、業道自然(ごうどうじねん)・無為自然(むいじねん)・願力自然(がんりきじねん)の三つの立場が示される。すなわち、人間の作為によっては動かしがたい因果の道理に従って、必然的にそのとおりに結果を生ずる業道自然(天道自然・因果自然とも)。人間の欲望実現の自由を阻止するものである。

次に、さとりの世界は、一切の分別や有

無のとらわれを離れた空，無生の世界であるので無為自然という。仏教の真理を表し，真如法性・涅槃を指す。本願力発動の根源である。人間の計らいを超えた世界であり，思いをめぐらして，義をまじえば，なお，義が残る。思議を超えた仏智の不思議である。

東洋の思想の中心をなしてきた自然法爾とは，智顗(538〜97)の『摩訶止観』には，「法性自爾」という言葉で，作念ではなく，任運に具すと示す。また，法然(1133〜1212)は「法爾自然」「法爾道理」という言葉で表し，さらに，明恵(1173〜1232)は「阿留辺幾夜宇和」という言葉で，計らいを捨て，あるがままに身をまかせることを説いた。

親鸞(1173〜1262)は「自ずからしからしむ」と読み，人間の計らいを超えた如来の計らいによる救いを表す言葉と考えた。

仏教社会福祉的意味づけ 善し悪しにとらわれることが苦悩の原因となる。そのとらわれを離れることが苦の克服の道である。いのちは不如意であるから，その長短，死に方の善し悪しなど，一切の計らいを離れた時，自然となる。また，あるがままの自然に身を委ねることは，一切のストレスから解放されることである。

その点に着眼して心理療法として応用確立されたものに森田療法などがある。特にターミナルケアの現場などでは，この「自然」の立場が最も有効になるであろう。

（田代俊孝）

◇**慈悲**

[E] benevolence [S] maitrī-karuṇā

慈しみ，哀れむこと。

定義 「慈悲」という語は一語にされているが，本来「慈」と「悲」は別であり，「慈・悲・喜・捨」の四無量心の前半二つの項目である。四無量心とは，「無量」の衆生を救うという意味で四無量心とよばれ，またこれを修すれば梵天に生まれそこに住むことができるという意味で「四梵住」ともよばれる。慈は「慈しみ」，悲は「哀れみ」，喜は「他者の幸福を喜ぶこと」，捨は「好き嫌いとかの差別なく，喜びにも溺れない中立・平等の感情」とされている。これらは，他者の苦痛をなくし，安楽にするという抜苦与楽の精神をも表す。これらの四つのうち，仏教では慈が特に強調されている。

展開 キリスト教は「愛」の宗教であるのに対して，仏教は「慈悲」の宗教であるといわれる。パーリ仏教経典の『スッタニパータ』(経集)のなかの「メッタ・スッタ」(慈経)が，慈を説く経典としてよく知られており，そのなかに「母親が，一人子を命を賭けて守るように，一切衆生に対し無量の慈心を修習しなければならない」という句がある。これによれば，慈とは，子に対する母性愛のようなものであるといえる。

パーリ経典では慈は，慈しみの心であるとともに，いかなる場合にも腹をたてないこと(無瞋)とされ，寛容の精神が強調されている。

次に「悲」は，悪趣に落ちた者や，他人

の苦痛をみて悲しむ同情心であると同時に、他人を傷つけない（不害）精神である。この精神は敵に対しても向けられる。

「メッタ・スッタ」には慈悲の功徳が次のように説かれる。「比丘（びく）の生活上の、蛇や夜叉に対する護身のために、慈の精神があげられる。そして、気持ちよく眠ることができ、気持ちよく目が覚め、決して悪夢を見ず、人々に愛され、人間以外の衆生に愛され、天界の神々に守護され、火に焼かれず、毒にもあたらず、刀にも傷つけられず、精神集中が早くでき、顔色がよくなり、臨終の時に苦しまず、阿羅漢果（あらかんか）（原始仏教における聖者の最高の段階）が得られるか少なくとも梵天界に生まれられる」。

このように、原始仏教での慈は、他者に対する慈しみよりも、自己自身のためという意味が大きい。そういう意味で、先にあげた四無量心は別として、一般に原始仏教における慈悲は自利的なものであるといえる。

仏教において利他（りた）的な慈悲が説かれるのは、仏・菩薩の慈悲としての大乗仏教を待たなければならない。『観無量寿経』では、「仏心とは大慈悲これなり」、『法華経』では、「如来は大慈悲あり」と説かれる。したがって、仏・如来の慈悲は、人間のさまざまなしがらみにとらわれた相対的慈悲を超えて、無条件に平等に降り注がれるべきものとされる。その大乗仏教における慈悲の体現者が、これから仏になろうとする菩薩である。

したがって菩薩は、自分自身のさとりを求め、真理を究めていくにとどまらず、他者の幸せにも目を向けて、献身的に他者の利益のためにはたらいているのである。

仏教社会福祉的意味づけ　この限りなき菩薩の慈悲は、たとえば『無量寿経』などでは、法蔵菩薩の誓願という形で表される。すなわち、あらゆる衆生が幸せにならない限り、自分は仏にならないとさえ誓う完全な利他の精神である。この法蔵菩薩の立てた48の誓願は、いずれも衆生の幸せを願い、理想社会を実現していくための誓いと願いであることがうかがわれる。そして、この法蔵菩薩の誓願は実現し（利他）、自らは阿弥陀仏となることができたのである（自利）。さとりの智慧があることによって、やむにやまれず起きる如来の慈悲心が必然的に存在することに仏教の特徴がある。それがまた自利利他円満（菩薩の誓願は他者の救済と自分のさとりが不可分の関係にあること）の菩薩道の実践として意味づけることができる。

参　中村元『慈悲』平楽寺書店、1956年。長谷川匡俊『宗教福祉論』医歯薬出版、2002年。　　　　　　　　（柏原信行）

⇒**慈済**　⇒**自利利他**　⇒**抜苦与楽**
⇒**福祉**　⇒**仏教福祉と仏教社会福祉**

◇『四明餘霞（しめいよか）』

E　Shimeiyoka

明治から大正にかけて、天台宗が刊行した雑誌。

定義　比叡山にある岩洞（いわどう）の地名である四明の名をとり、天台宗務庁文書課によって、1888（明治21）年1月から1915（大正4）年までの間発行された、339号の刊行実績をもつ雑誌。

展開 発刊の趣意は、「道徳の種子を培養し、吾教法社会の改良に一鞭を著けて鋭進し其報道は怠らざるべし」として、宗門の教化拡張と社会化を目指した。また「自他の利益する文辞を寄贈せられれば本誌は逐号これを採録せんとす」と述べ、宗派を問わず論考を掲載したところにその特徴がある。

内容は、論考の趣旨・内容によって本壇・論説・雑纂・講話・史譚・時事・詞藻・討議・報道・令達に分け、なかでも時事・討議・報道などについては、その当時の宗教問題のみならず、社会問題をも積極的に取り上げている。

仏教社会福祉的意味づけ 日宗新報記者による「慈善事業」165号の記事や、芦津実全「宗教の社会事業」などの記事ならびに論文などから、当時の社会事業の様相がわかる。 （長崎陽子）

◇ジャータカ物 語(ものがたり)

E Jataka-stories S jātaka-kathā
釈尊の前生（本生）物語。

定義 パーリ語の経蔵のなかに代表的な「ジャータカ」として547話の物語が伝えられている。『イソップ物語』や『アラビアンナイト』をはじめ、日本の文学や芸術面にも影響を与えた。元来、ガンジス河流域に古くから伝えられていた教訓的寓話などが、釈尊の過去世の修行物語として集大成されたもの。

展開 釈尊への信仰が次第に高まるにつれて、偉大な人格はこの世だけの修行で完成されたものではなく、過去の多くの生涯における修行や善行の結果であると考えられた。インドのバールフトの欄楯(らんじゅん)やサーンチーの塔門、あるいはアジャンターの窟院や、インドネシアのボロブドゥールの遺跡などにはジャータカの名場面が描かれている。そうした物語は、因果と応報の教義を人々に伝え、民衆を仏教に誘う大きな役割を果たした。

ジャータカは利他(りた)のための菩薩（釈尊の前生）の実践がいかに難行であるかを伝え、仏陀となった釈尊の偉業が称えられている。パーリ語の経蔵以外のサンスクリットや漢訳・チベット訳経典にも釈尊の前世物語は伝えられている。大乗経典にも、しばしば釈尊の過去世物語が述べられ、ジャータカのテーマが踏襲されている。それらは大乗のジャータカとも称することができよう。これ以外にも、東南アジアでジャータカは独自の発展を遂げ、広く民衆の間に浸透している。

仏教社会福祉的意味づけ 説話文学の宝庫ともいうべきジャータカは、釈尊が過去世に菩薩としての修行を行い、その善業の結果、仏陀となりえたという因果物語である。捨身飼虎本生(しゃしんしこほんじょう)や尸毘王本生(しびおうほんじょう)には、自らの身体まで施してしまうという布施の極致が描かれ、自己犠牲的菩薩の精神として後世に広く支持され伝えられてきた。そのほか、菩薩が人間以外の動物に生を受けた時の善業物語もしばしばジャータカのテーマとなっている。ジャータカに登場する主人公としての動物たちの姿にも人間としての理想の姿が投影されており、そこに描かれている菩薩の実践の多くは、一般の人々には為し難い価値ある行為であった。なお、

ジャータカの主人公はほとんどが専門の宗教家ではなく，善王・良臣，あるいは商人や動物などである。そこにジャータカが民衆の心に深く影響を与えた理由がある。

仏教社会福祉活動は，専門の宗教家だけの善行ではなく，いつでも，誰でも，どこでも，善意を結集することのできる場をつくることから始まる。

参 中村元監修『ジャータカ全集』全10巻，春秋社，1982年。　　　（三友量順）
⇨因果　⇨布施

◇寂静 (じゃくじょう)

E state of calmness; free from temptation　S śānta

煩悩の消滅した静かな浄らかな境地。

定義　寂滅とも称され，仏教の究極的境地である「涅槃」の同意語でもある。寂静の反意語は，「煩悩」であり，「争乱」であり，「病気」であり，「紛争」である。すなわち「寂静」は，あらゆる世俗的な諸問題が解決された状態であるということができる。

展開　『涅槃経(ねはんぎょう)』では，人生のあり方を①諸行無常(しょぎょうむじょう)，②是生滅法(ぜしょうめっぽう)，③生滅滅已(しょうめつめつい)，④寂滅為楽(じゃくめついらく)と表現した。すなわち，人生におけるあらゆる現象はすべて絶対的なものはなく，無常そのものである。生まれるということはそもそも滅する理をもっている。この生じ滅する輪廻を滅してしまえば，寂滅という安楽の世界があるとするものである。

このうちの第四が四法印(しほういん)における「涅槃寂静」に相当する。この精神を日本の仏教者たちは有名な「いろは歌」に託して日本的な「寂静」の世界を歌い上げた。「色は匂へど，散りぬるを，わが世誰ぞ常ならむ。有為の奥山今日(けふ)越えて，浅き夢見じ，酔(え)ひもせず」。ここで，「寂滅為楽」すなわち「寂静」が，「浅き夢見じ，酔ひもせず」（浅い夢など見るまい，酔っているわけでもないのだから）と述べ，煩悩の世界から解脱して寂静の世界に向かう決意を示している。

仏教社会福祉的意味づけ　「寂静」とは単なる静かな状態だけではなく，人生の苦難に立ち向かう積極的意味合いももつのである。社会福祉の実践現場において，問題（災害・失業・疾病・貧困）解決の重要な点は，その状態が静まることではなく，むしろ，その結果積極的に人生を歩めるようにすることが大切であることを，このいろは歌に込められている寂静の世界は教えてくれている。　　　　　　　（吉元信行）
⇨法印

◇釈尊 (しゃくそん)

E Shakamuni Buddha

S Śākyamuni; Buddha; Bhagavat ほか

仏教の開祖，釈迦牟尼世尊(しゃかむにせそん)（釈迦族に生まれた聖者である世にも尊い方）の略称。

略歴　紀元前463年頃（南伝仏教では紀元前623年)，インド北部のルンビニー（現・ネパールのタライ地方）にて出生。父は釈迦族のスッドーダナ王（浄飯王）で，母はマーヤー王妃（摩耶夫人）。幼名を「ゴータマ・シッダッタ」（パーリ語），「ガウタマ・シッダールタ」（サンスクリット語）という。

この国の王子として誕生後数日で母を失ったものの，恵まれた幼年・青年時代を過ごし，12歳(16歳説もある)で結婚，一子ラーフラ(羅睺羅)をもうけた。しかし，その人生に疑問を感じた釈尊は，老・病・死の現実を目の当たりにし(四門出遊)，その解決のために29歳で出家をした(出城)。

出家後，マガダ国(現在のインド・ビハール州)にて6年間の苦行の末，ブッダガヤーの菩提樹の下で，さとりを邪魔しようとする悪魔をくだして，真理を発見し，さとりを開き(降魔成道)，仏陀(覚者)となった。

その後釈尊は，サールナートの鹿野苑にて苦行中の修行者仲間であった5人の比丘に説法をし(初転法輪)，45年間ガンジス河流域の東北部インドの各地をくまなく遊行し続け，その間多くの仏弟子を養成し，多くの在家者たちを導いていった。

最後に釈尊は，その最晩年の80歳の時に，王舎城から北へ向けての伝道の長旅をする。しかし，その途中で病に倒れ，ついにクシナガラの沙羅双樹の下で入滅(大般涅槃)され，偉大な宗教家・思想家としての生涯を閉じるのである。

仏教社会福祉的意味づけ　このように釈尊は生涯を通じて，次々と遊行を重ね，数多くの同行者をもつに至った。その志を同じくする同行者の集まりが僧伽(サンガ)である。釈尊は僧伽の一人ひとりに次のようによびかけた。

「比丘らよ，私は人や天の一切の束縛から解脱した。比丘らよ，汝らもまた，人や天の一切の束縛から解脱した。比丘らよ，遊行に歩きなさい。多くの人々の利益，多くの人々の安楽，世間の人々との共感のた

めに。天人や人間たちの利益と安楽のために。二人して一つ(の道)を行かないように。比丘らよ，初めも善く，終わりも善く，意義ある薬味の備わった教えを示しなさい。完全で純潔な清らかな行いを顕示しなさい」(律『大品』)。

これこそ釈尊の初めての伝道宣言であった。「一切の束縛から解脱した」とは，苦悩からの真の解放と自由を確認したのである。「遊行に歩きなさい」とは，対機説法として悩みある人々とのふれあいと対話によって，相談・助言指導の援助をせよとの意味である。釈尊はまさに現代のカウンセラーとしての十分な資質と能力をもっていたといえよう。そして，その目的は，「多くの人々の利益，多くの人々の安楽(安心と安定)，世間の人々との共感のために」ということであり，これはそのまま仏教における慈悲心の発露である。

このなかで，「二人して一つ(の道)を行かないように」との言葉は，一人でも多くの人にこの尊い教えを伝えることを意味している。これこそ，釈尊をしていわしめた大悲心であった。

参　『ゴータマ・ブッダ』中村元選集〈決定版〉第11巻，春秋社，1992年。吉元信行『人間仏陀——仏跡・足跡と思想』文栄堂，1999年。　　　　(吉元信行)

◇**娑婆**

E land of endurance 　S sahā

人間が現実にいるこの世界。

定義　種々の苦悩に耐えて生きる世界，すなわちこの世のこと，現実の世界をいう。

釈尊(釈迦)が現れて教化する世界とも理解されている。娑婆はsahāの音写語で，漢訳では忍土・堪忍土・忍界とする。

展開 内には種々の苦悩を忍んで受け，外には寒・暑・風・雨などの苦難に堪え忍ばねばならない国土ということで，忍土とか忍界などという。また，この苦悩の国土において教化する者が疲労や懈怠を忍んで教化するという意味で，堪忍土ともいう。

娑婆は，人間界や俗世間と同義語である。その対概念として，浄土・仏国土・寂光土などがある。娑婆が，人間の煩悩によって汚染され，苦悩に満ちた忍土であるのに対し，浄土は煩悩が浄化された国土，すなわちさとりの世界として輝く寂光土である。

『維摩経』あるいは天台の本覚思想においては，「煩悩即菩提」という徹底した現世肯定主義によって，「娑婆即寂光土」とか「我即弥陀 弥陀即我」という，いいかえれば娑婆(現世)を寂光土(浄土)とみる世界観が明らかにされている。このような考えは，一切の衆生にみな仏性がある(一切衆生悉有仏性)とする人間観にも相通ずるものがある。

仏教社会福祉的意味づけ　「娑婆即寂光土」にみられる仏教的世界観によって，現実否定主義ではなく現実肯定主義であり，現実逃避ではなく，現実直視の視座に立つ仏教であることは明らかである。したがって，仏教社会福祉の基本的視点は，歴史的・社会的に規定された現実を直視し，利潤追求の独善を戒めながら節約と施与の功徳を説くことによって，仏教社会福祉社会の実現を志向することにある。いいかえれば，娑婆世界はもともと堪え忍ぶ所であることを直視し，辛抱さえすればよいという受身的なマイナス思考ではなく，苦悩の世界が娑婆の現実であることを正しく認識することによってプラス思考に変えていく努力こそ，仏教社会福祉の特徴である。もう駄目だと思っても，まだもう一つ残されている道がある。苦悩の世界にこそ，可能性の再発見と追究の道がある。　　　(中垣昌美)

⇒**煩悩**

◇自由

E liberty　S mokṣa

心のままであること。

定義　人間の行動力などに関して外的拘束や障害がないということ。仏教では，人間がもつ苦悩や煩悶・憂鬱など，一切の心身の苦しみから解放されて意のごとくになることをいう。

展開　国民の自由権・参政権獲得を目指した明治の自由民権運動に初期の頃力を入れた仏教関係者には，加藤九郎(1830～90)・大内青巒(1845～1918)・安達憲忠(1857～1930)らがいた。大内にあっては，1879(明治12)年に仏教結社「和敬会」を起こし，自由信教・自由布教・自由教育・自由政治を論じたことで着目される。

福沢諭吉(1834～1901)の『学問ノススメ』にみる「天は人の上に人を造らず，人の下に人を造らず」には，人間の自由と平等，さらには人間の尊厳性が込められているが，これは，大衆とともに平等の立場に立って念仏教化に尽くした蓮如上人(1415～99)に傾倒していた諭吉の，仏教思想の表れとみる向きもある。

仏教では，煩悩を離れた時，初めて精神的に自由となることができるとする。心身を苦悩させ，さとりをさまたげみだす心のはたらきが煩悩であり，これにはむさぼりの心（貪(とん)），いかりの心（瞋(じん)），真理を知らぬ（癡(ち)）の三毒（三不善根）が基本にあり，これに，うぬぼれ（慢(まん)），うたがいの心（疑(ぎ)），あやまった見解（悪見(あっけん)）を加えて根本煩悩といっているが，仏教では，古来，人は108の煩悩にさいなまれ束縛される存在とみる。人間本来の心は清らかであるのに，外からの煩悩によってけがされているため，この煩悩を取り除くことによって解脱を得ることができる（心性本浄，客塵煩悩）という考え方が初期のインド仏教の教えにあった。解脱の原語は解放や自由を意味し，仏教やインド諸宗教では究極の目標を示す。

仏教社会福祉的意味づけ　「日本国憲法」では，思想・良心の自由（第19条），信教の自由（第20条），表現の自由（第21条），学問の自由（第23条）などの自由が保障され，行政の不干渉や国家権力の不介入を規定した。一方，社会福祉の自由としては，ノーマライゼーション，バリアフリーやユニバーサル・デザインという考え方が，海を渡って輸入された。しかし，仏教教義のなかにも，すでに原始仏教の時代から継承された自由の概念は，人間の生き方のうえで鮮明に維持，存続されている。

　主体的に生きる人間は，生活の自己責任の原則に立って生き方の選択の自由を獲得し，給付と負担のバランスのなかで生命・自由および幸福追求に対する国民の権利が守られることを支援することこそ，仏教社会福祉に期待される基本的な課題であるとみる。あるがままの人生をあるがままに生き，あたりまえのことがあたりまえにできる世界に生きることを根本としている。

参　道端良秀『仏教のものの見方と考え方』教育新潮社，1984年。吉田久一『日本の近代社会と仏教』評論社，1970年。
(村上尚三郎)

⇒**煩悩**

◇『宗教界(しゅうきょうかい)』

[E] Shūkyōkai

明治期に刊行された浄土宗の言論機関誌。

定義　宗教界雑誌社によって刊行されていた『宗粋(しゅうすい)』が1905（明治38）年9月に改題され，『宗教界』第1巻第1号として発刊された。1920（大正9）年に『無礙光(むげこう)』と改題。

展開　『宗粋』は「教化醇正教学一致」を目指して刊行された。しかし1894（明治27）年に起こった日清戦争の戦後の新仏教運動に呼応した形で，社会的諸問題への発言を含めて，多角的な紙面形式に充実するため『宗教界』と改題した。その内容は，論議・研究・修養・文芸・雑纂・時評・批評および他の雑誌紹介からなっている。この『宗粋』および『宗教界』の代表者は，浄土宗第五教務所長吉岡呵成(よしおかかせい)であった。

仏教社会福祉的意味づけ　刊行初期には社会的な問題へのアプローチや論述はあまり発見できないが，1913（大正2）年の第9巻以降には保護・救護・社会事業に関する論考が多く見受けられる。たとえば，鵜飼祐一「免囚保護事業に就いて」（第9巻第1号），矢吹慶輝「仏教の社会的倫理」（第

9巻第9号），求道子「救護事業に就いて」（第10巻第3号），無礙生「感化教育と浄土宗教義」（第11巻第1・2号），長谷川冬民「政治と社会事業」（第14巻第12号），渡辺海旭「社会問題の解決」（第15巻第4号）などが掲載されていて，その時代的背景と仏教社会事業を垣間見ることができる。

（長崎陽子）

⇨『無礙光』

◇宗教大学社会事業研究室

E Shūkyōdaigaku-Shakaijigyō-Kenkyū-shitsu

宗教大学(現・大正大学)に設立された日本最初の社会事業教育研究機関。

定義　大正期に入ると浄土宗内において，「財団法人浄土宗報恩明照会」が1914(大正3)年9月26日に設立された。この浄土宗報恩明照会が，当時東京帝国大学宗教学教授姉崎正治(1873〜1949)の助手としてハーバード大学に同行していた矢吹慶輝(1879〜1939)を浄土宗第2期海外留学生に任命した。矢吹に対しては欧米における社会事業の状況視察と資料収集が命じられた。

矢吹は，1917(大正6)年4月に宗教大学内に社会事業研究資料室を設けた。

展開　この研究室は矢吹が欧米にて収集した社会事業に関する著書・報告書・年報類と，渡辺海旭(1872〜1933)がドイツ留学中に集めた著述類の寄贈を受け，これらをもって欧米における社会事業の研究資料として備えた。1918(大正7)年5月，日本における社会事業関連の著述を集め，別に宗教大学図書館からも資料の提供を得て「社会事業研究室」を開設した。

仏教社会福祉的意味づけ　「宗教大学社会事業研究室」の開設は，浄土宗門の救済事業・社会事業への関心が高まり，浄土宗報恩明照会が矢吹に欧米の社会事業の視察を命じたことが契機となった。浄土宗報恩明照会が研究室開設に関与することによって「社会事業の浄土宗」が形成されていったともいわれている。

開設時，その名称について当時の東京府知事井上友一(1871〜1919)より，社会の状況を鑑み「社会救済事業研究室」との提示を受けた。この名称は当時の官権主導型の救済事業観を反映したものであった。しかし，矢吹をはじめ関係者は官権主導型の社会救済事業ではなく，民間特に仏教社会事業の視点を明らかにし，共済や共生，連帯共同による仏教的社会実践を強調した「社会事業研究室」の名称を主張したところに，独自の立場があった。

開設後は，渡辺海旭・矢吹慶輝・長谷川良信(1890〜1966)らが中心となり，社会事業調査・研究・実践をとおして社会事業専門職養成が展開された。のちの大学令により宗教大学から大正大学への昇格に伴い「大正大学社会事業研究室」となり，現在も「大正大学人間学部人間福祉学科」へと受け継がれている。

（落合崇志）

⇨浄土宗報恩明照会　⇨矢吹慶輝

◇宗教的情操

E religious sentiment

宗教的価値に向けられた心情のたかまり。

定義　情操は個人の人格や品性などを形

成するうえに重要な役割をもつもので，精神生活の豊かなみのりは，情操の豊かさを意味し，人間の行動や性格の安定度を規定する「情緒」とは峻別される。より高次な価値を求め，それに向けられる心情のたかまりが情操であって，人間の価値感情を指し，感情生活における最終の発達段階に属するものである。

宗教的情操とは，海谷則之によると「真実・清浄・永遠なる世界を求める敬虔な心（菩提心）である」と意義づけられ，その内容は，①智慧の眼，②安らぎ，③柔軟な心，④慈しみの心，⑤慚愧の心，⑥歓喜の心，の6点に集約できるとされる。

展開 明治中期(1890年代)以降，国家・国民のあり方の大綱を示した教育勅語下では，天皇の御真影の礼拝，敬老敬師の風をつちかうことにより，宗教的情操が養われるとされ，そこに帝国臣民の規範としての宗教的観念をみることができる。

戦後，宗教的情操が啓発的意味をもって公にされたのは，「期待される人間像」(1966年，中央教育審議会答申)においてであった。そこでは「生命の根源に対する畏敬の念が真の宗教的情操であり，人間の尊厳と愛もそれに基づき，深い感謝の念もそこからわき，真の幸福もそれに基づく」ものであることが強調された。その後この宗教的情操が，国民の精神的土壌として深く耕されてきたとは必ずしもいえず，校内暴力・家庭内暴力・不登校・児童虐待など，頻発する社会問題によって宗教的情操の欠如を憂う国民意識が生み出されていった。ちなみに児童憲章第5条「すべての児童は，自然を愛し，科学と芸術を尊ぶように，みちびかれ，また，道徳的心情がつちかわれる」の「道徳的心情」は，同憲章制定時の委員会原案では「宗教的情操の素地」であった。

近年，教育現場の荒廃，青少年非行の頻発などにより，宗教的情操教育の涵養を強調する意見が台頭してきている。

仏教社会福祉的意味づけ 明治期における仏教慈善の表れは，仏教的情操の心情的発露であるとされ，慈悲心・報恩・報謝・歓喜などの心情は社会福祉活動を進める主体的契機となった。真実・清浄・永遠なる世界を求める菩提心こそ，仏教的情操の基本であり，限りないまことのいのちを生きる仏教社会福祉の達成目標を考えることである。

仏教社会福祉実践の基本は，頻発する校内暴力・家庭内暴力・不登校・児童虐待などの社会的諸問題の発生を，現代社会における宗教的心情の欠如態としてとらえるところにある。宗教的情操を高め，いのちの尊さと輝きを求めることに仏教社会福祉の理念がある。

参 藤原弘道『宗教情操の世界』知恩院，1966年。大谷大学尋源会編『宗教と教育に関する学説及実際』無我山房，1913年。海谷則之「宗教的情操の宗教教育学的考察」(『龍谷紀要』第16巻第2号，1995年)。

(村上尚三郎)

⇒**仏教教育**

◇**宿業**

E residual karma　S pūrva-karman
過去世につくった行為。

定義 業(カルマ)はもともとインド思想一般において広く使われている用語で，人間の行為(おこない，なすこと)，その作用(はたらき)，その余力(善悪の行為があとで何らかの報いをもたらすこと)をいう。宿業とは過去世につくった善悪の行為のことである。

展開 仏教における業思想は，輪廻説と結びついて，輪廻転生をもたらす潜在的な力として認められるようになった。無我説を主張する仏教は，もともと輪廻の主体となる個我(ātman)を認めなかった。しかし，因果応報の倫理的立場から，さらには自主的行為としての精進努力を強調するために業を説くようになり，のちの仏教思想展開の重要な中心教理の一つとなった。たとえば，業感縁起説(世界の諸現象の変化する様は，衆生の行為によって変化したものであるとする世界観)などの概念が教理のなかに取り入れられていった。宿業はそれらのなかの重要な概念である。

宿世(過去の生存)があって現世(現在の生存)がある。このことはあくまでも仏教者の自覚としての業感であった。宿世においての善悪の行為が現世に報いる。現世の苦楽は宿世の善悪の報いであるというように，諦めを強要する業感へと変化してきた。その宿世の善悪の行為の潜在的な力が宿業である。つまり，今の人生の苦楽は宿業がなせるものであるというのである。

このように仏教では本来の業説とは異なって宿業を実体視することにより，中国思想の運命論(先天的な運命によって現世が規定されている)に近い意味に受けとめるようになっていった。

本来，業思想は現状打破のために現世における精進を説くことを目的とする。ところが，日本の仏教では障害者や被差別部落の人々などは前世の悪業の結果によるという考えに利用されるなど，業思想への誤解が生じた。しかし本来の宿業説は，他人のありようを批判するための説ではなく，自己自身への厳しい懺悔のなかから生ずる自分そのもののありようを真剣に反省するための教説である。

仏教社会福祉的意味づけ 生活困窮や疾病，種々の身体的障害や知的障害・社会的障害などが前世の業による因果応報の結果であるという差別的表現や考え方は，仏教社会福祉の立場ではない。仏教のなかに巣食っている誤った宿業の論理は許されるべきではなく，むしろその誤った宿業観に反省と是正を加え，本来の業思想に立ち返り，前向きに暮らしを求めつつ，自らの問題として理解し実践するところに仏教福祉の根幹がある。　　　　　　　　　　(水谷幸正)

⇒**差別と人権**

◇衆　生

E sentient beings　S sattva

生命あるもの，生存するもの，すべての生きもの。

定義 sat(存在すること)に語尾のtvaがつき，「存在するもの」という原意から，「生命があるもの」と意味づけされる。玄奘(602〜64，中国の四大翻訳僧の一人)以降の漢訳聖典では「有情」とも訳される。複数の生きとし生けるものという意味から，「群生」「群萌」とも訳される。

展開 初期仏教の経典では「そのとき，男女尊卑上下あることなく，また異名なし。衆と共に世に生ずるがゆえに衆生と名づく」(『長阿含経』巻22)とあり，生命に優劣や貴賤の上下があるのではなく，生まれくるものは皆同じくこの世の中に生まれるので衆生という，と述べている。大乗仏教になると，『法華経』には「一切の諸々の如来は無量の方便を以て，諸々の衆生を度脱す」(方便品第二)と仏が衆生を救済することが説かれ，『阿弥陀経』には「その国の衆生は衆の苦あること無く，ただ諸々の楽を受けるが故に極楽と名づく」と仏国に生まれた衆生への与楽(よらく)が説かれている。このような初期の大乗経典ののち，『心地観経(しんじかんぎょう)』では「一つには父母の恩，二には衆生の恩，三には国王の恩，四には三宝の恩」(報恩品第二)の四恩が説かれ，大乗菩薩の四弘誓願(しぐせいがん)の「衆生無辺誓願度(しゅじょうむへんせいがんど)(数限りない衆生を彼岸に渡すという誓願)」の句へ結実される。すなわち，ここには一切衆生を救済するということがまた，衆生に対する報恩感謝に連動するという大乗菩薩道の極意を示している。

仏教社会福祉的意義づけ 衆生の概念は，仏教社会福祉の具体的・現実的な対象として規定される最も基本的な概念である。仏教福祉の平等主義では，衆生は共に生きる仲間として位置づける。同時に仏が抜苦与楽(ばっくよらく)の対象として数限りない十方の衆生を選び，衆生はすべて無差別平等に救済される対象として顕在化する。すなわち，衆生が衆生として特色づけられるものは，一切の衆生がことごとく仏性をもつ存在ということである。

しかし，現代では，福祉の対象に対する意識がモノ化しつつあると指摘されている。社会福祉従事者は，自他への感謝の念を忘れずに，共によりよく生きることを分かちあえる存在が衆生であるという意識を持続することが必要であろう。

参 清水海隆『仏教福祉の思想と展開に関する研究』大東出版社，2002年

(池上要靖・中垣昌美)

⇒福田(ふくでん)

◇出家(しゅっけ)

E entering the priesthood
S pravrajita

世俗生活を捨てて，宗教者としての生活をすること。

定義 出家とは，宗教的な目的をもって，世俗生活を捨てることを意味する。執着や束縛を離れて，修行者の仲間に入ること。正しくは，剃髪し，受戒して厳格な戒律を保ちつつ道を求めること。あるいは僧の別称。そこには，家を捨てるという悲壮感，あるいは，隠遁・逃避という暗いイメージは拭いきれない。

ところが，インドにおける「出家」という言葉の原語そのものには，家を出るという直接の意味はなく，"積極的に前に進むこと"という意味である。

展開 釈尊は，王子としての栄華をきわめ，結婚をして一子ももうけたが，老・病・死という人間としてどうしても避けることのできない現実を直視して，29歳で出家した(出城)。

すなわち，釈尊にとって出家とは，目的

をもった第二の人生への積極的出発であり，家を出ることはその一つの手段であった。

インドでは古来，アーシュラマと称して，人間の一生を学生期(がくしょうき)(学問・技術・祭祀などの修得)，家長期(かちょうき)(生業に励み，家族を養い，社会的活動をする)，林棲期(りんせいき)(家督を譲り，森で修行する)，遊行期(ゆぎょうき)(巷を歩き，人生の道を人に説く)の4期に分けて，これに従う人生こそ最も理想的な生涯学習のあり方であるとされていた。そして，人生後半の林棲期と遊行期(わが国では老年期にあたる)の人が最も高く評価され，尊敬を受けていたのである。釈尊は，その遊行期の出家者の神々しい姿を見て，出家を決意したと伝えられる。

仏教社会福祉的意味づけ 出家後の釈尊の生き方は，豊かな物質文明を誇る現代社会における人間の生き方に大きな示唆を与えてくれる。出家という言葉の本義が，第二の人生への積極的再出発であるとしたら，たとえ出家という形態はとらなくても，高齢者が自分の人生を真剣に考えて，新たな生き方に気づいた時，それがその人の人生の新たな再出発(出家)になるということである。

生きていることの真実の意味を見出し，限りなく生きる力と喜びを積極的に発見するところに，今まで気がつかなかった再発見と自己現実につながる新しい展開が期待される。

参 山口恵照『宗教的生涯教育』アポロン社，1982年。　　　　　(吉元信行)
⇨釈尊

◇出生(しゅっしょう)

E birth　S janman

人間としてこの世に生まれること。

定義 一般に「しゅっせい」というが，本来は「しゅっしょう」と読む。文字どおり，胎児が母胎を出て生まれることである。「出生」という名詞，あるいは「出生する」と動詞に使われる以外に，「出生地」「出生届」など，日常よく使われる言葉であるが，これが仏教用語であることはあまり意識されていない。

展開 仏典には，人が出生するということは，父母の和合などさまざまな因縁によって成立することが述べられ，「もしくは母が飲食をする時，種々のこれこれの飲食物や精気(エネルギー)によって活命することが胎を受けることの根源である。形体が完成し，感官がそろい，母によって出生を得る」(『増一阿含経(ぞういつあごんぎょう)』巻30)と説かれる。このように，出生という言葉には，私がこの世に生まれてきた背景は種々さまざまな縁(条件)によっているのだという意味が込められている。

このことを現代の我々にはっきりと教えてくれるのが釈尊の出生をめぐる伝説である。このことはまた「生誕(しょうたん)」「降誕(ごうたん)」などという言葉で称えられる。よく知られているように，釈尊は生まれたばかりで北に向かって7歩歩み，「天上天下唯我独尊(てんじょうてんげゆいがどくそん)」と声高らかに獅子吼(ししく)(ブッダの説法のたとえ)したという。この言葉の字面を見ると，ブッダは何と傲慢な人であるかと思われるかもしれない。

仏教社会福祉的意味づけ　ところが，この部分に相当するインドの原典を見ると，「私は世界で最も老いた者である。これは最後の生である。もはや輪廻はない」という文が加わっている。生まれたばかりの赤ん坊が最も老いたというのはどういうことであろうか。それは，誰よりも多くの輪廻を繰り返して今ここに生まれてきたという過去を背負った言葉であり，もうこれ以上生まれ変わることはないという決意を秘めた言葉といえよう。したがって，「唯我独尊」とは，「私はさまざまな因縁によって，誰よりもかけがえのない尊い命をもらってこの世に生まれてきた」という意味になる。出生とは，我々が今ここに生を受けて生活しているこの現実がいかに意味深いものであるかを考えさせてくれる言葉である。社会福祉現場においても，お互いがこのような意味での「唯我独尊」なる生存であることを認めあっていく立場が期待されよう。

（吉元信行）

⇨**自尊心**　⇨**生**（しょう）　⇨**唯我独尊**

◇出世（しゅっせ）

[E] Buddha's birth　[S] buddhotpāda
仏が世に出現することをいう。

定義　諸仏が衆生済度のために世界に出現すること，また，世間を捨てて仏道に入ることをもいう。出世間の略語であり，世間を出てさとりに入ることをいう。

展開　人間社会における出世は「世に出る」ことであり，成功することを指す用語となっているが，仏教の場合は「世を出る」ことを意味し，世に出ることとは対照的な解釈となっている。

仏教の出世間性は，人間の欲求充足（欲望）や感性的情念を煩悩として斥けようとする。したがって，欲求の充足を基礎とする資本主義の原理原則に沿って展開する人間関係によって点描される近代市民社会と仏教は，容易に両立または並立するとはいえない。

ところで，釈尊の出世の理由は，衆生をさとりに導こうとするためであったと『法華経』方便品，『華厳経』などに説かれている。なかでも親鸞（しんらん）（1173～1262）は，浄土経典の『無量寿経』を釈尊出世の本懐の経とし，ただ如来の本願力を説くためであったと解した。すなわち，如来より賜った信心の生活を中心として，共に生き（共生），共に育ち（共育），共に仏の慈悲に包まれて生きる同朋・同行・仲間の共感が自立と連帯を強め，報恩行と同朋精神の具体的展開としての福祉活動に参加することが出世であると解釈されている。

仏教社会福祉的意味づけ　親鸞は，信心を仏の方から私に廻向されているものと確信したことによって，仏の出世を真実のいわれとして受け入れたといえる。そこに他力浄土門における念仏者（信の行者）の特徴がある。

また，仏より賜った信心の中身を示すものとして四無量心（しむりょうしん）（慈悲喜捨の四つの心）をあげている。このように，仏の出世の本意を知ることによって得られた信心が，仏により与えられたものであるという確信と喜びは，せずにはいられない慈悲行としての仏教福祉の実践を展開するのである。すなわち，いま，ここにという現実を直視す

◇寿命・命根
じゅみょう・みょうこん

E life　S āyus, jīvitendriya

いのち，あるいは生命のこと。

定義　仏教では，生命活動を「寿命」あるいは「命根」とよぶ。『倶舎論』によれば，人間はさまざまなカルマ（作用）によってこの世に生まれ，世を去るまで寿命（生命活動）を営むという。

展開　この生命活動は煖と識をもち，これらが統合されている。煖は体のぬくもりであり，医学的にいえば代謝活動である。識は精神や神経さらにホルモンなどを含めた身体の情報系を指すものと考えられる。

このような二つの重要なはたらきを統合しているのが寿であるが，『倶舎論』では，煖と識とが維持されないと寿は保てないと説いている。仏教の生命観が縁起論的生命観であるとされるのは，このように煖と識と寿とが相互依存関係にあると説くからである。

現代医学の立場からもこれは否定されない。人体は約60兆の細胞という生命体が集まり，その一つひとつが代謝活動を営むことで生命が維持されている。この細胞がさまざまな役割をもち相互に関係しあってはたらいているが，それは神経などの情報系の機能があるからである。人体全体の生命活動はこうしたさまざまなはたらきに支えられながら，同時に全体を統合し維持するはたらきをもっており，縁起論的存在であるといえる。

仏教社会福祉的意味づけ　死について『倶舎論』では，寿と煖と識とが消え，身体が知覚を失った材木のようになることだと説明。死とはぬくもりが失われ，身体全体も部分もまったく動かなくなる状態である。脳のはたらきが停止した脳死状態が生か死か，今後仏教社会福祉の立場からも問題とされよう。脳死とは，生命維持装置の援助のもとに呼吸と循環が保たれている状態であるが，脳以外の情報系（識）と代謝活動（煖）は維持されている。生命活動を自主的に統合する寿のはたらきが認められないので完全な生とはいえないが，生命活動は営まれており，少なくとも材木のような物質の塊とは異なる。したがって仏教の説く寿命の見地からは，脳死を死と認めることはできない。　　　　　　　（奈倉道隆）

⇒いのち　⇒**脳死**

◇受容
じゅよう

E acceptance　S saṃgraha

ロジャース（Carl Ransom Rogers, 1902～87）の来談者中心療法に用いられたカウンセラーの態度を表す用語。

定義　受容とは，一般に受け入れることを意味する。ここでは，カウンセラーが，クライエントの考えや気持ちや存在そのものを，あるがままに許容して，無条件の積極的・肯定的な配慮や関心を抱いてクライエントに応対する態度をいう。

展開　相談援助の過程において，クライエントの不用意な発言，非常識な発言，暴

力的な発言に対して，カウンセラーは評価や攻撃や批判や反対をすることなく，彼の言葉をあるがままに受け入れることによって，理解している態度を示すことが重要である。このような過程においてクライエントは戸惑い驚くが，やがて自分自身を受け入れていくことができるようになり，新たな方向に動きだし，自らを試してみようとする気持ちを心に起こすようになる。こうした心の作用を促していくことで，クライエント自身が自分の力で自分の問題に気づき，解決できるようになり，人間的に成長していくこととなる。

仏教社会福祉的意味づけ　受容は仏教用語にはないが，同様の意味をもつ言葉に摂受がある。摂受は，折伏とともに釈尊の教化方法の一つで，心を寛大にして受け入れることを意味している。向かいあった相手の心を受け入れる態度は，相手に接近する唯一の方法である。それはまた，どんな相手でも無条件に受け入れることであり，相手の信頼を得る唯一の道である。このことは四摂事における同事の立場につながるものである。相手の行動や話すことに対して主観的な価値判断や言動を示さず，傾聴して理解したことを身ぶりや言葉・態度で示し，存在の確認を表すことで信頼を生み，向上心を心中に起動させることになる。

受容と共感は，四摂事の一つである同事にみられるような寛容の精神につながる概念である。すなわちクライエントと向きあう医療や福祉の分野において，心のケアにその効用性を発揮する仏教カウンセリングこそ，仏教社会福祉援助の中核に位置するものである。

参　コーデリア・グリムウッド著／桑原洋子・吉元信行・東一英・白浜博子共訳「日英ソーシャルワーク管見——仏教者的立場からの比較研究」(『仏教福祉』第11号，1985年)。　　　　　　(木川敏雄)

⇒**カウンセリング**　⇒**共感と同情**
⇒**四摂事**

◇生

E rebirth; coming into existence
S jāti

命をもって生まれること。

定義　「生」は現代語では「セイ」と読むことの方が多く，①生まれること(出生)，②生きていること，③生命，④生業などの意味があるが，これを「しょう」と読む場合は，仏教用語で，四苦(生老病死)の第一としての①の意味である。文字どおり，胎児が母胎を出て生まれることである。

展開　この言葉は，「生あるものは必ず死あり」「生は寄なり，死は帰なり」「生は死の始め」「生を視ることは死の如し」などと，「死」とあわせて使われることが多い。ことに「生死」という言葉は，生まれ変わり死に変わり，絶えることのない迷いの世界のことを意味し，「生」には輪廻の発端としての深い反省の意味が込められている。仏典には，人が出生するということは，父母の和合などさまざまな因縁によって成立することが述べられ，「もしくは母が飲食をする時，種々のこれこれの飲食物や精気(エネルギー)によって活命することが胎を受けることの根源である。形体が完成し，感官がそろい，母によって出生を得

る」(『増一阿含経(ぞういつあごんきょう)』巻30)と説かれる。

　ここで，仏典において「生」が説かれる時，それは母胎から出る一瞬ではなく，受胎の瞬間から母の産道を出るまでを意味しているのは注目すべきである。仏典において，胎児が母の胎内にいる段階に五つあることを説き，また，生苦について，胎児が胎内において，さまざまな苦を受けることが記されている。そして，「まさに生まれようとする時，頭を産門に向けると，狭いことは両石狭山のごとくであり，その時母は危ぶみ，父は恐怖を抱き，生まれて草の上に墜ちると，身体は柔らかであるので，草がその皮膚にふれるや，刀剣を踏むようであって，たちまち失声する」(『仏説五王経』)と，生まれることの苦しさを述べ，命の重さを説いている。

　仏教社会福祉的意味づけ　仏教における生苦のとらえ方は，胎内から出生間際に至るまでの生存を苦なるものとして感受することであった。仏教では，受胎の瞬間から胎児を人間と認めている。仏教社会福祉の現場においては，このことに特に留意しておくべきであろう。

　このように，出生という言葉には，種々さまざまな縁(条件)によって生まれてきたのだという意味が込められている。生をうけて生きている人間が，いのちを生きることに価値がある。しかし，生きるうえで，煩悩に惑い，貪欲のうちに喜怒哀楽の人生を生きることは避けられない。すなわち苦悩の娑婆に生きざるをえない人間の生き様がある。この生き様をさとり，さとりの智慧に生きる時，限りなく生きる永生楽果(ようしょうらっか)の仏道を生きることができる。生は人間の根本苦であるが，それを縁として，転迷開悟の教えを受けて限りないいのちを生きる真の生を，仏教社会福祉の原点とする。

（吉元信行）

⇨**出生**

◇**障害**(しょうがい)

　E　disability; handicap
　S　vikalāṅga（上記Eを意味する現代ヒンディー語から）

日常生活または社会生活に相当な制限を受けること。

　定義　「障害者基本法」では，「身体障害・知的障害・精神障害」を総称して障害としている。もともと仏教語の「障碍(しょうげ)(āvaraṇa)」は仏道を行ずる際のさまたげとなる障りを意味した。身心の障害を個性としてとらえることは，まさに仏教思想に合致する。仏教の「平等」の精神は各人の個性の尊重のうえに実現されるからである。差別と漢訳されたヴィシェーシャ(viśeṣa)の語には，個性・特性の意味もある。仏教語の差別には，差をつけてどちらかを優遇したり蔑視するという意味を有してこなかった。

　展開　個々人の個性・特性を十分に理解したうえで釈尊の教説は説かれた。身心の障害やジェンダー(性)の相違は，仏教の目指す理想的な自己実現において不当に扱われることはない。のちの仏典に登場する，女人に「五障」があるとされたその障りの原語は「地位」を意味するスターナ(sthāna)である。その時代・社会背景のなかで女性の社会的地位が低くみなされていたからである。「女人成仏」を説く大乗経

典は，そうした性差別からの解放にほかならない。ただし，原始仏典にみられるように，釈尊の時代にはすでに，解脱を得るためには女性であることは何らの障りとならないと考えられていた。

一方，部派仏教の律蔵をみると，障害をもつ者が出家してサンガに入ることは認められていない。釈尊の理想的なイメージと重なり，さとりに向かって努める修行僧に障害はふさわしくないと考えられたからである。しかし，釈尊在世当時には，殺人を犯したアングリマーラさえ出家が認められ，知的障害者とされるチュッラ・パンタカ（周梨槃特）もひたすら修行に精励し阿羅漢（最高のさとりを得た者）となっている。あるいはキサー・ゴータミーのように子を亡くして半狂乱となった女性にもあたたかく救済の手をさしのべている。初期大乗経典のなかには，正しい理法を謗った報いとしてのさまざまな障害や，因果応報に基づく業の思想に基づき，死後には悪趣に赴くと説くものがある。それらは，本来障害を蔑視するものではないが，歴史的・社会的経緯のなかで差別の根拠とされていった。

仏教社会福祉的意味づけ　障害を意味するハンディキャップ，ディスエイブルなどの言葉のほかに，ディスオーダーなどの語が，複雑化した現代社会における身心の機能との関わりで用いられている。もちろん，障害といえども相対的なものであり，今日の医学・科学技術の発達やバイオテクノロジーなどによってある程度の障害が回避されても，絶対的なものではない。障害をもつ者との共生が当然の社会であるとするノーマライゼーションの考え方は，人間の尊厳に気づかされるためにも普遍的な思想である。それは，社会全体で障害者を支え互いに痛みを分かちあいつつ共に成育していくという共業の考え方ととらえてもよいであろう。大乗仏教の「一切衆生悉有仏性」の理解に基づけば，身心の障害による社会的不利を荷わされる状況のなかでも，人間としての尊厳と価値を認める世界に生きることが基本である。　　（三友量順）

⇒共生　⇒障害者　⇒平等

◇障害者 しょうがいしゃ

E disabled (handicapped) person
S upahata

疾病・事故などのさまざまな原因によって，身体的あるいは知能的障害を受けている者をいう。

定義　身体障害者・知的障害者・精神障害者などの総称としても慣習的に障害者という用語が使用されている。古くは「不具廃疾」「篤疾」などの言葉で表されてきた。わが国の障害者の定義としては，1970（昭和45）年に制定された「障害者基本法」（1993年「心身障害者基本法」より題名改正）において「身体障害，知的障害，精神障害（以下「障害」と総称する）があるため，長期にわたり日常生活又は社会生活に相当な制限を受ける者をいう」と規定されている（1998年改正）。

より具体的には，身体障害については「身体障害者福祉法」によって定義されているが，知的障害については各種の通達などにおいて制度運用上に必要な範囲で定義されているにすぎない。また，社会福祉六

法のなかでは精神障害はその範疇に含められていない。精神障害については、「精神保健及び精神障害者福祉に関する法律」(1995年)によって「精神分裂病，中毒性精神病，知的障害，精神病質その他精神疾患を有する者」と定義されている。

障害そのものは，医学的・生理学的な事象であり，あるいはそれに起因した身体的・知的能力の不全な状態であり，個人の人格や社会的位置づけとは無関係である。しかしながら現実的には，障害を負うことによって，差別や偏見による人権侵害をはじめとして，社会生活を営むうえでのさまざまな社会的不利益をこうむる状態に置かれているのである。

展開 障害者に対する対応については，古くは『古事記』『日本書紀』に登場してくる「ヒルコ神話」が知られているが，仏教説話集である『日本霊異記』においても同様に障害児を川に捨てる話が登場する。一方封建社会の展開のなかで，障害者は「乞食」として生存がかろうじて許されていたと同時に，一方では，当道座のような盲人組織も誕生している。また，江戸時代の商家では，「福助」が商売の守り神として崇められた経緯もある。しかし大多数の障害者は，共同体内に埋没するか，あるいは乞食として浮浪するか，さらには生きる糧を確保するために見せ物小屋での生活を余儀なくされたのである。このような状況は近代国家が成立した明治時代になっても続いた。

国家政策としての障害者対策は，鳥羽・伏見の戦いによる官軍の傷痍軍人対策に始まり，明治時代には盲人や聾啞者の盲聾啞教育が展開されている。第二次世界大戦以前の障害者対策は，傷痍軍人を対象とした軍人対策に焦点が置かれており，一般の障害者は「恤救規則」(じゅっきゅうきそく)(1874年)や「救護法」(1932年)の対象として生活困窮者のなかに埋没していたのである。障害者が障害者として生活保障の具体的対象となるのは，戦後「身体障害者福祉法」制定(1949年)以降のことである。しかし知的障害者が社会福祉対策の具体的対象としてとりあげられるのは，1960(昭和35)年の「精神薄弱者福祉法」(1998年「知的障害者福祉法」に題名改正)の制定を待たなければならなかった。また，精神障害者は精神医療の対象として位置づけられ，長く社会福祉対策の対象からは除外されてきたのである。

1981年，国際連合は「国際障害者年」を設けて「完全参加と平等」を提唱し，障害者問題へ社会的関心が向けられた。わが国においてもこれを機に障害者への理解が広がりをみせた。そして，1990年代に入って，ADA(Americans with Disabilities Act, 1990)に代表されるような，障害者の差別を禁止し権利保障を全面に出した法律などが制定され，日本でも，社会福祉関係八法の改正に伴って障害者関係の法律が改正されるなど，障害者と「身体障害者・知的障害者・精神障害者」の3分類を統一し，ノーマライゼーションの理念と人権擁護を強調するようになった。

仏教社会福祉的意味づけ 日本では，古くは四天王寺四箇院(しかいん)での病人・障害者保護の実践があったとされる。しかし中世・近世・近代を通じて，仏教思想の影響による「因果応報」思想が民衆のなかに定着する

ことで，「親の因果が子に報い」といった前世の因果によって障害者が誕生したとされる思想が生み出され，その結果障害者への差別や偏見が助長されてきたのである。その一方で中世・近世をとおして，叡尊(1201～90)・忍性(1217～1303)・一遍(1239～89)・無能(1683～1719)などによる「癩者」救済など，因果応報論とは別の立場からの実践が行われてきた。歴史的にみても，仏教教団が行ってきた各種保護事業(児童保護事業や免囚保護事業など)に比べれば，障害者保護事業に力を入れてきた例は多いとはいえない。その反省のもとに，近年，仏教教団による障害者福祉関連事業への取り組みなど，その活動に広がりをみせている。

参 河野勝行『日本の障害者』ミネルヴァ書房，1979年。長谷川匡俊編『戦後仏教教団の福祉事業』(平成15年度科学研究費研究成果報告書)。　　(滝村雅人)
⇒障害

◇上宮教会

E Jōgū-Kyōkai

明治期に発足し，大正期以降に社会事業を展開した団体。

定義　1897(明治30)年4月，河瀬秀治(1839～1928)・大内青巒(1845～1918)・島田蕃根(1827～1907)・桑田衡平(1811～68)ら在家の仏教信者により，東京神田の大日本教育会で発会式をあげた。設立の中心となった河瀬は，群馬県令・内務官僚などをへて，当時富士製紙会社の社長をしていた人物で，明治維新以降の物質文明の急激な進歩に伴い，人心が荒廃し思想界が混乱しているのを憂えていた。そこで，日本文化・思想の礎を築いた聖徳太子(上宮太子とも称した)の偉業を顕彰して，仏教によってこれを救済したいと考え，精神修養団体として，同会を設立したのであった。

展開　発足以来，東京各地で毎月仏教講演会を開催し，講師には，村上専精・島地黙雷・土宜法龍ら各宗僧侶も多数参加した。また，「十七条憲法」を国会議員らに配布するなど，文書布教活動も活発に行った。

1903年，講演会事業を発展させて「上宮学院」を開設し，常設の仏教講座を開いた。1907年にドイツ復活教会の「壹岐坂会堂」を譲渡されて学院を移し，社団法人へと組織変更した。

1921(大正10)年には，聖徳太子1300年遠忌を挙行し，「中央仏教会館」を建設したが，1923年の関東大震災で焼失した。翌年，本郷弓町に復興し，その際に東京府の委託を受けて簡易宿泊所を併設したのを契機に，教化部に加えて社会事業部を置いた。

1925年，本郷地区の区画整理に伴って日暮里に移転，1928(昭和3)年に会を主導してきた河瀬が没したが，後を継いだ加藤咄堂(1870～1949)会長のもと，大森亮順・安藤嶺丸・高島米峰・柘植信秀・岩野真雄らが協力して，本格的な社会事業に乗り出した。1929年から聖徳太子奉賛無料診療を実施し，以後，無料宿泊所・授産所・白米廉売所などを次々に開設，失業労働者への低額給食事業も行った。

1933年，隣保事業実施のため「上宮教会社会館」を開き，無料宿泊者の行商事業に

無利子での資金貸与も開始した。さらに同年,「上宮教会診療所」を開設して貧困者のための夜間診療を始め,翌年には「上宮教会病院」へと発展させた。また同年,足立区梅田町に「上宮教会父子ホーム」を創設し,1937年に保育・内職輔導・健康相談・人事相談などの隣保事業を行う「梅田上宮館」へと発展させた。1939年に結核療養所「清瀬療園」を建設し,軍人遺族の授産事業も始め,託児部を併設した。

その後,1952年に社会福祉法人となり,現在,荒川区日暮里に「日暮里上宮病院」,渋谷区に「広尾上宮保育園」,清瀬市に「清瀬上宮病院」「特別養護老人ホーム上宮園」「清瀬上宮保育園」などを経営している。

仏教社会福祉的意味づけ 上宮教会は,明治・大正・昭和(戦前)期を通じて,通仏教的な立場から,教化・福祉活動を行ってきた代表的な団体である。通仏教的な団体や各宗派連合の事業が長く存続しないなかにあって,100年を超える歴史を刻んできた点でも特異な存在といえる。しかし,戦後の歩みのなかで,その仏教色は徐々に薄らいでいったようである。

参 髙木武三郎『上宮教会八十年史』上宮教会,1977年。斎藤一暁『河瀬秀治先生伝』上宮教会,1941年(1994年に大空社復刊)。　　　　　　　(中西直樹)

◇生死 しょうじ

E birth (life) and death

S jāti-maraṇa; saṃsāra

生と死であり,生きることと死ぬこと。

定義 仏教では「しょうじ」と読み,生まれ変わり死に変わって,絶えることのない生死の迷いの世界を意味する。苦悩に満ちた人間の現実社会を指す用語でもある。

展開 不平等・不均衡・不自由の人間社会は苦悩に満ちている不幸と混乱の社会であり,人間はそれぞれ暗い憶測と偏見の渦に投げ込まれている。人間は自己の存在(生存)を非存在(死)との関わりにおいて認識するか,もしくは自身の「死」との対決において自己の人間としての存在感覚を獲得するしかないのである。なぜなら,人間存在にとって現実存在を否定する決定的なかたちは「死」でしかないからである。

しかし,仏教では「生死輪廻」といわれるように,人間は六道(地獄・餓鬼・畜生・修羅・人間(じんかん)・天上)に生死を繰り返し迷いめぐると考えられた。このことは,迷いや無明(むみょう)が「無始よりこのかた」(無始以来)と表現されるほどに深く,絶えることのない煩悩や迷妄にさいなまれる自己の姿を表出している。また「生死の苦海」という表現も,生死輪廻,迷妄の無限性・深淵性を海にたとえた表現である。

『成唯識論(じょうゆいしきろん)』には,「生死に二有り」とし,分段生死(ぶんだんしょうじ)と不思議変易生死(ふしぎへんにゃく)を説いている。前者は人間の日常的考え方による生死観であり,生と死を分断し,死は生を断ち切るものであり,生は常に死のタタリやオソレにおびえているとする。それに対して,不思議変易生死とは,仏教が新たに打ち出した生死観である。仏教は本来霊魂を説かない。だから霊のタタリも問題にしない。死後の有無を言及するのではなく,生死の悩みをいかに解脱しさとるかが問題で

ある。仏教は現実のありのままを明らかに認識することによって，人間の根源的あり方を正しく観念(観想)するとともに，本質的・本来的自己に目覚めることを促すものである。

それは人間の勝手な思議(思い)の迷いを超えることを意味し，自己にとらわれている「はからい」を超えた視座である。だから，不思議なのである。

そして，この不思議は「如より来たる」如来(仏)の本来願っている悲願(本願または本願力)のはたらきによって，自己のはからいが転じていくことである。そこから自分の所有であると考えていたいのちを，如来から廻向された「賜りたるいのち」であったと観念し領解するに至るのである。これが変易であり，変化であり，転成である。

このようにして，仏教では，生死について，分段生死から不思議変易生死への変易を説いて無量寿(限りないいのち)への価値転換を明らかにしたのである。

仏教社会福祉的意味づけ 生死の迷いから逃げることのできない人間，苦悩から解放されることのない生活協同体としての人間社会を正しく認識することから，共生・共感・共育の思想が生まれてくる。生きることの営みやなりわいは種々異なる我々人間であるが，人間であることにおいて皆同じこと(同事)であり，「われらなり」という世界のうなずきが確認できる。そして「一切群生海・十方衆生」という表現があるように，救いの対象を正しく認知すれば，仏教福祉の対象は，果てしなくめぐりさまよう生死の世界，苦悩の現実を生きるすべての人間であることが確認できる。

さらに，生と死が一体であると認識することが仏教の特徴である。死を離れて生はなく，生を離れて死はない。しかしながら社会福祉援助対象の範域においては生と死を分別し，分断し，生から死を除外している。現代人は生から死を切り離してしまい，生かされている喜びとか感謝をもつゆとりもなく，死の不安と恐怖に襲われている。にもかかわらず，「死」の必然性を認めることもせず，ひたすら死から逃げようとしている。生死に迷う人間は，生きることだけに固執し，死ぬことを忌避する。長寿社会となった現在，「死」を見つめる時間が長くなり，避けられないはずの死を避けていこうとする無理または執着が，かえって人間の迷いと悩みを深めている。縁起の法のなかで生死の真実を正しく見つめることができないため，「往生」とか「入寂」ということが考えられなくなっている。

仏教社会福祉は死に直面する人間とそれを取り巻く人々への援助・相談・助言のサービスを提供し，仏教ターミナルケアワークとしてのビハーラ活動を全国的に推進している。ビハーラ活動の基本原理とは無量寿の立場であり，すべてのものを救おうとする如来の慈悲心の中に生かされていることに気づくという，価値の転換である。

(中垣昌美)

⇒縁起

◇正定聚 しょうじょうじゅ

E those who are rightly established
S niyata-rāśi

仏になることが定まった者の集まり。

　定義　三定聚(さんじょうじゅ)・三聚の一つ。仏道に目覚め、惑いを断ち切り、入涅槃が定まった正性定聚(しょうしょうじょうじゅ)、五無間業(ごむげんごう)を犯し、地獄に落ちることが定まっている邪性定聚(じゃしょうじょうじゅ)、そのほかの者で縁次第でいずれとも定まっていない不性定聚(ふしょうじょうじゅ)を三定聚という。

　展開　一般に、浄土教では、『大無量寿経』に「彼の国に生るれば、皆ことごとく正定之聚に住す」と説かれるので、臨終の時に、仏の来迎にあずかり、正定聚の位についたあと、蓮華化生(け)して、浄土往生すると説く。いわゆる彼土正定聚である。これに対し親鸞(しんらん)(1173〜1262)は、『大無量寿経』の異訳経典である『如来会』の当該部分が「もし正に生まれむ者」となっているのに注目し(『一念多念文意』)、さらに『大無量寿経』第十八願成就文の「即得往生、住不退転」の「即」を龍樹・曇鸞(どんらん)(476〜542)の解釈に基づき、「即時」あるいは「即位」の意味に解釈し、「信心定まるとき、往生また定まるなり」(『末灯鈔』)と、即時(つまり、現生に信心を得た時)、仏になることが定まって、不退の位である正定聚につくと、現生正定聚を強調する。このように親鸞は、救いを臨終のあとよりも、現実生活のうえにおけるものとし、より積極的な救済論を展開した。

　仏教社会福祉的意味づけ　この正定聚という考え方の背景には、仏性(ぶっしょう)思想がある。いかなるものであっても必ず仏になる可能性を秘めているという思想である。社会福祉現場においては、さまざまな問題点を抱え邪性定聚または不性定聚になってしまっている者がほとんどである。そこで現場におけるワーカーには、福祉利用者から社会復帰への可能性を引き出し、それを実現させることが課せられているとみることができる。

（田代俊孝）

⇒親鸞

◇生死輪廻(しょうじりんね)

E cycle of birth and death
S saṃsāra

生死の過程を無限に繰り返すこと。

　定義　三界(さんがい)(欲界・色界・無色界)、六道(地獄・餓鬼・畜生・修羅・人間・天上)の生死を繰り返すこと。生死は迷いの世界の意。生死流転・輪廻に同じ。

　展開　もともと自然を崇拝する宗教的民族であった古代アーリア人は、インダス河流域でヴェーダの宗教を確立したあと、ガンジス河畔に定住した。彼らは個人の生命は同一の霊魂を宿し、人間を含めた生類は生死の過程を悠久の時間のうちに繰り返すとする輪廻の信仰を強く抱くようになった。そこに輪廻と業(ごう)による応報思想が登場した。輪廻思想の背景には循環的な思考を促す風土からの影響も指摘されている。古代インド人たちは常に来世を想定して現世の生活を考えていた。希望に反する生存態を受けることは苦しみであり、応報としての望ましい来世を得るためには自らの行為を律しなければならない。輪廻と応報の教義に基づけば、永遠の恩寵や懲罰は存在しない。

　古代インドの宗教観によれば、この世でなした行為の如何によって死後のありさまが決定するとされた。その生存が終わると、また応報として次の生涯を送る。生死(輪

廻)は大海や波濤にもたとえられ，輪廻の生存は恐ろしいものと考えられた。この無限の繰り返しから解脱することが宗教家たちの理想であった。宗教的な理想の境地に達し解脱を得た者は，再生を受けることがないと考えられた。初期仏教でも，こうした伝統的な解脱観を踏襲している。輪廻を超越した聖者は，最後の生涯を送り，再び生存に入ることがないと考えられた。

仏教社会福祉的意味づけ 自己の欲するようにならないことは苦しみであり，生も自己の思うがままにならない。古代インドの宗教家たちは，苦しみからの解脱として，再生を受けない理想のさとりの境地を目指したのである。聖者たちに輪廻が存在しないのは，彼らが生死を超越しているからである。この場合の超越は，生も死も彼らの関心事ではなくなることであると理解することができよう。生に対する執着や死に対する恐れを超越することによって，初めて真の宗教家として生きることができるからである。

『法華経』では，如来は生死のありのままの姿を観察することができるという。世の中の真実相をさとった仏陀は，輪廻を超越していると考えられた。福祉に携わるワーカーには，生死輪廻を正しく見つめ，苦しみを苦しみとして受け容れるこのような視点が期待される。

参 中村元『ウパニシャッドの思想』中村元選集〈決定版〉第9巻，春秋社，1990年。中村元『原始仏教——その思想と生活』NHKブックス111，1970年。

（三友量順）

◇浄土

E Pure Land
S kṣetra-pariśuddhi; sukhavatī

煩悩が浄化された仏国土。

定義 仏や菩薩の安住する清らかな世界で，煩悩が浄化された国土をいう。一般的には，「ほとけの国」「西のお国」とも，「極楽浄土」または「極楽国土」「安楽国」「寂光土」ともよばれている。

展開 大乗仏教では涅槃を得た無数の仏の住む国を浄土という。それら諸仏の浄土は，娑婆世界（この私たちの住む世界）から，八方上下の方向にあるので十方浄土という。この方角感に関しては，キリスト教の聖書に表れる四方八方の平面的方向性が，仏教経典には見あたらない。立体的宇宙論を立てる仏教では，四方八方に上下を加えた六方，十方としていることはきわめて特徴的である。そのなかでも浄土教では，特に阿弥陀仏の西方浄土を重んじ，その世界を極楽浄土という。極楽浄土は過去世において法蔵比丘の立てた誓願に基づいて建立されたものである。この極楽浄土は，煩悩が浄化された国土，すなわちさとりの世界として輝く寂光土である。

仏教社会福祉的意味づけ 浄土は人間としての理想郷と理解され，目標・目的であり，真の到達点，心の故郷である。また，安定と安全を保障する安住の地であり，真の平等と自由を保障する福祉の原点を意味する。そして，浄土経典『阿弥陀経』では「青色青光・黄色黄光・赤色赤光・白色白光の浄土」であると表現している。それは，

私たち一人ひとりがすでに，それぞれの色をもち，光り輝いていることを語っている。すなわち，私たちの本来の姿でもあり，生きる喜びの姿であるといってもよい。この世界は，まさにいのちの輝く福祉風土であることを意味づけている。　　　（中垣昌美）

⇒往生　⇒極楽国土

◇『浄土教報』

E　Jōdokyōhō

明治から昭和にかけて刊行された浄土宗の外郭雑誌。

定義　1889（明治22）年1月25日に浄土教報社から創刊。浄土宗の公示や教団活動などを宗内に伝える役割を担い，その内容は一宗の叙任・辞令・住職任免などにも及んでいた。当初は月2回，大正期に入り毎週金曜日に刊行された。

展開　1917（大正6）年，浄土宗務所から『浄土宗報』が発行されることになり，本誌は宗内の報道という側面を脱し，浄土宗教団の雑誌として宗門の啓発にあたる役割を果たすため，多彩な分野にわたり論陣を張るようになった。しかし，昭和に入って『浄土宗年鑑』などを刊行していた教学週報社との合併により，1940（昭和15）年10月27日に第2343号をもって発展的解消を遂げた。

仏教社会福祉的意味づけ　宗門系の新聞・雑誌は宗内向けの記事で占められているのがふつうであるが，この『浄土教報』は社会問題や社会事業に大きなスペースを割き，異彩を放っていた。それは，主筆である渡辺海旭（1872～1933）の方針に基づくものであった。海旭の「浄土宗労働共済会」（1229号）をはじめ，矢吹慶輝（1879～1939），長谷川良信（1890～1966）ら浄土宗僧侶で社会事業家でもあった人物を中心に国内外の社会事業を論じ，セツルメント活動の現状を訴えるなど，この時代の社会事業の先頭に立つ論説が随所にあふれていた。特に長谷川良信は同誌の記者としてその中心的な役割を担い，数多くの論説を発表した。

また明治末期には論考を展開するだけではなく公開講演会を開催し，広く一般への啓発も行っていた。さらに1905（明治38）年の東北三県大飢饉，1918（大正7）年の米騒動，1923年の関東大震災に際しては「檄」を飛ばして積極的な救済をよびかけ，世論を喚起させて宗門活動の活性化を図った。

（松尾信亮）

⇒長谷川良信　⇒矢吹慶輝　⇒渡辺海旭

◇昭徳会

E　Shōtokukai

愛知県に展開されている社会福祉法人。

定義　1909（明治42）年1月，愛知県愛知郡清水町（現・名古屋市北区清水町）に，杉山辰子（1866～1932）が『法華経』の本義により，宗教活動と救済活動を目的に創設した「仏教感化救済会」が前身である。創設者・杉山辰子は，生来，不幸な人を黙視することができず，16歳頃より『法華経』の教えに帰依してきた。本会の設立にあたって，「何事をするにも己を顧みずして，大衆の福利を増進せしめる」ことが本旨であ

ると力説している。その教化法はあくまで対象者中心で，よいことでも押しつけたことは受け入れられないと教え，対人援助の基本をふまえたすぐれた伝道者でもあった。

展開 この会は，貧児の養護，被虐待児の保護，貧民救済および施療などの活動を展開してきた。大正期には，ハンセン病患者救済の活動も行った。杉山の死後は，医師でもあった村上斎(むらかみいつき)(1854～1947)が継承し，社会事業部門を「大乗報恩会」，教化部門を「大乗修養団」と改組し，前者は1934(昭和9)年，後者は1936年にそれぞれ財団法人の認可を受けた。しかし，1943年4月，大乗修養団が治安維持法違反容疑で捜索を受け，法華経宣布の禁止という処置を受け，1944年に大乗報恩会を「昭徳会」と名称変更した。1947年，村上斎の死後，鈴木修学(1902～62)が理事長に就任し，「日蓮宗昭徳教会」(現・宗教法人法音寺)を設立した。1952年に「社会福祉事業法」の施行により社会福祉法人へと改組。1953年には，福祉人材養成のために「学校法人法音寺学園」を設立し，「中部社会事業短期大学」(現・日本福祉大学)を開設した。一方，社会福祉法人として地域社会のニーズに応えながら，児童・障害者・高齢者などへ多くの施設を開設し，現在24施設を有する愛知県屈指の福祉事業団として活動している。

仏教社会福祉的意味づけ 昭徳会の活動理念は『法華経』にある「如我等無異(にょがとうむい)」(我が如く等しくして異なること無からしめん)にある。それは，昭徳会を今日の発展へと導いた修学が絶えず説いていた「世の人びとを本当の幸せにするために働く」ことであり，創設以来一貫して守られてきた実践の指針であった。この精神が，幾多の困難を克服し，戦後の発展の基礎となり，福祉の人材養成，地域社会への貢献を果たしてきた。

そこに，仏教特に『法華経』の精神を現実社会に生かしていく仏教社会福祉の実践課題が，体現されている。

参 法音寺編『御開山上人伝』法音寺，1978年。　　　　　　　　　　(宇治谷義雄)
⇒鈴木修学

◇**聖徳太子**(しょうとくたいし) 574(敏達天皇3)～622(推古天皇30)

E Shōtoku Taishi

推古天皇の皇太子・摂政。

略歴 父は用明天皇，母は穴穂部間人皇后(あなほべのはしひと)。呼称に厩戸皇子(うまやどのおうじ)，豊聡耳命(とよとみみのみこと)などがある。聖徳太子の称は没後につけられた諡(おくりな)とされる。聖徳太子の父母は，共に欽明天皇を父とするが，その母は共に蘇我氏の出身で，蘇我氏の強い影響下に置かれていた。14歳の時蘇我・物部の争いが起き，蘇我氏の側に立って仏法の守護神である四天王の像を造り，戦勝を祈願した。これが，摂津国(現・大阪市)の四天王寺建立につながっている。

593(推古天皇元)年，日本最初の女帝である推古天皇の皇太子・摂政となり，603年に「冠位十二階」の制を定め，それぞれの才能や功績に応じて冠位を与える制度を導入し，これまでの世襲的な制度を大きく変革しようとした。また，604年には「憲法十七条」を制定し，国家の政務にあたる者の心構えを説いた。さらに，607年には

小野妹子を遣隋使に任じ，対等な外交関係を主張する一方，多くの留学生・学問僧を派遣して先進的な文化の摂取に努めた。

展開 聖徳太子が摂政として最初に布告したのは，594年2月の「三宝興隆詔(さんぽうこうりゅうのみことのり)」である。それまで仏教に関しては蘇我氏が主導して，朝廷は消極的な立場をとっていた。ところが聖徳太子は，高句麗の僧・恵慈(え)，百済の僧・恵聡(そう)に師事して仏教への造詣を深め，606年に『勝鬘経』『法華経』を講じるに至った。これが，推古天皇と聖徳太子の祈願によって建立されたとする法隆寺に遺されている『三経(『法華経』『勝鬘経』『維摩経』)義疏(ぎ)』につながるものである。これについては，聖徳太子の作であることを疑う学説も少なくない。

しかし，仏教の根本経典として，①すべての人がさとりに至ることを説いた『法華経』，②女性の在俗仏教者である勝鬘夫人を主人公とする『勝鬘経』，③男性の在俗仏教者である維摩居士を主人公とする『維摩経』を選んだことは，在俗の立場から仏理解を深めた聖徳太子の立場を明示している。

このような，聖徳太子の仏教に対する独自の理解に，晩年の言葉として著名な「世間虚仮(けこ) 唯仏是真(ゆいぶつぜしん)」があり，人間の生きる世間は虚仮であり，ただ仏のみが真実であるととらえたのであった。

仏教社会福祉的意味づけ こうした聖徳太子の仏理解をふまえ，その福祉思想へのつながりを求めると，次のようになる。

第一に，『三経義疏』に選び取られた経典から，その仏教理解のみならず，福祉観がうかがえることである。女性・男性の在俗の仏教信者を主人公とする経典を選択したことから，平等の人間観に立っているといえること。それはまた，「憲法十七条」の第10条で互いに聖でも愚でもないと説いて，共に凡夫であると提示している。その平等観は無知なありふれた人間であるという凡夫の自覚に立つことで，一層の深まりを示している。

第二には，『勝鬘経義疏』にみられる実践を強く促す立場である。それは，不善なる行動を抑制する「止善」と積極的に善を行う「行善」の二つの観点を立て，倫理的慈善的行為を促し，孤独疾病などのある者への救済を根拠立てていることである。

こうして平等の人間観に立脚したこと，実践を促して善なる行為を救済と結びつけたことなどが福祉思想としての意義といえる。しかし，自らの業績のなかに，福祉的実践行為があったわけではない。今日，その実践として伝えられているものの多くは，歴史的事実とはとらえ難いとされている。しかし，高度な仏教的人間観や倫理的慈善観に対する考え方は，のちに日本の福祉思想を形成していくうえで，重要な契機となるものである。

参 家永三郎『上代仏教思想史研究』法藏館，1966年。吉田久一『日本社会福祉思想史』川島書店，1989年。日本仏教学会『聖徳太子研究』平楽寺書店，1994年。上原英正「聖徳太子」(原典仏教福祉編集委員会編『原典仏教福祉』北辰堂，1995年)。　　　(早坂　博・宮城洋一郎)

じょうどし

◇浄土宗捨世派

[E] Jōdoshū-Shaseiha

近世において官寺を離れた隠遁的専修念仏者の一派。

定義 戦国末期の称念(1513〜54)を祖とし、「出家中の遁世にして真の出家なるを捨世とは名付けたるなり」(『称念上人行状記』下)とあるように、当時の僧侶の多くが名利(名声や利得)に走って出家としての本来の行持(戒律を守り修行に励むなど)を失っていたため、出家の再出家を提唱したもの。そこには僧界における世間的出世の源泉というべき、比叡山を下って黒谷に隠遁し専修念仏に帰入した宗祖法然(1133〜1212)の姿が投影している。

この派の系譜に位置づけられる僧には、以八・弾誓・忍澂・澄禅・厭求・無能・関通・雲説・学信・法岸・法洲・徳本らがあげられるが、檀林(宗門僧侶養成機関)修学の有無や行実のうえから、学僧型・専念型・行者型など、いくつかのタイプに分けることもできる。彼らはひたすら法然への回帰を志向して、めざましい信仰教化運動を展開するとともに、利他的救済活動にもみるべき足跡を残している。

展開 捨世派の人々にみられる行動と思想の特徴は福祉の視点から次のように整理できる。

第一は、教化と福祉(慈善)が不可分の関係にあったこと。たとえば関通(1692〜1770)は『化他発願文』のなかで、自らの布教の志を、慈悲を「上達利智高貴福徳」などのいわゆる上層の人にふり向けるのではなく、「貧窮孤独田夫下賤重障愚癡弊悪鈍根」などのいわゆる下層の人にふり向けることを先とすることこそ本意だとし、自分の慈悲心が際限なく常に衆生と共にあることを忘れない、とその決意のほどを書きとどめている。重要なのは、関通の教化(宗教的救済)対象への密着の姿勢と、その対象が同時に福祉(社会的救済)対象ともなるべき階層に置かれていたことであった。

第二は、捨世派の人々の行動範囲やその福祉対象が既存の寺檀関係や村落共同体に制約されるものではなく、広範囲にわたり、むしろ檀家制の枠を超え、かつ共同体から疎外された人々に目が向けられていること。この点は捨世派僧の行動様式にみられる「遊行性」(寺僧が定住であるのに対して一所不住)に由来する。遊行というあり方がこの派の僧の宗教的霊威と結びついて、彼らは多くの民衆に迎えられている。奥羽2州を巡遊し、各地の民衆から熱狂的な歓迎を受けた無能(1683〜1719)は、「乞食・非人・癩病人・遊女」といわれる、いわば当代の社会からドロップアウトし、差別され賤視された人々に対し積極的に接近を図った。なお、捨世派僧のなかには遊行しない者もいたが、彼らは隠遁遊行を内面化し、精神としての遊行、すなわち世俗的価値の束縛からの自由を保持していたといえよう。

第三は、ひたぶるな信仰に裏打ちされた「勧進エネルギー」ともいうべきものの存在である。勧進とは、勧誘策進の意で、造寺などの事業のために浄財の喜捨を勧める行為だが、天和の飢饉に際して窮民救済に立ち上がった厭求(1634〜1715)や忍澂(1645〜1711)の施行とその勧進をみれば、

彼らの活動がいかに諸人の支持と協力のもとに展開されたかが知られよう。

第四は、名利を否定し、世間的利害から超脱していたこと。それは「捨世」の原点でもあるが、福祉における実践主体の倫理として重い意味をもつ。

第五に、福祉対象と平等(対等)であるという人間観をあげることができる。「罪悪生死の凡夫」との自覚と、阿弥陀仏の前における絶対平等の人間観がふまえられているからである。

このようにして彼らは布教・教化とともに利他的救済活動に努めたのであった。

参 『浄土宗全書』18・19所収、浄土宗開宗800年記念慶讃準備局発行、1971年。長谷川匡俊『近世浄土宗の信仰と教化』渓水社、1988年。伊藤真徹『日本浄土教文化史研究』隆文館、1975年。長谷川匡俊『近世の念仏聖無能と民衆』吉川弘文館、2003年。　　　　　（長谷川匡俊）

⇒勧進　⇒無能

◇浄土宗のブラジル開教（じょうどしゅうのブラジルかいきょう）

E Jōdoshū's overseas missionary work in Brazil

長谷川良信(1890～1966)がブラジルにおいて展開した仏教社会福祉事業。

定義　初代南米浄土宗開教総監であった長谷川良信は、3回にわたり渡伯し、サンパウロに「南米仏教浄土宗別院日伯寺(にっぱくじ)」を創建(1954年)し、また付属事業として「日伯寺学園」(1957年)や児童療育施設「イタケーラ子供の園」(1959年。現・社会福祉法人「こどものその」の前身)を開設して仏教による多様な開教事業を展開した。

長谷川のブラジル開教活動とは、単なる教化や仏事・廻向などに終始するのではなく、日伯寺に拠点を置き、この寺院を中心にしてコロニア(入植地)区域を組織的・総合的に改良しようとする寺院社会事業であった。自身はこれを「宗教・社会事業・教育の三位一体」とよんで、開教活動の基本方針に掲げた。また、ブラジルの仏教各宗派を大乗仏教の見地で組織化し、「在伯仏教各宗連合会」(現・ブラジル仏教連合会)を結成(1958年)した。

展開　長谷川の第1回目の渡伯は1953(昭和28)～55年(渡伯時には63歳であった)、第2回は1957～58年、第3回は1962年であった。初回の時は単身船でアメリカをへてブラジルに入り、約8ヵ月をかけて広大なブラジル20余州の大方を視察旅行した。主としてブラジルに点在している日系移民のコロニアを歴訪し、彼らの家族の追善供養や激励・講演に精力を傾けるとともに、コロニアでの生活の実情をつぶさに視察、調査した。この視察でコロニア住民が経済面や精神面でも不安定な状態であること、教育や福祉が立ち後れていること、多民族世界での国際感覚の必要性などを痛感し、「日伯寺」を創建して総合的な文化福祉センターの役割をもつ福祉・教育施設の開設を図った。

第2回は、先の計画を実現するために、佐々木陽明・西本尊方・長谷川良昭ら3名の青年開教師を伴っている。正式に日伯寺本堂を建設するとともに、「日伯寺学園」を開設、ここで幼児の保育、日本語学習、移民相談、老人クラブ、障害児治療教育部

(「イタケーラ子供の園」の前身)などの福祉と教育の諸事業を開始した。

このブラジル開教は，自坊の檀林大巌寺(千葉県千葉市)で同寺文化苑構想を公表，組織化した頃と同時期にあたり，ブラジルと日本という，地球の表裏で寺院を拠点とした仏教福祉事業を推進したのである。

これらの諸事業は長谷川の弟子，第2代南米浄土宗開教総監・佐々木陽明らに受け継がれ，後年，佐々木らの手でパラナ州マリンガに「マリンガ日伯寺」を建立(1975年)，併設事業として「和順会老人ホーム」を開設(同年)し，ブラジルの地で仏教福祉事業を今日まで継承，発展させている。

仏教社会福祉的意味づけ 長谷川がブラジル開教に専念した前後7年間は日本の戦後復興の途上期であり，国内では敗戦の混乱と生活苦からようやく脱する頃であった。この当時海外での日本仏教の開教事業といえば，ハワイや北・南米の日系移民間で戦前同様の方法により教化と仏事を行うものであったが，そのなかにあって浄土宗の長谷川は広く国際的視野に立って寺号を「日伯寺」とし，「宗教・社会事業・教育の三位一体」を掲げて，総合的社会事業・地域改良事業を構想，実践した。大正期の「浄土宗社会派」はいずれも国際性をあわせもっていたが，その一人長谷川も最晩年にこの仏教社会事業家の使命をブラジルで発揮した。それは今日も後継者や支持者たちが国際的事業として発展させている。

参 長谷川匡俊『トゥギャザーウィズヒム——長谷川良信の生涯』新人物往来社，1992年。三好一成「長谷川良信における事業展開の理念と方法」(『長谷川仏教文化研究所年報』第22号，1998年)。長谷川匡俊『長谷川良信のブラジル開教——その理念と実践』大巌寺文化苑出版部，2003年。長谷川匡俊監修『長谷川良信全集』全4巻，日本図書センター，2004年。　　　　　　(三好一成)
⇒長谷川良信

◇浄土宗報恩明照会

E Jōdoshū-Hō'onmeishōkai
浄土宗の社会事業活動の支援組織。

定義 1914(大正3)年2月開催の浄土宗臨時宗議会において設立が企図され，宗祖法然に「明照大師」の称号が贈られたのを記念して命名された。同年9月26日，財団法人の設立と寄付行為が認可され，事務所を東京芝の浄土宗務所内に置き，初代総裁に浄土宗管長山下現有(1832〜1934)が，会長に宇都宮善道(1856〜1928)，理事に渡辺海旭(1872〜1933)らが就任した。主たる目的は，感化救済事業・免囚保護会の設立経営と宗内の慈善事業奨励のための助成金交付であった。

展開 明治末年以降，政府は社会問題の顕在化に対応して感化救済事業の奨励策を打ち出し，浄土宗内でも「浄土宗労働共済会」が設立されるなど，これに呼応する動きが活発化しつつあった。「浄土宗報恩明照会」は，宗内の活動をさらに推進するため，資金面での支援体制を整備することを主眼に置いていた。そのため，教団は設立資金として1万円を拠出したのをはじめ，全国の末寺からの賦課金の2分の1を20年間にわたって積み立て，さらに檀信徒の寄

付を募るなどして，50万円という当時としては巨額の基本財産の形成を計画し，宗内の社会事業への資金援助を開始した。

1923（大正12）年には，「浄土宗社会事業規則」「教区社会事業規程」などを制定，各教区に社会事業協会が設立され，1930（昭和5）年末までに設立をみた社会事業・教化事業の施設数は，1138にも及んだ。1934年以降，「一寺院一事業」運動が推進されて一層社会事業への関心は強まった。戦後の混乱期に活動が一時休止状態に陥ったが，1975年頃から財団活性化の気運が高まり，1986年に法然初学の地である岡山県奈義町に青少年教化・生涯学習施設「那岐山菩提寺研修センター」が建設された。

現在，浄土宗報恩明照会は，同センターの運営をはじめ，雑誌『THE法然』の発行，ラジオ放送番組「めぐり逢った人」の制作など，浄土宗教化のための社会活動を展開している。

仏教社会福祉的意味づけ　戦前の浄土宗は，「社会事業宗」と呼ばれるほど，活発な社会事業活動を展開した。その活動には，「浄土宗報恩明照会」という支援組織が大きな役割を果たしたのであった。

参　『浄土教報』1134号，1913年10月23日。教学週報社編『浄土宗制規類纂』昭和5年版，1930年。教学週報社編『浄土宗年鑑』1931年。浄土宗大辞典編纂委員会編『浄土宗大辞典』2，山喜房佛書林，1976年。　　　　　　　（中西直樹）

⇒浄土宗労働共済会　⇒渡辺海旭

◇浄土宗労働共済会

E　Jōdoshū-Rōdō-Kyōsaikai

明治末期から大正・昭和初期にかけて活発な事業を展開した代表的な仏教セツルメント。

定義　1910（明治43）年，ドイツ留学中に「労働者の家」に関心を抱いた渡辺海旭（1872～1933）が中心となり，東京深川に無料職業紹介所「衆生恩会」を設立した。同会は宿泊所を付設，さらに労働者の慰安設備の設置を計画し，これに賛同した安達憲忠（1857～1930）や茅根学順らによって「浄土宗労働保護会協議会」が結成され，実動に向けた準備作業が進められた。翌年3月，趣意書と規則を発表，名称も「浄土宗労働共済会」と改められて発足した。

展開　同年5月に事業を開始，実費で労働者を宿泊させる簡易宿泊所を設け，無料職業紹介所では，まず雑業に就業させ，ついで定職を世話して貯金を奨励した。また，毎月1回酬四恩会という修養講話会が開催され，宿泊所には診療室および病室も付設されていた。このほか，不時の失業者に対応するための授産場や「浄土宗連合少年会」を設置し，宗教大学と連携して，その学術研究の成果を広く社会に問う大学拡張会を行う計画もあった。1912の正月には施餅を行い，3月の東京洲崎大火の際には250余名を1週間にわたって救護し，罹災者の相談にも応じた。また米価が高騰した7月には，宗教大学生が飯米の低廉売を行うなど，次々に画期的な事業を展開した。

大正時代には授産部を拡張し，1915（大

正4)年1月に機関誌『労働共済』(1921年に『新文化』と改題)を創刊，1917年には簡易食堂・廉売所などの事業も開始した。1923年9月の関東大震災では施設を焼失したが，同年12月バラックを建てて事業を再開した。1925年に「労働共済会新館」が完成し，「明照保育園」(のちの「月かげ幼稚園」)も開園した。しかし，昭和に入ると，戦時体制突入に伴って次第に活動規模を縮小し，戦後は幼稚園が再開されたのを除いて活動を終えた。

仏教社会福祉的意味づけ 「労働共済」という用語は，この浄土宗労働共済会において初めて使用されたものであった。仏教福祉の用語としてあまりなじみのない「労働共済」という概念は，渡辺が「現代感化救済事業の五大方針」として打ち出した理性中心主義・科学的系統主義・共済主義・人権主義・防貧主義の5概念における中核的価値として位置づけたものである。使用概念としては未熟な表現ではあったが，その発想には科学的・社会的志向性がうかがえ，救貧という消極的社会事業から防貧という積極的社会事業へのパラダイム転換が図られ，人権と共済の両概念を両輪としている点で，当時としてはすぐれて斬新なものであった。

渡辺は，従来の仏教慈善事業が「施与」あるいは「救恤」「救済」であり，客体(対象)をあわれみの対象としていたのに対して，「済世利民」を基調とする大乗仏教に学びながら，社会事業の主体が「衆生恩」を感じると同時に，社会事業の客体(対象)に報いる「報恩主義」の社会事業思想を提唱した。その意味において，浄土宗労働共済会の設立は，大正社会事業の幕開けを目前にして，明治期の仏教慈善の到達点を整理した思想史的モニュメントであったと考えてよい。

参 芹川博通『渡辺海旭研究——その思想と行動』大東出版社，1978年。中垣昌美「社会福祉の価値と価値観について——共済と共生を中心に」(『四天王寺国際仏教大学紀要』人文社会学部，第34号，2002年)。　　　　　　　　(中垣昌美)

⇒安達憲忠　⇒渡辺海旭

◇湘南学園 (しょうなんがくえん)

E Shōnan-Gakuen

滋賀県大津市にある児童養護施設。

定義 学園の創始者西尾関仲(にしおかんちゅう)(1879〜1965)は，曹洞宗の僧侶であり，師の丘宗潭(おかそうたん)(1860〜1921，曹洞宗大学長)に随行して岡山に赴いた際，岡山孤児院主の石井十次(いしいじゅうじ)(1865〜1914)に出会い，慈善事業を行うことを発起した。1901(明治34)年に滋賀県高島郡の高雲寺の住職に就任したのを機会に1名の孤児を弟子として受け入れた。1904年に長浜の徳勝寺に転任し，その際，収容孤児は10名となり，西尾は「長浜育児院」を設立した。

展開 長浜育児院設立の年，大津市内25ヵ寺よりなる「仏教同和会」も，三井寺内に「大津育児院」を創設していた(のちに「滋賀県育児院」と改称)。1907年，同和会の代表西村悶念(にしむらけいねん)は，西尾の人柄を見込んで同院の運営を彼に委譲し，両院合併して「滋賀県育児院」と称された。翌年，三井寺山内の善法院を借用し，修繕を加えて移

転し「湘南寮」と名づけた。同じ年，財団法人として認可を受け，翌年には経営難に陥っていた「彦根金亀育児院」も合併，院児7名を受け入れた。

　西尾は，仏教主義による感化に努める一方，夫人とともに家族的雰囲気のなかで院児を養育することに尽くした。財団設立申請の際の目的も「本院は無告の孤児又は事情之に等しき可憐薄命児を教養し仏教主義家族制度を以て父母に代りて教養す」としている。1934(昭和9)年には，石山の現在地を購入し，1936年に児童棟4棟が竣工，1939年には，戦没者孤児の収容施設「遺芳寮」も開寮した。

　西尾は1945年に高齢のため引退したが，中村弘道(黄檗宗宗務総長)が理事長を引き継いだ。戦後，社会福祉事業法の施行に伴って「社会福祉法人滋賀県湘南学園」となり，現在に至っている。

仏教社会福祉的意味づけ　仏教者による児童養護施設(孤児院)の設立は，明治10年代の「福田会育児院」(1879年東京)・「大勧進養育院」(1883年長野)に始まるが，明治30年代に入ると，さらに各地に広がっていった。背景には，日清戦争とその後の恐慌に伴う貧困層の増大や，内地雑居を目前に控えて仏教側がキリスト教の事業に対抗しようとしたことをあげることができる。

参　『くもりのち晴れ(湘南学園創立80周年記念)』湘南学園，1984年。(中西直樹)
⇒佐賀清光園　**⇒讃岐学園**　**⇒大勧進養育院**　**⇒福田会**　**⇒吉江学園**

◇**証　明**

E proof; verification
S prāmaṇikārava

証拠だてること。

定義　ある事態が，人をして一定の事柄を信じさせる関係，またはその結果として人がそれを信じていること，もしくは他人に信じさせようとして，その根拠となる事態を明らかにする努力を広く証明という。

展開　証明のよりどころとなる事態は証拠である。訴訟上は，裁判官に係争事実の存否について確信を得させることを目的とする当事者の努力(立証)，またはこれに基づき裁判官が確信を得た状態を証明という。

仏教社会福祉的意味づけ　「証明」は仏教用語でもあり，仏教では真実であることを証し明かすことを「証明」という。証拠だてることをいう。『法華経』では，釈尊の説法を多宝仏が真実であると証明したとされる。仏伝の降魔成道の場面によると，釈尊の成道(さとりを開く)をさまたげようと悪魔が現れて，釈尊が過去世において誰よりも多くの布施をしたことを誰が証明するかと問いつめた時，釈尊は右手を大地につけて「この大地が証明する」と答え，大地もまた鳴動してそれに応じたという。

　「われわれは大いなるものに抱かれている」という思想が大乗仏教にある。これを本願という。ここにいう，大地とは，そのような意味にとらえられよう。(東　一英)

◇除苦悩法
じょくのうほう

E teachings of dispelling one's suffering　S duḥkhāpaha-dharma

釈尊が示した生死の苦悩を除く教え。

定義　仏陀の示した生死の苦悩を除く教え。苦を抜き、楽を与えるのが仏の慈悲の教え。念仏の法。抜苦与楽ともいう。

展開　仏典にこの言葉が出てくるのは『観無量寿経』の第七華座観の経文である。そこでは、仏陀が韋提希夫人に向かって、苦悩を除く法を説こうと告げられるや、その声に応じて、阿弥陀仏と観音・勢至の2菩薩が空中に住立（来現）した。韋提希夫人は仏力により、阿弥陀仏を見ることができ、続いて仏陀は蓮の台座を観察する修行方法（華座観）を説いた。仏陀の示した生死の苦悩を除く法は、『観経』の蓮座の観法になる。

しかし真宗では、空中に住立した阿弥陀仏との出遇いそのもの、あるいはそれを意味する南無阿弥陀仏の名号であると理解する。すなわち蓮の台に座る阿弥陀仏を思い限りないいのちと光の阿弥陀仏の智慧と慈悲に出会うことによって阿弥陀仏の救いを信ずることができると説いている。つまり、釈尊の示した生死の苦悩を除く法とは、念仏であり、無量寿（無限）との出会いである。そもそも生死を自己の分別ではかり、所有化して、意志のままにしようとするところに苦悩が生じる。

韋提希夫人が自力の無効を信知して、頭を垂れた時、眼前の空中に阿弥陀仏が立っていた。自己を超えた絶対無限（阿弥陀）の大きなはたらきのなかに生かされていたことを知り、疑いが晴れて確信の境地が開けた。

仏教社会福祉的意味づけ　苦悩を除く法とは、まさに社会福祉の目標でもある。同時にこのことは仏教の学びそのものであるが、それはその習得や知識的理解によって必ずしも得られるものではない。自分をそのままにして求めるのではなく、自分そのものが、問われ、転換させられるという学びがなくてはならない。つまり、仏教社会福祉の基本理念は苦悩を何か不思議な力で除くのではなく、苦悩のなかに苦悩を正しく認識すること（さとりの智慧）により、共に悩み共に生きてくれる存在のありがたさ（仏の慈悲）に目覚めることである。そして主体的に苦悩を解決していく自己決定力を得ることができるよう援助することに意味がある。
（田代俊孝）

⇒慈悲　⇒抜苦与楽

◇初心
しょしん

E beginner's mind for enlightenment　S prathama-cittotpāda

さとりを求める心をまず起こすこと。

定義　『華厳経』の「初発心の時、すなわち正覚を成ず」という句に由来するといわれ、初めてさとりを求める心を起こすことである。初心後心という場合があるが、この場合は初心が初めて道に入った者で、後心は仏道に入って時をへた者ということである。

展開　初心は一般によく使われている言葉であり、「初心忘るべからず」（世阿弥の

『花鏡』奥段)はよく知られた格言の一つにもなっている。人間は，決心して行動を起こす時の最初の心を大切にし，目標達成に向けて精進することを忘れてはならない。

仏教社会福祉的意味づけ 人間の行動と意思決定は無関係ではない。自ら選択した主体的行為は自らが起こした初一念であり，その最初のみずみずしい思いを貫いて行動する人間であることが期待される。心情的・恣意的な慈善行為ではなく，主体的・合目的的な仏教社会福祉実践の展開は，仏教理念や仏教精神を主体的契機として発する初心にある。思い立つ心の大切さを表現した仏教的概念であり，感情的または衝動的に思いつくような行為ではなく，問題意識をもち，願いに生きる思いと達成課題に向けて努力精進する自覚を明らかにすることである。　　　　　　　　　　　（中垣昌美）

⇒**一念発起**

◇自利利他（じりりた）

E benefit oneself and others

S svārtha parātha, ātma-hita-para-hita

自らの利益を求めながら他人の利益も目的とすること。

定義 菩薩をはじめとする仏教の修行者が，精進努力して善根(正しい行い，よい結果を生み出すもと)を集め，功徳を積んだ修行の成果を己にふり向けるのを「自利」，他者の利益のためにふり向けるのを「利他」という。特に菩薩は「利他行」を重要視する。ただし他者に利益を与えるためには自らの修行を成就することが必要なので，菩薩は「利他」のために「自利」を求める。

展開 仏教でいう「自利」は利己主義やエゴイズムを指すものではなく，自らの利益を優先したり利益を独占するということではない。そこには他者の利益も目的とした「利他」の意味合いが含まれている。一般にいう「自利」と「利他」は，対義語のような意味にとらえられがちである。しかし「自利」は「自分自身によって自らが利益されること」で，「利他」は「自ら他を利益すること」である。

仏教社会福祉的意味づけ 「自利利他」という言葉は対義語の並列や対句ではない。まさに菩薩が自らの目標として課した「上求菩提」(自利)，「下化衆生」(利他)と同じ目的を含んでいる。自らを善行を積む修行によって高め，それによって他人に利益を与えるのである。このことを「自利利他円満」という。他人を利益するために自らを修養していこうと志すことがさらなる自らの利益につながる。このことは福祉の現場で福祉サービスの供給者と受給者が，相互に学び，自立と交流と連帯を高めあうことを意味する。

参 水野弘元『仏教要語の基礎知識』春秋社，1972年。　　　　　　（林　俊光）

⇒**菩提心**

◇信　　仰（しんこう／しんごう）

E belief; faith; creed

S prasāda; śraddhā

人間が人間を超えた何かを信じ仰ぐこと。

定義 語義を分解すれば，「信」は人と言(言葉)とからなる会意文字で，人の言葉と心とが一致すること，すなわち「まこと」

しんこう

を意味し,「仰」はあおぐ, すなわち見上げること, うやまうこと, とうとぶことである。したがって「信仰」は, 神や仏など人知や人力を超えていると思われる存在を信じ, たっとび, うやまう心をいう。仏教用語としての「信仰」は, 三宝を信じて喜び敬うこと。

展開 現代日本において, 広義の宗教的心情を表す言葉として, 信仰心・信心などとも同義に使われているようである。ひとしく「信ずる」といっても,「信頼」や「信用」は人間と人間との間に成立する信であり,「信念」は信じ込んでいる心の堅さを意味するのに対して,「信仰」「信仰心」「信心」は, 人間を超えた存在への信である点に相違がある。

ところが, 宗教的信を意味する信仰にしても信心にしても, その信の内実に立ち入ってみると, 注意しなければならないことがいくつかある。まず「信仰」という現代語は, 近代になって一神教であるキリスト教のフェイス(faith)の訳語として採用され, 次第に他の宗教にも適用されて, 広く使われるようになった言葉である。それが, 本来一神教とは性格を異にするはずの仏教においてさえ, 新しい感覚をもった言葉として, 好んで用いられるようになった。特に, 弥陀一仏を信じることを強調する浄土教系仏教において, その傾向が強かった。それは, 伝統仏教における「信心」という言葉が, 信じる心に満足さえあれば, 信の対象については問題にしないという世間的風潮を正していこうとする配慮がはたらいたためであろう。

とりわけ親鸞(1173～1262)は, 信心の意味を徹底して深くとらえた聖人である。すなわち, 自力によって仏道を完成することのできない煩悩具足の凡夫は, 他力の信心によって救われるとした。他力の信心とは, 阿弥陀仏の本願力によって与えられる念仏の信心(信楽)である。それは阿弥陀仏より賜った信心であり, 願力廻向の信心, あるいは真実信心といい, 信仰とは表現しない。また, ひとたび得れば決して壊れない性質の信心であり, 金剛堅固の信心ともいわれる。この信心が定まることを信心決定, もしくは信心獲得といい, 一旦定まった信心がずっと続くことを信心相続という。

仏教社会福祉的意味づけ 親鸞においては, 特に,「智慧の念仏」とか「信心の智慧」と表現しているところから, その内実は仏を向こうに立てて仰ぐ信仰でもなく, 主観的な自分の思い込みの強さを意味する信心や信念とも異なることが明らかである。したがって, 仏教福祉における用語としては, 信仰と信心は分別して使用されている。とりわけ, 浄土教系の仏教では, 信心を強調するため, 逆境や社会的障害の担い手であることを不幸とか社会的落伍と定義しない。縁起の因果法則性を認識するうえから, 人間らしく生きる権利は歴史的・社会的条件に規定されて行使されるものであることを認めつつ, 自己の存在を恵まれたいのちの尊さとして感動的にとらえ, あり得がたくしてあり得たいのちに感謝し, 賜りたる今日の1日を大切に精一杯生きることを勧めるのである。幸福や富を得るための欲望充足を生活の原則とするものではなく, 感謝と感動を生活の原則とするのである。仏

の智慧に導かれて生きる信心の念仏生活は，信心相続であるところから，歴史的・社会的条件に規定される現実を正しく観察し，認識することをおろそかにしないことである。それと同時に不平や不満の結果としての反社会的または非社会的生き方を転換し，恵まれた1日1日をいのちの輝きの日々として受け入れて生きるのである。そのことは，生きる主体が相互に認めあい，基本的人権を尊重しあって生きることであり，自立と連帯のうえに構築する仏教福祉の原点でもある。　　　　　（西光義敞・中垣昌美）

⇒縁起　⇒親鸞

◇震災　しんさい

E earthquake disaster

S pṛthivī-kampā-utpatti

地震によって起こる災害。

定義　震災は，地下の岩盤破壊現象の地震によって，強い地震動の影響範囲にたまたま人間の文明がある場合に発生する社会現象である。

展開　近代以降の主な震災を，仏教社会福祉との関わりで述べていく。1891（明治24）年，濃尾大地震は，死者6511人，重軽傷者9906人，全半壊14万7531戸，消失家屋5564戸の被害があった。仏教各宗派は，慰問使を派遣し，義捐金を募集したが，特に孤貧児の救済活動に力が入れられ，「福田会育児院」は16人を引き取り，近代育児事業の起点となった。さらに，「大阪仏教婦人会」は「慈恵女学校」を設立して，6歳以上15歳以下の孤女児27人を，大分県中津・明蓮寺は孤児20人を，同県竹田・妙見寺も孤児11人をそれぞれ引き取り養育した。このほか岐阜県の得律寺は「仏教少年館」を開き，70余人の孤貧児の教育にあたっている。しかし，これらの救済をめぐって，仏教界に病院がないことから「仏者の医学校を設立すべし」との仏教関係誌の主張もみられるなど，仏教医療の遅れが指摘された。

次に1896年の三陸沖地震による津波被害は，死者9万4970人，家屋消失6648戸，全半壊1240戸，負傷者1241人である。各宗派は，慰問使を派遣し，義捐金を募集。孤貧児救済は，日蓮宗が19人，福田会育児院も10余人を引き取った。この事態に対し，渡辺海旭（1872～1933）が「学生の慰問，尼衆看護婦の派遣」を力説したが，仏教関係誌の論調のなかには，罹災は「因果応報」「前世の悪業」などと誤った差別的な見方をするものがあり，問題を残している。

ついで1923（大正12）年関東大震災では，死者14万人，家屋焼失45万戸，全壊14万戸という大きな被害があった。各宗派の対応は，これまでの反省をふまえ，次のように多彩なものとなった。

救護所の設置：浅草寺（聖観音宗），看護婦の派遣：浄土真宗本願寺派・真宗大谷派・浄土宗，診療所・無料宿泊所の設置：浄土真宗本願寺派・真宗大谷派，託児所の設置：真宗大谷派・増上寺（浄土宗），簡易食堂：浄土真宗本願寺派・真宗大谷派・浅草寺，職業紹介所：浄土真宗本願寺派・真宗大谷派，移動浴場：浄土真宗本願寺派・真宗大谷派。このほか，慰問袋1万個以上を真言宗が贈り，高野山大学学生15人が現地入りし，慰問と死者の追悼，被災者のハ

ガキ代筆などを行っている。この時，真宗大谷派は全国に社会事業委員を設置している。さらに，仏教関係諸誌紙は論陣を張って「復興寺院の社会化」を主張しており，大正デモクラシーの気風をうかがわせる。

1995（平成7）年の阪神淡路大震災では，死者6300人，負傷者3万5000人，全壊17万9202戸，半壊22万7135戸，全半焼1万4603戸の被害となっている。震災1年半後も，なお仮設住宅5万戸に8500人が不自由な生活を余儀なくされて，独居死83人も発生，また県外避難被災者も5万世帯10万人となっている。

各宗派の取り組みのなかで最も早かったのは，震災当日に救援物資を集めた浄土真宗本願寺派で，翌日から現地に物資を運んでいる。他の宗派も被災寺院の被害状況を調査するとともに，おにぎり・みかん・ウーロン茶・缶コーヒー・水・タオル・毛布・石鹸・洗剤などを給付し，自転車・トラック・給水車などを提供した。また，ＮＧＯ活動を展開してきたＳＶＡ（曹洞宗国際ボランティア）や「真言宗蓮華院国際協力会」も各地に拠点を設けて，炊き出し給食，入浴サービス，給湯サービス，仮設住宅ケアなどの活動をしている。さらに，仏教系福祉大学も全国からの募金や学生ボランティア派遣を行った。

仏教社会福祉的意味づけ　このように，近代以降の震災に対し各宗派とも明確に対応し一定の成果を得てきた。そこには，前近代から展開してきた飢饉救済をはじめとする仏教者の慈善活動の歴史的伝統があったからにほかならない。と同時に，社会問題に誠実に応え，苦難に陥る人々に対し，自他不二の縁起思想と大乗仏教の精神によって救済する実践の立場が，近代以降も脈々と継承されてきたのであった。この伝統は，現代社会に生きる仏教徒の立脚点を明らかにし，未来につながるものとなるであろう。

参　石橋克彦『大動乱の時代』岩波新書，1995年。吉田久一『日本近代仏教社会史研究』上，川島書店，1991年。

（桂　泰三）

⇒浅草寺病院　⇒浅草寺福祉会館
⇒曹洞宗国際ボランティア会（SVA）
⇒福田会

◇真宗大谷派光明会

しんしゅうおおたにはこうみょうかい

E　Sinshū-Ōtaniha-Kōmyōkai

昭和初期，真宗大谷派がハンセン病患者・家族の慰問を目的に設立した団体。

定義　1929（昭和4）年4月，大阪で「癩予防撲滅全国大会」が開催されたが，この時は仏教側の積極的な参加はあまりみられなかった。ところが，翌年10月，貞明皇太后が予防事業に基金を拠出し，安達謙蔵内相が官邸に財界人を招待してらい根絶策を発表すると，仏教側の対応も活発化していった。そして，この年の11月に開催された大谷派全国社会事業大会は，らい根絶に向けた施設整備の推進と患者およびその家族の慰問のため「真宗大谷派光明会」を設立することを満場一致で決議した。

展開　1930年12月には，安達内相が東西本願寺を訪ね，らい予防観念鼓吹の協力などを要請した。さらに翌1931年4月には，従来隔離の対象外であった自宅療養の患者

も含めた全患者の隔離を目指す「らい予防法」が制定された。こうした行政の動きに対応して，同年6月に真宗大谷派光明会の発足式が行われた。会では，裏方(法主夫人)が総裁を，宗務総長が会長を務めたほか，派内の有力者が総動員され，「癩予防協会」会長渋沢栄一(1840～1931)，愛生園園長光田健輔(1876～1964)ら絶対隔離をプロモートしてきた人物を相談役に迎えていた。全国の療養所の巡回慰問を実施し，愛生園に納骨堂を寄贈したほか，小規模療養施設(十坪住宅)建設の募金活動も行った。

仏教社会福祉的意味づけ　ハンセン病のもととなるらい菌はきわめて伝染力が弱く，当時国際的にみても，隔離を限定的とし開放医療によって治療する相対隔離が主流となっていた。にもかかわらず，国が絶対隔離を推進したのは，文明国としての体面を重んじ，戦争に向けた人的資源を保つ目的があったと考えられる。

仏教者のなかにも，小笠原登(1888～1970，京都大学皮膚科助教授で真宗大谷派僧侶)・三浦参玄洞(1884～1945，『中外日報』記者で浄土真宗本願寺派僧侶)らのように，絶対隔離政策に異議を唱える人物もあったが，仏教教団の大勢は，国策に協力する姿勢を示し，とりわけ光明会は，その中心的な存在であった。

戦後も絶対隔離政策は継続されたが，1996(平成8)年に国は過去の過ちを認め，「らい予防法」を廃止した。真宗大谷派をはじめとする仏教各派も，国の政策に追従し，ハンセン病患者を隔離すべきだとする社会意識を助長してきたことに対して謝罪声明を発表し，その後も被害を受けた人々の納得のできる解決に向けての取り組みを続けている。

参　藤野豊『日本ファシズムと医療』岩波書店，1993年。中西直樹『仏教と医療・福祉の近代史』法藏館，2004年。

(中西直樹)

⇨**身延深敬園**

◇**身心**

E　body and mind
S　kāyaḥ cittaṃ ca

身体と心，すなわち人間そのものをいう。

定義　デカルト以来の近代西欧では，主客分離の観念から，身体と精神は別のものと考えてきたが，身心医学の発達などで両者の関係が密接なことが明らかとなった。仏教では，身心を不二一体(一如)のものとみる。

展開　仏教では身心を構成する五蘊(色・受・想・行・識)がその時々の必要に応じて結合し，はたらくものと考える。蘊とは，「類別されたもの」のことで，人間存在を構成する要素という意味である。五つの蘊のうち「色」は物質によって形成されているもの，つまり身体であり，他の四つはそれぞれ特色をもつ心のはたらきである。色というのは，生成して形を有し，変化し，壊れていくものという意味であり，身体のように生まれ成長し老化して死んでいくもの，あるいは身体組織のように古い細胞が壊れ新しい細胞が次々と生まれ新陳代謝していくものを指している。仏教は，身体を物質によって構成されるものとしながらも，無常の存在とみるところに特色が

ある。

　心は、受・想・行・識の四つの蘊から成り、「受」は知覚や印象などの感受作用である。下界の情報に基づいて苦・楽・不苦・不楽などを感知していく主体的な心の営みと理解される。「想」は、感受したものを心のなかに表象することであり、物の大きさや色彩や消滅など、対象の姿を心に思い浮かべるはたらきである。「行」は、形成力あるいは形成されたものを意味し、心のはたらきとしての「おこない」あるいは「つとめ」である。内面的な思いは行動や努力によって外に現れた時に事実となる。「識」は、下界の情報を識別し対象を認識するはたらきである。これは五感と意識（眼・耳・鼻・舌・身〈触覚〉・意）の6種で営まれる。

　唯識の立場では、この6種のほかに末那識（執着の根源となる意識）と阿頼耶識（あらゆるものの根源となる意識下の識）を立て、深層心理の無意識の領域も含めている。このように仏教では、心を実体とみるのでなくはたらきとしてとらえ、四つの蘊と身体とが必要に応じて結びついて力動的にはたらくこと、身体が無常であれば心も変化していくものであるとみる。

　近代西洋医学の立場は、人体を精巧な機械とみなし、精神は脳・神経・内分泌などのはたらきから生ずる「機能」とみる。その機能は身体の状態や外部からの物質に影響されると同時に、精神の機能が身体の機能にも影響を与えるとしている。20世紀後半に精神安定剤のような向精神薬が開発され、薬物の投与で精神状態に影響を及ぼすことができるようになった。また精神的ストレスで血圧が高くなったり胃潰瘍が生ずることも確かめられた。このような身体と精神との相互関係は、仏教では五蘊の結びつきとして当然のことと理解されるが、近代西洋医学では20世紀中頃から本格的な研究が始まったばかりである。これを身心医学と呼び、心身症の医療や教育・社会福祉の領域で重視されている。

　心身症は、胃潰瘍などのような身体疾患として現れるが、その要因に精神的ストレスをもつ病気である。精神的問題が原因である場合もあれば、病気の経過に強い影響を与えて治りにくくしている場合もある。治療には、身体面の治療と精神的問題の解決のための内面的治療とが必要である。精神的ストレスが精神のはたらきに歪をもたらし、主として精神面に症状が現れる病気は神経症や精神病である。神経症のなかには身体面の愁訴が多い患者もあり、広義の心身症に含まれるものもある。心身症は、背景にある精神的問題が表面に現れているものもあるが、隠れているものもあり、また問題解決に対し本人が積極的な患者もあれば抵抗を示す患者もある。問題解決を避けて身体症状の治療のみを進めると治りにくかったり、治っても再発したり他の症状が現れることが少なくない。

　仏教社会福祉的意味づけ　精神的問題には生活問題や環境上の問題が結びついていることも多く、問題解決にソーシャルワークを必要とすることが少なくない。経済問題、職場の問題、学校の問題などが関与すれば社会福祉援助が重要となる。また精神的問題で苦しむ人のなかには、生きる意味を見失ったり、病気へ逃避している人もい

る。このような人には自己中心的な価値意識を転換し、人生観の立て直しが解決策となろう。転迷開悟の宗教としての仏教がそのことに大きく寄与するだろう。(奈倉道隆)

◇真盛園
しんせいえん

E Shinseien

天台真盛宗が経営主体となっている社会福祉法人。

定義 戦後の教育改革により、1948(昭和23)年、滋賀県坂本村・下坂本村・雄琴村が組合立日吉中学校を開設することとなった。天台真盛宗の本山・西教寺は、境内地にあった西教寺専門学校寮校舎を中学校用地として提供することにしたが、この3村が大津市と合併することになり、中学校も別の用地に開設されることになった。その結果、当初中学校に予定されていた用地に養老院を建設することが決まり、1951(昭和26)年9月、「真盛養老院」として入所定員50名で発足した。学校建設から始まったため、運営は大津市があたり、職員の構成は西教寺が担うことになり、院長には西教寺庶務部長を経験した角谷盛善(1906〜56)が就任した。
かどやせいぜん

展開 1956年6月、天台真盛宗が経営主体となる「社会福祉法人真盛養老院」の認可を受け、同宗による福祉事業として本格的な展開を始めた。特に、発足当時はニーズの大きくなかった高齢者施設を地域社会に根づかせ、そのニーズの拡大とともに、施設の拡充を果たした。1978年7月に、特別養護老人ホーム棟の新築工事を起工し、1984年9月にはその増設へと向かった。さらに、1992(平成4)年3月にはデイサービスセンター、在宅介護支援センターを開設させ、着実に高齢社会の福祉事業を地域とともに担ってきたのであった。

また、天台真盛宗門の各寺院においても、各種の福祉事業を展開している。早くは、1951年に大阪市北区・鶴満寺が「聚楽院慈光園」(老人ホーム)、翌年4月三重県安芸郡・本昌寺が「里山学院」(児童養護施設)を設立させている。近年では、1998(平成10)年、福井県丹生郡・西徳寺が敦賀市に「真盛苑」(特別養護老人ホーム)を開設している。

仏教社会福祉的意味づけ 一教団として、地域社会に貢献し、社会福祉事業を担っていったところに、天台真盛宗の独自の展開がみられる。それは、祖師である真盛(1443〜95)の「不断念仏により、社会浄化に邁進する実践」を継承していくものであり、そこに、時代と社会の要請に即応していく仏教者の社会的実践行が提示されている。
しんせい

参 天台真盛宗宗学研究所編『天台真盛宗年表』総本山西教寺、2000年。

(宮城洋一郎)

◇進徳教校と真宗崇徳教社
しんとくきょうこうとしんしゅうそうとくきょうしゃ

E Shintokukyōkō and Shinshū-Sōtoku-Kyōsha

明治初期に広島に設立された浄土真宗の僧侶養成機関と、その維持組織。

定義 「進徳教校」は1877(明治10)年2月、現在の広島市寺町に開設された学仏道場である。1875年に本派本願寺と大谷派が

しんねん

共同で末寺子弟の就学の場として小教校の設置を各地に計画したことがその始源であるが，本願寺派の僧侶だけで小教校学舎を設置することによって進徳教校を発足させたのである。

1880年，本願寺第21世明如門主が「社を結び興学・布教・慈善の三方面に活動せよ」と明らかにしたことをうけ，1882年，社としての「真宗進徳教社」を創立。進徳教校は発展的解消をとげた。さらに翌1883年，広島を訪れた明如門主から「崇徳」の称号を授けられ「真宗崇徳教社」と改称した。

展開 もともと崇徳教社は，興学の場としての進徳教校に対して，布教機関として設置されたものである。進徳教校・崇徳教社の創設や発展に尽力した者に福島大順(1833〜1914)がいる。また，霊山諦念(1834〜1911)は，高田郡法円寺の養嗣になり，寺内に学舎を設けて育英の事業に従事するが，これが進徳教校の基になっている。彼は1880年に進徳教校総監になった。さらに，安芸郡長・貴族院議員を務めた名門の沢原為綱(1839〜1922)が諦念師の本家当主でもあったことから，澤原七右衛門(?〜1910)，児玉有成(1823〜87)・八田新七(1813〜89)らの資産家や名望家が財政的支援に協力した。指導面では，観山綜貫(1842〜1931)が創設時の中心人物として知られる。その後，さまざまな変遷をへて，崇徳教社が現在の「広島崇徳高校」の前身になっている。

仏教社会福祉的意味づけ 真宗崇徳教社が興した「広島育児院」「広島保護院」「広島感化院」は，1899年に設立されているが，同年に浄土真宗本願寺派では「大日本仏教慈善会財団」の設立を計画，全国から幾百万の財団基金を集めようとする運動と，安芸国内において20万円の募金をする教社との間には衝突の危険性すらあった。結果的には教社はこの3院の慈善事業を慈善会財団に委譲することによって，自らは興学・布教に傾注することになったが，教社の満田了誓(1853〜1916)は長く3院の院長を務め，経営面にも教社が援助している。1928(昭和3)年10月1日3院の創立30周年には，故満田了誓に功労者として感謝状が交付された。仏教者の取り組んだ孤児・貧児の養育，免囚保護事業としての評価は高い。

参 貫名聡「崇徳教社と闡教部」(芸備地方史研究会編『芸備地方史研究』37・38号，1961年)。　　　　　(福田朋範)

⇨大日本仏教慈善会財団

◇**信念**

E belief; faith　S śraddhā

信じて疑わないこと。

定義 仏教では，信念は信仰(三宝を信じて喜び仰ぐこと《『大宝積経』》)のことであり，信心(仏の教えを信じて疑わない心，一筋の願い《『無量寿経』》)や，あるいは確信(廓然大悟のこと，疑いの心が晴れて確かなさとりの境地が広々と開けたこと《『観無量寿経』》)と同義語とされる。

展開 多くの宗教家は信念の人であるといわれる。すなわち，仏の教えを信じて疑心がなく，そこに一筋の願いをもって常に晴れ渡った大空のように広々とした明るい

心で生きることができる人である。不安や苦悩の中にこそ安心と安定の境地に生きることを感謝し，満足して過ごす充実した自立の日々が，共生・共感・共育の仏教社会福祉活動を推進する糧となるのである。

仏教社会福祉的意味づけ 福祉活動において，信念の有無は基本的に無関係である。信念があるから福祉活動に参加する場合と，福祉活動に参加し学習することによって信念を得る場合とがある。しかしながら，いつどこで誰が社会的障害の担い手になるか，予想することはできない。したがって，不透明な現代社会において社会的障害を担わされた人々だけを対象とするのは，仏教社会福祉の立場ではない。むしろ，社会的障害をいつ担わされるかわからないすべての人々と共に生きる信念をもつことが期待される。 （中垣昌美）

⇒信仰

◇『新仏教』（しんぶっきょう）

E Shin-Bukkyō

「仏教清徒同志会」が創刊した雑誌。

定義 1900(明治33)年7月に仏教清徒同志会によって創刊され，1915(大正4)年(第16巻)まで刊行された。

展開 『新仏教』を刊行した仏教清徒同志会は，在来の仏教各派を形式仏教と批判し，仏教の健全なる信仰を根本義とし，社会の根本改善，仏教およびその他宗教の自由討究を主張した有志の団体である。また，雑誌発刊につき，「仏教中の真理を執へて起こり，従来の仏教に一大革新を行はん」ことを趣意とし，その内容は仏典の原典研究，歴史的研究，欧米の宗教論の翻訳，宗教事情の紹介からその時代の事件，日露戦争などの戦争批判・討論，朝鮮・中国布教の問題など広範囲にわたる。編集員は渡辺海旭(わたなべかいぎょく)(1872～1933)・境野黄洋(さかいのこうよう)(1871～1933)・高島米峰(たかしまべいほう)(1875～1949)・杉村縦横(すぎむらじゅうおう)(1872～1945)など。なお，この『新仏教』の主要な論説を編集したものに，二葉憲香監修の『新仏教論説集』(全3巻，永田文昌堂，1978年)がある。

仏教社会福祉的意味づけ 大内青巒(おおうちせいらん)は「国光と慈善事業」(第7巻第1号，1906年)において，自ら盲唖学校を設立した経緯や，日本人独自の慈善事業の不備を説いた。渡辺海旭「慈善事業の要義」(第12巻12号，1911年)では，慈善事業が虚栄や広告的商売の傾向にあることを批判し，大乗仏教の立場からの報恩の精神による事業であるべきことを述べ，社会的救済・国体の救済による社会の健全化を説いている。このように，明治中期の慈善事業の形成段階において強く仏教の立場を主張したことに，歴史的な意義を見出せよう。 （長崎陽子）

⇒大内青巒 ⇒渡辺海旭

◇親鸞（しんらん） 1173(承安3)～1262(弘長2)

E Shinran

鎌倉時代の僧。浄土真宗の宗祖。

略歴 幼名松若丸。諱(いみな)を範宴。法名を親鸞，綽空，善信とも称した。諡(おくりな)は見真大師。1173(承安3)年日野有範の長男として，京都日野で誕生。1183(寿永2)年慈円に師事して青蓮院で出家した。その後20年間，比叡山において堂僧として修学に努め

る。1201（建仁元）年六角堂に参籠して聖徳太子の示現の文を感得し，吉水の法然を訪れてその門下に入った。1207（承元元）年，いわゆる承元の法難に連座して越後へ配流されたが，この地の豪族三善為則（為教）の娘恵信尼と結ばれ，1214（建保2）年妻子とともに関東へ移住した。1232（貞永元）年頃京都へ戻り，著述教化活動に専念。1262年11月28日に没した。恵信尼との結婚の時期や京都に戻った時期については諸説ある。

展開 親鸞の福祉思想として注目すべきものに，宿業と自然法爾がある。それは決定論的な宿命のようなものを意味するのではなく，善悪や幸・不幸の明暗に彩られた現実を全面的に受容することであった。したがって，法然の専修念仏の教えに基づきながら，南無阿弥陀仏の心をいただくことによって仏願の生起本末を聞いて疑わない心を真実信心といい，金剛心とも名づけた。如来の摂取して捨てない大慈悲心を受容するところにこそ，正定聚（必ず往生して成仏することが定まる位）が阿弥陀仏からふり向けられた本願力（他力）の信心にあると考えたのである。

主著『教行信証』をはじめ，多くの著作があるが，晩年86歳にして到達した絶対他力の信心や自然法爾といった鍵概念を提示したことは，仏教福祉の原点を明示したものと考えてよい。親鸞は人間として皆平等に限りないいのちを喜び，一歩一歩真っ直ぐに迷うことなく，さとりの彼岸に向かって生きた（一心一向）。親鸞の感動は，阿弥陀仏の智慧と慈悲の心に抱かれつつその名号（南無阿弥陀仏）を聞いて疑い晴れた真実まことの信心に生きることであった。親鸞にとって，躍動する阿弥陀の摂取不捨の誓願を聞く姿勢は「弟子一人も持たず候」（『歎異抄』）であり，大慈大悲の仏の前にはすべて無差別平等であったのである。

仏教社会福祉的意味づけ 親鸞は，十方の衆生（生きとし生けるすべてのもの）が救われることを願い，誓う阿弥陀の本願に信順するといった報恩講を実践した。さらに無差別平等の原則，人間存在の確認，生死の超克，最低生活の受容と歓喜と感動，共生と共育と共感などの理念に基づく御同朋・御同行主義を打ち出したのである。このような点で，仏教福祉思想を形成した第一人者といえよう。この思想は現代社会におけるみんなの，みんなによる，みんなのための社会福祉活動を推進する原点でもある。　　　　　　　　　　　（中垣昌美）

⇒御同朋・御同行　⇒講　⇒自然
⇒正定聚　⇒蓮如

◇真理

E　truth　S　satya

まことの道理。

定義 正しい道理とか，誰も否定することのできない，普遍的で妥当性のある法則や事実の意味。サンスクリットのsatya（諦）は，「在りつつ在ること」の抽象名詞形で「あるべきもの」の意味である。現実にあることを，ありのままにあるとする。世界のすべてのものは"動"いている。この"動き"を，仏教では「諸行無常」といい，「すべての現象は一瞬の停止もせず，生滅変化している」と説明する。生滅変化していることを，ありのままにありとさとるこ

とが，仏教の真理である。さとりを表現するのでいろいろな言葉となって表現される。たとえば，諦・真実・真如・一如・法性・実際・諸法実相は，真理の別名であるし，縁起は，同義語である。

展開 古代インドでは，すべての現象を把握しようとする立場に，一元論（monism）と二元論（dualism）があり，一元論が大勢を占めていた。

ウパニシャッド哲学の「梵我一如（ぼんがいちにょ）」とは，宇宙の本質としての梵（ブラフマン）と個人の主体的本質としての我（アートマン）は同一のものであり，万有は絶対者のブラフマンとアートマンとに，帰すべきものとされた。

しかし仏教では，諸法無我，すなわちすべてのものには実体的我はないと主張した。ウパニシャッド哲学では，我（アートマン）や梵（ブラフマン）を不生不滅の永遠の存在として認めているが，仏教では「アートマンといわれる本体やブラフマンといわれる実体は経験し認識することができない。すなわちアートマンやブラフマンが存在するか，しないかは，証明することができないので無記（論議の対象外）である」と説き，両者の存在を問題にすることを禁じた。なぜなら，ちょうど毒矢を射られた者が毒矢について詮索するよりも，まず毒を抜くことが先決であるように，両者は，人々が生きている世界としての，現象界とは無関係なものであるから，仏教の説く修行や解脱に役に立たないので，問題にすべきではないとしているのである。

仏教では，一元論や二元論といわれる概念が固定的・実体的な原理として設定されたものではないと説く。ことに大乗仏教では，あらゆるものは無自性（むじしょう）とされる。すなわち，すべてのものは不生不滅の実体といわれるような固定したものがないことであり，すべてのものは時間的にも，空間的にも，他のものと関連しあって存在する相関的・相対的なものである。これらの存在をありのままにあるとさとることが，仏教で説く真理である。

仏教社会福祉的意味づけ 仏陀は，このような真理観に立って，人生は苦（思いどおりにならない）であると規定された（苦諦（くたい））。まさに不適応・苦悩・紛争に明け暮れている人間の現実を見すえてのことである。そしてその現実の問題の解決を目指し，その原因を究明していた時，人間に本来的に備わっている渇愛・無明（むみょう）という根本原因が見出された（集諦（じったい））。仏陀はその無明の克服されたところに平安なる涅槃の境地のあることを提示された（滅諦（めったい））。その平安なる境地に至るための方法論が八正道（はっしょうどう）といわれる正しい生き方であった（道諦（どうたい））。これが仏教学において四諦（したい）（人生の問題を解決するための四つの真理）とよばれる教えである。

このように仏教における真理とは，人生あるいは人間社会における現実諸問題の解決（社会福祉）へと導くものである。それはどこまでも人間自身による自覚と精進によって解決されるべきであることを教えている。

参 佐々木現順『原始仏教から大乗仏教へ』（新版）清水弘文堂，1981年。

（智谷公和）

⇒縁起　⇒四聖諦

◇真龍女学校

E Shinryū-Jogakkō

明治から大正にかけて東京浅草にあった, 貧困女児のための学校。

定義 1899(明治32)年2月,「大日本仏教仁慈博愛社」の事業の一環として,「仏教仁慈女学院」という名称で, 東京浅草の真宗大谷派真龍寺の本堂に開校し, 1924(大正13)年に廃止された。

展開 大日本仏教仁慈博愛社は, 秋田県真宗大谷派長明寺の住職長澤常應の発起によるもので, 内地雑居に伴うキリスト教への対抗意識から, 慈善事業の実施を期して組織されたものであった。具体的事業としては, 出兵家族救恤院・貧民小学院・貧民中学院・貧民女学院・療病施薬院・免囚保護院の6院の設立を計画していた。

この主旨に賛同し, 直接に仏教仁慈女学院の開設にあたったのが, 真龍寺住職で仏教系新聞『明教新誌』の主筆をしていた安藤正純(1876～1955, のちに還俗して国会議員となり, 戦後は文部大臣も務めた)であった。安藤は, 同年10月東京府に設立願を提出し, 校名を「真龍女学校」と改めた。

本校では, 宗教的感化と児童の自立心を養うため勤労を重んずる教育方針をとり, 裁縫・編物・足袋コハゼ製造の授産施設を備えて放課後に児童に従事させ, 盆暮れに工賃を付与することとしていた。また児童やその保護者が病気になった際には, 施療のために便宜を図るなど, 事業は次第にセツルメントへと発展していった。

仏教社会福祉的意味づけ 明治・大正期における不就学女児の教育機関としては, 子守学校があり, 全国各地に広く設立されていた。そのなかにあって, 授産施設まで備え, 仏教に基づく精神的感化を明確に打ち出した点で, 本校は特異な存在であった。

参 中西直樹『日本近代の仏教女子教育』法藏館, 2000年。東京都台東区教育委員会編『台東区教育史資料』第4巻, 東京都台東区教育委員会, 1976年。

(中西直樹)

⇒京都私立子守学校　⇒鶏鳴学館
⇒四恩学園　⇒東海仏教慈恵学校
⇒同善会

◇救い

E salvation　S paritrāṇa

苦悩から解放され, 安らぎを得ること。

定義 一般には救済のことを指すが, 仏教では救済と摂取不捨の二義がある。救済はすくい, たすけることで, 苦悩からの解放であり, 安らぎを得ることである。摂取不捨は阿弥陀仏の光明の中におさめ救いとって決して捨てないという救済法をいう(『観無量寿経』真身観)。

展開 宗教と道徳の違いは, 祈りと救いを問うか問わないかにある。

キリスト教の祈りは神への祈禱であり, 自分のゆるしを神にたずねることである。そこで神にゆるされて召されることが, キリスト教の救いである。

伝統的な仏教では, 原始仏教以来の「解脱」の帰着点として「すくい」を置き, 現世的な欲望や快楽を否定していくところに「すくい」がある。これは, きわめて限定

的な「すくい」であり，出家した少数者にのみ追究された。

それに対し，在家信者のレベルで最も広く受容されたものに「厭離穢土・欣求浄土」の救済観があり，厭うべき現世とはまったく異なる極楽浄土は，完成された世界と考えられた。戦後の新宗教にみられる「すくい」は，現世利益と救済が重なり，現世の不幸や苦悩を癒し，運命を改善していくことを意味する。

摂取不捨の「すくい」は，阿弥陀仏の慈光につつまれ摂め取られていく「すくい」であり，生きとし生けるすべてのもの（十方衆生）を無差別平等によびかけて捨てないとする救済法である。

仏教社会福祉的意味づけ　宗教的理念としての「すくい」は，病・弱・飢・死・罪の領域にある限りない苦に満ちている「苦海」からの脱出であり，自由を意味する。したがって，仏教社会福祉の実践としての「すくい」は無差別平等の原理・原則に即応した共生・共済・連帯共同の理念によって形成されるところに，その特徴を見出すことができる。また，みんなの福祉を，みんなの心で，みんなのために創ることであり，救う人と救われる人の垣根をつくらないことでもある。　　　　　　（中垣昌美）

⇒**救済**　⇒**共生**

◇救米・救金
すくいまい・すくいきん

[E] relief-rice; relief-money

幕藩制のもとで実施されてきた慈恵的救済制度。

定義　儒教の立場からの幕藩体制下の政治的慈恵としての救済制度には，①窮乏を予防する拝借米（金），②生活困窮者に対する救米（金），③流民（浮浪民のこと）収容，などがあった。拝借米（金）も救米（金）もともに武士および町人・農民を対象としていた。

展開　1657（明暦3）年の江戸の大火に際し，小大名および旗本・御家人に拝借金（米）をゆるしただけでなく，罹災町人には救金が与えられた。また大坂では1674（延宝2）年の洪水の際，飢民救済のため救米を放出している。さらに京都では，1700（元禄13）年の「町中困窮」により拝借米が出された。他方，農村には凶作時における穀物貸与である「夫食拝借」もみられ，1732（享保17）年の西国飢饉の際には10万8千石の夫食米（農村部に対する貸米）が貸与される。

こうした救済は幕府・諸藩の手によって進められたが，他方財，政的限界のため村（町）方の自治的行政の一環としての救済が広がった。これは「村（町）中合力」といわれる共同体機能に基づく相互扶助の制度化を意味する。1792（寛政4）年に設立された町会所の救済は，このような町方の自治に基づく救済の典型的な例であった。

仏教社会福祉的意味づけ　救米・救金は幕藩体制のもとでの政治的慈恵政策である。救いの文字が冠せられているところから，仏教的慈善と関わりがあるように考えられる場合が多い。　　　　　　（池田敬正）

⇒**町方施行**

◇**鈴木修学** 1902(明治35)～1962(昭和37)

E SUZUKI Shūgaku
日本福祉大学の創設者。

略歴 愛知県丹羽郡布袋町(現・江南市寄木)に，父・徳太郎，母・さわのの長男として生まれ，修一郎と名づけられた。父も叔父の鈴木芳蔵も共に『法華経』の篤信者であった。

1924(大正13)年，「仏教感化救済会」の創設者・杉山辰子(1866～1932)と出会い，入信。1928(昭和3)年に同会に入会し，辰子の姪で養女であったみつと結婚し，福岡市生きの松原にあるハンセン病の療養所の再建を図るために活動した。2年後，この療養所は「身延深敬院病院」の分院として合併されることになり，修学は名古屋に戻り，愛知県知多郡阿久比村(現・阿久比町)にある青少年更生保護施設で指導にあたり，また同会内にできた信徒の育成指導にあたる仏教修養団の幹事長に就任した。

1932年に辰子が死去したあとは，後継者の村上斎(1854～1947)を助け，会の財団法人化に尽力するが，同会が1943年に治安維持法違反容疑で捜索を受けた際には，村上に代わって58日間拘引された。会は，社会事業部門の「大乗報恩会」の活動のみ許され，1944年，「昭徳会」と改称した。

戦後は，京都日蓮宗本山妙伝寺貫首・森泰淳を師として得度，修学と改名。日蓮宗僧侶として自らの立場を定め，「日蓮宗昭徳教会」を設立してその宗教的基盤とした。そこには，戦時下の苦難を繰り返さない決意が込められていたという。

村上斎の没後，会の代表として1950年に日蓮宗昭徳教会を「大乗山法音寺」の寺号に，1952年「昭徳会」を社会福祉法人に改組し，1953(昭和28)年には，福祉人材養成のために「学校法人法音寺学園」を設立し，「中部社会事業短期大学」(現・日本福祉大学)を開設した。名古屋の地にあって福祉系大学自体もめずらしい時期に，質の高い教育と学問をどう提供するべきかという困難な課題が当初から山積していたが，法音寺檀信徒の献身的な募財活動によって財政危機を乗り越え，1957年には4年制大学へと昇格した。こうして，宗教法人，社会福祉法人，学校法人の三者を束ねて，仏教感化救済会創設以来の数十年の歩みのなかで，宗教・福祉・教育を総合する理想の組織が構築された。

仏教社会福祉的意味づけ 修学の信仰と実践は，杉山辰子との出会いを契機として，時代のニーズに応えつつ，発展の礎を築いていった。そこには，昭徳会の命名の由来である「徳を以て昭らかにする」との理念がいきづいていた。その徳は，『法華経』に説かれる菩薩道を基盤とした三徳である，慈悲(人の苦しみを想い，援助する)，至誠(気心をもって援助する)，堪忍(人の過ちを許して，怒らない)に依拠し，「悩める時代の苦難に身をもって当たり大慈悲心・大友愛心を身に負うて」挺身していく人材を育てたいという，修学自らが語った日本福祉大学の建学の精神に結実されている。そこには，時代と社会の要請に応えていく信仰者の福祉実践観をみることができる。

参 浅井圓道『鈴木修学先生の南無妙法蓮華経』山喜房佛書林，2001年。

（宮城洋一郎）

⇨昭徳会

◇鈴木大拙 1870(明治3)～1966(昭和41)

E SUZUKI Daisetsu

明治～昭和期の宗教学・仏教学者。

略歴 石川県金沢市に生まれる。本名・貞太郎。第四高等中学校に進学するが，のちに東京専門学校（早稲田大学の前身）に転じ，円覚寺（神奈川県鎌倉市）の今北洪川のもとで参禅に励んだ。洪川の没後，後嗣の釈宗演に師事して伝道し，また同郷の盟友西田幾多郎の勧めに従って東京帝国大学選科に入学した。

1893（明治26）年にシカゴの世界宗教大会に日本代表の一人として出席した宗演に随行し，これを機に1897年からアメリカに十余年間滞在し，その間に『大乗起信論』『大乗仏教概論』などを英訳した。

1909年に帰国し，学習院高等部の教授を務めるかたわら東京帝大で英語講師を兼任，大谷大学に教授として招かれ，同大学内に「イースタン・ブディスト協会」を設立して次々に英文仏教書を刊行していった。1927（昭和2）年には『禅論文集第一』を刊行，また1933年には『楞伽経の研究』で文学博士となる。長年の参禅経験と独特の個性を達意の英文に載せ，禅を中心とした仏教を欧米に紹介した。

還暦を過ぎてから欧米の諸大学を中心に日本文化の紹介や仏教の講義を盛んに行い，また鎌倉の東慶寺に設けられた松ケ岡文庫にあって旺盛な著作活動を展開した。とりわけ80歳を超えてから再度アメリカ本土に渡り，およそ8年間にわたって諸大学で禅と華厳などについて講じ，現在のように世界的に禅仏教が，知的にも行的にも展開していく際の基礎をつくった功績は特筆すべきであろう。

仏教社会福祉的意味づけ 仏教とりわけ禅に関する英文の著作を多く発表した日本人の学者として著名。なかでも『禅と精神分析』などの著作は欧米のソーシャルワーカーに多大な影響を与えてきた。イギリスの保護観察官コーデリア・グリムウッド女史は，大拙の影響により，"A Brief Look at Social Work from a Buddhist Stance in England and Japan（「日英ソーシャルワーク管見――仏教者的立場からの比較研究」），*Young East* Vol.6, No.3(1980)"という仏教と社会福祉を結びつけた成果を著わしている。なお困窮のなかにありつつも熱心な信の行者として仏教慈善活動に積極的に関わってきた妙好人・浅原才市を紹介したことは，欧米諸国でもよく知られている。1949年，日本学士院会員となり文化勲章を受章した。

参 『鈴木大拙全集』〈増補新版〉，岩波書店，1999～2003年。岡村美穂子『大拙の風景』燈影撰書，1999年。（島崎義孝）
⇨妙好人

◇星華学校

E Seika-Gakkō

大正期，旧「少年法」に基づいて，仏教者により設立された少年保護団体。

定義 1908（明治41）年の新刑法の施行以降，非行少年の保護教育は，感化院が対応

してきた。しかし、当該入院の要件を認定する地方行政機関が十分に機能せず、非行少年の増加により既存施設での対応が困難になるなどの問題が生じていた。そこで、1922(大正11)年4月に「少年法」が公布され、少年審判所が9種類の保護処分を行うことが定められた。その方法には、感化院や矯正院(新設、現・少年院)への送致などのほか、「寺院、教会、保護団体又は適当な者に委託すること」が加えられていた。この規定に準拠して、全国で初めて設立された少年保護団体が、「星華学校」であった。

展開 設立の中心となったのは、千葉県香取郡多古町福泉寺(曹洞宗)の住職で、千葉刑務所の教誨師を務めていた竹内道拙(1893~1954)であった。教誨師として、かねてより少年保護事業の必要性を痛感していた竹内は、少年法の公布とともに、兄で浅草慈光院の住職竹内道骨らと協力して計画を進め、1922年11月には、「財団法人星華学校」の設立認可を受けた。福泉寺を仮校舎とし、道骨が資金調達・卒業生指導のための東京事務所を開設し、翌年5月に実務を開始した。翌年の関東大震災では仮校舎が破損するなどの被害があったが、宮内省御料牧場の厩場の払い下げを受け、1925年10月には校舎が落成。その後、農舎・豚舎・養鶏園・グランドなども設けられ、施設が整備された。

学校では、生徒らの自治を重んじ、個性を助長する養育方針が採られ、大きな成果を上げた。学校が開設されてから、近隣地域では、少年犯罪数も激減したという。しかし、戦後、進駐軍が少年保護事業を民間に行わせることは人権上問題があり、私設の施設を廃止するように指令したため、1947(昭和22)年10月に国家に買い上げられ、少年院「千葉星華学院」に改められた。

仏教社会福祉的意味づけ 戦前の少年法下では、民間の少年保護団体が大きな役割を果たしていた。仏教者による団体も数多く設立され、星華学校は、その代表的な施設であった。1937(昭和12)年当時、114団体があり、そのうち仏教系が69、キリスト教系が14、神道系が6、宗教に関係のない団体が25であった。終戦直後も165団体が存在し、28団体が少年院に、28団体が社会福祉施設に転用されたが、残る109団体は解散した。

参 法務省保護局更生保護誌編集委員会編『更生保護史の人びと』更生保護法人日本更生保護協会、1999年。 (中西直樹)
⇒感化院

◇誓願 (せいがん)

[E] Buddha's vow　[S] praṇidhāna

さとりのために願いを起こし、その成就を誓うこと。

定義 心に従って求めることを願(がん)といい、志願することがらを絶対なるものとして契りを結んで心に定めることを誓(せい)という。願には努力・熱望の意味があり、それらが宗教的行為として昇華された時にさとりのための誓願となる。すなわち誓願とは、本来、仏・菩薩があることがらを成し遂げることを願い、その成就を誓うことをいう。

定義 仏・菩薩の誓願には、四弘誓願(しぐせいがん)のような、すべてに共通する総願(そうがん)と、それぞ

れ個別の立場で立てた別願とがある。たとえば，別願には阿弥陀仏の四十八願，薬師如来の十二願，釈迦仏の五百願，普賢菩薩の十大願がある。なかでも浄土系仏教では阿弥陀仏の本願である四十八願がよく知られる。

展開 総願である四弘誓願とは，すべての仏・菩薩が共通して起こした①衆生無辺誓願度(限りない衆生を迷いの世界からさとりの彼岸に渡そうとする誓願)，②煩悩無数誓願断(尽きることのない煩悩を断ち切ろうとする誓願)，③法門無尽誓願学(知)(尽きない仏法の道を知り学びとおすという誓願)，④仏道無上誓願成(証)(さとりの道ははるかであるが成し遂げようとする誓願)という四つの誓願である。原形の出典は『心地観経』巻7で，「一つには誓って一切衆生を度せん。二には誓って一切煩悩を断ぜん。三には誓って一切法門を学ばん。四には誓って一切仏果を証らん」とある。源信(942～1017)の『往生要集』(上)には，「衆生無辺誓願度，煩悩無辺誓願断，法門無尽誓願知，無上菩提誓願証の四願」として整理されている。

第一の願は，他を利他教化する立場，あとの三願は，自ら実践する自利の立場の誓願である。各宗派ともこれを聖句として用いるが，字句に多少の差異がある。なお，真言宗では，煩悩無辺誓願断を福知無辺誓願集・如来無辺誓願事として五大願とする。

浄土教では，本願を誓願ともいう。『大無量寿経』には阿弥陀仏が因位(いずれ仏になる位)の法蔵菩薩の時，世自在王仏のみもとで一切衆生を救うと誓って48の願を立て，それが成就して阿弥陀となったと説く。四十八願すべてが本願であるが，特にその根本となる第十八願を指して王本願，または単に本願という。あるいは，この願を弘願・弘誓願・本弘誓願ともいい，本願のはたらきを本願力・誓願力という。この誓願のはたらきがかたちとなったものが名号である。「たとい我，仏を得んに十方衆生，心を至し，信楽してわが国に生まれんと欲し乃至十念せん。もし生まれずば正覚を取らじ。唯五逆と正法を誹謗せんをば除く」(第十八願・『大無量寿経』)。この第十八願は念仏往生の願，選択本願，本願三心の願，至心信楽の願，往相信心の願と名づけられている。

ところで，このような衆生救済を願った仏の大慈悲心による誓願を悲願という。一般には積年の念願を悲願というが，本来は仏の本願を指す言葉である。

「弥陀の誓願不思議にたすけられまいらせて」(『歎異抄』)といわれるように，誓願のはたらきは凡夫の思いを超えたものである。その当時，誓願不思議を信ずるか，名号不思議を信ずるかと論争する者があったが，親鸞(1173～1262)は誓願のはたらきが名号であり，われら凡夫は名号不思議の力で往生するのである。誓願を離れた名号も，名号を離れた誓願もないと説く。

仏教社会福祉的意味づけ 「願」は福祉と調和のための祈りであり，実践に向けての誓いでもある。平和と安定を願う菩薩の心は，現代社会においても重要な課題であり，よりよい人間社会の安定と平和実現に向けて限りなく活動する菩薩行には普遍性があるといえよう。一方，菩薩による菩薩行の実践に対して，衆生の側から発信する

報謝行の実践がある。

仏の誓いと願いによって完成された大慈大悲のはたらきに包まれて生かされ育まれている自己に目覚めた時、真実の生き方やいのちの尊さに気づかされるのである。そこに必然的に起こってくる心が知恩報徳であり、報謝行そのものである。

（田代俊孝・三友量順）

⇒願　⇒さとり

◇請求

E claim; demand; request

S upamantrita

頼み求めること。

定義　法律では、相手方に対して一定の行為を要求することをいう。請求を内容とする権利を請求権という。

展開　権利の目的である利益を享受するために、他人の行為を必要とすることに特色がある。主要なものは債権から生じるが、物権や身分権からも生じる。たとえば物権的請求権、私生児の認知請求権、夫婦相互の同居請求権など。国または地方公共団体の機関に対して、その職務権限に属する事項についての希望を述べることを請願という。憲法16条は請願事項として、損害の救済、公務員の罷免、法律・命令または規則の制定・廃止または改正その他をあげ、かつ何人もこのような請願をしたためにいかなる差別待遇をも受けないとしている。

仏教社会福祉的意味づけ　仏教において「請」という概念は、請雨・請食・請客・請来などのように、招く、招待するという意味で用いられる。また釈尊が成道後そのさとりの内容が難しいことから、他に対して説法することを躊躇したが、それを知ったインドの最高神である梵天が再三釈尊の前に現れて、衆生のために説法することを懇請したという（梵天勧請）。この伝説のように、請はお願いをするという意味にもなる。請求は一方的に求めるのではなく、相手の身になって「お願いをする」立場にあることが肝要であろう。

故J. F. ケネディの「君たちが社会から何を得るかではなく、君たちが社会のために何ができるのかを考えよ」という有名な演説にも請求の心をみることができよう。

（東　一英）

◇『政教時報』

E Seikyōjihō

明治期に「仏教徒国民同盟会」の機関誌として発刊された雑誌。

定義　1898（明治31）年9月、キリスト教信者の巣鴨典獄（現・刑務所長）有馬四郎助が、真宗大谷派僧侶に代えて、キリスト教牧師留岡幸助を教誨師に採用しようとした。翌年7月に一連の条約改正に伴う内地雑居の実施を控え、キリスト教の布教活動の活発化を懸念していた仏教側は、これを機会に仏教を公認教とすべく運動を起こした。仏教徒国民同盟会は、その運動を推進する団体として、1898年10月29日に発会式を行い、翌年『政教時報』を創刊した。

展開　仏教徒国民同盟会は、その綱領に、仏教公認教の実現のほか、「社会問題を研究し社会慈善的事業を興すこと」も目的として掲げていた。このため、同誌には、

「大日本仏教慈善会財団」設立の進捗状況,「瓜生会」や「真龍女学校」などの慈善事業を紹介する記事を数多くみることができる。また,常盤大定「慈善に就きて」(12号,1899年6月),本多辰次郎「仏教家の慈善事業」(15・16号,1899年8月),安達憲忠「感化院の設備に就て」(56号,1901年6月),安藤正純「貧民窟の宗教」(73〜75号,1902年2〜3月),近角常観「宗教的経営及び社会事業を論ず」(106号,1903年11月)など,社会事業に関する評論も多く掲載された。

仏教社会福祉的意味づけ　当時『政教時報』の論調に共鳴して,全国各地で数多くの仏教徒国民同盟会の支部・関係団体の設立をみた。これら団体も,社会事業の実施を目的の一つに掲げており,この点で同誌が社会事業の必要性を広く仏教者に認識させた意義は大きい。しかし,社会事業を仏教公認教の実現の手段として考える傾向が強く,そのため,ほとんどの団体が,実際に事業を行うことなく,公認教運動の鎮静化に伴って消滅していった。

参　吉田久一「巣鴨監獄教誨師事件」(宮崎円遵博士還暦記念会編『真宗史の研究』永田文昌堂,1966年)。(中西直樹)
⇒**真龍女学校**　⇒**大日本仏教慈善会財団**

◇世界　せかい

Ｅ world　Ｓ loka-dhātu

生きとし生けるものたちの相依って生活する場所のことで,「世間」とも同義語。

定義　日月の照らす範囲,すなわち須弥山を中心とした四大陸(四洲)をいう。また地獄や天上の領域をも含める。漠然と宇宙を意味することもある。一般には「世間」とは,人々の生活する社会のことを意味し,「世界」は宇宙的・空間的な意味で使われる。

展開　サンスクリット語には,もともと空間だけの意味だけで,時間の意味は必ずしもなかったが,その漢訳語である世界は,宇宙を時間(世)と空間(界)の両面からとらえたものといえる。しかし,世界という語は,通常,「この世」「世の中」「世間」という意味で使用されている。「世間」は「有情世間」と「器世間」から成り立っており,有情である人間と器である自然・環境が共存していると説くのが仏教の特徴である。

したがって旧約聖書で説かれる全知全能の神が宇宙の創造者として上位にあり,自然は人間に従属するものとして人間が自由にコントロールしてよいとする考え方とは,根本的に違う世界観である。イエスの育った中近東は赤茶けた大地で,自然の潤いがない地域であるため,人間は生存のために土地を開拓し種をまく必要があった。しかし,仏教の大地である東アジアには豊かな自然や動物との共存がみられ,「山川草木悉皆成仏」の考え方となっていったといえる。

ここで注意すべきは,「有情世間」は有情(六道すなわち,地獄・餓鬼・畜生・修羅・人・天)を含む世界のことであり,人間だけの世界ではないということである。さらに有情世間のなかに,精神的苦悩の世界として三界(欲界・色界・無色界)を示し,仏教の世界観の奥深さを知ることができる。

仏教の世界観は,「横辺十方,堅超三世」（おうへんじっぽう しょうちょうさんぜ）といわれ,空間的（横辺）に東西南北上下四維と,時間的（堅超）に過去・現在・未来を貫く視点によって事象をとらえるものである。つまり,空間的・時間的に無限大を見通す如来の智慧の眼によってあらゆる事象がとらえられている。

仏教社会福祉的意味づけ　今や21世紀の世界においては,情報通信・宇宙回線や高速交通網の発達によって,現代人はかつてないほどの宇宙的規模で世界を共有する時代に生きているといえる。同時に,地域や国境を越えて,歴史的・社会的諸問題は貧困問題を軸にして拡大化し多様化している。すでに社会福祉の一分野として国際社会福祉が確立されており,近年ＮＰＯ（Non-profit Organization　非営利組織）,ＮＧＯ（Nongovernmental Organization　非政府組織）による民間の国際福祉活動も注目されている。

仏教的世界観による仏教社会福祉の基本的態度は,共生・共存の世界において「いのちの輝き」を認識することであり,如来の智慧による慈悲の実践という行動規範を確認することである。「四海みな兄弟」や「御同朋・御同行」の理念により,異民族・異文化理解を深めるとともに,異宗教との協調性を模索しながら,人間と自然の共生ならびに環境保全と人間の共存を強調し,災害救援・難民救助・動物保護を含めた国際的な仏教社会福祉活動の展開が期待される。　　　　　　　（中垣昌美・名和月之介）

⇒御同朋・御同行　⇒共生

◇説教（せっきょう）

E preaching; sermon　S nirdeśa

経典や仏教教義を説いて,大衆を教化すること。

展開　釈尊が菩提樹の下で成道したのち,5比丘（びく）のために鹿野苑で初めて「四諦の法」（したい）を説いた。これを初転法輪（しょてんぼうりん）といい,説教の始まりとなった。それ以降45年間,釈尊は遊行（伝道の旅）ひとすじに対機説法（相手の資質に応じて法を説くこと）によって,悩み多き人々を導いていった。この釈尊の説法がのちの説教の原型である。説教は,教えを説いて人を導く方法（唱導）の一つである。時と場合によって,説経・讃歎（さんだん）・談義・講釈・講談・講義・講演・講筵（こうえん）・演説・化導（けどう）・教導・御座・法座・法話・布教・伝道など,種々多様な語を使用している。

説教を中心に展開し,中世以降天台宗・安居院（あごい）の澄憲（ちょうけん）や聖覚（せいかく）らが言葉に抑揚をつける芸能的な説教を広めていった。この流派を安居院流とよぶが,そうした系譜のなかからいわゆる節談説教（ふしだんせっきょう）・絵解き・説教浄瑠璃などが登場してくる。このような説教を担ったのが,唱導師・説法師とよばれる教化僧で,のちに落語・漫談などの「語り物」すなわち「話す芸」として発展したのである。しかし,日本仏教の近代化過程において,節談説教は次第に衰退し,説教師の呼称はみられなくなった。代わって伝道を主体とする布教使の呼称が広がっていった。

仏教社会福祉的意味づけ　上司や先輩や

先生に説教されたという一般的な表現は，身近に感ずるものであるが，仏教でいう説経とか説教は，経典や教義を説くことであり，言語的コミュニケーションの源流ともいうべきものである。やさしく，たのしく，おもしろく（明るく），いつでも，誰でも，どこででも話し，語り，教え伝えるということは，直接的援助に関わるソーシャルワーカーにとって不可欠の重要な事項であり，啓発・伝達・広報の原点である。結局，現代社会福祉や仏教社会福祉現場は，説教の場というよりもコミュニケーションの場として重要な機能を担っている。なお現代の仏教伝道においても，説教師ではなく布教師または布教使と呼称されるようになった。 (中垣昌美)

⇒**教化**

◇**殺生**(せっしょう)

E killing living beings; taking life

E prāṇātipāta

生物のいのちを絶つ（殺す）こと。

定義 仏教では釈尊存命中の原始仏教時代から，仏教徒として基本的に守るべき五戒の一つとされ戒められる。

展開 後世の部派仏教時代には組織化された十不善業道(じゅうふぜんごうどう)（人間が生きていくなかでとるよくない行動）が説かれ，殺生はその第一とされた。戒律において人命を絶つことは追放罪の一つとされ重罪である。大乗仏教の理解に不可欠の論書である『大智度論』第13でも，殺生戒をとりあげ「仏は十不善業道を説くなか，殺罪は最も初めに在り。五戒の中にも亦最も初めに在り」と説明している。

展開 この思想は自ら手を下して他を殺す他殺も，自らのいのちを絶つ自殺も同罪であると殺生戒で説明する。8世紀に確立した律令制度には死罪の規定がなされていたが，日本の社会に浸透していった仏教思想の影響もあって，古代日本では，804（延暦23）年には死刑執行停止の太政官符が下された。

仏教社会福祉的意味づけ 中世の説話集である『沙石集』に，「神殿に供えられた魚は，いずれ死ぬところを権現神に供されたことが縁となって仏道に遇えることになる」という殺生肯定の立場もうかがえるなど，仏教は次第に世俗のものとなった。

親鸞(しんらん)(1173～1262)になると，生業のために殺生を避けられない人々について，「さるべき強縁のもよおせば，いかなるふるまいもすべし」(『歎異抄』)と，殺生否定をふまえて殺生をも行うのが人間であると見すえている。

もっとも仏教の教えでは慈悲が説かれ，慈悲という実践を通じて，多くの人たちのいのちと生活を守り育てることが基本である。しかし，我々は日常生活において，殺生（相手を傷つけ）しながら生きざるをえないという現実がある。その現実をふまえたところに，相手に感謝しお互いに助けあいながら生きていくとする仏教社会福祉の立場が成立する。中絶・堕胎，自殺・他殺の問題が多発する混迷する現代社会において，殺生を否定する仏教の背景には，むしろ人間のいのちの尊厳を強調する仏教の立場にこそ価値を見出せよう。殺生を否定することを前提にするのではなく，いのちの尊厳

を強調するところに仏教社会福祉の視座がある。

参　佐々木現順「十業道の構造」（『業論の研究』法蔵館，1990年）。　（智谷公和）
⇨いのち

◇接待 （せったい）

E reception　S prati grahaṇa
客を厚くもてなすこと。

定義　客を応接し，厚くもてなすことであり，転じて施す，ふるまうの意味。

展開　四国八十八ヵ所や西国三十三ヵ所の霊場あるいは霊場付近では，「お接待」という風習がみられる。四国で遍路に対する「お接待」のしきたりが特に広まったのは貞享・元禄時代（1684〜1704）であったと考えられ，今なおその風習がみられるが，西国巡礼ではすでに消滅している。

「お接待」には，遍路道の周辺に住んでいる人が個人的に接待する場合，霊場付近の村人たちが霊場に泊まり込んで接待する場合がある。また，四国以外から海を渡ってきて接待する接待講があり，これは接待船を連ねた大規模な組織であった。接待品には，米・赤飯・菓子・果物・汁などの食料品，わらじ・手拭い・下着などの遍路中の必需品や金，さらには遍路をただで泊める善根宿などがある。接待をする動機は，①苦行をする遍路への同情心，②善根を積んで功徳を得たいという大師信仰，③先祖の供養のため，④自分が巡礼した際に接待された経験があるためにそのお返しをする，などである。

遍路への接待の日取りは決まっていないが，旧暦3月21日の大師命日は，今でも遍路の訪れが最も多く，またこの日の前後に接待することが多い。しかし，近年のバス利用による四国遍路の観光化は，「お接待」の有難味を薄れさせることとなり，習慣の風化の原因となっている。

仏教社会福祉的意味づけ　霊場接待のほかに，東西本願寺お茶所の歴史も古く，これらのなかに摂州接待講をはじめ講中の同行による報恩行としてのボランティア活動実践の典型をみることができる。

接待は接遇の方法の一つであり，人と人とのふれあい活動における基本として学ぶところが多い。同時に，仏教社会福祉の立場は御同朋・御同行として，同じ目線をもつ仲間として，人々に接していくことを強調するのである。

参　前田卓『巡礼の社会学』ミネルヴァ書房，1971年。竹田明『巡礼の民俗』岩崎美術社，1969年。近藤喜博『四国遍路研究』三弥井書店，1982年。星野英紀『四国遍路の宗教学的研究』法蔵館，2001年。　　　　　　（玉里恵里子）
⇨御同朋・御同行

◇施与 （せよ）

E present; charity　S upasaṃhāra
施し恵み与えること。

定義　菩薩の実践行の第一段階である布施と類語とされるが布施に比べて物質的な施しが強調される。類義語としては，恵施・付与・奉施・授与などがあげられ，多くの経典が施与について言及している。

展開　釈尊は人間の諸々の苦からの解脱

を目的として修行生活を始め，迷いを転じてさとりを開き仏陀となった。その教えは一切衆生に対する利他行へと展開した。

大乗経典である『瑜伽師地論』巻40には，施与の語について「給与」「引入」などの義を示している。すなわち惜しみなく与えることのみならず，衆生を仏道へと導き，教化することもまた施与の義とされ，一切衆生を救済せんと発願した菩薩の実践徳目（波羅蜜）の第一の段階に位置づけられるのである。

密教において，施与を象徴するのは，金剛界五智如来のうち南方を司る宝生如来である。この如来は一切衆生の菩提心を換起し，あらゆる災厄を除去し，諸願を成就し，施与をもって，仏の法を衆生に知らしめる。

この宝生如来の羯磨印は，無限の施与を意味する「与願印」（右の掌を衆生に向けてさしのべるポーズ）である。これは初期の仏像彫刻に多くみられる形態で，定から覚めた釈尊が，梵天勧請によって説法を始め，衆生救済へ向かうことを予感させるものとして知られている。なお，アショーカ王に始まるとされる無遮会では，すべての人々に差別なく供養し布施する法会が営まれ，慈悲の具現化として歴史的実績を残している。

仏教社会福祉的意味づけ　日本古代においては，光明皇后（701〜60）による施薬院の設置などにみられるように，疫病に脅える衆生に薬を施したことが施与の重要な起点の一つとなっている。奈良・平安期にみられる薬師信仰は，こうした時代背景を反映しており，衆生にとっては「癒し」こそ最大の利益とされた。施薬は抜苦与楽のための具体的な手段であり，施与は，利他行の確信として，仏教精神に基づく具体的実践の一形態となったのである。（湯通堂法姫）

⇒**光明皇后**　⇒**布施**　⇒**薬師信仰**

◇世話

E care　S sevā

人の面倒をみること。

定義　日本では本来，「世間のうわさ・評判」という意味に使われていたが，のちに「周旋・尽力・せっかい・面倒」の意味で使われることが多くなった。サンスクリットsevāの音写語と深い関わりがあるのではないかという説もある。sevāには，訪問，親しく近づくこと，しばしば通うこと，侍ること，仕えること，相手を喜ばせること，尊敬すること，などの意味があり，「お世話をする」という言葉の語意が十分含まれている。英語のserviceの語源もsevāである可能性が高い。

展開　「世話」に関する用語例には，まず「世話物」がある。これは江戸時代の風俗・人情・習慣などに取材した芝居や戯曲などのことをいう。次に「世話女房，世話役，世話がやける，世話をかける」というように意味の異なった用例も多い。その場合，「世話」は面倒をみる，接待するとかケアするという意味として使われている。そこから世のため人のために尽力し面倒をみることが「世話」本来の意味であるといえよう。お世話をするという語感に日本の伝統的風土に根づいたあたたかい人間関係の所在が認められる。

仏教社会福祉的意味づけ　社会福祉的援

助の内実は、世話活動から始まったといってもよい。仏教福祉の精神は「お世話」の心から出発し、現代社会福祉のケアワークにつながっている。　　　　（水谷幸正）

⇒接待

◇禅海　生没年不詳
ぜんかい

[E] Zenkai

江戸時代中期の禅僧。

定義　青の洞門（現・大分県下毛郡本耶馬溪町）の開鑿者。生没年代については、一説に1687（貞享4）年～1774（安永3）年という。

略歴　越後国（現・新潟県）に生まれ、江戸に出る。諸国遍歴ののちに1715（正徳5）年、豊後国別府にて得度し、禅海と称した。

当時、豊前国（現・大分県）下毛郡の羅漢寺へ参詣するには、山国川（旧称・高瀬川）沿いの旧曾木村（現・耶馬溪町）青の川べりに垂直に切り立つ高さ約100メートルの絶壁を通らなければならなかった。この難所のわずかな足場に木を渡し、鎖を伝って往来するため、「鎖渡し」とよばれる、一度足を踏みはずせば淵に落ちるという溺死者の多い所であった。

そこで禅海は、その岩盤の開鑿を発願したという。そして中津藩の許可を得、のちには周辺の村人の援助、九州の諸大名への寄付金募集などにより、1750（寛延3）年に30年余の歳月を要して工事を完成させたという。完成後十数年を経過した1763（宝暦13）年に、江戸浅草寺の金龍が羅漢寺参詣を記念して記した「山陰隧道碑」によると、この隧道は天井の高さ2丈、幅3丈、長さ308歩で、ほぼ四角に掘られていて、中は牛馬が2頭並んで行けるほどで、数十歩ごとに窓がつくられ、月の明かりを通す工夫がなされていたという。禅海は工事完成後、羅漢寺近くの小庵で念仏三昧の生活を送ったという。

仏教社会福祉的意味づけ　青の洞門の地は、当地の灌漑用水確保のための井堰工事によって生じた難所であった。灌漑用水路、羅漢寺参詣、中津・四日市と日田を結ぶ官道などの重要な意味をもつ地点であったため、その開鑿は社会的要請度の高いものであった。1783（天明3）年の古川古松軒（1726～1807）による紀行文『西遊雑記』には、通行料として1人4文、牛馬8文を取っていたことが明記され、また1767（明和4）年2月の銘のある羅漢寺禅海位牌には、禅海が銀200貫匁を寄進し、種々の法要料、自らの命日法要料とする旨が記されているなど、禅海の長期間にわたる工事の結果、収益をあげる事業となっていたことがうかがわれる。

参　豊田寛三ほか『大分の歴史』第6巻、大分合同新聞社、1978年。　（宮城洋一郎）

◇全国水平社
ぜんこくすいへいしゃ

[E] Zenkoku-Suiheisha

大正期に創立された、被差別部落（部落）の解放を目指す、自主的運動組織。

定義　民衆の台頭を背景とし、人間解放を基調とする大正デモクラシーの思潮は、部落の青年層にも多大の影響を与えた。奈良県葛上郡掖上村（現・御所市）の阪本清一郎（1892～1987）、西光万吉（1895～1970）ら

は、米騒動の翌々年、「燕会」という自主的団体をつくり、消費組合活動などをしていた。部落改善か解放かの議論が高まるなかで、佐野学の「特殊部落民解放論」を読み、自らの力で部落解放を勝ち取る方向が決められた。燕会は発展的解消し、奈良県下の部落の青年層も結集して、1922（大正11）年3月3日、京都市岡崎公会堂で、「全国水平社」が創立された。

展開 全国水平社の立場は、被差別の原因を部落側に求めその改善を主張する融和運動を批判し、同時に、部落の自立を阻害する恩恵的同情論を排するものであった。そして、差別する側の責任を問い、その意識や構造の変革を求めていく運動が具体的実践となった。

創立趣意書『よき日の為めに』で、親鸞（1173～1262）の思想をはじめ、人間解放の精神をもつ「生命の思想」の融合から、部落解放の思想が生まれたことを示した。その実態は、宗教思想も含め、アナキズムから天皇主義、民族自決論に至るまでの多様な思想の結集であった。このことが、創立直後から運動が一挙に全国的規模に展開した要因と考えられる。

創立大会では、各地から参加した部落の人たちによって、「人の世に熱あれ、人間に光あれ」で結ばれる宣言や綱領・決議が感動のうちに採択された。特に、宣言の「人間を尊敬する事によって自ら解放せんとする者の集団運動」、綱領の「吾等は人間性の原理に覚醒し人類最高の完成に向かって突進する」という基本的立場は重要である。部落解放を目指すことによって、損なわれてきた人間の尊厳を獲得し、差別なき平等社会を希求するこの精神は、日本の人権思想上、高く評価されよう。

翌年3月の第2回大会の頃には、奈良県内をはじめ、各地に数十の地方水平社が設立され、年末までには、さらに飛躍的に増加した。広範囲の部落に、同じ気運が醸成されていたことがわかる。

創立期の活動は、決議に従って、差別者に対する「徹底的糾弾」と、「部落民の絶対多数を門信徒とする東西両本願寺」に対する行動であった。この時期の糾弾は、差別者個人の意識変革が中心で、差別への怒りが直接表明されていたものもあった。昭和期に入ると、差別者の関係組織や差別を生む背景までも視野に入れるものに進展した。いずれにしても、被差別者の自己防衛の手段ではあるが、それをとおして個人や社会の変革を迫っていったのである。

大正末期から昭和初期にかけて、全国水平社は日本共産党の影響を受け、階級闘争派が主流を占めた。その結果、多様な思想の結集という実態が表面化し、組織の分裂が始まった。

仏教社会福祉的意味づけ 全国水平社のもう一つの決議は、部落の人たちの圧倒的多数を門信徒とする本願寺教団に対して見解を求め、対応次第では行動を起こすことであった。その歴史的関係から、本願寺派僧侶でもあった西光万吉などの指導者は、最も身近な問題と位置づけた。具体的には、部落経済を圧迫する教団からの募財の拒絶、募財に応じて上昇する、僧侶の階級である堂班制への批判であった。差別を助長する堂班制は、親鸞の「御同朋」という人間平等の教えに反するものとして、教団に対し

てのみならず，部落内にも強く訴えた。

一方，1871（明治4）年に布告された「賤民廃止令」（解放令）は，部落の人たちを歓喜させ，職業も自由になったが，そこには経済的に保証する政策はなく，逆に資本主義的な自由競争の原理により，伝統的な産業が侵食される結果となった。そのため，明治中期には部落内の階層分化と全体的な貧困化が進行し，差別と貧困という新たな状況を生み出した。そうした貧困化の広がりが，全国水平社による東西両本願寺への募財拒絶の通告となった。しかし，この決議通告は，教団を支える部落の門信徒の熱意や自負に押され，実効性があまりなかったとされる。

教団のもつ収奪と差別のメカニズムに対する痛烈な批判をとおして，人間平等を推進する真の同朋教団としての再組織化を期待したところに，全国水平社の仏教社会福祉的意味を見出すことができる。そうした批判をとおして，西本願寺に「一如会」，東本願寺に「真身会」という融和運動団体を創設させ，教団人の課題として取り組むことを促していった。

参 藤野豊『水平運動の社会思想史的研究』雄山閣出版，1989年。朝治武『水平社の原像』解放出版社，2001年。

（藤本信隆）

⇒西光万吉 ⇒差別と人権 ⇒同和問題

◇善財童子

E Zenzai-Dōji
S Sudhana-śreṣṭhi-dāraka

『華厳経』にみられる53人の善知識を求めて南に向けて旅をした童子。

展開 『華厳経』入法界品に説かれる童子の形をした菩薩である。法を求めて53人の善知識を訪ね，教えを請い，ついに普賢菩薩のところで十大願を聞き，阿弥陀如来の浄土に往生を願うようになる。訪ねた善知識のなかには，遊女や夜叉，仏の母などもあった。修行の段階として，古くから仏教徒に親しまれ，文学やレリーフ（ボロブドゥール）などに表されて今日まで親しまれている。

仏教社会福祉的意味づけ 本当は菩薩であるはずの善財童子が菩薩の名ではなく，童子とよばれているのは注目すべきである。童子は大人ではなく，若々しく育ちゆくものであり，求めてやまない潑刺たる子どもの姿である。童子であることにより，求道と真理の探究に精進する姿を描いたものである。しかもすぐれた人たちや仲間たちを躊躇することなく訪ね歩くことの価値を明らかにしている。そこには人間のあり方として，常に求め，常に活動し，常に考え，衰えることを知らない力にあふれる姿をみることができる。クライエントが何を求め，何を必要としているのかを，躊躇することなく正しく尋ね，正しく聞き，正しく認識するという，現代社会福祉にも通じる童子の姿であろう。

参 山田亮賢『路傍の法蔵──大乗仏教に導かれて』法蔵館，1967年。

（吉元信行）

◇先生

E teacher　S ācārya

自分が師事する人。

定義　師として教える人。学芸に長じた学者，あるいは単に年長者を指す場合もある。現代では，特に教育に携わる人を指して，先生といい，またその道の専門家や指導的立場にある者を敬っていう場合など，広く用いられている。

展開　仏教においては，教え導く立場にある者は，老師・先達・阿闍梨などの語で示されている。老師は，老僧に対する敬称から，座禅，修行一般を導く僧であることを意味している。先達は，先に仏道に達した人であるとし，特に，修験道では道中，峰中の作法に精通していることで，修験者の峰入りに際して，同行に先だって案内する役割を担っている。阿闍梨は元来ヴェーダの儀式の方法を弟子たちに教える師のことであったが，「四分律」には5種の阿闍梨を示し，弟子の行為を正し，その師範となり，教授すべき徳の高い僧であるとしている。

また，密教にあっては，『大日経』巻1「具縁品」や巻2「入曼荼羅真言品」などにおいて，阿闍梨は13の徳を備えるべきと説かれている。そこでは，菩提心を発し，智恵と慈悲を備え，六波羅蜜（布施・持戒・精進・忍辱・禅定・智慧）の修行を積み，真言の実義を解し，衆生の心をよく知るなどの徳を備え，師としての資質があることを強調することで密教の資師相承を重視する立場を明示している。

仏教社会福祉的意味づけ　教え導く師としての意味をもつ先生は，仏教特に密教の示す阿闍梨の意をふまえると，師としてふさわしい資質を有することが求められる。具体的には，慈悲の心をもって福祉利用者の心を理解し，適切な対応を果たしていくことで，それは「共に歩み，共に生きる」共生の福祉社会の担い手たるべきことを表しているともいえよう。そのことが，仏教の教えのなかから導かれている。

（宮城洋一郎）

⇒六波羅蜜

◇先祖

E ancestor　S pūrvapuruṣa

家系・血統の初代およびそれ以降を継承する人々。

定義　先祖が家族・一族の人々によって意識されるようになった理由について，柳田國男は，家督・家産という物的基礎の上に子孫・後裔を死後も守護したいという念慮によって，家の守護神信仰として先祖への崇拝が成立したと述べている。先祖への祭祀を通じて，その加護を願い，また加護されるという信仰により，一族の安寧を願う物的基礎を背景に，その永続的な繁栄を求めて，祭祀が営まれてきたのであった。

展開　本来仏教にあっては，先祖や先祖崇拝に対する教理や儀礼をもたなかった。しかし儒教の根強い中国において，孝思想の発達とともに先祖崇拝が仏教のなかにも取り入れられていくことになった。これにより，日本の庶民社会に，現世の祈禱，死者葬送とともに，先祖崇拝の民俗宗教と仏

教が深く結びついていくことになった。

こうした先祖への祭祀が家を単位として確立していくのは近世以降で、寺檀制のもとで寺院の檀家として位置づけられた家が、その担い手となった。そこでは、家の創始者が先祖として絶対的な価値をもち、代々の家長もそれを継承するものとして祭祀されていく。こうして、先祖祭祀が家において営まれる基礎が確立する。また、先祖への祭祀はその正当な継承者である家長の責任において営まれ、家長は家の維持、繁栄のためにその力を行使していく。それは、特に家産を有する商家において強く表れ、家訓として守られていくことにもなった。

仏教社会福祉の意味づけ　このように、先祖への崇拝の底流には、家の繁栄を願い、守護を期待する意味合いが存在していた。しかし、それは、単に特定の一族という限定された範囲だけで行われるのではなく、地域共同体のそれぞれの家で同様に営まれる祭祀でもあった。したがって、先祖崇拝が村落社会に広がり、追善・追慕のための供養を行い子孫が善根を積むことで、より一層地域社会の連帯を強めていくことにもなった。貧しい人々に施しを与え、旅人に宿や食物を施す善根の儀礼の例は、やがて葬儀に際し会葬者に「粗供養」を配ることにもつながったとされる。また、生前果し得なかったことを、家族が代わって行う追善なども、社会に還元されることで、社会的連帯感を生み出していくことにもなった。そこから先祖崇拝が地域社会を結合する福祉的意味をもつことになったのである。

参　柳田國男『先祖の話』柳田國男全集第10巻, 筑摩書房, 1962年。五来重『日本の庶民仏教』角川書店, 1985年。

(宮城洋一郎)

⇒**檀家**　⇒**盆**

◇浅草寺病院
せんそうじびょういん

E　Sensōji Hospital

明治末に浅草寺(聖観音宗)が同寺境内地に設置した病院。

定義　1910(明治43)年8月, 東京が大水害に見舞われた際, 浅草寺住職修多羅亮延(しゅたらりょうえん)(1842～1917)と同寺信徒代表高木益太郎(たかぎますたろう)(1869～1929, 弁護士・衆議院議員)は, 罹災民のため念仏堂を開放するとともに,「浅草寺救療所」を設置して, 病人や怪我人の治療にあたった。同年10月には, 寺内の六十六仏堂に移転し,「浅草寺救護所」と改称, 貧困者を施薬救療する恒久的施設として発足した。

展開　1918(大正7)年, 浅草寺内の無動院徒弟大森公亮が, 医師免許を取得して診療業務に参加し, 1920年に医長に就任した。さらにこの年, 東京帝国大学医学部の援助指導を得て医療施設設備を拡充, 整備し, 診療科目も内科・外科・眼科・耳鼻科となった。1923年9月1日に関東大震災が起こると, 浅草寺は直ちに火災を免れたすべての堂舎などを罹災民の収容に充てるとともに, 寺務所に震災救護事務局を設置, 救護所の医師らは観音堂裏広場において負傷者の治療にあたった。10月には仁王門下に臨時病舎が完成し, 12月に「浅草寺病院」と改称。翌年2月, 弁天山下に木造2階建の病院が竣工した。

貧困者の無料診療は, 患者の資力を判別

するのが難しく，近隣病院の経営を圧迫することから，さまざまな困難に直面した。しかし，浅草寺病院では，1937（昭和12）年まで困窮者救済のための無料診療が続けられた。またこの年，地下2階地上2階建コンクリート造の新病舎が落成した。この病舎は戦火も免れ，戦後の1952年に社会福祉法人として認可を受けた。2000（平成12）年11月，病舎老朽化のため，6階建の新病舎への建て替えに着手し，さらなる医療施設設備の充実を期している。

仏教社会福祉的意味づけ　仏教教団がきわめて早い時期に直接設立に関与した医療施設として高く評価できる。その後，大正・昭和期になると，「築地本願寺診療所」（1922年浄土真宗本願寺派），「六条診療所」（1926年浄土真宗本願寺派），「四天王寺施薬療病院」（1931年和宗），「立正診療院」（1932年日蓮宗），「総持寺鶴見病院」（1934年曹洞宗）など仏教系の社会福祉的医療機関が設立されていった。

参　木下亮包「社会福祉法人浅草寺病院」（『日本病院会雑誌』vol.43 No.8，1996年）。中西直樹『仏教と医療・福祉の近代史』法藏館，2004年。　　（中西直樹）
⇒あそか会　⇒四天王寺福祉事業団
⇒浅草寺福祉会館　⇒大本山総持寺社会事業部

◇浅草寺福祉会館
せんそうじふくしかいかん

[E] Sensōji-Fukushi-Kaikan
浅草寺が設置・運営母体となっている福祉会館。

定義　聖観音宗の本山である浅草寺は，東京都台東区に所在し，下町にある観音霊場として庶民に親しまれてきた。「浅草寺福祉会館」は，戦前から始まった浅草寺の社会事業を受け継ぎ，地域的特性と庶民信仰を生かして設立され，生活相談や福祉講座およびさまざまな地域活動のための諸事業を展開し，地域福祉実践を推進するセンターとしての役割を担ってきた。

展開　浅草寺が本格的な社会事業を開始したのは，1910（明治43）年8月に関東地方を襲った大水害の被災者に対する「救療所」での治療活動と，炊き出しなどの生活支援活動であった。ついで，1922（大正11）年に「少年法」の公布に伴い，非行少年を対象とする少年保護施設として「施無畏学園」を1923年7月に，東京府南多摩郡稲城村長沼（現・東京都八王子市長沼）に設置した。同施設はこの年の11月に北多摩郡神代村金子（現・調布市西つつじヶ丘）に移転。さらに，同年の関東大震災に際しては，救療活動にあたる「医療院」を設け，託児所も設置し，11月に「浅草寺保育園」を開設した。

1933（昭和8）年には浅草寺婦人会館内に「浅草寺児童教育相談所」が設立され，一般の心身健康相談をはじめ教育・進学相談，適性・精神衛生相談などを行った。またこの年，施無畏学園内に知的障害児の治療教育施設として「浅草寺カルナ学園」も設置されている。戦後は，これらの施設が休止状態に追い込まれるなかで，「社会福祉事業法」公布により，医療院が1952年に「社会福祉法人浅草寺病院」となり本格的な医療・福祉事業を開始していく。1958年，「浅草寺相談所」が開設され，家庭相談と法律相談を柱に出発し，1960年4月から教

育相談も加えた。同年6月，浅草寺福祉会館が完成したことで，家庭・婦人相談，結婚相談，教育相談，法律相談の4部門をもつ総合相談事業として展開していくことになった。

仏教社会福祉的意味づけ　1970年代以降，会館の相談事業は減少傾向をみせ始めた。これを契機に，常勤ワーカーの設置とともにスーパーバイザーを置き，ソーシャルワーク理論に基づくグループワークを駆使した専門社会福祉事業を展開しようとした。同時に，浅草寺の宗教的背景を生かした相談事業との位置づけのもとで，アフターケアや地域の教育的啓蒙機能を目指す講座の開設，公的事業と民間事業との「共働体制」を台東区という地域社会で確立させるなどの課題が提示された。この課題は，会館の初代主任でのちに浅草寺貫首となる壬生台舜が，時代と社会の問題に立ち向かうところに浅草寺社会事業の使命を見出したことと深く関わっている。そこに，庶民信仰の核である観音信仰を現代の地域社会に生かし，福祉実践を展開していくべき意義が見出される。

参　加登田恵子「現代における民間社会事業の課題―浅草寺福祉会館の歴史的展開から―（上・下）」（『浅草寺福祉会館年報』第21・22号，1992・93年）。大久保秀子「戦前期における浅草寺社会事業―『浅草寺社会事業年報』をめぐって―」（『日本仏教社会福祉学会年報』第29号，1998年）。　　　　　　　（石川到覚）
⇒カルナ学園　⇒浅草寺病院

◇葬儀（そうぎ）

E funeral　S preta-karman
死者を葬る儀式。

定義　葬儀とは，葬送を儀式化したもので，葬儀式，もしくは葬式ともいう。死者を葬り，惜別・哀惜の情をもって人の死を悼むための一連の儀礼のことをいう。

展開　まず葬儀には，死者を「この世」から「あの世」に送り出す役割がある。別離は生者と死者という新たな関係をつくり，この世の生者があの世の死者を追悼する宗教儀礼的関係を形成していく。ところが，現代都市のなかで通過儀礼の変容は顕著である。死者をとりまく共同体内における人間関係が変容し，地縁・血縁・法縁の家族主義的連帯は弛緩していくことになった。そのため，たとえば葬儀を告別式にするなど，葬祭商業化を推し進めることとなる。ムラ共同体秩序のなかでも，「ユイ」（結）とか「手伝い」「普請」や「同行」などにみられたような地域福祉の相互扶助機能が弱まってきた。都市化・産業化・核家族化ないし職住分離化と職縁集団形成によって，共同体秩序内の伝統的・仏教的な共同連帯性による葬儀は大きく様変わりしつつある。

仏教社会福祉的意味づけ　葬儀には，人の死を広報するという社会的役割と，悲嘆のプロセスを支えるグリーフケアという心理的な役割がある。人の死は遺された者に衝撃を与え，悲しみや寂しさ，恐怖や不安などの感情だけでなく，十分にケアできなかったという後悔や罪責などのさまざまな心の痛みをもたらす。心の痛みを癒すには，

◇僧伽 そうぎゃ／さんが

E companionship; company of monks
S saṃgha

仏法を伝える人々の集まり。

定義 語源は「共に運ぶ」という意味であり，「集団」を意味する。僧伽は saṃgha の音写語であり，「そうぎゃ」と読まれるが，一般に「さんが」と読むことが多い。衆・和合衆・衆団・僧団・教団ともいう。なお今日使う「僧侶」はサンガの一員のことである。

展開 初期の出家の仏教徒は，比丘群とか比丘僧侶とよばれており，ここでの僧伽はもともとの「集団」の意味であった。のちに，仏・法・僧の三宝の一つとして，仏法を維持する団体の意味とされた。紀元前3世紀のアショーカ王の頃までは，僧伽は仏教の比丘（苾芻：男性出家者）や比丘尼（苾芻尼：女性出家者）の集団を意味した。のちに，在家の仏教徒である優婆塞（男性在家仏教徒）や優婆夷（女性在家仏教徒）も僧伽のなかに含め，四衆・四輩・四部衆・四部弟子とよぶようになる。

比丘・比丘尼には数多くの戒律が定められたが，優婆塞と優婆夷には，①不殺生（生き物をいじめない），②不偸盗（自分に与えられたものだけを取る），③不邪婬（夫婦以外の者と交わらない），④不妄語（虚偽のことをいわない），⑤不飲酒（精神を錯乱させる酒類を摂取しない）の五戒を守り，満月と新月の前夜後の各2日とその途中の半月の日の六斎日には，不邪婬の代わりに不梵行（性行為を行わない）を守り，⑥大きな高いベッドに寝ない，⑦身体に油を塗らず装身具を身につけず歌や踊りや演芸を見ない，⑧午後には食事をしない，という項目を加えた八斎戒を守ることが科せられている。

展開 現在，アジアの仏教諸国には仏教教団としての僧伽があるが，現在も福祉的活動を展開している。スリランカ，ミャンマー，タイなどでは，女性出家者はいるが，比丘尼の僧伽はない。韓国では比丘尼僧伽は強力である。台湾では出家者は少ないが僧伽は女性が多数を占めるようである。

仏教社会福祉的意味づけ 古代インドにおいては，アショーカ王の時代，僧伽は僧院の中に施療院の設置をはじめ，種々の慈善活動を推進した。ここに現在のビハーラ活動をみることができる。日本では四天王寺の悲田院や施薬院，行基（668〜749）の救済事業もあった。

元来，アジア各国の仏教寺院は地域の社会活動の中心になっており，比丘・比丘尼によるサンガグループは援助・助言・調整などの社会（福祉）事業を担ってきた。また，僧伽という組織の事業とは別に，慈悲行・菩薩行・報恩行の実践グループでもあり，サンガは国際的仏教社会福祉活動団体として多様なNPO活動に参加しているが，個人的に福祉活動をする者も多い。（柏原信行）

そうとうし

⇒教団社会事業

◇曹洞宗国際ボランティア会（ＳＶＡ）

[E] Shanti Volunteer Association

日本仏教会において先駆的役割を果たしたボランティア団体。

定義 1980（昭和55）年，インドシナにおける諸紛争による大量の難民発生を契機として，有馬実成（１９３６〜２０００）が中心となって「曹洞宗東南アジア難民救済会議（ＪＳＲＣ）」を結成し，宗派の後援のもと，同じアジア人として，仏教徒として救援活動に乗り出した。そこに参加したボランティアを中心に1981年に「曹洞宗ボランティア会」を設立。1992年に「曹洞宗国際ボランティア会」と改称した。

展開 国連難民高等弁務官事務所の計画実行団体として，タイ，カンボジア，ラオス国内に活動拠点をもち，難民支援と教育活動を中心に行ってきた。たとえばタイへ流出したカンボジア難民が，このままでは祖国の文字や文化を失ってしまうことに気づき，移動図書館や書籍の発行，自立のための職業訓練などを矢継ぎ早に実施していった。また難民を受け入れるタイ国辺境地の山岳民族への支援，スラム開発，農村開発を伴わなくてはカンボジア難民の救援は進まないという認識からそれらも手がけてきた。その後，カンボジアでは学校建設のほか，カンボジア版南伝大蔵経（トリピタカ）の印刷・贈呈運動を行った。

国内では募金・資金調達と広報活動を展開し，東南アジア女性の自立を援助するために彼女たちが作った手工芸品を販売しているほか，人権問題・難民問題・南北問題・環境問題の啓発運動に加えて，国内外の自然災害復興救援活動にも参加している。

現在，会長をはじめスタッフは東京の本部，タイ・バンコク，カンボジア・プノンペン，ラオス・ヴィエンチャンなどの現地事務所に分散している。会員2600人，一般協力者１万人以上のほか，国連機関・政府機関・各種団体などの資金援助を受け，またさまざまなＮＧＯからも協力を得ている。また月刊広報誌『シャンティ』を刊行している。

仏教社会福祉的意味づけ 当会の運動は実践の現場から問題を発見して活動に展開することを目指している。たとえばカンボジアでは加害者の旧ポルポト派の人と彼らに家族を殺された被害者とが同じ地域・職場にいて，悲しみや怒りを表現できない「いたみ」があり，またスマトラ沖地震被害者には復興遅延による親たちの疲れから，その怒りが子どもに向けられたりする「いたみ」がある。当会ではこのような「いたみ」を共有することを大切にし，相手の立場を思いやる地球人として現代世界に菩薩精神を体現しようとしている。　（中野東禅）

⇒教団社会事業

◇相扶

[E] mutual aid

お互いに助けあう相互扶助の略。

定義　「隣保相扶」「地域相扶」あるいは「家（親）族相扶」などと使われ，一般に地域内および家（親）族内で助けあうこと，すなわち和合共同を意味する。

展開 本来相互扶助とは，村落共同体における生活の共同に根ざす。この共同体は，原始社会における私有が成立する以前の地域的な土地共有が古代・中世にかけてゆるめられ，身分支配が新しく形成されて構成された。ただそのあり方の東洋と西洋の差が，その相互扶助編成に差をもたらす。

封建国家を編成する西洋中世では，農村のマナー（荘園）や都市のギルドの共同体機能に基づく相互扶助を成熟させ，教会の慈善を，教区内住民の相互扶助を封建領主に支えられた教会の権威により編成させた。

近世日本では地域の相互扶助を地域自治により編成する方向にあった。幕藩体制のもとでの「惣村（町）」の形成は，「村（町）中合力」をもたらし，それが村（町）方自治に基づく救済制度に発展した。その代表的な事例が，1792（寛政4）年に江戸に設立された自治的救済機関としての町会所の救済である。町方人口の2分の1ないし3分の2の2ヵ月にわたる食糧（米）を町民が醵出する町財政により用意するこの救済は，巨大都市江戸における地域相扶の公共制度化を意味した。こうした全国各地にみられた地域相扶をめぐる状況は，明治国家による「恤救規則」の制定により抑制される。このことは，地域相扶を国家的に制度化したイギリス救貧法とは異なるものである。

この近代的な救済行政における相互扶助の役割の差は，公共救済を，国家の慈恵に基づかせるか地域の公共に基づかせるかの差をもたらす。

仏教社会福祉的意味づけ 「相扶」すなわち相互扶助は，歴史的経過を通じて，自律的な個人の人間同士の助けあいとして編成されるようになった。この間，仏教における慈悲の思想が，施与・施行という，狭義の考え方から，共済・共助を意味する「大慈悲」としての広義の考え方へと発展したのである。したがって仏教社会福祉の立場は，村落共同体的秩序や，身分制社会の共同体規制による相互扶助ではなく，民主主義的な個人による主体的自発的行為としての相互扶助を意味する。あわせて，それを共同体や身分制を克服した民主主義的な公共に基づかせる必要があろう。

（池田敬正）

⇒町方施行

◇僧侶

E monk; priest S saṃghika

出家して仏門に入った人。

定義 現在は出家した仏教徒，もしくは寺院の住職を指すことが多いが，もともと個人の職業や性格づけを意味する言葉ではなく，比丘（出家，授戒した仏教徒）の集団（集まり）に所属している者という意味である。梵語 saṃgha の音を表す「僧（サンガ）」とは「なかま」「ともがら」「つれあい」という意味を表す「侶」によって構成された言葉である。この点から意味を考察すると「同じ目的・利益を求める集まり」「同じ意志・思想をもつ集まり」とするのが本来の意味である。

展開 したがって，「僧侶」は身分や地位，あるいは職業を意味する言葉ではなかったが，国家や公的な制度によって僧団を整備していく過程において一個人の身分を示すように変化していった。「僧侶」のも

つ集団という意味には，すべての衆生は「なかま」や「ともがら」として平等であるという仏教の主張が表れている。比丘僧伽は袈裟を着て毛髪を剃り，遊行乞食によって生活し修行する者の集団であるが，彼らの特徴である剃髪や袈裟はバラモン階級たちの髪型とそれを彩る豪奢な装飾品を否定したものであり，四姓制度からの脱却を宣言した沙門（僧侶）の証である。

日本においても，「僧侶」は階級から脱却したということを示すだけでなく，広く社会事業と深く関わりをもち続けた存在もいた。たとえば，行基（668～749）の土木事業，空海（774～835）の満濃池の修築，叡尊（1201～90）・忍性（1217～1303）による貧困者・病人に対する救済事業をはじめとして数多くあげることができる。明治期の渡辺海旭（1872～1933）は「社会事業」という言葉を定着させただけではなく，実際に社会事業を広く展開していった僧侶の一人である。さらに現在よく用いられる「共生」という語も仏教者の僧侶集団において使われていたと同時に，とりわけ椎尾弁匡（1876～1971）らによって共生思想が鼓舞されている。

仏教社会福祉的意味づけ　「僧侶」は，その言葉本来の意味に立ち返って平等という立場を常に守り，すべての者に利益をふり向けようとする姿勢が強く要求される集団であり，存在でもある。実際仏教を信仰している仏教徒にとって，「僧侶」は社会と密着した存在であるべきである。またそうであることが強く望まれる。僧侶は集団あるいは個人としても，社会から遊離する世捨て人ではなく，むしろ積極的に社会に関わり，構成員であるとの自覚と使命を明らかにしながら社会福祉の担い手として活動するところに，公益法人である宗教法人に所属する仏教僧侶としての社会的役割を果たすことができよう。

参　岩本裕『日常仏教語』中公新書，1972年。中村元『仏弟子の告白』岩波文庫，1982年。　　　　　　（林　俊光）
⇒**共生**　⇒**僧伽**

◇**ソーシャルワーク**

[E] social work

社会福祉事業の別名であり，専門的社会福祉援助方法による事業。

定義　英語の原語の訳語は社会事業である。社会事業という用語が日本で使われ始めたのは1920年代（大正中期）以後であった。1951年（昭和後期）頃から社会福祉事業という用語が一般的になった。表現の変化はその性格の変化，一定の進歩（公的な福祉政策の拡大）の表れでもある。社会福祉事業の援助活動が進むにつれ，援助が必要な人人に真に効果的な援助をするためには，福祉に関する法令，それに基づく援助制度（金銭的給付や施設での生活援護）の充実は必須であるが，それだけでは十分ではないという認識が高まった。援助を求める人々の生活状況や，困難な状況に苦しむ人の心情を理解し，自立できるような援助の方法を確立することが重要視されるようになったのである。ソーシャルワークという場合，近年ではこの社会福祉の援助方法，あるいは援助技術を中核とする専門的社会福祉の実践体系の理論と方法を意味することが多

展開　産業革命の発展は同時に貧富の差の拡大をもたらし，19世紀の後半頃からイギリスでは窮乏者の救済のため慈善組織化活動が盛んになった。効果的な活動のため「慈善組織化協会（COS）」が設立され，それまでの懲罰的な救済でなく，人間的・社会的な援助の方法が模索された。ヒル（Octavia Hill, 1838〜1912）は「施しでなく，友情を！」と提唱した。現在も積極的に活動しているロンドンの「トインビー・ホール」などのセツルメント活動の経験は，イギリスだけでなく世界各国の援助のあり方に大きな影響を与えている。イギリスで始まった動きはアメリカでさらに成長した。リッチモンド（Mary Richmond, 1861〜1928）が著わした困窮家族の援助の実際についての綿密な観察を元にした著書 "Social Diagnosis（『社会診断』）"（1917年）は，ケースワーク発展の原点になった。

1930年代後半頃からセツルメント活動などの経験からグループ活動の意義と有効性が認識され，主として小集団を対象とするグループワークが発展した。地域社会の社会事業団体や施設の協議会では効果的な資源の活用と調整，ニーズの調査の必要性が認識され，1950年代にコミュニティ・オーガナイゼーションとして活動が始められた。現在では用語の整合性から一般にコミュニティワークといわれる。これら三つのケースワーク，グループワーク，コミュニティワークは，専門的社会事業実践に不可欠な要素であると認められた。

ソーシャルワーク，すなわち専門的社会事業の発展に必要な専門教育が1910年に「コロンビア大学」で始まった。実践と教育の発展の経過には種々の理論の対立などがあったが，現在では環境のなかで関わりあう人間の問題を生態学（ecology）的にとらえ，システム論的に解明するエコシステム論的視点からソーシャルワーク理論を確立し，実践の結果をフィードバックする方向に進んでいる。さらにソーシャルワーク推進を目的として，「日本社会福祉学会」実践家を中心とする「日本ソーシャルワーカー協会」などがある。

仏教社会福祉的意味づけ　仏教の慈善事業の理論的立場の明確化と実践方法の発展に開拓者的役割を果たしたのは，1917（大正6）年，「宗教大学（現・大正大学）」に開設された社会事業研究室である。渡辺海旭（わたなべかいぎょく）（1872〜1933），矢吹慶輝（やぶきけいき）（1879〜1939）らが啓蒙的な活躍をし，長谷川良信（はせがわりょうしん）（1890〜1966）がセツルメント運動を紹介し，貧民地区で活躍したことは意義深い。そのなかでも矢吹慶輝はリッチモンドらから学んだソーシャルワーク理論に仏教的視点からのアプローチを試み，「心主物従の教化」，すなわち精神的教化に，仏教的独自性を求める新しいソーシャルワーク理論を提唱した。

これらの仏教社会事業のキーコンセプトとしては，渡辺海旭の「労働共済」，矢吹の「連帯共同」「寺に詣った人に無駄にならぬ寺院たらしめること」，長谷川の「for him（彼のために）」ではなく「together with him（彼とともに）」，佐伯祐正（さえきゆうしょう）（1896〜1945）の「寺院セツルメント化」などがあげられる。関西では「龍谷大学」が1920年に海野幸徳（うんのこうとく）（1879〜1955）を中心に社会学講

座を開き，社会政策や社会事業の新しい動向が紹介された。その後東西の仏教系大学では社会福祉の講座を設け，仏教的ソーシャルワークの研究と教育を推進した。また「日本仏教社会福祉学会」(1966〈昭和41〉年創設)は仏教的観点からの社会福祉理論と実践の推進を目的としているが，仏教の妥協的精神，国家との関係の見直しなどが仏教社会福祉の発展に重要であるという関係者の真摯な指摘がある。西欧的な理論が多いなかで仏教的な福祉のあり方は日本のほか，世界の福祉の進歩に寄与するとして注目されている。

参 S.C.コーズ／小島蓉子・岡田藤太郎訳『ソーシャルワークの根源』誠信書房，1989年。長谷川よし子編『仏教と社会事業と教育――長谷川良信の世界』長谷川仏教文化研究所，1983年。

（沢田健次郎）

⇒宗教大学社会事業研究室

◇即

E identical; simultaneous

S eva; anantaraṃ; samanantaraṃ

別のものでありながら，相離れない関係。

定義 対立，矛盾する二つのものが相互の媒介によって一体となる。相即と同義であり，相即相入・娑婆即寂光土・色即是空・一即多・一即一切・煩悩即菩提・弥陀即我といった用法がみられる。

展開 相即といった場合，一と多の関係を説明して，一があってこそ多が成り立ち，また多によって一が考えられるので，両者は密接不離の関係であり，一体である。相入といった場合も，一におけるはたらきが全体のはたらきに影響し，全体のはたらきから一のはたらきが考えられるから，これもまた密接不離の関係にある。

天台教学では「即」を3種に分け，二物相合（二つの別個のものが合して不離），背面相翻（表と裏のように別物にみえるが本来は一である），当体全是（渋柿がそのまま甘い柿になるように絶対的同一であること）をいう。まさに相即相入の論理である。

浄土宗では，「異時の即」といい，念仏往生して不退転の位（すでに得た位を失うことがないこと）に住することができる。それに対し，浄土真宗では，「同時の即」といい，一念の信心によりすぐさま往生する身と定まり，現在において正定聚不退転の位（心が定まり，迷いがなくなること）に住すると考えるのである。

仏教社会福祉的意味づけ 社会には現実に差別の構図がある。しかし，人間存在の本質にたちかえると，厳粛な無差別の原則が貫かれている。福祉においても基本的には生きる権利，人間の平等，ないし人格の尊厳を離れて語ることはできない。したがって，福祉は生活上の困難を強いられる困窮を直視することで福祉であり，困窮状態にある人は福祉に関わることで，自らを困窮であると認識する。つまり困窮は，福祉の欠如体であり，福祉は困窮状態と向き合ってこそ福祉たり得るのである。

もう一方，生と死も二にして一であり，切り離すことができない。死は生との断絶を意味するのではなく，生の充実ないし生の自覚を確認することであり，限りなく生きる永生楽果（浄土の境地に入り，極楽浄

土に到着すること)の益を得る。そういう即の論理が社会的諸問題の解決の道を示唆している。

参 佐藤賢順『宗教の理論と表現』理想社，1962年。　　　　　　　（早坂　博）

た行

◇ダーナ運動

E　Dāna movement

世界仏教婦人会連盟が提唱した福祉実践活動。

定義　世界仏教婦人会連盟は，1965(昭和40)年5月15日にニューヨークで開催された第2回世界仏教婦人会大会において採択，決議されたものであり，毎年2月第二日曜日を中心として，「ダーナの日」(布施の日)を制定し，物心両面にわたる布施行に精進することを実践項目とした。その日に浄納された懇志は社会福祉事業に寄与する資金として活用される。国の内外を問わず，広くダーナの実践活動をよびかけている。ダーナには，財施(金品を施すこと)，法施(仏法を施すこと，教えを広めること)，ならびに無畏施(危難から救い安心を与える)の3種があり，『雑宝蔵経』において，無財の七施(思いやりの心を施すこと)が加えられた。

展開　ダーナ運動は，献金活動だけではなく，医療・福祉関係施設訪問，地域環境整備，寺院や墓地の清掃奉仕まで幅広い地域福祉活動を展開している。そして，「ダーナの日」を，社会福祉を理解し認識するための日と位置づけ，無財の七施を誰でもできる施しとして意味づけている。いのちのあるものすべてが，なごやかに，ともどもに手を取りあって生きていくことのできる福祉社会になってほしいという願いが含まれているといわれている。ダーナ活動に参加することは，思いやりの心を抱き，平和な社会の実現に向けて援助を惜しまないことである。

仏教社会福祉的意味づけ　無財の七施は，仏教的実践の基本である。ダーナ運動の意義は，喜びも悲しみも互いに分かちあって生きる「施し」の本当の意味を，一人でも多くの人と共有できるよう実践することである。　　　　　　　　　　　　　（中垣昌美）

⇒**布施**

◇大勧進養育院

E　Daikanjin-Yōikuin

明治期に長野市善光寺大勧進(天台宗)が児童と高齢者を養護するために設立した施設。

定義　1880(明治13)年夏のある朝，善光寺に一人の捨て子があったのを機に，大勧進副住職奥田貫昭(1846～1900)により設立が企図された。奥田は，大勧進住職村田寂順(1838～1905，のちに天台座主)と協議して，善光寺一山の同意のもと，市内の篤志家の賛同を得て，1882年7月，県に設立願を提出，翌年3月に開院した。

展開　奥田が，設立にあたって篤志家にあてた挨拶文には，「社会の進展に伴い生存競争は日一日激烈を加え，所謂社会の落

伍者を生ずるは止むを得ざる社会的欠陥であり」と，近代資本主義社会の進展に伴う社会事業の必要性が先見的に述べられていた。

幼年者と高齢者の同居には，養育上不都合があることから，1911（明治44）年に育児棟を新築し，1925（大正14）年2月には，財団法人としての認可を受けた。さらに1928（昭和3）年11月，養老部と育児部を分離してそれぞれの充実を期することとなり，西長野に育児施設を新築移転して「三帰寮」と称した。寮には礼拝堂もあり，毎朝礼拝黙禱が行われるなど，宗教的訓育も施された。1948年に三帰寮は「児童福祉法」による児童養護施設となり，1952年には財団法人から社会福祉法人に組織変更された。その際，養老部は「尚和寮」と命名され，1971年11月に松代町に新築移転，翌年，「社会福祉法人長野市社会事業協会」に経営が移管された。一方，三帰寮は，1976年に市内大字屋島に新築移転して，現在に至っている。

仏教社会福祉的意味づけ　大勧進養育院は，福田会とともに，仏教者による児童福祉施設として先駆的存在であった。また，当初こそ高齢者専門の入所施設はなかったものの，高齢者福祉事業にもきわめて早い時期から対応した意義は大きい。

参　小林済編『潤生——三帰寮・尚和寮創立百周年記念誌』児童養護施設三帰寮・養護老人ホーム尚和寮，1983年。
　　　　　　　　　　　　　　（中西直樹）
⇨福田会

◇大慈悲心

E　Buddha's great compassionate mind
S　Mahā-maitrī-karuṇā-citta

大いなる慈しみをもった仏の心。

定義　浄土三部経の一つである『観無量寿経』に，「仏心とは大慈悲心是れなり。無縁の慈を以って諸々の衆生を摂す」と書かれているが，類文は他の諸経にも多い。

展開　仏教には抜苦与楽という言葉があり，衆生の苦を抜き楽を与えるという意味であるが，これがすなわち慈悲ということである。特にすべての人間を救済しようとする仏や菩薩の心を大慈悲心というのである。

『歎異抄』には，仏法の基本である「慈悲」について聖道・浄土の2種あることが述べられている。すなわちものをあわれみ，かなしみ，はぐくむ聖道の慈悲には限界があり，思うように衆生を利益するという浄土の慈悲には限りがないことが述べられている。

仏教社会福祉的意味づけ　慈悲の具現化の対象はすべての人間を含めた一切衆生である。だから，仏教社会福祉の対象はすべての人間を含めた生きとし生けるもの（衆生），全体としての人間である。同時に，生死を乗り越えて限りなく生きる永生楽果の論理を展開する無差別平等の救済原理であることに特徴がある。浄土の慈悲によると，たとえ小慈小悲もない人間であっても，一切の衆生を見捨てることなく摂い取ろうとする（摂取不捨）ダイナミックな仏願・信心を受容することが，仏教社会福祉

実践の主体的契機となる。したがって、仏教福祉実践が慈悲行・布施行、ないし常行大悲（常に如来の大悲を行ずること）の実践であるといわれるのである。　（中垣昌美）

⇨慈悲　⇨抜苦与楽

◇大乗と小乗

E Great vehicle and Lesser vehicle
S mahāyāna, hīnayāna

「大乗」は大きい乗り物となる教え。「小乗」は小さく劣った乗り物となる教え。

定義　歴史的・思想的仏教区分である「大乗」「小乗」の名称は大乗仏教側からの呼称であり、「小乗」は蔑称である。

展開　紀元前5〜4世紀頃、釈尊の教説により中インドで成立した仏教は、徐々に教線を拡大し、紀元前3世紀のアショーカ王の頃には全インドに広がっていった。この頃までを原始仏教と称している。しかし、仏教教団の地域的拡大と思想的変遷は教団の分裂を招き、伝統的な上座部と改革的な大衆部へと根本分立し、さらにそれぞれ分裂（枝末分裂）を繰り返していったのである。この分裂した仏教を部派仏教といい、のちに大乗仏教側から小乗仏教と称された。紀元前1世紀頃までに成立した部派仏教20派を「小乗二十部」とも称する。仏教最古の教説を含むといわれる原始経典『阿含経』群はこれら諸部派の所伝であり、その他論書としては『六足論』『発智論』『婆沙論』『倶舎論』などが有名である。また諸部派のなかでも説一切有部や経量部などが有名である。その後紀元前後になると、部派仏教は思想的には精緻をきわめるが、一方で民衆の願望と相違した学問仏教として批判され、やがて在家者や出家者による仏塔信仰集団のなかから新しい仏教運動が生じた。彼らは自利中心の従来の仏教を批判し、それを小乗とよび、自らの利他を中心とする教えを大乗とよぶようになった。初期大乗の主要経典としては『般若経』『華厳経』『法華経』『無量寿経』『阿弥陀経』『維摩経』などが知られている。

なお、日本仏教では奈良時代の南都六宗、平安時代の天台・真言二宗、鎌倉時代の鎌倉新仏教六宗などが知られるが、そのうち南都六宗のなかに小乗系宗派がみられる以外はすべて大乗系宗派であり、現代において宗教活動を展開している諸宗派の大部分は大乗である。

仏教社会福祉的意味づけ　小乗は別名「声聞乗」とよばれ、縁起観・四諦八正道説などを根拠にしている。

一方、大乗は別名「菩薩乗」とよばれ、自己向上と同時に他者救済を求める菩薩の自利利他行すなわち菩薩行を中心とする。菩薩は出家・在家両者に通じるものであり、菩薩行の代表は布施をはじめとする六波羅蜜や、四摂事である。これらは利他行すなわち他者援助思想の根幹をなすものとして、仏教社会福祉的観点からも特に重要視されている。

参　平川彰『インド仏教史』春秋社、1974年。三枝充悳『仏教入門』岩波新書、1990年。上山春平・梶山雄一『仏教の思想』中公新書、1974年。　（清水海隆）

⇨縁起　⇨四摂事　⇨四聖諦　⇨自利利他　⇨布施　⇨六波羅蜜

◇大日本仏教慈善会財団

E Dainihon-Bukkyō-Jizenkai-Zaidan
明治30年代初頭より浄土真宗本願寺派の一宗規模で取り組まれた教団慈善事業の先駆的組織。

定義 浄土真宗本願寺派第21世宗主明如（大谷光尊）の発意により，1901（明治34）年に財団の設立認可を得たが，赤松連城（1841〜1919）らがその実質的な推進者となった。門信徒中心の組織化を目指し，「仏教ノ本旨ニ基キ慈善ノ行為ヲ振興シ社会ノ福祉ヲ増進スル」（寄付行為）ことを目的とした。

展開 当財団では機関誌『慈善団報』を発行し，広く募財を訴えた。その基金による直営事業として，1902（明治35）年7月には「真宗崇徳教社」より譲渡された「広島育児院」「広島修養（感化）院」「広島保護院」の3院を運営し，続いて「看護婦養成所」（1904〜18年），「軍人遺孤養育院」（1905〜15年）を開設，経営した。また，間接的事業としては，教団内外の全国多数の施設や団体（育児，養老，感化教育，盲啞教育，免囚保護，救療，窮民救助および学校・教誨事業など各種の事業）に補助金を寄付し，その経営を援助した。

大正末には「本願寺人事相談所」「六条診療所」を開設，さらに昭和に入り，不良住宅地区改良などを手がけた「同潤会」より委託を受け，「猿江善隣館」での隣保事業（児童部・教育部・経済部・社会部・体育部・社交部・診療部）の経営にあたったほか，大正半ばには社会事業従事者育成を目的とした「社会事業研究所」の開設，救済事業大会の開催なども行っている。

仏教社会福祉的意味づけ 廃仏毀釈の波にさらされて出発した近代仏教の再生の課題に対して，護法運動の先頭に立った真宗教団およびその指導層が，仏教の国益性と社会的有用性を証する重要な契機として，早くから慈善に関心を示していたことはその動向に明らかである。その集約点が本財団の創設であり，財団が総力を挙げた日露戦争における軍事援護も一層そのことを物語る。さらにこの時期の財団創設は，条約改正による内地雑居に伴うキリスト教の進出をにらんだ「大日本仏教」の，慈善をもって手段とする教線の防衛と国家への忠誠競争を背景要因としていたことは拭えない事実であろう。財団の広汎な活動とその歩みに，それが光と影を映し出している。

参 『本願寺史』第3巻，浄土真宗本願寺派宗務所，1969年。　　（高石史人）

⇒赤松連城　⇒進徳教校と真宗崇徳教社

◇大本山総持寺社会事業部

E Daihonzan-Sōjiji-Shakaijigyōbu
大正期に曹洞宗の大本山総持寺により設立された社会事業団体。

定義 総持寺の社会事業活動は，石川素堂（1841〜1920）貫主によって本格的に始まった。石川は，1898（明治31）年に焼失した同寺伽藍の石川県能登から横浜市鶴見への移転再建に尽力してきたが，この事業を，1911（明治44）年に成し遂げると，非行少年の更生保護事業に乗り出した。1914（大正3）年，石川貫主は，神奈川県立の感化院

「薫育院」（1903年開院）の院長に就任し，翌年に総持寺境内に出張所を設けた。これがのちの「大本山総持寺社会事業部」の設立につながった。

展開 1918（大正7）年には，総持寺の事業として「神奈川県仏教少年保護会」を設立し，少年の非行防止事業を拡張した。1921年に石川に代わって貫主となった新井石禅（あらい せきぜん）（1864～1927）は，太祖常済大師瑩山の600回大遠忌を記念し，さらなる事業の拡充を企図して社会事業会館の建築に着手したが，落成直前に1923年の関東大震災により全壊した。翌年2月に再建が完了し，「総持会館」と命名され，薫育院出張所と仏教少年保護会を移した。また9月には，震災後の救護のため簡易宿泊所も設立した。

1926年には，神奈川県が震災救護施設として設立した「鶴見社会館」の経営を委託され，宿泊救護・食堂事業を行い，施設は1927（昭和2）年に県から無償委譲された。同年，財団法人大本山総持寺社会事業部の設立認可を受けた。1928年，公益質屋事業にも着手し，1933年10月に鶴見社会館での宿泊・食堂業務を廃止，施設を改造して，翌年3月に「総持寺鶴見病院」を開院した。内科・小児科・外科・産婦人科・耳鼻咽喉科・皮膚泌尿器科・レントゲン科を設置して無料診療を行い，さらに1941年には，「報国母子寮」も開設した。

戦後，1952年に社会福祉法人に改組し，1965年には，病院が総合病院の名称使用を認可され「総持寺鶴見総合病院」となった。

現在，大本山総持寺社会事業部は，病院のほか，「総持寺保育園」「総持寺母子生活支援施設」「精舎児童学園」などを経営し，社会福祉事業の充実に努めている。

仏教社会福祉的意味づけ 総持寺鶴見総合病院は，浅草寺病院・天王寺病院・あそか病院などと並んで，仏教教団設立による数少ない病院の一つである。また，大本山総持寺社会事業部は，曹洞宗による社会福祉活動の中核団体として機能している。

参 総持寺鶴見総合病院編『病院年報』第8号（1994年度版）。中西直樹『仏教と医療・福祉の近代史』法藏館，2004年。

（中西直樹）

⇒あそか会　⇒石川素堂　⇒四天王寺福祉事業団　⇒浅草寺病院

◇**沢庵宗彭**（たくあんそうほう）1573（天正元）～1645（正保2）

E　TAKUAN Sōhō

江戸時代前期の臨済宗の僧。

略歴 但馬国出石（現・兵庫県出石郡）の生まれ。俗姓は秋庭氏。1592（文禄元）年に上洛し，大徳寺の春屋宗園の弟子となり，諱（いみな）を宗彭とした。1604（慶長9）年，沢庵の号を授けられ，同14年に大徳寺第153世の住持となったが，3日で退き，以後各地の寺院の復興・建立に関わっていく。1627（寛永4）年，朝廷が大徳寺・妙心寺などの僧へ紫衣を与えたことを，江戸幕府が無効とする事件（紫衣事件）が起きた。紫衣とは，朝廷が高徳の僧尼に対し与える紫の法衣で，元来は朝廷の権限とされてきたが，幕府による朝廷への統制を強化するために，この事件が起きた。沢庵は幕府の統制策に反対し，この措置に抗議したが容れられず，出羽国上山（現・山形県上山市）の土岐藩に配流となった。1632年には許され，2代将軍

家忠に拝謁している。また，3代将軍家光は江戸・品川（現・東京都品川区）に東海寺を開創し，沢庵を開山として重用した。

思想 沢庵の禅とその教化については，家光の剣道指南番であった柳生宗矩（やぎゅうむねのり）（1571～1646）の問いに答えて著わされた『不動智神妙録』にまとめられている。この書では，殺人を目的とする凶器の剣に対して，禅の立場から「刀を用いて人を殺さず，刀を用いて人を活かす」という解釈を導き出している。それは，本心といい，無心ともいい，どこにも滞らず，身体全体に延び広がり，分別も思案も生じない時の心だという。そこでは，一事にとどまらず融通無碍（ゆうずうむげ）で，常に水の満ちた状態のように，心が満ちて，必要な時にいつでも出て間に合うことでもあるという。心をどこにも置かず，特定の場にとどめないことで，無心となり，どのような場面にも適応することができる「剣禅一如（けんぜんいちにょ）」の境地を意味している。

仏教社会福祉的意味づけ ともすれば暴力の世界に堕してしまう剣の道に対し，仏道の立場を明らかにした沢庵の思想は，無心を説いて，偏見や予断に基づく対象理解を強く戒めている。また世情がぜいたくに流れるのをなげき，飢饉で多くの餓死者が出ているのに，米作をやめて煙草栽培を奨励する施策を愚の骨頂と批判した逸話もある。

これらにみられるように，とらわれのない心で事実に即し，観察し理解していくいわゆる禅の立場は，利用者のニーズを発見し，適切な援助方法を明らかにしていくソーシャルワーカーの立場にもつながる。

参 松原泰道『沢庵』廣済堂，1995年。結城令聞『剣禅一如・沢庵和尚の教え』大東出版社，2001年。　　　（島崎義孝）

◇**武内了温**（たけうちりょうおん）　1891（明治24）～1968（昭和43）

E TAKEUCHI Ryō'on

同和事業・社会事業に指導的役割を果たした真宗大谷派の僧。

略歴　真宗大谷派松林寺（兵庫県揖保郡）住職の武内了道・ゆらの長男として誕生。京都第三高等学校より，京都帝国大学哲学科に進み倫理学を専攻，卒業後大阪の商業高校で教鞭をとったのち，滋賀県庁の社会改良主任として奉職した。1920（大正9）年武内が30歳の県庁在職中に，真宗大谷派の寺務総長阿部惠水の招きにより本山（東本願寺）へ出仕することになる。翌年，同宗務組織に社会課が設置され主事として着任し，それを機に，教団と社会との要として社会事業従事者の養成，教団の社会事業の組織づくり，同和問題，ハンセン病問題に取り組み幅広く活動を繰り広げた。1926年に「真人会」を設立し，それ以降は活動の主軸を同和問題に置き，宗派の内外に大きな足跡を残して，78歳の生涯を閉じている。

実践　近代日本の慈善事業は関東大震災・米騒動を契機に，社会事業段階へと展開する1920年前後，新たな動きとして組織化や専門家養成の萌芽がみられた。武内はいち早く社会事業の専門家養成に着目し，1921（大正10）年同派に「社会事業講習所」を開設し，宗派内外の人材養成に着手した。講師には小河滋次郎（おがわしげじろう）（1862～1925）・海野幸徳（うんのこうとく）（1879～1955）らを迎え，自らも「社会事業ト宗教」を担当し，第1回の講習は同年

仏教社会福祉的意味づけ　武内の社会事業は寺院を開放し社会の中心施設に位置づけ，僧侶の社会参加を促すことを構想したものであった。同和問題，ハンセン病の問題は，親鸞(1173～1262)の絶対平等の思想を体現する「御同朋・御同行」思想を，救済者・被救済者という立場を超えて，「共に生きる」人間としての真宗仏教を実践したものであった。

参　武内了温先生遺稿刊行会編『武内了温』文明堂，1976年。　　(佐賀枝夏文)

⇒大谷派慈善協会

◇達観（たっかん）

E　Buddha's insight; enlightenment
S　bodhi

到達した観察ということ。

定義　これ以上の観察は考えられないという観察の極致を意味する。仏教では，これをさとりといっている。

展開　人間は正しいことを正しいと観察する境地に，なかなか到達しない。それは何かを求めてやまない根源的な欲望が邪魔するからである。どこまでも限りなく求め続けてやまない欲望は，むさぼりの欲(貪欲)であり，とらわれの欲(執着)であり，こだわりの欲(妄執)であるので，生きている限り，苦しみがつきまとうのである。しかも，生きているからこそ生・老・病・死，の四苦が生ずる。原始経典には，「実に欲望は色とりどりで甘美であり，心に楽しく，種々のかたちで心を攪乱する」(『スッタニパータ』)と述べられている。この欲望が人間の達観をゆるさず，この欲望を克服するまでさとりはない。達観は正しい客観的な観察と洞察によって到達するものであり，苦を超克することによってに到達できる。しかし，欲望の中にこそ，欲を克服しようとする契機がある。

仏教社会福祉的意義づけ　苦からの解放や煩悩の消滅，そして迷いからの脱却がまことの自由であると説く仏教は，苦を根元として人生のあり方を考えている。すなわち，四諦八正道がそれである。四諦は苦(人生に苦あり)，集(苦のよってきたる原因をさぐる)，滅(苦の原因となる妄執や執着を滅する)，道(苦の原因を滅するための実践)の四つの真理である。そして，その道に八つの正しい実践があると説き，これを八正道といい，正見・正思惟・正語・正業・正命・正精進・正念・正定の8種を示している。

苦悩から解放された解脱の世界に生き，自立・自由の人間らしい生活を送るためには，まず，仏教の真理(四諦)に目覚め，正しい認識と自覚をもつことである。すなわち正しい心と正しい考えをもち，正しい言語を語り，正しい行為と正しい生活態度を保持するよう正しい努力をすることである。そして，よりよき生存を志向する福祉を常に心にとどめて忘れないで，正しい禅定に入った宗教生活を保つことが大切であるとされる。したがって，仏教福祉的援助としては，生活の破壊や生活的自立の崩壊によって担わされる生活的障害や社会的障害を調整する援助，あるいは生活的自立に向けての相談・助言・指導を援助することがすぐれて重要な要件である。

そして、如来の大愛に摂い取られる一人ひとりのいのちの輝きを達観することによって、生きる喜びから発動する生命力が、互いに理解あるふれあいを願うようになる。そこでは、共に生きることを願いながら生きようとする人たちが、思いやりの輪を広げていく真の和合衆としてのふれあいと連帯をつくることができる。このような視点と視座が、仏教社会福祉の原点である。

(中垣昌美)

⇒観察　⇒四聖諦

◇谷山恵林 1891(明治24)〜1938(昭和13)

E　TANIYAMA Erin

日本社会事業史研究の開拓者。

略歴　石川県河北郡大場村(現・金沢市大場町)、真宗大谷派常念寺住職・谷山応林の3男として生まれる。1913(大正2)年第四高等学校卒業、1916年東京帝国大学文科大学(哲学専攻)卒業、1919年まで同大学大学院に在籍。1920〜23年、東京帝国大学文学部社会事業調査掛、1921年天台宗大学講師(1926年まで)、宗教大学(現・大正大学)講師(1927年まで)などをへて、1922年三輪学院講師となり、日本大学講師・大正大学講師として社会事業史を講じた。また、1937(昭和12)年5月に新宿中村屋が従業員教育のために設立した研成学院校長に就任したが、病気のため同年11月退職した。

展開　谷山恵林は、近代宗教学研究の基礎を築いた東京帝国大学教授姉崎正治(1873〜1949)や社会事業理論の構築に寄与した矢吹慶輝(1879〜1979)らの研究手法に沿って、宗教学や社会思想の立場から社会事業の規定を図ろうとした。その成果には、中央社会事業研究所の委嘱をうけて編纂した『社会事業大年表』(1936年)がある。本書は、神代から現代までを網羅し、史料を詳細に調査した博覧強記の書というべきものであった。また、上段を社会事業、下段を社会事情に分け、前近代では各項目にすべて出典を明示し、近代では地方の事業を積極的に採用するなど、谷山の歴史認識が生かされ、社会事業史研究の基本的立場と方法が提示されていた。

仏教社会福祉的意味づけ　谷山の社会事業史研究を集大成したのが『日本社会事業史』である。本書は、1943年に校了となっていたが、戦時下のため出版できなかった。クリスチャンであった妻・小文が戦災のなかで印刷の紙型を守ったことが実り、学友らの尽力によって1950年に刊行された。そこでは、それぞれの時代ごとに貧困、疾病、犯罪、教化・矯風などの問題とその対策という節を立て、史料を駆使した分析がなされている。こうした構成は、社会事業が社会疾患を救治、予防する健全な社会の建設事業であると把握した、谷山の理解に基づくものであった。そして、これら社会疾患を解決する最後の契機は、教化・矯風にあるとし、仏教の果たす社会的役割について深く追究している。このような研究方法を確立したことによって、社会事業史における仏教の位置づけが明確となった。そこに、仏門の出身であり、哲学を学んだ谷山の立脚点が見出される。

参　谷山恵林『日本社会事業史』大東出版社、1950年。谷山恵林「平安朝に於ける仏教社会事業」(『社会事業史研究』第

15～19号，1987～91年)。　　(谷山洋三)
⇨矢吹慶輝

◇檀家(だんか)

E supporter of a Buddhist temple
S dāna-pati

特定寺院に属して，経済的に寺院を保護する信徒の称。

定義　寺院を経済的に保護，支援する者を，江戸時代以降は檀家と称した。檀家の経済的支援者としての役割が強調された背景には，江戸幕府がキリシタン禁制を推し進めたことがある。これにより，幕府はいずれかの寺院に所属することを強制する宗門改めを広げていき，結果的に寺院の権限が強まっていった。寺院は，所属する檀家の身分を保証し，葬祭供養を執り行うことを条件に，経営費用をはじめ伽藍新築や改築に際しての費用の負担を檀家に求めていくことで，檀家との間に固定的な関係を確立させた。

展開　このように，寺院と檀家の関係は，江戸幕府のキリスト教弾圧政策と密接に関わって強化されていく。1662(寛文2)年6月，幕府は寺院が宗門改めを念入りに実施すべきことを命じ，キリシタン改めの責務を寺院に与えていくこととした。これにより，寺院は菩提寺あるいは檀那寺として檀家への権限を確かなものとするに至った。そして，1687(貞享4)年には，「切支丹類族人」(切支丹の親類)の監視も寺院の義務となり，父母の忌日の法要，寺院への付け届けなどが檀家の義務として定められた。こうして，檀家のなすべき行為が明示され，それから逸脱することは，キリシタンとみなされて処罰の対象となることを意味した。

このように檀家のあり方が規定されていくなかで，「宗門檀那請合之掟」(1700年頃の成立とされる)が作成され，寺院への常時参詣，年忌，命日法要，盆，春秋の彼岸の寺参りなどが檀家の義務とされ，命日法要を行うための台帳に相当する「過去帳」もこの頃作成され始めた。このような規制のもとで，檀家は寺院から離れることを厳しく禁じられ，檀家の方から寺院を選択することはできなかった。こうして，寺院が檀家を支配する寺請制度が確立し，檀家は寺院を支える組織としての役割を課せられたのであった。

近代以降，戸籍制度の確立によって，寺院が檀家の身分を保証する法的な役割は後退したが，葬祭の慣習などを基礎に寺院と檀家の関係は継承されてきた。戦後，都市化の広がりにより，農村部では檀家の流出が進み，廃寺に追い込まれる寺院も出てくるなど，寺院と檀家の関係は大きく変化してきた。信仰面においても，檀家が寺院を選択する事例もあり，寺院を支える構造が見直され，寺院住職主導による檀家のあり方が問われている。

仏教社会福祉的意味づけ　このように，寺院による檀家への拘束力が大きな社会的意味をもっていた江戸時代と，葬祭の慣習を基礎に置く近現代の寺院と檀家の関係には，大きな違いがある。そうした違いをふまえて，寺院は檀家に対して本来の宗教家として，さまざまな要求に応えていく方向へ転換すべき時を迎えている。寺院には，この転換点を見定め，人々の心に喜びを与

えるだけの十分な宗教的魅力にあふれる法施が求められている。また，檀家には物心両面で寺院を支え信者同士の結束を図り，相互の縁を喜ぶ関係づくりが求められている。こうして，喜びや悲しみを分かちあい，ニーズを見つけ出す関係をつくることが，寺院と檀家の現代的課題となっている。

参 圭室文雄『日本仏教史 近世』吉川弘文館，1987年。　　　　（宮城洋一郎）

◇知識

E Dharma-friend; knowledge

S mitra; jñanā

ある事項について知ること，または正しく教え導いてくれる人。

定義　一般に日本語で用いられる場合，事物に関する個々の客観的・経験的認識を意味する。しかし，古来この語は仏教用語としても使われており，その場合は，「人に知られた」という原意から，友人・朋友・知己のことを指す。

展開　仏教用語としてのこの語は，志を同じくする人のことであるが，僧団内において，立派な修行者の仲間の意味をもつようになり，のちに，善知識と悪知識のうち，善知識のことを意味するようになった。このうち，悪知識とは，邪悪な教えを説いて，人を惑わせる悪徳の智者のことであるが，これを知識と呼ぶことはない。

知識すなわち善知識には，外護（見守ってくれる）の善知識，同行（一緒に行動してくれる）の善知識，教授（正しく教え導いてくれる）の善知識の三者があるが，ふつう使われる仏教用語としての知識は，第三の善知識のことを指す場合が多い。すなわち，正しい道理を教えて，仏縁に結ばせてくれる師のことである。

仏教社会福祉的意味づけ　社会福祉の現場においては，上記3種の善知識が共に要請される。すなわち，ワーカーは利用者を見守る存在であり，共に利用者の立場になって一緒に行動し，そのことを縁として，正しい道理を教え教えられる存在である。そこにワーカー・利用者共にお互いを知識として拝みあう世界があり，共生の理念の原点がある。　　　　　　（吉元信行）

⇨**共生**

◇中道

E middle way

S madhyamā-pratipad

有無や対立という両極端を離れた中正な道（生き方）。

定義　原始仏教では，苦行と快楽の2辺に偏った生き方を排斥することをいう。それに対して，大乗仏教になると，縁起・空の同義語となる。すなわち偏りのない中正の道を仏道とする。

展開　現実を直視し，縁起の道理に目覚めれば，偏った執着心もなくなり，バランスのとれた認識の眼を養うことができると同時に，極端な考え方に傾斜することもなくなるのである。

中道という語彙は，近年政治の分野で使用されている用語であり，たとえば中道政権とか政治的中道という新聞用語が普及している。どちらかといえば，保守・革新のどちらでもない政党の方針をいっているよ

うである。しかし，政治・思想・行動のうえで極端に偏せず，不平等や不均衡の創出する因果法則性を正しく把握し，歴史的・社会的現実をあるがままに直視する視点と視座が，中道そのものであろう。

仏教社会福祉的意味づけ　縁起と中道の思想を仏教福祉活動の行動規範の基本に据えて，自己を愛するものは他をも守らなければならないとする自他不二の実践活動を展開することに，仏教社会福祉の特徴がある。自と他，生と死，いのちとくらし，困窮と福祉，疾病と健康などを切り離して考えることはできず，相互関連的な関係概念として把握する思惟方法を切り捨てては，仏教社会福祉の概念化は成立しない。そして，中道は安易な妥協を意味するのでもなく，静止や退行を意味するのでもない。むしろ，積極的なバランス思考と中正な配慮ないしは調和と均衡のとれた実践活動が期待される。　　　　　　　　　　（中垣昌美）

⇨縁起

◇**重源**　1121（保安2）～1206（建永元）

E　Chōgen

鎌倉時代初期，東大寺大仏再建に尽力した僧。俊乗房，南無阿弥陀仏と号す。

略歴　京都・紀氏の出身。13歳で醍醐寺において出家し，四国・熊野・御嶽・葛城・高野などを遍歴し，密教に対する理解を深めたという。下醍醐の柏杜堂の堂宇と九体阿弥陀堂の建立に際し，資金を募り善根を積むことを勧める勧進活動を手がけ，さらには1176（安元2）年に高野山延寿院の鐘を施入するなど勧進僧として活躍した。

一方，1167（仁安2）年に中国（宋）に渡り，翌年栄西（1141～1215）とともに帰国するなど，大陸への関心も高かった。

1180（治承4）年の平家による南都焼き討ちによって東大寺大仏殿が炎上，翌1181（養和元）年にその復興のための東大寺造営勧進職に61歳の重源が推挙された。以後，各地において大仏再建のための勧進活動を展開した。至難をきわめる事業であったが，1185（文治元）年，大仏開眼供養が営まれた。ついで，大仏殿の再建に取り組み，周防国（現・山口県）を材木調達のための東大寺造営料国とし，巨材運搬のために港湾を整備し険路を開削した。1203（建仁3）年，東大寺総供養が行われ，再建事業は完成した。

実践　重源の自伝である『南無阿弥陀仏作』には，「一輪車六両を造り，七道諸国を勧進せしめ」と記すが，実際は有力武将の援助が主で，伊賀（現・三重県），周防，播磨（現・兵庫県），備前（現・岡山県）などの直接配下に置いた料所からの収入が再建の基礎資金であった。したがって，それらの料所経営に即して道路の普請，橋梁の架け替え，港湾の整備，湯屋の設置などが行われ，大仏再建にもつながったのであった。しかも，これらの料所について一門の弟子たちに継承されるべきだとし，「余所他門」に渡してはならないと書き残している。東大寺大仏再建事業を担った重源は，こうして勧進僧としての実績を自らの実績に集約しようとした側面がみられる。

仏教社会福祉的意味づけ　重源の社会的活動は大仏再建のための経営手段であったといえる。そのなかにあって，道路・橋梁・港湾などの土木事業は，行基（668～749）を

追慕することでもあったと述べ，また「往反の人を平安ならしむ」と記されているように，資材運搬の目的を超えて往来する人人に安心を与えていた。さらに，湯屋の建設は15ヵ所に及び，鉄湯船（てつゆぶね）の造作により湯施行（ゆせぎょう）を広げていくことにもなった。

参 小林剛編『俊乗房重源史料集成』吉川弘文館，1965年。　　（小此木輝之）

⇒勧進

◇土屋詮教（つちやせんきょう） 1872(明治5)～1956(昭和31)

E TSUCHIYA Senkyō

明治から昭和期における浄土真宗本願寺派の学僧。

略歴　福島県康善寺衆徒・海野昇雲の2男として生まれる。1896(明治29)年，西本願寺文学寮の教授となり1年余在職。翌年より東京において『明教新誌』記者と『反省会雑誌』（のちの『中央公論』）文芸欄担当を兼ねる。この頃中国人留学生の教育にも助力している。1900年，早稲田大学において印度哲学史を講義し，その後曹洞宗中学林・第四仏教中学・東京中学校で教職にあった。また1905年から1915(大正4)年まで，早稲田大学において仏教青年会である「仏教教友会」の監督を務め，学生への仏教普及に力を尽くしている。土屋はまた，僧侶参政権（被選挙権）を最初に主唱した一人であり，1914年，『日本及日本人』に「宗制改革論」を発表して，当時懸案の宗教法制定実施には僧侶参政権の付与が先決であると主張した。

仏教社会福祉的意味づけ　廃仏毀釈（はいぶつきしゃく）ならびに維新政府の神道中心の宗教政策およびキリスト教の伝道布教によって内外からの攻勢にさらされることになった仏教界が，仏教の社会的有用性の容認を求めて取り組んだのが，慈善救済事業ないしは社会事業であった。さらに大正中期以降，労働問題をはじめとする社会的諸問題を担わされた貧困層が増大したが，そうした問題の社会的性格を分析する視点は土屋の著述にはなかったといえる。

しかし明治・大正期における仏教と慈善救済事業・社会事業との関係について記述した類書が少ないなか，土屋の著書は同時代を生きた人間が叙述しうる貴重な資料を提供している。例えば『明治仏教史』には監獄教誨事業の記述がみられ，『大正仏教史』には「慈善感化事業及び監獄教誨」「社会事業研究施設及び会館建設」「社会事業大会朝鮮台湾教勢」そして「震災後に於ける救護活動」などにも触れている。政府による公的な施策が貧弱であった当時，慈善救済事業ないしは社会事業において，仏教が担った役割とその事業活動を，特定教団にとらわれず仏教教団全般の動向を踏まえて客観的に叙述したものとして評価できる。

参　東京帝大仏教青年会編輯『明治仏教史』青年仏教叢書所収，三省堂，1939年。東京帝大仏教青年会編輯『大正仏教史』青年仏教叢書所収，三省堂，1940年。

（名和月之介）

⇒教団社会事業　⇒『明教新誌』

◇綱脇龍妙（つなわきりゅうみょう） 1876(明治9)～1970(昭和45)

E TSUNAWAKI Ryūmyō

「身延深敬（みのぶじんきょう）病院」を設立した日蓮宗の僧侶。

略歴 福岡県宗像郡玄海町に綱脇儀右衛門の２男として生まれ，1891（明治24）年に日蓮宗・法性寺の貫名日良の門に入り，その後京都で宗学の研鑽を積んだが，年来の「帝都布教の志」を果たすため，1905年に上京し，哲学館（現・東洋大学）に学んだ。この翌年，夏季休暇を利用して身延山へ参詣し，山内で散在し物乞いをするハンセン病患者を目の当たりにした。この衝撃が，ハンセン病患者救済のための病院建設事業に着手させた。彼はただちに病院建設に向かって積極的に調査を開始し，鷹取山の麓の常経堂などの跡地に建設することを決め，近代的施療施設であった静岡県御殿場神山の「復生病院」を見学，内務省衛生局長・窪田静太郎からも意見を聞くなどして，同年10月身延深敬病院の開設にこぎつけた。

こうして精力的な活動により短期間のうちに病院が建設されたが，以後も資金勧募のために全国を歩いて「十万一厘講」を組織し，1946（昭和21）年まで活動を続けた。この組織は１口１日１厘で３年間で１円８銭，もしくは一時金納者は１円として資金を集め，それが10万口となれば３年間で10万８千円となるというもので，これを身延深敬病院基金に寄付することとしたのであった。また，『一厘の功徳』という小冊子を作成し，出会う人ごとにその趣旨を説明して加入を依頼したため，３年間で１万口以上集まったという。

こうした地道な資金調達活動が進展して寄付金も増え，1920（大正９）年７月には，内務大臣より財団法人設立の認可を受けたのだった。

その後，綱脇は事業を拡大させ，病院の充実に力を尽す一方，1940（昭和15）年に横須賀市の大明寺の住職を兼務し，ハンセン病の国立療養所５ヵ所に法華堂を建設するなど，布教活動にも力を注いだ。1959年には日蓮宗大僧正となり，1963年に日蓮宗臨時管長も務めた。こうした功績などにより，厚生大臣表彰・仏教伝道文化賞など数々の表彰を受けている。

仏教社会福祉的意味づけ 身延深敬病院の名称の由来は，『法華経』常不軽菩薩品にある「我深く汝らを敬う」にあった。綱脇の深い『法華経』への信仰が困難な事業を推進させたのであった。病院建設を決意し，一挙に建設につなげていった実践力は，悲惨な現実を前にして，あらゆる障壁をものともせずに手をさしのべる宗教者の心情を強く反映している。一方，「十万一厘講」の組織づくりや，小冊子を利用した伝達方法など，誰もが容易に参加できるすぐれた組織力を発揮した点は，仏教者の模範的な社会実践のあり方を示すものとなっている。

参 清水海隆『仏教福祉の思想と展開に関する研究』大東出版社，2002年。

（宮城洋一郎）

⇨**身延深敬園**

◇**罪**

E crime; sin　S pāpa; āprāpti
社会規範やルールから逸脱している行為。

定義 一般的には道徳に反した悪事・けがれ・災いなど，人の忌み嫌うことやもののことをいう。宗教的な意味での罪は，聖なるものとの関わりのなかで，絶対的境地

への飛躍を阻害し，絶対者の意志に背反する人間の現実である。法律上の意味では，犯罪といわれるもので，一般社会の利益を侵害する行為を意味する実質的意義，実定法によって刑罰を科せられる行為を意味する形式的意義とに分けられる。少年における法的規範に対する逸脱行為を非行ともいう。

展開 仏教用語としては，仏の教誡・戒律に対し，自らの意志により，あるいは無知・無明などのために，それを破るという仏道修行に本質的な障碍となる行為をいう。この行為は悪なる行為であるから罪悪・罪業と呼ばれる。煩悩を含めて罪と称することもあるが，罪悪は身・口・意の三業によってなされるものであり，罪悪のなかでもとりわけ殺人などの重い罪は，地獄に落ちる因となるとされている。

しかし大乗仏教では罪の本体も空であるという立場がある。中国浄土教の祖の一人である善導(613～81)は，人間の存在そのものが本質的に罪を背負っていると認識し，しかもこの罪ある人間がまさしく阿弥陀仏の慈悲の対象であることを明かしている。したがっていかなる凡夫であっても，転迷開悟の途を進むことにより，必ず滅罪するとされる(『観経疏』散善義深心釈)。

仏教社会福祉的意味づけ 仏教は，罪悪深重の凡夫である人間が，仏のさとりの智慧によって悪の根源を正しく認識し，その因果法則性(縁起)に目覚めて転迷開悟へと導く宗教である。したがって仏の智慧と慈悲は悪の本質を正しく見つめるまなこを与えてくれる大きくあたたかな援助であり，支援なのである。したがって仏教では，罪悪が深く重いということは，社会や法律のうえで悪いことをしたとか，罪を犯したという意味ではなく，疑いや迷いが深く，真実を見つめることに欠けている状況をいう。その状況を正しく観察し，迷いから脱却する道を歩めるよう援助することに，仏教社会福祉的意味がある。 (梅原基雄)

⇨転迷開悟　⇨非行

◇**鉄眼** 1630(寛永7)～1682(天和2)

E　Tetsugen

江戸前期の黄檗宗の僧。法諱は道光。

略歴 肥後国(現・熊本県)に生まれ，若き日に浄土真宗の学匠西吟の教えを受けるが，のち黄檗禅の祖隠元隆琦(1592～1673)に参じ，さらにその高弟木庵性瑫(1611～84)に師事して法を嗣いだ。1668(寛文8)年黄檗版大蔵経開版を発願すると，10年余の歳月を費やしてこの一大文化事業を成就した。その後1682(天和2)年正月，江戸滞在中に畿内飢饉の惨状を知らされるや，ただちに大坂に引き返し，2月13日より自ら陣頭に立って万余の窮民救済の活動に献身した。

展開 この飢饉救済に際して鉄眼は，江戸の富商山崎平右衛門に宛てた救済資金の借用を請う書簡で，「たとひ寺を売り，指をきざみて施し申すとも，この施行，やめ申すまじきと存じ候」と，不惜身命の決意を披瀝している。

鉄眼の思想と行動を貫いているのは，黄檗の宗風でもある教禅一致，すなわち経論を学ぶことと禅の修行の併修にあったといってよい。彼の悟境については評価が分か

れるものの，47歳の時，師木庵から「講経の僧」として印可を得たほどに，早くから講経活動には熱心に取り組んでいる。講じられた経論は，『法華経』『首楞厳経』『大乗起信論』『楞伽経』などに及び，講経はまた大蔵経開版事業はもとより，飢民救済事業のための資金勧募をも成功に導くものであった。

仏教社会福祉的意味づけ　鉄眼の福祉的実践は，講経と不可分なところに特色があり，講経をとおして広く衆庶に喜捨（施行）をよびかけ，僧俗男女を多数動かすという性格をもつものであった。また最晩年の窮民救済活動には，眼前の民衆の苦難を座視せぬ菩薩道の実践性が色濃くうかがわれる。「救世大士」と仰がれたゆえんである。

主な著作に「鉄眼禅師仮字法語」がある。

参　宝洲撰『鉄眼和尚行実』（『鉄眼』日本の禅語録17，講談社，1979年）。源了圓『鉄眼——仮字法語・化縁之疏』禅入門10，講談社，1994年。　　（長谷川匡俊）

◇寺永法専 てらながほうせん 1868（明治元）～1932（昭和7）

E　TERANAGA Hōsen

明治〜大正期に免囚保護事業に尽力した浄土真宗の僧。

略歴　石川県河北郡高松村（現・かほく市），真宗大谷派・長福寺の住職寺永照道の5男に生まれた。1880（明治13）年に地元の小学校を卒業したのち，東本願寺において得度し，翌年金沢市の大谷派加賀教校に入学して，宗乗（真宗学）・余乗（仏教学）その他を修学した。1886年に北海道に渡り，寺院役僧などをへて，1889年6月，大谷派説教場を創設するため網走に赴いた。当時の網走は人家七十数戸の未開拓の地であったが，同年10月に北海道庁より説教場設立の許可を得ると，荒地の開墾や商店の帳場の手伝いで生計を支えるかたわら，布教活動を続けた。その後の網走の発展に伴い，門信徒も次第に増え，1891年には門信徒の協力により説教場を新築するに至った。

1894年6月，網走分監を出所した人物の訪問を受け，受刑者の精神状況が荒廃し，仏教による教化を望む者がいることを聞き，獄中教誨の実施を決意した。当時，北海道の監獄教誨はキリスト教が独占しており，網走分監長もキリスト教信者の有馬四郎助であったが，熱心に出願を繰り返した結果，同年7月に網走分監より教誨師の嘱託を受けた。その教誨は，従来の演説口調に対して，親しみのある法話調で行われたので，受刑者は熱心に聴聞したという。

1895年1月，説教場を「永専寺」と公称することが北海道庁より許可され，同年12月には，出所後に帰住先・就労場所のない出所者を引き受けることを網走分監に出願した。翌年2月に2名の出獄者を自坊に引き取ったのを手始めとして，1897年の英照皇太后死去に伴う恩赦の際には，保護する免囚が15名に達した。

1905年，北海道庁より未開地の貸付を受けて被保護者の労働の場に供することとし，1907年には，会員組織により事業を運営するため「寺永慈恵院」を設立。1909年12月，真宗大谷派より北海道免囚保護事業創立事務主任に嘱託され，同派札幌別院内の「北海道授産場」（現・大谷染香苑）の設立に尽力した。

1913(大正2)年，明治天皇の死去による恩赦に対応するため寺永慈恵院に寄宿舎を新築。大正期には，不況による犯罪者の激増と度重なる恩赦のため，被保護者が増加の一途をたどり，なかには再犯者となる者も出た。そのため，「寺永慈恵院は泥棒の下宿家だ」などという世間の非難と，被保護者増加による経費の捻出に苦しみながらも，出所者の社会復帰の手助けに尽力し続けた。この間，1918年に寺永慈恵院を「網走慈恵院」と改称し，1926年には財団組織に改組，さらに1927(昭和2)年には新施設を落成させた。

仏教社会福祉的意味づけ　日本の更生保護事業の揺籃期に，仏教僧侶教誨師の果たした役割は大きい。なかでも，重罪者の多い網走分監の出所者を一個人で引き受け保護してきた寺永の功績は大きく，「免囚保護の父」と呼ばれている。

参　飯田実『司法保護の先覚　寺永法専師』(増補覆刻版)，網走監獄保存財団，1997年。　　　　　　　　（中西直樹）

◇転換 (てんかん)

E conversion; reversing the basis
S āśraya-parāvṛtti

ものの見方，考え方が変わること。

定義　浄土系仏教では自力から他力にひるがえされることを意味し，回心(えしん)・転依(てんね)ともいう。

展開　我々が特定の価値観(ものさし)を絶対視し，それを追い求めても，どこまでいっても不平不満ばかりで満足できない。他の不思議な超能力を頼っても，欲望の延長でしかなく，執着を離れることができない。結局，求めたいものに心が奪われて永遠に安らぐことがない。しかし，事実を見つめるとそのものさし自体が，エゴの延長でしかなく，その価値観(ものさし)そのものが，絶対ではないと知らされる。そのことによって，それへのとらわれを離れ，「自然」に身を委ねると我々はそのまま平安の境地を得る。

たとえば，いのちについていえば，長短の価値観にとらわれて，寿命を限りなく追い求めても，決して満足しない。だが，事実を見つめればいのちは自然であり，不如意であるとわかる。そして，その価値観にとらわれていたことが苦悩の原因であると知らされる。少なくとも，いのちは長短がすべてではないと知らされた時，あるいは，そのとらわれを離れ，自然に身を委ねた時，心が落ち着く。何歳のいのちであっても満足できる。つまり，無情・無我の自覚によって自己を超えた無限(仏)に出遇い，それに乗託(じょうたく)した時，そのままで真の安らぎを得る。その自然を親鸞(しんらん)(1173～1262)は他力といっている。

アビダルマ仏教では，ある種の価値観にとらわれた実体的ないのちに対する見方を分段生死(ぶんだんしょうじ)とよんでいる。分段は分断であり，生と死を対立的にみるため，死に怯える生となる。これに対し，「仏の悲願力によって身命を改転したもの」(『成唯識論』)つまり，いのちに対する見方，価値観が，本願に目覚めることによって改転し，定まった際限のない永遠の命(無量寿)とみるいのちを不思議変易生死(ふしぎへんやくしょうじ)という。つまり，ここでは，人間の生死に対する見方が，悲願

力によって，本来的なものから，「転」あるいは「改転」された立場として受け止められている。生身の凡夫でありつつも，仏の本願を信知して，生命に対する価値観が転ぜられた立場である。いいかえれば，長短など一切の計らいを超えた立場である。生も死も普遍のなかにあり，絶対無限の妙用のなかにあるとの目覚めである。

一方，大乗仏教の特筆すべき論理として，「即」という立場がある。「生死即涅槃」とか「煩悩即菩提」といわれる「即」である。しかし，それは同時に「非」でもある。つまり生死と涅槃，煩悩と菩提は「即」であるが，同時に「非」であるとする。即はすなわちという意であり，そのままということを意味するが，イコールということではない。生死がなければ涅槃はない。煩悩があるからこそさとりがあり，さとりがなければ煩悩はない。いってみれば生死や煩悩の問題を縁として，それを転ずることによってさとりの智慧を得ることができるのである。

仏教社会福祉的意味づけ　転換は，仏教社会福祉のうえでは，重要な概念の一つである。なぜなら，仏教は，制裁とか裁決を強調する宗教ではなく，裁きによる切り捨てをしないからである。主体が客体を変換して苦を乗り越えるのではなく，苦であると考える主体がその心を転ばせることによって，そのまま迷いを転じてさとりを開く仏教の特徴がある。このように転迷開悟の宗教であることを正しく認識することが仏教社会福祉の視点と立場（パラダイムシフト）を明らかにすることになる。暮らしのなかの苦悩を避けたりなくしたりすること

を急ぐのではなく，苦悩がなぜ起こるのかを正しく認識するとともに，仏の智慧に包まれてこそ，価値観を転換することができる。つまり消滅させるのではなく，転換することが重要なのである。　　（田代俊孝）

▷転迷開悟

◇天神地祇

E gods of heaven and earth

天の神を神，地の神を祇といい，総じて神祇という。

定義　梵天や自在天など天に住する神を天神といい，八大竜王・堅牢地神など地に住する神を地祇という。広い意味では，天神は仏教の諸天のみならずインドの仏教以外の神も称する。また，中国では，天上の神々の総称として用いられる場合もある。さらにまた，日本では「あまつかみ」を天神，「くにつかみ」を地祇にそれぞれあてる。

展開　神祇のうち，仏法を護持し，国土を守護する梵天・帝釈・竜王などを善鬼神といい，国土人民を害する夜叉・羅刹・八部衆などを悪鬼神という。また，これに，天地の神霊や故人の霊魂，日本の神祇を含めていうこともある。浄土教では，善鬼神は念仏の行者を護り，悪鬼神は念仏の行者を畏れてさまたげないとする。

『涅槃経』には，「仏に帰依せば，ついにまたその余の諸天神に帰依せざれ」と，また，『般舟三昧経』には，仏法僧への帰依を勧めて天神地祇への信仰を不要とする。

しかし，日本仏教では，神仏習合の立場から，神祇を受け入れるものと，厳密に神

祇不拝を説くものとがある。

前者は，本地垂迹思想から，神の本地を仏とし，仏から神が権に現れたもの（権現）として崇めるものである。これに対し，後者は，上の『涅槃経』や『般舟三昧経』に基づき，厳しく神祇崇拝を否定する。

日本仏教の多くは前者の立場であるが，親鸞（1173〜1262）は，「五濁道のしるしには，この世の道俗ことごとく，外儀は仏教のすがたにて，内心外道を帰敬せり」とか，「かなしきかなや道俗の，良時吉日えらばしめ，天神地祇をあがめつつ，卜占祭祀つとめとす」と神頼みに走るような傾向を批判し，信仰の純化を図ろうとした。

仏教社会福祉的意味づけ　このように仏教の立場では，天神地祇に二通りの理解を示してきた。肯定的立場に立つ時，仏教の外護者としての天神地祇が所在し，それへの祈りから人々の素朴な生活の安定，地域の神々との交流や自然との共生を願う福祉的意味づけが可能となる。

一方，天神地祇を否定的に理解する立場では，その祈りが現世利益的な自己の幸せのみを希求することへの危惧を提起し，その克服を願って無差別平等の同朋社会を組織し，福祉社会の実現を目指している。

参　平野修『鬼神からの解放』難波別院，1989年。
（田代俊孝）

◇転迷開悟

E turning the illusion of the transmigratory worlds and entering into the enlightenment

迷いの心をひるがえして，さとりを開くこと。

定義　生死の煩悩を転じて，涅槃寂静の世界に至ること。輪廻転生の迷いを出て，煩悩から解脱すること。

展開　仏教の各宗は，説くところはまちまちであるが，帰するところは，「いずれも生死を離れて涅槃を証し，惑いをひるがえしてさとりを得べきがゆえなり」（存覚『歩船鈔』）といわれる。つまり，いかなる宗といっても，それぞれが転迷開悟の道を説いたものである。それには，難行の聖道門，易行の浄土門あるいは，行を積み次第にさとる漸教，たちまちさとる頓教，さらには，自力・他力などの道がある。いずれの道であっても転迷開悟によってこのようにさとることを回心とか転入とかいう。

たとえば親鸞（1173〜1262）は次のような方策で真理の道を開いた。つまり，もろもろの功徳を積む自力の行を自力の信で行っていたが，それを必死にやればやるほど，その理想に反して，及びがたい自己のありのままが見えてきた。それゆえ，他力行の念仏の道に入ったが，今度は，手段が念仏に変わっただけで数多く念仏を唱えようとする自力の信は同じであった。それゆえ，他力念仏のいわれを尋ねることによって他力の信，つまり仏の願心に目覚め，その心を獲得して，浄土往生の約束された境地に転入したという（『教行信証』化巻）。

親鸞の場合，回心とは，心を悔い改めることではなく，「もとのこころをひきかえて本願たのみまいらするをこそ回心と申し候へ」（『歎異抄』）と述べているように，自力の心を捨てることを力説して一度の念仏を勧めている。

また,『教行信証』には,これとよく似た立場として転悪成善(てんあくじょうぜん)が説かれる。この場合,悪を断ずるのではなく,転ずるのである。つまり,仏に照らされて罪を自覚することがそのまま善になると理解する。つまり,転迷開悟も迷いを消し失わず,それが素材となってさとりに至ると受け止められる。

仏教社会福祉的意味づけ 内観療法で転迷開悟の言葉が用いられている。自身の過去を順次調べ,内観(内省)していき,ある種の恍惚と感激の体験をさせている。その状態を転迷開悟とよび,その世話をする指導者を開悟人(かいごにん)ともいう。

迷いや苦悩を転じて,さとらしめることはカウンセリングの目標の一つでもあろう。しかしながら仏教とは,特定のプログラムを実践すればさとれるというものではない。さとろうと求めれば求めるほど,求めたいものに心が奪われて逆に成就しないことになる。その心を離れた時,つまり,それが執着であると理解した時,そのまま迷いを転じることになり,さとりの境地に到達できるものである。迷いがあるからこそ,それを縁としてさとれるのである。自分の言葉で自分の心が正しく表現できない状況を迷いと考えれば,自分の言葉で自分の心を表現できる(開悟)まで援助することが仏教カウンセリングである。 (田代俊孝)

⇨転換

◇東海仏教慈恵学校 (とうかいぶっきょうじけいがっこう)

[E] Tōkai-Bukkyōjikei-Gakkō
明治期,貧困者子弟のために名古屋市に設立された学校。

定義 1902(明治35)年2月,真宗大谷派の信徒八幡安吉(やはたやすきち)(1867〜1939,のちに「善晃(ぜんこう)」と改名)は,「東海仏教倶楽部」を名古屋市西区明道町に設立し,貧困者子弟の教育を始めた。授業料は徴収せず,学用品はいうまでもなく,時には衣類や食料なども給与した。1906年7月,生徒が80余名に達したので,認可を得て「東海仏教慈恵学校」と称し,1908年には,西区菊井町に新築移転した。また同時に「名古屋市西区幼稚園」を設置した。

展開 生徒が家庭の生計上の都合により労働に従事せざるをえない事情を勘案して,授業は不定期にかつ短縮して行われた。運営は,愛知県のほか三重・静岡など10県に寄付募集員を派遣して集められた寄付金によって賄われていた。1911年2月,中区下笹島町に第一分校を設置し,同年3月には菊井町の本校敷地に「慈恵療院」を付設,施療券を発行して,貧困者に無料で施薬救療を行った。同年6月の暴風雨で院舎の一部が倒壊し,さらに1912(大正元)年9月の大暴風雨で全壊したが,ただちに仮設診療所を設置して治療を再開した。

慈恵学校は,明治期を通じて常に200名内外の児童の在籍があり,1923年までの入学生総数は1600名以上にものぼり,卒業生も800名以上を数えた。ところが,1941(昭和16)年に「国民学校令」が制定され,貧困者の就学免除制が廃止されると,愛知県もこの種の施設への補助金を停止したため,廃校となった。一方,幼稚園は,戦後「名古屋西幼稚園」と改称され,現在に至っている。

とうきょう

仏教社会福祉的意味づけ　明治以降，不就学児を対象とする仏教系施設が全国各地で設立された。大都市では，大正期に至って活動の幅を広げ，セツルメントへと発展するものもあった。その意味において，戦前期にこの方面で仏教の果たした役割には大きなものがあった。代表的な事例としては，本校のほか，東京の「同善会」「真龍女学校」，大阪の「四恩学園」などがある。

参　愛知県教育委員会編『愛知県教育史』第4巻，1975年。中西直樹『仏教と医療・福祉の近代史』法藏館，2004年。

（中西直樹）

⇒鶏鳴学館　⇒四恩学園　⇒真龍女学校　⇒同善会

◇東京盲人教育会
とうきょうもうじんきょういくかい

E　Tōkyō-Mōjin-Kyōikukai

明治期に視覚障害者のために，浄土真宗本願寺派，築地別院（東京）に設置された保護教育団体。

定義　1901（明治34）年，浄土真宗本願寺派明如法主と板垣退助内相とが会見した際，失明者の教育事業に話が及んだことに端を発して，翌年設立された「盲人保護会」をその前身とする。同会は，失明者に鍼治術・マッサージ・点字などの技術を授け，同業組合を保護することを目的に掲げ，1904年には「鍼按講習所」も開設した。しかし，思うように効果が上がらなかったため，時の築地別院輪番の後藤環爾（1871～1936）は，別院の事業とすることを決意し，1906年に「東京盲人教育会」と改称して，再出発した。

展開　1907年4月から点字月刊雑誌『盲人教育』の刊行を始め，この年から毎年，夏期特別講習会を開催して，失明者の啓蒙活動に努めた。また同年10月，活動資金に充てるために慈善演劇会を開き，以後も恒例事業とした。

1908年9月，私立学校としての認可を得て，鍼按講習所を「盲人技術学校」と改め，鍼按科と音楽科を置いた。同校は，1911年に内務省制定の「按摩術鍼灸術営業取締規則」に基づく学校に指定され，卒業生には無試験で開業する資格が与えられた。1909年4月に盲人技術学校最高学年生徒の実地研究に資するため，「診療部」を開設，鍼灸マッサージ適応症の診療を開始した。

1916（大正5）年には，日本初の点字図書館として「聖恩記念点字図書館」を開館させた。翌年に財団法人となり，1921年に洋館の図書館も新築された。

1923年9月の関東大震災ではすべての施設を焼失したが，ただちに復興に着手し，翌年盲人技術学校は「盲唖学校令」に基づく中等学校として認可を受けた。

仏教社会福祉的意味づけ　明治以前，仏教寺院は，視覚障害者らの救護所としての機能を兼ね備えていたが，明治に入っても，仏教者による福祉活動は，幅広く行われた。東京盲人教育会は，真宗大谷派の「仏眼協会」と並んで，その代表的施設であった。しかし戦後，公立の盲学校の整備により，その役目を終え，閉鎖された。

参　『新修築地別院史』本願寺築地別院，1985年。中西直樹『仏教と医療・福祉の近代史』法藏館，2004年。　（中西直樹）

⇒仏眼協会

◇道元 1200(正治2)〜1253(建長5)

E Dōgen

鎌倉中期の禅僧で日本曹洞宗の開祖。

略歴 父親は村上源氏の久我通親(または通親子通具)。母親は藤原一族の松殿基房の娘とされている。京都に生まれ，8歳で母と死別し，13歳で比叡山に出家する。15歳で疑問をもって，建仁寺の栄西(1141〜1215)に会う。18歳で建仁寺に入り，24歳で明全らとともに入宋し，26歳で天童寺の如浄に会ってさとりをゆるされる。28歳で帰国し，建仁寺で『普勧坐禅儀』を著わす。31歳で深草に閉居し，『正法眼蔵』を著わし始める。37歳で興聖寺を開き日本最初の本格的禅堂を建てる。48歳の時，北条時頼の請を受けて，鎌倉で説法をする。54歳で治療のために上洛して8月に没す。

仏教社会福祉の意味づけ 道元禅の特徴は仏陀の涅槃に直結する「寂静」に徹し，信じる「只管打坐」と，そこから現実に働く生活禅で，人間関係・洗面・洗浄・食事・給仕・台所・作務・寺院の役務がそのまま仏道だと説く。これはのちの「道」といわれる日本文化に大きな貢献をする。また『正法眼蔵』菩提薩埵四摂法では「布施・愛語・利行・同事」を説き，社会との関わりで仏道修行を説く。それがのちに上流農民などの「船をおき橋をわたす」地域奉仕に理念を提供したともいえる。

『正法眼蔵』礼拝得髄では「女人に何の咎かある」と述べ，さとりを尊重するということは，男女の区別を超えるべきだと説き，多くの女性仏教徒の実例を取り上げている。道元は日本思想史上で初めて女人罪業論を批判し，女性差別の問題に真正面から取り組んだ人物といえよう。

参 河村孝道・石川力山編『道元』日本名僧論集8，吉川弘文館，1983年。

(中野東禅)

⇒**四摂事**

◇同善会

E Dōzenkai

明治〜昭和期に，貧児教育を中心に活動したセツルメント。現在は保育園を経営する。

定義 1886(明治19)年11月，東京府下谷区北稲荷町(現・台東区東上野)の浄土宗盛雲寺に「同善簡易小学校」が設置されたのに始まる。設立者の久保田量壽(1859〜1923)は，盛雲寺の住職であり，かつて眼病を患い，かろうじて失明を免れたことが機縁となって，社会事業を行うことを発起し，同校を設立した。1889年には，東京府に設立願を提出し認可を得た。

展開 1891年6月に2階建の校舎を新築し，翌年，「地方学事通則」により「同善尋常小学校」となった。1894年には，高等科を併設して「同善尋常高等小学校」と称し，区の代用小学校となったが，これに伴い設備・人件費が増大し，授業料を徴収せざるを得なくなった。

1903年6月，貧児教育事業に対する志を強くもっていた久保田は，私財を投じて，新たに山伏町(現・北上野)に「同善尋常高等小学校山伏町分校」を開設し，無月謝で教育を始めた。授業は午前午後の2部に分

けて2時間ずつ行われ、学用品が無料で給付されたほか、入浴や理髪の設備まで備えていた。また、生計上の都合により、家計の手助けをせざるをえない児童の事情を勘案して煙草の小売行商を行わせ、その利益を保護者に支給したり、卒業後のため貯金させたりしていた。

1901年に山伏町分校は独立し、「山伏町尋常小学校」となり、1904年には設立主体が「財団法人同善会」となった。1910年、山伏町に東京市直営の特殊小学校「万年尋常小学校」が設立されたことに伴い、山伏校を三ノ輪町に移転した。移転に際して、廃校となった仏教各宗派共立「田島小学校」の校舎・校具を譲り受けた。また、同善尋常高等小学校を廃して、校名を「財団法人同善会附属同善尋常小学校」に改めた。

関東大震災に際しては、久保田校長を喪ったが、後を同じく浄土宗の鵜飼俊成が引き継いだ。昭和期に入ると、東京市の特殊小学校廃止の方針を受けて、小学校を閉校することとし、入学生の受け入れを停止、1930(昭和5)年から、空教室を利用して「保育園」を開設した。翌年、「商業専修学校」も併設し、1934年に小学校を閉鎖した。さらにこの年、白米の廉価販売の事業にも着手した。

終戦直後には、「同善助産所」を開設して、経済的困窮者に対する助産事業などを展開してきたが、現在は、保育園経営を主たる事業として活動している。

仏教社会福祉の意味づけ　1886年の「小学校令」改正を受けて、各地で寺院僧侶により貧困者対象の簡易小学校が設立され、その数は1890年には80校以上にも及んだ。特に東京府では、「簡易科小学校教員速成伝習所」を設立して僧侶教員の養成に着手し、「各宗寺院同盟設立市立小学校組合」を結成させるなど、保護奨励策を展開した。ところが、1890年に入り、国権主義的な教育思潮が台頭すると、仏教者側の主体的な教育理念の欠如もあって、寺院僧侶設立の小学校は急速に衰退していった。多くの小学校が廃校に追い込まれるなかにあって、同善会は東京における代表的セツルメントにまで発展した数少ない事例である。

参　東京市下谷区編『下谷区史』1935年。鵜飼俊成『社会事業と私』財団法人同善会, 1969年。中西直樹「教育勅語成立直前の徳育論争と仏教徒『貧児教育』」(『龍谷史壇』105号, 1996年)。

(中西直樹)

⇨鶏鳴学館　⇨真龍女学校　⇨四恩学園　⇨東海仏教慈恵学校

◇同和問題
どうわもんだい

[E] Dōwa problem

被差別部落に関する社会問題。

定義　日本の封建社会に形成された身分制の最下層に設定された人々に対する差別を、近代以降も存続させることになった被差別部落に関わる社会問題。20世紀に始まる部落住民の自主的な差別解消の動きのなかで主張された「同胞融和」を求める問題を、全体として同和問題と称した。

展開　中世社会において、掃除などの雑業に従事した「キヨメ」や「河原者」などは「穢多・非人」と差別されたが、この多様な階層が、近世的身分制の整備のもとで

最下層に位置づけられた。「穢多」身分の多くは農業に従事し、「非人」身分は行刑などの業務に従うことが多かったが、厳しく賤民視された。明治政府の封建的身分制廃止の一環として、1871(明治4)年に「賤称廃止令」が出され、「穢多・非人」といわれることは表面上ではなくなるが、地域に固定された被差別部落の住民として、貧困問題も加わり、従来からの差別は依然として厳しく残されていた。

その理由は、幕藩体制が否定され、四民平等が提起されながらも、人格的平等や市民的自由がほとんど実現されなかったことにある。天皇を頂点とする皇族・華族などの特権的身分と平民身分との差別を残しただけでなく、近代の自由競争が平民身分に貧富の差を拡大したからでもあった。こうした前近代以来の身分差別が就業構造の差別を拡大させ、農村部落では狭小な土地所有による小作農家と農業外就業者を生み、都市では零細手工業や雑業に従事する者が多く、平均以下の生活を余儀なくされた。このことは1921(大正10)年の部落住民職業別戸数の「力役・雑役」の割合が、1920年の全国調査が5.8％であるのに、28.3％を占めたことに表れている。この状況は戦後まで続き、京都市の1951(昭和26)年の生活保護受給者が人口1000人に対し32人であったのに対し、同和地区だけに限れば175人を数えた。これは温存された身分差別が、近代の自由競争により生活差別を拡大、固定化したことを示すものである。

この部落差別をなくする運動が、まず部落住民上層部と行政とによる部落改善運動として始まった。そして、1922(大正11)年の「全国水平社」結成は、部落住民と労働者・農民の共同による民主主義的部落解放運動をもたらした。この身分差別を克服する「同胞融和」の動きは、貧困に苦しむ人たちの解放であるため、人格の平等を社会的に支える国家の公共的支援による必要がある。そのため国が差別克服に乗り出し、1909(明治42)年から部落改善事業が問題にされ、1932(昭和7)年には地方改善応急事業が始まり、35年には融和事業完成10ヵ年計画が策定された。

その後第二次世界大戦のもとで事態は停滞したが、1955年の「部落解放同盟」の結成が示す運動の高まりもあって、1960年に同和対策審議会が設置され、1969年には「同和対策事業特別措置法」が制定される。こうして部落差別をなくそうとする行政の対策が本格的に進められるようになり、この間の経済成長による社会変動もあって、戦前からの差別に基づく生活格差は大幅に解消されていく。もちろんそれはただちに全面解消したわけではなく、それが民主主義の課題であるとすれば、国民一人ひとりの自主的な努力も必要となろう。

仏教社会福祉的意味づけ 一般に同和問題は被差別部落に対する社会問題視から始まる。それは同胞融和であり部落解放であるが、共に人格的平等を社会的に支える視点は共通であった。だがその場合、社会的支援を人間的自律の観点に基づかせる必要がある。「自他不二(じたふに)」を強調しながら差別をゆるしてきた仏教界も、その平等観を、現代社会における人間的自律を前提とする社会的支援のもとで再解釈しなければならない。

(池田敬正)

⇨階級差別　⇨西光万吉　⇨差別と人権　⇨全国水平社　⇨平等

◇土宜法龍　1854(安政元)〜1923(大正12)

E　DOGI Hōryū

明治から大正にかけて真言宗の指導者として活躍した僧侶。

略歴　尾張国名古屋(現・名古屋市)生まれ。父を吉造，母をかつといい，幼名を光丸と称した。5歳の時，伯母の貞月尼に伴われて三重県白子の観音寺に赴き，福楽寺深盛の弟子となった。のち，京都六角堂能満院の大願のもとで剃度して法龍と名のり，明治維新に際して俗姓を土宜とした。

1869(明治2)年高野山に登り伝法入壇し，ついで大阪河内の延命寺に至り，上田照遍に3年間，律儀と真言・天台の教義を学んだ。その後，高野山で宗学を研究し，東京の慶応義塾別科で英語を，京都泉涌寺の佐伯旭雅のもとで倶舎・唯識を修めた。1879年高野山学林長となり，1881年に真言宗法務所課長に選ばれ，釈雲照・大崎行智らと宮中後七日御修法の復興を実現。弘法大師1050年忌に際して，東寺大勧進を全国に執行し，同寺修繕と法要奉修に尽くした。1883年に香川県三谷寺より特請されて同寺住職となったが，常に法務所にあって宗務を担当した。1886年に高野山に登り学林教務を主任し，翌年の仁和寺宸殿焼失にあたっては，同寺の事務長として，その再建に従事した。

1893年7月，米国シカゴでの万国宗教大会に日本仏教の代表者として参加し演説を行った。その後欧州を歴訪し，インド仏蹟の巡拝をへて，翌年6月に帰国した。1896年，創立委員長として連合高等学林(京都)の設立に尽力。1899年から1902年かけて起こった真言宗各派分離・別置管長問題では，連合制度の確立に努めた。1906年，仁和寺門跡御室派管長に選ばれ，真言宗連合京都大学の総理となり，1908年に真言宗各派連合総裁に公選された。1912年2月には，内務省主催の三教会同に列席し，仏教徒の代表として政府との折衝にあたり，その後も，1913(大正2)年に連合長者に推され，1920年に高野山真言宗管長に公選されるなど，真言宗要職を歴任したが，1923年病気のため高野山金剛峯寺において死去した。

仏教社会福祉的意味づけ　法龍は，明治後期以降に真言宗の要職を歴任したが，社会事業の面でも同宗のよき指導者であった。1901(明治34)年に香川県真言宗の僧侶有志が「讃岐保育会孤児院」(現・讃岐学園)の経営に着手した際には，自ら会長としてこれを推進した。1904年，仏法興隆と社会の改善を期して結成された「古義真言宗祖風宣揚会」に参加して副会長を務め，のちに会長となって，1909年に京都東寺の仏教慈善病院「済世病院」の設立を実現させた。また1922(大正11)年には，69歳の高齢にもかかわらず，3ヵ月間「社会事業の奨励指導」のため，全国各地を講演に巡回するなど，晩年まで真言宗の社会事業の発展に力を注ぎ続けた。

参　宮崎忍海編『木母堂全集』六大新報社，1924年。　　　　　(中西直樹)

⇨済世病院　⇨讃岐学園

◇禿　了教 1854(安政元)〜1937(昭和12)

E TOKU Ryōkyō

福井県で活躍した仏教社会事業家。

略歴　福井県丹生郡志津村笹谷(現・清水町)の渡辺源治と妻とねの長男として生まれた。幼名源作。幼少より学問を好み，淋しい山坂を3kmも歩いて日蓮宗高成寺の寺子屋に通い，日正上人より四書五経，仏典の基礎を学んだ。了教の後年の幅広い活躍はこの師の教化によるものが大きいと考えられる。

1874(明治7)年母とねの生家，福井県今立郡新横江村五郎丸(現・鯖江市)の真宗誠照寺派・浄覚寺に入籍，同区の堀基左衛門の娘政尾と結婚した。直に得度して名を了教と改めた。当時福井県内は護法一揆で大きく揺れ，刑死者を出すほどであったが，そのような情勢のなかで了教は，1875年敦賀県中教院の第一講究を終え訓導に補された。1886年には京都勧学院を苦学して優秀な成績で終えた。

展開　当時日本はいわゆる鹿鳴館時代で，欧化万能の風潮が蔓延し，キリスト教の勢いも増大していた。了教は国民道義の頽廃を憂い，愛国護法を強く念じて同志を募り，1887年「日本道徳会」を組織した。同会は「宇宙の大道を本体として愛国慈善を実践する」ことを目的とし，本部を浄覚寺に置いた。事業は演説会，罹災地への義捐金送付などであった(しかし本格的活動は了教が欧米留学から帰ってから後のことである)。

了教は自分の視野の狭さと一方的見解に終始することへの反省から欧米への留学を決意した。そこでまず語学を習得するために東京の英学塾に遊学。当時11歳の長女すみは，自分も学問をしたいと自ら断髪して同行を願ったという。1890年からまる2年間，了教は欧米に留学。主としてロンドンに滞在し，高楠順次郎の世話で，東洋語学校でインド哲学の権威・マクスミュラー博士の薫陶を受けている。

留学をとおして宗教教育と女子教育の重要性を痛感した了教は，帰国すると日本道徳会の会則を改正して，聖徳太子の四箇院のうち敬田院と悲田院にあたる事業の推進を決めた。婦人部を設け，本部も浄覚寺から福井に移し，機関紙『真理の暁』を発刊，自らを白嶽と号した。一方，すみを同志社に入学させて宗教教育の実際を学ばせている。

1898年日本道徳会の婦人部を独立させて「婦人仁愛会」を結成し，太子の敬田院を理想とする女子教育機関として，福井に「婦人仁愛会教園」を開設した。同年，太子の悲田院にあたる福祉事業として「福井育児院」を開き，永平寺貫首・森田悟由師を総裁として，孤児の救済と教育の事業を発足させている。

これらの開設に先立ち，了教は娘すみとともに太子磯長の廟に参拝，廟前の砂に座して，「悲田院，敬田院の一分を世に実現し洪恩の万一に報じ奉る」ために親子とも生涯を捧げることを誓ったと伝えられている。

婦人仁愛会教園は，『大無量寿経』の「仁愛兼済」より校名をとり，「仁」は和の人間関係，「愛」は万物万象への慈悲の心

と解し，四恩報尽の精神によって運営された。1924(大正13)年高等女学校へ昇格するのを機に了教は校長をすみにゆずり，布教活動に専念した。了教は「五郎丸様」として名声が高かったことが，出身地の『清水町史』にも記載されている。同校は現在，大学・女子短期大学・高等学校・幼稚園をもつ「福井仁愛学園」として活躍している。福井育児院は現在，「仁愛福祉会」の経営する「仁愛保育園」として了教の精神を継いでいる。日本道徳会は一時会員3000名を超えたが，今は県内数地に「倶会一処会」として聞法活動を続けている。

了教は，1937(昭和12)年，「本願ノ名号ハ正定ノ業ナリ　至心信楽ノ願ヲ因トス……」を繰り返しつつ逝った。

主な著書に『世界宗教略話』(上・下，興教書院，1893年)がある。　　(禿　了滉)

◇トランスパーソナル

E transpersonal

自己が人類や自然・宇宙と本質的には一体であることを自覚し，限定された小さな自己を超えること。超個。

定義　心理学の分野から発展してきた用語。トランスパーソナル心理学者のウォルシュ(Roger Walsh)らは，「トランスパーソナルという言葉は，個人性とパーソナリティー(人格)，双方を越えて拡大するアイデンティティ体験を論じる多彩な意識鍛錬の実践者の報告を反映すべく，十分な考慮の後に採用された」ものであると述べている。また，グロフ(Stanislav Grof, 1931〜)はトランスパーソナル体験を「習慣的な自我の諸境界を越え，日常的な時間と空間の限界を越える意識の拡大を含むもの」と定義している。そのことは仏教の「さとり」「解脱」「涅槃」という言葉などで表現される体験に相当すると考えることができる。

展開　「トランスパーソナル」はまず，心理学の分野で「トランスパーソナル心理学」として研究が始まった。人間の心の科学を追究する心理学の三大潮流である，行動主義，精神分析学および人間性心理学の限界を克服する心理学として，1960年代後半に出現してきたものである。行動主義はワトソン(John Broadus Watson, 1878〜1958)によって提唱されたもので，意識は主観的事実であって客観的に観察できないため，科学の対象とはなりえないとして，直接に観察できる行動を問題にした。また，精神分析学は深層心理学ともいわれ，フロイト(Sigmund Freud, 1856〜1939)およびその弟子ユング(Carl Gustav Jung, 1875〜1961)によって発展した学説である。ユングは，意識は精神的活動のほんの一部にすぎず，その重要な部分は無意識の過程にあることを強調した。一方，人間性心理学は，1960年代初頭にマズロー(Abraham Harold Maslow, 1908〜70)らによって提唱された立場で，行動主義の還元主義的傾向や精神分析学の病理中心の研究を批判して，人間の本質的なもの，すなわち生きていることの意味や価値を明らかにしようとしたものであり，従来の行動主義と精神分析学に対して第三勢力ともいわれている。マズローは，人間の本質を一般化するにあたっては，最善の例を研究することが重要であるとして，自己実現者の研究を始めた。しかし，

研究を進めるなかで，瞑想などの宗教的鍛錬による高次の意識状態など，自己実現という概念では包括できない体験があることが明らかになってきた。そこで，マズローは晩年,「人間性，アイデンティティ，自己実現などを超え，人間の欲求や関心ではなく，宇宙を中心に置く，トランスパーソナルで，トランスヒューマンな，より『高次の』第四の心理学」すなわち，トランスパーソナル心理学を提唱することとなったのである。その成果は，宗教学・哲学・死生学・医学などさまざまな分野の関心を集め，「トランスパーソナル学」として発展してきている。日本では，1996（平成8）年に日本トランスパーソナル学会，1998年に日本トランスパーソナル心理学／精神医学会が設立された。

仏教社会福祉的意味づけ トランスパーソナル心理学の成立が，西洋の心理学と東洋の宗教との出会いによって促されたという意味で，仏教とトランスパーソナルとは大変密接な関係にある。この心理学は東洋の宗教，とりわけ仏教の修行のなかから出てきたさまざまな体験や理論を，西洋の科学的な心理学の手法を用いて現代化していこうとするものである。たとえば，唯識思想を心理学的に再構築したり，瞑想の研究をとおして，何千年来，仏教の修行などによる体験から主張されてきたことを科学的に立証したりしてきている。そして，サイコセラピー（心理療法）のなかに瞑想やヨーガの方法が取り入れられてきているのである。

トランスパーソナルには，バラモン教の梵我一如（ぼんがいちにょ）の思想や，仏教の深層心理学である阿頼耶識（あらやしき）の思想が取り入れられているので，老いや死の苦しみと受容への援助を目的とする臨床現場で活用されうる。いいかえれば大慈大悲のみ仏の心を受け入れていくところに，自我を超えた世界が開けていくとする仏教社会福祉の視点そのものが，トランスパーソナルなのである。

参　ウォルシュほか『トランスパーソナル宣言』春秋社，1986年。岡野守也『トランスパーソナル心理学』青土社，1990年。吉福伸逸『生老病死の心理学』春秋社，1990年。　　　　　（千草篤麿）

⇨瞑想

な行

◇成田学園（なりたがくえん）

E　Narita-Gakuen

明治期に千葉県仏教各宗派によって設立された感化更生施設。

定義　1886（明治19）年11月，千葉県仏教各宗寺院共同事業により「千葉感化院」として，千葉町（現・千葉市）に創設された。1873年から寺院共同で千葉監獄の教誨事業を担当していたことから，当初刑期終了者の保護と善導を行う慈善団体の結成を計画したが，船越衛知事の助言もあって，犯罪を未然に防ぐ立場から不良少年の感化更生事業を行うこととなった。

展開　千葉感化院は全国に先がけて発足したにもかかわらず，各寺院からの義捐金（ぎえん）

が集まらず，間もなく経営難に陥った。そこで，1888年4月，成田山新勝寺が経営を引き受けることとなり，同寺住職三池照鳳が院長に就任した。1894年に院長は石川照勤(1869～1924)に交代し，1908年に院舎は成田町(現・成田市)に新築移転され「成田感化院」と改称した。

本院では，一般の小学校と同等の教育が施されたほか，将来院児が就業することを考慮し，個人の特性に応じて農業入門や商業道徳なども教授された。午後には，実地指導がなされ，農業では農地耕作や豚・鶏の飼育が，手工業では竹細工が教授された。1928(昭和3)年に「成田学園」と改称し，1933年には，「少年教護法」の施行により少年教護院となった。戦後，成田学園は戦災孤児らを収容して，少年教護施設から児童養護施設に改められ，さらに1952年には，社会福祉法人としての認可を受けて，現在に至っている。

仏教社会福祉的意味づけ　同院は，仏教者設立による感化院としては最初のものであった。そのため，1900(明治33)年に「感化法」が制定され，さらに1908年の改正によって全国に感化院が設立されると，そのモデルとなった。その後，仏教系の感化院の多くが県に移管，廃止されたなかにあって，戦後も児童養護施設として存続した数少ない事例でもある。近年，戦前期の資料が見つかり，所遇実体の解明が期待されている。

参　千葉県教育百年史編さん委員会編『千葉県教育百年史』第1巻，千葉県教育委員会，1973年。三好一成「成田学園所蔵資料(戦前編)の調査概要と目録」(『千葉県社会事業史研究』29号，2001年)。　　　　　　　　　(中西直樹)

⇨石川照勤　⇨感化院

◇西本願寺白光荘

E　Nishihongwanji-Byakkōsō

戦後，乳幼児を抱えた女性犯罪者の社会復帰を手助けする施設として発足し，現在も女性を対象に更生保護活動を続ける団体。

発足　明治以降，仏教各派の司法保護事業は，刑務所内教誨との密接な連携によって，大きな役割を果たしてきたが，終戦後に教誨が各宗教に自由解放されたことにより，停滞を余儀なくされた。西本願寺系の保護施設も21ヵ所から4ヵ所にまで減少し，戦時体制に協力してきた事業内容の見直しも大きな課題として残されていた。一方，戦後の貧困と混乱のなか，刑務所の収容者数は戦前の4倍以上に急増し，その仮出所者の保護事業が大きな社会問題となりつつあった。

こうしたなか，1949(昭和24)年に「犯罪者予防更生法」，1950年に「更生緊急保護法」「保護司法」が次々に制定されて刑事司法面での改革が行われ，これを機に1951年2月，「本願寺派司法保護協会」(1939年「司法保護事業法」施行に関わって設立)も，「浄土真宗本願寺派更生保護協会」に組織変更して再出発を期すことになった。

同協会では，活動の重点を刑務所内教誨から更生保護事業に移し，同派僧侶保護司の指導・訓練・連絡を行うとともに，関係の更生保護団体の助成・連絡事業を目的とした。同年10月，その最初の事業として，

わが国初の女性刑務所長であった三田庸子（和歌山刑務支所）の要請もあって，女性出所者を対象とする母子寮「白光荘」（15世帯収容）を発足させた。施設には，京都大学医学部北隣にあった元「白光会」（思想犯の保護教導のため1935年に設立）の建物が充てられた。

展開 当時西本願寺は，京都で角坊別院に第一母子寮，北山別院に第二母子寮を経営しており，白光荘は，第三母子寮ともよばれていた。

1952年3月に財団法人としての認可を受け，1955年2月には，保護司が中心となって「白光荘助成会」が結成された。さらに1957年10月，婦人少年寮1棟を増築した。翌年4月に「売春防止法」（1956年5月24日公布，1957年4月1日施行）の刑事処分に関する規定が施行され，入所者の増加が予測されることに対応した措置であった。

その後，乳幼児を抱えた対象者が減少したため，世情の変化に伴い，女性を対象とする一般の更生保護施設となった。1969年，施設の老朽化のため，京都市右京区太秦安井二条裏町の現在地に移転し，1996（平成8）年に「更生保護事業法」の施行に伴って「更生保護法人西本願寺白光荘」に組織変更された。さらに，2005年3月に，西本願寺や行政の支援を受けて施設の全改築工事を終えた。

仏教社会福祉的意味づけ 女性を対象とする更生保護施設は，全国に7ヵ所しかなく，近畿では白光荘が唯一の施設である。今日，女性犯罪の増加に対応して女性刑務所が増設され，少女の非行も増加するなかで，その存在意義はますます重要性を増している。また白光荘では，開所以来，集会室に仏壇を安置し，毎朝の礼拝や食前の言葉の励行などを通じて，報恩感謝の念の発揚を期するなど，仏教的情操教育の涵養にも努めている。

参 更生保護50年史編集委員会編『更生保護50年史』全国保護司連盟・全国更生保護法人連盟・日本更生保護協会，2000年。『中外日報』昭和26年7月12日・10月11日付。　　　　　　　（中西直樹）

⇒**本願寺母子寮**

◇**日蓮** 1222（承久4）～1282（弘安5）

E Nichiren

鎌倉時代の僧で日蓮宗（法華宗）の開祖。

略歴 1222（承久4）年に安房国（現・千葉県）の海辺の村にて誕生。12歳で天台宗・清澄寺に入り，16歳で出家，鎌倉および京畿に遊学する。帰山後の1253（建長5）年4月28日，清澄寺にて『法華経』を依拠とし，「南無妙法蓮華経」（題目）と唱えること（唱題）を説き，念仏信仰を否定したため迫害にあい，鎌倉に逃れる。その後，1260（文応元）年に前執権北条時頼に『立正安国論』を提出したが受け入れられず，多くの迫害にあう。伊豆配流・龍口法難・佐渡配流などが著名である。佐渡配流赦免後は甲斐国（現・山梨県）身延山に入り，弟子の教導に努めたが，ついに1282（弘安5）年病気療養のため身延山を下り，同年10月13日早朝，武蔵国（現・東京都）池上の信徒・池上氏の屋敷において入滅した。

思想 日蓮は平安時代以降の末法思想の隆盛を受け，末法の時代を生きる凡夫の教

えとして「妙法蓮華経」に注目し，法華経至上主義を取り，この立場から四箇格言にまとめられる他宗批判を展開した。そして，浄土教の他土に理想境を求める「厭離穢土・欣求浄土」の浄土観に対し，現実世界がそのまま理想世界となるとする「娑婆即寂光土」を説き，積極的に現実社会に関与した。

仏教社会福祉的意味づけ　また，日蓮は自らを「貧窮下賤の者・旃陀羅が子・海人が子」と称し，悪業を生業とする者と規定した。その立場から社会の最下層に位置づけられる人々にまで『法華経』の広大・無差別な救済が及ぶとし，末法の時代を生きる人間を苦悩から救おうとした。

　参　五大部：「立正安国論」「開目抄」「観心本尊抄」「撰時抄」「報恩抄」ほか（立正大学日蓮教学研究所編『昭和定本日蓮聖人遺文』1952年初版，兜木正亨校注『日蓮文集』岩波文庫，1968年初版，所収）。　　　　　　　　　　（清水海隆）

◇**日本大菩提会**

E　Nihon-Daibodaikai

仏教各宗派が，仏舎利殿「覚王殿」の建設と，教育・慈善事業の実施を期して設立した団体。

発足　1898（明治31）年にインドのネパールとの国境付近ピプラハワーで，釈尊のものとされる遺骨が発見された。1900年6月，各宗管長会は，シャム（現・タイ）王室よりその遺骨が日本に分与されることとなったのを契機に，「日本大菩提会」を結成した。

展開　本会は，覚王殿の建築と教育・慈善事業の実施を目的として，広く会員の加入と寄付金の募集をよびかけた。しかし，「大日本仏教慈善会財団」の設立を推進しつつあった浄土真宗本願寺派は，覚王殿建設には同意したものの，会への参加を見合わせた。

遺骨は，同年7月に長崎をへて京都妙法院に仮安置され，仏教各宗派は，こぞって盛大な歓迎式を行った。しかし，当時インドが深刻な飢饉に見舞われているなかで，覚王殿建設事業に莫大な費用をかけようとした試みは，世論から指弾を浴びた。結局，覚王殿の建設場所をめぐって京都建設派と名古屋建設派が激しく争うなか，名古屋に建設されることに決定し，1903（明治36）年に造営が始まり，日暹寺（現・日泰寺）が建立されたが，当初の目標であった教育・慈善事業が実行に移されるまでには至らなかった。

仏教社会福祉的意味づけ　明治20年代の「各宗協同仏教慈善会」に続いて，明治30年代に日本大菩提会が，各宗協同で慈善事業を実施しようとした意義は大きい。しかし，体制づくりにおいて各宗派間の足並みはそろわず，計画策定の段階から停滞を余儀なくされたのである。

　参　『明教新誌』1900年6月12日付。小室重弘『釈尊御遺形伝来史』細川芳之助，1903年。　　　　　　　　　（中西直樹）

⇒**各宗協同仏教慈善会**　⇒**大日本仏教慈善会財団**

◇如実知見(にょじつちけん)

E knowing and seeing Dharma-reality
S yathābhūta-darśana

事実をそのままに見ること。

定義 「実の如くに知見する」こと。現代では「現実直視」という言葉がそれに相当しよう。仏教では、「ありのままの事実(＝実相)」を「真実」あるいは「真如(しんにょ)」(真理)とみなす。自己中心の主観的認識から離脱して、「そのままに物事を見ること」が「智慧」であり「さとり」なのである。別の術語で「諦観(たいかん)」といわれる。また「あきらめ」ともいわれて日常語になっているが、「あきらめ」の原意は「諦(あき)らかに観る」ことで、「なかなか実現できないので嫌になって、やめてしまう」という消極的な意味ではない。

展開 仏典では「如実知見」「如実正観」「如実覚知」「如実了知」「如実観智」などと漢訳される。『雑阿含経』などの原始経典では「如実知見」などの語がしばしばみられ、たとえば「於耳・鼻・舌・身・意・触入処非我・非異我・不相在。作如是如実知見者。不起諸漏・心不染著。以得解脱」とあり、「如実に知見する」観察を行うことを「貪欲(とんよく)」を離れるための方法とみなしている。そして如実知見によって獲得したものが「如実智」であり「正見」であり「智慧」であるとする。

仏教社会福祉の意味づけ 我々は生老病死をはじめ、種々の苦しみを伴いながら日常を過ごしているが、そうした苦悩の解決を仏教では、直接的にその苦を治癒するという臨床的なものには求めない。もちろんそうした苦痛を和らげ、人間の一番の恐怖となっている死の時期を先送りしたいという願望にも応えようとしている一面もあるが、基本的には、そういう苦を「苦諦(くたい)」(苦であることが人間として逃れられない事実である)と諦観して受容し、その苦の現実をつくりだしているものが自己自身であると認識し、外的環境の構成主体である自己の思考を変革することによって苦の意味を転換し、現実苦を乗り越えることを指導するのが仏教である。その転換の契機となる事実観察の方法が「如実知見」である。

人間と世界の現状と本質の徹底した認識(＝智慧)が、自己中心の煩悩によって誤って構成している世界観・人間観を破り、真の人間関係に目覚め、慈悲心を生み出し、「共生(ともいき)」の社会を実現するというのが仏教の基本的な考え方である。親鸞(しんらん)(1173～1262)は「実相を知る(＝智慧)をもってのゆえに、すなわち三界の虚妄の相を知る。衆生の虚妄を知れば、すなわち真実の慈悲を生ず」(『教行信証』証巻)と述べる。仏教福祉の主体的動機である「慈悲」の源泉は、実相を「如実知見」する「智慧」のはたらきにあるとするのである。智慧なき福祉、苦なる実相の認識なき福祉は、自分自身の苦悩や苦痛を他律的に治癒されることを望む自己中心的な福祉実践にとどまるであろう。それを破って真の共生を実現するのが仏教福祉であるが、その要因は「如実知見」から得られる智慧の発動であるといえよう。　　　　　　　　(上山大峻)

⇒**共生**　⇒**苦**　⇒**煩悩**

◇女人成仏 (にょにんじょうぶつ)

E attaining Buddhahood of women

女性が仏になること。

定義 仏が衆生を救済するうえで，男女の差別はないことを明示した概念である。「女人往生」ともいい女性が浄土に往生することができることを意味する。

展開 『法華経』提婆達多品には龍王の娘が男身に変じて成仏したと説かれている。これを龍女成仏（りゅうにょじょうぶつ）と称した。これが平安時代以後，女人成仏の一般的な理解となっていた。また『無量寿経』の第35願には女人往生が誓われている。どのような女人でも弥陀の本願を信じたならば，必ず男子に変じて浄土に往生することができるというのである。

ここで変成男子（へんじょうなんし）とする女性差別の根拠となる考えは，『法華経』や『玉耶経』などにみえる女性を五障三従（ごしょうさんしょう）ととらえることによっている。そこでは五障を，①女人は汚れ多くて梵天になれない，②女人は欲が多くて帝釈天になれない，③女人は弱いから魔王になれない，④女人は嫉妬害心が多くて転輪王になれない，⑤女人は煩悩を具足しているから仏になれないと説いている。また三従とは，幼くして父母に従い，嫁して夫に従い，夫死して子に従うという意味である。

平等主義を基調とする仏教は，本来男女の差別を否定するのが道理である。しかし紀元前後のインド社会では男尊女卑の差別感情が優先されていたので，この頃成立した経典には，こうした社会的風潮の反映がみられる。

基本的には，仏が衆生を救うのに男女の差別はないのが道理であるが，紀元前には，未だ弱肉強食の生活が強いられ，差別観念が優先していたので，弱者としての女性を嫌う風潮が強かった。大慈悲心を説く弥陀本願中心の浄土教では，浄土は平等なさとりの世界であり，女性が成仏できないものとして嫌われることのない無差別平等の世界であることを説いている。

仏教社会福祉的意味づけ 女性の罪業論を否定した僧に道元（どうげん）（1200〜53）がいる。道元は『正法眼蔵』のなかで「女性に何の罪があるのか，男性に何の徳があるのか」と問い，仏法を願う気持ちに男女の差はないと説いている。また蓮如（れんにょ）（1415〜99）は，女性を五障三従の典型ととらえていた時代に，女性差別の非合法性と念仏往生の無差別平等性を説いた。そこで蓮如は五障三従の女性の本質をみることによって，むしろ自分自身の罪悪深重・煩悩具足（じんじゅう）の姿を直視し，自己の内の救われがたき人間の本質を認識し，具体的・現実的に自己洞察したのである。こうした女性の本質への洞察による人間理解が，蓮如の言行の根底に存在している。男性も女性も人間として，共に生き，共に育ち，共に仏道を歩むという無差別平等の原理が，道元や蓮如の思想形態から成立している。

仏教福祉の原点は，まさに差別撤廃にあり，人間尊重と自立・連帯，無差別平等の原理に立脚するものである。したがって，女性蔑視の歴史的・社会的背景のなかで，無差別平等の大乗精神や弥陀の大悲心の具現化を強調することは，むしろ当然なこと

である。日本仏教各宗教団においても、女性差別の歴史的・社会的条件を肯定したり曖昧にしてきた事実を正しく認識し、差別を温存してきた教団の姿勢と体質を自らの問題として厳粛に受け止めるとともに、仏の正意（本願）を正しく認識するという自覚をもつべきである。女人禁制や五障三従の字句のみならず、女人成仏や女人往生の語句までもが死語となるような、差別なき社会が実現されることこそ最重要である。

参　平雅行『親鸞とその時代』法藏館, 2001年。
（中垣昌美）

⇒差別と人権

◇如来 にょらい

E　transformation of Buddha; thus-come
S　tathāgata

仏の美称で、真理の体現者のこと。

定義　真理に到達した人という意味で、原始経典では、釈尊が自らのことをいう場合に用い、大乗経典では、真如より来生した者という意味で、衆生を教え導く活動的側面からする仏陀の異名。仏の十号（10種類のよび名）の一つ。

展開　原始仏教の時代には、修行を完成したという意味で、仏教ばかりでなく、ジャイナ教など他の宗教でもあまねく使われていた呼称で、釈尊も自身のことを「如来」とよんだ。原語「tathāgata」は、過去の覚者が到達したと同じように（tathā）わたしも真理に到達した（gata）と解釈される。

ところが、大乗仏教では、真如より来生したものと解釈され、さまざまなかたちで衆生を救済するその仏のことをいう。

たとえば、宇宙の実相を仏格化した「大日如来」、衆生の病を癒し、苦悩を除く仏としての「薬師如来」、無量の光明と無量の寿命をもって十方の衆生を救わずにはいられない「阿弥陀如来」などがある。

仏教社会福祉的意味づけ　釈尊が自らを如来との自覚をもって伝道したことは、原始経典の随所にみられる。このことは、すべての人を苦悩から解放し、救済することを基本的な使命としたことを意味する。そして、大乗仏教においては、仏が衆生を救う諸相として、さまざまな如来が立てられる。たとえば、阿弥陀如来は、久遠の昔に法蔵菩薩であった時に、あらゆる衆生が幸せになるようにという四十八の願を立て、長い長い修行の末に願いが誓いとなって、それが成就したもの。

真如より来たれる如来の大慈悲心は、すべてを無差別平等に救い摂ることを意味している。現代社会福祉の無差別平等の原点ともいえる。

参　佐々木現順『原始仏教から大乗仏教へ』（新版），清水弘文堂，1978年。
（吉元信行）

◇忍性 にんしょう 1217年（建保5）～1303（嘉元元）

E　Ninshō

鎌倉時代の真言律宗の僧。字は良観、諡は忍性菩薩。

略歴　大和国城下郡屏風里（現・奈良県磯城郡三宅町）に生まれる。11歳で信貴山に参詣し、16歳の時額安寺にて出家、翌年東大寺にて授戒した。23歳の時、叡尊より十重禁戒を受け、その門下となる。以後、

文殊信仰を深めつつ叡尊とともに貧窮者や「癩者」(ハンセン病者)の救済などの実践に邁進していく。36歳の時叡尊の命を受けて関東に下向し、鎌倉幕府の重臣・北条重時、長時、業時ら一族の支援を受けて極楽寺を再興し、戒律復興の拠点を確立、さらに聖徳太子を追慕して病院や馬病舎を設置するなど社会救済事業を推進した。1262(弘長2)年の叡尊の関東下向の下地を築くなど、西大寺流教団の重鎮として活躍した。晩年は、叡尊に後事を託され、東大寺大勧進、四天王寺別当などに補任されている。これらの活動から、忍性には実践を重視する立場が強く、勧進聖(かんじんひじり)としての側面もうかがうことができる。

実践　叡尊の門下として、文殊信仰などを支えに、「非人」や「癩者」(ハンセン病者)など、社会的に最下層の位置にあった人々の救済活動を展開している。特に極楽寺の伽藍図には「病宿・癩宿・薬湯室・療病院・坂下馬病屋」などの救療施設の名が記されている。また、1287(弘安10)年には執権北条時宗の意を体して、「桑谷(くわがやつ)療病所」を設け、20年余の間に4万6800人もの人々の治療にあたったという。こうした実践の基軸となったのは、1272(文永9)年に記した「十種大願事」である。そこでは、三宝の興隆、孤独者・貧者・障害者の救済、社会土木事業、功徳の衆生への廻施と代受苦の精神などを明示しており、実践の指針とされたことは明らかである。そこには、仏教者の社会的実践のあり方が包括されているともいえる。一方、その実践は幕府と深く関わり、その肩代わりとみる指摘もあるが、社会的な作善(さぜん)をなす立場を基調とする幅広い実践であったことが、こうした側面につながったといえる。

参　和島芳男『叡尊・忍性』吉川弘文館、1959年。細川涼一『中世の律宗寺院と民衆』吉川弘文館、1987年。　(宮城洋一郎)
⇒叡尊

◇脳死(のうし)

E cerebral death; brain death

脳幹を含む全脳の機能が不可逆的に停止するに至った状態。

定義　厚生省の研究班(竹内一夫代表)が1985(昭和60)年に発表した脳死判定基準(竹内基準)では、まず、前提条件として、①器質的脳障害により、深昏睡、および無呼吸をきたしている症例、②原因となる疾患が確実に診断されており、それに対し、現在行いうるすべての適切な治療をもってしても、回復の可能性がまったくないと診断される症例をあげる。

判定の対象の除外例として、①6歳未満の小児、②脳死と類似した状態になりうる症例、たとえば、急性薬物中毒・低体温、それに、肝性脳症・高浸透圧性昏睡・尿毒症性脳症などの代謝・内分泌障害をあげる。そのうえで、①深昏睡、②自発呼吸の停止、③瞳孔拡散、④脳幹反射の消失、⑤平坦脳波、⑥6時間以上の観察時間を要件とする、という六つの基準を設ける。瞳孔拡散は左右とも4mm以上であり、脳幹反射の消失には、対光反射・角膜反射・毛様脊椎反射(もうよう)・眼球頭反射・前庭反射・咽頭反射(いんとう)・咳反射(がい)のそれぞれの消失を診る。

さらに、補助的に聴性脳幹反応・脳幹誘

発反応・X線-CT・脳血管撮影・脳血流検査を加える場合もある。

　日本の「臓器移植法」は，おおむねこの基準による。ただし，脳死を人の死とするのは，本人の事前の書面（ドナー・カード）による意思表示と，家族の同意による臓器提供の場合に限り，そうでない場合は，従来どおりの心臓死を死とする。したがって，現在の日本には，二通りの死が併存している。また，法律では，15歳以上を対象としているが，見直しが求められている。脳死状態は，植物状態と混同されやすいが，脳神経外科学会の定義によると，植物状態とは，①自力で移動できない。②自力で食物摂取できない。③糞尿失禁状態がある。④目でものを追うが認識できない。⑤簡単に命令に応ずることもあるが，それ以上の意思の疎通ができない。⑥声は出すが，意味のある発語はできない。以上の状態で各種の治療が奏効せず，3ヵ月以上継続し，ほぼ固定した状態を指す。したがって，植物状態は，心臓の拍動や呼吸をつかさどる脳幹の機能が残っているのに対し，脳死は脳幹の機能も失われている。このほか，大脳死・皮質死・不可逆性昏睡など，脳死と紛らわしい用語があるが，これらは定義の仕方が異なり，脳死状態とは，異なる状態である。

　脳死の概念は，1957年のテンテラー（Tentler, R. L.）らの報告における皮質死（cortical death）という言葉に始まるといわれている。しかし，脳死状態の確認のため，種々の判定基準がつくられるようになったのは，1967年にバーナード（Christiaan Neethling Barnard, 1922～）によって最初の心臓移植が行われてからである。1968年，ハーバード大学の特別委員会は，「脳が永久に機能を喪失した状態」として，その判定基準に，①無呼吸，②無反射，③無反応，④平坦脳波をあげる。その後，各国・各大学でさまざまな基準がつくられた。

　アメリカでは，1981年に大統領委員会により，次のような死の判定基準が完成した。「A．循環および呼吸機能が不可逆的に停止した個人は死亡したとする。①機能の停止は，妥当な医学的診察・検査によって判定する。②不可逆性の判定は，妥当な観察・治療期間をおいても機能が持続的に停止していることによって判定する。B．脳幹を含む脳全体のすべての機能が不可逆的に停止した個人は死亡したとする。①機能の停止は以下のaおよびbの所見が明らかになった時とする。a 大脳機能の消失。b 脳幹機能の消失。②不可逆性の判定は以下のa・b・cの所見が明らかになった時とする。a 昏睡の原因が確定し，それによって脳機能の障害が起こったとする十分な根拠があること。b 全機能について改善の見込みがないこと。c 全機能の停止は，妥当な観察および治療期間にわたっていること」とし，要注意として，薬物および代謝性中毒・低体温・小児・ショックをあげる。おおむね各国の基準もこれに準じている。

　ところで，このような脳死状態は，人工呼吸器の発達で出現した。人工呼吸器の助けなしでは，脳死は存在しない。したがって，人工呼吸器がなかった時代には，脳死は存在しなかった。世界中では，脳死に陥っても3ヵ月以上生存したり，脳死の妊娠女性が出産した例も報告されている。従来

は，心臓死を死としてきたが，臓器移植の必要性から，脳死を人の死とする考え方が起こり，大きな論議をよんだ。心臓死ではなく，脳死を人の死とすると，体温のある脳死者を「温かい死体」として受け容れられるかという感情的な面のほか，脳死判定後の「死体」である脳死者への治療も問題となる。

さらに，脳以外の機能は，健康体に近いため，脳死体のさまざまな利用が考えられる。

仏教社会福祉的意味づけ 脳死を人の死とするか否かは，それぞれの死生観に関わる大きな問題である。仏教界には，臓器移植を布施行とする立場から，脳死を人の死とすることに肯定的な立場もある。しかし，いのちをモノと考えることへの危惧とともに，一方のいのちの犠牲のうえに他方のいのちが助かるとか，誰かが死ぬ（脳死になる）のを待つ医療であるとの立場から否定的な仏教徒も多い。延命を最善として，脳死者からの移植を望むのか，生死を超えて，賜ったいのちを長短にとらわれることなく受け容れるのか，仏教からも問われる課題である。

参　「厚生省科学研究費特別研究事業『脳死に関する研究班』昭和60年度報告書」厚生省，1986年。勝又義直「脳死者からの臓器移植に際しての倫理的指針」（『日本医事新報』3558号，1992年）。

(田代俊孝)

⇒いのち　⇒寿命・命根

◇**農民階級**
のうみんかいきゅう

E peasantry

農業生産に従事する社会階層。

展開　農耕（農業）は有史以来人類の重要な生業であり，近代になるまで最大の産業であった。生産階級のなかで圧倒的部分を占めるが，その耕作する土地は封建的領主の支配下にあった。その解体とともに土地所有権を確保して，自由な農民に転化する。しかし，その過程で土地を確保できなかったかなりの農民は脱農化を余儀なくされた。先進資本主義国では，20世紀初頭までに総就業人口中の農業就業人口の割合を大幅に低下させる。その際，脱農化した部分は他の産業部門の賃労働者となったが，引き続き農業に従事した者は，小規模でも独立自営業者として，人類の始源以来の食生活を維持する生産階級としての役割を一貫して果たした。

日本では，家父長制家族による個別経営を隷属させる農業共同体をピラミッド型に編成する専制体制のもとでは，農民が国家から土地の保有が認められる班田制を展開させた。その解体とともに，10世紀以降は，荘園制が本格化し，古代国家の「王朝貴族」が国家の土地を分有する荘園の領有権者となり，その下に土地を管理する「武士」と，その土地の耕作権を保有する「名主百姓」およびそれに従属する「下人百姓」という構図が成立する。ところが15～16世紀になると，ようやく分権的な封建権力の基盤としての村落共同体が形成され，そのもとで領主（「武士」）と農民（「百姓」）とに身分が整

理された。この間，土地領有に基づく分権制を前提とする政治的集権体制のもとで，農民は，領主から耕作権を認められた本百姓と，それに隷属する水呑百姓とに分かれ，共同体機能に基づき，村方自治により村落内で一体的に生活する体制が実現する。

しかし資本主義の形成による農民分解は，共同体や封建制に規制されていた農民に自由をもたらし，その自由が，存続する農民の独立自営化と，没落する農民の賃労働者化を促した。だが日本では，封建制のもとで，農民に認めた耕作権保有地の賃借を通じて寄生地主制が展開され，封建的領有の解体後も脱農の危機に置かれた農民を，小作農としてその土地に結びつける。このことが，日本における近代の形成が，ただちには脱農化をもたらさず，いってみれば農民階級の社会的比重を必ずしも低下させない状況をつくりだした。こうした農民階級の存続が，近代日本において，前近代的な社会関係，伝統的な文化や習俗を温存させる基盤となり，先進資本主義国にはみられない独特の状況をもたらす基盤となった。しかし第二次世界大戦後の農地改革が，その基盤としての寄生地主制を解体させた。その結果，自由化による1955(昭和30)年以降の経済の高度成長政策を通じて，戦前の農民階級が置かれていた独特の状況が全面的に解体されることとなる。

仏教社会福祉的意味づけ 一般に日本の農民は中世社会になって，古代の専制から村落共同体に基づいて地域的な結集を実現したことが，その文化的独自性を確保することとなったとされる。日本仏教の民衆化がそのことを具体的に示すが，古代の国家的慈恵に基づく仏教における慈悲の実践を，共同体機能に基づく共済としての慈悲の実践へと仏教福祉の転換を可能とした。だが，日本の農民階級の独特の役割が，その実践に個人の自由を導入することを困難にしたといえよう。 　　　　　（池田敬正）
⇨福祉

は行

◇**白隠** 1685(貞享2)～1768(明和5)

E Hakuin

江戸時代中期の禅僧で，臨済禅の中興の祖といわれている。

略歴 駿河国駿東郡(現・静岡県沼津市)に生まれる。15歳の時に得度し，慧鶴と安名され，沼津・大垣・越後高田などで修行を積んだが，信濃国飯山(現・長野県飯山市)の正受庵・道鏡慧端からそのさとりが徹底したものではないとの罵倒を受け，一層修行に励み，8ヵ月後には徹底したさとりを体得するに至ったという。その後も修行を続け，1718(享保3)年には妙心寺第一座にのぼり，白隠と号した。さらに，1726年，『法華経』譬喩品を読んで「看経の眼を徹底了当」(経典の真理を了解)したという。これ以降，禅僧の語録などを講説する提唱を盛んに行うなど，教化活動にめざましい成果をあげ，多くの著作を遺した。白隠の特質は大きくいうと二つに分けることができるであろう。一つは伝統的な臨済宗

という仏教の一派のなかで看話禅の集大成を行い，中国の禅を日本化させた点である。また，他方では宗門の専門の領域とは別に，日々の生活に明け暮れている一般民衆の教化に，さまざまな方便を尽くして多大な精力を費やしたことにある。

また「禅画のパイオニアといわれる白隠は，民衆の日常生活などを画題にして，人倫・道徳・仏教の教えを言句に盛り込んだ。さらに自らの修行上の体験から，健康問題についても関心をはらい，『夜船閑話』『遠羅天釜』などを著わした。内観法は呼吸器病・神経病・不眠に効果があるとされる。また，南酥の法はいわゆる頭寒足熱で，白隠はこれを熱心に修すればどのような病気でも治せ，立派な徳を積むことができると説いた。現代の心身医学にも広く応用されている。

仏教社会福祉的意味づけ 白隠は，その生涯に多大な著作を遺した。在家の人々のために，仏法を少しでもわかりやすく，興味をひきやすいように書いた法語に『おたふく女郎粉引歌』『安心法輿多多記』『大道ちょぼくれ』などが遺されている。また，日々の暮らしのなかで専門の修行ができない人々に対しては，日常生活において信心を深めさせようと観音信仰を勧めることもあった。

このような活動を通じて，身分制の厳しい時代にもかかわらず，その交流の範囲は広汎に及び，縁の赴くところ東北地方から中国・四国地方にも積極的に出向いて衆生済度に身を挺している。

白隠の老年期には一揆や強訴が頻繁に起きていたが，奢侈におごる大名家の生活が民百姓を搾取する結果になっているとして，厳しい政治批判を行った。生涯に遺したおびただしい書画は，白隠の菩提心の表れ，四弘誓願の実践にほかならない。

参 鎌田茂雄『白隠』日本の禅語録第19巻，講談社，1977年。芳沢勝弘『白隠　禅画の世界』中公新書，2004年。

（島崎義孝）

◇長谷川仏教文化研究所

[E] Hasegawa Research Institute for the Study of Buddhist Culture

大乗淑徳学園の付属研究所。

定義 「学校法人大乗淑徳学園」（本部・東京都板橋区）ならびに「社会福祉法人マハヤナ学園」の創立者・長谷川良信（1890～1966）の没後，その遺志を継承し，良信が提唱した「宗教・教育・社会事業の三位一体による人間開発・社会開発」の主旨に沿って，仏教・教育・社会福祉に関する総合的な調査・研究の実施を目的に，1969（昭和44）年に学園系列組織として設立された。

展開 研究所の運営は，学園理事長でもある長谷川よし子所長のもと，淑徳大学・同短期大学・同専門学校の専任教員中から選任された研究員によって担われた。もっとも，後年には各研究プロジェクトにふさわしい外部の研究者も加えられている。初期の主な事業には『近代日本仏教社会事業の研究――長谷川良信とマハヤナ学園』（1970年），『長谷川良信選集（上・下）』（1972・73年）の刊行がある。続いて1973年から通年の研究例会を開催し，翌1974年に

は『研究年報』を創刊している。同研究所は1975年から大乗淑徳学園付属の研究機関に組織変更されて学園本部内に設置されると、その目的も、①宗教・教育・社会事業、②建学精神である大乗仏教、③学校における宗教教育、④仏教社会福祉の各々の各調査・研究へと拡大された。

その主な事業に、『仏教と社会福祉のあいだ』(1977年)、『仏教と社会事業と教育と――長谷川良信の世界』(1983年)の刊行、『大乗淑徳教本』の改訂版企画・編集、宗教教育テキスト『おかげの糸』、仏研ブックレット『アップ・トゥー・デート』発行のほか、学園主催「公開講座」や『マハヤナ学園65年史』編纂事業、『戦後仏教系社会福祉事業の歴史と現状に関する総合研究』(科研)への協力、『長谷川良信全集』(全4巻、日本図書センター、2004年)の刊行、『労働共済』(全6巻、不二出版、2005年)の復刻刊行も行っている。また良信が晩年にブラジルで宗教・教育・社会福祉の諸事業を展開したことから、「長谷川良信のブラジルにおける活動と日系社会の現状」をテーマに調査団を組織し、現地調査に基づいて『長谷川良信のブラジル開教』(1989年)、『ブラジル南部在住日系人の意識調査報告書』(1990年)などを刊行するに及んでいる。　　　　　　　　(長谷川匡俊)

⇒長谷川良信　⇒浄土宗のブラジル開教

◇**長谷川良信**（はせがわりょうしん）1890(明治23)〜1966(昭和41)

[E] HASEGAWA Ryōshin

大正〜昭和期に活躍した社会事業家。

略歴　茨城県笠間市の農家の5男として誕生。6歳の時、同県真壁町の浄土宗得生寺の養子となり得度。1915(大正4)年宗教大学(現・大正大学)本科卒業。在学中に生涯の恩師・渡辺海旭(わたなべかいぎょく)(1872〜1933)と出会い、仏教者としての生き方を社会事業に定めた。1918年10月、東京西巣鴨のスラムに身を投じてセツルメント活動を展開し、翌年1月、28歳で「マハヤナ学園」(マハヤナは「大乗」の意)をこの地に創設。セツルメントを「隣保事業」と翻訳したのは長谷川であった。同年わが国成立期社会事業の啓蒙的概説書の一つ『社会事業とは何ぞや』を刊行。1921年宗教大学講師。1924年同大学教授、社会事業研究室主任に就任。この年マハヤナ学園内に「大乗女子学院」を設置し、以後の教育事業に途を開いた。1931(昭和6)年「全日本施設社会事業連盟」の結成に中心的役割を果たす。戦後は、1949年「大乗淑徳学園」を設立、1951年檀林大巌寺(千葉)第60世に就任、1954年サンパウロに南米浄土宗別院日伯寺を開設するなど多彩な活動を繰り広げ、死の前年にあたる1965年には、社会福祉専門職養成のため大巌寺の地に「淑徳大学」(社会福祉学部)を創立した。

仏教社会福祉的意味づけ　長谷川の社会事業の特徴は、「フォア・ヒム(彼のために)」ではなく、「トギャザー・ウィズ・ヒム(彼とともに)でなければならない」(前掲書)との名言を遺しているように、「感恩奉仕」を座右の銘とし、大乗仏教の「連帯・共生」と「報恩」の思想に立脚し、かつ在野主義の立場を貫くところにあった。その実践形態は隣保事業(セツルメント)を本領とし、総合性の強いところに特徴がある。

仏教社会事業の理論的指導者でもあったが，戦後にことに「宗教・教育・社会事業の三位一体による人間開発・社会開発」を提唱し，実践した。

主な著作は『長谷川良信全集』全4巻（日本図書センター）としてまとめられている。

参　長谷川匡俊『トギャザーウィズヒム──長谷川良信の生涯』新人物往来社，1992年。　　　　　（長谷川匡俊）
⇒浄土宗のブラジル開教　⇒長谷川仏教文化研究所

◇抜苦与楽（ばっくよらく）

E getting rid of suffering and giving pleasure

仏や菩薩が衆生の苦を抜いて楽を与えること。

定義　慈悲の解釈として，抜苦与楽の考えが生まれ，大悲が抜苦，大慈が与楽と考えられた。

展開　「衆生病む時には菩薩もまた病む。衆生病癒ゆれば菩薩もまた癒ゆる」という『維摩経』では，仏や菩薩を「医王」とも表現する。そして医王としての仏や菩薩は人間のもっている自らの自然治癒力を引き出すことを援助するところに，その特徴がある。ここに仏教と福祉との接点がうかがわれる。

仏教社会福祉的意味づけ　楽果（さとり・涅槃）は理想の境地というよりは，本来あるべきところに帰ることである。そのための方法が四諦（苦集滅道という問題解決の方法論）であって，これは苦を除き，涅槃に至る道筋を説いている。苦諦は苦の現実の認識，集諦はその原因理由の考察，そして滅諦は涅槃の状態を示し，そこにたどりつく方法，実践を道諦で明らかにするのである。社会福祉現場における問題解決（抜苦与楽）の方法論はこの四諦の実践によるべきことを仏教は教えている。したがって仏教社会福祉は，クライエントの主体的な自己決定を可能にするための援助をすることにによって問題解決を図る，そこに実践の意義があるといえる。　　（島崎義孝）
⇒四聖諦　⇒慈悲

◇林　文雄（はやしぶんゆう）1901(明治34)〜1979(昭和54)

E HAYASHI Bun'yū

大正〜昭和期に活躍した社会事業家。

略歴　浄土宗正念寺住職林大定・ステの長男として京都府綴喜郡八幡町（現・八幡市）で誕生。11歳の時に得度を受け名前を雄（たけし）から文雄（ぶんゆう）と改名，大阪一心寺の徒弟となり上宮中学校，京都の仏教専門学校から宗教大学（現・大正大学）宗教部本科（社会事業科）に進み，1925（大正14）年に卒業するまで社会事業を学ぶ。

卒業と同時に東京市に就職するが，その時，大学の恩師である東京市社会局長矢吹慶輝（1879〜1939）から，宗教大学の卒業生がつくったセツルメントである「四恩学園」に転任することを命ぜられ，就任後3日にして東京市を辞職して大阪に赴任した。この時の四恩学園理事長は長谷川順孝（1889〜1970）。林は主事として就任した。

その後は，大阪社会事業協会理事や大阪府民生委員審査会委員，中央社会事業審議

会委員，大阪福祉事業財団理事長，全国乳児院協会の副会長・会長などを歴任，1951（昭和26）年に法人改組により四恩学園の第4代理事長に就任し，養護施設・乳児院・診療所・育児相談所・保育所など幅広く事業を展開した。

仏教社会福祉的意味づけ　四恩学園は，1915（大正4）年9月，大阪市在住の宗教大学出身の浄土宗住職によって設立された「大阪四恩報答会」が，1920年に釜ヶ崎の児童のために創設したものである。事業は不就学児童の教育，日掛貯金，子ども会，内職斡旋所，助産相談所などの運営であり，林主事就任後は無料法律相談，四恩裁縫女塾，診療部などが始められ，仏教セツルメントとしての体系を整え，大阪府下の社会事業の指導的役割を果した。戦後の施設福祉サービスの展開において，夫婦共同で昼夜を分かたず奮闘し，仏教社会事業を体現したことは広く知られている。

主な著書に『願わくは衆生と共に』（四恩学園，1980年）がある。　（松尾信亮）

⇒四恩学園

◇反抗 （はんこう）

E　protest; negativism

S　niṣedhārthatva

てむかうこと。背きはむかうこと。

定義　心理学では，幼児期に自我が成長してきて，それを行動に移す時，周囲の者と衝突する時期を第一次反抗期という。何にでも反対し，行為で反抗する。この時期に育児に自信を失ってしまう母親もあるが，反抗は自我の発達と社会化の過程における過渡的な現象と考えて，それに適正に応じることが大切となる。

思春期前頃から，自我が肥大し心身の発達のバランスが取れないまま，かつ社会参加の仕方に未習熟なままに，何かにつけ反対し反抗する時期を第二次反抗期という。

展開　第二次反抗期の少年の行動は，問題行動として取り上げられることが多い。現実を探検するための，少年なりのやり方であり，いわばゲームあるいは遊び的な性格をもつ試し行動である。発達心理の観点からいうと，すべての人間は，ゲームをとおして攻撃衝動をもつとされる。少年はゲームをとおして何とか相手を負かして勝ちたいという気持ちと同時に，その相手と一緒になりたい，何かを共有したいと，相手を価値づける二面性を示す気持ちをもつ。強烈に求めるがゆえに，強烈に反抗する場合もあるのである。この時期の反抗は，相手への呼びかけ，試し行動，あるいは自分の存在の証明・主張ないしは救助を求めるサインと理解すべきであろう。

仏教社会福祉的意味づけ　この時期は，人生のうちで最も豊かでみずみずしいエネルギーに満ち，すべてのものに自らの心の張力（感性）をフルに働かせる時期で，そのエネルギーの強さを指して疾風怒濤の時代といわれるほどである。そのためその行動は，時として人から顰蹙を買ったり，社会規範から逸脱したりする行為となることもある。その行為はしばしば非行とよばれるが，非行は，先験的にあるのではなく，そう名づけられるものである。非行行為が自己責任の原則において排除されるべき行為であるとしても，仏教社会福祉的視点で

より重要なことは，非行に至る縁起の法則を正しく認識しようとすることに特徴がある。したがって反抗に伴う非行的行為については，むしろそれを受容し，それがつまずきであることを教えていくことにより，彼の人生を左右しかねない大きなつまずきを防止する寛容的な対応が肝要である。

参 牛島定信ほか『ウイニコットの遊びとその概念』岩崎学術出版社，1995年。

(東　一英)

⇨遊び　⇨自我　⇨非行

◇反省会

E Hanseikai

明治中期，禁酒運動を展開した修養団体。

定義　1886(明治19)年4月，浄土真宗本願寺派普通教校の学生有志による修養団体として結成され，機関誌として『反省会雑誌』(のちの『中央公論』)を発行した。

展開　西本願寺は，1885(明治18)年4月，従来からあった大教校(現・龍谷大学)とは別に，宗教的教養の普及を目指して僧俗の別なく入学ができる普通教校を設置した。その目的は廃仏毀釈とキリスト教進出に対抗し，仏教勢力の復活を図ることにあった。新時代の担い手となる青年を育成するため，第21世の大谷光尊(明如，1850～1903)の意思が強く働いていたといわれる。

同校は進取の気風が強く，開設当時から英語に力を注ぎ，生徒自身も歩兵操練や洋服を制服とすることや外国人教師の招聘などを当局に要求するほどであった。要求運動の筆頭者は，のちの仏教学者高楠順次郎(1866～1945)であった。要求騒動のあと，生徒らはさらに，慣習化されていた教師の酒宴と，酒席でとりざたされた酒を嗜まない教師への排斥行為を批判した。その動きを契機にして，仏教界全体の空気を一新する必要があるとし，生徒らが先頭になって，自己反省および他の反省をも促すため，互いに禁酒を誓う修養団体を結成した。これが「反省会」である。

仏教社会福祉的意味づけ　同会の目的は，仏教の危機を救うため，「禁酒進徳」を実践することにある。翌年8月には『反省会雑誌』を創刊(1887年11月に定期刊行第1号発刊)し，キリスト教系の禁酒雑誌と併せて，当時の禁酒運動の中心となっていった。本誌では仏事禁酒・限年禁酒・終身禁酒のほかに節酒をよびかけたこともあって，会員は全国に多数広がった。当時の論説は，外国の禁酒運動の紹介や教団の組織，海外伝道，宗門教育，女子教育などに及び幅広い論説を展開して社会事業の柱を構築した。1892(明治25)年には誌名を『反省雑誌』と改め，さらに大谷光瑞(1876～1948)の改革思想のもとで，発行所を東京に移した。次第に禁酒運動の機関誌から総合雑誌へと変貌し，1897年には『中央公論』に改題されて，現在に至っている。

参 『反省会雑誌』1887年。中央公論社編『中央公論社の八十年』1965年。

(山下憲昭)

◇悲眼院

E Higen'in

大正初期に眼科を中心とする救療機関として発足した団体。

定義 明王院住職高橋慈本(たかはしじほん)(1879〜1945)と，持宝院丸山祥憧(まるやましょうどう)・小田郡医師会長渡邊元一(なべもといち)らの発起により，1914(大正3)年1月，岡山県小田郡北川村(現・笠岡市)走出浄瑠璃山の大師堂を改築して開院した。浄瑠璃山は薬師如来を本尊とし，眼疾者の参詣が多くあったが，迷信的行動も多いことから，これをやめさせて適切な治療を行う意図があった。また1911(明治44)年2月，天皇の交付金により，「恩賜財団済生会」が結成されたことも契機となった。

展開 本院は，同じく真言宗有志により京都に設立された「済世病院」に倣い，宗教的信仰と科学的医術を併用して眼疾者を治療することを目指し，毎月2回以上の定期講話も行われた。特に診察料・手術料・薬価を徴収せず，患者の薬師如来に対する報賽物と，有志者の寄付のほか，真言宗連合宗務所からの補助金などにより維持運営されていた。

1920(大正9)年7月，地元の要望により内科を併設し，1924年からは巡回助産事業も開始した。さらに1928(昭和3)年に妊産婦・児童健康相談所を開設し，1937年には，軍人遺族の救護活動も始めた。

しかし戦後，国民健康保険制度の整備に伴い，慈善的医療の必要性も薄れ，1950年に医療活動を中止した。同年，児童養護施設(虚弱児施設)として再出発し，心身の虚弱な児童に適切な環境を与え，その体質を改善することを目的とする事業を始め，現在に至っている。

仏教社会福祉的意味づけ 1928年までに延べ18万人もの患者を治療し，宗教的立場から地域医療に大きく貢献した。戦後も，救療施設として出発した伝統をふまえ，医学的健康管理・規則正しい日常生活に重点を置いた児童育成に尽力している。

参 赤松力『近代日本における社会事業の展開過程――岡山県の事例を中心に』御茶の水書房，1996年。中西直樹『仏教と医療・福祉の近代史』法藏館，2004年。
(中西直樹)

⇒済世病院(さいせびょういん)

◇非行(ひこう)

E delinquency　S ayoga; asaṃskṛta
社会的規範から逸脱する行為。

定義 主として「少年法」第3条にいう虞犯(ぐはん)，触法行為および刑罰法令にふれるような行為をした少年に対して用いられる。

展開 具体的には，「非行少年」「少年非行」「非行集団」「非行を犯す」などと日常よく使われる言葉でもある。ほかに，家庭内暴力，陰湿ないじめなどの行為を指すこともあり，いずれも非行を犯した少年は要保護性を有し，公的機関において，保護・観察・拘束・教育・処遇などの対象になるものである。

仏教社会福祉的意味づけ 仏教では「非行」は「ひぎょう」と読み，「理屈・道理に合わない」という意味である。それは批判の対象にはなっても，そこには必ずしも「悪い」という意味はない。要保護性のある少年には，大人に対するような犯罪という言葉を決して使わず，「非行」とよぶのはそのような意図があってのことであろうか。

この場合とは語源は異なるが，仏教には

別の意味で「非行(ひぎょう)」という重要な概念がある。「行(ぎょう)に非(あら)ざるもの」という意味である。「行」とは,無限の過去を背負っている我我の存在を成りたたしめているその根底にあるはたらきである。その反意語である「非行」とは,人間のあらゆる計らいを超えたものであり,仏の境地そのものである。『歎異抄』にある「念仏は行者のために非行非善なり」という時の「非行」はこの意味である。念仏は自力の行ではなく,仏の願いのはたらきそのものであり,私は生きているのではなく,生かされているという立場である。

非行臨床実務において,「非行(ひこう)」という行為は本来存在せず,周りの者がそれとみなしているだけであるという考え方がある。すなわち,少年がとる非行行動は,自ら行っているのではなく,人間の本来性に根ざしたある訴えであるという立場である。大人がそうだと決めつけてその少年にある烙印を押すのではなくて,その少年が規範を逸脱した行動をとるのはなぜなのか,何を大人に訴えているのかという声を聞こうとする発想の転換を,この「非行」という言葉は教えてくれている。　　　(吉元信行)
⇒反抗

◇ビハーラ

E Buddhist hospice　S vihāra
仏教を背景とするターミナルケア。

定義　ビハーラ(vihāra)は,サンスクリット語で僧院,寺院あるいは安住・休養の場所を意味する。末期患者に対する仏教ホスピス,または苦痛緩和と癒しの支援活動を含む。

展開　英米に始まったホスピスは,末期患者の苦痛緩和に対して医療・看護職がソーシャルワーカー,チャプレン(施設付き聖職者)などとのチームワークにより精神面をも含む全人的なケアを行うものである。日本では1980年代キリスト教系の病院が初めてホスピスを実践し,患者の苦痛緩和における宗教家の支援活動が注目されるところとなった。その動きに触発されて,仏教側でも1984(昭和59)年に「京都仏教青年会」が京都市内の病院において法話会,患者の悩み事相談などの先駆的な活動を始めた。1985年には仏教の主体性・独自性を表すため,仏教を背景とするターミナルケアの施設に「ビハーラ」と命名することを田宮仁(たみやまさし)が提唱した。

1986年,浄土真宗本願寺派はビハーラ実践活動研究会を結成し,病院訪問活動や在宅サービスを中心とするケアワークを進めた。1987年には各宗派共同の「仏教情報センター」を母体として「仏教ホスピスの会」(東京)が活動を始めた。1993(平成5)年には佛教大学が仏教看護(ビハーラ)コースを開講している。ビハーラの施設としては「長岡西病院ビハーラ病棟」(新潟),「ビハーラ花の里病院」(広島),「ビハーラこのみ園」(大阪)などがある。

仏教社会福祉的意味づけ　医学や医療技術の進歩,新薬の開発に加えて,社会保障制度や高齢者福祉の充実などによって,平均寿命は著しく伸びた。しかし,死の問題は依然として人間を不安と恐怖から解放してはいない。生と死を分けて考えるところに人間の恐怖があり,生に対する価値と意

味づけに迷っている人間に対する支援が不可欠となった。ターミナルケアにおける人間の精神面の重要性がみなおされたのである。終末看護と終末看死において仏教者（ビハーラ僧）と医師，看護職ないしソーシャルワーカーなどによるチームワークに注目したことに仏教社会福祉の特徴がある。ビハーラは仏教が現代において社会的有用性をもちうるのかという問いに答えるとともに，民間の社会福祉活動における一つの有力なモデルを提示するものといえよう。

参　水谷幸正編『仏教とターミナル・ケア』法藏館，1996年。浄土真宗本願寺派ビハーラ実践活動研究会編『ビハーラ活動』本願寺出版社，1994年。田宮仁「ビハーラと仏教福祉」（『季刊仏教』No.51，法藏館，2000年）。　　（名和月之介）

⇒仏教看護　⇒臨死　⇒臨終行儀

◇平　等　びょうどう

E equality　S samatā

すべてものが等しく，差別のないこと。

定義　一般的には，相互の差異を理由とした差別を排除することをいい，社会的な資源や負担の分配，褒賞や制裁の決定などにおいて，無関係な事情を持ち込むことを除去することにある。また，狭義には，性別・門地・階級・人種・民族などの差異を超えて人間としての本質的な対等性を意味づけることである。

展開　平等の概念は，理性的に生きることを説き，人間の普遍的平等を根拠づけたストア派哲学，「法の前の平等」に基づき法体系を完成させたローマ法，「神の前の平等」を説くキリスト教など西洋思想の土壌のなかで形成されきた。これらの思想基盤が，近代思想における自由と平等の精神を培った。

一方，仏教においては，身業（身的行動）・口業（言語活動）・意業（心のはたらき）のうち特に意業を重視して平等への視点を提示した。また大乗仏教では，すべてのものに実体がないゆえに平等であると説く空思想を論拠に平等を提示した。さらに，自己を守る者は他者を守る者でなければならないとする「自他不二」の考えは，自己を守ることが同時に他を守ることでもあるとする自己は互いに対立する自己ではないから，自他を区別することのない絶対平等となるとしたのである。

この大乗仏教の基本的立場は，『涅槃経』の「一切衆生悉有仏性」や『法華経』の「但行礼拝」のなかで具体的に提示されている。前者は，あらゆる衆生に仏となる可能性（仏性）があると説く。後者は，誰もが仏となりうるのだから，ただひたすら他者を礼拝するのみという比丘の姿を述べている。それらから，仏性の普遍性を明らかにして，人間存在の平等を指し示したのであった。

こうした大乗仏教の平等思想は，日本においても独自の展開を示していく。聖徳太子（574〜622）は凡夫の立場を掲げ，最澄（766〜822）は徹底して「一切衆生悉有仏性」を説いた。法然（1133〜1212）は「平等の慈悲」を，親鸞（1173〜1262）は「如来等同」をそれぞれ説いて，念仏往生の意義を明らかにし，道元は「四摂事」を説いて「自他一如」を主張した。このようにして，多く

の祖師が平等を説き，大乗仏教の精神を深く浸透させてきたのである。

仏教社会福祉的意味づけ　近代思想の基本概念である「自由・平等・博愛」には，階級間の平等と強者の弱者に対する博愛の精神がある。しかし，現代の福祉社会には，なおも主体者と客体対象の選別・差別をいかに克服するかという課題が残されている。そこに，主体と客体が分離され，与え・与えられる関係が顕在しているためである。それは，博愛の精神により強者と弱者の平等を保障しようとする近代思想が，未だ克服できない課題でもある。これに対し，仏教の説く平等は，各人の個性を認めたうえで(唯我独尊)一切の差異を認めないことにあり，あらゆるものが「縁起」であり，「無我」であり「空」であるゆえに，一切の差別を克服して「自他不二」の理念が示されている。それゆえに，現代の課題に応える仏教社会福祉の立場は，一切が縁起・空であり，すべての人が仏性をもつ原点を正しく見つめ，徹底して相互の関係を検証し，必要な援助とは何かを明らかにすることにある。

参　吉田久一・長谷川匡俊『日本仏教福祉思想史』法藏館, 2001年。

（柏原信行・宮城洋一郎）

⇒**階級差別**　⇒**最澄**　⇒**差別と人権**
⇒**聖徳太子**⇒　**親鸞**　⇒**道元**　⇒**法然**

◇福祉（ふくし）

E welfare　S hita

人間の生活の共同をとおして幸福を得ること。

定義　福祉とは，神あるいは帝から与えられる「さいわい」のことであったが，「しあわせ（仕合せ）よきこと」と理解され，幸福を共感させる「めぐりあわせ」すなわち生活の共同を実現することを意味するようになる。

展開　人々の生活に「幸せ」をもたらす福祉は，東洋においては君主の慈恵として現実的に実現する。この「慈」とは，「孳育の情」のことで，愛を意味した。「恵」は仁と理解され，「政徳を恵む」と用いられる。この慈恵を内包する「仁」に最高道徳を見出すのが儒教であって，その仁政を君主の任務とした。

その意味では慈恵と同様に慈悲も，社会的上位者から与えられる福祉の実践を意味した。ところが，慈恵が天に権威づけられる為政者の政治道徳として存続したのに対し，慈悲における大慈悲としての理解は，天に根拠をもつ身分制にこだわらない方向をもたらす。日本に浄土教を導入した法然（1133～1212）は，「一切衆生を平等に往生せしめむがために，難を捨て易を取りて本願としたまふ」（『選択本願念仏集』）と説き，信仰の平等を易行により保証しようとした。その弟子親鸞（1173～1262）は，「如来の慈悲，世間に出現してあまねくもろもろの衆生のために，無上法輪を転じたまふ」（『教行信証』）と論じ，信仰の平等を慈悲の実践においても徹底しようとする大慈悲論を主張する。この慈悲思想の展開は，古代的集権のもとでの「官」の福祉に対し，中世の地域的分立のもとでの「一切衆生」とされる諸階層の社会的独立を土台とすることにより，慈悲を事実上共済と理解させ，

その共済に福祉を見出した。

他方，福祉に日本語訳を見出すイギリスで14世紀に成立した"welfare"とドイツで16世紀に成立する"wholfart"は，ともに神あるいは帝から授かるものではなかった。その"well"と"wohl"はともに「よい状態」あるいは「満足な状況」を意味し，"fare"と"fafren"はともに「成りゆく」あるいは「進行する」の意味である。それは，封建社会の解体に対する人々の牧歌的な生活への回復を期待するものであって，古代的集権をもたない西洋の中世的分立のもとでの恩賜を内包しない社会共同を意味した。この西洋で成立した言葉が，日本で福祉にその訳語を見出すことにより，福祉とは与えられるものでなく自らが共同してつくりだすものと理解するようになる。

他方，清沢満之(1863〜1903)が，「社会国家の福祉を発達せしめんことは，むしろ精神主義の奨励するところなり」(『精神主義』1901年)と説いたことは，近代の精神的自由の拡大に「さいわい」としての福祉を見出したことを意味する。

こうして福祉は，天から「さいわい」を授かり，人として「幸せ」な生活を確保するとの意味から，儒教の慈恵や仏教の慈悲の理念をとおして具体化されるようになり，共に「さいわい」をつくりだす意味をもつようになった。そのことは，慈悲に「一切衆生」の共済を事実上内包させる状況の進展とともに，福祉は西洋の"welfare"や"wholfart"の訳語となりその考え方を受け容れて，人間的共同の内容としての人々の「さいわい」としての意味をもつようになった。したがって福祉とは，現在では，人間の生存や生活に対する支援およびその支援を通じて幸福を得ることを求める目的概念と理解することができる。

だが歴史的にこの福祉は，儒教の政治的慈恵および仏教の作善としての慈悲にその実践を見出す。慈恵は，「敬天愛民」という言葉に示されるように，天に権威づけられる君主の任務であり，慈悲はその実践者の社会的立場により，支配の一環として編成される場合もあれば，地域社会での共済を組織する場合もあった。ということは，慈恵や慈悲の歴史的展開に福祉を見出す場合，中世以降における慈悲理解の広がりによる福祉における恩賜観念の克服，さらに近代に入ってみられる西洋のウェルフェア観念の導入による個人の自由に基づく理解の形成の不十分さは無視してはならない。

もう一つ注意しなければならないのは，人間的平等あるいは精神的自由を内包する福祉観念と国家規模で編成される社会福祉とを単純に同一視しないことである。"welfare"を"well-being"と認識することは，明らかに個人主義的理解の内包を意味した。そのウェルフェアに"social"を冠することは，20世紀の「社会の発見」に基づく。

仏教社会福祉的意味づけ　福祉の語源的解釈は，どちらかといえば，「仁」に最高道徳を見出す儒教のなかに存在し，上から下へもたらされる幸せと考えられてきた。しかし仏教においては清沢満之が福祉に精神的自由を見出してから10年後，労働者の保護や国民生活の改善を図る国家制度に，渡辺海旭(1872〜1933)は「社会福祉の増進」を見出した(「浄土宗労働共済会趣意

書」)。個人の自立を内包する観念としての福祉を現実のものとするために，国家や社会に制度として編成されたのが社会福祉である。このように仏教者によって社会福祉理念の形成が図られたのである。(池田敬正)

⇒仏教福祉と仏教社会福祉　⇒渡辺海旭

◇福田

[E] field of merit　[S] puṇyakṣetra

福徳を生み出す田の意で，布施の功徳を表す。

定義　僧伽(修行者の集まり)は福を生み出す田地であるとの意味から，福田と名づけられた。善き行為の種子を蒔いて功徳を収穫することを，田地にたとえて述べたもの。

展開　仏に布施をすれば，その功徳によりさとりを得ることができるとの考えから，最初は釈尊やその弟子たちが福田の対象とされていた。のちに，布施をし僧伽を信奉することによって幸福がもたらされると考えられるようになり，対象が父母や目上の人である師長にも及び，さらに，慈悲心を修めて貧困者・孤独者に布施をすることが提唱されるようになった。これらにより，①敬田(仏法僧などの宗教的対象)，②恩田(父母・師長などの倫理的対象)，③悲田(貧困者・孤独者・病人などの福祉的対象)など対象により3種の福田があるとされ，三福田と称された。

『仏説諸徳福田経』(300年頃の成立，中国・西晋の法立，法炬の訳)には，社会的実践の布施を根拠づける七福田をあげている。それは，①仏図・僧坊・堂閣を興立する，②果樹園，水浴する池，樹木などをつくり清涼を施す，③常に医薬を施し衆病を療救する，④牢堅な船をつくり人民を渡す，⑤橋梁を安設して羸弱(弱者)を救う，⑥道に近い井をつくり渇乏を癒す，⑦厠(便所)をつくるなど，七つの実践である。こうして福田は社会的実践としての意味づけが強められるようになった。

5世紀頃に中国で撰述されたとする『梵網経』には，八福田が提示され，慈悲心による他者救済を強調し，進んで善行を行い，人々を教化してその利益のために力を尽くすべきだとし，菩薩行のための戒律の実践を説いている。その立場から，看病を第一とする福田を訴え，「病めるものを見ず，救わずんば軽垢罪を犯す」とする。軽垢罪は，清浄行をけがす罪で，軽い罪とされるが，菩薩行にあってはこうした罪を犯すことを厳しく戒めている。なお，『梵網経』には八福田の詳細を記していないが，この経典の注釈を加えた華厳宗の祖・法蔵は，①広い路や美しい井戸をつくる，②水路に橋を架ける，③険路を平坦にする，④父母に孝養する，⑤沙門を供養する，⑥病人を供養する，⑦苦厄を救済する，⑧一定期間，制限することなく供養・布施を行う無遮大会を設けることなどをあげ，三福田・七福田をあわせた内容で，社会に広く展開すべき実践を提示している。

仏教社会福祉的意味づけ　三福田にみる対人援助を含めた実践行は，七福田へと向かうなかで社会的な広がりを獲得し，世間的功徳や見返りを一切求めず病者を拝み供養し，貧者を拝み布施する菩薩行の実践として根拠づけられた。

中国にあっては，無遮大会を行った梁の武帝(464〜549)，悲田・敬田に廻施して，福徳の増加を願った天台大師智顗(538〜97)，悲田・敬田への布施のみならず肉体労働を提供して社会に尽くすことを説いた三階教の信行(540〜94)，その系統にあった徳美(575〜637)は衣服・食物を貧窮者に施している。

また，日本では光明皇后(701〜60)の事業や四天王寺の四箇院(敬田院・悲田院・施薬院・療病院)にも悲田院の存在がみられる。行基(668〜749)の橋を架け，布施屋を設立するという社会的実践も福田思想を根拠とするものであった。

参 道端良秀『中国仏教と社会福祉事業』法蔵館，1967年。原典仏教福祉編集委員会編『原典仏教福祉』北辰堂，1995年。

(宮城洋一郎)

⇒行基　⇒四天王寺福祉事業団

◇福田会

E　Fukudenkai

明治初期に創設された仏教系養護施設。

定義　江戸時代末期から明治時代初期にかけての社会体制の変革期に，堕胎・拉殺・棄児などが多く行われた。「福田会」はこの時期の代表的な仏教系養護施設として創設された「福田会育児院」の母体である。

展開　福田会創設の動きは，1876(明治9)年に今川貞山・杉浦譲・伊達自得らが，仏教精神に基づく貧児養育のための育児院創設を計画したことに始まる。翌1877年には今川貞山・山岡鉄之助・高橋精一・川井文蔵の4名が設立同盟を結び，翌1878年に呼称としての「福田会」と貧児養育施設名「育児院」が決定され，仮事務所を天台宗智泉院(矢吹信亮住職，東京・南茅場町)に設置した。そして，1879年1月には「此育児院ハ幼稚ニシテ父母ヲ失ヒ，或ハ貧窮ニ困セラレ，養育シ能ハサル者ヲ入院教育シテ，其己有ノ厚徳深智ヲ発達セシメンコトヲ冀望シ，以テ設立スルモノナリ」の前文で始まる「福田会育児院規則」が東京府庁より，同年4月には「福田会育児院設置願」が内務省より許可され，会長：新居日薩(日蓮宗)，幹事：大崎行智(真言宗)・今川貞山(臨済宗)・五古快全(真言宗)・石泉信如(天台宗)，会計監査：渋沢栄一・福地源一郎・益田孝・三野村利助・渋沢喜作・大倉喜八郎の役員が決定し，福田会育児院の事業が開始されたのである。

福田会は各宗の僧俗の協力によって運営されたが，この運動に賛同する人々を永続会友(各宗僧侶有志)と随喜(居士)会友(在俗有志)とに分けている。事業開始当初の永続会友の宗派内訳は，臨済宗31名，真言宗19名，天台宗11名，日蓮宗9名，時宗4名，浄土宗4名，曹洞宗1名であり，臨済宗系が約4割を占めていた。また，地域分布は東京18名，西京11名，武蔵国9名，相模・駿河国各5名，下野・伊豆国各4名，近江・甲斐・上野・紀伊国各3名，越後・遠江・下総国各2名，大和・上総・伊予・備中国各1名であり，永続会友の約7割が集中する関東周辺を中心に，賛同者は各地に幅広く分布していたのである。

福田会育児院の実質的運営は1879年6月14日に，発起人らが私財を投じて児童を信

徒や里親に託して養育したのに始まったのであり，近代里親制度の先駆的活動とも評価できる。その実績は，開設6ヵ月間で育児総数42名，死亡4名，有志養育27名，院内養育11名であった。また会友223名，義捐扶助者818名，医員の施薬救療者87名であった。

現在，福田会は養護施設「福田会東京本院」と知的障害児施設「宮代学園」とを擁し，100余年の歴史を有する社会福祉法人として，東京都渋谷区内において継続されている。

仏教社会福祉的意味づけ　福田会育児院の開設の動機は前述のごとく明治初頭の社会混乱への対応であるが，当時の仏教界の置かれた宗教的状況も，その一因となっていると考えられる。すなわち，「神仏判然令」によって起こされた廃仏毀釈運動や敬神愛国などをいう「三条教則」などへの対応として，仏教各宗は1875(明治8)年に福田行誡(1809～88)らによる『諸寺院連名建白書』を出したが，その論旨は仏教国益論を展開し，「八福田」の実践を根拠としてあげている。

福田思想は，仏教の布施思想の一つで，布施の優先的対象を規定し，それに対する布施の功徳の広大なることを説くものであり，なかでも八福田説は道路・井戸・橋梁などの整備，病者への給仕，貧困者の救済，父母への孝養，三宝の信仰，無遮会の開催を説くものである。

参　中里日勝『福田会沿革略史』福田会，1909年。吉田久一『日本近代仏教社会史研究』上，川島書店，1991年。小野文珖・清水海隆「福田会の研究」(『日本仏教社会福祉学会年報』第19号，1988年)。

(清水海隆)

⇨新居日薩　⇨福田

◇福利

E merit and wealth　S puṇya-kṛta

一切の善行とそれによって得られる利益。

定義　一般には福利厚生として使われる場合が多い。その場合は，職場や地域などにおいて労働者の権利を協約によって保障したり，制度的な施策の一端において組合組織を構成する原則となる理念を示している。『勝鬘経』では福徳と利益の両義を含む語として用いられている。福徳とは，仏教の教理でいう功徳の意で，人々が善意をもってさまざまに他の人々に接する行為によって，かえって自らが満ち足りた思いを得て幸せであると感ずることをいう。利益とは，他人を益し恵みを与える意で，人々に幸せが及ぶことを喜ぶ思いをいう。

展開　鎮護国家のための仏教が整備されていくなかで，818(弘仁9)年，最澄(766～822)が，新たな仏教を修学する学生を養成する教育の指針を定める式文(「山家学生式」)をつくった。そのなかに，「福利国家」「福利群生」の言葉がある。すなわち，「国家を衛護せんため群生を福利せん」「国家を擁護し群生を利楽せん」「国家を福利し群生を成仏せしめん」などと表記されている。これらの表記にみる福利とは，護国の立場から衆生に対して福利の方策を勧めようとしたのである。

また，「日本国憲法」前文には，国政は国民の信託により，その権威は国民に由来

し，その権力は国民の代表が行使し，「その福利は国民がこれを享受する」とうたい，これらは人類の普遍の原理であり，これに反するものは排除するとも宣言している。ここに国政の課題は福利にあるとする原理的な方向が明らかにされている。

仏教社会福祉的意味づけ 自利利他を強調する仏教福祉実践の根幹は福利思想にあり，人間の善意・善行・施与・功徳によって得られる安全と安心の暮らしを理想とすることである。　　　　　　　（村中祐生）

⇒自利利他

◇**富士川　游** 1865（慶応元）～1940（昭和15）

E FUJIKAWA Yū

明治期～昭和初期の日本医学史研究者。

略歴 広島県に父・雪，母・タネの長男として生まれた。8歳から本願寺の僧侶であった能美円乗が創設した「開成舎」で小学科教育を受け，1881（明治14）年に広島県病院付属医学校（のちに広島県広島医学校）に入学，1887年に卒業し，医師免許取得。その後上京し，明治生命保険会社の保険医となり，同時に中外医事新報社に入社して編集主任となる。1898～1900年までドイツに留学，イェーナ大学で神経病学，理学的療法などの研究に打ち込む一方，進化論で有名なヘッケル（Ernst Haeckel，1834～1919）などの影響を受けた。帰国後は，診療に従事しながら，『治療新報』を創刊し，「日本児童研究会」を創設するなど多彩な活動を続けた。

特に，ドイツ留学で影響を受けたヘッケルの一元論と郷里・広島で養われた浄土真宗への信仰とが結合して，一元的宗教としての親鸞（1173～1262）への理解を深め，その思想的土壌となっていった。

研究業績では，1904（明治37）年に『日本医学史』を上梓したが，それまで日本医学史研究は未開拓の分野で，本書刊行は画期的な意義を有すると同時に，今日に至るまでこれを凌駕する研究はないといわれている。さらに，1912（明治45）年には『日本疾病史』上巻も執筆して，「日本医学史学会」の創設に尽力した。また，『児童研究』『法爾』などの雑誌の編集者として医学史的立場から社会問題を論じた。さらに，1921（大正10年）に東洋大学の社会事業学科創設に関わり，初代学科長を務め，日本女子大学では社会衛生学を講じ，婦人衛生学の必要を説いた。

仏教社会福祉的意味づけ 富士川は，これらの研究活動を通じて，奈良時代の僧医や鎌倉時代の忍性（1217～1303）の療病院などの存在を明らかにし，仏教者が医療において顕著な社会的実践活動を展開したことについて高い評価を与えている。これにより，仏教者の多様な福祉実践活動が医学史の上に位置づけられた。

参 「富士川游先生」編纂委員会編『富士川游先生』「富士川游先生」刊行会，1954年。安佐医師会編『富士川游先生を偲んで』有文社印刷所，1976年。吉田元「富士川游」（原典仏教福祉編集委員会編『原典仏教福祉』北辰堂，1995年）。

（天野マキ）

◇布施

E almsgiving; gift to a person
S dana

他に与えることで，施与と同義語。

定義 金品を与える財施をはじめとして法施と無畏施の3種がある。中国仏教では，無財の七施も説かれている。

展開 古代インドでは，宗教者や生活に困窮している人に衣食住を施与することが在家者の善行とされ，多くの功徳が認められてきた。釈尊も方便として死後天上に生まれるために，施行や戒法を奨励したといわれる。それはより直接的には生産活動を禁じられていた沙門に生活の糧を与え，社会的な救済手段のなかった時代に困窮者への共感に訴えかける行動として現れた。しかし布施とは決して見返りを期待して行うものではなく，あらゆるものを慈しむ実践として具現化され，その行為が感謝の念を起こし，次の布施行へと継続されていく。したがって布施は仏教以前より重要視されており，原始仏教にも取り入れられ，大乗仏教ではより強調されることになった。

布施は一般に財施・法施・無畏施の3種に分ける。財施とは金銭や財物・食物など主として経済的な施しのことであり，法施とは仏の教え・功徳を説くことである。無畏施とは不安や何かにおののいている人々に広く精神的な安心・安堵を与えることである。『心地観経』には三輪清浄の布施について，①奉仕をする側，②奉仕を受ける側，③奉仕の手段となる施物，これら三者は空であり，清らかでなければならないと説いている。さらに釈尊の前生物語である『ジャータカ』には，火の中に身を投じて人の餓えを救うとか，餓死寸前の動物の前に餌として身体を差し出して命を救ったという類の，身体を施す布施が称えられている。

このような財施や法施，あるいは自分の命を賭してまで他者を救済するといった行為は容易にできるものではないが，誰にでもできる布施行もある。無財の七施といわれ，具体的には，①眼施（やさしい目つき），②和顔悦色施（やさしい顔つき），③言辞施（やさしい言葉遣い），④身施（やさしい態度），⑤心施（思いやりのある心），⑥床座施（座席を提供する），⑦房舎施（場所を提供する）の七つである。

このほかにも布施を中心とした菩薩の修行である四摂事がある。

仏教社会福祉的意味づけ 布施は，感謝や喜びの心情から表れる自主的行為である。恩恵の行為ではなく，利益や報酬を求めることでもないところに特徴がある。医療や福祉の現場においても，この分かちあい，支えあう布施の精神をもって他者に接することが重要である。人に施すことによって人を喜ばせるのではなく，人に施すことのできる自分を喜び感謝することに，仏教社会福祉的意味をもつと同時に，共生と共感によって人々とともに育つとする仏教社会福祉的実践の課題がある。

参 水野弘元『仏教の基礎知識』春秋社，1971年。水野弘元『仏教要語の基礎知識』春秋社，1972年。　　　　（島崎義孝）

⇒四摂事　⇒六波羅蜜

◇仏教医療

E Buddhist medical treatment
S vaidya

仏教固有の医療とその活動をいう。

定義　仏教による医療について，インドの原始仏典・大乗仏典にみられ，中国・日本の仏教にも幅広く記述され，伝統文化として根づいてきた。

展開　仏教は，医療特に看護を重視する。釈尊自身が，仲間から見捨てられ汚物にまみれていた弟子の身体を洗い，「修行僧らよ，われらに仕えようと思う者は病者を看護せよ」といわれたという（律『大品』）。サンスクリット語の「ビハーラ」には，寺院と安らぎの場（病院）の両義があり，両者は密接な関係にあったといえよう。

釈尊在世の頃，すでにインドで発達していた医療（アーユルヴェーダ）があり，原始仏教教団の規律を集めた律蔵のなかに医学や看護の記事が見受けられる。たとえば，南方上座部の『大品』，大衆部の『摩訶僧祇律』，説一切有部の『十誦律』，上座部の『四分律』，弥沙塞部の『五分律』『根本説一切有部毘奈耶薬事』などがある。特に『大品』や『四分律』には病気とそれに用いる薬が対比して示されたり，白内障・痔瘻・腸閉塞・頭蓋内などの手術についても記述がある。

もとより「律」は，僧侶の守るべき心得を示すもので医学知識を伝える書ではないが，病気になった時の対応法が明らかにされている。たとえば，身体が憔悴した仏弟子が医者に診てもらったところ，動物性の脂肪を食べよと指示された。仏弟子は僧の身ではできないと答えたが，医者はそれしか治る道がないと告げた。このことを釈尊に報告すると，「それしか治る道がないのなら動物性の脂肪を食べてもよいが，自分のために動物を殺してはいけない。人が食べて残ったものを譲り受けなさい」と教えたという。

「律」以外の文献では，唐の義浄が7世紀のインド事情を記した『南海寄帰内法伝』に医療や生活習慣のことがうかがわれる。医療は内科・小児科・老年科・外科など8科の専門科に分れていたと報じている。仏教経典の医学記事に関する研究は戦後日本で進められ，参考文献にあげる著書も多い。

中国仏教の文献では，6世紀末に天台宗を開いた智顗（538～97）の『摩訶止観』がある。その「前方便」の章には修行のために身心の健康を保持する目的の25種の心得が説かれ，「観病患境」の章には病気の際の治療法や自己を深く顧みて観心に励む方法が記されている。『摩訶止観』の医学はわが国の民間療法にも影響を与えており，また仏教思想に基づく医療のあり方として示唆に富むものである。

日本では，聖徳太子建立の四天王寺に施薬院や療病院が設けられたと伝えられたり，天武天皇が680年に「寺院に療病院を建てよ」と勅令を出した記事が『日本書紀』にみられるなど，寺院の医療活動を示唆するものがある。13世紀の律宗の僧忍性（1217～1303）が奈良北山に十八間戸（建物は現存）を建ててハンセン病患者をケアしたり，鎌倉に「桑谷療病所」を開いて，20年間に4万6800人の患者を診たという記録があ

る。また、13世紀の浄土宗の僧良忠(りょうちゅう)(1199～1287)が『看病用心鈔(かんびょうようじんしょう)』を著わし、仏教看護、特に重症時の心得を示している。

仏教社会福祉的意味づけ 仏教者は今後はこうした伝統を生かして、看護や介護に励むべきであろう。仏教福祉の一つの実践分野として西洋医学の反省と批判が高まるなか、これら伝統医療を再評価して、これから開拓すべきである。　　　　（奈倉道隆）

⇒仏教看護　⇒病(やまい)

◇仏教看護(ぶっきょうかんご)

[E] Buddhist nursing

仏教精神に基づき、他者をおろがむ気持ちをもって行う看護。

定義 人間の生老病死に伴う肉体的・精神的苦痛や苦悩に対して、その人自らがその苦を引き起こしている原因や条件に気づき、その苦を滅するための正しい方法を行じて、目指すべき理想の姿に至ることができるように援助するとともに、看護される者、する者がその関係のなかで共に成熟することを目的とする。

展開 釈尊自らが、病比丘(びく)を扶(たす)け起こし身体の不浄を払って介護したと伝えられている。仏典には修行僧が「看病人」にたとえられることがある。病人看護は如来供養と同等の功徳があるとみなされ、『梵網経(ぼんもうきょう)』には看護福田(ふくでん)は八福田のなかでは第一であるという。病者に対する温情は、部派仏教の「律蔵」だけではなく大乗経典にもしばしば述べられている。もともと仏教の病人看護は、主として彼らの属する出家のサンガ（教団）内における、病を得た修行僧たちに対する相互の心得であった。大乗では、それをさらに敷衍して、一切衆生に対する慈悲・温情による看護ととらえた。

仏教に基づく慈悲・温情の精神の社会的実現は、インド史上最大のマウリヤ帝国を築いたアショーカ王（治世、前268～232）によってもたらされた。王は人間と家畜のための2種の病院を建て、薬草を栽培させて医療に給した。アショーカ王の社会事業は「衆生に対して負っている債務の返還」であった。それはのちの『心地観経』に説く四恩の一つ「衆生恩」にも結びつくものである。

日本では聖徳太子(574～622)による四天王寺四箇院の施薬・療病院の創設に始まり、光明皇后(701～60)や、中世においては忍性(しょう)(1217～1303)による「桑谷(くわがや)療病所」の開設などにも仏教看護の実際を知ることができる。また源信(942～1017)の『往生要集(おうじょうようしゅう)』や良忠(りょうちゅう)(1199～1287)の『看病用心鈔(かんびょうようじんしょう)』などに代表される臨終行儀の思想も、浄土信仰に基づく仏教看護としてとらえることができる。さらに今日では終末期の人々に対するビハーラ活動にも、具体的な仏教看護が実践されているといえる。

一方、「仏教看護学」という言葉を使用した著作は、1966(昭和41)年刊の大日方大乗著『仏教看護学』（風間書房）が最初とされる。同書は看護者・看護教師の参考のため、また一般婦人の教養のために書かれたものであったが、仏教看護という概念が看護界に定着することはなかった。

しかし、1980年代に入るとビハーラ実践活動が提起され、活動の広がりがみられることもあって、1993(平成5)年に佛教大学

の専攻科に仏教看護コースが開設された。同コースは，ビハーラ僧（仏教チャプレン）の養成と生命倫理や末期医療に関わる問題を仏教の観点を中心として基礎から考えなおすことを目的としたものである。このように仏教看護という用語は，1990年代に入ると一部の仏教学者や看護学研究者に限らず，僧侶にまで拡大され定着してきた。

仏教社会福祉的意味づけ 生きとし生けるものたちの幸せを願うという，仏教の基本的な態度は，病に苦しむ者たちに対しては，具体的な看護となって具現されなければならない。

仏教看護として，他の宗教との差異があるとすれば，他者を尊敬しおがむ気持ちである。インドに端を発し，仏教文化圏に広く行われている挨拶時の合掌は，西洋の握手とは異なり，他者を敬う気持ちが根底にある。慈悲・温情の精神がもし宗教や信仰と無関係に存在するとしても，別け隔てなく平等に他者を敬いおがむ気持ちは，普遍宗教としての仏教独自のものである。

看護という行為は仏教の精神とともに始まり，救療活動へと発展した。仏教社会福祉活動としての仏教看護論が科学的看護論に価値と方向性を与えられる新しい学問領域として形成されていくことが期待されている。

参 水谷幸正編『仏教とターミナル・ケア』法藏館，1996年。伊藤道哉「インド生命学（アーユルヴェーダ）から終末期医療を考える」（『東方』第10号，1994年）。藤腹明子『仏教と看護――傍らに立つ』三輪書店，2000年。　（藤腹明子・三友量順）

⇒**看護**　⇒**ビハーラ**　⇒**仏教医療**

◇**仏教教育**（ぶっきょうきょういく）

E Buddhist education　S sikkhapāna

仏教精神を基礎として教育活動を展開すること。

定義　仏教教育の目指すところは，人間が①自覚，覚醒し，精進努力すること，②自律的に共同生活を営むことができる資質を構築すること，③反省し羞恥を知る人間を育成すること，④真理を見極める智慧を育成することである。人間を育成するための仏教教育では，何よりも仏・法・僧の三宝に帰依することをもって最高の指導方針とする。

展開　広義には，仏教の教説に基づく人間育成の努力は，原始仏教以来続けられてきたところであるが，より一般民衆の教育理念として問題とされたのは，近代になってからのことである。

1872（明治5）年，明治新政府は，学制を頒布し，それまでの民衆教育施設である寺子屋を廃絶して，国民皆学の原則に基づく近代的学校教育制度の確立を期した。ところが，校舎や教員養成が未整備であったため，多くの地域で，寺院が校舎に代用され，僧侶が教員を兼務した。また，学制に反対する民衆の暴動が頻発したこともあり，翌年，政府は方針を修正して学制に神官僧侶学校の規定を追加，寺院僧侶による学校設立を奨励して学校教育の普及を図る政策を打ち出した。神官・僧侶学校には，仏教・神道を正規に教授する特権が付与されていたが，仏教側が，本来の仏事のさまたげになるとして消極的対応をみせたため，大き

な広がりをもつものとはならなかった。

　明治10年代になると、小学校校舎の建設も進み、学校教育もようやく定着するに至ったが、これにより、村落における啓蒙の中心的拠点は、寺院から学校へと移行する現象を生んだ。また当時キリスト教が日曜学校の設立を通じて教線を拡大していたこともあり、危機感を抱いた僧侶らにより、「少年教会」が設立された。

　少年教会は、江戸期から存続する年齢別の講組織を再編して仏教信者の組織化を図ったもので、1880(明治13)年頃に芝増上寺の福田行誡(1809〜88、浄土宗)が設立した「少年講」や、博多万行寺(浄土真宗本願寺派)の七里恒順が設立した「教童講」が、その先駆といわれている。その後、1884年に本願寺築地別院に「築地少年教会」が設立され、少年教会は全国各地に普及した。仏教側が少年教会において子どもの教育に着目した意義は大きいが、護法意識のみが先行し、子どもを「家」や「戸主」の付属物とみる封建的児童観を払拭できず、仏教に基づく教育理念の構築には、なお課題を残した。

　明治20年前後には、仏教の学校教育への参画も活発化した。松方内閣のデフレ政策による本源的蓄積が進行するなかで、貧児教育機関が僧侶により各地で設立され、仏教主義を標榜する女学校も創設された。しかし、1890(明治23)年に教育勅語が発布され、国権主義的な教育思潮が台頭すると、宗教教育は国民統合を阻害するものとして、学校教育から排除され始めた。1892年の「教育と宗教の衝突」論争をへて、1899年に出された文部省訓令12号(宗教教育禁止訓令)により、法令に定めのある学校では、私立学校であっても、宗教教育や宗教行事を行うことが禁止された。その後も、仏教者設立の学校では、課外活動や寄宿舎・任意団体を通じて仏教教育の充実に向けた努力が続けられたが、学校教育で公式に仏教教育を行うことが禁じられたため、仏教教育の主たる場は、少年教会や保育事業へと移っていった。

　明治30年代末頃から、少年教会は、分級・カードといったキリスト教日曜学校の教育方法を積極的に採用し、「仏教日曜学校」へと発展した。1911(明治44)年刊行の高楠順次郎著『統一日曜学校教案』を皮切りに教材の開発も進展し、1915(大正4)年に本願寺派が仏教日曜学校規程を制定、指導者の講習会を開くなど、教団規模での取り組みも始まった。仏教日曜学校は、大正期に欧米より紹介された児童中心的な教育思潮に乗って、従来の学校教育に欠落していた童話・児童劇・唱歌などの情操教育の充実に力を注ぎ、昭和初めまでにその数は5000近くにも及んだ。

　また明治30年代は、幼稚園・保育所・農繁保育所の設立も始まり、大正期に飛躍的に増加して地域の保育施設として重要な役割を果たすようになった。昭和初めまでに設立された施設は約750にものぼり、1931(昭和6)年には、「仏教保育協会」も設立された。

　大正期は、女性解放思想・労働運動などが欧米より紹介され、民主主義・自由主義的風潮が強まり、仏教精神を基調に置いた人格形成を求める議論も活発化した。仏教教育実践の場も、青年会や婦人会など社会

教育に拡大されたが，これらは，一面において政府の推進する地方改良運動に呼応するものでもあった。仏教側は，次第に，個人主義・社会主義の広がりに対抗して，労働争議や小作争議の激化を抑止する役割を担わされていったのである。

昭和に入ると，政府の仏教利用の側面は一層露骨となり，とりわけ満州事変が起こって戦時体制に突入すると，戦争協力のため命も惜しまない精神の養成に向けて宗教教育への期待が集まった。1935年，文部省により宗派に偏しない「通宗教的情操教育」を奨励する通達が出され，公立学校においても宗教的情操の涵養が図られることとなった。しかし，その宗教教育とは，国家への忠誠心の養成を目的としたもので，実質的に国家神道の教化にほかならないものであった。仏教各派と関係諸学校においても，この「通宗教的情操教育」の鼓吹に努め，国家神道の普及に協力していった。

戦後，国家神道は一応解体され，私立学校では宗派の宗教教育を行うことも解禁された。これにより，仏教系諸学校では，独自の教育理念の樹立に向けた取り組みに着手し，宗派を超えた仏教教育の普及のための活動も始まった。1962（昭和37）年，正力松太郎（1885〜1969，読売新聞社主）の提唱により，仏教各宗派62教団が参加して，日曜学校の普及などを目的とする「（財）全国青少年教化協議会」が設立された。同財団では，仏教精神に基づく青少年の育成事業に顕著な功績があった個人・団体を表彰する「正力松太郎賞」を設けるなど，仏教主義による宗教的情操教育の振興のための助成活動を続けている。また1994（平成6）年には仏教系の大学・短大によって「仏教・哲学系大学会議」（2003年「仏教系大学会議」と改称）が組織された。2004年3月現在，同会には68校（大学34校，短大34校）が加盟し，各学校間の連携を深めて仏教教育の充実と発展に向けて，研修会開催などの事業を展開している。

仏教社会福祉的意味づけ 仏教教育は，人間を育成する指導方針を強調するが，仏教社会福祉は育成や指導ではなく，むしろ保育や援助を意味する。たとえば日曜学校を宗教教育・仏教教育とみるか，児童健全育成を目指す児童福祉活動と考えるかに二分される。

仏教福祉の場合は，仏教教育としての人間育成を強調するのではなく，あくまでも基本的人権を擁護する立場から，安心で安全な社会生活を充実し，心豊かな感謝と報恩の日々を送れる環境づくりを援助することである。

参 神根恁生『日曜学校組織及実際』興教書院，1930年。斎藤昭俊『近代仏教教育史』国書刊行会，1975年。久木幸男他編『日本教育論争史録』第1巻，第一法規，1980年。中西直樹「明治初年における文教政策と仏教」（福間光超先生還暦記念会編『真宗論史叢』永田文昌堂，1993年）。　　　　　　　（中西直樹）

⇒宗教的情操

◇**仏教グループワーク**

E Buddhist group work

仏教理念に基づいたグループワーク実践。

定義　グループワークとは，グループに

よるプログラム活動における仲間関係（相互作用）の力を活用して、個々人（グループメンバー）の問題解決・欲求充足過程（グループ過程）を援助する専門技術である。

仏教グループワークとは、仏教教義に基づいたグループワーク援助のことであり、専門職者としての僧侶が仏教者として行うこうした援助を総称したもので、硯川眞旬（すりかわしんじゅん）が呼称した概念である。

展開 グループ活動において、メンバーはお互いの相互関係・依存作用（グループの力動性）に影響されて変化していく。この変化を、仏教教義なかんずく「慈悲」思想に立脚したプログラム活動として促進するところに特徴をもつ。すなわち、グループ活動を通じて、仏の智慧と慈悲に目覚め、生活における「生存の確認」をメンバー相互に経験しあって、共存と共生の理念を共有できるように援助する実践技術である。つまり、グループ活動をとおして、各メンバーが仏心にふれ仏性を見出し、仏性を活動させる。そのようなグループ経験をしながら自己を省察し、充実した日々を追い求めるよう、グループが個々のメンバーへ影響を及ぼし、かつメンバー相互にこれを促進しあうことを目標とする。

仏教社会福祉的意味づけ したがって、仏教グループワークの実践は、信仰への接点となるような活動プログラムをつくり、これを媒体にして仲間関係の相互交流活動を展開し、仏性を刺激しあい、自己覚醒することにより、援助目標を達成することを目的とする。

釈尊在世より釈尊を囲む比丘（びく）・比丘尼（びくに）をはじめ、多くの在家信者に対して説法する過程をとおして、メンバーの心的相互作用を促進し、相互理解を深めることが強調されてきた。このような伝統は、日本仏教における談合や示談や法座活動などにも影響を与えている。

参 Shinjun Suzurikawa "An Introduction to Buddhist Group Work"（佛教大学『社会学部論集』第30号、1997年）。硯川眞旬『仏教野外教育論』八千代出版、1997年。大塚達雄・硯川眞旬・黒木保博『グループワーク論』ミネルヴァ書房、1986年。　　　　　　　（硯川眞旬）

◇**仏教護国団**（ぶっきょうごこくだん）

E Bukkyō-Gokokudan

大正期に設立された仏教の社会化を求める団体。

定義 1914（大正3）年、文部省宗教局（前年に内務省より移管）が宗教法案の起草にとりかかるが、それを契機に仏教僧侶の被選挙権を獲得しようとする動きが高まった。その動きのなかで、翌1915年に京都の仏教各宗派を統合する「仏教連合会」が設立された。その評議員会で1916年、仏教の社会進出のための運動団体として、東京と京都で「仏教護国団」を結成することを決定した。

展開 「東京仏教護国団」は、1916年11月5日に発会式を開く。権田雷斧（ごんだらいふ）・安藤正純（あんどうまさずみ）（1876～1955）・渡辺海旭（わたなべかいぎょく）（1872～1933）など社会的発言を強めつつあった人たちが中心となり、宗派を超えて、政府の支持を得ながら活動を開始した。

「京都仏教護国団」の発会式は、1917年

11月3日に市公会堂で2000名の参加を得て開催された。団長は浄土宗金戒光明寺法主吉水賢雄、副団長には在家の貴族院議員・清岡長言が選ばれ、理事には各宗派を代表する僧侶7名と檀信徒6名が任ぜられた。これは宗派と僧俗を超えた団体であることを示すが、首相・内相・文相から祝辞が寄せられたことは、この動きを政府が期待していたことを意味する。そのスローガンを「慈悲奉公・尊皇護国・済世利民」としたことは、この組織が慈悲の思想に基づく国家主義的な社会改良を目指す側面も示す。その形式的な編成のため活動は停滞したが、1921年2月に団長となった大西良慶(1875〜1983、清水寺貫主)を中心に少壮気鋭の僧侶が結集し、再建した。

この京都の組織は、仏教連合会から独立し、その社会活動を「京都養老院」(現・社会福祉法人同和園)の経営にしぼりながら、敗戦まで継続した。

仏教社会福祉的意味づけ 仏教の社会化を理解し始めた僧侶たちによる社会活動のための組織であったが、それが仏教社会福祉の実践につながったことは注目されてよい。

参 池田敬正「仏教護国団と京都養老院の設立」(『日本仏教社会福祉学会年報』第25号、1994年)。　　　(池田敬正)
⇒**大西良慶**　⇒**京都養老院**

◇仏教済世軍

E Buddhist Salvation Army
大正期に創設された仏教慈善団体。

定義 真田増丸(1877〜1926)によって創始された仏教慈善団体であり、九州八幡において、1915(大正4)年11月10日、結成を宣言した。ちょうど第一次世界大戦が勃発、その戦時下で慈善事業が推し進められた時期であり、この宣言も、「中央慈善協会」が主催する事業の一つとして開催された大会でのことであった。主たる目的は慈善活動をとおして仏教の活性化を図ることにあった。

展開 「仏教済世軍」の基幹的活動は、「野戦」と名づけられた街頭における路傍伝道にある。この路傍伝道の基本的な考え方は、社会主義化防止のための思想善導を目的に展開された。そして、九州八幡の「至誠館」を本部として各地に支部を結成し、労働者の思想善導のための仏教団体を全国的レベルで組織化することを目標とした。労働者の自立と連帯の問題については、当時の「友愛会」に刺激されたり、加藤咄堂(1870〜1949)の仏教社会主義の影響を受けたが、労働運動や社会運動ではない独自の宗教運動を展開した。そこでは労働者に対して阿弥陀如来の本願を信順することによってのみ真の救済があると説いた。

さらに、1916年には、山室軍平(1872〜1940)らの「救世軍」が実施していた「歳末慈善鍋」に類似した「歳末助け合い運動」としての「慈善穂集め」を展開した。仏教済世軍のメンバーたちが首に袋を吊り下げ、念仏と読経をしながら、人々から募金を集めて市中を歩いたのである。また、翌17年には機関誌『仏教済世軍』を創刊、18年には広島支部、19年は呉支部をはじめ各地に支部を結成するなど、活発な活動が展開された。1923(大正12)年の関東大震災では、

罹災者救護運動を展開し，多大な物品を東京の罹災者に送った。またこの頃『点字済世軍』を発刊するなど多彩な活動をみせている。1926年には創始者・真田増丸が逝去するが，広島に「仏教済世軍付属進徳女学校」を設立した。

このように，大正時代を中心に幅広い活動を展開したが，真田増丸の死後は実弟の慶順に引き継がれたものの，その後の活動は下火になっていったとされている。

仏教済世軍は思想善導と仏教との統合化を目指しながら，真田個人による慈善活動に終始して，山室軍平らの救世軍にみられる理論化・組織化も図られなかった。さらに，活動資金も個人的な喜捨や寄付に依存したため常に不足していたという点も，活動の発展をはばんだといえる。

仏教社会福祉的意味づけ 仏教の活性化を目指した慈善活動は，基本的には社会問題への本質的対応を図るまでに至らなかった。路傍伝道によって民衆の精神的陶冶を目指したところに活動の限界がよく表れている。現在は，「至誠館保育園」（北九州市）などの仏教保育事業だけが残されている。

（長上深雪）

⇒**真田増丸**

◇仏教児童博物館

[E] Buddhist Children Museum
児童に有益な知識と高尚な趣味を与えるため，京都市円山公園内に設立された博物館。

定義 1924（大正13）年5月に排日移民法が成立したアメリカ・ボストンで，親日運動を推進するシャーウッドという女性がいた。翌年秋，この活動を支援するため，京都の仏教者が雛人形を贈り，1928（昭和3）年7月にその答礼としてシャーウッドより人形を贈られたのを機会に開館した。

展開 中心となったのは，浄土真宗本願寺派の開教使として在米経験のある当時の龍谷大学教授中井玄道（1878～1945，大阪市正福寺住職）であった。館則第2条には，「本館は主として仏教に関する教育資料を蒐集し，児童をして仏教の思想歴史及び其の文化を理解せしむるを目的とす」と定めており，理事には中井のほか，伊藤忠兵衛（丸紅商店社長）・真溪涙骨（中外日報社長）らがなった。当初，龍谷大学図書館内に仮事務所が置かれたが，1931（昭和6）年には，京都円山公園内の三井家別荘を買い入れて一般に公開した。所蔵品には，アメリカ人形のほか，仏教教育資料，寺子屋の教科書などの一般教育資料，子ども服や玩具の変遷を示す資料などがあり，申し出に応じ全国各地に貸与，陳列された。

またアメリカをはじめ，インド・ドイツ・イギリスなどと，子どもの作文・絵画などの交換を通じての国際交流事業も活発に行われた。戦時中，中井は軍部批判を行い，悲憤のうちに死去したが，戦後も事業は教え子の日野大心（松尾幼稚園長）により引き継がれ，1980年頃まで存続された。

仏教社会福祉的意味づけ 当時，日米の人形交換事業は，中井らの運動に刺激を受けたシドニー・ルイス・ギュリック博士の提案により大々的に実施された。ギュリック博士は宣教師や同志社大学教授として20余年にわたって日本に滞在した経験を有し，在日中より親交があった渋沢栄一に協力を

求めた。渋沢は文部省や外務省の支援を取り付け、趣旨に賛同する両国の人々から多くの募金が届けられた。1927(昭和2)年2月から3月にかけて、アメリカからは、1万体を超える「青い目の人形大使」が渡来し、日本側も翌年のクリスマスまでに58体の日本人形を贈った。ところが、文部省により半ば強制的な募金活動が行われ、せっかくの民間レベルの交流に水をさしたようである。

一方、「仏教児童博物館」は、日本における最初の児童のための博物館として、民間レベルでの子どもの国際交流に貢献した。また宗教教育の振興に果たした役割も大きい。

参　川北典子「『財団法人仏教児童博物館』の研究」(『子ども社会研究』3号、1997年)。中西直樹「日米の人形交換会秘話」(『中外日報』2002年1月31日付)。

(中西直樹)

◇佛教大学仏教社会事業研究所

E　Research Institute of Buddhist Social Work

佛教大学に設けられた付属研究機関。

定義　1972(昭和47)年4月1日「仏教を中心とする社会福祉に関する総合的研究、その他必要な事業の研究を推進し、もって仏教社会事業の発展に寄与する」ことを目的として佛教大学に設立された。その目的遂行のための事業として共同研究、個人研究、浄土宗寺院の社会事業運営状況に関する調査報告などのための紀要および研究業績書の刊行、市民および学生を対象とする公開講座講演会の開催、研究調査のための必要な資料の収集整理、目録の刊行、国内外の研究機関との交流などを活発に行うことを志向した。

展開　1974年には機関誌『佛教福祉』を創刊、以後毎年刊行し、関係各方面に贈呈した。また、1982年には、研究紀要として『佛教大学佛教社会事業研究所年報』を発刊した。さらに初代所長秦隆真(はたりゅうしん)(1899～1975)の追悼論文集『佛教と社会福祉』を1977年に、2代目所長恒川武敏(つねかわたけとし)(1913～81)の追悼論文集『佛教と社会福祉』を1982年に発刊した。

1990(平成2)年、本研究所は、佛教大学の研究所機構改革による総合研究所創設に伴い佛教大学総合研究所に合併されその幕を閉じた。

仏教社会福祉的意味づけ　佛教大学の付属研究所という生活をもちつつ、いわゆる象牙の塔に籠もった研究者の集団ではなく、仏教教化、社会福祉事業関係、学校教育関係そして行政という幅広く各界の有識者の人々につながりをもっていたことが本研究所の特色の一つとなっている。とりわけ、このことは、設立当初の事業の柱とされた文献資料の収集の際に大きな威力を発揮し、のちのちの本研究所の性格を示すものとなったのである。

また、浄土宗宗務庁との協力による『浄土宗社会事業年報』(1934年)、『浄土宗社会事業年報』第3号の復刻や、1974年時点における社会福祉事業施設および事業従事者名簿の出版、『浄土宗と更生保護』『社会福祉事業のすすめ』『青少年指導の手引』などの出版協力をとおして、仏教とは、社会

福祉とは，を世に問い続けた功績は大きい。

(林　俊光)

◇仏教同志会

E　Bukkyō-Dōshikai

宗派を超えた仏教慈善事業の全国組織。

定義　1909(明治42)年10月31日に，仏教各宗派および僧俗を超えた仏教系「社会事業」の「発達振興」を目的とした「連絡援助機関」として東京で発会式を開いた全国組織。不採用になったが，「仏教済世会」という名称も考えられた。

展開　前年の9月1日から開かれた内務省主催の感化救済事業講習会出席者に，僧侶がかなりの割合（340名中98名）を占めたこともあって，その出席僧侶たちと在京の仏教慈善事業関係者との交流会が開かれた。その際，仏教慈善事業の全国組織が構想されるようになったのである。その結果，安達憲忠(東京養育院，1857〜1930)や松濤神達(東京養老院)などが中心となり，「中央慈善協会」発足の前日(10月6日)に，講習会に全国から出席した僧侶および在京の仏教系事業関係者(合わせて166名)が集まり，「仏教界に於ける慈恵救済及び地方改良事業」振興を目的とする全国組織の結成が決議された。こうして，翌1909年に創立される。

宗派を超えて仏教慈善事業を全国的にまとめようとしたこの組織は，会頭に大内青巒(在家仏教を唱え，のち東洋大学学長，1845〜1918)，副会頭に片山国嘉(東京府巣鴨病院長，東京帝国大学教授)と本多日生(顕本法華宗管長)を選び，安達憲忠が幹事長となる。また，顧問27名には各宗派の管長および門跡が就任した。この役員構成は，宗派や僧俗を超えた運営を堅持する中央組織を，全宗派を挙げて支える方向を示している。

仏教社会福祉的意味づけ　超宗派の仏教慈善事業組織として全国の社会事業界で重視されたようであるが，各宗派からの財政的な支援も得られないまま実質的に機能することはなかった。そのあとを受け継いだのが1912(明治45)年に東京で生まれた「仏教徒社会事業研究会」であったということは，まだ仏教界での社会事業が全国的な連絡組織を必要とするまでに成熟していなかったことを物語っている。

参　仏教徒社会事業研究会編『仏教徒社会事業大観』同研究会，1920年。

(池田敬正)

⇒仏教徒社会事業研究会

◇仏教徒社会事業研究会

E　Bukkyōto-Shakaijigyō-Kenkyūkai

大正期に活動した仏教社会事業の研究団体。

定義　1912(明治45)年，東京在住の社会事業に関心をもつ仏教徒の有志によって研究調査などを目的に設立された団体で，渡辺海旭(1872〜1933)が創設した「浄土宗労働共済会」に事務局を置き，毎月1回の例会を開きながら，情報交換と親睦を図っていた。

展開　1914(大正3)年6月13日，全国大会として，仏教徒社会事業大会を東京・丸の内の保険会館で開催。渡辺海旭が大会委員長となり，全国から参加した各団体の代

表者は80名に及んだ。そこでは，全国仏教徒の経営する社会事業に関して，相互の連絡，調査・研究，その改善進歩を図るために，東京に中央機関を設立することを確認した。そのうえで，仏教各宗団体への働きかけを行うべく，実行委員10名を指名，幹事3名を任命し，相談役として渡辺海旭が就任した。実行委員は無料宿泊所・沼波政憲，浄土宗労働共済会・村瀬戒興，四恩瓜生会・三輪政一，福田会育児院・景山佳雄，真龍女学校・高岡龍一，浅草寺救療所・壬生雄舜，曹洞宗大学校・大森禅戒，東京監獄教務主任・磐井宗成，東京慈善会・秋葉正道，東京養育院幹事・安達憲忠。幹事は，松岡了眼，仏教徒社会事業家養成機関の設立委員であった藤井満喜太，浄土宗労働共済会の機関誌『労働共済』の編集に携わった中西雄洞らの3名であった。また，1919年には，後継者養成機関の組織化を提案し，その機関の設立のための委員会を立ち上げ，1923年には「女子社会事業従業員養成機関設立」についても提案がなされていた。なお，1920年には『仏教徒社会事業大観』が編纂され，その事業の概要を提示した。

仏教社会福祉的意味づけ この大会で任命された委員・幹事は当時の仏教社会事業を担う人たちで，ここに一堂に会したことで，明治以来の仏教社会事業の歴史に画期的な足跡を刻むことになった。また，仏教徒社会事業家養成機関の組織化をはじめ具体的に課題を設定したことで，この時代の社会事業を先駆的に担ってきたといえよう。

参 土井直子「『労働共済』誌にみる中西雄洞」(『長谷川仏教文化研究所年報』第23号，1998年)。　　　　　(石川到覚)

⇨浄土宗労働共済会　⇨仏教徒社会事業大会　⇨『仏教徒社会事業大観』　⇨渡辺海旭

◇仏教徒社会事業大会

E Conference of Japanese Buddhist Social Workers

大正期の仏教社会事業関係者の全国集会。

定義 社会事業の地域化が進んだ大正期に開かれた仏教関係者による全国集会。

展開 1908(明治41)年の内務省主催の感化救済事業講習会は，救済事業従事者養成を目指す本格的なもので，救済事業組織化の重要な契機となった。その最終日の「中央慈善協会」の結成はそのことを示すが，その前日(10月6日)には，講習会に参加した僧侶と東京で救済事業に関わる仏教徒たち(合計166名)が集まり，全国組織を構想することとなる。こうして翌年10月，仏教関係者の「社会的事業」の連絡援助機関として「仏教同志会」が発足する。しかしこの宗派や僧俗を超えた仏教社会事業の中央機関は，各宗派の足並みがそろわず解体した。そのあとを受けて，渡辺海旭(1872〜1933)を中心とする「仏教主義の社会事業者」を「策励」する「仏教徒社会事業研究会」が，1912年5月に発足する。この研究会が「仏教徒社会事業大会」を主催することとなった。

第1回大会は，1914(大正3)年6月の3日間，東京で300名を集めて開かれ，仏教社会事業の中央機関設立を決議。第2回大会は，1920年4月の2日間，400名を集め，「一般的社会事業」「少年保護」「労働状態

改善」「衛生保健」「免囚保護」の5部会に分かれて協議するとともに,「全国仏教徒社会事業同盟会」の結成を可決。第3回大会は,1921年4月の6日間,大阪で聖徳太子1300年忌を機会に開かれ,「大阪聖徳会」(大阪養老院長岩田民次郎主宰)に事務局を置き,「大阪仏教同志会」が主催。「社会事業に関する制度」「児童並に婦人の保護問題」「生活問題」「労働問題」の4部会を設置。真宗大谷派慈善協会会長大谷瑩韶(おおたにえいしょう)(1886～1962)が大会委員長,大阪府顧問小河滋次郎(かわしげじろう)(1862～1925)も参画。第4回大会は,1922年6月の3日間,東京で開催。「社会事業助成機関設立」「社会事業共済機関設立」「社会事業家養成機関設置」「各宗社会課設置」の4議案を討議。

この4回にわたる全国集会の開催は,社会事業の本格化の時期に,仏教社会事業の全国的な広がりをもたらす重要な契機となったことを示す。

仏教社会福祉的意味づけ この集会で個別問題が協議されるとともに中央組織が決議され,「助成機関」や「共済機関」まで討議されたことは,全国的な仏教社会事業が緒につき始めたことを示す。それが具体化することなく中絶してしまったことは,昭和期の社会情勢とともに,各宗派の自派中心の考え方も起因しているように思われる。

参 仏教徒社会事業研究会編『仏教徒社会事業大観』同研究会,1920年。

(池田敬正)

⇒仏教徒社会事業研究会　⇒渡辺海旭

◇『仏教徒社会事業大観』(ぶっきょうとしゃかいじぎょうたいかん)

E Bukkyōto-Shakaijigyō-Taikan

近代の仏教社会事業を概観する基本文献。

定義　「仏教徒社会事業研究会」が1920(大正9)年に編纂したもので,仏教各宗派の代表者による社会事業・救済思想に関する論文と仏教関係機関が実施している社会事業の実態調査(1918年実施)および社会事業関係の法制度資料などを網羅した文献である。

内容　当初,本書は①仏教徒の社会事業,②キリスト教徒との社会事業,③官公営の社会事業,④その他の私営社会事業の4分類の企画で刊行する予定であったが,「中央慈善協会」による『全国社会事業名鑑』が刊行されたため,仏教徒関係のみの掲載となったという。構成は,第1篇「序説」で編纂の趣旨と概観を述べ,仏教各宗派の代表者による論文を掲載。第2篇「現状大観」は,①統一助成研究事業,②窮民救助事業,③養老事業,④救療事業,⑤育児事業,⑥感化教育事業,⑦盲啞教育事業,⑧貧児事業,⑨子守教育事業,⑩幼児保育事業,⑪授産職業紹介事業,⑫免囚保護事業などをそれぞれ紹介し,「補遺」で実態調査を補強している。「付録」には社会事業関係の法規一般を添付している。こうした概要であるが,本書では特に,その事業展開を数値で表している。宗派別では天台宗7,真言宗10,浄土宗22,禅宗26,真宗65,日蓮宗15,その他の諸派5,各宗協同210,仏教界全般で担う通仏教36件と集計している。そこでは事業内容の水準が分析され,

事業の理念・組織・管理・運営などの問題にも言及し，仏教社会事業の活性化について提言している。

仏教社会福祉的意味づけ　1914（大正3）年の「仏教徒社会事業大会」を契機に，全国的組織化を目指した成果が，本書である。その概要を明らかにしたことで，現状と課題が提示されている。特に数値上ではキリスト教の事業を上回るものの，問題点を積極的に言及したことで，仏教徒が担うべき社会事業のあり方を考察することができる。

参　仏教徒社会事業研究会編『仏教徒社会事業大観』同研究会，1920年。

（石川到覚）

⇒仏教徒社会事業研究会

◇仏教博愛館病院
ぶっきょうはくあいかんびょういん

E　Bukkyō-Hakuaikan Hospital

明治期に，「仏教各宗協会」の支援により，東京に設立された病院。

定義　1890（明治23）年に陸軍軍医総監松本順（1832～1907）・医学博士佐藤精一郎が発起し，各宗管長・諸本山の賛同を得て設立準備に着手した。ところが，資金不足などにより開院が延期され，1893年6月に仏教各宗協会の補助金を受けて，ようやく開院された。

展開　本院規則によれば，貧窮で病に罹り治療を受けることができない者の施療を目的に掲げ，その運営費は，慈善家と寺院僧侶の寄付によるとしていた。村田寂順（天台宗），古谷日新（日蓮宗），髙志大了（真言宗），渥美契縁（真宗大谷派），大洲鉄然・島地黙雷（浄土真宗本願寺派）ら各宗派の有力者が評議員に加わっており，1895年には長野県にも分院の設立を計画した。しかし，経営陣に失態があり，この年の12月に廃止された。

仏教社会福祉的意味づけ　明治10年代までに，政府の保護奨励政策により，ほとんどの府県に医師養成を兼ねた公立病院が設立された。しかし明治20年代になると，政府がこれら病院への地方税の交付を禁じたため，多くの公立病院は閉鎖に追い込まれ，営利的開業医が隆盛した。さらに1890年には，資本主義恐慌も起こり，適切な医療サービスを受けることができない貧困層が多く出現しつつあった。「仏教博愛館病院」の設立には，こうした時代背景があった。この頃，地方でも「函西同和会施薬院」（静岡県，1889年），「松前事前窮民施薬院」（北海道，1892年），「大日本施薬院」（名古屋市，1893年）など，地方の有力者と僧侶が協力して，救療施設を設立する事例がみられた。しかし，経営基盤が脆弱であり，経営にあたる適切な人材を得ることができず，長続きしたものは少なかった。

参　中西直樹『仏教と医療・福祉の近代史』法藏館，2004年。

（中西直樹）

◇仏教福祉と仏教社会福祉
ぶっきょうふくし　ぶっきょうしゃかいふくし

E　Buddhist welfare and Buddhist social welfare

仏教と福祉の理念，または仏教と社会福祉の理念との関わりを考えること。

定義　仏教福祉は，仏教と福祉の関わり，または仏教慈善（事業），さらに仏教による福祉（理念・事業・歴史・制度）を目指す包

括的概念である。それに対し，仏教社会福祉は，歴史と社会に規定された社会福祉問題に対応する民間社会福祉事業として，仏教はどのように関わっているかを考えると同時に，仏教精神（理念・価値）を主体的契機として，現実的・具体的なソーシャルワーク実践の可能性と固有性を追究することである。

展開 日本仏教福祉の源流は，伝統的には，聖徳太子（574〜622）が四箇院（施薬院・療病院・悲田院・敬田院）を建立したことに遡るとされてきた。それに続いて，道昭（629〜700）・行基（668〜749）・空海（774〜835）・空也（903〜972）・重源（1121〜1206）・叡尊（1201〜90）・忍性（1217〜1303）らに象徴される菩薩道の実践として展開されてきた。社会制度が未発達であり，地域が未開発であった古代・中世・近世の前近代社会において，とりわけ自然災害や疫病と貧困に対する対応としては，自助または相助・互助の原則によるしかなかった。狭小で閉鎖的な地域（むら・郷村）という名の同質的社会は，基本的には安全と安住の地として，社会的凝集性の強い相互扶助の社会を形成してきた。そのなかで，仏教僧の自発的な慈善行為が地域に受容され，評価された。このような仏教慈善または仏教福祉の実践は，生活上の諸困難，貧窮・病苦・孤独・厄苦などに対する救済・保護活動と，生活上の便益と向上を図るための土木・交通・住居・浴場などの地域公益事業の2タイプに大別できる。

総じて前近代社会における仏教僧の活動は，教化・布教と同時に，慈善・救済事業を展開するものであった。

社会福祉は，その前史的形態としての相互扶助や慈善事業のように，国家が政策的介入をしない段階をへて，国家が政策的介入を行う救貧事業・感化救済事業・社会事業・社会福祉事業の段階へと発展してきた。このような歴史的系譜のなかで，仏教福祉と仏教社会福祉の概念規定について混乱と混同がみられるようになった。

前者は慈善・善意・親切・世話・奉仕による諸行為や諸活動を心情的・利他的行為として美徳化した結果，むしろ理念的概念として扱われ，いつの時代でもどこの社会でも仏教のあるところには常に福祉があるかのような錯覚を与えたのである。

それに対し，後者は社会問題としての社会的障害問題への対応策を明らかにする実体概念である。すなわち，社会問題の本質的把握を前提にして，法律によってなされる社会福祉事業を超えて，客観的に存在する地域の実態に即した社会福祉実践の直接的または間接的援助のプログラム化と，自発的なサービスの提供が仏教社会福祉を特徴づけるのである。

仏教社会福祉的意味づけ 仏教を主とする慈善救済活動や事業は，日本社会事業の源流として古くから存在した。仏教僧，特に遊行僧による地域貢献において顕著であった。日本近代社会の成立後においても，国家が国家責任の原則を回避したり，国家介入を忌避した。その結果，民間依存化が温存されるとともに，民間社会福祉の一翼を担う仏教社会福祉が国家権力に利用され，戦争協力にまで拡大することとなった。戦後，国家は本格的に制度化充実に乗り出し，社会福祉政策としての制度的サービスと，

専門的社会事業(ソーシャルワーク)としての直接的・対人的サービスならびに間接的・援助的サービスの提供体制が整備，分化する時代を迎えた。占領下政策の変革とも相俟って，基本的人権を擁護する社会福祉の理念と実践へ大きく転換し発展したのである。仏教社会福祉の今日的課題は，民間社会福祉の一翼を担い，大乗仏教の精神を基盤とする心のケアやターミナルケアにみられる自発的・主体的な社会福祉実践活動の具現化である。　　　　　（中垣昌美）

⇒慈善　⇒福祉

◇仏教保育 (ぶっきょうほいく)

E Buddhist daycare for pre-school children

仏教精神を基礎とする保育活動。

定義　「仏教保育」という言葉は，仏教系幼稚園・保育所における保育活動の呼称として使われている。仏教精神を基礎として保育活動を展開することにより，人格の陶冶，つまり，「幼稚園教育要領」「保育所保育指針」に掲げる「豊かな人間性をもった子どもの育成」を目指すのである。なお，浄土真宗本願寺派系幼稚園・保育所においては，その保育活動を浄土真宗の独自性と宗派を超越した普遍妥当性を兼備したものであるべきとして，特に「まことの保育」と称している。

展開　わが国において，今日の保育事業の萌芽的施設が出そろうのは明治期で，キリスト教関係者の活躍が顕著であったものの，中期以降は仏教関係者による保育施設も設立されている。たとえば，1901（明治34）年には橋川恵順（1860～1920，真宗大谷派）により京都市に「常葉幼稚園」，山越忍空（1872～1934，真言宗）により栃木県足利市の鑁阿寺に「足利幼稚園」が設立されている。以後，大正から昭和初期にかけて，宗教的な幼児教育の大切さの認識から，仏教系幼稚園の創設が相つぐ。とともに，仏教関係者により，貧困・勤労家庭の子どもを対象とする保育所や，特に農村部での農繁期託児所など，託児施設の開設や運営に力が注がれた。

ちなみに，『日本仏教社会事業の概況』(1934年)によれば，1929(昭和4)年度では仏教系幼稚園243ヵ所，託児施設531ヵ所となっている。第二次世界大戦に突入すると，幼稚園の休・廃園および保育所とともに戦時託児所への転換が行われ，仏教系保育施設も例外ではなかった。戦後，幼稚園は「学校教育法」（1947年制定），保育所は「児童福祉法」（同年制定）により規定されることになるが，仏教関係者による保育施設の再開・設立も少なくなかった。特に，京都市においては，仏教系保育所の開設が相つぎ，1949年からの5年間で新設された民営保育所56ヵ所の半数以上を占めるに至った。以後，社会の変貌に伴って仏教関係者による保育施設も増加した。また近年，女性の社会進出などによって新たなニーズが発生しており，その役割に期待が集まっている。

ところで，昭和初期まで仏教系幼稚園・保育所は各宗派関係者が個々に設立・運営にあたっていた。そこで，御大典記念事業として1929年，堀信元（1903～49，曹洞宗）の主唱により，各宗派の助成を得て「仏教

保育協会」（現・社団法人日本仏教保育協会）が設立され，さまざまな事業を展開することになる。戦前には，仏教保育夏期講習会の開催，保母養成所の開設，『仏教保育』の発行などを行っている。戦後は，全国仏教保育大会を1950年から隔年ごとに開催し，1960年には仏教保育綱領「慈心不殺，仏道成就，正業精進」を発表する。また，機関誌『仏教保育』の発行や，『仏教保育カリキュラム』『ほとけの子』『こどものくに』などの出版事業も行い，仏教保育の推進に力を注いでいる。なお，各宗派においては保育連盟や保育協会を組織し，独自の活動を展開するとともに，「日本仏教保育協会」のもとに一致協力して，宗派にとらわれない仏教の精神に基づく保育活動の展開を図っている。

仏教社会福祉的意味づけ　近年，子どもを取り巻く環境は厳しいものとなっている。このような状況において，幼児期に宗教的情操の芽生えを培うことは重要で，仏教保育に課せられた役割は大きい。その意味からも，豊かな宗教的環境において，仏教精神に基づく生命尊重の保育を実践していくことが大切である。

参　日本保育学会『日本幼児保育史』第2・3巻，フレーベル館，1968・69年。日本仏教保育協会編『仏教保育講座』1～3，鈴木出版，1969～70・72年。浄土真宗本願寺派保育連盟編『まことの保育体系』1～3，本願寺出版社，1989～91年。　　　　　　　　　（上村康子）

◇仏眼協会

E　Butsugen-Kyōkai

大正期に真宗大谷派の僧侶・和田祐意によって視覚障害者救済のために創設された団体。

展開　1920（大正9）年，和田祐意により京都で発足し，大阪・東京へと発展して組織化された。「京都仏眼協会」は，1922（大正11）年真宗大谷派僧侶の有志が京都支部として「末日会」を結成したことに端を発している。同会は京都帝国大学市川清博士を顧問に迎え，1927（昭和2）年には山本暁得（1886～1932）により，中途視覚障害者の救済を目的に三療（鍼灸・按摩・マッサージ）講習会を始めた。さらに同会は鍼灸・按摩術教習所へと継承され，盲人法話会・付属点字図書部・巡回検診・点字出版などの活動も展開した。1931年に御大典建造物の下賜を受けて会館を建設。総裁に東本願寺連枝・大谷瑩亮（1880～1936）が着任し隆盛期を迎えた。

「東京仏眼協会」は病院経営・付属盲人学校・盲人宿舎などの事業を拡大したが，第二次世界大戦の激化により事業縮小の道を歩むことになった。

仏教社会福祉的意味づけ　同協会が社会的に大きな役割を果たした背景の第一に，真宗大谷派が資金援助を惜しまなかったことがあげられる。第二は，山本暁得の深い信仰によって導かれていることである。同派の援助を受けて山本は「弘誓社」を設立し，1921（大正10）年から点字月刊雑誌『仏眼』を創刊号から139号まで刊行した。こ

の「仏眼」の標題に関して，山本は，肉眼を失って真実を見る仏眼へ至り，まことの開眼への道を仏教の教えと重ねて命名したと記している。そこに，信仰に基づく実践のあり方が示されている。

参　山本暁得『仏眼』法藏館，1934年。

(佐賀枝夏文)

◇法印 (ほういん)

E　seal of Dharma

S　dharma-mudrā

仏教教義の特徴としてどこでも通用し，証明となる真理。

定義　法印には四法印と三法印があり，諸行無常（しょぎょうむじょう）・諸法無我（しょほうむが）・一切行苦（いっさいぎょうく）・涅槃寂静（ねはんじゃくじょう）のうち，一切行苦を除いたものを三法印という。仏教の現実観察・認識論の根本をなしており，インド在来の諸宗教とは異なる仏教独自の立場を表明したものといえる。

展開　「諸行無常」(すべてのものは移り変わる)，「諸法無我」(すべてのものは何一つ，一つとして生きていない)，「涅槃寂静」(さとりは安らぎの心である)，「一切行苦」(すべてのものは苦である)，これらは釈尊の教えの要点を後世の仏教徒がまとめたものである。

仏教社会福祉的意味づけ　釈尊在世の頃（紀元前5〜4世紀）の正当派宗教であったバラモン教は永遠の存在の本体を認めて「梵」とか「我」とよんでいたが，この四または三法印によって仏教ではそれを否定した。「人生は苦である」という認識に立つ仏教では，我々が日々接する現実は，現象にとらわれる人間の本性がものごとの真実を正しく見つめようとしないところにあることを教えた。それはそこからの回復は，さまざまな障害（思いのままにならないことがら）を担っている人間の真実を正しくとらえる，つまり障害を生じさせた直接・間接の原因を正しく認識することにある。仏教では一切の現象には本来，固定的実体がないにもかかわらず，我々が現象に振り回されて執着が起きているとみる。そこに苦の原因があるわけで，「一切（諸行）は行苦である」という認識が欠かせない。結局我々が人生の無常と悩みや苦の本質を正しく認識し，安らぎと静かな心を取り戻すための援助が，社会福祉実践の基準（法印）になるといえよう。

(島崎義孝)

◇宝山寺福祉事業団 (ほうざんじふくしじぎょうだん)

E　Hōzanji-Fukushi-Jigyōdan

真言律宗・宝山寺が設立主体となっている福祉事業団。

定義　1946（昭和21）年11月20日，辻村泰圓（つじむらたいえん）(1919〜78)を寮長として奈良県生駒町（現・生駒市）に，生活困窮者緊急生活援護施設「宝山寺愛染寮（あいぜんりょう）」の開寮式が挙行された。創設前年の秋，進駐軍により，奈良県・長谷寺に当県仏教界の各派本山代表者が集められ，宗教家として浮浪児や浮浪者を救済する対策をとるようにとの提言を受けた。この提言を最初に承諾したのが宝山寺で，浮浪児のための施設をつくることとし，この施設の運営実務の責任者として，当時，高野山大学教授・図書課長であり，真言律宗・元興寺（がんごうじ）住職でもあった辻村泰圓に要請し，この事業が始まった。

展開 この要請を受けて，高野山大学を辞した辻村は，宝山寺に近在する大乗瀧寺（たいじょうたき）に居住し，庫裡（く り）を開放して宝山寺愛染寮（定員15名）を創設，1946年11月8日に同胞援護会奈良県支部の仲介により，中国から引き揚げてきた6名の孤児を受け入れ，同月20日に開所式を挙行した。子どもたちの食料と衣料の確保に苦心しながら，1949年には「極楽坊保育所」を奈良市の元興寺境内に開設，同年，児童厚生施設「宝山寺児童遊園」も開設した。そして，1952年に「社会福祉事業法」による「社会福祉法人宝山寺福祉事業団」を設立するに至った。その後，1972年8月，特別養護老人ホーム「梅寿荘」（ばいじゅそう）（定員70名）を大乗瀧寺の一角に創設して，高齢者福祉の事業にも着手，さらに1977年4月に奈良市内に療育相談施設「障害児センター奈良仔鹿園」を創設し，同所に「児童福祉法」による知的障害児通園施設「仔鹿園」を併設した。

平成に入り，先駆的な事業展開に傾注するため，「桃李館」を1990（平成2）年に新設した。これは，従来の児童と高齢者という枠組みにとらわれない発想を具体化したもので，両者の壁を取り除き，子どもと高齢者が日常生活のなかで行き来できる建物を目指している。さらに1997年，事業団独自の研究発表会も開始して地域社会との交流を深めるなど，意欲的な事業を推進している。

仏教社会福祉的意味づけ 創設以来指導的役割を担ってきた辻村は，1978（昭和58）年5月に急逝したが，生前「坊さんとしての生き方はいろいろあるが，僕は社会事業のなかにとけこんで一般の人とつながるのが一番いいと思った」と述懐していた。このことは，現代社会における仏教者の実践のあり方を裏づけるものであり，事業を支えてきたエネルギーであったといえる。また，絶えず厳しい環境に置かれる社会福祉法人の事業運営にあたって，保育や処遇の面で「みんなで新しい工夫をしてみよう」とよびかけ，「新しいアイディアや方法」を取り入れること，さらには「地域社会に窓を開こう」と主張し，地域連携に活路を見出そうしていた。

こうして常に現実を直視し，そのなかで最大限の力を集中させたところに，困難な事業を拡充してきた要因がある。辻村は自ら『理趣経』の「菩薩の勝れた智慧のある者は，生死を尽くすに至るまで恒に衆生の利を為して，而して涅槃に趣かず」を引用し，何度も生まれ変わって生死を尽くすに至るまで，この考え方でいたいとしている。このように，現実としての衆生の利を優先させることのなかに，自らの実践を根拠づけたのであった。

参 辻村泰圓大和尚遺稿集編集委員会編『無尽蔵』同委員会，1979年。宝山寺福祉事業団法人認可三十周年記念誌編集委員会編『縁』同事業団，1982年。

（宮城洋一郎）

◇**豊州保護会**（ほうしゅうほごかい）

E Hōshū-Hogokai

明治期に免囚保護活動を行う団体として設立された更生保護団体。

定義 1890（明治23）年6月，大分県監獄の矢部太一郎典獄の要請を受け，同監獄の

教誨師であった大在芳達(おおだいほうたつ)(1836～1911，浄土真宗本願寺派長光寺住職)が中心となり，県下各宗寺院住職46人によって，「大分県出獄人保護会社」として設立された。1902年4月には，司法大臣の認可を受けて財団法人となり，「大分県保護会」と改称したのち，1940(昭和15)年「豊州保護会」と改め現在に至っている。

展開 1907(明治40)年に新刑法が公布され，政府が免囚保護事業奨励費を予算計上すると，各府県でも出獄人の保護規程を制定する動きが広まり，大分県では1911年に「出獄人保護規程」が制定された。この規程では，警察署長・市町村長が当面の保護責任者とされたほか，神官・僧侶・教師その他適当な人物に保護教誨を委託できると規定されていた。これを受け，翌1912年までに寺院僧侶により県下1市12郡に28の団体が設立され，出獄人をその居所に置いたまま，訪問指導などを行う間接保護を中心に活動した。

さらに同年これら団体の連絡調整の機関として，「大分県保護協会」の結成をみた。1913(大正2)年，この保護協会は大分県保護会に併合され，収容施設による直接保護事業を行うとともに，県下全域の保護会の連絡機関となるに至った。1940年6月，名称を豊州保護会と改め，戦後，1950年に「更生緊急保護法」による更生保護会となり，さらに1996(平成8)年，「更生保護法人法」の制定により，財団法人から更生保護法人へと改組して現在に至っている。

仏教社会福祉的意味づけ 日本の更生保護事業は，制度的体系づけを欠いたまま，1888(明治21)年，金原明善(きんばらめいぜん)(1832～1923)によって設立された「静岡県出獄人保証会社」を嚆矢とし，その後各地で民間の篤志者により始められた。なかでも特に監獄教誨に従事していた仏教僧侶が，保護団体の設立に大きな役割を果たした。

明治20年代に教誨師が中心となって設立した団体には，本会のほか，1889年11月に沖縄監獄の田原法水が設立した「沖縄放免者保護会」(のちの沖縄自営会)，1894年3月に愛知県監獄の千葉知養らが設立した「愛知県出獄人保護会」(現・愛知自啓会)，同年5月に三重県監獄の長岡大仁らが設立した「三重県保護会」(現存)などがある。

参 大分県保護司連盟編『大分更生保護三十五年のあゆみ』大分県保護司連盟，1986年。教誨百年編纂委員会編『教誨百年』上・下，浄土真宗本願寺派本願寺・真宗大谷派本願寺，1973年。 (中西直樹)
⇒**遠州積善会** ⇒**斉修会** ⇒**埼玉自彊会**

◇**法道**(ほうどう) 1787(天明7)～1839(天保10)

[E] Hōdō

江戸時代末期，天台律宗の復興に力を注いだ僧。

略歴 伊勢国(現・三重県)一志郡木造(こづくり)引接寺に住し，天台律宗(現・天台真盛宗)の教学の大成と伊勢・近江両国を舞台に民衆の教化にも努めた。ことに天保の大飢饉下における晩年の法道の徹底した施行(せぎょう)の勧めは，その実践とともに注目される。

展開 法道は，当時宗門に圧倒的な影響力をもっていた，心に仏を思い，口称念仏する「即心念仏」を否定し，阿弥陀仏の本

願(他力)による救いを深く信じて念仏する「本願念仏」(阿弥陀仏の本願)による宗学の復興,すなわち宗祖真盛(1443〜95)への回帰を目指した。布教にあたっては,白隠禅師の「施行歌(せぎょうか)」を説き聞かせ,これを印刷施本するほか,諸経釈より施行の引例を集めて人々に施行の大切なことを強調した。

その施行論の特徴は,まず念仏の信心以前の施行と以降の施行を分けているところにある。法道は「いかに誠をいたし施行をなすとも,凡夫のあさましさ,いささかの施(ほどこし)を行ずれば,やがて名聞自慢などの心発(む)るがゆえに,施をもって生死を出づる資糧となりがたし」(『称名庵雑記』)と真実の施行の至難性(限界)を指摘する。結局,布施(ふせ)という自力の行為によっては迷いを離れることができない。それゆえ,「本願念仏」を説いたのである。そして,その信心を得たあと,改めて「因果」(善因には善果が,悪因には悪果がもたらされること)を信じ,真実の施行をなすようにと勧めた。

仏教社会福祉的意味づけ　宗教と福祉実践の関係が問われる時,彼の施行論には一つの示唆を与えられる。法道は木造村に金50両を施与して窮民166人を救済するなど,自らも施行を実践し,他人の施行にも随喜協力している。

法友には,鉄眼(てつげん)(1630〜82)の再来と称されるほど施行に実績を残している松阪の来迎寺妙有(みょうゆう)(1781〜1854),津の西来寺真阿(しんあ)(1785〜1859)らがいる。彼らは「伊勢の三哲」と称され,天台律宗の復興に尽力した僧である。

このように,法道の施行観と実践は,宗教と福祉実践の関係が問われる時,「真実の施行」のあり方を示唆しているといえる。
主な著作に『称名庵雑記』がある。

参　吉田久一・長谷川匡俊『日本仏教福祉思想史』法藏館,2001年。(長谷川匡俊)
⇒真盛園

◇**法然**(ほうねん)　1133(長承2)〜1212(建暦2)

E　Hōnen

浄土宗の開祖。

略歴　美作国久米郡(現・岡山県久米郡)に生まれる。幼名は勢至丸,法然は房号,諱(いみな)(生前の名)は源空。父は漆間時国,母は秦氏。父は地方武士として朝廷から内乱などの際に兵士を統率する押領使(おうりょうし)に任じられていた。1141(永治元)年,父が内紛のため殺害されたあと,天台宗菩提寺に預けられ,1147(久安3)年に比叡山に登り,源空と称した。早くから学才が認められ,智恵第一の法然房といわれていた。1150年に比叡山西塔の黒谷別所に移り,叡空に師事して浄土教を学び,天台宗の戒律である円頓菩薩戒を受けた。法然は,念仏の要義を記した源信(げんしん)(942〜1017)の『往生要集(おうじょうようしゅう)』に導かれながら,中国浄土教の大成者・善導(ぜんどう)(613〜81)の『観経疏(かんぎょうしょ)』散善義の「一心専心弥陀名号」という文に出会ったことにより,「乱想の凡夫,称名の行により往生を得べき」(煩悩のままに生きている愚かな者も,念仏を称えることで往生することができる・醍醐本『法然上人伝記』)との結論を得て,専修念仏に帰するに至った。1175(承安5)年法然43歳の時,京都東山の麓の大谷・吉水に草庵を営み,その教えを広く伝えていくことになった。以来,法然

は公家・武家・一般庶民などにその教説を説き，1198（建久9）年には『選択本願念仏集』を著わし，経典の要文を引き，私釈も交えて，専修念仏の教えを明らかにした。しかし，法然の教説が広まるにつれ，比叡山・南都の伝統教団の反発が強まり，また門下には誤った念仏理解もあって，法然は1204（元久元）年「七箇条起請文」を示して弟子たちを強く戒めた。だが，伝統教団の僧が門弟となったり，公家の帰依者が増えるなどの事態から，混乱の広がりをおそれた朝廷は，1207（建永2）年に，専修念仏の活動を停止させ，法然を流罪とするなどの処分を行った。その年のうちに法然は赦されたが，1211（建暦元）年に帰洛後まもなく没した。

仏教社会福祉的意味づけ　法然の専修念仏は，平安末期の社会的混乱のなかで不安と恐怖におびえ，苦難をしいられる庶民の心を癒していくものであった。それが，伝統教団が成仏の条件としていた造像起塔（仏像を造り塔を建てること），智恵高才（学問・才能があること），持戒持律（戒律を保つこと）によらず，貧窮困乏・愚鈍下智・破戒無戒の者が往生することを説くことになった。そこに，いつでも，どこでも，誰にでも満たしうる「称名念仏」による救済の普遍性と平等性が意味づけられていた。こうして，法然の念仏思想は，山の仏教から里の仏教へ，貴族の仏教から庶民の仏教へと展開され，日本仏教の固有性としての在家仏教を構築し，仏教の福祉思想の大衆化を進める基礎となったのである。

参　大隅和雄・中尾堯編『日本仏教史中世』吉川弘文館，1998年。浄土宗社会福祉事業協議会編『浄土宗と福祉』同会，1999年。　　　　　　　　　（宮城洋一郎）

⇒**往生**　⇒**浄土**　⇒**平等**

◇方便

E expedient method　**S** upāya-kauśalya

真実に導くための方法。

定義　俗に「嘘も方便」という言葉があるが，真理・真実を伝えるために用いる巧みな教化方法をいう。下根（根は能力の意）の衆生を真の教えに導くために用いる。善巧方便ともいう。

展開　仏教では教化のための手段としてとらえた。真理は言語表現を超えたものであるのに対して，教えはその真理を伝える手段であるとする。教えは人々の理解力（機根）によっても異なり，思惟傾向や時代背景によっても異なる。手段としての教えを絶対視してはならないことを原始仏典は「筏の譬え」によって説明している。すなわち，ある旅人が賊に追われて逃げる途中，大河に出くわしたので筏をつくって安全に川を渡り危難を逃れた。そこで旅人は，この筏は自分の危難を救った大切なものだからと筏を担いで陸地の旅を続けてきた。それに対して釈尊は，川を渡り終えたならば，もはや陸ではその筏は不用であることを指摘して，それぞれの状況に対応できる手段を教えた。

また，『法華経』では教えに手段としての意義を認め，それを絶対視してはならないと説く。ここに仏教の対機説法（相手の機根に応じて説法を行う）の精神がある。

仏教社会福祉的意味づけ　どのような教

ほご

えもどのような修行も，それ自体絶対的なものではなく，それぞれの状況にふさわしいものでなければならない。したがって福祉の現場において用いられるさまざまな手段も，方便であると位置づける必要があろう。その意味で社会福祉の臨床現場における援助手段は，その状況のなかに存在する人間への援助であって，具体的・個別的な手段として尊重されるべきである。福祉事業は，すべて慈悲の実践としての方便であるといえよう。

参 中村元「「宗教」という訳語」(『日本学士院紀要』第46巻第2号，1992年)。
平川彰『初期大乗仏教と法華思想』平川彰著作集第6巻，春秋社，1991年。

（三友量順）

◇保護(ほご)

E protection　S trāyin

気をつけて，かばい守ること。

定義　危険などから助け守ること。この言葉の仏教的意味は，救護してくれる人，かばい守ることで，如来の同義語である。

展開　社会福祉的な意味でいえば，生活能力あるいは機能が低下している者，未熟である者を，外部の環境から守りながら，一定の水準の生活と能力の維持や成長を期待して，生活要求の充足実現を可能にするサービス・状況・指導または補導を一体的に提供する援助活動である。また，まだ独立していない児童などを保護する義務のある者を保護者という。「児童福祉法」にいう保護者とは，親権を行う者，後見人，その他の者で，児童を現に監護する者をいう。

また，保護に関連する言葉に，事物の現象を自然の状態のままにおいて注意して見る意味の「観察」がある。この観察は，智慧をもって対象の不変平等と変化差別を分別照見するという仏教的な意味をもつ言葉である。

また保護に関連する言葉に「保護観察」があるが，これは，犯罪者および非行行為のある少年に対し，刑罰に代え，または刑罰を補充するものとして用いられる社会内処遇を意味する。

仏教社会福祉的意味づけ　保護の同義語としての如来の意味は，修行を完成した者の称で，諸宗教を通じて用いられており，のちにもっぱら釈尊の呼称となり，大乗仏教では諸仏の呼称ともなっているが，サンスクリット原語の語源・原義に関しては確定していない。部派仏教となってから教理的解釈がなされ，真実から来たとか真実へ赴いたとか解釈されている。漢訳仏典では，如来は一如(真実)より来たという意味で解釈し，如来と訳している。中国仏教ではおおむね，「真実より衆生の世界へ来たもの」と解釈されている。

常に仏(如来)に見守られている衆生(人間)にとって，慈悲の光のなかに包まれたぬくもりこそ，真実の保護といえる。

（梅原基雄）

⇒看護　⇒監察

◇菩薩行(ぼさつぎょう)

E Bodhisattva practice

S bodhisattva-caryā

菩薩の実践行。

定義　さとりを求めて努力する求道者を菩薩といい、その菩薩の実践し行うべき行為・修行を菩薩行という。それは衆生を救済しようと誓願(せいがん)を立てることから始まる。

展開　菩薩は、原始仏教においては、釈尊のさとりを得る前の呼称の一つであったが、大乗仏教ではそこに利他(りた)的意義を強調し、自ら仏道を求め、衆生を救済するための誓願を起こして、仏道を修行する者を指すようになった。なかでも菩薩行には、四弘誓願(ぐぜいがん)があり、菩薩の実践が凝縮されている。

菩薩が誓願する菩薩行は、すべての仏・菩薩が共通して起こした四つの願いである四弘誓願に集約される。また菩薩がその誓願を成就するための実践徳目として六波羅蜜(ろっぱみつ)がある。さらに菩薩が保つべき戒として一切の悪を断ち切り戒律を保つ摂律儀戒(しょうりつぎかい)、一切の善行を実行する摂善法戒(しょうぜんぽうかい)、すべての有情に利益を施す摂衆生戒(しょうしゅじょうかい)(饒益有情戒(にょうやくうじょうかい))の三聚浄戒(さんじゅじょうかい)がある。

仏教社会福祉的意味づけ　このような四弘誓願や六波羅蜜ならびに三聚浄戒といった菩薩行はすべて仏教者の社会福祉実践そのものであり、さとりへの道を歩む実践行が、そのままですべての人を利益する行為につながるのである。人々への利益とは、例えば病など心身の苦しみをもつ者に対して看病・介助などの援助をすることともいえよう。したがって、それはそのまま、現代社会にあっては、病などに苦しんでいる者たちに、看病・介助などの援助をすることである。視覚障害者のための道案内をすることや、言語・聴覚障害者には手話で示すこと、身体障害者送迎援助、また、道程(修行・日日の生活)に疲れた者たちのために、食物や飲物や着物や住まいなどの援助をすることである。さらに医療によって病人たちをこだわりのない心で、不安にならないように手助けすることである。

種々の仏典に登場する菩薩もそれぞれ衆生を救済する誓願を立てており、その誓願を達成すべく邁進する菩薩の姿に仏教社会福祉の実践のありようがある。この菩薩行としての実践に対して、衆生の側からの実践行として報恩(ほうおん)行がある。

参　平川彰『生活の中の仏教』春秋選書, 1981年。梶山雄一『菩薩ということ』人文書院, 1984年。石上善應『仏と菩薩』日本人と仏教4, 東京書籍, 1983年。

（上田千年）

⇒誓願　⇒みんなの福祉をあつめる運動　⇒六波羅蜜

◇菩提心(ぼだいしん)

[E] Bodhi-mind　[S] bodhi-citta

さとりを求め、衆生を救済しようとする心。

定義　菩提心の意味・解釈には諸説があり、梵語やその漢訳語もそれに相当する語が幾種類か見受けられる。主なものは次の二つである。「さとりを求めようとする心」「仏になろうとする心」という自利(じり)を意味する場合と、「衆生を救済しようと願う心」という利他の面を意味する場合である。いうまでもなく両者とも発心(ほっしん)としての性格をもち、菩提心は、菩提(さとり)のために行動を起こそうとする強い意志である。「無上菩提心」「無上道心」「無上道意」という語も同義とされているが、そこに相当する

梵語の翻訳は「無上(究極)である等正覚(仏陀のもつのと等しい菩提)において心を発し……」と訳されるべきといわれるので,本来「無上」という語が付加されていたのかは疑問の余地がある。

展開 菩提心は発心という点においてはいずれも一致がみられるが,菩提をどのように求めるかという点に相違があるため多くの意味・解釈が生じた。菩提心を起こす主な理由は,願作仏心(仏になりたいと菩提を求める),度衆生心(衆生を救済したいと願う)の二つがあげられる。菩薩は四弘誓願(度・断・学・成)を誓願し,また「上求菩提 下化衆生」(さとりを求めるとともにすべての人を導く)を実践する存在であるが,まず菩提に向かおうとする心を起こすこと(初発心)が要求される。それゆえ菩提心は,菩薩行への起因としても位置づけられ,菩薩が誓願を保ち実践するための強い意志であるといえる。菩薩のチベット語訳が,「菩提心が勇猛な者」「菩提に向かう心が強い者」であるのもその例といえる。

仏教社会福祉的意味づけ 仏のさとりを得たいという願いが,そのまま悩める人々をすべて救済したいという願いとなって生じる強い意志と勇気ある行動が,菩提心なのである。それは衆生の福祉実現化を志向し,理想の社会である仏国土の建設を願って歩む菩薩である仏教者の願いであり,社会実践を根拠づける基盤ともなる。

参 平川彰『生活の中の仏教』春秋選書,1981年。　　　　　　(上田千年)

⇒菩薩行

◇北海道開拓

E Project of Reclamation in Hokkaidō
明治政府によるアイヌ民族の統合,農耕地拡大などを目的とした事業。

定義 明治維新後,近代化のために資源を獲得し,農村から流出する人口を吸収していくために北海道開拓事業が急務とされてきた。そのため,明治政府は北海道の先住民であるアイヌ民族の統合を目指して1871(明治4)年に開拓10年計画を立て,翌年より実施し,アイヌ社会の解体と政府支配の強化を図った。また,仏教教団も維新前後から,真宗教団を中心に開拓が開始され,政府のアイヌ民族同化策と軌を一にして教線を拡大していくことになった。

展開 アイヌ民族の社会は独自の文化をもって展開していたが,13世紀頃より和人が侵入し,近世に入って松前藩により政治的・経済的侵略は決定的となった。明治政府の開拓10年計画(1872〜81年)はアイヌ民族の言語・習慣を禁止し,日本語の奨励や日本人的な名前を名のらせるなど同化政策の推進を目的の一つとしていた。

一方,東本願寺は1869年に新道開削事業や入植事業の願書を政府に提出し,東本願寺開拓御用掛であった松井逝水らを現地調査隊として派遣し,開拓事業の具体的な計画を立てさせた。そのなかで,最も力を注いだのが新道開削事業で,開削後に道場を建立し,その教線を拡大していくねらいがあった。1877年,函館に北海道寺務出張所を設置し,教団としての組織的な活動基盤をつくりあげた。

他方，西本願寺は，移民招致や荒地開墾事業などに着手し，明治期に入ってからは，教線拡大のために函館・江差・小樽などの地域の掛所を別院に昇格させた。1887年には明如宗主が直接北海道に赴き，開教に弾みをつけた。

仏教社会福祉的意味づけ　東西本願寺による北海道開拓事業は，教線拡大を目的とするもので，その過程のなかで，アイヌ民族同化策の一翼を担ってきたとされる。もとより，そこに社会福祉的な視点はなく，開拓という名の侵略と移民・棄民策を教団自ら積極的に展開したのである。その行為は，法主・現如に平伏するアイヌの人々を描いた「北海道開拓錦絵」などをとおして差別的に伝えられることになった。そうしたアイヌ民族の抑圧につながる開教と教線拡大であったことに対し，現在，真宗大谷派の僧侶らによって検証と反省の作業がなされている。

参　真宗大谷派北海道教区編『東本願寺北海道開教百年史』真宗大谷派北海道教務所，1974年。泉恵機『アイヌ民族と真宗』真宗大谷派名古屋別院教務部，1991年。　　　　　　　　　　　（菊池正治）

◇ボランティア

[E] volunteer　[S] dāna

すべての生活領域で展開される，市民による自発的社会福祉活動。

定義　ボランティアの語源は，ラテン語の voluntas や voluntarius などの「自由意志」「自ら進んで」という語義に始まる。わが国で一般化した「奉仕」の概念ではくくれない広がりのある意味をもつ。その活動は，生命・平和・人権が尊重され，個々人が自己実現や生きがいを追求できるような多様で豊かな市民社会（一人ひとりが大切にされ，一人ひとりの違いが尊重され，生かされるような社会）を市民たちの手でつくっていく活動である。

また，その特徴としては，①自主性・主体性，②社会性・連帯性，③無給性・無償性，④先駆性・開拓性・創造性の四つの原則によって支えられることがあげられ，生活場面のすべての領域で展開される市民による活動である。

展開　ボランティア活動は，ヨーロッパのキリスト教圏諸国で発展し，その思想（ボランタリズム：voluntarism/voluntaryism）が定着していった。元来，ボランタリズムは，キリスト教の自由信仰や市民の組織活動における理念などがその源流であった。その後，欧米では，19世紀の後半頃から，キリスト教会を中心とする慈善組織化運動（charity organization society movement）やセツルメント事業（settlement）に端を発して「福祉ボランタリズム」が台頭したとされる。

日本では，第二次世界大戦後になって市民的な広がりとなり，その活動領域も拡大された。特に，阪神淡路大震災を契機に公と私とのパートナーシップが重要視されている。それらの過程でボランティア思想の定着化が課題となっている。

仏教社会福祉的意味づけ　福祉ボランタリズムやボランティア活動に関する従来の解説は，キリスト教の実践原理を前提に論じられてきた。しかし，仏教の実践原理か

ら導き出される福祉ボランタリズムの基本理念の源流となるものは，最も古い仏典『スッタニパータ』(経集)に説かれた「慈しみ」の実践によって理想的な自己実現を目指しながら，主体的な自己形成を図っていく実践理念にある。その具体化は「四無量心=慈・悲・喜・捨」で説くことや，「四摂事=布施・愛語・利行・同事」にも示される。

つまり，福祉実践やボランティア活動を支える仏教思想は，根本思想である慈悲の観念となる。慈悲とは，我執を離れて他者に対するあたたかい共感の心情に専心すること，うめきの共感，または，抜苦与楽などと注解されている。それは，安易な同情ではなく共感を抱くことであり人権を尊重し，無差別・平等の原理に立つことを強調する。

さらに，仏教のボランタリズムは，「慈悲的ボランタリズム」であると性格を規定できる。その活動理念となるボランティア活動の四つの原則に即して仏教福祉の鍵概念で対比すれば，自主性や主体性を我執を離れる「無我論」に求め，社会性や連帯性を相依相関の「縁起観」により，無給性や無償性を世間の名声や得利を求めない「名利否定」で説明し，先駆性や開拓性および創造性やさとりを求めようとする「発菩提心」から導き出せる。加えて，活動の継続性では己を忘れ，他を利する「菩薩道」が支えるといえる。

参　東京都ボランティア・センター編『ボランティア・コーディネーター研修体系とその考え方』東京都ボランティア・センター，1996年。中村元『仏教語大辞典』東京書籍，1975年。社会福祉研究所編『ボランタリズムの思想と実践』社会福祉研究所，1978年。　　（石川到覚）
⇒四摂事　⇒慈悲　⇒抜苦与楽

◇盆

E Bon Festival　S ullambana

盂蘭盆の略。先祖を供養する仏教行事。

定義　梵語ではウッランバナという。中国語では倒懸といい，逆さに吊り下げられた甚だしい苦しみの状態を指す。死者が死後に受ける苦しみを救うため，祭儀を設けて三宝を供養することが原義である。

展開　古代インドでは後継ぎをもうけないまま亡くなった者は悪所に落ちるといい伝えられてきた。当時の最上カーストだったバラモンは，一定の修行をすませると自分の家に帰り，そして結婚して子どもをつくり，自分は祖先の霊を祭祀した。ところが出家者にとってはそうした家族生活とは無縁になるわけで，したがってその親は死んだあとに餓鬼の世界に生まれ，そこで酷い苦しみを受けなければならないと考えられてきた。そのため自恣の日，つまり夏安居（90日の修行期間）の終わる7（または8）月15日に法会を行って，両親はじめ祖先の地獄の苦しみを救おうというのが盂蘭盆の行事なのである。

『仏説盂蘭盆経』はこれを説話化したもので，それによると，釈尊の高弟の一人で神通力第一といわれた目連尊者が道眼をもって父母を救済し，訓育の恩に報いようとして世間を見回したところ，母親が餓鬼道で飲食することができず，骸骨のように瘦

せて呻吟(しんぎん)苦労しているのを発見した。これを見た目連が次第を釈尊に伝えて相談したところ，「自恣の日の時に，種々の供物・香料などを盆の中に供え，僧侶たちに供養すべきだ」とさとされたという。日本では，606(推古天皇14)年に斎会(さいえ)が設けられたことに始まり(『日本書紀』)，祖先崇拝と結びついて民間習俗として広く地域社会に定着していった。

『仏説盂蘭盆経』には，目連尊者が，餓鬼道に落ちた母親を救済する説話が記されている。地獄で餓鬼となり苦しんでいる母親を発見した目連は慟哭して，釈尊のもとに走り，「世界でたった1人のやさしい母がどうして地獄に落ちなければならなかったのか」と尋ねた。静かに聴いていた釈尊が答えた。「目連よ，あなたの母を思う心はいたいほどわかる。しかし目連よ，よく聞きなさい。あなたの母親はたしかにあなたをよく育てた立派な母親であったが，それは溺愛であった。あなただけをかわいがり，人の子どもを差別し，あなたへの愛を独り占めしたのだ。施すことを忘れた母親は，喜びや感謝を分かつことを知らなかったのだ。だから，母親を救う道は，ただ一つ，母親のできなかった布施(ふせ)の行として大衆供養をすることだ」とさとした。その大衆供養によって母親は救われ，その喜びの集い，「歓喜会(かんぎえ)」は盆法会の始まりとなり，「歓喜の踊り」は盆踊りの始まりとなったと伝えられている。

仏教社会福祉的意味づけ この盆の教えるところは，施しをとおして共に喜び，共に生きることの大切さである。利己的な独占欲の結末は哀れであり，救われがたい。

盆法会や盆踊りは，先祖供養の伝統的な仏教行事ではあるが，生きとし生けるものすべてが救われていく道があることを互いに喜びあう機会であり，法縁として，現代にも受け継がれている。またこの法縁による自立と連帯，あるいは参加と互助が，地域における仏教福祉活動の原形となっている。

参 圭室諦成『葬式仏教』大法輪閣，1986年。　　　　　　　　(島崎義孝)
⇒先祖

◇本願寺母子寮(ほんがんじぼしりょう)

E Hongwanji-Boshiryō

1939(昭和14)年に創設された，西本願寺が経営する母子寮。

沿革 「本願寺母子寮」は，京都市右京区山ノ内御堂殿町にあった山内慶華財団の学生寮を「浄土真宗本願寺派社会事業協会」が借り受けて，1939年5月14日に設立したのが始まりである。その後，1951年3月に角坊(すみのぼう)別院千日講の「洗光寮」(京都市右京区)を借り受け，定員40世帯を収容した。なお，同会は，1930年3月以来左京区一乗寺薬師堂町に母子寮(1974年「生活保護法」により本願寺第二母子寮となる)を運営していたが，この寮の建物は，1898(明治31)年11月15日，当時の本願寺門主大谷光尊(おおたにこうそん)が買い受け，北山別院の一部として使用していたものである。しかし，これらの両母子寮も老朽化したため，1964(昭和39)年4月1日付で「社会福祉法人本願寺派社会福祉事業センター」として認可を受けたのを機に，現在地(京都市右京区太秦安井二条裏町15番地)に新築した新寮舎に統合して

「本願寺母子寮」（定員70世帯）の名称になった。そして，1998(平成10)年8月13日には，「児童福祉法」改正に伴い，母子生活支援施設「本願寺ウィスタリアガーデン」（藤の園）と改称され，2000年3月11日に定員20世帯の新施設に全面改築された。

仏教社会福祉的意味づけ 当母子寮は日本での先駆的仏教福祉施設として高く評価される。施設内保育「みのり保育園」においては「まことの保育」（真宗保育）を実施し，浄土真宗の生活信条を寮の生活指針とするとともに，子どもに対するしつけの基本を「合掌」に据え，「おあしす運動」を展開している。それは（お）大きな声でおはよう，（あ）ありがとう，（し）しんせつに，（す）すみませんの4項目を基本的な生活態度としており，母子共にみ仏の智慧と慈悲の光に包まれて生きることをモットーとして運営されている。このユニークな社会福祉施設サービスの提供は，常に日本の家族福祉・母子福祉をリードしているといえよう。　　　　　　　　　　（中垣昌美）

⇒西本願寺白光荘

◇煩悩（ぼんのう）

E afflicition; blind passion　S kleśa
心身をわずらわすはたらき。

定義 肉体や心の欲望，他者への怒り，仮の実在への執着などによる，人間の心身の苦しみを生み出す精神のはたらきである。すなわち，怒りや欲望などによって，迷いを引き起こし，苦しみ・悩みを招く原因となる心のすべてを総称した言葉である。

煩悩を，惑・塵労・染などとも訳す。また，煩悩はさとりをさまたげる精神作用でもあるので，その作用から，取（執着）・繋（拘束）・随眠・貪・縛（束縛）・漏（汚れ）・蓋（障害）・結（むすぼれ）・纏（まといつき）などの名称がある。

展開 一般に煩悩のすべての根源を貪・瞋・癡という三毒（三惑）とする。貪とは，貪欲のことで，あくなき欲望，むさぼりの意味である。瞋とは瞋恚のことで，いかりの意味である。癡とは，愚癡のことで，真理に暗い・おろかさの意味である。

「阿含経」のなかにはさまざまな煩悩論が説かれているが，これが整理分類されてゆくのは，部派仏教のアビダルマにおいてである。根本煩悩は三毒（貪欲・瞋恚・愚癡）に疑・慢・見を加えた6種からなり，最も中心となるのは愚癡（無明）である。

初期の仏教では，煩悩を消滅させることによってさとりに達することができるとされた。しかし大乗仏教では，この煩悩こそがさとりに重要な意味をもつことが主張され始めた。ことに浄土教が発展したことによって，煩悩のとらえ方にも大きな転換がみられた。すなわち浄土真宗では，自分自身を煩悩成就の凡夫とか煩悩具足の凡夫と深く認識する。親鸞（1173～1262）は「凡夫というは，無明煩悩われらが身にみちみちて，欲も多く，いかり，はらだち，そねみ，ねたむところ多くひまなくして，臨終の一念にいたるまでとどまらず，きえず，たえずと，水火二河のたとえにあらわれたり」（『一念多念文意』）と述べて，どうしようもなく煩悩にとらわれ，自分の努力だけでは逃れる手だてもないままに，苦を招くことをし続ける人間としてとらえている。その

ような人々にこそ阿弥陀仏の救済があると，阿弥陀仏の信仰が生まれた時，煩悩はそのままさとりに転じられてゆくのである。これを親鸞は「罪障功徳の体となる，こおりとみずのごとくにて，こおりおおきにみずおおし，さわりおおきに徳おおし」（『高僧和讃』）と述べている。

仏教社会福祉的意味づけ 人間は生活環境によって大きく左右されるものである。煩悩もそうした環境をきっかけとして心の中に種々の苦を招き，またさまざまな生活上の不適応をもたらす。福祉を実践する人は，福祉を受ける側の人々からの，いろいろの言葉や態度によって，一喜一憂しなければならないこともあろう。しかしそうした感情を乗り越えて，福祉の実践を遂行するには，お互いが煩悩ある身であることをよく理解し，それを克服していくことが必要である。

参 佐々木現順編『煩悩の研究』清水弘文堂，1975年。　　　　　（智谷公和）

◇本派社会福祉推進協議会

E Hongwanji Council of Social Welfare Development

1978（昭和53）年に浄土真宗本願寺派が設立した社会福祉団体。

定義 本派とは，浄土真宗本願寺派のことで，本山は京都・西本願寺である。本協議会は1978年に結成され，全国の教区に本派社会福祉推進協議会支部を設置して全国的組織化を図っている。略称は「本派社推協」という。本協議会の結成趣旨は，「浄土真宗の教義に基づいて，宗門における社会福祉事業の充実発展につとめ，浄土真宗に帰依する者が社会福祉活動の原動力となり，国民福祉の増進に寄与すること」（規約第3条）である。

展開 日本の民間社会福祉事業活動において，明治以来，「大日本仏教慈善会財団」「仏教婦人会」「仏教済世軍」などの社会事業，救護・救援活動，医療社会事業，救らい運動等々の業績は，仏教社会福祉界をリードしてきた。しかし，宗門としての社会福祉事業に関する基本的理念や姿勢については明確な解答が用意されず，また，社会福祉事業関係者の連帯や組織化はなされなかった。

この反省のうえに立って，宗門の社会福祉事業の理論的基礎の明確化とともに，仏教社会福祉の事業・活動の組織化や活性化を図るために，1975（昭和50）年に「本派社会福祉研究協議会」を発足させ，教団としての使命と課題について研究，協議し，その結果「浄土真宗社会福祉基本要項」が作成された。この要項に従って，1978年本協議会を結成し，その目標達成に向けて全国的な組織化を図ったのである。その社会福祉活動の展開は，民間性・自主性・創造性・啓発性・宗教性・自発性を柱とするところに特徴がある。

仏教社会福祉的意味づけ 社会の変動性は宗教教団のあり方をも規定する。技術革新による社会変動は人間社会の構造的・本質的条件まで変革し，情報化によってますます暮らしの質とあり方を変質させている。仏教福祉教団としての使命を果たすうえからも，社会問題に無関心であることはゆるされない。寺院が地域社会福祉活動の拠点

となり基地となることは、仏教福祉推進の中核的存在としての役割を担うことであり、「みんなの福祉をあつめる運動」「ダーナの日」の活動、ないし「ビハーラ活動」などの実践基地として機能するところに特徴がある。

参 『浄土真宗福祉白書』本派社会福祉推進協議会（西本願寺内）、1977年創刊。

（中垣昌美）

⇒みんなの福祉をあつめる運動

ま行

◇前橋積善会

[E] Maebashi-Sekizenkai

明治期に設立され、医療活動を中心とする慈善事業を展開した団体。

定義 「前橋積善会」は、貧困者家庭に匿名で金銭を喜捨する有志の会として、1880（明治13）年に発足した。1883年の大火の際、会の資金を罹災者に全額施与したため一時中断したが、2年後に再興され、1890年からは、市内開業医の協力を得て、無料で治療を受けることができる施療券を発行し、貧困者に配布した。日清戦争時にも事業を中断したが、1897年に前橋地方裁判所の検事正・福鎌芳隆が呼びかけ、会の創設者である遠藤海象・増田嘿童が協力して復興した。

展開 1899年、福鎌の後援で感化部を設置、免囚児童6名を引き取り、養育薫陶を始め、1901年には、「積善青年会」「積善婦人会」を結成した。1902年以後は市内各寺院を支部として共同事業化を図り、1904年5月に病院が完成して市内医師会の協賛を得ながら診療投薬を開始した。この年、14名の患者を収容し、施療券の発行数も1000枚を超えた。

1906年には保育事業にも着手したが、1910年に保育事業を廃止し、救療活動に専念した。1917年に結核病舎を増築し、1921年には市の委嘱を受けて、行旅病人および精神病患者を収容する監置室も設置した。1923年、中産以下の自宅療養患者に70％減の割引診療券の発行を始め、その年の発行枚数は、5000枚（うち無料診療は約300件）にも及んだ。さらに1925年、前代田町の病舎に2階建の本部を新築し、ここに紺屋町の外来診療所を移した。それまで会の活動資金は、会費収入のほか、各寺院僧侶の托鉢や、慈善興業収入によって賄われていたが、任意団体の活動では限界があることから、1926（昭和元）年12月開催の総会で、社団法人への組織変更を決議し、翌年4月に内務大臣の認可を受け、「社団法人前橋積善会」となった。

1928年、政府より低利資金を借り入れ、市内宗甫分に土地を購入、県下唯一の精神病院として「厩橋病院」を設立した。同病院は、1934年に江木町に分院を設け、2年後この地に本院を移し、のちに順次、他の機関も移転統合された。また1967年には、「社会福祉法人前橋あそか会」を併設して、知的障害者援護施設「赤城野荘」を開設した。同会は1974年に、知的障害者の授産施設「光明園」と心身障害児簡易母子通園教

室「たんぽぽ学園」を開園，経営している。
　生活困窮者の救療については，1930年に萱町に「厩橋診療所」を開設。前代田町の診療所を移して，実費治療を開始し，これにより，割引診療券の発行を廃止した。戦後も実費診療は続けられたが，社会保障制度の充実に伴い，1955年に廃止した。また結核病舎は，「厩橋療養所」となり，のちに「十全病院」へと拡充して，結核の撲滅と患者の治療に尽力した。医療のめざましい進歩により，その効果が顕著となった1971年，十全病院の名称を廃して，診療科目も呼吸器科に改め，厩橋病院に編入，統合された。

仏教社会福祉的意味づけ　明治10年代中頃以降，資本の原始蓄積が進むなか，徐々に貧困者の傷病が社会問題として浮上しつつあった。この時期は，前近代的な共同体における相互扶助の精神が未だ強く，僧侶・医師と地域の人々が協力して慈善会・講社などを組織する場合が多くあったようであるが，これを近代的な医療機関にまで発展させたものは，あまり例をみない。

参　『社団法人前橋積善会百年史』社団法人前橋積善会，1980年。中西直樹『仏教と医療・福祉の近代史』法藏館，2004年。　　　　　　　　　　（中西直樹）

⇒石見仏教興仁会病院

◇町方施行
まちかたせぎょう

[E] Machikata-Segyō

町方の自治的行政による公共救済制度。

　定義　江戸時代中期以降に下層民の都市集住が強まり，貧困問題や災害対策のために町方の自治的行政による施与的醵出に基づいて始まった公共救済制度。

　展開　日本の封建社会における救済としては，政治的慈恵，仏教の慈悲に基づく施行のほかに，地域における相互扶助としての「村中合力」「町中合力」が展開されてきた。1733（享保18）年の西日本を中心とする飢饉に際しても，大坂などの大都市における1町単位の相互扶助や幕府の救済が限界に達した時，裕福な町人に「身上相応ニ飢人共ニ合力」することを幕府が訴えたこともあって，有力町人の施与的醵出を惣町単位で運営する町方の自治的行政に基づく救済が実施された。その参加者は，「本町人」といわれる家持層のほぼ全員（約1万2000人）であったが，その醵出の半額はわずか14人の醵出によっていた。また醵出品は，金・銀・銭・米が中心であるが，かなり多様で地域相扶的雰囲気を感じさせる。だが，その醵出は，有力町人の高額醵出と相俟って，町方の自治的行政に参加できる「本町人」である市民としての義務的な醵出を意味した。

　この地域自治に基づく地域相扶の制度の恒常化はみられず，その後の天明・天保の飢饉などの際にも臨時措置がみられた。だが天明の飢饉対策として1792（寛政4）年に設置された江戸の町方の機関である町会所の救済は，恒常的な制度であった。この制度は，「本町人」（家持地主，約1万7000人）が醵出する町方財政の節減分の7割（7分積金）を原資とした。町方人口の2分の1ないし3分の2の貧困層を対象として，その2ヵ月分の食料（米穀）を貯蔵しようとするもので，日常と臨時の救済がみられた。

イギリス救貧法と同じく地域の公共による義務救助主義的であったといえよう。

仏教社会福祉的意味づけ　原始社会以来の地域の共同体規約に基づく相互扶助は福祉実践の原点であるが，古代的集権を克服した中世的分権を支えた村落共同体の成熟により，その相互扶助の制度化が進む。その際，仏教の慈悲思想を，如来の慈悲あるいは大慈悲の考え方に基づいて相互扶助を共済と仏教的に理解するようになる。地域相扶の公共救済化は，東洋の古代の専制の克服を意味する地域自治がもたらすものであるが，その仏教理念が大慈悲としての「共済」であった。「町方施行」はこうした動きを示すものである。

参　池田敬正「日本における公共救済の源流」(『社会事業史研究』20，1992年)。

(池田敬正)

⇒相扶

◇末法の濁世

E degenerative world

仏の教えが形骸化した末の世を指す。

定義　仏教の歴史観では釈尊入滅後の教法の行われる時期を正法・像法・末法の三時とする。まとめて正像末という。正法時は，教(教法)・行(実践)・証(さとり)の三つがすべて備わっていた時期(500年)。像法時は，さとりを得る者はいないが，教と行の二つがまだ存在する時期(1000年)。末法時は，教法だけが存在する時期(1万年)で，末の世とか末法の濁世とよばれる。

展開　平安時代中期以降，空也(903～72)の念仏や御霊信仰の広がり，摂関政治の衰退による社会不安などをとおして，末法思想が深まっていった。そのなかにあって，1052(永承7)年が末法第1年と信じられるようになっていった。親鸞(1173～1262)は『正像末和讃』の初めに，「弥陀の本願信ずべし　本願信ずるひとはみな　摂取不捨の利益にて　無上覚をばさとるなり」と記し，最後の59首は「如来大悲の恩徳は　身を粉にしても報ずべし　師主知識の恩徳も骨をくだきても謝すべし」という，一般によく知られている「恩徳讃」で終わっている。

末法の時代は，逸脱と堕落の時代であり，五濁(劫濁・見濁・煩悩濁・衆生濁・命濁)に汚染された退廃の時代であるとともに，仏法が衰微する時代を意味する。

仏教社会福祉的意味づけ　仏教社会福祉の主たる認識対象は混沌と混迷の社会的現実態である。仏教社会福祉実践とは歴史的・社会的変動過程のうえに潜在または顕在する社会的諸問題に対応する方策といえる。特に，現代社会は，自己中心的利益追求主義に傾斜した"こころ"喪失の社会であり倫理観の欠如した孤独と逸脱と人間疎外の社会でもある。このような社会を直視し，共生・共育・共感の福祉の街づくりの実現を図り，仏願に耳を傾け(傾聴)，仏心に目覚めること(自己確知)によって限りないいのちの尊厳を擁護する社会実現を目指すところに，仏教社会福祉の特徴がある。

(中垣昌美)

⇒五濁

◇満足

E satisfaction　S paripūraṇa

満ち足りていること。

定義 仏教では願いを完成させること，成就させることをいう。同義語として，成満（じょうまん）または円満という語句がある。

展開 仏典では上記の意味でひんぱんに用いられる。『教行信証』では完全な教えという意味で浄土教のことをいう。すなわち，名号そのものに善功徳があり，それが信ずる者へ円満に残らずゆきわたることである。また「吾唯足るを知る」という禅語は，満足の率直な表現であり，満ち足りていることの感情表出である。不足に対する不満を表現する代わりに，最小限度の満足を肯定的に表現することによって，人生を明るくしている。

仏教社会福祉的意味づけ「満足」と「慢」を混同することはゆるされない。自己満足は慢であり，増上慢に陥る。おごり・たかぶりは権力志向であるが，満足とは歓喜であり，感謝であり，「感恩・知恩・報恩」志向である。困窮が「満足の欠如態」であるといえるならば，福祉は「満足の充足態」といえよう。恵まれて生きる，生かされるという満足の人生観は，充足と生きがいを支援する仏教福祉観ともいえる。みんなの自立をみんなが支援し，みんなによる共生と共育と共感の世界を構築する社会的努力の総計が仏教社会福祉といえる。

(中垣昌美)

◇満濃池（まんのういけ）

[E] Man'nōike

空海が讃岐国（現・香川県）に修築した灌漑用の池。

定義 香川県仲多度郡満濃町の南部に位置し，「満濃ノ池」「万能ノ池」「十市池」ともよばれていたが，寛永年間(1624〜44)の再築以後は満濃池と一般に呼称される。現在は，有効貯水量1540m³，灌漑面積3239haの全国屈指の農業用溜池である。

展開 821(弘仁12)年讃岐国は，これまでの修築工事が進捗しないことから，讃岐国出身の僧・空海(くうかい)(774〜835)に工事の別当(責任者)を要請した。満濃池は奈良時代に築造されたといわれ，災害などの現実的課題のもとで修築の必要が生じたものとされるが，平安時代に入って地方における労働力の徴収(雑徭（ぞうよう）)による税負担が困難となり，有償による雇役へと変化していったが，なおも労働力不足の状態にあった。そこで空海を別当にあて，その宗教的人望のもとで労働力を確保するねらいがあった。工事は数ヵ月で完了したともいわれるが，1089(寛治3)年成立の『大師御行状集記』には，「池の堤に壇場を建立し，三箇年の間祈願」したとあって，工事期間を表していると考えられる。

仏教社会福祉的意味づけ 空海の仏教思想の特徴は，広く儒教・道教などを学び，そのうえで密教の現世利益（げんぜりやく）の思想を導いていったことにある。そこから満濃池の修築工事にあたり，大和国益田池工事にも讃辞を贈るなど，現実的な社会的実践を可能にさせた。こうした実践によって，計り知れない恩恵がもたらされ，人命が救済され，現代にも多大な影響を与えたことは特筆すべきことである。

参 吉田久一『日本近代仏教社会史研究』上，川島書店，1991年。平凡社地方資料

センター編『香川県の地名』日本歴史地名大系第38巻，平凡社，1989年。

(佐賀枝夏文)

⇒空海

◇三重済美学院
みえさいびがくいん

[E] Mie-Saibi-Gakuin

明治期に貧児・棄児の保護を目的として設立された社会福祉法人。

定義 三重県白山町成願寺（天台宗真盛派）の住職能 教 海(たくみょうかい)(1855〜1922)は，各地で女性から不要となった銅鏡の寄進を受け，地蔵菩薩像を鋳造し，仏教の興隆を期していた。ところが，各地を巡錫して貧困にあえぐ民衆の惨状を見るに及んで，仏像堂宇を建立することよりも，窮民を救済し大慈悲を実践することの方が仏意にかなうと思い至った。こうして1901（明治34）年，能は三重県津市に県下初の孤児保護施設として「三重育児院」を創設した。

展開 1913（大正2）年，同市に曹洞宗信徒の奥野定之助が開設経営していた「津養育院」を合併，「三重済美学院」と改称し，1917年に財団法人としての認可を受けた。1924年に「精華保育所」を併設し，1935（昭和10）年には，同一地区内に建設された津市母子寮と授産場の運営を委託され，総合社会事業としての機能の発揮に努めた。

1945年7月の津市大空襲では，すべての施設を焼失したが，10月には焼け跡にバラックを建設し，伊勢市にも分院を設けて復興に着手した。

1952年，「社会福祉事業法」の施行により社会福祉法人に組織変更され，1955年に都市計画に関連して，伊勢市に移転した。移転に際し，社会の要請を受けて児童養護施設を知的障害児施設へと改めた。現在，知的障害児施設「三重済美学院」のほか，成人が自立するための更生施設として「済美寮」と「度会学園」を，通勤による職場実習施設として「のぞみ荘」を，在宅者の支援のためのデイサービスセンター「すばる」と「生活支援センター」を設けている。また1966年度からは，婦人保護施設「あかつき寮」の経営を県から委ねられ，社会的に弱い女性の保護と自立にも尽くしている。

仏教社会福祉的意味づけ 本学院は，明治期に孤児院（児童養護施設）として発足し，戦後は知的障害児施設に事業の中心を移し，知的障害児の保護・育成に力を注いできた。同様に戦後，孤児院から知的障害児施設に改められたものとして，「上田明照会」「山陰家庭学院」などがある。

参 社会福祉法人三重済美学院編『とはずかたり（創立九十周年記念誌）』社会福祉法人三重済美学院，1992年。

(中西直樹)

⇒上田明照会　⇒讃岐学園　⇒山陰家庭学院

◇身延山功徳会
みのぶさんくどくかい

[E] Minobusan-Kudokukai

明治期に身延山に参拝する困窮者の宿泊所として発足し，戦後，養護老人ホームに改組し，現在は，「社会福祉法人身延山福祉会」が運営する施設。

定義 1906（明治39）年1月，身延山支院大善坊の長谷川寛善(は せ がわかんぜん)(1877〜1934)は，身延

山本堂下に枯死した一老婆を見つけたのを契機として，無宿者の宿泊保護事業の実施を志し，「身延山功徳会」を設立して自ら会長となった。

展開 当初，収容所は丸太造りで，収容者も4，5名，世間からは「乞食の親方」とさげすまれたが，1920(大正9)年に山梨県より補助金を受けることとなり，その後恩賜財団慶福会・内務省などからも補助金が交付され，次第に施設を改善，拡張していった。事業内容も宿泊保護のほか，行旅病人の救療，行旅死亡人の埋葬，精神病患者や家出人の保護，免囚保護などに広げ，1931(昭和6)年の日蓮650遠忌の際には，全国から参集した浮浪者で収容者が100名を超えたこともあった。

1934年に寛善が没し，あとを長男の寛亮が継いだ。寛亮は，1936年に創立30周年を記念して，本堂・講堂・収容所を兼ねた道場を竣工させたが，1944年に応召し，弟の寛慶が会長となった。1951年に財団法人，翌年に社会福祉法人として認可されて委託養老施設となり，1963年8月，「老人福祉法」に基づく養護老人ホーム「身延山功徳会」に改組した。さらに1973年には，身延町豊岡の現在地に施設を新築移転した。

一方，日蓮宗総本山身延山久遠寺は，1980年に日蓮700遠忌報恩記念事業の一環として「社会福祉法人身延山福祉会」を設立，翌年特別養護老人ホーム「みのぶ荘」を開設した。1992(平成4)年に至り，身延山功徳会は身延山福祉会に合併されることとなり，養護老人ホーム「功徳会」の経営も身延山福祉会に移された。

参 身延山久遠寺編『続身延山史』身延山久遠寺，1973年。身延町誌編集委員会編『身延町誌』身延町，1970年。

(中西直樹)

◇**身延山福祉会**

E Minobusan-Fukushikai

身延山久遠寺が設置主体となっている社会福祉法人。

定義 日蓮宗総本山身延山久遠寺によって，1980(昭和55)年10月13日に日蓮聖人滅後700年を記念し，「社会福祉法人身延山福祉会」として設立された。設立趣旨は，「法華経の久遠の本仏釈尊と日蓮聖人の衆生救済の慈念を体し，各種の社会福祉事業を行い，活力ある福祉社会の実現に資する」である。

展開 身延山福祉会は，法人設立の翌年4月8日，身延町に特別養護老人ホーム「みのぶ荘」を開所して福祉活動のスタートをきった。1990(平成2)年には認知症老人専用棟，デイサービスセンター，ショートステイ棟を増築して，身延町のみならず山梨県南部地域の社会福祉活動の拠点となった。また1992年4月1日には同町小田船原にて救貧事業を展開していた「社会福祉法人身延山功徳会」(1906〈明治39〉年設立)を吸収合併して，養護老人ホーム「功徳会」を継承した。さらに，1998(平成10)年4月1日には，立教開宗750年記念事業として，軽費老人ホームである「ケアハウスみのぶ」を開設し，現在は在宅支援を含み，介護保険による事業を経営している。隣接地には1946(昭和21)年5月に開設された「財団法人身延山病院」があり，地域医療の拠

点として入居者の健康維持ならびに増進を図るため密接に連携している。

仏教社会福祉的意味づけ　入所者の自由な信仰生活を支援しながら，宗教的活動としては，日蓮宗の法式による朝夕の勤行，身延山久遠寺の宗教行事や法話会，読経や唱題の会を催すなど，自由参加ながら仏教的雰囲気づくりにも努めている。また，死亡時のお別れ会実施や，希望によってターミナルケアの実践も行っている。（池上要靖）

◇身延深敬園

E　Minobu-Jinkyōen

明治末に山梨県身延山に設立されたハンセン病患者の療養所。

定義　日蓮宗身延山久遠寺には古来ハンセン病患者の参詣のための参籠所が設けられていたが，1902（明治35）年，この施設が不衛生であり，秩序を乱す者が多いとして，警察署の焼棄するところとなり，患者の状態は一層困窮をきわめた。1906年夏，身延山を初めて参詣した綱脇龍妙（つなわきりゅうみょう）（1876～1970）は，三門付近に群がり，参詣者に泣きすがって窮状を訴える患者の姿を見て，その救済を決意した。

綱脇は，1876（明治9）年に福岡県宗像郡玄海町に生まれ，福岡県法性寺の貫名日良（ぬきなにちりょう）について得度，30歳を迎え全国で布教活動を始める報告をするため，身延山を訪れたのであったが，時の法主豊永日良に病院の設立を願い出で，以後の生涯をハンセン病患者の救護に尽くすこととなった。1906年10月に仮病舎が竣工，患者十数名を収容して「身延深敬病院」が発足した。

展開　1906年11月，綱脇が中心となり「十万一厘講」を組織し，寄付金募集に着手した。そして1907年に診療所・婦人病室が，翌年には仏殿が落成した。1909年以降，内務省や日蓮宗並びに久遠寺などから奨励金・補助金が交付され，1920（大正9）年には財団法人として認可された。1927（昭和2）年2月，全国優良社会事業団体の一つとして表彰を受け，1930年11月に貞明皇后から補助金を受けることとなったのを機に，福岡市郊外壱岐村に九州分院を開設した。ところが，1942年に陸軍より軍事保護院専属結核療養所敷地としての提供を依頼され，同年分院は閉鎖され，在院患者は「身延本院」と「国立星塚敬愛園」に移送された。身延の本院は1943年「財団法人身延深敬園」と改称し，戦後も仏教者による唯一のハンセン病患者の療養所として，患者の収容・治療・慰安に努めた。1946年，「生活保護法」による保護施設として認可を受け，院長夫人のサダも看護婦長として園の運営を助けた。

綱脇院長は，1940年に横須賀市の大明寺の住職を兼務し，国立療養所5ヵ所に法華堂を建てるなど布教活動にも尽くし，1959年に大僧正となり，1963年には日蓮宗臨時管長も務めた。またハンセン病者福祉に対する功労で，厚生大臣表彰・仏教伝道文化賞など数々の表彰も受けている。

創立以来1971年までに収容した患者の実員数は，1445名にも達した。その前年，綱脇院長は95歳の高齢をもって死去したが，事業は娘の綱脇美智に引き継がれた。美智は理事長・園長として身延深敬園の経営にあたり，患者の療育とともに，ハンセン病

に対する世間の誤解をぬぐうことにも力を尽くした。その努力は実を結び，ハンセン病患者に対する偏見も薄れていった。またハンセン病の原因となるらい菌は伝染力がきわめて弱く，特効薬プロミンが開発されたこともあり，新たな発症もほとんどなくなった。

こうして1992（平成4）年12月に，当時16名まで減少していた患者を他の施設に移して，深敬園は閉園された。翌年4月，財団法人身延深敬園を「社会福祉法人深敬園」に改組するとともに，ハンセン病療養所・身延深敬園を身体障害者療護施設「かじか寮」と改めて再出発を期した。旧療養所跡にリハビリテーションのための理学療法室などを完備する施設が新築された。寮父・寮母・看護師とともに，家庭での日常生活が困難で，介助が必要な重度身体障害者が暮らしている。

仏教社会福祉的意味づけ　キリスト教者によるハンセン病の救護活動は，1890（明治23）年に「神山復生病院」（静岡県），1895年に「回春病院」（熊本県），1898年に「琵琶崎待労病院」（熊本県）が設立されるなど活発であった。しかし，身延深敬園が仏教者によるものとしては，唯一の救護施設であった。

参　身延山久遠寺編『続身延山史』身延山久遠寺，1973年。山梨県社会福祉協議会編『山梨の社会福祉二十年史』山梨県社会福祉協議会，1971年。身延町誌編纂委員会編『身延町誌』資料編，身延町，1996年。中西直樹『仏教と医療・福祉の近代史』法藏館，2004年。　（中西直樹）

⇒**真宗大谷派光明会**　⇒**綱脇龍妙**

◇**明庵栄西**　1141（保延7）～1215（建保3）

E　MYŌAN Eisai

鎌倉時代の臨済宗の僧。「みんなんようさい」ともいう。別に千光法師・葉上房とも称した。

略歴　備中国吉備津宮（現・岡山市吉備津）に生まれる。8歳で父に従って倶舎論を読み，14歳で落髪して比叡山に登り受戒。18歳，密教の修法である虚空蔵求聞持法を受け，1159（平治元）年に天台教学を学ぶ。禅の盛んな宋の事情を知り，入宋を決意。1168（仁安3）年，中国明州に到着し，天台山万年寺に登り，同年帰国。1187（文治3）年，再度入宋してインドへの渡航を申請したが，果たせず，再び天台山万年寺に登り，臨済宗黄龍派の禅を伝える虚庵懐敞のもとで参禅し，その法統を嗣ぐべく嗣法の印可を受け，1191（建久2）年帰国した。しかし，比叡山衆徒の反対により禅の布教は困難をきわめたため，『興禅護国論』を著わして自らの立場を表明した。1199（正治元）年に鎌倉に下り，北条政子の帰依を受けて寿福寺を与えられ，鎌倉に住した。1202（建仁2）年，源頼家が栄西に京都・東山に寺地を寄進し，建仁寺が建立される。朝廷は1203年に建仁寺に真言・止観（天台）・禅門の三宗を置くことを認め，ここに天台・密教・禅を兼修する栄西の拠点ができ，また幕府も京都にその権威を誇示する機会を得たのであった。1206（建永元）年，栄西は重源（1121～1206）のあとを受けて東大寺大勧進職を命じられ，その造営事業を継承して非凡な勧進能力を発揮し，また1214

（建保2）年3代将軍実朝の病気祈禱を行い，『喫茶養生記』を献上した。

仏教社会福祉的意味づけ　栄西の福祉実践ともいうべきものについて，少年期に建仁寺で修行したことのある道元（1200～53）は『正法眼蔵随聞記』のなかで，逸話として次のように紹介している。一家餓死寸前というある極貧の人が救いを求めてきた時，栄西は薬師如来像の後背をつくるためにとってあった銅の延べがねを取り出し，これを自ら打ち曲げて与えた。これを見た弟子たちが，その行為を仏に対する罪になると糺した。これに対し，栄西は，仏は窮状にある人が助けを求めれば手足を切ってでも施したに違いないとし，仏に捧げられたものを人に与えた罪で悪道に落ちたとしても，衆生が救われるなら本望だと述べたという。この栄西の行為を，道元は衆生済度の熱烈な意志と評価した。そこには飢人救済によって，本当の仏の供養ができるとする福祉観がみられる。

また，喫茶の風を日本に定着させた『喫茶養生記』は，後世の茶道の書が作法や心得を述べたのと異なり，茶には心臓を中心に五臓の和合を図る医学的効能があると説き，日本社会に健康維持の慣習をつくりだす一つの契機となった。

参　守屋茂『日本社会福祉思想史の研究』同朋舎，1985年。　　　（島崎義孝）

⇒喫茶

◇**明恵**　1173（承安3）～1232（貞永元）

[E]　Myōe

鎌倉時代の僧。諱は高弁。

略歴　紀伊国有田郡石垣荘（現・和歌山県有田郡金屋町）に生まれる。父は高倉院の武者所に仕える武士・平重国，母は湯浅宗重の娘。8歳の時，母が死去し，父も戦死した。9歳で高雄神護寺の叔父・上覚房行慈に師事し，その師文覚にも師事した。16歳で出家，東大寺戒壇院で具足戒を受けた。21歳の時，東大寺尊勝院の弁暁から公請（朝廷より法会に招かれること）に出仕する要請を受けたが，学僧たちの党派争いを見て，辞退した。以後，僧位・僧官を求めない遁世の聖の立場を貫く。紀伊国有田郡の白上峯，筏立や高雄などに庵居して『華厳経』の修学と密教の観行（観察・観想の行）に努める。また，釈尊への追慕の思いから，31歳・33歳の2度，天竺（インド）に渡る計画を立てたが春日明神の託宣により中止した。40歳の時，法然の『選択本願念仏集』に対する批判の書『摧邪輪』を著わすとともに，専修念仏と異なる立場から，「三時三宝礼釈」を著作し，3時に各3返，1日9返の礼拝を行うことを勧め，徹底して自行を求めた。この立場が，菩提心（さとりを求める心）を重視した易行を修する実践を提示することになった。晩年は，1206（建永元）年34歳の時に後鳥羽院から賜った京都栂尾高山寺にて観行と講経に努めた。

仏教社会福祉的意味づけ　明恵の思想は『華厳経』と真言密教に基づいているが，伝統的な立場を堅持しながら東大寺とは一線を画す，独自性をもっていた。「阿留辺幾夜宇和」（『明恵上人遺訓』）の思想を立脚点に，名聞利養（世間の名声と利得）を求めない徹底した態度を貫いた。特に，承久

の乱に際して朝廷方の武士を保護するなど，敢然として敗者の側に立った。また，この乱の未亡人のために尼寺善妙寺の開創にも努力している。そして「いささかなれども人のために情け情けしく当るが，やがて無上菩提まで貫きて至るや」(『明恵上人遺訓』)と述べ，わずかなことでも人のために情け深くあたれば無上菩提(至高絶対のさとり)に至るとする。

こうして権威に屈せず，敗者や弱者の側に立ち，自らも「非人」と称して平等性を貫く実践に，仏教者の主体性と福祉実践の基本が見出せる。

参 田中久夫『明恵』吉川弘文館，1961年。吉田久一『日本社会福祉思想史』川島書店，1989年。　　　　　(宮城洋一郎)

◇**妙好人**（みょうこうにん）

E Myōkōnin

浄土真宗の篤信者を誉め称えていう語。

定義　「妙好人」の名称は，石見国(現・島根県)市木浄泉寺の仰誓(ごうせい)(1721～94)が編纂した『妙好人伝(みょうこうにんでん)』に始まる。その編纂は1818(文政元)年とする(柏原祐泉説)。『妙好人伝』の刊行は，1842(天保13)年に僧純(そうじゅん)によってなされた。続編が刊行され現在6巻本として流布している。

仰誓は，『観無量寿経』や善導大師(ぜんどう)(613～81)の『観経疏(かんぎょうしょ)』散善義に注目して，泥中の蓮の華のように苦悩のなかにあってもすがすがしい日常生活を過ごしている人の伝記を編集して，その篤信ぶりを称えた(散善義「即是人中好人，人中妙好人」)。

実践　仰誓の『妙好人伝』の中心は，大和(現・奈良県)の鉾立(ほこたて)の清九郎の伝記である。仰誓は1749(寛延2)年の2月に吉野に清九郎を訪ねて対面している。清九郎はその当時から世の人によく知られた篤信者であった。清九郎の伝記として，1764(明和元)年に『崑崙実録(こんろんじつろく)』が，1767年には『孝信清九郎物語』，1801(享和元)年には，『和州清九郎伝』が刊行されている。花岡大学によって小説『妙好人清九郎』が刊行され，その生涯を知ることができる。

妙好人として名前の知られている人は多いが，その一人足利源左(あしかがげんざ)は，1842年4月18日に因幡国(現・鳥取県)の青谷町山根(あおや)に生まれた。和紙の産地として有名な地である。1930(昭和5)年2月20日に89歳の生涯を閉じた。源左の一生は，日本民芸運動の創始者・柳宗悦によって『妙好人因幡の源左』としてその言行が紹介されて有名になった。源左は農業を主として紙漉きも家業として商っていた。常に「ようこそようこそ」「さてもさても」と如来の大悲を喜び，道路の改修とか，水害地の修復など，公の仕事には進んで参加し，困っている人にはよく力を貸した。たとえば重い荷を背負ってやり，年寄りであればおぶってやり，病人をいたわり，他人の田や畔でも世話をし，よく人の肩をもみ，仏法をわかりやすく語った。源左は，牛を友とし，荒れ牛の世話を頼まれると，人に語るように牛に話し，一晩中体をさすってやり，法話をしてやったという。犬にも猫にも魚にも木にも兄弟のように語り，時には池の鯉にも土産を持参したという。源左のよく聞法した願正寺(がんじょうじ)に頌徳碑(しょう)がある。

四国讃岐(さぬき)(現・香川県)の壬生(みぶ)村に生まれ

ま

た庄松は、『庄松ありのまゝの記』で、その人となりが知られている妙好人である。周天という篤信な僧の導きで念仏の教えに近づいた。その日常は、寸鉄人を刺すのたとえどおり、よく相手の肺腑を衝く言句を吐くという趣の人である。しかし、その言葉は粗野であっても信心の智慧のなかから化生する華であり、多くの人々に念仏の真実であることを教えた。庄松は、勝覚寺の門徒で興正寺を本山としている。興正寺に参詣した時に、御門主に「赤い衣を着ていても、赤い衣で地獄を逃れることはならぬで、後生の覚悟はよいか」と尋ねたことなど、たくさんの逸話が残されている。1871（明治4）年3月4日73歳で往生した。

島根の温泉津の浅原才市は、念仏詩人として有名である。大正の初めの頃からたくさんの詩をノートに書きつけている。「なむわざんぎで　あみだわくわんぎ　どちもひとつの　なむあみだぶつ」などのかな文字で法悦を書き続け、『妙好人才市の歌』として刊行されている。鈴木大拙が才市の詩をアメリカで紹介したことによって、海外でもよく知られ、才市は、近在の法座に参詣し、1896年の三陸津波に見舞金を送ったり、「大日本仏教慈善会財団」の常会員として毎年寄付を欠かさず、周辺に困った人があればいろいろと親切に相談にのっている。「これはしんきちのこと」と題する1914（大正3）年の詩は、幼い時の病気の後遺症をもつ新吉に、お念仏を知らせようとする才市の至誠が感じられる。

仏教社会福祉的意味づけ　妙好人は今や海外にもみられ、ベルリンのハリー・ピーパー（Harry Pieper, 1907〜78）はヨーロッパの最初の念仏者・妙好人として知られている。このように、篤信の念仏者である妙好人は、念仏の真実を伝えるとともに、常に慈悲の心をもって他者と接し、それらをとおして、社会的実践にも目を向けることで、福祉の実践者でもあった。

参　鈴木大拙『妙好人』大谷出版社、1948年。菊藤明道『妙好人伝の研究』法藏館、2004年。　　　　　　（朝枝善照）

◇みんなの福祉をあつめる運動

[E] Movement of Buddhist Social Welfare Inclusion

浄土真宗本願寺派が主体となって仏教社会福祉活動への参加をよびかける運動。

定義　1978（昭和53）年に発足した「本派社会福祉推進協議会」は、「みんなの福祉をあつめる運動」を標語化した。そこにはいのちの尊さを直視し、いのちの輝きに生きる喜びを集め、仏教社会福祉活動に参加しようという願いがこめられている。

展開　本派社会福祉推進協議会は、「みんなの福祉をあつめる運動」の運営主体であり、実施主体である。住民主体の原則を貫き、生活の安定・向上を目標に、小地域を単位としたみんなの、みんなのための、みんなによる社会福祉活動の拠点となっている。またこの運動を展開する基本的目標は、共感・共生・共働・共育にあふれた自発的な善意の実践者を集めることにある。自発性にあふれた実践者のまごころを集めることにある。いのちに目覚め、いのちの尊さに学び、いのちの輝きに生きる仲間たちを集め、善意と共感、交流と連帯の輪を

仏教社会福祉的意味づけ　人生に余生はない。1回きりの人生は日々好日として生きることが本生であり仏道である。如来の智慧と慈悲に包まれ育まれながら、如来とともに生きる道が、永生楽果の仏道であり、いのちに輝く白道である。「みんなの福祉をあつめる運動」が提唱するものは、まさに現代的仏教社会福祉の視点であり、ヒト(人間)、コミュニティ(地域)、テラ(寺院)を結ぶ社会福祉ネットワーキングである。

参　中垣昌美『仏教社会福祉論考』法藏館、1998年。　　　　　　　(中垣昌美)

⇒**本派社会福祉推進協議会**　⇒**共生**
⇒**相扶**

◇無

E nonexistence　S asat

存在しないこと。

定義　無は、一般的には事物の存在を否定する意味の用語であるが、仏教では無には2種類あるとする。惑智の無(有無にこだわり、貪欲・瞋恚・愚癡を断ずる無)と、聖智の無(有無を超える無)がそれである。また、無自性のことであり、すべての事物は、因縁によって仮に和合して存在しているのであって、固定的な実体はないというあり方をいう。

展開　仏教では無が付される語句がきわめて多い。無畏(智慧・さとり)、無為(有為の反対語、常住不変の真実)、無我(我執を離れ、自力のとらわれがないこと)、無記(善とも悪とも明記できないこと)、無碍(さわりがない)、無間地獄(少しの間もとどまることなく苦を受ける阿鼻地獄のこと)、無生(生滅変化を超えること)、無常(生滅変化して止まることなきこと)、無上涅槃(このうえないさとりの境地)、無相(有無の相を超えたもの、執着なき絶対平等の空そのもの)、無実(実体がないこと)、無念(無相離念：形相を離れて理を観じ、真理と一体になること)、無明(真理に暗いこと、仏智を信じない迷いの姿)、無漏(有漏・煩悩に対する語、清浄の状態)、無量寿(はかりなき寿命)等々である。

仏教社会福祉的意味づけ　無とはこだわりの心、かたくなな心、偏りの心、とらわれの心からの脱却(解脱)を意味してきた。このような真の自由と平等の世界に生きることができるという仏教的生き方は、仏教福祉の活動原理でもある。真実を正しく認識し、縁起所生の法(因縁果の法則)を直視することによって、緊張の緩和や痛みからの解放、ないし癒しの福祉的実践を展開することができる。しなければならないのではなく、せざるをえない自然な主体的行為としての社会福祉活動こそが、仏教社会福祉の源流である。　(中垣昌美)

◇『無礙光』

E Mugekō

大正期に刊行された浄土宗の言論機関誌。

定義　『宗教界』は、1920(大正9)年4月から『無礙光』と改題され、1924年まで刊行された。それ以後は『仏教学』に続く。

展開　『宗教界』が日露戦争以後の新仏教運動を反映したように、『無礙光』もま

たその時代背景(大正デモクラシー)を反映したものである。この改題の目的は、『宗教界』が博士・学士・宗門の学者の論説を中心としていたのに対し、それ以外の若年層にも自由に発言の機会を提供し、発信機関として機能させようという新しい試みにあった。その内容は、論説・詩・短歌・俳句・脚本・創作・時事批判(新刊書評)など、これまでの論説中心の内容から創作中心の紙面に大きく様変わりした。

仏教社会福祉的意味づけ　渡辺海旭「仏教と児童教化序」(第16巻第10・11号)など、仏教と社会問題に関わる論考がある。

(長崎陽子)

⇒『宗教界』

◇**無能**(むのう) 1683(天和3)～1719(享保4)

[E] Munō

江戸中期の浄土宗捨世派の念仏聖(ねんぶつひじり)。諱(いみな)を学運・興蓮社良崇といい、守一と号した。

略歴　陸奥国石川郡(現・福島県石川郡)須釜に誕生。17歳の時同国伊達郡桑折(こおり)(現・福島県伊達郡桑折町)大安寺で得度し、当国の名越派檀林磐城専称寺に入寺。23歳で宗戒両派を相承。これより先、求道の志念に燃える無能は、煩悩に打ち克つため絶淫を誓い、断食念仏を繰り返すなど心行策励し、26歳の時、昼夜不臥、日課念仏(日々に称える念仏の数)3万遍を誓った。無能は早くから通常の僧侶の出世コースを厭い、1709(宝永6)年、27歳の時遁世の宿志を果たすべく、草庵を結んで一所不住の念仏聖の身となり、昼夜不脱法衣の実践とともに、念仏以外の一切の仏行を廃し、日課6万遍の行者となった。その後日課を加増し、31歳の時には10万遍以上としたうえに男根を断却し、さらにその年の暮れ、自らの心行を律するために誓った「七十二件制誡」を録する。

無能の奥羽2州(うち現・福島と山形の両県)の各地に及ぶ活発な布教活動は、この年を含めて以後およそ5年間に集中するが、とりわけ1715(正徳5)年、1716(享保元)年の最盛期には、帰依の聴衆は毎座少ない時でも1000～2000人、多い時には1万～2万人に達したといわれるほどで、その足跡はまぎれもなく奥羽念仏信仰史上の偉観である。

自行化他(じぎょうけた)にわたる激烈な修行を象徴するかのように、無能は1719年1月2日、37歳の若さで生涯を閉じた。没後、弟子の不能が再興した無能寺(現・福島県伊達郡桑折町)の開山となる。

無能の教化が短期間に爆発的な広がりをみせた最大の理由は、その念仏説法の場に参じた民衆が、無能の霊的人格に感応してさまざまの不可思議な体験(現瑞・奇瑞)を得ているところにある。それらを集めた『近代奥羽念仏験記』には、無能から日課念仏を拝受した信者たちのなかに、年来の病気が平癒した事例が数多く伝えられている。無能の教化が病苦に悩む民衆に救いをもたらしたのであった。

展開　無能の思想と信仰・行動の軌跡に、福祉における主体的実践の倫理として、平等の人間観を提起しているのは、注目すべきことである。前掲「七十二件制誡」にみられる念仏者としての内省と誓いのなかには、次のような記載がある。「名利(みょうり)の念を

絶ちて，世俗に諂うこと莫かれ。志を謙譲に存し，恭敬を望むこと莫れ。少欲知足，資財を貪ること莫れ。深く信施を怖れ，華美を好むこと莫れ。独り貧賤に甘んじて，宦福を望むこと莫れ」，また「平常心に住して，親疎を論ずること莫れ。人を労り自ら楽しみを求めることある莫れ。慈悲心に住して，悪人を憎むこと莫れ。内に仏性を観じて，下賤を軽んずること莫れ」（同上）。

そして，それを裏づけるかのように，無能の教化活動は，社会から蔑視され，差別された階層や人々を見逃すことがなかったばかりか，生類愛護にまで及ぶものであった（『無能和尚行業記』『無能和尚行業遺事』）。その無能のひたぶるな信仰と教化が，同時代はもとより後世の僧俗男女に与えた影響は頗る大きく，慈善・救済の面でも，無能寺に受け継がれた寺風は，近代における颯田本真尼(1845～1928)や矢吹慶輝(1879～1939)の実践を生み出した。また，天童久野本村（現・山形県天童市）の名主青柳家は，無能に深く帰依した善入こと与兵衛以来，代々無能への尊崇の念厚く，その遺訓を守り伝え，「念仏と慈善」をモットーとする同家の家風を形成し，時代による濃淡の差はあれ，近代に至るまで窮民の救済に努めてきた。

参　長谷川匡俊『近世の念仏聖無能と民衆』吉川弘文館，2003年。　（長谷川匡俊）
⇒**颯田本真尼**　⇒**浄土宗捨世派**　⇒**矢吹慶輝**

◇『明教新誌』

E　Meikyōshinshi

明治期に在家仏教運動を提唱した雑誌。

定義　明治期の開明的な仏教啓蒙思想家であり，在家仏教運動を提唱した大内青巒(1845～1918)が主宰し，明教社（当初の所在地：東京銀座2丁目3番地）から発刊した仏教雑誌。前身は『官准教会新聞』で，大教院新聞課から西浜正熙の編集により1874(明治7)年2月1日に月15回の刊行で創刊され，印刷所が明教社であった。1875年5月2日の大教院解散とともに，第148号(1875年8月7日)より『明教新誌』と改題された。

展開　「明教」という2字には，仏教教義を世に明らかにして，同誌を仏教弘通の要としたい旨が込められていた。社長の大内青巒は長きにわたって編集者を兼ね，同誌は隔日に発刊された。支局は東京芝赤羽・山口屋佐七，大阪高麗橋通1丁目・明教分社，三河国国府・明教分社の3ヵ所に置かれた。『明教新誌』は1901年に4603号で終刊となった。同誌の構成は基本的には官報，仏教各派の録事（報告），論説，雑報（府県道の中教院・教務所からの情報など），寄書からなり，論説の内容は政治社会の状況に関わり変遷するが，仏教を中心とした時事問題についての論説，教理・教学に対する啓発・啓蒙，宗教界全般にわたる情報の収集と広報活動など，時代状況に対する提言が掲載され，仏教界のみならず広く社会に大きな影響を与えるものであった。1889年2月1日付官報によれば，発行部数

は月15回で27372部に及んでいた。

仏教社会福祉的意味づけ　明治期の仏教福祉に関わる仏教各派の動向や仏教福祉についての論説・啓発などが数多く掲載され，当時におけるこれらの諸問題を明らかにするうえで貴重な資料を提供するものである。

参　池田英俊『明治仏教教会・結社史の研究』刀水書房，1994年。　（赤松徹真）

⇒大内青巒

◇迷信（めいしん）

E　superstition
S　atibhakti; mithyādṛṣṭi

現代人の理性的判断からみて不合理と考えられるいい伝え，またはその信仰。

定義　非合理的で，社会政策上有害とみなされた概念や信仰。一般世俗のなかで容認されている俗信とは異なる。

展開　内容的には，縁起担ぎ・予兆・妖怪・幽霊・民間医療など，不幸や不運で異常な出来事を回避し，幸運を招き，心的不安を解消し，願いや希望を叶え，未来を予知するなど，非合理的だが伝統的な通念として形成されてきたものである。人の生命を害する危険性をもつものは，科学的根拠や合理性をもたないとして否定される。

しかし，科学的合理性や価値の有無によって評価することの妥当性に問題があるために，宗教学・民俗学においては，「迷信」はすでに「俗信」に換言されている。ことに，社会政策上有害と認められるものについて，迷信の語が用いられる。

仏教語としての「邪見」「悪見」は，広義にはあらゆる邪悪な見解を指すが，狭義には，仏教の根本思想である因果の理法を否定する見解を意味する。この点において，「邪見」はいわゆる「迷信」にあたる。仏教では八正道（はっしょうどう）の第一である「正見」によって，その有害性を見抜き，正しい生き方を与えてきた。

仏教社会福祉的意味づけ　迷信は，非合理的なものや感覚的無意識的なものであるが，いずれも人間の生き方や観念を表すものであり，人々の心の奥深くに根ざした情動の発露とみなすことができる。その意味では，むやみに迷信だとして否定することは，対人援助の現場においては，慎重になるべきである。

しかしながら，人が合理性・科学的妥当性に欠ける迷信にとらわれるのは，その人が根元的にとらわれているのではなく，何らかの社会的障害を担わされている結果，社会の構造的欠陥から必然的に生ずる問題を抱えているためである。人間は，その経済的貧困状況のなかで，誰でも，自己中心的で利己主義的な人格に陥りやすくなる。仏教ではこれらを，とらわれの心（執着心）や，偏った心（偏見）に傾斜しているという。自分の都合のよいものや，自分の利益につながることがらを重視していく傾向は，因果の道理を正しくみる認識（正見）をもつことの大切さが失われてしまうこととして戒めている。ソーシャルワークの臨床の場において接するクライエントに対する処遇の条件は，正しい認識に立った正しいケースワークを進める，仏教社会福祉の理念を樹立するところにある。

参　小野泰博ほか編『日本宗教辞典』弘文堂，1994年。小口偉一ほか監修『宗教

学辞典』東京大学出版会，1973年。

(谷山洋三)

◇瞑想

E meditation; contemplation　S dhyāna
基本的には精神を集中して，自己を無化することにある

定義　すべての宗教は瞑想あるいはそれに類する修行法をもっている。仏教において瞑想は，釈尊が菩提樹下に端座し，自己の真実を発見したことに始まり，禅定の概念がそれにあたる。

展開　瞑想する目的は，一瞬一瞬のいのちを生きるため，調和のなかに生きるため，ひいては自分自身に目覚めるためである。
六波羅蜜の第五にあげられている禅定は，釈尊以来継承されてきた主要な修行法であり，この概念は八正道の最後の正定に基づいている。経験的な外部の現象に惑わされとらわれている苦悩の自己を正しく見つめることによって，智慧を得てさとりに至るという過程のなかで，最も強調される修行法である。

仏教社会福祉的意味づけ　苦悩する自己の実相を認識する仏教社会福祉の原点は，瞑想（禅定）により静かな心を取り戻し，客観的な状況や事物を正しく観察することの大切さを知ることにある。　(島崎義孝)

⇒トランスパーソナル

◇森永松信　1900(明治33)～1981(昭和56)

E MORINAGA Matsunobu
仏教社会福祉学の現代的構築に尽力した研究者。

略歴　1900(明治33)年に富山県に生まれる。1934(昭和9)年に立正大学文学部社会学科，1937年に同大学研究科を修了。その後，戦争のため研究職を離れた一時期を除き，同大学に在職し，一貫して宗教と社会福祉の関連について研究した。

また，戦前には「社会問題研究会」を機縁として，救癩施設「身延深敬園」の創始者である綱脇龍妙（1876～1970）らから影響を受け，また都内の無料宿泊所でのボランティア活動などに関わっている。戦後は特に仏教社会福祉学の構築に尽力し，1966年の「日本仏教社会福祉学会」創設の発起人会では発起人代表に推されるなど，同学会創設期の中核を担った。また，日蓮宗社会福祉理念の確立に指導的役割を果たし，日蓮聖人生誕750年の記念出版『日蓮宗社会教化事業の指針』理念編を執筆している。

思想　森永によれば，仏教社会福祉学の主要課題とは，仏教の諸現象のなかに人間福祉がいかにとらえられ，いかに解決されているかを歴史的・社会的にとらえようとすることであり，また仏教の福祉的実践が社会体制とどう関連して成立し，他の社会福祉活動とどのような関連性において社会福祉発展に寄与するのかを解明することである。また，仏教社会福祉事業の特徴は，①菩薩の自覚による救済の信念または救世の確信に基づき，②必要な学問・思想・実践性を有し，③その中核は寺院住職であり寺院は実践のセンターであるべきであり，④物的救援を精神的教化に優先させ，⑤総合主義的経営部面と個別主義的専門部面の両立を図り，⑥公営社会福祉事業との相互

補完を図ることにあるとしている。

主な著書に『仏教社会福祉学』(誠信書房, 1964年),『社会福祉と仏教』(誠信書房, 1975年)などがある。　　(清水海隆)

⇒**綱脇龍妙**(つなわきりゅうみょう)

◇**守屋　茂**(もりやしげる)　1901(明治34)～1994(平成6)

E　MORIYA Shigeru

仏教社会事業思想の体系化に努めた研究者。

略歴　1901(明治34)年岡山県小田郡矢掛町で誕生。1925(大正14)年,東京の社会教育研究所(社会事業・社会教育専攻)を卒業と同時に,岡山県嘱託として内務部社会課に勤務。その後岡山県社会事業主事・学務部社会課長・内務部厚生課長を務めたが,第二次世界大戦後岡山県を転出。さらに宇品引揚援護局総務部長・鳥取地方経済調査庁長・島根地方監察局長などを歴任ののち,1955(昭和30)年父親の死去に伴い総理府事務官を退く。同時に岡山県栄養短期大学講師に就任。さらに同短大・作陽短大・同朋大学・龍谷大学の教授に就任し,主に社会事業・仏教福祉・社会事業思想史に関する研究と後学の教育指導に努めた。文学博士であり,日本仏教社会福祉学会の設立に参画し,代表理事を務めた。

業績　代表的な著作として『岡山県社会事業史上巻』(大雅堂, 1945年),『日本社会福祉思想史の研究』(古代・中世編〈財団法人慈圭会精神医学研究所, 1958年〉ほか),『近代岡山県社会事業史』(岡山県社会事業史刊行会, 1960年),『仏教社会事業の研究』(法藏館, 1971年)があげられる。また,数多い論文では,岡山県済世顧問制度や方面委員・民生委員制度に関するもの,聖徳太子(574～622)や重源(ちょうげん)(1121～1206)など仏教(宗教)者の事績とその救済・福祉思想に関するもの,さらに仏教社会事業・仏教社会福祉学の基本問題や本質に関するものが中心をなす。

思想　戦後の代表的な仏教社会事業研究者である守屋の仏教社会事業理論では,社会科学的立場に立つ社会事業を認めつつも,現代社会事業が抱える限界性を仏教によって超克することにその特徴があった。人間の尊厳性回復や主体性確立を図る独自の仏教社会事業体系を構築しようとしたところに,その功績がある。

参　守屋茂『告老餘燼』自費出版, 1980年。守屋茂『仏教社会事業の研究』法藏館, 1971年。　　(清水教恵)

◇**文殊信仰**(もんじゅしんこう)

E　belief in Monju (bodhisattva of wisdom and realization)

S　Mañjuśrī

文殊菩薩に対する信仰。

定義　文殊信仰は,『文殊師利般涅槃経』(もんじゅしりはんねはんぎょう)1巻に記す貧者救済をとおして文殊菩薩にあいまみえることができるとする信仰。

展開　『文殊師利般涅槃経』は約2000字程度の短い経典であるが,そこでは「文殊菩薩が自ら化身して,貧窮(びんぐう)・孤独・苦悩の衆生となって行者の前に至り,慈心を行ずる者はすなわち,文殊師利を見るなり」と説かれている。貧窮・孤独・苦悩の衆生を文殊の化身とすることで,社会的に弱者の立場に置かれている人々へ積極的な慈心を

仏教社会福祉的意味づけ　日本においては825(天長2)年2月太政官符に，元興寺の泰善とその前年に没した大安寺の勤操とによって文殊会が設けられ，「飯食を弁備して貧者に施給す」ることが記され，その財政基盤として，貸しつけられた稲の利息(出挙稲)である「救急料利稲」を用いるとしていた。ここに，南都の僧によって始められた貧者救済の法会が国家行事となっていく様子が示されてる。その後，唐より帰国した円仁(794～864)が，五台山の文殊信仰の形態を伝えた。そこでは，僧俗・男女・貴賤・貧富を論じることなく，すべて平等に供養すべきとの「平等之式」が紹介されている。また円仁は比叡山に文殊楼建立を計画，没後の879(元慶3)年に完成している。ここが比叡山における文殊信仰の拠点となった。

10世紀に完成した『延喜式』には，東寺・西寺の文殊会が困窮者救済の行事であることが記述されている。さらに，鎌倉時代には，3代将軍実朝が文殊供養をとおして非人救済を実施している。こうした傾向は，叡尊(1201～90)・忍性(1217～1303)らが文殊信仰に基づく救済事業を展開していくことにもつながり，広く社会的に受容されていった。

　参　堀池春峰『南都仏教史の研究』下，法藏館，1980年。吉田靖雄『日本古代の菩薩と民衆』吉川弘文館，1988年。

(宮城洋一郎)

⇨叡尊　⇨忍性

や行

◇薬師信仰

E bilief in Yakushi (Medicine Master)
S Bhaiṣajyaguru(薬師如来)

薬師如来に対する信仰。

定義　薬師信仰は，薬師如来への帰依をとおして，病気の治療や延命などといった実利的な利益の実現を期待する信仰である。しかし，薬師信仰には，国家的なレベルでの信仰と，多くの人々の病気を治すという民衆レベルでのそれという二面性がある。たとえば，玄奘(602～64)訳の『薬師瑠璃光如来本願功徳経』をみると，『薬師経』の七難のうちの一つに外敵侵入などの為政者への諸々の災難を除去するに利益があるとし，また，薬師が如来となる以前，菩薩道を行じた際に発した薬師十二大願のうちの第七願には，薬師如来の名を称えれば諸諸の病気を治す利益があるとしている。こうした二面性が薬師信仰に備わっていたのである。

展開　病気治療に対する信仰をめぐっては，行基(668～749)や空海(774～835)などの高僧が，一病者に化身した薬師如来との出会いを機に，温泉寺の前身である堂舎を温泉の脇に建立し，多くの人々に入浴の機会(これを湯施行という)を与えるという縁起が多くみられる。兵庫県神戸市の有馬温泉や群馬県の草津温泉などに伝えられている，「温泉薬師」と称するものである。

こうした縁起や由来が契機となって多くの温泉地に湯治場や温泉療法が積極的に取り入れられていくことになった。

仏教社会福祉的意味づけ 奈良時代に至るまで国家的なレベルでの信仰であった薬師信仰は、諸々の病気治療の利益をもって、民衆にも共有されていった。だが、鎌倉時代の忍性(1217～1303)などの出現によって、貧窮者救済に関わる文殊信仰にその地位を明け渡すことが多くなる。そこでは、病気治療という個のレベルの薬師信仰から貧困という社会的レベルの文殊信仰へと問題が拡大していく。そうした社会のニーズの変化と信仰の変遷をふまえて、仏教社会福祉的な立場から信仰と社会的ニーズの関連性を論議することが課題の一つとなるであろう。

参 秋山大『現世信仰の表現としての薬師造像——日本仏教信仰の原初形態に関する史的研究』大倉精神文化研究所、1930年。石田瑞麿『民衆経典』仏教聖典選12、筑摩書房、1987年。五来重編『薬師信仰』民衆宗教史叢書12、雄山閣出版、1986年。西尾正仁『薬師信仰』岩田書院、2000年。　　　　　　　　　(根本誠二)

◇**養う**

E support　S aupacayika; poṣaṇa
世話をし扶けること。

定義　「養う」とは、通常、心理的・社会的・経済的自立を目標とするが、当面何らかの理由(未成年・心身障害・高齢など)によって、それが達成できない場合、家族あるいは施設などが、その一部、あるいは全部を補い、かつその能力を育むことを意味する。

展開　「養う」ことを意味した社会福祉的な用語は、「養育」「養護」「養老」などがある。わが国においては、「養育」という用語は「母子保健法」(養育医療)のなかで、「養護」という用語は、「学校教育法」(養護学級・養護学校)、「児童福祉法」(養護施設)、「老人福祉法」(養護老人ホーム・特別養護老人ホーム)のなかで、それぞれ使用されている。また、「養老」という用語は、かつて、「救護法」(養老院)、あるいは「生活保護法」(養老施設)のなかで使用された。

エリクソン(Erik Erikson, 1902～94)の発達心理学的な観点から、「養う」ということを考えると、人間は死に直面するまで成長を続ける存在なのだから、それぞれのライフ・ステージにおいて、その成長に必要なサポートをしていくことが重要なことであるといえよう。

仏教社会福祉的意味づけ　人間は、生まれながらにして「死」の運命を背負う。このことは、不確実性の現代においてまれに「絶対的」と称することができる真理である。発達心理学的には、前述のごとく、死に直面するまで成長の連続なのではあるが、仏教的にはその間、四苦(生・老・病・死)が伴うのである。この人生における四つの苦しみは、克服不可能である。幸福をもたらすはずのソーシャルワークですら、リッチモンド(Mary Richmond, 1861～1928)以降、科学、とりわけ社会科学の眼をもつことによって、幸福の範囲を社会科学上のそれに自ら限定してしまった。仏教福祉は、

上述をふまえ，現行のソーシャルワークでは補いきれない，人生に伴う苦しみを抱えながらも，なお精一杯成長を続けようとしている人間をサポートしていく必要があろう。そのことが仏教的意味での「養う」ことの本質であろう。

参 岡田正彦「人間と「豊かさ」―現行のソーシャルワーク批判とその問題点の検討を兼ねて―」(『MONTHLY LIFE SCIENCE』第17巻第9号，生命科学振興会，1990年)。
　　　　　　　　　　　　　　(岡田正彦)

◇矢吹慶輝（やぶきけいき）1879(明治12)〜1939(昭和14)

E YABUKI Keiki

大正から昭和にかけて活躍した宗教学者・仏教社会事業研究者。

略歴　1879(明治12)年，福島県信夫郡(現・福島市)に誕生。1885年に福島県の無能寺の矢吹良慶について得度。東京帝国大学哲学科卒業後も大学院にとどまって浄土教史の研究を続け，1913(大正2)年に海外留学生に任命されて渡米，さらに1915年浄土宗留学生として渡英。留学中，専門の宗教学研究のほか，社会事業の視察も積極的に行った。1922年敦煌出土仏典の調査と三階教研究のため，再度欧州に外遊し，翌年9月に帰国。帰国に先だって7月に文学博士の学位を得た。1924年1月東京帝国大学助教授に就任したが，翌年5月に東京市社会局長に転出し，社会事業の発展に尽くした。

実践　社会事業研究については，近代における日本社会事業成立期の諸研究のなかでも，リッチモンド(Mary Richmond, 1861〜1928)らによるアメリカのソーシャルワークをいち早く現地で見聞体得し，その状況を日本へ紹介するとともに，日本的展開を考察している。その考察には，アメリカ社会事業の生成期から知り得たものをふまえながら，宗教学および仏教学的視点からのアプローチが試みられているところに特色がある。

矢吹の社会事業研究は大正期の思想的特色ともいわれる「社会連帯思想」と同様の「社会連帯共同の思想」に基づいて考察がなされている。矢吹はこの「社会連帯共同の思想」による「縦の連帯共同＝先祖・自分・子孫といった家族関係での時間的連帯」と「横の連帯共同＝近隣地域といった社会状況での空間的連帯」を社会事業の展開に重ねた。そこから「縦の社会事業・横の社会事業」を派生させ，それらを根幹として「仏教者からの視点」が織り込まれている。

矢吹は「宗教大学社会事業研究室」で社会事業専門職養成に関与しながら，「社会事業概説」(1926年)，「社会事業」(1927年)などを著し，特に「仏教社会事業とは何か。どうすべきか」についてまとめたものが晩年の「仏教社会事業の現在及将来」(1939年)である。

それらの著作からは，矢吹の仏教社会事業の特色が心主物従の教化，すなわち精神的教化に仏教社会事業の独自性を求め，具体的方法として仏教伝道教化はあくまでも内在化させ，対象者への精神的教化を目指すことにあったことがうかがえる。さらに，仏教の社会的機能を仏教社会事業に見出そうとしており，今日的にも評価することが

できる。　　　　　　　　　（落合崇志）
⇨宗教大学社会事業研究室

◇病（やまい）

E illness　S roga

健康の反対語。疾病や疾患ともいう。

定義　近代西洋医学は人間を機械論的にみる生命観に立ち，病にはそれぞれ特有の病因があってそれを取り除けば予防や治療ができると考える。ところが仏教では，すべてのものごとが因と縁とによって成り立つという縁起観に立ってみるので，病も直接的病因だけでなく無数の間接的要因，たとえば，食事や生活リズム・ストレス・体質・気候等の環境条件などが関与して発病すると考える。

そのことは，病との取り組み方の違いともなって現れ，たとえば胃痛を訴える患者を診た時，近代医学はX線検査などで原因を追究する。潰瘍がみつかれば胃潰瘍と診断し，胃潰瘍の薬を処方するか手術をする。しかし仏教の立場では，胃痛があるからといって胃だけが病んでいるとは考えない。食事の不摂生や心のストレス，生活の不規則など多くの要因の相互作用によって心とからだの全体が病んでいるとみる。胃の病変はその一部であり，その部分を手術で切除すれば解決するというものではないと考える。すなわち，生活を含む全生命現象の不調和が病であると考える。

展開　仏教成立以前からインドには，アーユルヴェーダ（インド伝統医学）とよばれる独特の医学が発達しており，これに基づく医療を行う僧侶もいた。原始教団の規律のなかにも当時医療行為が行われていたことが散見される。アーユルヴェーダでは，健康とは以下の五つの状態が整っていることだとみる。①身体内のヴァータ・ピッタ・カパとよばれる三つのドーシャ（原因要素）が均衡状態にあること。②ダートゥとよばれる身体構成要素，すなわち血液・筋肉・骨・骨髄・精液・脂肪などが正常に生成されること。③マラとよばれる尿・尿・汗など人体老廃物が順調に生成，排泄されること。④ジャタラ・アグニと名づけられた消化・吸収が正常であること。⑤精神が喜びに満ち生き生きと活動すること。以上であるが，特に重要なのは①に述べた三つのドーシャの調和である。その一つあるいは二つが過剰または不足すると，調和が欠けて症状が現れる。病の診断は②〜⑤の全体を観察し，どのドーシャが過剰あるいは不足しているかを判断する。治療にあたっては薬物やパンチャカルマとよばれる独特の手技を用いてドーシャの調和を回復させていく。

ここで注目したいのは，こうした医師の行為だけでなく，治療前後の患者の療養生活と患者の心とからだを支援する看護を重視することである。「スシュルタ・サンヒター」とよばれるインド医学の古典のテキストの総論に「医療の四要素」が述べられている。それは薬・医師・患者・看護者である。医療には病に合った薬や技術とそれを適切に用いる医師が必要であるが，医療を受ける患者自身の主体的な療養生活とそれを支援する看護者も不可欠である。この四者がそろって初めて医療が成り立つという考え方である。

仏教社会福祉的意味づけ　このように医療を考えることは仏教社会福祉の立場からも重要である。病を治すのが医療といわれるが，本当は病をもつ人間，病をもって生活する人間を癒すのが仏教医療である。仏教社会福祉はこのような医療が円滑に行われるよう，患者の立場に立って援助することを志しており，仏教自体が医療を含むものといえる。その源流がアーユルヴェーダにあり，それが全人的医療であることを理解しておきたい。

仏教の実践原理が医療と類似していることはフランスの仏教学者シルヴァン・レヴィなどが指摘している。四聖諦すなわち，苦・集・滅・道の四つの真理は病を含む人生の苦の解決法を示すものであるが，それは苦の症状を観察し，苦の原因（集）を明らかにすること，そして苦のない状態（滅）を目標にして解決の方法（道）を実践するというものである。医療の診断と治療の論理であるとみるのである。人生の問題発見と，問題の根本的な因や縁を除去して解決を図ろうとするのが仏教であるといえよう。

（奈倉道隆）

⇨四聖諦　⇨仏教医療

◇唯我独尊

E　I am the most revered one alone
P　aggo'ham asmi lokassa

釈尊が誕生した時に最初に発したと伝えられる言葉。

定義　「ただ我ひとり尊し」と読む。この言葉は，独りよがりの意味に誤解されている場合が多いが，正しくは「天上天下唯我独尊」という。世界のうちで私ほど最勝の者はいないという意味である。釈尊が誕生するや否や，四方に7歩歩み，右手をあげて称えた詩句と伝えられている。誕生偈ともいう。

展開　種々の経典には，非現実的または超歴史的表現や，象徴的・神秘的表現がみられる。絶対的な釈尊のさとりの内容を，歴史的・社会的に規定される相対的な存在としての人間に認識させようとする努力の結果，このような哲学的表現となったと考えられる。

したがって，釈尊が生まれながらにして7歩歩んだという意味は，六道をすでに超えた聖者であることを表現しているのである。以上のことから，この誕生偈の意味するところは，自己の存在感をアピールする表現にとどまらず，むしろ人間の尊厳性をいい表したものといえる。

釈尊が生まれた時，「天上天下唯我独尊」と声高らかに獅子吼したという。この部分に相当するパーリ語の原典をみると，「私は世界で最も老いた者である。これは最後の生である。もはや輪廻はない」という文が加わっている。生まれたばかりの赤ん坊が最も老いたというのはどういうことであろうか。それは，誰よりも多くの輪廻を繰り返して，今ここに生まれてきたという過去を背負った言葉であり，もうこれ以上生まれ変わることはないという決意を秘めた言葉なのである。そうすると，「唯我独尊」とは，「私はさまざまな因縁によって，誰よりもかけがえのない尊いいのちをもらってこの世に生まれてきた」という自らの自覚を表現した言葉ということになる。

仏教社会福祉的意味づけ　唯我独尊性を独善性と解釈することはゆるされない。仏教社会福祉の主体的契機は人間の尊厳性にある。いのちの輝きと尊厳を体現する人間の存在を確認することにおいて，無差別平等の原則に立つ仏教社会福祉を展開することである。世に超えすぐれたお釈迦さま（釈尊）をとおして，人それぞれに具備している徳性と尊厳性を認めあうことができよう。

（中垣昌美・吉元信行）

◇欲（よく）

E　desire; wish; longing;

S　tṛṣṇā; icchā; ruci;

欲すること願うこと，および，むさぼり欲しがる心のこと。

定義　仏教では貪欲と意欲の二義がある。一般に「欲」という場合，「欲張り」「欲深い」「欲をいう」などあまりよい意味には使われていないが，仏教ではそのような欲は「愛」といい，「欲」とは意欲の意味で，善悪にかかわらず，人間である限り基本的にもっている心理現象（心所）のことをいう。

展開　人間生活をする以上，欲がなければ向上ということもありえない。生まれて以来この欲は，人間として不可欠のものである。しかし，この欲が特定の対象に向かう時，「愛」となり，それは人間を悪や堕落の方向に導くことになる。また，人間は社会的動物であるから，自他による行動規制によって，規律ある社会生活ができる。それに対するひずみが，社会におけるさまざまな不適応・犯罪・非行・紛争などを生み出すことになる。社会ではこのような弊害をもたらす欲をいかに制御し，希望・願望・意欲というよい意味での欲を生み出していくかが大きな課題となっている。

仏教社会福祉的意味づけ　紀元前後から5世紀頃までにかけてインドで発達したアビダルマ仏教の心理学によると，「欲」は人間にいついかなる時にも存在する10の心理現象のなかの一つであるとされる。それはある行動をしたいという希望であり，ある対象に対する願望でもある。この欲は，善・不善・無記（善でも悪でもないもの）に通じるとされる。大乗仏教ではこの欲を善なるものへの欲，あるいはさとりへの欲というように実践的な解釈をするようになる。

人間は社会生活をするうえにおいて浄らかな心をもつことが必要である。その浄らかな心のことを「信」という。この「信」には，存在に対する確認，徳のあるものに対する浄信（浄らかな信仰），能力に対する願望という三つのあり方があるとされる。すなわち，①縁起に基づいた業因業果の道理と四諦と三宝とを基準にして，その対象を確認する。②次にそこに確認された徳のある対象に対して浄信する。③そして，徳のある対象を獲得したい実現したいと願望する。

その第三の能力（可能性）に対する願望が「信」の結果としての「欲」であるといわれる。この欲は人間に向上をもたらすものである。その向上力のなかでも，特に浄土に生まれたいと願う心を「欲生（よくしょう）」という。すなわち，仏教社会福祉の根幹は，より安全でより安定した状況のなかに生きようとする，人間の自己実現化にある。

参　吉元信行「心理的諸概念の大乗アビ

ダルマ的分析──善心所」(『仏教学セミナー』第39号，1984年)。　　(吉元信行)
⇨愛　⇨縁起

◇吉江学園

E Yoshie-Gakuen

明治期に仏教者が福井県に設立した児童養護施設。

定義　1898(明治31)年5月，仏教各宗派僧侶らの主唱により，曹洞宗永平寺管長を総裁に，県参事官を院長として，福井市平岡山麓に「私立育児院」が設立された。また1906年には，浄土真宗本願寺派の「真宗南越婦人会」も，日露戦争による戦没者遺児を養育するため，「南越育児院」を設置した。1908年7月，両院は合併することとなり，「福井県私立育児院」と称し，浄土真宗本願寺派福井別院を経営主体として，同別院輪番本多恵隆(1876〜1944)が院長を務めた。

展開　1908年11月には，感化部も併設され，1912(大正元)年に育児院より分離して，「福井平岡学園」と改称したが，1918年，県に移管された。一方，育児院は，1911(明治44)年8月に福井市老松上町に敷地家屋を購入し，11月に移転した。この年，収容児童は26名あり，「真宗南越婦人会」「大日本仏教慈善会財団」の補助金，慈善家有志の寄付により運営されていた。

1933(昭和8)年8月「福井県慈光園」と改称し，北陸中学(現・北陸高校)の西隣に施設を新築移転し，養老部も併設した。1945年7月の空襲により園舎を焼失したが，ただちに福井市深見町の浄真寺に疎開して事業を継続した。

1946年4月，復旧に腐心していた慈光園の主事平本智遠(1897〜1974，浄真寺住職)は，福井市の要請を受け，旧慈光園敷地を市に無償提供し，福井市立第一社会厚生園「慈光寮」が設立された。平本は自ら園長に就任したが，公立となったことで宗教教育を行えなくなった。このため平本は，仏教主義に基づいて事業を継続することを決意，年長園児を連れて，鯖江市に新たに「慈光園吉江分園」を設立し，職業指導と食料不足補塡のため，農耕を行いながら育児事業を続けた。1948年には，「児童福祉法」に基づく養護施設として県より認可され，さらに1952年9月に社会福祉法人として認可を受けて「吉江学園」と改称した。

参　福井県教育史研究室編『福井県教育百年史』第1巻，福井県教育委員会，1978年。　　(中西直樹)
⇨佐賀清光園　⇨讃岐学園　⇨湘南学園　⇨大日本仏教慈善会財団

ら行

◇リハビリテーション

E rehabilitation
S prākṛtaka-karaṇa

もとあったような普通の生活ぶり(状態)にもどること。

定義　社会的権利・名誉の回復を意味する概念。日本語では，社会復帰・更生・療

リハビリテ

養・回生・回帰などの語があてられる。

展開 「リハビリテーション」という言葉は，1917年に米国陸軍病院に身体的再訓練・リハビリテーション部が設けられ，戦傷病者の社会復帰のための職業訓練などの施策として位置づけられたのがその最初といわれる。その後も，職業復帰対策に重点が置かれた。また，1920～30年代におけるポリオ(小児麻痺)への対応のなかから，特に整形外科・物理医学分野で「リハビリテーション医学」としての発展がみられた。

リハビリテーションの基本理念は，「全人間的復権」(人間らしく生きる権利の回復)であり，「平等」を出発点・基盤に「完全参加」を目標にする。それは自己決定権の確立をはじめとする「自立生活」の保障とADL(action of daily life：日常生活動作)レベル向上を含む，QOL(quality of life：生活の質)の向上を援助することにある。

したがって，リハビリテーションの本来の目標はハンディキャップの超克であり，単に医学的障害や，身体的・精神的不全(インペアメント)，ならびに能力的不全(ディスアビリティ)などの上部構造における狭い概念としてではなく，文化的障害・社会的不利の克服として理解されるべき概念である。

ややもするとリハビリテーションの理解は，機能回復訓練や，職業人としての社会復帰という限定的(古典的)な解釈にのみ固執しがちである。そのため，これまでのリハビリテーションはどちらかといえば，リハビリテートの可能者・見込者だけに注目することが多かったので，権利擁護を基調とする近代的リハビリテーションの確立が待たれる。日本では，1982(昭和57)年の「今後における身体障害者福祉を進めるための総合的方策」(身体障害者福祉審議会答申)のなかに，国際的動向を包含したリハビリテーションの理念が示された。

リハビリテーションは通常，医学的リハビリテーションから職業的リハビリテーション・教育的リハビリテーションに引き継がれ，さらに，これらをより発展させるための「社会的リハビリテーション」とからなる。社会的リハビリテーションは，単にリハビリテーションの全過程を円滑に進めるための経済的・社会的・環境的調整サービスにとどまらず，利用者一人ひとりを全人間的存在としてとらえ，自立助長援助することである。

今後においては，これらの「トータル・リハビリテーション」としてQOLを問いなおし，その向上を目指す実践であることが要請されている。

仏教社会福祉的意味づけ 実践的・総合的人間学としての仏教は，心身の両面から苦を克服する道を開くことを目標としている。疾病のなかに内在する「健康へ向かう衝動」を増幅，強化することにより，健康回復を促進させるための援助である。すなわち，平等大悲の立場から「心の通うリハビリテーション」を展開することにより，「生かされて生きる存在」である自己に目覚め，生かされている喜びの心を育て，生き生きとした回復力があふれるよう援助することが重要である。また，「疾病へのとらわれ」を否定する努力により不安を和らげ，心を明るくし，最適な社会資源・方法・技術を選び用いて疾病克服・健康回復に精

進し，実社会のなかで「その人らしい生活」が営めるように援助するところに仏教社会福祉的な意義がある。

参 砂原茂一『リハビリテーション概論』医歯薬出版，1984年。竹内孝仁『老人のリハビリテーションと処遇』全社協，1983年。硯川眞旬・阪上裕子ほか『現代医療福祉活動論』相川書房，1983年。硯川眞旬『リハビリテーション論』金芳堂，1999年。　　　　　　　（硯川眞旬）
⇨更生

◇利益（りやく）

E benefit; benevolence
S artha; hita

他人を益すること。

定義　恵みを与えること，仏の教えに従うことによって得られる幸福とか恩恵という意味でもある。功徳と同義語。また，仏典ではしばしば利益（hita）と安楽（sukha）とが並列的に言及され，利楽（利益安楽）という用語もある。

展開　一般的に流通する用法は，「信心すれば御利益がある」とか，「そんなにお祈りしてどんな御利益あるの？」といったものである。このような考え方を，現世利益といい，意外に人間の宗教心の中身は，自己中心的な現世利益を求める祈りが多い。真実の救い（摂取不捨の利益）を求める真実の宗教心（真実信心）に目覚めることに注目したいものである。

親鸞（1173〜1262）の代表作といわれる『教行信証』の仏弟子釈に，現生十益が次のように示されている。

①冥衆護持の益（諸菩薩が常に護持したもう利益），②至徳具足の益（名号の徳をすべてこの身にいただいている利益），③転悪成善の益（相対の善悪を転じて如来の徳に融じたもう利益），④諸仏護念の益（諸仏が証誠し，常に護持したもう利益），⑤諸仏称讃の益（諸仏が如来と等しい真の仏弟子と誉め称える利益），⑥心光常護の益（摂取の心光は常に照らし護りたもう利益），⑦心多歓喜の益（心に何ものにもさまたげられない真実が満ちあふれる利益），⑧知恩報徳の益（仏の大きな法を得た喜びが自然とあふれ出る利益），⑨常行大悲の益（自ら信じ，人を教えて信ぜしむ徳をいただいている利益），⑩入正定聚の益（現生正定聚の身にさせていただいている利益）。

10番目の益は，総益といい，根本の利益のことである。現在生きながらにして信心一つで極楽浄土に往生すべき身に定まる（現生正定聚）というのである。

これら10種の利益は，人生を直視し，人間の苦悩を洞察し，仏智満入のうちに摂取（救済）して照護したもう仏の真実心（仏願・大慈悲心）を正しく受容していくところに，おのずから利他と報恩の行を実践する主体的契機を認識することができるとするものである。

仏教社会福祉的意味づけ　仏教福祉実践に関わる主体的契機は，現生十益のなかの心多歓喜・知恩報徳・常行大悲の三つの利益である。自分を摂い取って捨てたまわない仏（阿弥陀如来）への感謝の思いは，報恩感謝の常行大悲の行為が世間的場面に輪を広げることによって，思いやりと慈しみの

世界をつくり，すべてのものを仲間として支援していく実践活動を自発的に展開するのである。同時に，仲間として支援する社会福祉実践は，「支援してあげる」という心情ではなく，「支援できる場に恵まれている喜びに気づく」ということである。そして，この福祉実践の延長線上に「住みよい福祉の街づくり」の活動がおのずから展開されるのである。　　　　　（中垣昌美）

⇒みんなの福祉をあつめる運動

◇**龍谷大学仏教文化研究所**
りゅうこくだいがくぶっきょうぶんかけんきゅうしょ

E Institute of Buddhist Cultural Studies, Ryukoku University

1961(昭和36)年に龍谷大学に設立された研究所。

定義　龍谷大学に設置されている研究所のなかで最も古い歴史と伝統をもった研究所である。通称「仏文研」という。

展開　仏文研は「仏教を中心とする文化一般に関する総合的研究，その他必要なる事項の研究をなすことを目的とする」(仏教文化研究所規程3条)研究所で，1969(昭和44)年4月に，経済・経営・法学部によって運営される社会科学研究所ができるまでは，龍谷大学における唯一の研究所であった。そして，仏文研は文学部・短期大学部を中心とする，文字どおりの「仏教文化」を中心とする人文科学系の研究機関となった。したがって，1970年5月には研究所規程を改定し，「仏教を中心とする文化一般に関する研究を推進すること」とした。以後18年間，この目的や規程は変更されることはなかったが，1988年12月の研究所規程改定では，「仏教文化及びその関連領域に関する総合的学術研究並びに国際的研究交流を行い，以って学術研究に寄与すること」と明記し，研究活動分野の拡大と多様化・国際化をその目的に加えた。

仏教社会福祉的意味づけ　仏文研の機関誌として『龍谷大学仏教文化研究所紀要』が発行されるなかで，社会福祉とりわけ仏教社会事業研究に関わる個人研究・共同研究が活発に展開され，それぞれの研究課題の研究補助者として若い研究者を組み込み，人材養成にも大きな成果をもたらしている。

『紀要』に掲載された主な研究業績として，1971～73年の「仏教社会事業の研究」(孝橋正一・西光義敞・中垣昌美など)や，1986年の「比較宗教社会福祉論の基礎研究」(中垣昌美ほか)があげられる。　（中垣昌美）

◇**了翁**　1630(寛永7)～1707(宝永4)
りょうおう

E Ryōō

江戸前・中期の黄檗宗の僧。法諱は道覚。

略歴　出羽国(現・山形県)に生まれ，2歳で母を失い，貧困のため養子に出されるが養父母および義姉2人と死別し，ついで頼りとした伯父母をも失うなど，不遇な幼少年期を送った。12歳の時，年季奉公に出された曹洞宗龍泉寺で出家し，14歳の時，平泉中尊寺を訪ね，一切蔵経の散逸状況を目のあたりにして蔵経の収集と『大般若経』600巻の書写を発願したという。その後，諸山寺を遍歴して苦修練行を重ね，やがて黄檗宗の隠元隆琦(1592～1673)のもとに参じることとなるが，晩年，1694(元禄7)年65歳の時，本山万福寺の門前に天真院を
いんげんりゅうき

開創。翌年万福寺5世高泉性激(こうせんしょうとん)より嗣法し,1701(元禄14)年には深草仏国寺4世住職となる。

展開 若き日に了翁が誓った弘経事業の大願は,意外な因縁によって実を結ぶこととなっていく。30代に至った了翁は,煩悩との闘いの末男根を切断し,さらに己の願行の決意を指灯供養(くぎょう)という苦行によって示した。ところが,その傷口と火傷の痕の耐えがたい痛みに苦しんでいたある日,2度の夢告によって薬の処方を授けられ,それにより後遺症も癒えた。彼はこの霊薬を「錦袋円」(きんたいえん)と命名し,薬を売って大蔵経納経の財源とするため,東叡山(とうえいさん)(寛永寺)下不忍池畔に薬店を開き俗姪に販売にあたらせたところ,数年のうちに巨富を得た。

この財源によって,了翁はまず天海版大蔵経を購入すると,寛永寺に経堂を建立して蔵経とともに和漢の典籍をも納め,さらに道友である鉄牛(てつぎゅう)(1628〜1700)が住する江戸白金台瑞聖寺に経堂と勧学寮を建てた。その後,寛永寺に勧学寮を新建して3万余巻の書籍を納め,付帯施設を整えるなど,今日の社会教育施設や図書館事業に相当する先駆的な役割を果たす建造物の充実に努めた。了翁はまた天台・真言・禅三宗の道場に大蔵経を納めるという大願をも成就しているほか,本山をはじめ,縁ある諸寺院の堂宇の再建・修復・山内整備などにも援助を惜しまなかった。もっともこうした事業成功の影には,幕閣や寛永寺門跡など有力者の庇護によるところが少なくなかった。

了翁は,1671(寛文11)年に納経の大願を果たしたあと,報恩のため「錦袋円」を42万人に施与することを発願し,伊賀国(現・三重県)上野安養寺,京都泉涌寺,本山万福寺の門前にそれぞれ施薬館を設けて施薬した結果,その総数は計5万5000余袋にものぼった。のち1684(貞享元)年に42万人を達成し,翌年高野山に赴くにあたっても「錦袋円」4000袋を携え,道中病人らに施与しながら旅を続けた。注目されるのは,1703(元禄16)年に万福寺境内に医療機器を備えた「省行堂」と称する病僧のための病院を建設していることである。

了翁は窮民救済にも心を砕き,1682(天和2)年冬の江戸の大火に際しては銭1102貫文の莫大な費用を費やして罹災窮民の救助と死者の埋葬にあたった。同年は大坂における鉄眼(てつげん)(1630〜82)の飢民救済があり,長崎でも前年来の千呆性侒(せんがいしょうあん)(1636〜1705)らによる飢民への施粥が行われ,了翁は道友の千呆に資金を援助している。また1698(元禄11)年の宇治の大火災の折りにも金100両を喜捨した。彼は棄子の教育にも努め,養育して弟子とした者が10余人に及んだという。

仏教社会福祉的意味づけ 了翁の思想と行動を特徴づけるものとして,第一にその生い立ちと仏縁がもたらす対象への限りない慈悲の心,第二に発願と苦修練行に示される巌のごとき堅固な意志と実行力,第三に報恩行としての利他(りた)の実践,第四に薬店経営の収益による諸事業の展開と事業家としての手腕などがあげられよう。

ところで,初期黄檗宗では了翁のほかにも鉄眼・鉄牛・千呆など,慈善救済や社会福利・教育・文化事業に顕著な足跡を遺した人物が続出している。この点は,後発の外来宗教ゆえに,幕藩領主や当代社会の注

目を集め支持を得る必要があったからかもしれない。

著作に『天真了翁禅師語録』がある。

参　仁峰元善編『天真了翁禅師紀年録』（鈴木吉祐編『了翁禅師集録』鈴木吉祐、1938年）。　　　　　　　（長谷川匡俊）

⇒鉄眼

◇良　寛　りょうかん　1758（宝暦8）～1831（天保2）

E　Ryōkan

江戸時代後期の禅僧。

略歴　越後出雲崎（現・新潟県三島郡出雲崎町）にて、名主山本以南の長男として生まれる。幼名・栄蔵。11歳の時、地蔵堂の儒学者大森子陽の塾に入り、漢学を中心とした学問を修める。16歳で元服し、名主見習いとなるが、2年後には家督を弟の由之に譲り、尼瀬の曹洞宗光照寺に入り、玄乗破了和尚のもとで得度、法号を自ら大愚良寛と称した。22歳の時、国仙和尚と出会い、備中玉島（現・岡山県倉敷市）の円通寺で修行生活に入る。国仙和尚の禅風は知や論といった観念を排し、坐禅に徹し労務に励むなかでさとりを開くという厳しいものであったが、良寛は13年間修行に耐え、1790（寛政2）年さとりの境地に達したとして印可を受ける。

その後一所不住、乞食行脚の生活を10年あまり送り、47歳の時故郷越後の国上寺五合庵に定住する。ここでの生活は、良寛の生涯で最も充実した時期にあたり、この時期に、求法、漢詩や短歌の創作、書、村人たちの教化に多くの業績が遺されている。1831（天保2）年三島郡島崎村（現・和島村）にて病により示寂。

仏教社会福祉的意味づけ　良寛と親交の深かった解良栄重による『良寛禅師奇話』には「師、余が家に信宿、日を重ぬ。上下おのずから和睦し、和気家に充ち、帰り去るといえども、数日のうち人おのずから和す」と書かれているように、その温雅でやさしい人柄は、出会う人すべてに安らぎと和気をもたらし、村人たちで良寛を敬慕しない人はいなかったという。またそうした人柄から香るようにして生まれた漢詩や短歌は、深い思索と人生智を宿し、時代を超えて多くの人々に感銘を与えている。いうならば村人とともに生き、ふれあいを深め、和合の村づくりに献身した良寛が、家事の相談、児童の育成、病人の看護、遺棄死体の供養などにあたる姿は、常に近隣の村人たちの灯火となったのである。（野呂　昶）

◇臨死　りんし

E　dying; terminal; near-death　S　cyuti

死に臨むこと。仏教では臨終という。

定義　一般的には「臨終」というと、死の間際、死の瞬間もしくは死そのものを意味する。「臨死」は、臨終よりも時間的に長く、死に臨んだ時から死までを含む。臨終・末期よりも死について積極的な意味を含めて、臨死という語が用いられている。

展開　仏教用語としての「臨終」は、一般的な用語としての臨終よりも、むしろ臨死の意味に近い。この臨終に関わる心得と作法と場について示された「臨終行儀」（仏教的看取り）においても、時間的には平生から発病・死亡前・命終そして死亡後ま

でが含まれている。

臨終行儀の基本は律蔵や『大パリニッバーナ経』『大般涅槃経』にみられるような，釈尊の最期に倣うものであるが，その原形は唐の初期に整えられ，日本においては『往生要集』を撰述した源信（942～1017）らによって二十五三昧会が組織されるなど体系化された。江戸時代には庶民にも定着し，戦前までは行われていた。戦後には，日本的な生死の文化が風化するとともに，臨終に関わる仏事の形骸化が進み，一般に行われなくなり，「葬式仏教」という批判が高まった。

1970年代以降，国内でもホスピスの問題が人々の関心を集めだした。この動きのなかで1985（昭和60）年，田宮仁は仏教者による看取り，医療・福祉現場への積極的な関わりの必要性を主張して，仏教を背景としたホスピスとして「ビハーラ」を提唱した。

これに伴い，仏教思想を現代社会に役立たせるための実践的な研究や臨終行儀の歴史的研究が進められた。

医療の領域では，命終までの6ヵ月間が四つの段階に分けられる。しかし看護の立場から，仏教者（善知識）による「看取り」を主張する藤腹明子は，ターミナルステージを次の6段階に分ける。①予後不良と診断されてから危篤まで，②危篤，③臨終，④命終，⑤死後の処置，⑥患者の死後，家族へのケア。この段階設定には，悲しみを分かちあい家族への支援を提唱するなど，臨終行儀の影響がみられる。

仏教社会福祉的意味づけ　現代の葬儀式は，葬式仏教という批判とともに，葬儀に関わる諸費用の高騰など，本来の意味を離れて必要以上の負担や苦痛を強いるものとなっている。これでは福祉に反することになる。したがって死後への関わりとともに，生前からのデス・エデュケーションをとおした関わりをもつことで仏教社会福祉活動の活性化が期待される。

また近年の研究には，臨終行儀や仏教的ターミナルケアの実践および研究から，仏教福祉の方法論ないし仏教福祉の学的体系化への手がかりを求めようとしている動向もみられる。

参　長谷川匡俊ほか『臨終行儀』北辰社，1993年。藤腹明子ほか『看取りの心得と作法』医学書院，1994年。水谷幸正編『仏教とターミナル・ケア』法藏館，1996年。　　　　　　　　（谷山洋三）

⇒ビハーラ　⇒臨終行儀

◇臨終行儀

E manner of dying

臨終時の心得と作法。

定義　人が死と向きあう人生最期の時の迎え方とその看取り方に一定の心得と作法を示し，具体的・実際的な死への智慧を提示したもの。その起源は『遊行経』にみられる釈尊の最期に求められようが，より整序されたかたちとしては，中国唐代の道宣『四分律行事鈔』瞻病送終篇や，善導『観念法門』，伝善導『臨終正念訣』などに集大成され，日本の臨終行儀に大きな影響を与えた。

展開　日本における仏教の看取りは，986（寛和2）年に結社した源信（942～1017）

が提唱した二十五三昧会(25人からなる看取りの互助組織)を嚆矢とし、『往生要集』巻中末には「臨終行儀」の項がある。その後鎌倉時代にかけて、覚鑁『一期大要秘密集』、湛秀『臨終行儀注記』、貞慶『臨終之用意』、良忠『看病用心鈔』などの述作が伝えられる。やがて江戸時代になると、伝善導『臨終正念訣』の注釈に始まり、慈空『臨終節要』、可円『臨終用心』など、類書は枚挙に暇がない。

寺請檀家制の定着を背景に、仏教による末期の看取りが庶民レベルにまで普及をみたのは実に江戸時代のことであった。浄土宗系の数々の往生伝には、病・死に立ち会う善知識としての僧がしばしば登場する。

仏教社会福祉的意味づけ 長寿社会の到来は、それだけ死と向きあう時間が長くなるということでもある。加えて末期患者の看護、脳死と臓器移植、安楽死、尊厳死などの問題を抱えた今日、福祉・医療・看護のいずれの領域においても死について正面から問うことはもはや避けては通れない。にもかかわらず、死への旅立ちを視野に入れた社会福祉の対応は、未だ緒についたばかりである。それだけに、史上、死を前にした病人や看取る者たちに平生の用心、病と死の受けとめ方、臨終の環境、医療行為の意味など、さまざまな示唆や教訓を与えてきた臨終行儀に学ぶべきところは少なくないだろう。

参 神居文彰ほか『臨終行儀――日本的ターミナル・ケアの原点』渓水社、1993年。

(長谷川匡俊)

⇒**臨死** ⇒**ビハーラ**

◇**蓮如** 1415(応永22)～1499(明応8)

E Ren'nyo

室町時代に浄土真宗を復興した僧。

略歴 蓮如は1415年2月25日に、京都東山の大谷本願寺で誕生し、童名を幸亭、本名を布袋という。父は本願寺第7代存如。母は祖母(巧如上人内室)に仕えていた女性であるといわれ、蓮如が6歳の時に本願寺を退出して行方不明になったと伝えられている。生母の退出により、継母の如円によって養育され、逆境の幼少年期を送った。17歳で天台宗門跡寺院の青蓮院において得度し、法名を蓮如とする。43歳で存如の後継者として本願寺第8代を継職し、1499年3月25日、85歳の生涯を閉じた。

業績 本願寺の歴代宗主は、宗祖として親鸞、第2代の如信、第3代の覚如、第4代善如、第5代綽如、第6代巧如、第7代存如であり、蓮如は第8代を継職した。蓮如が20歳頃から存如の聖教書写を手伝い、そのことが蓮如の宗学研鑽に役立ち、継職後の伝道方法のなかに『お文』(『御文章』)による教化を取り入れたことに強く影響している。最初は、継職後4年目の1461(寛正2)年に近江金森の道西の要請によって書いた、いわゆる「お筆始めの御文章」である。以後、往生の前年84歳の時まで膨大な数量の『お文』(『御文章』)が書かれた。内容をみれば、法義についてだけではなく、現実の教団の状況や信仰生活のあり方にまで、現実的・具体的な問題が広くかつ平易に書かれており、説得力の強い内容であった。

蓮如による講の組織化は基本的には寄合

と談合にある。寄合は集会とは違って、上層からの指示や強制の伴わない自由意思による寄り方である。行かねばならないのではなく、行きたくなり、いつのまにか寄り集まっている状況が寄合なのである。談合は語らいであり、語りあいである。したがって、講は主体的な個人の自由参加による語らいの場と定義できる。蓮如は、このような寄合の場において、どのようなことでも語りあい、とりわけ信心の問題については納得のいくまで語りあうことを勧めたのである。このようにして、いつのまにか毎月一定の日を決めて法座を開くようになり、月並みの講寄合が同行集団を形成した。

浄土真宗における講の成立と運営は、同朋・同行精神に基づく平等思想によるもので、今日の地域福祉の原点であるコミュニティ形成と深く関わり、自立・自治・連帯による相互扶助の組織化を図るものであった。しかし蓮如晩年にあっては、講集団の管理・運営の必要から、きわめて強固な官僚型集団に転じ、権威主義的傾向を強めたことも否めない。

参 北西弘「講寄合の世界」「蓮如と教団」『南御堂』9・10月号、1982年)。浄土真宗教学研究所編『蓮如上人――その教えと生涯に学ぶ』本願寺出版、1998年。木村武夫編『蓮如上人の教学と歴史』東方出版、1984年。　　　　　　　　　　(中垣昌美)

⇨長　⇨講　⇨相扶

◇老

E aging　S jarā

年をとること、老いること、または老人の意味で用いられる。

定義　「老」や「老人」を年齢によって一律に規定することは困難であり、現行の各種制度などでも年齢の規定が異なっている。たとえば、老人クラブの入会は60歳以上、老年人口という場合は65歳以上、老人保健法による医療などの対象者は70歳以上となっている。なお、自分自身が老人であることを意識する「老性自覚」は個人差がかなり大きく、年齢規定はできないが、現代の日本人の大多数が老性自覚をもつのは、80歳以上であるとされている。

展開　「老」は仏教によれば「生老病死」の四苦の一つであり、釈尊の出家の契機となった問題である。釈尊がまだ太子の頃、宮殿の東の城門から外出し、1人の老人に会う。太子はそれまで老い衰えた人を見たことがなかったので、驚いて御者に尋ねると、御者はありのままを答える。太子は、生まれた者はみな老いから逃れることができないことを知って苦悩する。その後、「病」「死」の問題も同様に苦悩し、そのような悩みを解決しようと出家し、修行者となったのである。そして、生老病死克服の道を発見し、それを乗り越えて、さとりを開いたのである。釈尊は『スッタニパータ』(経集)「彼岸に至る道の章」のなかで、次のように説いている。「いかなる所有もなく、執着してとることがないこと、それをニルヴァーナとよぶ。それは老衰と死との消滅である」と。

仏教社会福祉的意味づけ　「老」に関わる社会福祉問題には、老後問題と老人問題の2問題がある。高齢社会における老人問題は多様化の傾向にあり、貧困や病弱などにより何らかの障害を担わされている。引き

こもり，会話を避けるなど，孤立化が進行している。この現状は歴史的・社会的に形成される老後問題を象徴化しており，個人に還元される問題ではない。　　　（千草篤麿）
⇨苦

◇『六大新報』
ろくだいしんぽう

E Rokudaishinpō

明治期に古義真言宗の有志により創刊された雑誌。

定義　「古義真言宗祖風宣揚会」は，空海の遺風を宣揚し，宗勢の伸張，社会の改善，人心の救済を行い，国家社会に貢献することを目的として，1903（明治36）年5月に結成された。その1期事業に新聞発行・人材育成・慈善事業を，2期事業に図書出版と学校・会堂の設立を，3期事業に慈善病院の設立と海外布教の実施を掲げていた。『六大新報』は，1期事業の一環として，真言宗の関係雑誌『伝灯』（1890年創刊）と『遍照』を合併し，週刊として創刊された。

展開　発行母体の祖風宣揚会が慈善事業を事業項目にあげていたこともあって，「社会問題の解釈」（95号付録，1905年5月），「社会事業」（151号，1906年7月），「風教問題と社会事業」（391～393号，1911年3・4月）などの社説を載せ，社会事業に対する高い関心を示している。また，「済世病院」「讃岐学園」「真龍女学校」「悲眼院」「鶏鳴学館」など，古義真言宗僧侶が関わった慈善事業の紹介記事も多く掲載した。特に，祖風宣揚会の3期事業として設立された済世病院に関しては，1909年9月に開院記念号（315号）を発行するなど，詳しく報道している。

仏教社会福祉的意味づけ　『六大新報』が，古義真言宗内に慈善事業に関する情報を広く伝え，その活動の活性化を促した意義は大きい。また，1906（明治39）年の東北飢饉や，1910年の関東大水害に際し，義捐金を募るなど災害救援活動にも比較的早期から積極的に取り組んでいる。

参　今井幹雄編『真言宗百年余話』第1巻，六大新報社，1996年。　　　（中西直樹）
⇨鶏鳴学館　⇨済世病院　⇨讃岐学園
⇨真龍女学校　⇨悲眼院

◇六波羅蜜
ろっぱらみつ／ろくはらみつ

E six pāramitās　S ṣaṭ-pāramitā

仏道修行の6種の徳目。

定義　6種の波羅蜜ということであるが，波羅蜜は梵語パーラミターの音写であり，波羅蜜多ともいう。到彼岸・度彼岸または度と漢訳し，「彼岸に到達する状態」または，「最もすぐれた状態」を意味するとともに，「円満」とか「終了」などを意味する。すなわち，迷いの世界（此岸）からさとりの世界（彼岸）に到達することであり，またはそのために修する菩薩の行をいう。

展開　大乗仏教における菩薩の修めねばならない6種の行業を六度ともいい，①布施：施しをすること，②持戒：戒律（規律）を守ること，③忍辱：たえ忍ぶこと，④精進：進んで努力すること，⑤禅定：精神を統一し，心定まり，安定すること，⑥智慧：真実の智慧（さとり）を得ることを意味している。

仏教社会福祉的意味づけ　布施の行が最初にあげられていることは，欲張り・独占欲・我執・不謙譲（譲ることを知らない我利

我利亡者(がりもうじゃ))などを否定する仏教にとって,仏教者の最優先するべき実践項目であり,仏教社会福祉の達成課題でもあることを示唆している。施しは利他行(りたぎょう)であり,とも生き(共生)の基本であり,思いやりの心をもち,独りよがりの自利利欲を抑制して,互いに分かちあう心を育てることが最優先されるのである。　　　　　　　　　　（中垣昌美）

⇒布施

◇六方学園(ろっぽうがくえん)

E Roppō-Gakuen

浄土真宗の篤信者・田中正雄(1881～1961)によって創設された知的障害児施設。

定義　「社会福祉法人六方学園」の本部は,東広島市西条町にある。また,広島県内に「福山六方学園」(1959年設立),庄原市に「庄原さくら学園」(1962年設立)があり,広島県内の知的障害児・者福祉の重要な位置を占めている。本学園は,田中正雄によって1931(昭和6)年に「広島教育治療院」の名称のもとに設立され,1939年に「六方学園」に改称。知的障害児施設として,知的障害児の処遇にあたったことで知られる。

展開　田中正雄は,1881(明治14)年に島根県に生まれ,1903年に島根県師範学校を卒業後,小学校訓導に就任した。田中の知的障害児・者福祉への道は,こうした学校教育の現場から生まれてきたものである。彼は広島県内では初めての促進学級を設置し,知的障害児をはじめ,学業不振児などの教育を熱心に行った。その一方で,在校時間だけでは教育が不十分であると考え,家庭教育と学校教育の一体化を図る「広島教育治療院」を設立し,24時間体制の指導を実施した。

仏教社会福祉的意味づけ　実践家としての田中は,「知的障害児も社会に役立つ人間である」ことを自らの実践をとおして唱道した。そして,慈善事業家としての彼は,施設の財政困難にもかかわらず,浮浪している知的障害児を積極的に施設で保護した。

田中のこうした活動の思想的背景をみると,そのバックボーンとなっているものは仏教である。田中は熱心な仏教徒であり,浄土真宗の教えに帰依していた。彼の仏教徒としての思想は,「六方」という言葉に示されている。篤信の念仏者であった田中は,「六方護念」という仏教用語から引き出した「六方」(東西南北上下)を付して学園名とした。すべての人間を平等に救いたいという願いに生きる阿弥陀仏の不可思議功徳を,六方の諸仏が称賛することを「六方護念」というのである。田中は,すべての人間が平等に扱われることによって,六方の人々から賛嘆される施設にしたいという願いを表現したのであろう。（村井龍治)

わ行

◇和(わ)

E peaceful mind; harmony

おだやかなこと。

定義　和は,温和を意味し,人々の心が

やわらぎ協力すること(「十七条憲法」)である。ほかに，結合という意味もある(『五教章』)。

展開 仏教は和の心を強調する。和会(仲良く協力すること)，和敬(やわらぎのなかで敬礼すること)，和解(仲直り)，和合(統一，協同，調和，諸縁の集合)，和顔(いつもにこやか，寛容の精神)など，和を冠した用語が多い。聖徳太子といえば，和の精神の具現者として知られている。仏法僧の三宝を奉じて，人の和，家の和，国の和を保持存続することを国家建設の理想とし，人間社会の実現に不可欠な基本的条件であるとしたのである。また，和は調和を意味するが，安易な妥協を意味するのではなく，均衡のとれたバランス保持であり，一心同体ではなく異体同心が正しいといえる。

仏教社会福祉的意味づけ 仏教社会福祉を考える場合に不可欠な鍵概念である。和の到達点は，調和・平和・平安・安穏であり，対立・生死・貧富・差別を超克したところにある。そのことが福祉の実現と増進につながる。

仏教社会福祉の推進は，和の実現者としての和合衆(一つの目的に向かって協力して進む人々の集まり)の活動によって支えられる。仏教のボランタリズムの発祥もここに存在する。福祉は人であるといわれるが，人の和を理念とすることを看過してはならない。 (中垣昌美)

◇**和気広虫** 730(天平2)～799(延暦18)

E WAKE no Hiromushi
奈良時代の女官。

略歴 備前国和気郡(現・岡山県東部)の出身。和気清麻呂(733～99)の姉で，共に孝謙・称徳天皇に仕えた。広虫は葛木宿禰戸主と結婚。762(天平宝字6)年，孝謙上皇が落飾(出家)したのに従ってその腹心の弟子となり，法名を法均と称した。764年，藤原仲麻呂の乱に関わった者への減刑を願い，棄児の保護にあたる。この功により翌年，従五位下，勲六等に叙せられた。769(神護景雲3)年，宇佐八幡の神託を聞く任を与えられたが，遠路に耐え難いとの理由により，弟・清麻呂が選ばれた。しかし，清麻呂は，道鏡の皇位継承を退ける神託を報告して称徳天皇の怒りにふれ，左遷されて流罪となった。広虫も流罪となり，還俗して名を別部広虫売(または別部狭虫)と改めた。光仁天皇即位後は，京に戻され，もとの位階に復した。774(宝亀5)年に和気朝臣の姓を賜り，亡くなった時の位階は典侍正四位上で，その人となり貞順にして節操の欠けることなしと評された。

実践 756(天平勝宝8)年12月に京中の孤児を集めて養育し，男9人，女1人が成人したことで葛木連の姓を賜り，広虫の夫・葛木連戸主の戸籍に入れて孤児の収容と保護にあたった。764年の減刑嘆願は，斬刑者の人数が375人にも及ぶことに対して，天皇を切に諌めたものであるが，これにより彼女は流罪となった。また乱ののちに飢疫に苦しむ人々が子どもを捨てていたため，広虫は83人の子を養子とし，彼らのために葛木首の姓を賜った。

こうした実践が可能となったのは，弟清麻呂が平安京の遷都を建言し，河内・摂津両国境の水利工事を提言するなど民政に尽

力したうえ，その子広世も父の志を継いで，備前国の八郡にあった私墾田を賑救田にあてるなど，すぐれた地方行政官である良吏として活躍してきたことと関連する。こうして絶えず民政に配慮する資質が，棄児養育の先駆となり，児童保護の嚆矢となった。それは，律令制度を内から支える倫理観と，出家者としての仏教的立場を表出したものである。

参 平野邦雄『和気清麻呂』吉川弘文館，1961年。　　　　　　　　（宮城洋一郎）

◇早稲田病院

E　Waseda Hospital

明治末に浄土真宗本願寺派の僧侶西島覚了が東京早稲田鶴巻町に設立した慈善病院。

定義　西島覚了は滋賀県長浜の長源寺の住職であり，1899（明治32）年には，薗田宗恵とともにサンフランシスコへ開教に赴いた。1902年に帰国し，郷里で休養していた時，近藤常次郎著『仰臥三年』という本の「慢性難治の重傷者には，物質的の医術だけで対処し得るものではなく，宗教による精神療法が必要となる」という主張に感銘を受けた。大慈悲を広く世に伝えるべき仏教徒が，病者の苦痛煩悶に何ら慰安救済の方策を講じようとしないのは怠慢であると考えた西島は，医師となることを志し，東京慈恵会医院医学専門学校に入学した。1910年9月に同校を卒業し，その直後より，高楠順次郎・薗田宗恵・藤島了穏など浄土真宗本願寺派の有力者の支援のもと，病院設立の募金活動を開始し，翌年，旧同仁病院を買収して，「早稲田病院」として12月に開業した。

展開　早稲田病院では，すべての患者を無償治療する方法はとらず，患者の生活状態によって，普通に治療費を請求する場合，実費のみを徴収する場合，まったく無償で治療する場合などに区分して患者に対応していた。設立当初より浄土真宗本願寺派の「大日本仏教慈善会財団」からの補助金が交付されたほか，多方面からの寄付金が寄せられた。病院には，本願寺寄贈の十字名号が掲げられ，上宮教会から贈られた高村光雲作の聖徳太子像が安置されていた。西島は，同様の病院を京阪・名古屋・朝鮮に設立する構想をもっていたが，昭和期に入ると，不況のため経営難に陥り，1930（昭和5）年頃に廃止された。

仏教社会福祉的意味づけ　1904（明治37年）には地域医療を支えてきた漢方医が医師全体の半数を割り，医科大学・医学専門学校で西洋医学を学んだ医師が増加しつつあった。これにより，「医は仁術なり」とする儒教倫理も急速に後退し，医学界の倫理性の欠如が問題化していった。

西島が影響を受けた近藤常次郎は医師であったが，下半身不随で寝たきりの状態となり，その著『仰臥三年』のなかで，営利のみを追求する私立病院と患者をモルモット扱いする公立病院の実態を指摘し，患者中心の立場をとらない医療現場のあり方を厳しく批判している。こうしたなか，新たに医の倫理を仏教に求めようとする西島のような人物が現れ始めたのであった。

参　中西直樹『仏教と医療・福祉の近代史』法藏館，2004年。『中外日報』1910年9月21～24日付。　　　（中西直樹）

⇨上宮教会　⇨大日本仏教慈善会財団

◇渡辺海旭（わたなべかいぎょく）1872(明治5)～1933(昭和8)

E　WATANABE Kaigyoku

大正から昭和にかけて，仏教理念に基づく社会福祉論を提起した仏教学者。

略歴　東京浅草の渡辺家の長男に生まれるが，1885(明治18)年に深川にある浄土宗西光寺の端山海定について得度。1895年に浄土宗学校本校を卒業，1899年にはピューリタニズムを意識する仏教の近代化を求める「仏教清徒同志会」に参加する。ところが，翌年，浄土宗第1回海外留学生に選ばれてドイツに留学し，比較宗教学を専攻して学位を授与された。この間社会運動に関わり，社会福祉思想についても学ぶ。1910年に帰国し，宗教大学（現・大正大学）・東洋大学で仏教学を講ずることになるが，翌年には労働者福祉のための「浄土宗労働共済会」を起こし，1912(明治45)年5月に「仏教徒社会事業研究会」を主宰する。ついで1918(大正7)の米騒動直後には宗教大学に「社会事業研究室」を開設し，その翌年には「東京府慈善協会」から細民地区改善事業を委託された（第二武蔵屋）。あわせて1922年から『大蔵経』の新修にとりかかり，1929(昭和4)年には「日本仏教学協会」（現・日本仏教学会）を結成する。また1911(明治44)年から浄土宗立芝中学校校長を務め，1923(大正12)年には浄土宗執綱（現・宗務総長）にも任ぜられた。

実践　その多方面の活躍ぶりは特筆すべきであるが，社会福祉論に関しては，感情的な「施与救恤（せよきゅうじゅつ）」から理性的な「共済主義」への転換，「平民的(democratic)」な「社会福祉」の樹立を説く主張が注目される。これらの見解は，1915(大正4)年から発行された雑誌『労働共済』に掲載された「現代感化救済事業の五大方針」(1916年)，「社会問題の趨勢及び其中心点」(1918年)などによるが，その仏教の共済論に基づく労働者階級をも対象とする防貧論的立論は，日本に社会福祉論を事実上出発させたといえよう。

参　芹川博通『渡辺海旭研究――その思想と行動』大東出版社，1978年。

（池田敬正）

⇨宗教大学社会事業研究室　⇨浄土宗労働共済会

索 引

和文索引

欧文索引

分類別見出し項目一覧

凡　例

◇　本索引は，『仏教社会福祉辞典』の見出し項目すべてと，解説文にあらわれる重要な用語（社会福祉用語・仏教語）・書籍・人物・寺社・地名・事項などを最大限に採録した。
◇　和文索引と欧文索引とに大別し，分類別見出し項目一覧を別途巻末に付した。
◇　数字は，本文のページ数を，ａ・ｂはそれぞれ左段・右段を示す。
　　また太字は，その箇所に見出し項目があることを示す。

〔和文索引〕
◇　項目の配列は五十音順とした。
◇　五十音順で順序のきまらないものは，次のように定めた。
　　１）清音→濁音→半濁音の順とする。
　　２）促音，拗音は並音として配列する。

〔欧文索引〕
◇　配列はアルファベット順とした。
◇　サンスクリット・パーリ語などに用いられる，ā，ṃ，ḥのような文字に記号を付したものは，記号のないものと同じとみなして配列した。

〔分類別見出し項目一覧〕
◇　見出し項目のすべてを，〈概念・用語〉〈事項〉〈人物〉〈施設・団体〉に分類した。
◇　項目の配列は分類ごとに五十音順とした。

和文索引

あ

アーユルヴェーダ　102a, 134b, 263a, 312a
アーラヤ（阿頼耶）識　14b
愛　**1a**, 35a, 314a
愛育　1b
愛育社　2b
ILO（国際労働機関）　103a
愛語　1b, 288a
愛国婦人会　45a
愛語摂事　133a
愛語摂法　75b
愛著　1b
愛生園　179a
愛染　1b
愛他　1b
愛知育児院　**2a**
愛知育児院道徳講　3a
愛知県出獄人保護会　281b
愛知慈恵会　3a
愛知自啓会　281b
アイス民族　286b
愛別離苦　87b
愛欲　1b
アウトカースト　50a
青い目の人形大使　271a
青の洞門　198a
青森大火災　117b
赤城野荘　292b
明石博高　84b
あかつき寮　296b
赤松照幢　**3b**, 5a
赤松智城　4a
赤松常子　4a
赤松連城　3b, **4b**, 82b, 90a, 214a
秋葉道道　273a
安居院　194b

悪見　306a
悪人正機　20b, 104b
『曙新聞』　40b
「阿含経」　87b, 213a, 290b
浅草別院　72a
浅野研真　**5b**
浅原才市　189b, 302a
旭憲吉　72b
足尾銅山鉱毒事件　**6a**
足利源左　301b
足利幼稚園　277b
足利義教　56b
アジタ・ケーサカンバリン　126a
芦津実全　144a
阿闍梨　201a
アショーカ王　197a, 205a, 264b
あそか園　7b
あそか会　7a
あそか病院　7b, 90a
遊び　**7b**
安達謙蔵　178b
安達憲忠　**9a**, 41b, 147b, 171b, 193a, 272a, 273a
アダム・スミス　2a
悪見　148a
『アップ・トゥー・デート』　249a
渥美契縁　53a, 82b, 275a
姉崎正治　149a, 218a
阿耨多羅三藐三菩提　119a
阿耨多羅三藐三菩提心　19a
あの世　204b
網走慈恵院　226a
阿部惠水　216b
阿弥陀井　101a
『阿弥陀経』　12b, 89b, 105a,

152a, 213b
阿弥陀三尊　9b
阿弥陀寺　128a
阿弥陀如来　243b
阿弥陀聖　100b
阿弥陀仏　56a
阿弥陀来迎　9b
新井石禅　215a
新居日薩　**10a**, 259b
阿羅漢　94b
阿頼耶識　180a, 237b
荒谷性顕　2a
難有　11a
有難う　**11a**
アリストテレス　1a
有馬実成　206a
有馬四郎助　225b
あるがままの心　125a
阿留辺幾夜宇和　142a, 300b
アングリマーラ　98a, 158a
安居　**11b**
安心　**12a**, 13a
安心決定　12b
『安心法興多多記』　248a
安尊　39a
安藤正純　186a, 193a, 268b
安藤嶺丸　160b
安養寺　319b
按摩術鍼灸術営業取締規則　230b
安楽　317a
安楽国　104b, 164b
安楽死　322a

い

イースタン・ブディスト協会　189a
飯田新七　82b

イエス　1a
家永一道　125a
医王　250a
生かされて生きる存在　316b
筏の譬え　283b
壹岐坂会堂　160b
池上感化院　13b,57b
池上本門寺　10b
池上雪枝　**13a**,57b
池田清助　82b
意地　**14a**
石井十次　172b
石泉信如　259b
石川照勤　**15a**,238a
石川素堂（素童）　**15b**,214b
石橋湛山　16b
石丸八郎　32b
伊豆社会福祉事業会　**16b**
韋提希夫人　174a
板垣絹子　45a
板垣退助　230a
イタケーラ子供の園　169a
いたみ　206b
市川清　278b
一教師一事業　80b
一隅を照らす　17b
一隅を照らす運動　**17b**,80b
一期一会　**18b**
『一期大要秘密集』　322a
一寺院一事業　171a
一日不作　一日不食　86a
一日作さざれば、一日食わず　123b
一如会　200a
『一念多念文意』　163a,290b
一念発起　**19a**
市聖　100b
一味同心　19b
一厘講　23b
『一厘の功徳』　223a
一揆　**19b**,248a
一向一揆　5b

一切皆苦　22a,87b
一切行苦　279a
一切群生海・十方衆生　162a
一切衆生　256b
一切衆生悉有仏性　74a,114b,147a,158b,255b
一心寺　250b
一心専心弥陀名号　282b
一遍　**20b**,160a
伊藤忠兵衛　270b
伊藤東涯　127b
因幡薬師堂　82b
井上毅　40b
井上友一　42b,149b
意の三善業　128a
いのち　**21b**,26b,195b,246a
祈り　**22b**
医は仁術なり　327b
以八　168a
遺芳寮　173a
今川貞山　10b,259b
入江栄次郎　112b
医療の四要素　312b
医療法人爽神堂七山病院　139a
磐井宗成　273a
岩田民次郎　42a,118b
岩手県立杜陵学園　58b
岩本真雄　160b
石見仏教興仁会　24a
石見仏教興仁会病院　**23b**
因　33b
因果　**24b**,34b
因果応報　24b,159b
隠元隆琦　224b,318b
引接寺　281b
インドシナ難民救援金　18a
インフォームド・コンセント　**25a**,96a
インペアメント　316a

う

有　35a
憂　87a
上田照遍　234a
上田明照会　**26b**,79a,296b
ウォルシュ（Roger Walsh）　236a
鵜飼俊成　232a
鵜飼祐一　148b
宇佐玄雄　124b
宇佐晋一　125a
宇治谷了戟　**27b**
有情　30a,151b
有情世間　193b
宇都宮善道　170a
宇都宮託児所　28b
宇都宮仏教協会　28b
宇都宮仏教慈善会　**28a**
宇都宮仏教連合会　28b
優婆夷　205a
優婆塞　205a
『優婆塞戒経』　141a
厩橋診療所　293a
厩橋病院　292b
厩橋療養所　293a
うめきの共感　288a
梅田上宮館　161a
有余涅槃　94b
盂蘭盆　288b
盂蘭盆会　44b
浦和少年学院　113a
瓜生岩　9a,**29a**
瓜生岩　193a
有漏　**30a**
雲説　168a
海野幸徳　209b,216b
海野昇雲　222a
雲竜寺　6a

え

永観　39a

栄西　⇨明庵栄西
栄照寺　70a
永専寺　225b
叡尊　**30b**,44a,65a,160a,208a,
　243b,276a,309a
HSZC（ハートフォード禅セ
　ンター）　103b
永平寺　16a,235b,315a
ADA（Americans with Dis-
　abilities Act）　159b
ADL　316a
慧遠　38a
慧鶴　247b
廻向　**31b**
廻向発願心　12b
回心　226a,228b
恵信尼　184a
ＳＶＡ（曹洞宗国際ボランテ
　ィア）　178a
廻施　32a,244a
穢多・非人　232b
越前大一揆　**32b**
慧澄　**33a**
ＮＧＯ　194a
ＮＰＯ　194a
エリクソン（Erik Erikson）
　310b
縁　25a,**33b**,34b,66b,70b,96b,
　131a,157a
縁覚　119b
円覚寺　189a
縁起　24b,25a,**34b**,61a,71a,
　78b,87a,155a,162b,176b,
　220b,224a,252a,256b,303b
縁起観　213b,288a,312a
『縁起経』　87a
『延喜式』　309a
縁起思想　178b
縁起的世界観　126a
縁起論的生命観　155a
厭求　168a
援護　36b

遠州仏教救済会　36a
遠州仏教積善会　**35b**,36a
遠州保護会　36a
援助　**36b**,51a,61b,134b,146b,
　162b,205b,208a,224a,237b,
　267b,268a,284a,285a,316a
援助活動　108a,284a
援助関係　11b
円通院　5a
遠藤海象　292a
円仁　309a
縁は異なもの　34a
円満　295a
円福寺　127a
延命寺　234a
延暦寺　80b
延齢会　92a

お

おあしす運動　290a
桜花義会看病婦学校　93b
往生　**38a**,105a
往生浄土　9b
往生伝　**39a**,62b
『往生伝』　39a
『往生要集』　38b,64a,191a,
　264b,282b,321a,322a
『往生礼讃』　79a,105a
『往生論註』　38b
往相　32a
往相廻向　32a,110a
大津婦人慈善会　39b
黄檗宗　318b
黄檗版大蔵経開版　224b
応病与薬　67a
横辺十方,堅超三世　194a
近江婦人慈善会　**39b**
近江婦人慈善会保育所　40a
大分育児院　117a
大分県出獄人保護会社　281a
大分県保護会　281a
大分県保護協会　281a

大内青巒　**40a**,72b,147b,160a,
　183b,272a,305b
大梅法璉　128a
大草慧実　**41b**
大隈綾子　45a
大倉喜八郎　259b
大阪四恩報答会　251a
大阪聖徳会　274a
大阪セツルメント教会　115b
大阪仏教婦人会　177a
大阪養老院　**42a**,118b
大崎行智　259b
大島寛爾　113a
大洲鉄然　5a,40b,53a,110b,
　275a
大角真八　91a
大在芳達　281a
大谷瑩韶　**42b**,274a
大谷瑩亮　278b
大谷籌子　90a
大谷紀子　7a,91a
大谷光瑞　5a,90a,252b
大谷光尊　5a,289b,252a⇒明
　如も見よ
大谷枝子　82b
大谷勝信　45a
大谷染香苑　225b
大谷尊由　110b
大谷派慈善協会　41b,42b,**43a**,
　72a,80b
大谷派児童教会　42b
大茶盛　**44a**
大津育児院　172b
大西良慶　**44b**,83b,269a
大森公亮　202b
大森禅戒　273a
大森亮順　55a,160b
大山捨松　29b,45a
『おかげの糸』　249a
小笠原登　179a
岡本宮　97a
岡山感化院　57b

『岡山県社会事業史上巻』　308a
岡山県立成徳学校　58b
小河滋次郎　43a,43b,216b,274a
隠岐華頂女学院　79a
隠岐共生学園　79a
沖縄自営会　281b
沖縄放免者保護会　281b
荻野独園　10b
奥田貫昭　211b
奥野定之助　296a
奥村五百子　**45a**
奥村円心　45a
小笹庄三郎　74a
お接待　196a
『おたふく女郎粉引歌』　248a
小田原火災　117b
お茶所　196b
長　**45b**
踊念仏　21a
小野梓　5a,40b
大日方大乗　264b
『お文』　12b,46b,322a
『遠羅天釜』　248a
飲光　127b
恩賜財団済生会　253a
温室　51b
恩赦　**46b**,225b
温泉寺　309b
温泉薬師　309b
怨憎会苦　87b
恩田　258a
御同朋　110a
御同朋・御同行　30b,**48a**,194a,196b,217a
厭離穢土・欣求浄土　187a,240a

か

我　130a,185a
カースト制　49b

蓋　290b
海外開教　**48b**
回帰　316a
階級差別　**49b**
介護　36b,**51a**,61b
開悟人　229a
回春病院　299a
介助　51a
回生　316a
開拓10年計画　286b
海兵療養所安房分院　9a
介抱　61b
戒律　65b,128a,195a,205a
戒律復興　244a
ガウタマ・シッダールタ　145b
カウンセラー　146b,155b
カウンセリング　8b,**52a**,68a,75a,229a
可円　322a
『花鏡』　175a
額安寺　243b
学運　304a
覚王殿　240a
覚者　131b
各宗協同仏教慈善会　**53a**,240b
各宗寺院同盟設立市立小学校組合　232b
覚盛　30b
学生期　153a
学信　168a
覚尊　39a
拡大と拡散　**54a**
覚如　97a
廓然大悟　182a
覚鑁　322a
鶴満寺　181b
学問ノススメ　147b
景山佳雄　273a
過去帳　219b
加古の教信沙弥　108a

かじか寮　299a
我執　21a
家(親)族相扶　206b
片山国嘉　272a
華頂看護婦学校　93b
家長期　153a
渇愛　1b,87a,134a,185a
学校教育法　277b,310b
学校法人大乗淑徳学園　248b
学校法人法音寺学園　166a,188b
学校法人明徳学園　82a
合掌　**54b**
羯磨印　197a
加藤九郎　13b,147b
加藤咄堂　15a,160b,269b
角谷盛善　181a
神奈川県仏教少年保護会　215b
神奈川県立薫育院　16a
神の前の平等　255a
嘉本俊峰　124a
茅根学順　171b
カルナ（Karnā）　55a
カルナ学園　**55a**
川井文蔵　259a
河瀬秀治　160a
川田貞次郎　55b
願　**55b**,190b
願阿弥　**56b**,65a
簡易科小学校教員速成伝習所　232b
冠位十二階　166b
寛永寺　319a
感化院　**57a**,189b,238a
感化院設立願　13b
「感化院の設備に就て」　193a
感化学校　9a
感化救済事業　43b,170b,276b
感化救済事業講習会　80a,81b,272a,273b
感化救済施設　13b

索　引

感化救済・施薬救療　28b
感化教育　13a,77b
感化教育と浄土宗教義　149a
感化更生施設　237a
鰥寡孤独　39b,**59a**
鰥寡孤独貧窮老疾　107b
感化事業　16a,57b,77b
感化法　57b,58a,77b,238a
歓喜会　289a
環境　**60a**
『観経疏』　67a,224a,282b,301a
環境と開発に関する国連会議　60b
願共諸衆生　往生安楽国　79a,105a
関係　**61a**
関係性　131a
看護　**61b**,263a,312b
監護　63a,284a
元興寺　279b,309a
監獄教誨　225b
監獄則　10b,73b
看護福田　264a
看護婦養成所　214a
函西同和会施薬院　275b
関西仏教青年会　73a
監察　**63a**
観察　19a,**63b**,217a,224b,284b
願作仏心　286a
『官准教会新聞』　41a,305b
『灌頂経』　63a
願成寺　3b,84b
願正寺　301b
観心　64a,263b
勧進　**64b**,76b,168b
鑑真　**65a**
観進上人　64b
勧進僧　64b,221a
勧進聖　56b,64b,244a
完全参加　316a
完全参加と平等　159b
観想　64a

関通　60a,168a
関東大震災　7a,90b,120a,160b,172a,177b,190a,202b,203b,215a,216b,230a,232a,269b
監督　63a
看話禅　248a
堪忍土　147a
観念　23a
『観念法門』　321b
感応道交　**66a**
願波羅蜜　56a
看病　61b
『看病用心鈔』　62b,264a,264b,322a
観仏　64a
カンボジア難民　206a
カンボジア版南伝大蔵経　206a
『観無量寿経』　12b,122a,143a,174a,182b,186b,212b,301a
願文　114a
願力自然　141b
甘露園　27a
甘露保育園　27a
緩和ケア　26a

き

機　**66b**
起　96b
疑　148a
機縁　66b
祇園寺　2b
祇園精舎　59b
菊寿園　118b
キサー・ゴータミー　158a
喜捨　106a,123a
義浄　263b
棄児養育　327a
寄生地主制　247a
器世間　193b
期待される人間像　150a

北市民館　129b
北村透谷　135b
喫茶　**68a**
『喫茶養生記』　44a,68b,300a
喫飯来　68a
祈禱　22b,**69a**
飢人救済　300a
機の深信　67a
岐阜県立わかあゆ学園　58b
飢民救済　187b,319b
飢民救済事業　225a
木村武夫　**70a**
『玉耶経』　242a
逆境・困難・障害　25a
逆境と順境　**70b**
鍼按講習所　230a
QOL　316a
「救護事業に就いて」　149a
救護法　84a,112b,116b,159b,310b
『救済』　41a,43a,43b,**72a**
救済　**71a**,135b,140b,172a,186b,197a,293b,317b
給侍条　59b
九州大学仏教青年会　**72b**
救恤　172a
救助　36b
旧少年法　58a,189b
救世軍　120b,269b
九大仏青クリニック　73a
宮中後七日御修法　234a
救貧活動　74b
救貧事業　276b
窮民救恤・孤児教育活動　29b
窮民救済　168b,319b
窮民救済事業　94b
ギュリック博士　270b
行　35a,87a,180a
共育　302b
教育勅語　53b,266a
教育と宗教の衝突　266a
教員速成伝所　40b

索引

饗宴　1a
教王護国寺（東寺）　111b
教誨　**73b**
『教海一瀾』　**74a**,111a
教誨活動　10b,80b
教誨師　41b,47b
教誨事業　237b
『教誨師必携』　74a
教化・矯風活動　29b
『仰臥三年』　327a
共感　75a,302b
共感と同情　**74b**
行基　39a,59b,64b,**76a**,114b,205b,208a,221b,259a,276a,309b
『行基舎利瓶記』　76b
『行基年譜』　59b,77a
『教行信証』　184a,228b,241b,256b,295a,317b
教区社会事業規程（浄土宗）　171a
教化　**77b**
教護院　58a
共済　79a,127b,187a,207b,247b,294a
共済主義　328a
行持　168a
行住坐臥　85b
更生　98a
教真　39a
共生　**78b**,105b,187a,194a,208a,294b,295a,302b,325a
共生・奉仕・生命　18a
共生運動　127b
共生会　79a
『共存雑誌』　40b
共存同衆　5a,40b
教団社会事業　**80a**
敬田　258b
敬田院　141a,235b,276a
暁天講座　44b
共働　302b

教童講　266a
共働体制　204a
京都感化保護院　57b
京都看病婦学校　93a
『京都市学事要覧』　81b
京都女子高等専門学校　90a
京都私立子守学校　**81b**
『京都新報』　74b
京都施薬院　82a
京都帝国大学福岡医科大学仏教青年会　72a
京都癲狂院　84a
京都府慈善教会　43a
京都婦人慈善協会　**82a**
京都仏教護国団　44b,83b,268b
京都仏教女子青年会　83a
京都仏教青年会　254b
京都仏教徒会議　45a
京都仏教婦人会　83a
京都仏眼協会　278b
京都養老院　44b,**83b**,118b,269a
京都療病院　**84b**
教如　138b
行満　114a
経量部　213a
清岡長言　269a
清沢満之　257a
清瀬上宮病院　161a
清瀬上宮保育園　161a
清瀬療園　161a
清瀧智龍　112a
居宅生活支援事業　101b
清水寺　44b,269a
浄御原令　59b
ギルド　207a
錦華学院　57b
銀閣寺　84b
禁酒運動　252a
禁酒・禁煙運動　27b
禁酒進徳　252a

『近世念仏往生伝』　39b
錦袋円　319a
『近代奥羽念仏験記』　304b
『近代岡山県社会事業史』　308a
『近代日本仏教社会事業の研究────長谷川良信とマハヤナ学園』　248b
金原明善　281b
勤労　**85a**,123a

く

苦　14b,**86b**,87a,134a,313a
空　220b
空海　30b,69b,**88b**,114b,208a,276a,295b,309b
空也　⇒空也（こうや）
共業　158b
倶会一処　**89b**
倶会一処会　236a
クオリティ・オブ・ライフ（QOL）　26a,51b
久遠寺　⇒身延山久遠寺
苦果　24b
国上寺五合庵　320a
供給　91a
弘経事業　319a
『倶舎論』　71b,141a,155a,213a
苦集滅道　35b,**250b**
共生　78b
九条武子　7a,71b,**89b**
口称念仏　100b
弘誓社　278b
救世大士　225a
弘宣講　23b
具足戒　65b
苦諦　185b,241b
愚癡　290b
功徳　317c
功徳会　297a
愚鈍下智　283b
国光と慈善事業　183b

口の四善業　128a
供布施　91a
求不得苦　87b
窪田静太郎　135b,223a
久保田量壽　231b
久保寺保久　55b
供養　**91a**
倉田百三　125a
グリーフケア　204b
グループホーム「ひまわりの家」　124b
グループワーク　204a,209a,267b
グロフ（Stanislav Grof）　236a
桑谷療病所　244a,263b,264b
桑田衡平　160a
薫育院　16a,215a
薫育寮　58b
群生　151b
軍人遺孤養育院　214a
群馬県立群馬学院　58b
群萌　151b

け

繋　290b
ケアハウスみのぶ　297b
悴（孤）独田　60a,77a
恵愛学園　92a
恵愛福祉事業団　**92a**
恵愛保育所　92a
京華看護婦学校　93b
京華看病婦学校　**93a**
京華診療所　93a
経済的,社会的及び文化的権利に関する国際規約（国際人権A規約）　103a
慶善寺　39b
軽費老人ホーム昭寿園　17a
鶏鳴学館附設子守学園　82a
鶏鳴学館　**93b**,324a
恵与　135b

桂林寺　128a
ケースワーク　209a
下根　283b
『華厳経』　56a,154b,174b,200b,213b,300b
解脱　38a,**94b**,119a,145b,148a,161b,164a,186b,217b,228b,236b,303b
化他発願文　168a
結　290b
決定往生　95b
決定　**95b**
解良栄重　320b
『研究年報』　249a
源空　282b
現象　**96b**
玄奘　137a,151b,309b
『現証往生伝』　39a
現生十益　317b
源信　38b,51b,64a,97a,191a,264b,282b,321a,321b
見真大師　183b
眼施　262b
見誓寮　27a
現世利益　69a
還相　32a
還相廻向　32a,110a
現代感化救済事業の五大方針　172a
「現代感化救済事業の五大方針」　328b
『現代資本主義と社会事業』　99b
『現代人の仏教』　99b
『現代と修養』　16a
『現代仏教論』　99b
建仁寺　231a,299b
憲法十七条　166b　⇒十七条憲法 も見よ
県立松江学院　124a

こ

小池政恩　16b
小池政臣　17a
講　46b,**97a**,323a
業　24b
高雲寺　172b
好延　39a
業（カルマ）　151a,122a
業感縁起説　151a
高貴寺　128a
『広弘明集』　133a
高山寺　300b
孔子　1b
業思想　50b
光州実業学校　45a
迎接　9b
迎接会　10a
興聖寺　231a
興正寺　302a
高成寺　235a
興正菩薩　30b
『孝信清九郎物語』　301b
更生　**98a**,315b
仰誓　301a
更生緊急保護法　58a,110b,113a,238b,281a
更生保護活動　238b
更生保護事業法　239a
更生保護団体　110a,113a,280b
更生保護法人法　110b,281a
『興禅護国論』　299b
高泉性潡　319a
『高僧和讃』　291a
高津学園　130a
香典（香奠）　**98b**
業道自然　141b
高徳寺　45a
興徳寺　132a
光徳寺　115a
光徳寺善隣館　115b,130a

河野純孝　110a
孝橋正一　**99a**
興福寺　30b,44b,100a
高弁　300a
降魔成道　146a,173b
高明　39a
光明園　292b
光明皇后　51b,**100a**,197a,259a,264b
光明皇太后　65b
光明子　100a
光明寺　117b
鴻盟社　40b
空也　39a,64b,**100b**,276a,294a
弘也　100b
高野山　234a
神山復生病院　299a
広隆寺　112a
興隆社　5a
高齢者保険福祉計画十ヵ年戦略　101a
高齢者保健福祉計画十ヵ年戦略の見直しについて　102a
興蓮社良祟　304a
五蘊　87a,179b
ゴータマ・シッダッタ　145b
コーデリア・グリムウッド　189b
ゴールドプラン　**101a**
五戒　28a,108b,195a,205b
古義真言宗祖風宣揚会　112a,234b,324a
御教書　43b
『五教章』　326a
極愚・極狂　114a
国際カリタス　103b
国際社会福祉　**102b**
国際社会福祉会議　103b
国際障害者年　159b
国際赤十字　103b
国際赤十字条約　103a
国人一揆　19b

極道　**104a**
国民学校令　229b
極楽　104b
国分寺　116b
極楽国土　**104b**,164b
極楽寺　244a
極楽浄土　9b,164b
極楽坊保育所　280a
小倉孤児院　117a
国連難民高等弁務官事務所　103a
国連人間環境会議　60b
五古快全　259b
護国安民　69b
心の通うリハビリテーション　316b
心のケア　37a
五根　14a
小崎弘道　57b
仔鹿園　280a
『古事記』　159a
後七日御修法　88b
孤児・貧児の養育　182b
『後拾遺往生伝』　39a
五取蘊苦　87a
五障　157b
五正行　64a
五障三従　242a
『御消息』　48a
五濁　**105b**,294b
五濁悪世　108a
五濁の悪世　105b
御成敗式目　47a
児玉有成　182a
乞食　100b,**106a**,168b,208a
後藤環爾　230a
『こどものくに』　278a
こどものその　169a
五念門　63b
この世　204b
小林参三郎　112a
小林授産場　14a

『五分律』　263a
『御文章』　12b,46b,322b
コミュニケーション　195a
コミュニティ・オーガナイゼーション　209a
コミュニティワーク　209a
米騒動　72a,129a,199a,216b,328a
子守学園　94a
子守学校　186b
小森芳次郎　93a
小山温　72a
戸令鰥寡条　59a
コロンビア大学　209b
金戒光明寺　269a
困窮　**107a**,295a
勤行　85a
勤苦　85a
勤求　85a
『金剛頂経』　69b
今後における身体障害者福祉を進めるための総合的方策　316b
言辞施　262b
『今昔物語集』　137a
勤修　85a
勤善　85a
勤操　309a
勤息　85a
権田雷斧　268b
今東光　17b
近藤常次郎　327a
『根本説一切有部毘奈耶薬事』　263b
勤労　85a
『崑崙実録』　301b

さ

罪悪　224a
災害援助　80b
西教寺　181a
西吟　224b

索引

在家居士仏教運動　10b	西法　39a	324a
在家主義　**108a**	歳末慈善鍋　269b	讃岐保育会孤児院　120b,234b
在家仏教運動　305b	歳末助け合い運動　269b	作念　142a
罪業　224a	細民救済　39b	佐野学　199a
西光寺（浄土真宗本願寺派）　109a	『西遊雑記』　198b	差別と人権　**121b**
西光寺（浄土宗）　328a	西来寺　282a	THE法然　171a
西光万吉　**109a**,198b	さいわい　256b	作務　85b,**123a**
西国三十三ヵ所　196a	佐伯旭雅　234a	猿江善隣館　214a
西寺　309a	佐伯成真　39a	澤田七右衛門　182a
『摧邪輪』　300b	佐伯祐正　70b,**115a**,130a,209b	沢原為綱　182a
斉修会　**110a**	佐伯祐三　115b	山陰家庭学院　121b,**123b**,296b
西勝寺　4b	佐伯祐哲　115a	山陰慈育家庭学院　124a
財施　108b,133b,211a,262a	佐賀育児院　116b	山陰隧道碑　198a
済生会　15b	境野黄洋　15a,72b,183b	サンガ　85a,207b
済生会病院　29b	佐賀孤児院　116b	僧伽　146a
済世事業論　**111a**	佐賀清光園　116b,121a	三界　163b
済生利民　69b,120b,172a	酒田震災　117b	三階教　137a,259a
済世病院　**111b**,234a,253a,324b	坂部寛　13b	三経（『法華経』『勝鬘経』『維摩経』）義疏　167a
（財）全国青少年教化協議会　267a	阪本清一郎　109a,198b	三帰寮　212a
西大寺　30b,44a,244a	桜井秀　136a	山渓寺　124b
在宅ホスピス　135a	桜島噴火　117b	『三外往生伝』　39a
埼玉自彊会　**113a**	酒の鬼　28a	山家学生式　17b,260b
埼玉県仏教会　113b	佐々木陽明　169b	参玄洞　⇨三浦参玄洞
埼玉慈善会免囚保護院　110b,113a	佐々間雲厳　84b	三業　224a
埼玉慈善会免囚保護場　113a	佐世保孤児院　117a	『三教指帰』　88a
財団法人埼玉県仏教会　113b	作善　244a	三時三宝礼釈　300b
財団法人浄土宗報恩明照会　149a	颯田本真尼　**117a**,305a	三聚浄戒　128b,285a
財団法人星華学校　190a	札幌慈啓会　**118a**	三聖医院　125a
財団法人同善会附属同善尋常小学校　232a	札幌養老院　118a	三条教則　260a
財団法人身延山病院　297b	札幌養老院付属病院　118a	三定聚　163a
最澄　12a,17b,32a,77a,**113b**,255b,260b	佐藤精一郎　275a	三聖病院　**124b**,125a
西徳寺　181b	里親制度　9a	三世　**125b**
在伯仏教各宗連合会　169b	里山学院　181b	山川草木悉皆成仏　193b
済美寮　296b	さとり　38a,**119a**,131b,141b,146a,148a,164b,173b,174a,185a,228a,236a,285a,285b,290a,303a,313b,324b	三毒　105b,119a,148a,290b
西福寺　129a	真田慶順　270a	サンパウロ　169a
	真田慶善　120a	サンフランシスコ地震　82b
	真田増丸　**120a**,269a	三宝　**126b**,205a,265b,314b,326a
	讃岐学園　92a,**120b**,234b,	三法印　279a
		三宝興隆詔　167a

三陸沖地震　177b
三陸津波　117b,302a
三輪清浄　262a
三惑　290b

し

慈　1b
しあわせ（仕合せ）よきこと　256b
椎尾弁匡　79a,**127a**,208a
寺院セツルメント化　209b
同事　162a
慈雲　**127b**
ケネディ，J. F.　192b
思円　30b
『思円上人度人行法結夏記』　30b
四恩　**128b**,152a,236a,264b
慈恩　65a
四恩瓜生会　273a
四恩学園　**129a**,230a,250b
四恩報答会　129a
自我　**130a**,251a
持戒　95b,201a,324b
四箇院　2b,140b,259b,264b,276a
四箇格言　240a
自覚　**131a**
自覚・覚他　131a
滋賀県育児院　172b
志賀志那人　115b
紫香楽宮　76b
只管打坐　231a
識　35a,87a,155a,180a
色　87a,179b
信貴山成福院　132a
信貴山成福院積徳会　**132a**
信貴山成福院積徳会医院　112b,132a
敷島幼稚園　28b
色心不二　81a
慈教庵　117b

自行化他　304b
四苦　21b,102b,156b,310b
慈空　322a
四弘誓願　152a,190b,248b,285a
慈恵　256b
慈啓会特別養護老人ホーム　118b
慈啓会病院　118a
慈啓会養護老人ホーム　118b
慈恵救恤思想　4b
慈恵女学校　177a
慈恵療院　229b
示現寺　29a
慈光院　190a
慈光苑　124a
慈光園吉江分園　315b
自業自得　24b
慈光夜学校　81b
慈光寮　315b
四国八十八ヵ所　196a
自己決定の原則　96a
慈済　**132b**
自恣　12a
『獅子吼』　16a
獅子吼観定　117b
四事供養　91a
資師相承　201a
四衆　205a
時衆　56b
四十八願　56a
慈照園　36a
四摂事　1b,75b,**133a**,140a,156a,213b,255b,262b,288b
自性清浄心　19a
至誠心　12b
四聖諦　**134a**,313a
四摂法　133a
至心　12b
静岡掛塚・白羽火災　117b
静岡県出獄人保証会社　281b
至誠館　120a,269b

至誠館保育園　270a
施設　**134b**
慈善　5a,36b,**135b**
慈善会財団　111a
慈善感化事業及び監獄教誨　222b
慈善喜捨箱　3b
慈善・救済事業　276a
『慈善救済史料』　**136a**
慈善事業　72a
慈善事業の要義　183b
慈善組織化　287b
慈善組織化協会（COS）　209a
慈善托鉢　129a
「慈善に就きて」　193a
慈善穂集め　269b
慈善奉公会教養院　117a
『地蔵十王経』　63a
地蔵信仰　63a,**136b**
『地蔵菩薩本願経』　137a
『地蔵菩薩霊験記』　137a
地蔵盆　137b
自尊心　**137b**
四諦　35b,87b,119b,134a,185b,217b,250b,314b
自他一如　255b
四諦の法　194b
四諦八正道　217b
四諦八正道説　213b
自他不二　79b,132a,140b,178b,221a,233b,255b
寺檀制　202a
自治　20b
七箇条起請文　283a
七十二件制誡　304b
七不退法　102a
七山病院　**138b**
七山村道場　138b
七里恒順　266a
悉有仏性　91b
疾患　312a
恤救規則　159b

十種大願事　244a
実践　**139b**
集諦　185b
十波羅蜜　56a
疾病　312a
慈鉄　65a
四天王寺　2b,140b,166b,205b,259a,263b
四天王寺四箇院　159b
四天王寺施薬療病院　141a,203a
四天王寺悲田院　141a
四天王寺病院　141b
四天王寺福祉事業団　80b,**140b**
『児童教化』　43a
『児童研究』　261b
児童自立支援施設　58a
児童福祉　70b
児童福祉法　58a,63a,116b,121a,212a,277b,284a,290a,310b,315b
児童保護　327a
児童保護活動　129b
児童保護事業　79a
児童保護事業団体　123b
児童養護施設　2a,57b,116b,120b,172b,253a,315a
児童養護施設「玉水園」　129b
児童養護施設「松江学園」　124a
児童寮　92b
シドニー・ルイス・ギュリック博士　270b
自然　**141b**,226b
自然法爾　184a
斯波淳六郎　72a
慈悲　1b,3a,23b,34a,36b,42a,119b,133a,140b,**142b**,154b,174a,195b,201a,207b,212b,224b,247b,250a,256b,264b,268a,269a,288a,293b,302b,319b
尸毘王本生　144b
慈悲観　115a
慈悲行　213a
慈悲教育院　81b
慈悲思想　136b
慈悲心　39a,66a,128b,146b,162b,241a,258a
慈悲的ボランタリズム　288a
『縉白往生伝』　39a
渋沢栄一　9a,179a,259b,270b
渋沢喜作　259b
『四分律』　201a,263b
『四分律行事鈔』瞻病送終篇　321b
四法印　145a,279a
司法福祉　47b
司法保護事業法　238b
四梵住　142b
島地黙雷　4b,10b,40b,82b,110b,160b,275b
島田蕃根　160a
島根家庭学校　124a
島根県授産会　124a
清水育児院感化部豊島学院　58b
市民的及び政治的権利に関する国際規約（国際人権B規約）　103a
四無量心　140a,142b,154b,288a
『四明餘霞』　**143b**
下間鳳城　113a
四門出遊　146a
シャーウッド　270a
『ジャータカ』　262b
ジャータカ物語　**144a**
ジャーティ　50a
社会開発サミット　107b
『社会科学と現代仏教』　99b
『社会現象としての宗教』　5b
社会事業　208a,208b

「社会事業」　311b,324a
「社会事業概説」　311b
『社会事業研究』　116b
社会事業研究施設及び会館建設　222b
社会事業研究室　149b,328a
社会事業講習所　216b
社会事業宗　171a
社会事業大会朝鮮台湾教勢　222b
『社会事業大年表』　218b
社会事業ト宗教　216b
『社会事業とは何ぞや』　249b
社会事業法　73a
『社会宗教としての仏教』　5b
『社会診断』　209a
社会的リハビリテーション　316b
社会の発見　257b
社会福祉事業　208b
社会福祉事業における公私分離の原則　36a
『社会福祉事業のすすめ』　271b
社会福祉事業法　141a,166a,296a
『社会福祉と仏教』　308a
社会福祉法人愛知育児院　2a
社会福祉法人上田明照会　79a
社会福祉法人隠岐共生学園　79a
社会福祉法人こどものその　169b
社会福祉法人滋賀県湘南学園　173a
社会福祉法人深敬園　299a
社会福祉法人真盛養老院　181a
社会福祉法人聖徳会・大阪老人ホーム　42a
社会福祉法人浅草寺病院　203b

索引

社会福祉法人同和園　44b, 83b, 269a
社会福祉法人長野市社会事業協会　212a
社会福祉法人本願寺派社会福祉事業センター　289b
社会福祉法人前橋あそか会　292b
社会福祉法人マハヤナ学園　248b
社会福祉法人身延山福祉会　296b
社会福祉法人立正福祉会　81a
社会復帰　315b
社会問題研究会　307b
社会問題の解決　149a
「社会問題の解釈」　324a
「社会問題の趨勢及び其中心点」　328b
「社会連帯共同の思想」　311b
釈迦牟尼世尊　145b
寂静　119a, **145a**
釈尊　34b, **145b**, 194b, 243a
寂滅　145a
寂滅為楽　145a
邪見　306a
叉手　54b
邪性定聚　163a
捨身飼虎本生　144b
『沙石集』　137b, 195b
社団法人日本仏教保育協会　277b
社団法人前橋積善会　292b
社団法人明徳学園　81b
寂光寺　81b
寂光土　164b
娑婆　**146b**, 157a
娑婆世界　164b
娑婆即寂光土　147a, 240a
『シャンティ』　206b
取　35a, 290b
受　35a, 87a, 180a

守一　304a
愁　87a
集　134a, 313a
自由　**147b**
『拾遺往生伝』　39a
秀英舎　40b
慈友会　127b
宗教院　10b
『宗教界』　**148b**, 303b
宗教・教育・社会事業の三位一体による人間開発・社会開発　248b
宗教大学　149a, 209b, 328a
宗教大学社会事業研究室　105a, **149a**, 311b
宗教的情操　105a, **149b**
「宗教の経営及び社会事業を論ず」　193a
『宗教と社会事業』　116a
宗教の社会事業　144a
宗教法人法音寺　188b
宗教法人六角教会　83a
重源　276a
充治園　10b
秀厳　127b
酬四恩会　171b
十七条憲法　127a, 160b, 326a
執着　1b, 290b
『十誦律』　263a
『宗粋』　148b
十禅院　33a
十善戒　128a
十全病院　293a
『十善法語』　128b
十大願　56a
周天　302a
十二縁起　35a, 119b, 134a
十二願　56a
儵然　114a
十八間戸　263b
十不善業道　195a
十万一厘講　223a, 298b

宗門改め　219a
宗門檀那請合之掟　219b
『成唯識論』　161b
修養日誌　28a
住立　174a
授戒会　29b
儒教　1b
宿業　**150b**, 184a
宿業論　110a
宿世　151a
淑徳大学　248b, 249b
宿泊保護事業　297a
綜芸種智院　88b
『綜芸種智院式』　89a
衆生　**151b**
衆生縁　34a
衆生恩　128b, 172a
衆生恩会　171b
衆生済度　300a
衆生無辺誓願度　152a, 191a
修多羅亮　202b
恤救規則　207a
出家　**152b**, 323b
出獄人保護規程　281a
十種供養　91a
出生　**153b**
出世　**154a**
樹徳子守学校　82a
寿福寺　299b
寿命・命根　**155a**
受容　**155b**
聚楽院慈光園　181b
『首楞厳経』　225a
順因寺　139a
淳于　65a
順縁　70b
巡回診療活動　82b
順境　70b
順暁　114a
順行寺　139b
順次生　70b
俊乗坊　221b

生　35a, **156b**
定　197a
正安寺　128a
盛雲寺　231b
浄円寺　120a
聖恩記念点字図書館　230b
障害　96b, 134b, **157b**, 279b
障害児センター奈良仔鹿園　280a
障害者　**158b**
障害者基本法　157b, 158b
正覚寺　2b
勝覚寺　302a
浄覚寺（真宗大谷派）　27b
浄覚寺（真宗誠照寺派）　235a
上覚房行慈　300b
成願寺　296a
勝義　39a
常行三昧　23a
承教寺　10b
浄鏡寺　28b
商業専修学校　232a
省行堂　319b
生苦　157a
証空　20b
上宮学院　160b
上宮教会　9b, 40b, **160a**, 327b
上宮教会社会館　160b
上宮教会診療所　161a
上宮教会病院　161a
上宮教会父子ホーム　161a
『聖求経』　126b
上求菩提　下化衆生　95a, 131b, 175b, 286a
障碍　157b
貞慶　322a
正見　241a, 306b
浄見寺　138b
浄財喜捨箱　112a
常済大師瑩山　215a
床座施　262b
生死　156b, **161a**

生死即涅槃　227a
精舎　8a
精舎児童学園　215a
生者必滅　会者定離　18b
摂受　156a
正受庵　247b
成就衆生　26b
摂衆生戒　285a
聖衆来迎　9b
正定　307a
正定聚　48b, 95b, **162b**, 184a, 210b
正性定聚　163a
小乗仏教　213a
生死輪廻　161b, **163b**
生死流転　163b
精進　85a, 95b, 201a, 324b
浄真寺　315b
浄泉寺　301a
摂善法戒　285a
『正像末和讃』　87b, 294b
唱題　239b
聖達　20b
聖智の無　303a
承天寺　72b
浄土　38a, 104b, **164b**
唱導　194b
成道　94b, 119a, 194b
成道寺　129a
『浄土教報』　**165a**
昭徳会　**165b**, 166a, 188a
聖徳太子　2b, 97a, 127a, 136a, 160b, **166b**, 244a, 264b, 276a, 308a, 326a
聖徳太子信仰　42a
聖徳婦人会　112b
小豆郡慈善会　121a
浄土宗社会事業規則　171b
『浄土宗社会事業年報』　271b
浄土宗社会派　170a
浄土宗社会福祉事業協会　80b
浄土宗捨世派　**168a**, 304b

『浄土宗と更生保護』　271b
『浄土宗年鑑』　165a
浄土宗のブラジル開教　**169a**
浄土宗保育協会　80b
『浄土宗報』　165a
浄土宗報恩明照会　149a, **170b**
浄土宗連合少年会　171b
浄土宗労働共済会　33b, 43b, 80a, 170b, **171a**, 272b, 273a, 328a
浄土宗労働保護会協議会　171b
浄土真宗社会福祉基本要項　80b, 291b
浄土真宗本願寺派　291a
浄土真宗本願寺派更生保護協会　238b
浄土真宗本願寺派社会事業協会　289b
浄土真宗本願寺派福井別院　315a
『浄土論』　63b
湘南学園　121a, **172b**, 173a
湘南寮　173a
称念　168a
少年教会　266a
少年教護院　58a
少年教護法　58a, 124a, 238a
浄念寺　26b
称念寺　116b
正念寺　250b
常念寺　218a
『称念上人行状記』　168a
少年法　58a, 63a, 132b, 190a, 203b, 253b
少年保護団体　189b
尚白園　4a
尚白園託児所　4a
尚白保育園　4a
庄原さくら学園　325a
常不軽菩薩　54b

正福寺　270b
浄仏国土　26b
浄仏国土成就衆生　104b
正法　11b
『正法眼蔵』　133b,231a,242b
『正法眼蔵随聞記』　300a
『正法念処経』　128b
正法律　127b
庄松　302a
『庄松ありのまゝの記』　302a
成満　295a
『勝鬘経』　260b
称名　64a
証明　173b
『称名庵雑記』　282a
貞明皇后　298b
貞明皇太后　178b
聖武上皇　65b
聖武天皇　59b,71b,100a
証明　**173b**
生滅滅已　145a
声聞　119b
声聞乗　213b
『成唯識論』　226b
正力松太郎　267a
正力松太郎賞　267a
摂律儀戒　285a
松林寺　216b
青蓮院　84b
生老病死　21b,264a,323b
尚和寮　212a
諸行往生　38a
諸行無常　145a,184b,279a
濁世　294a
職業紹介法　41b
『続日本紀』　76b
除苦悩法　**174a**
『諸寺院連名建白書』　10b,260a
初心　**174b**
女性差別　231b,242a
女性仏教慈善事業家　29b

初転法輪　146a,194b
『諸徳福田経』　76b
少年講　266a
諸法無我　279a
初発心　19a,286a
白鳥園　92a
白鳥園を育てる会　92b
白鳥児童館　92b
自利　32a,133b,136a,143a,175a,191a,213b,285b
自立　20b
私立育児院　315a
自立会　41b
自立支援　37a
自立生活　316a
私立予備感化院　57b
自利利他　23b,108a,129a,131b,**175a**,261a
仁　1b
瞋　148a,290b
真阿　282a
仁愛福祉会　236a
仁愛保育園　236a
清規　123b
信楽　12b,176b
信行　259a
深敬園　299a
賑給　136b
信仰　**175b**,182b
信仰治療　112a
新ゴールドプラン　102a
神護寺　300b
真言宗蓮華院国際協力会　178b
震災　**177a**
震災後に於ける救護活動　222b
『心地観経』　128b,152a,191a,262a,264b
真宗大谷派光明会　**178b**
真宗進徳教社　182a
真宗崇徳教社　182a,214b

真宗南越婦人会　315a
真宗保育　290a
賑恤　136b
普照　65b
新小学校令　53b
信乗寺　27b
新少年法　58a
身心　**179b**
信心　176b,182b
深心　12b
真身会　200a
真人会　216b
信心獲得　176b
信心決定　12b,95b,176b
心身障害者基本法　158b
身施　262a
心施　262b
真盛　181b,282a
真盛園　**181a**
真盛苑　181b
真盛養老院　181a
新善光寺　118a
晋叟寺　123b
身体障害者福祉法　158b
心的援助　37a
神道国教化政策　5a
進徳教校と真宗崇徳教社　**181b**
瞋恚　290b
真如　241a
信念　**182b**
身の三善業　128b
真福寺　113a
『新仏教』　**183a**
新仏教運動　9a
『新仏教論説集』　183b
神仏判然令　10b
神仏分離令　32b
『新文化』　172a
新発意　19a
深妙寺　120b
『新聞顕験往生伝』　39a

親鸞　20b,48a,87b,104a,108b,
　109b,142a,163a,176a,**183b**,
　191b,195b,199a,228a,228b,
　241b,255b,256b,261b,294b,
　317a
真理　**184b**
『真理の暁』　235b
真龍寺　186a
真龍女学校　**186a**,193a,230a,
　273a,324a
塵労　290a

す

随縁（一遍）　20b
随機説法　67a
瑞聖寺　319a
随眠　290b
淬励会　81b
巣鴨監獄教誨師事件　41b
杉浦譲　10b,259a
杉村縦横　183b
杉山辰子　165b,188a
救い　**186b**
救米・救金　**187a**
栖城　4b
鈴木恵照　132a
鈴木修一郎　188a
鈴木修学　166a,**188a**
鈴木大拙　52b,**189a**,302a
硯川眞旬　268a
スターナ　157b
『スッタニパータ』　50a,121b,
　142b,217a,288a,323b
スッドーダナ王（浄飯王）
　145b
捨聖　20b
すばる　296b
スマトラ沖地震　206b
スラム開発　206a

せ

青雲寮　124a

西海孤児院　117a
星華学校　**189b**,190a
聖覚　194b
生活の質　316a
生活保護法　36a,289b,310b
精華保育所　296a
誓願　**190b**,285a
誓願力　191b
請求　**192a**
『政教時報』　**192b**
政治と社会事業　149a
『勢州縊素往生験記』　39a
『青少年指導の手引』　271b
『精神主義』　257a
精神薄弱者福祉法　159b
精神薄弱者保護法　55b
精神保健及び精神障害者福祉
　に関する法律　159a
生存の確認　268a
清澄寺　239b
清仁　39a
青年寮　92b
西福寺　84a
世界　**193a**
世界宗教大会　189a
世界人権宣言　103a
世界仏教婦人会連盟　211a
施餓鬼法要　29a
瀬川藤兵衛　93a
赤十字社　15b
赤新月社　103b
積善青年会　292b
積善婦人会　292b
積徳少年治療院　132b
積徳盲学校　132a
施行　207b,262a
施行歌　282a
世間　193b
世間虚仮唯仏是真　167a
是生滅法　145a
世親　63b
世俗の凡夫　30a

説一切有部　126a,213a
説教　**194b**
摂取不捨　187a
殺生　**195a**
殺生戒　106a,195a
接待　**196a**
接待講（摂待講）　68b
「説明と同意についての報告」
　25b
セツルメント　4a,115b,129a,
　171b,186a,230a,231b,250b
セツルメント活動　209a,
　249b,250a
セツルメント事業　287b
「セツルメントとしての寺院利
　用」　116b
施無畏学園　203b
施薬　44a,197a
施薬院　100a,141a,197a,205b,
　263b,276a
施薬院全宗　84b
施薬館　319b
施与　106b,172a,**196b**,207b,
　262a
施与救恤　328a
世話　**197b**
染　290a
禅海　**198a**
千呆性侒　319b
漸教　228b
善巧方便　283b
千光寺　92a
善光寺　211b
千光法師　299b
洗光寮　289b
全国慈善事業大会　42b
全国水平社　109a,**198b**,233b
全国仏教徒社会事業同盟会
　274a
『戦後仏教系社会福祉事業の歴
　史と現状に関する総合研究』
　249a

善根宿　196a
『全国社会事業名鑑』　274b
善財童子　**200a**
『選択本願念仏集』　256b
専修念仏　282b
禅定　85b,95a,95b,201a,307a,324b
専称寺　304a
賤称（民）廃止令　200a,233a
先生　**201a**
先祖　**201b**
浅草寺　55a,80b,177b,202b,203a
浅草寺カルナ学園　203b
浅草寺教護所　202b
浅草寺救療所　202b,273a
浅草寺児童教育相談所　203b
浅草寺相談所　203b
浅草寺病院　**202b**
浅草寺福祉会館　**203a**
浅草寺保育園　203b
先達　201a
曼陀羅　122a
善知識　220a,322a
『選択本願念仏集』　283a,300b
『全訂・社会事業の基本問題』　99b
善導　48a,64a,67a,79a,105a,224a,282b,301a
泉徳寺　93a
禅と精神分析　189b
全日本施設社会事業連盟　249b
泉涌寺　234a,319b
全人間的復権　316a
専念寺　139a
『漸備一切智徳経』暉曜住品　78a
善妙寺　301a
『賤民経』（ヴェーダッラ）　50a
賤民（称）廃止令　200a,233a

禅林寺（永観堂）　84b
『禅論文集第一』　189a

そ

想　87a,180a
『雑阿含経』　241a
『増一阿含経』　153b,157a
相依相関　61a,78b
総願　190b
葬儀　**204b**
臓器移植　246a,322a
臓器移植法　245a
僧伽　127a,**205a**,258a
相互扶助　37a,46b,59b,97b,99a,136b,187b,204b,207a,276a,293a,293b,323a
総持会館　215a
葬式仏教　321a
総持寺　15b,214b
総持寺鶴見総合病院　215a
総持寺鶴見病院　203a,215a
総持寺保育園　215a
総持寺母子生活支援施設　215a
『増支部経典』　121b
僧純　301a
増上寺　177b,266a
爽神堂　138b
相即　210a
惣村（町）　207a
相談　52a
相談援助　75a
相談援助活動　80b
曹洞宗　215b
曹洞宗国際ボランティア会（SVA）　80b,103b,**206a**
曹洞宗慈善会　80b
曹洞宗大学校　273a
曹洞宗東南アジア難民救済会議（JSRC）　80b,206a
曹洞宗扶宗会　40b
曹洞宗ボランティア会　206a

相扶　**206b**
『雑宝蔵経』　211a
草木国土悉皆成仏　60b
雑裕　295b
双竜寺　128a
僧侶　**207b**
ソーシャルワーカー　19a
ソーシャルワーク　**208b**
触　35a
即　**210a**,227a
『続・社会事業の基本問題』　99b
俗信　306a
『続本朝往生伝』　39a
粗供養　202a
『蘇悉地経』　69a
袖ふりあうも多生の縁　34a
『祖堂集』　123b
薗田宗恵　327a
存覚　228b
尊厳死　322a
尊皇奉仏大同団　40b

た

ダーナ運動　**211a**
ダーナの日　49b,211a,292a
ターミナルケア　10a,38b,39b,135a,142a,254a,277a,298a,321b
タイ　206a
大安寺　309a
大安寺（浄土宗）　304a
諦観　241a
大願　234a
大巌寺　170a
大勧進養育院　118b,173a,**211b**
対機説法　67a,75b,146b,194b,283b
『大師御行状集記』　295b
大慈悲　143a,191b,207b,256b,294a,296a,327a

大慈悲心　**212b**,242b,243b,
　317b
帝釈天　98a
代受苦　137b,244a
『大乗義章』　131b
『大乗起信論』　75a,119b,189a,
　225a
大乗修養団　166a
大乗淑徳学園　248b,249b
『大乗淑徳教本』　249a
大乗女子学院　249b
大正大学　149a,209b,328a
大正大学社会事業研究室
　149b
大正大学人間学部人間福祉学
　科　149b
大乗瀧寺　280a
大正デモクラシー　178a,304a
大乗と小乗　**213a**
『大乗仏教概論』　189a
『大正仏教史』　222b
大乗報恩会　166a,188a
大施薬院　84b
泰善　309a
『大蔵経』　328a
大智度論　195a
『大道ちょぼくれ』　248a
大徳寺　215b
『大日経』　69a,201a
大日如来　243b
『大日本史料』　136a
大日本施薬院　275b
大日本婦人会　45b
大日本仏教慈善会財団　5a,
　23b,43b,74b,80a,110b,136a,
　182b,193a,**214a**,240b,291b,
　302a,315a,327b
大日本仏教仁慈博愛社　186a
大日本仏教法話会　93a
大般涅槃　94b,146a
『大般涅槃経』　131a,321a
『大パリニッバーナ経』　321a

『大般若経』　101a,318b
大悲代受苦　25a
『大方広十輪経』　137a
『大宝積経』　182b
大本山総持寺社会事業部
　214b
大明寺　223b,298b
『大無量寿経』　56a,122a,163a,
　191a,191b,235b
題目　239b
平実親　39a
高岡龍一　273a
高木益太郎　202b
高木光久　120b
高楠順次郎　235b,252a,266b,
　327a
高志大了　53a,275a
高嶋平三郎　55b
高島米峰　15a,160b,183b
高瀬真卿　14a,57b
高田慈光院　118b
高橋慈本　253a
高橋精一　259a
高松保育会　92a,120b
高柳光寿　136a
沢庵宗彭　**215b**
拓寿園　118b
田口義門　39b
托鉢　11b,28b,85a,106a,123b,
　292b
能教海　296a
竹内一夫　244b
竹内道骨　190a
竹内道拙　190a
武内了温　43b,**216b**
武内了道　216b
武田精神病院　139a
竹村藤兵衛　82b
田島小学校　232a
多田賢住　110b
多田孝泉　33b
竜が丘保育園　40a

達観　**217a**
伊達自得　10b,259a
田中正造　6a
田中元　91a
田中正雄　325a
谷山恵林　**218a**
谷山応林　218b
頼母子講　49a
田原法水　281b
田伏六右衛門　93a
WHO（世界保健機関）　103a
田宮仁　8a,254b,321a
檀家　**219a**
但行礼拝　255b
談合　97a,323a
湛秀　322a
誕生偈　313b
弾誓　168a
『歎異抄』　48b,67b,184b,191b,
　195b,212b,228b,254a
たんぽぽ学園　293a
『ダンマパダ』　11b,14b

ち

癩　148a,290b
地域性　7a
地域相扶　206b
智慧　95b,201a,241a,324b
知恩院　129a
近角常観　193a
智顗　48b,142a,259a,263b
地球救援募金　18a
地球サミット　60b
癡空　33a
竹林寺　76b
知識　**220a**
知的障害者厚生施設「はばた
　き」　124b
知的障害者更生施設「松江学
　園」　124b
知的障害者福祉法　159b
知的障害児・者短期入所施設

「みのりの家」　124b
知的障害児施設　55a
千葉感化院　15b,57b,237b
千葉星華学院　190b
千葉知養　281b
地方学事通則　231b
『茶湯一会集』　18b
チャプレン　254b
『中阿含経』　141a
中央看護学校　93b
『中央公論』　222a,252a
中央慈善協会　269b,272a,273b
中央仏教会館　160b
『中外日報』　109a
中道　126b,**220b**
『中部経典』　98a
中部社会事業短期大学　166a,188b
チュッラ・パンタカ（周梨槃特）　158a
『長阿含経』　152a
長栄寺　128a
長覚寺　41b
澄憲　194b
重源　64b,**221a**,299b,308a
長源寺　327a
長光寺　281a
懲治場　57a
長寿寺　40a
長松寺　82a
澄禅　168a
長福寺　29b
長福寺（真宗大谷派）　225a
長明寺　186a
調養荘　16b
『治療新報』　261a

つ

通宗教的情操教育　267a
月かげ幼稚園　172a
築地少年教会　266b

築地別院　230a,230a
築地本願寺　7a,110b
築地本願寺診療所　203a
築地本願寺別院　90a
柘植信秀　160b
辻善之助　136a
辻村泰圓　279b
津田寅吉　93a
土一揆　19b
土屋詮教　**222a**
綱脇サダ　298b
綱脇美智　298b
綱脇龍妙　**222b**,298a,307b
恒川武敏　271b
燕会　199a
罪　**223b**
津養育院　296b
鶴見社会館　215a

て

諦　184b
貞紀　127b
『貞丈雑記』　98b
ディスアビリティ　316a
ディスエイブル　158a
ディスオーダー　158a
呈蓮寺　26b
デス・エデュケーション　321b
鉄牛　319a
鉄眼　**224b**,282a,319b
手伝い　204b
鉄湯船　222a
寺請檀家制　39b,322a
寺永慈恵院　225b
寺永法専　**225a**
寺に詣った人に無駄にならぬ寺院たらしめること　209b
纏　290b
転悪成善　229a
転換　**226a**
伝教大師　114b

『点字済世軍』　120b,270a
天上天下唯我独尊　138a,153b,313b
天真院　318b
天神地祇　**227b**
『天真了翁禅師語録』　320a
天台山万年寺　299b
天台宗教誨師会　18a
天台宗社会福祉事業推進協議会　18a
天台宗人権擁護委員会　18a
天台宗保育連盟　18a
天台宗保護司会　18a
天台宗民生・児童・主任児童委員会　18a
天台真盛宗　181a
天台法華宗年分学生式一首　114b
天台法華宗年分度回小向大式　114b
テンテラー（Tentler, R.L）　245a
『伝灯』　324a
天和の飢饉　168b
転入　228b
転依　226a
天然寺　117b
天武天皇　263b
転迷開悟　19a,119a,157b,181a,224a,227a,**228a**
天祐寺　116b

と

トインビー・ホール　115b,209a
道　134a,313b
『統一日曜学校教案』　266b
東海仏教倶楽部　229b
東海仏教慈恵学校　**229a**,229b
道覚　318b
同行　204b
道鏡慧端　247b

東京感化院　57b
東京慈恵会医院医学専門学校
　　73a
東京慈恵会医科大学　73a
東京慈善会　273a
東京出獄人保護会　110a
東京洲崎大火　171b
東京府慈善協会　328a
東京仏教護国団　268b
東京仏眼協会　278b
東京盲人教育会　**230a**
東京養育院　9a,272a,273a
東京養老院　118b,272a
東京労働学校　5b
東慶寺　189a
道元　133b,**231a**,242b,255b,
　　300a
道光　224b
洞光寺　124a
東寺　112a,309a
同事　156a,288a
同事摂事　133a
同事摂法　76a
同宗連　123a
稲寿園　118b
同潤会　214a
道昭　76b,276a
同情　75a,135b
唐招提寺　65b
道信禅師　85b
道邃　114a
道宣　133a,321b
同善会　230a,**231b**
同善簡易小学校　231b
同善助産所　232a
同善尋常高等小学校　231b
同善尋常高等小学校山伏町分
　　校　231b
同善尋常小学校　231b
道諦　185b
東大寺　221a,299b
東大寺戒壇院　65b

道徳情操論　2a
多武峰　44b
堂班制　199b
東福寺　125a
同朋相互扶助　3a
同胞融和　232b
東洋大学　261b
桃李館　280a
同和園　84a,118b
同和対策事業特別措置法
　　233b
同和問題　216b,**232b**
トータル・リハビリテーション
　　316b
遠野了真　40a
土宜法龍　121a,160b,**234a**
トギャザー・ウィズ・ヒム
　　（彼とともに）　249b
常盤大定　193a
常葉幼稚園　277b
徳雲寺　117b
徳応寺　3b,5a
徳川家光　216a
『特殊部落民解放論』　199a
徳勝寺　172b
得生寺　249b
禿すみ　235b
得脱　94b
徳美　259a
特別養護老人ホーム上宮園
　　161a
特別養護老人ホーム「ゆうな
　　ぎ苑」　124b
特別養護老人ホーム玉澍園
　　17a
徳本　168a
徳山女学校　3b
徳山婦人講習会　3b
得律寺　177b
禿了教　27b,**235a**
度衆生心　286a
度脱　94b

ドナー・カード　245a
留岡幸助　14a,41b,43a,192b
共生　127a,241b
共生思想　79a,208a
とも同朋　48a
豊永日良　298a
トランスパーソナル　**236a**
トランスパーソナル学　237a
鳥井道夫　17b
杜陵学園　58b
貪　148a,290b
頓教　228b
貪・瞋・癡　105b,119a
貪欲　157a,241a
曇鸞　38b,64a,163a

な

内観法　125b,248a
内観療法　37b,67b,229a
内地雑居　5a,111b,136a,173a,
　　186a,192b
ナイチンゲール（Florence
　　Nightingale）　62a
中井玄道　270b
永井精神病院　139b
長岡大仁　281b
長岡西病院ビハーラ病棟
　　254b
中川望　72a
長崎開成学園　58b
長崎県慈善感化院　57b
長崎県立開成学園　58b
長崎孤児院　117a
長澤常應　186a
中西雄洞　273a
長浜育児院　172b
中村寛澄　81b
中村弘道　173a
中村正直　13b,15a
長等保育園　40a
那岐山菩提寺研修センター
　　171a

名越隆成　79a
名古屋市西区幼稚園　229b
名古屋西幼稚園　229b
生江孝之　14a
『南無阿弥陀仏作』　221b
成田学園　15b,57b,**237b**
成田感化院　15b,238a
成田山新勝寺　15a
成田女学校　15b
成田中学校　15b
成田図書館　15b
成田幼稚園　15b
成瀬賢也　3a
煠　155a
南越育児院　315a
『南海寄帰内法伝』　263b
南山の郷　3a
南山寮　2a
南山ルンビニー保育園　3a
南条文雄　43b
南禅寺　84b
南米仏教浄土宗別院日伯寺　169a
南無妙法蓮華経　239b

に

西尾関仲　172b
西島覚了　327a
西田幾多郎　189a
西谷宗雄　112b
西浜正熙　305b
西本願寺　120b,287a,289b,291a
西本願寺白光荘　**238b**
西本願寺布教会　82b
西本願寺仏教婦人会連合会本部　90a
西本願寺別院子守教育会　82b
西村悟念　172b
西村七平　93a
西本尊方　169b
21世紀福祉ビジョン　102a

二十五三昧会　51b,321a,322a
二十五三昧式　97b
二種深信　67b
日英ソーシャルワーク管見　189b
日常生活動作　316a
日曜学校　26b
日蓮　**239b**
日蓮宗　298a
日蓮宗慈済会　80a
『日蓮宗社会教化事業の指針』　307b
日蓮宗昭徳教会　166a
日蓮宗大学　10b
日蓮昭徳教会　188a
日連尊者　288b
日系移民　170a
日州学院　58b
日暹寺　240b
日泰寺　240b
日伯寺　169b,249b
日伯寺学園　169a
日暮里上宮病院　161a
『日本医学史』　261b
日本医学史学会　261b
日本医師会生命倫理懇談会　25b
『日本往生極楽記』　39a
『日本及日本人』　222a
日本教化研究会　27b
日本国憲法　47a,148a,260b
『日本疾病史』　261b
日本自転車振興会　110b
日本児童研究会　261a
『日本社会事業史』　218a
日本社会福祉学会　209b
『日本社会福祉思想史の研究』　308a
日本宗教者平和協議会　45a
『日本書紀』　159a,263b,289a
日本ソーシャルワーカー協会　209a

日本大菩提会　**240a**
日本道徳会　235a
日本トランスパーソナル学会　237a
日本トランスパーソナル心理学／精神医学会　237a
日本福祉大学　166a,188a
日本仏教学協会　328a
日本仏教保育協会　277b
『日本仏教社会事業史』　5b
『日本仏教社会事業の概況』　277b
日本仏教社会福祉学会　70b,210a,307b
日本有期禁酒禁煙会　27b
『日本霊異記』　63b,159a
饒益有情戒　285a
如我等無異　166a
如実知見　**241a**
女人五障　122a
女人成仏　157b,**242a**
如来　**243a**,284a
『如来会』　163a
如来等同　255a
ニルヴァーナ　119a,323a
仁愛兼済　235b
忍界　147a
人間開発報告1996　107b
人間苦　134a
忍性　31a,65a,132a,160a,208a,**243b**,261b,263b,264b,276b,309a,310a
忍澂　168a
忍土　105b,147a
仁和寺　92a,234b
仁和寺塔頭尊寿院　84b
忍辱　95b,201a,324b

ぬ

貫名日良　223a,298a
沼波政憲　273a

ね

『願わくは衆生と共に』 251a
涅槃 119a,145a
『涅槃経』 98a,145a,227b,255b
涅槃寂静 228b,279a
然阿良忠 62b
念仏 22b
念仏往生 38a
念仏聖 20b,304a

の

悩 87a
脳死 155b,**244b**,322a
農地改革 247a
農繁期託児所 17a,277b
能美円乗 **261a**
濃尾大地震 177a
農民一揆 20a
農民階級 **246b**
ノーマライゼーション 51b,148a,158a,159a
のぞみ荘 296b
野中寺 127b

は

バーナード（Christiaan Neethling Barnard） 245a
梅寿荘 280a
売春防止法 239a
廃物毀釈 5a,10b
廃仏毀釈 10b,44b,214b,222a,252a,260a
廃仏毀釈運動 32b
パウロ 1a
破戒無戒の者 283a
博多老人ホーム 118b
羲 142a
揆 19b
縛 290b
博愛 1a
白隠 **247b**,282a
羽栗病院 139a
函館大火災 117b
橋川恵順 93a,277b
『婆沙論』 213a
蓮井麗厳 93b
蓮の音こども園 27a
長谷川寛善 296b
長谷川寛亮 297a
長谷川順孝 129a,250b
長谷川冬民 149a
長谷川仏教文化研究所 **248b**
長谷川よし子 248b
長谷川良昭 169b
長谷川良信 149b,165b,169a,209b,248b,**249a**
『長谷川良信全集』 249a,250a
『長谷川良信選集（上・下）』 248b
『長谷川良信のブラジル開教』 249a
秦隆真 271b
八福田 258b,264a
抜苦与楽 142b,152a,174a,197a,212b,**250a**,288a
八斎戒 205b
八正道 126b,134a,185b,306b,307a
八田新七 182a
花岡大学 301b
馬場辰猪 40b
浜松市立慈照園 36a
林玄松 118a
林蘇東 55a
林大定 250b
林文雄 130a,**250b**
原口照輪 **15a**
原胤昭 14a
原坦山 10b,40b
ばらまき 54a
波羅蜜 197a
バリアフリー 51b,148a
ハリー・ピーパー（Harry Pieper） 302a
反抗 **251a**
万国宗教大会 234a
犯罪者予防更生法 238b
『般舟三昧経』 227b
阪神淡路大震災 178a,287b
反省会 **252a**
『反省会雑誌』 222a,252a
ハンセン病 31a,166a,178b,179a,188a,223a,244a,263b
ハンセン病患者 298a
ハンセン病者 244a
ハンセン病問題 216b
反戦平和 45a
ハンディキャップ 158a
鑁阿寺 277b
『般若経』 213b

ひ

悲 1b,87a
ビーハラ活動 162b
比叡山天台法華院得業学生式 114b
東本願寺 72a,286b
東山天華 84b
非行 254a
比丘尼 205a
悲眼院 112b,**252b**,324a
非行 8b,138b,251b,**253b**,284b
彦根金亀育児院 173a
被災者救護 90a
被差別部落 4a,198b,232b
聖 300b
比丘 205a
非政府民間団体（NGO） 103b
非僧非俗 108b
逼悩 87a
悲田 258a
悲田院 100a,141a,205b,235b,259a,276a

悲田会　93a
悲田会看病婦養成所　93b
非人　50b,168b,244a
非人救済　31a
日野大心　270b
ビハーラ　8a,19a,26b,52b,141b,**254a**,263a,321a
ビハーラ運動　68a
ビハーラ活動　7b,10a,37a,51b,52a,205b,264b,292a
ビハーラ講座　83b
ビハーラこのみ園　254b
ビハーラ実践活動研究会　254b
ビハーラ僧　255a,265a
ビハーラ花の里病院　254b
ピプラハワー　240a
『秘密曼荼羅十住心論』　88b
百丈　123b
百姓一揆　20a
百丈懐海　85b
『百丈清規』　85b
白道　303a
白蓮社　38a
白蓮女学校　3b
白光会　239a
白光荘助成会　239a
『楞伽経の研究』　189a
平等　157b,**255a**,316a
平等の慈悲　255b
平田真照　132a
平野小剣　109a
平本智遠　315b
ヒル（Octavia Hill）　209a
広尾上宮保育園　161a
広がり　54a
広島育児院　182a,214a
広島感化院　58b,182a
広島教育治療院　325b
広島県立広島学園　58b
広島修養（感化）院　214a
広島崇徳高校　182a

広島保護院　182a,214a
琵琶崎待労病院　299a
貧院　5a
貧窮孤独夫下賤　60a
貧窮困乏　283a
貧困無告　124a
貧児教育　231b
貧者救済　308b
貧民救済　2b,41b,53a
貧民救済問題　135b
貧民救恤原論　41a
「貧民窟の宗教」　193a
貧癩院　41a

ふ

不悪口　128a
ヴァルナ　49b
ヴィシェーシャ　157b
「風教問題と社会事業」　324a
プージャ　91b
不飲酒　28a,108b,205b
不可触民（アンタッチャブル）　50a
『普勧坐禅儀』　231a
不綺語　128a
福井育児院　235b
福井県慈光園　315a
福井県私立育児院　315a
福井仁愛学園　236a
福井平岡学園　315a
不空　69b
福岡学園　58b
福岡県立福岡学園　58b
福岡養老院　118a
福鎌芳隆　292a
福沢諭吉　147a
福祉　**256a**
福祉ボランタリズム　287b
福島瓜生会　29b
福島教育所　29b
福島大順　182a
福島鳳鳴会　29b

復生病院　223a
福泉寺　190a
福田行誡　10b,33b,40b,260a,266a
福田もと子　82b
福地源一郎　259b
福田　**258a**
福田会　212a,**259a**
福田会育児院　10a,33b,41a,173a,177a,259a,273a
福田会東京本院　260a
福田思想　76b,136a,141a,260a
福山六方学園　325a
福利　**260b**
普化宗　106b
普賢菩薩　56a
藤井満喜太　273a
富士川游　55a,72b,**261a**
夫食拝借　187b
不思議変易生死　161b,226b
藤沢市震災　117b
藤島了穏　327a
藤田清　52b
節談説教　194b
藤腹明子　321a
不邪婬　108b,128a,205b
不邪見　128a
不性定聚　163a
藤原良相　39a
普請　86a,204b
婦人慈善記章制定請願所　29b
婦人仁愛会　235b
婦人仁愛会教園　235b
不瞋恚　128a
布施　95b,107a,108b,144b,196b,197a,201a,213b,258a,**262a**,282a,288a,289a,324a
布施行　39a,117b,211a,213a,246a
布施摂事　133a
布施摂法　75b
不殺生　108b,128a,133a,205a

索引

布施屋　76b
不戦思想　109b
不偸盗　108b,128a,205a
仏眼協会　230b
仏教医療　7b,**263a**,313a
「仏教改革論」　9a
仏教界に於ける慈恵救済及び地方改良事業　272a
仏教カウンセリング　37b,52b,156a
『仏教学』　303b
仏教各宗協会　53a,275a
仏教各宗協会規約　53a
「仏教家の慈善事業」　193a
仏教感化救済会　165b,188a
仏教看護　62b,**264a**
仏教看護学　264b
『仏教看護学』　264b
仏教救援センター（BAC）　103b
仏教教育　**265b**
仏教協和会　28b
仏教グループワーク　**267b**
仏教系大学会議　267b
仏教系養護施設　259a
仏教国益論　10b
仏教護国団　**268b**
仏教済世会　272a
仏教済世軍　120a,**269a**,291b
『仏教済世軍』　120a
仏教済世軍付属進徳女学校　270a
仏教児童博物館　**270a**
仏教社会学院　5b
仏教社会事業家　235a
『仏教社会事業の研究』　308a
「仏教社会事業の現在及将来」　311b
『仏教社会福祉学』　307b
仏教社会福祉の援助関係　49a
仏教主義の社会事業者　273a
仏教少年館　177b

仏教情報センター　254b
仏教女子青年会　90a
仏教仁慈女学院　186a
仏教清徒同志会　183a,328a
仏教セツルメント事業家　115a
仏教ターミナルケア　162b
佛教大学　254b
佛教大学仏教社会事業研究所　**271a**
『佛教大学佛教社会事業研究所年報』　271b
仏教チャプレン　265a
仏教・哲学系大学会議　267b
仏教同志会　9b,41a,80a,**272a**,273b
仏教同和会　172b
仏教徒国民同盟会　192b
「仏教と児童教化序」　304a
仏教徒社会事業研究会　**272b**,273b,274b,328a
仏教徒社会事業大会　272b,**273b**
『仏教徒社会事業大観』　9a,273b,**274b**
『仏教と社会事業と教育と──長谷川良信の世界』　249a
『佛教と社会福祉』　271b
『仏教と社会福祉のあいだ』　249a
仏教日曜学校　266b
「仏教の社会的倫理」　148b
仏教博愛病院　53b,**275b**
『佛教福祉』　271b
仏教福祉と仏教社会福祉　**275b**
仏教婦人会　291b
仏教婦人会連合本部　82b
仏教保育　**277a**
『仏教保育』　278a
『仏教保育カリキュラム』　278b

仏教保育協会　266b,277b
仏教ホスピス　8a,51b,254a
仏教ホスピスの会　254b
仏教連合会　268b
点字月刊雑誌『仏眼』　278b
仏眼協会　**278b**
仏性思想　163a
仏心　212b
『仏説盂蘭盆経』　288b
『仏説五王経』　157a
『仏説諸徳福田経』　258a
ブッダ最後の旅　102a
物的援助　37a
仏道無上誓願成　191a
仏・法・僧　126b
『不動智神妙録』　216a
不貪欲　128a
不二一体　179b
不能　304b
部派仏教　213a
父母恩　128b
不妄語　108b,128a,205b
部落解放　199a
部落解放同盟　233b
『ブラジル南部在住日系人の意識調査報告書』　249a
ブラジル仏教連合会　169b
プラトン　1a
不両舌　128a
古谷日新　53a,275a
ふれあいの郷　118b
フロイト（Sigmund Freud）　236b
プロミン　299a
フロム（Erich Fromm）　52b
分段生死　161b,226b

へ

平安養育院　82b
米国仏教団　49a
別願　191a
ヘッケル（Ernst Haeckel）

261a
弁暁　300b
『遍照』　324a
遍照庵　93b
変成男子　122a,242a

ほ

保育事業　29a,40a,74b,80b
法印　**279a**
法縁　34a
法円寺　182a
報恩行　111b,154b,196b,
　285b,319b
『報恩講式』　97a
法音寺　166a,188b
法音寺学園　166a,188b
報恩主義　172a
法岸　168a
報国母子寮　215a
宝山寺愛染寮　279b,280a
宝山寺児童遊園　280a
宝山寺　279b
宝山寺福祉事業団　**279b**
『報四叢談』　40b
報謝行　129a,192a
房舎施　262b
法洲　168a
豊州保護会　**280b**
北条時宗　244a
北条時頼　231a,239b
鳳雛幼稚園　4a
法施　108b,133b,211a,220a,
　262a
法蔵比丘　164b
宝池園　27a
宝池慈光園　27a
宝池住吉寮　27a
宝池月影寮　27a
防長婦人相愛会　4a
宝池和順園　27a
法道　**281b**
法爾　141b

『法爾』　261b
法爾自然　142a
法爾道理　142a
法然　142a,168a,255b,256b,
　282b
『法然上人伝記』　282b
法の深信　67a
法の前の平等　255a
防貧論　328b
方便　**283b**
法門無尽誓願学　191a
法楽寺　127b
ホーナイ　52b
『法華経』　54b,77b,91a,97a,
　114b,121b,143a,152a,154b,
　165b,173b,188a,213b,223b,
　225a,239b,242a,247b,255b,
　283b
『法華経文句記』　66b
保護　36b,**284a**
保護観察　284b
保護教育団体　230b
保護司　47b
保護司法　238b
菩薩　144b,175a
菩薩行　25a,32a,56a,77b,86b,
　101a,119b,129a,131b,191b,
　205b,213b,258b,**284b**,285a
菩薩乗　213b
『菩薩善戒経』　78a
菩薩道　29a,29b,136a,188b,
　225a,288a
菩薩道の実践　276a
母子保健法　310b
ホスピス　254b,321a
ホスピスケア　26a
『歩船鈔』　228b
菩提心　19a,119b,140b,150a,
　150b,197a,201a,248b,**285b**,
　300b
北海道開拓　**286b**
北海道授産場　225b

法起寺　97a
『法華玄義』　66b
法華寺　100a
法性自爾　142a
法性寺　223b
発心　285b
『発智論』　213a
ホットミールサービス　49b
発菩提心　19a,288a
『ほとけの子』　43a,278a
ボランタリズム　287b,326a
ボランティア　**287a**
堀信元　277b
ボロンカ（暴論家）騒動　32b
盆　**288b**
梵我一如　130b,185a,237a
本願　173b
本願寺ウィスタリアガーデン
　290a
本願寺看護婦養成所　93b
本願寺人事相談所　214a
『本願寺新報』　74b
本願寺築地別院　266a
本願寺派司法保護協会　238b
本願寺ハワイミッション　49a
本願寺母子寮　**289b**
本願力　191b
本行院　15a
本化幼年学園　81b
本圀寺　81b
本昌寺　181b
本真寺　117b
本多恵隆　315a
本多義勧　138b
本多義憧　138b
本多栄　138b
本多左内　138b
本多浄仙　138b
本多辰次郎　193a
本多日生　272a
本多義治　139a
『本朝新修往生伝』　39a

梵天勧請　192b,197a
煩悩　1a,30a,**290a**
煩悩即菩提　147a,227a
煩悩無数誓願断　191a
本派社会福祉推進協議会　291a,302b
本派社推協　291a
『梵網経』　128b,258b,264a

ま

マーヤー王妃（摩耶夫人）　145b
前田慧雲　72b
前橋積善会　24a,**292a**
『摩訶止観』　48a,70b,142a,263b
『摩訶僧祇律』　263a
まことの保育　277a,290a
増田嘿童　292a
益田孝　259b
マズロー（Abraham Harold Maslow）　236b
真渓涙骨　270b
町会所　187b,207a,293b
町方施行　**293a**
町中合力　293b
松井逝水　286b
松浦春濤　129a
松江盲啞学校　124a
松岡了眼　273a
松川源三郎　74a
末日会　278b
『末灯鈔』　163a
松濤神達　272a
末法の濁世　105b,**294a**
松前事前窮民施薬院　275b
松村祐澄　92a
松本順　112a,275a
マナー（荘園）　207a
マナ（末那）識　14b
末那識　180a
マハヤナ学園　249b

『マハヤナ学園65年史』　249a
マリンガ日伯寺　170a
丸山祥憧　253a
慢　138a,148a,295a
万行寺　72b,266a
万寿寺（旧・三聖寺）　125a
満足　**294b**
万年尋常小学校　232a
満濃池　88b,208a,**295a**
万福寺　318b

み

三池照鳳　15a,238a
三井寺（園城寺）　172b
三浦参玄洞（大我）　109a,116a,179a
三重育児院　296a
三重県保護会　281b
三重済美学院　121b,**296a**
三重養老院　118b
水島洞仙　53a
三田庸子　239a
三谷寺　234a
密教　295b
光田健輔　179a
満田了誓　182b
密道応　10b
看取り　321a
海鳥の家　124b
源実朝　309a
源頼家　299b
美濃大震災　117a
身延山　223a,239b
身延山久遠寺　10b,297a,298b
身延山功徳会　118b,**296b**
身延山支院大善坊　296b
身延山病院　297b
身延山福祉会　**297b**
身延深敬園　298a,307b
身延深敬病院　222b,298a
身延深敬院病院　188a
みのぶ荘　297a,297b

身延本院　298b
三野村利助　259b
みのり保育園　290a
壬生台舜　204a
壬生雄舜　273a
宮崎県立みやざき学園　58b
宮代学園　260a
観山綜貫　182a
明庵栄西　44a,68b,221b,231a,299b
明恵　142a,**300a**
『明恵上人遺訓』　300b
妙見寺　177b
妙好人　189b,**301a**
妙好人因幡の源左　301b
『妙好人才市の歌』　302a
『妙好人清九郎』　301b
『妙好人伝』　301a
名色　35a
命終　38b
妙心寺　247b
明如（大谷光尊）　40b,89b,182a,214a,230a⇒大谷光尊も見よ
妙法講清浄結社　10b
妙法華寺　16b
妙楽寺塔頭智光院　44b
妙有　282a
明蓮寺　177a
名利否定　288a
三輪政一　273a
民間社会福祉　276b
みんなの福祉をあつめる運動　292a,**302b**

む

無　**303a**
無畏　303a
無為　303a
無為自然　141b
無畏施　133b,211a,262a
無縁　34a

無我　303a
無戒名字の比丘　108b
迎講　10a
無我論　288a
無記　303a
無碍　303a
『無礙光』　148b, **303b**
無間地獄　303b
無告の窮民　107a
無財の七施　211a, 262b
武蔵野学院　58a
貪り　1a, 290b
無自性　185b, 303a
無遮会　197a
無遮大会　31a, 258b
無差別平等　140b
無生　303b
無常　303b
無上正等正覚　119a
無上涅槃　303b
無瞋　142b
無尽講　49a
無相　303b
無念　303b
無能　160a, 168a, **304a**
『無能和尚行業遺事』　305a
『無能和尚行業記』　305a
無能寺　304b, 311a
無明　35a, 87a, 134a, 161b, 185b, 224b, 290b, 303b
『無憂』　7a
『無憂華』　7b, 71b
無余涅槃　94b
村上斎　166a, 188a
村上専精　43b, 72b, 160b
村上泰音　41a
村中合力　293b
村瀬戒興　273a
村田寂順　211b, 275a
無量寿　303b
『無量寿経』　9b, 12b, 105a, 143b, 154b, 182b, 213b, 242a

無料宿泊所　9a, 41b, 160b
無料診療　83a, 160b
無料診療所　73a, 129b
無料施薬救療　229b
無漏　30a, 303b

め

『明教新誌』　15a, 40b, 186a, 222a, **305b**
明教生命保険会社　41a
『明治仏教史』　222b
明照大師　170b
明照保育園　172a
迷信　**306a**
瞑想　237a, **307a**
明徳会　73a
明徳学園　81b, 82a
明徳学園教育部　82a
明徳女学校　82a
明峯学院　58b
めぐり逢った人　171a
滅　134a, 313a
滅諦　185b
「メッタ・スッタ」（慈経）　142b
メディカルソーシャルワーカー（MSW）　26a
免囚保護　41b, 74a, 113b, 297a
免囚保護会　170b
免囚保護活動　35b, 280b
免囚保護事業　4a, 72a, 81b, 182b, 225a
免囚保護事業に就いて　148b
免囚保護所　41b
メンタルケア　26b

も

盲唖学校令　230b
盲人技術学校　230b
『盲人教育』　230b
盲人綜芸院　132a
盲人保護会　230a

妄念　21a
木庵性瑫　224b
森井清八　2a
森泰淳　188a
森田悟由　16a, 235b
森田正馬　125a
森田療法　37b, 125a
森永松信　**307a**
守屋茂　**308a**
諸嶽奕堂　10b
文覚　300b
文殊会　309a
『文殊師利般涅槃経』　308b
文殊信仰　31a, 59b, 244a, **308b**
文殊菩薩像造立願文　31a
聞名往生　38a

や

柳生宗矩　216a
薬縁　39a
『薬師経』　309b
薬師十二大願　309b
薬師信仰　197a, **309b**
薬師如来　56a, 243b
『薬師如来本願経』　56a
『薬師瑠璃光如来本願功徳経』　309b
養う　**310a**
夜叉　200b
安国淡雲　90a
『夜船閑話』　248a
柳田國男　201b
柳宗悦　301b
矢野長蔵　112a
八幡安吉　229b
矢吹慶輝　118a, 148b, 149a, 165b, 209b, 218a, 250b, 305a, **311a**
矢吹良慶　311a
病　**312a**
山内春瓏　29a
山岡鉄之助　259a

索引

山口（県）積善会　4a,5a
『山口県積善会雑誌』　4a
山口県立育成学校　58b
山越忍空　277b
山崎平右衛門　224b
山下現有　170b
山下信哉　136a
大和の清九郎　301b
『山上宗二記』　18b
山伏町尋常小学校　232a
山室軍平　43a,120b,269b
山本幾太郎　93a
山本暁得　278b

ゆ

ユイ　99a,129a,204b
唯我独尊　256a,**313a**
累徳学園　130a
『維摩経』　132a,147a,213b,
　250a
唯宝寺　32b
遊女　168b,200b
融通無碍　216a
ユースホステル　17a
『瑜伽師地論』　197a
『瑜伽唯識』　76b
『雪枝草子』　14a
遊行　8a,11b,64b,146a,194b,
　208a,276b
遊行期　153a
『遊行経』　8a,321b
遊行性　168b
遊行聖　20b
遊戯　8b
湯施行　222a,309b
ユニセフ（国連児童基金）
　103a
ユニバーサル・デザイン
　51b,148a
ユング（Carl Gustav Jung）
　52b,236b

よ

養育　310b
栄叡　65b
養護　310b
養護老人ホーム「功徳会」
　297b
養護老人ホーム「慈光苑」
　124a
養生園　139a
葉上房　299b
永生楽果　157a,210b,212b,
　303a
養老　310b
養老事業　74b
与願印　197a
『よき日の為めに』　109a,199a
欲　**314a**
欲生　12b,314b
横内浄音　26b,79a
与謝野克麿　5a
与謝野常子　5a
与謝野寛（鉄幹）　3b,5a
与謝野礼厳　3b,84b
吉江学園　121a,**315a**
吉岡呵成　148b
吉水賢雄　269a
吉本伊信　67b,125a
霊山諦念　182a
米田庄太郎　43a
ヨハネ・パウロ2世　18a
寄合　46b,97a,323a
4ヵ条の願文　31b

ら

来迎引接　9b
来迎寺　282a
癩者　244a
来生　243a
癩病人　168b
癩予防協会　179a
らい予防法　179a

癩予防撲滅全国大会　178b
ラオス　206b
羅漢寺　198a
楽善会訓盲院　40b
楽果　24b,250a
『羅摩経』　126b

り

力能　39a
利行　288a
利楽　317a
利行摂事　133a
利行摂法　75b
『リグ・ヴェーダ』　63a,69a
『理趣経』　280b
利他　1b,32a,111b,119b,133b,
　136a,140a,143a,144a,168a,
　175a,191a,213b,276b,285a,
　285b,319b
利他行　25a,95a,175a,197a,
　325a
律　263a
『立正安国論』　239b
立正診療院　203a
立正大学　10b
律蔵　60b
律『大品』　75a,146b,263a
リッチモンド（Mary Richmo-
　nd）　209a,310b,311a
リハビリテーション　51b,
　61b,**315b**
理満　39a
利益　260b,**317a**
龍華孤児院　117a
『龍谷週報』　74b
龍谷大学　209b,252a
龍谷大学仏教文化研究所
　318a
『龍谷大学仏教文化研究所紀
　要』　318b
龍樹　163a
龍女成仏　242a

療養　315b
了翁　**318b**
『楞伽経』　225a
良観　243b
良寛　**320a**
『良寛禅師奇話』　320b
『令集解』　59a,59b
両全会　90a
良疏　39a
良忠　264a,264b,322a
療病院　141a,261b,263b,276a
リヨンサミット　107b
臨死　320b
臨終　9b,38a,38b,39a,320b
臨終行儀　10a,38b,62b,264b,320b,**321b**
『臨終行儀注記』　322a
『臨終正念訣』　321b
『臨終節要』　322a
『臨終之用意』　322a
『臨終用心』　322a
林棲期　153a
輪廻　24b,35a,38a,94b,119a,145a,154a,156a,163b
輪廻転生　151a,228b
隣保事業　249b
隣保相扶　206b

れ

連帯共同　209b
蓮如　12b,20b,46a,97a,147b,242b,**322b**
憐愍　75a

ろ

漏　290b

老　**323a**
老死　35a
老師　201a
老人短期入所施設「海鳥の家」　124b
老人福祉法　42b,310b
老人福祉法等の一部を改正する法律　101b
労働共済　172a,209b
『労働共済』　172a,249a,328b
労働共済会新館　172a
労働者の家　171a
六斎日　205b
六処　35a
六条式　114b
六条診療所　203a,214a
六条仏教女子青年会　83a
『六足論』　213a
『六大新報』　**324a**
六道　161b
六道輪廻　128b
六波羅蜜寺　101a
六萬隆見　2b
鹿野苑　146a
ロジャース（Carl Ransom Rogers）　75a,155b
六華園　83a,90a
六角会館　82b
六角教会　83a
六角堂　56b,81b
六角堂能満院　234a
六角仏教会　83a
六波羅蜜　95a,95b,117b,119b,201a,213b,285a,307b,**324a**
六方学園　**325a**
六方護念　325b

わ

和　**325b**
和会　326a
和栄政策　109b
『わが信仰と社会事業』　116b
若松孤児院　117a
和敬　326a
和敬会　10b,147b
惑　290a
惑智の無　303a
和解　326a
和気広虫　**326a**
和顔　326a
和顔悦色施　262b
和合　326a
和光寮　92b
『和洲清九郎伝』　301b
和順会老人ホーム　170a
早稲田病院　**327a**
和田大円　3b
渡辺海旭　33b,43b,79a,127b,149a,165a,170b,171b,177b,183b,208a,209b,249b,257b,268b,272b,273b,**328a**
渡邊元一　253a
和田祐意　278b
度会学園　296b
ワトソン（John Broadus Watson）　236b
我即弥陀　弥陀即我　147a
吾唯足るを知る　295a
以和為貴　篤敬三宝　127a

欧文索引

A

Abraham Harold Maslow 236b
ācārya 201a
acceptance 155b
action of daily life 316a
ADACHI Kenchū 9a
adhva-traya 125b
affliction 290a
agape 135b
aggo'ham asmi lokassa 313a
aging 323a
ahaṅkāra 137b
Aichi-Ikuji' in 2a
AKAMATSU Renjō 4b
AKAMATSU Shōdō 3b
alms-gathering 106a
almsgiving 262a
Amida's Land 104b
anābhogatas 141b
anantaraṃ 210a
ancestor 201b
añjali 54b
anukampā, maitrī-karuṇā 74b
appearance 96b
āprāpti 223b
ārabddha-vīrya 85a
ARAI Nissatsu 10a
artha 317a
asaṃskṛta 253b
ASANO Kenshin 5b
asat 303a
aśoka 7a
Asokakaki 7a
āśraya-parāvṛtti 226a
assistance 36b

atibhakti 306a
ātman 130a,130b,151a
attaining Buddhahood of women 242a
aupacayika 310b
āvaraṇa 157b
ayacana 22b
ayoga 253b
āyus 155a

B

Barnard, Christiaan Neethling 245a
beginner's mind for enlightenment 174b
belief 175b,182b
belief in Monju (bodhisattva of wisdom and realization) 308b
belief in Yakushi (Medicine Master) 309b
benefit 317a
benefit oneself and ohers 175a
benevolence 142b,317a
Bhagavat 145b
Bhaiṣajyaguru 309b
Big Riot in Echizen 32b
birth 153b
birth in Pure Land 38a
birth (life) and death 161a
blind passion 290a
bodhi 119a,217a
bodhi-citta 285b
Bodhi-mind 285b
bodhicittotpādanatā 19a
Bodhisattva practice 284b
bodhisattva-caryā 284b

body and mind 179b
Bon Festival 288b
brain death 244b
bringing about enlightened mind 19a
brotherhood 205a
Buddha 126b,145b
Buddha's birth 154a
Buddha's great compassionate mind 212b
Buddha's insight 217a
Buddha's Paradise 104b
Buddha's vow 190b
Buddhist Children Museum 270a
Buddhist daycare for preschool children 277a
Buddhist education 265b
Buddhist group work 267b
Buddhist hospice 254a
Buddhist medical treatment 263a
Buddhist nursing 264a
Buddhist Salvation Army 269a
Buddhist welfare and Buddhist social welfare 275b
buddhotpāda 154a
Bukkyō-Dōshikai 272a
Bukkyō-Gokokudan 268b
Bukkyō-Hakuaikan Hospital 275a
Bukkyōto-Shakaijigyō-Kenkyūkai 272b
Bukkyōto-Shakaijigyō-Taikan 274b
Butsugen-Kyōkai 278b

C

calm 145a
Can'ami 56b
cate 197b
caritas 135b
Carl Gustav Jung 52b, 236b
Carl Ransom Rogers 75a, 155b
caste discrimination 49b
catuḥ-satya 134a
catur-upakāra 128b
catvāri saṃgraha-vastūni 133a
cause and effect 24b
cerebral death 244b
charity 135b, 196b
charity organization society movement 287b
Chōgen 221a
Christiaan Neethling Barnard 245a
claim 192a
coming into existence 156b
company of monks 205a
compassionate relief 132b
condition 33b
Conference of Japanese Buddhist Social Workers 273b
contemplation 307a
conversion 226a
cortical death 245a
counseling 52a
creed 175b
crime 223b
cycle of birth and death 163b
cyuti 320b

D

Daihonzan-Sōjiji-Shakai-jigyō-bu 214b
Daikanjin-Yōikuin 211b
Dainihon-Bukkyō-Jizenkai-Zaidan 214a
dana 262a, 287a
Dāna movement 211a
dāna-pati 219a
decision 95b
degenerative world 294a
delinquency 253b
demand 192a
dependent origination 34b
desire 314a
destitution 107a
dharma 126b
Dharma-friend 220a
dharma-mudrā 279a
dhyāna 307a
disability 157b
disabled person 158b
discrimination and human rights 121b
disposition 14a
Dōgen 231a
DOGI Hōryū 234a
Dōwa problem 232b
Dōzenkai 231b
dualism 185a
duḥkha 86b
duḥkhāpaha-dharma 174a
duḥkhin 107a
dying 320b

E

earthquake disaster 177a
Echō 33a
edification 77b
ego 130a
Eison 30b
empathetic understanding 75a
empathy and sympathy 74b
Empress Kōmyō 100a
enlightenment 119a, 217a
Enshū-bukkyō-Sekizenkai 35b
entering the priesthood 152b
environment 60a
equality 255a
Erich Fromm 52b
Erik Erikson 310b
Ernst Haeckel 261a
eva 210a
expedient method 283b
extension and diffusion 54a

F

faith 175b, 176a, 182b
field of merit 258a
five degeneracies 105b
Florence Nightingale 62a
four gratitudes 128b
four methods of winning over 133a
four noble truths 134a
free from temptation 145a
Freud, Sigmond 236b
Fromm, Erich 52b
FUJIKAWA Yū 261a
Fukudenkai 259a
funeral 204b

G

gṛhastha 108a
Ganjin 65a
general pardon 46b
getting rid of suffering and giving pleasure 250a
getting together at one place (the Pure Land) 89b
gift to a person 262a
gods of heaven and earth 227b
Gold Plan 101a
Great vehicle and Lesser vehicle 213a
Grof, Stanislav 236a

Gyōki 76a

H

Haeckel, Ernst 261a
hīnayāna 213a
Hōdō 281b
Hōnen 282b
Horney, Karen 52b
Hakuin 247b
handicap 157b
handicapped person 158b
Hanseikai 252a
harmony 325b
Harry Pieper 302a
Hasegawa Research Institute for the Study of Buddhist Culture 248b
HASEGAWA Ryōshin 249a
HAYASHI Bun'yū 250b
help 36b
hetu-phala 24b
Higen'in 252b
hita 256a, 317a
home 134b
Hongwanji Council of Social Welfare Development 291a
Hongwanji-Boshiryō 289b
Hōshū-Hogokai 280b
Hōzanji-Fukushi-Jigyōdan 279b

I

I am the most revered one alone 313a
icchā 314a
idea of living together 78b
identical 210a
liberation 94b
IKEGAMI Yukie 13a
illness 312a
Incident of Mineral Pollution in the Ashio Copper Mine 6a
informed consent 25a
Institute of Buddhist Cultural Studies, Ryukoku University 318a
institution 134b
International Social Welfare 102b
Ippen 20b
ISHIKAWA Shōkin 15a
ISHIKAWA Sodō 15b
Iwami-Bukkyō-Kōjinkai Hospital 23b

J

janman 153b
jarā 323a
Jātaka-kathā 144a
Jataka-stories 144a
jāti 156b
jāti-maraṇa 161a
Jizen-Kyūsai-Shiryō 136a
jīvita 21b
jīvitendriya 155a
jñanā 220a
Jōdokyōhō 165a
jōdoshū-Hō'onmeishōkai 170b
jōdoshū's overseas missionary work in Brazil 169
jōdoshū-Rōdō-Kyōsaikai 171b
jōdoshū-Shaseiha 168a
jōgū-Kyōkai 160a
John Broadus Watson 236b
Jung, Carl Gustav 52b, 236b

K

Kakushū-Kyōdō-Bukkyō-Jizenkae 53a
Karen Horney 52b
Karṇā 55a
Karuna-Gakuen 55a
kāyaḥ cittaṃ ca 179b
Keiaifukushi-Jigyōdan 92a
Keika-Kanbyōfu-Gakkō 93a
Keimei-Gakkan 93b
kiccha 11a
killing living beings 195a
KIMURA Takeo 70a
kleśa 290a
knowing and seeing Dharma-reality 241a
knowledge 220a
KŌHASHI Shōichi 99a
Kōya 100b
kṛtajñatākathana 11a
kṣetra-pariśuddhi 164b
KUJŌ Takeko 89b
Kūkai 88a
Kyōkai' ichiran 74a
Kyōto-Fujin-Jizen-Kyōkai 82a
Kyōto-Ryōbyōin 84b
Kyōto-Shiritsu-Komori-Gakkō 81b
Kyōto-Yōrōin 83b
Kyūsai 72a
KYŪSHŪ University Bussei Students Association 72b

L

labor 85a, 123a
land of endurance 146b
leader 45b
liberty 147b
life 21b, 155a
loka-dhātu 193a
longing 314a
love 1a

M

Machikata-Segyō 293a

madhyamā-pratipad 220b
Maebashi-Sekizenkai 292a
Mahā-maitrī-karuṇā-citta 212b
mahāyāna 213a
maitrī 135b
maitrī-karuṇā 142b
Mañjuśrī 308b
manner of dying 321b
Man'nōike 295a
mano-vijñāna-bhūmika 14a
Mary Richmond 209a, 310b, 311a
Maslow, Abraham Harold 236b
meditation 307a
Meikyōshinshi 305b
merit and wealth 260b
middle way 220b
Mie-Saibi-Gakuin 296a
Minobu-Jinkyōen 298a
Minobusan-Fukushikai 297b
Minobusan-Kudokukai 296b
mithyādṛṣṭi 306b
mitra 220a
mokṣa 147b
monism 185a
monk 106a, 207b
MORINAGA Matsunobu 307a
MORIYA Shigeru 308a
Movement of 'Brighten the world at your corner' 17b
Movement of Buddhist Social Welfare Inclusion 302b
Mugekō 303b
Munō 304a
mutual aid 206b
mutual interaction of mind 66a
MYŌAN Eisai 299b
Myōe 300a

Myōkōnin 301a

N

Narita-Gakuen 237b
near-death 320b
negativism 251a
Nichiren 239b
nidāna 34b
Nightingale, Florence 62a
Nihon-Daibodaikai 240a
Ninshō 243b
nirdeśa 194b
niṣedhārthatva 251a
Nishihongwanji-Byakkōsō 238b
niyāma 95b
niyata-rāśi 162b
nonexistence 303a
inspection 63a
nursing 61b

O

obituary gift for incense 98b
observation 63b
Ōchamori 44a
Octavia Hill 209a
of itself natural 141b
offering 91a
Ōjōden 39a
OKUMURA Ihoko 45a
ŌKUSA Ejitsu 41b
Ōmi-Fujin-Jizenkai 39b
one-in-a lifetime meeting 18b
ŌNISHI Ryōkei 44b
Ōsaka-Yōrōin 42a
ŌTANI Eishō 42b
Ōtaniha-Jizen-Kyōkai 43a
ŌUCHI Seiran 40a
outflow of affliction 30a
overseas missionary work 48b

P

pain 86b
pañca-kaṣāya 105b
pāpa 223b
paricaya 139b
parikṣepa 60a
pariṇāmama 31b
paripūraṇa 294b
paritrāṇa 71a, 186b
peace of mind 12a
peaceful mind 325b
peasantry 246b
phenomenon 96b
piṇḍapāta 106a
play 7b
poor persons with no relative 59a
poṣaṇa 310b
potentiality of receivig the teachings 66b
poverty 107a
practice 139b
prajñapti 134b
prākṛtaka-karaṇa 315b
prāmaṇikārava 173b
prāṇātipāta 195a
pranayana 73b
praṇidhāna 55b, 190b
prārthanā 69a
prasāda 175b
prathama-cittotpāda 174b
prati grahaṇa 196a
pratipad 139b
pratītya-samutpāda 34b
pratītya 33b, 61a
pratyudyāna 9b
pravrajita 152b
prayer 22b, 69a
preaching 194b
present 196b
preta-karman 204b

pride   137b
priest   207b
PRINCIPAL TEACHINGS OF THE TRUE SECT OF PURELAND   42a
principle of layman   108a
prison chaplain activity   73b
priya   1a
Project of Reclamation in Hokkaidō   286b
proof   173b
protection   284a
protest   251a
protsāhanā   64b
pṛthivī-kampā-utpatti   177a
pūja   91a
pūjana   91a
punar-utpādana   98a
puṇya-kṛta   260b
puṇyakṣetra   258a
Pure Land   164b
pūrva-karman   150b
pūrvapuruṣa   201b
putting one's hands together   54b

Q

quality of life   316a

R

ratan-traya   126b
rebirth   156b
reception   196a
reformatory   57a
rehabilitation   98a, 315b
relationship   33b, 61a
relief   71a
relief-money   187a
relief-rice   187a
religious dwelling during the rainy season   11b
religious get-together for Buddhist practice   97a
religious sentiment   149b
Ren'nyo   322b
request   192a
Research Institute of Buddhist Social Work   271a
residual karma   150b
reverence   91a
reverse of fate and favorable circumstances   70b
reversing the basis   226a
riot   19b
roga   312a
Roger Walsh   236a
Rogers, Carl Ranson   75a, 155b
Rokudaishinpō   324a
Roppō-Gakuen   325a
ruci   314a
Ryōkan   320a
Ryōō   318b

S

SAEKI Yūshō   115a
Saga-Seikōen   116b
sahā   146b, 147a
sahaja   78b
Saichō   113b
SAIKŌ Mankichi   109a
Saise Hospital   111b
Saishūkai   110a
Saitama-Jikyōkai   113a
śākyamuni   145b
salvation   186b
samanantaraṃ   210a
samatā   255a
saṃgha   126b, 205a, 207b
saṃghika   207b
saṃgraha   155b
saṃsāra   161a, 163b
SANADA Masumaru   120a
San'in-Kateigakuin   123b
Sanshō Hospital   124b
śānta   145a
Sanuki-Gakuen   120b
Sapporo-Jikeikai   118a
sāsrava   30a
ṣaṭ-pāramitā   324b
satisfaction   294b
satpuruṣaiḥ saha samavadhānaṃ bhavati   89b
SATTA Honshin'ni   117a
sattva   151b
satya   184b
scoundrel   104a
seal of Dharma   279a
Seika-Gakkō   189b
Seikyōjihō   192b
self   130a
self-consciousness   131a
Sensōji Hospital   202b
Sensōji-Fukushi-Kaikan   203a
sentient beings   151b
sermon   194b
service   197b
settled mind   12a
settlement   287b
sevā   36b, 197b
Shakamumi Buddha   145b
Shanti Volunteer Association   206a
Shichiyama Hospital   138b
Shigisan-Jōfukuin-Sekitokukai   132a
Shimeiyoka   143b
Shin-Buddhst's Companionship   48a
Shin-Bukkyō   183a
Shinran   183b
Shinryū-Jogakkō   186a
shinseien   181a
Shintokukyōkō and Shinshū-Sōtoku-kyōsha   181b
SHIO Benkyō   127a

Shion-Gakuen 129a
Shōnan-Gakuen 172b
Shōtoku Taishi 166b
Shōtokukai 165b
Shūkyōdaigaku-Shakaijigyō-Kenkyūshitsu 149a
Shūkyōkai 148b
Sigmund Freud 236b
sikkhapāna 265b
simultaneous 210a
sin 223b
Sinshū-Ōtaniha-Kōmyōkai 178b
six pāramitās 324b
social care work 51a
Social Diagnosis 209a
social work 208b
social work of Buddhist denomination 80a
spontaneous 141b
śraddhā 175b, 182b
Stanislav Grof 236a
sthāna 157b
Sudhana-śreṣṭhi-dāraka 200a
suffering 86b
sukha 317a
sukhavatī 164b
sukhavatī-loka-dhātu 104b
superstition 306a
support 310b
supporter of a Buddhist temple 219a
SUZUKI Daisetsu 189a
SUZUKI Shūgaku 188a
svātha parātha, ātma-hita-para-hita 175a
svayam abhijñā 131a
symbiosis 79a

T

TAKEUCHI Ryō'on 216b
taking life 195a

TAKUAN Sōhō 215b
TANIYAMA Erin 218a
tathāgata 243a
tea serving 68a
teacher 201a
teachings of dispelling one's suffering 174a
temperament 14a
Tentler, R. L 245a
TERANAGA Hōsen 225a
terminal 320b
Tetsugen 224b
thanks 11a
The doctrine of Buddhist's generic charity work 111a
The Shitennōji Welfare Group 140b
those who are rightly established 162b
three periods (the past, present, and future) 125b
three treasures 126b
thuscome 243a
together with him (彼とともに) 209b
Tōkai-Bukkyōjikei-Gakkō 229a
TOKU Ryōkyō 235a
Tōkyō-Mōjin-Kyōikukai 230a
trāyin 284a
transference of merit 31b
transformation of Buddha 243a
transpersonal 236a
tri-ratna 126b
tṛṣṇā 1a, 314a
truth 184b
TSUCHIYA Senkyō 222a
TSUNAWAKI Ryūmyō 222b
turning the illusion of the transmigratory worlds and entering into the enlightenment 228a

U

Ueda-Meishōkai 26b
UJITANI Ryōgaku 27b
ullambana 288b
upahata 158b
upamantrita 192a
upanidhyāna vipaśyanā 63b
upapanna 38a
upapatti 38a
upasaṃhāra 196b
upāsanā 69a
upasthāna 61b
upāya-kauśalya 283b
urging people to do a meritorious act 64b
URYŪ Iwa 29a
Utsunomiya-Bukkyō-Jizenkai 28a

V

vaidya 263a
vārṣika 11b
verification 173b
vihāra 7b, 8a, 254a
vihārati 8a
vijñāpana 25a
vikalāṅga 157b
vikṛidita 7b
vimokṣa 94b
vimukti 94b
vineya 66b, 77b
viśeṣa 157b
voluntarism 287b
voluntarius 287a
voluntaryism 287b
voluntas 287a
volunteer 287a
vow 55b

W

WAKE no Hiromushi 326a
Walsh, Roger 236a
Waseda Hospital 327a
WATANABE Kaigyoku 328a
Watson, John Broadus 236b
welcoming of an aspirant into the Pure Land by Amida Buddha 9b
welfare 256a,257a
wholfart 257a
wish 314a
work 85a,123a
world 193a
Worship of Jizō (guardian deity of children) 136b

Y

YABUKI Keiki 311a
yathābhūta-darsaṇa 241a

Yoshie-Gakuen 315a

Z

Zenkai 198a
Zenkoku-Suiheisha 198b
Zenzai-Dōji 200a

分類別見出し項目一覧

概念・用語

愛　1a
遊び　7b
阿弥陀来迎　9b
有難う　11a
安居　11b
安心　12a
意地　14a
一期一会　18b
一念発起　19a
一揆　19b
いのち　21b
祈り　22b
因果　24a
インフォームド・コンセント　25a
有漏　30a
廻向　31b
縁　33b
縁起　34b
援助　36b
往生　38a
長　45b
恩赦　46b
御同朋・御同行　48a
海外開教　48b
階級差別　49b
介護　51a
カウンセリング　52a
拡大と拡散　54a
合掌　54b
願　55b
鰥寡孤独　59a
環境　60b
関係　61a
看護　61b
監察　63a

観察　63b
勧進　64b
感応道交　66a
機　66b
喫茶　68a
祈禱　69a
逆境と順境　70b
救済　71a
教誨　73b
共感と同情　74b
教化　77b
共生　78b
教団社会事業　80a
勤労　85a
苦　86b
倶会一処　89b
供養　91a
解脱　94b
決定　95b
現象　96b
講　97a
更生　98a
香典（香奠）　98b
ゴールドプラン　101a
国際社会福祉　102b
極道　104a
極楽国土　104b
五濁　105b
乞食　106a
困窮　107a
在家主義　108a
済世事業論　111a
さとり　119a
差別と人権　121b
作務　123a
三世　125b
三宝　126b
四恩　128b

自我　130a
自覚　131b
慈済　132b
四摂事　133a
四聖諦　134a
施設　134b
慈善　135b
地蔵信仰　136b
自尊心　137b
実践　139b
自然　141b
慈悲　142b
寂静　145a
娑婆　146b
自由　147b
宗教的情操　149b
宿業　150b
衆生　151b
出家　152b
出生　153b
出世　154b
寿命・命根　155a
受容　155b
生　156b
障害　157b
障害者　158b
生死　161a
正定聚　162b
生死輪廻　163b
浄土　164b
証明　173b
除苦悩法　174a
初心　174b
自利利他　175a
信仰　175b
身心　179b
信念　182b
真理　184b

救い 186b	布施 262a	『救済』 72a
誓願 190b	仏教医療 263a	『教海一瀾』 74a
請求 192a	仏教看護 264a	『慈善救済史料』 136a
世界 193a	仏教教育 265b	『四明餘霞』 143b
説教 194b	仏教グループワーク 267b	ジャータカ物語 144a
殺生 195a	仏教福祉と仏教社会福祉 275b	『宗教界』 148b
接待 196a		『浄土教報』 165a
施与 196b	仏教保育 277a	浄土宗捨世派 168a
世話 197b	法印 279a	浄土宗のブラジル開教 169a
先生 201a	方便 283b	震災 177a
先祖 201b	保護 284a	『新仏教』 183a
葬儀 204b	菩薩行 284b	救米・救金 187a
僧伽 205a	菩提心 285b	『政教時報』 192b
相扶 206b	ボランティア 287a	ダーナ運動 211a
僧侶 207b	盆 288b	仏教徒社会事業大会 273b
ソーシャルワーク 208b	煩悩 290a	『仏教徒社会事業大観』 274b
即 210a	末法の濁世 294a	北海道開拓 286b
大慈悲心 212b	満足 294b	町方施行 293a
大乗と小乗 213a	妙好人 301a	満濃池 295a
達観 217a	無 303a	みんなの福祉をあつめる運動 302b
檀家 219a	迷信 306a	
知識 220a	瞑想 307a	『無礙光』 303b
中道 220b	文殊信仰 308b	『明教新誌』 305b
罪 223b	薬師信仰 309b	『六大新報』 324a
転換 226a	養う 310a	
天神地祇 227b	病 312a	**人　物**
転迷開悟 228a	唯我独尊 313a	赤松照幢 3b
同和問題 232b	欲 314a	赤松連城 4b
トランスパーソナル 236a	リハビリテーション 315b	浅野研真 5b
如実知見 241a	利益 317a	安達憲忠 9a
女人成仏 242a	臨死 320b	新居日薩 10a
如来 243b	臨終行儀 321b	池上雪枝 13a
脳死 244b	老 323a	石川照勤 15a
農民階級 246b	六波羅蜜 324b	石川素堂 15b
抜苦与楽 250a	和 325b	一遍 20b
反抗 251a		宇治谷了嶽 27b
非行 253b	**事　項**	瓜生岩 29a
ビハーラ 254a	足尾銅山鉱毒事件 6a	叡尊 30b
平等 255b	一隅を照らす運動 17b	慧澄 33a
福祉 256a	越前大一揆 32b	大内青巒 40a
福田 258a	往生伝 39a	大草慧実 41b
福利 260b	大茶盛 44a	大谷瑩韶 42b

大西良慶　44b
奥村五百子　45a
願阿弥　56b
鑑真　65a
木村武夫　70a
行基　76a
空海　88a
九条武子　89b
孝橋正一　99a
光明皇后　100a
空也　100b
西光万吉　109a
最澄　113b
佐伯祐正　115a
颯田本真尼　117a
真田増丸　120a
椎尾弁匡　127a
慈雲　127b
釈尊　145b
聖徳太子　166b
親鸞　183b
鈴木修学　188a
鈴木大拙　189a
禅海　198a
善財童子　200a
沢庵宗彭　215b
武内了温　216b
谷山恵林　218a
重源　221a
土屋詮教　222a
綱脇龍妙　222b
鉄眼　224b
寺永法専　225a
道元　231b
土宜法龍　234a
禿了教　235a
日蓮　239b
忍性　243b
白隠　247b
長谷川良信　249a
林文雄　250b
富士川游　261a

法道　281b
法然　282b
明庵栄西　299b
明恵　300a
無能　304a
森永松信　307a
守屋茂　308a
矢吹慶輝　311a
了翁　318b
良寛　320a
蓮如　322b
和気広虫　326a
渡辺海旭　328a

施設・団体

愛知育児院　2a
あそか会　7a
伊豆社会福祉事業会　16b
石見仏教興仁会病院　23b
上田明照会　26b
宇都宮仏教慈善会　28a
遠州仏教積善会　35b
近江婦人慈善会　39b
大阪養老院　42a
大谷派慈善協会　43b
各宗協同仏教慈善会　53a
カルナ学園　55a
感化院　57a
九州大学仏教青年会　72b
京都私立守学校　81b
京都婦人慈善協会　82a
京都養老院　83b
京都療病院　84b
恵愛福祉事業団　92a
京華看病婦学校　93a
鶏鳴学館　93b
斉修会　110a
済世病院　111b
埼玉自彊会　113a
佐賀清光園　116b
札幌慈啓会　118a
讃岐学園　120b

山陰家庭学院　123b
三聖病院　124b
四恩学園　129a
信貴山成福院積徳会　132a
七山病院　138b
四天王寺福祉事業団　140b
宗教大学社会事業研究室
　149a
上宮教会　160a
昭徳会　165b
浄土宗報恩明照会　170b
浄土宗労働共済会　171b
湘南学園　172b
真宗大谷派光明会　178b
真盛園　181a
進徳教校と真宗崇徳教社
　181b
真龍女学校　186a
星華学校　189b
全国水平社　198b
浅草寺病院　202b
浅草寺福祉会館　203a
曹洞宗国際ボランティア会
　（SVA）　206a
大勧進養育院　211b
大日本仏教慈善会財団　214a
大本山総持寺社会事業部
　214b
東海仏教慈恵学校　229a
東京盲人教育会　230a
同善会　231b
成田学園　237b
西本願寺白光荘　238b
日本大菩提会　240a
長谷川仏教文化研究所　248b
反省会　252a
悲眼院　252b
福田会　259a
仏教護国団　268b
仏教済世軍　269a
仏教児童博物館　270a
佛教大学仏教社会事業研究所

271a
仏教同志会　272a
仏教徒社会事業研究会　272b
仏教博愛館病院　275a
仏眼協会　278b
宝山寺福祉事業団　279b
豊州保護会　280b

本願寺母子寮　289b
本派社会福祉推進協議会
　　　291a
前橋積善会　292a
三重済美学院　296a
身延山功徳会　296b
身延山福祉会　297b

身延深敬園　298a
吉江学園　315a
龍谷大学仏教文化研究所
　　　318a
六方学園　325a
早稲田病院　327a

仏教社会福祉辞典

2006年3月30日　初版第1刷発行

編　者	日本仏教社会福祉学会
発行者	西村七兵衛
発行所	株式会社　法藏館

　　　　　京都市下京区正面烏丸東入
　　　　　郵便番号　600-8153
　　　　　電話　075-343-0030（編集）
　　　　　　　　075-343-5656（営業）

装　幀　高麗隆彦

印刷・製本　亜細亜印刷株式会社

©Japanese Association For Buddhist Social Welfare Studies
2006 *Printed in Japan*
ISBN 4-8318-7018-8 C 3515

Ⓡ 本書の無断複写（コピー）は，著作権上法での例外を除いて禁止されています。複写をご希望される場合は，日本複写権センター（Tel. 03-3401-2382）にご連絡ください。

総合佛教大辞典　全1巻	舟橋一哉ほか編	28,000円
新版仏教学辞典	多屋頼俊ほか編	5,600円
仏教社会福祉論考	中垣昌美著	2,800円
日本仏教福祉思想史	吉田久一著 長谷川匡俊	2,900円
仏教とターミナル・ケア	水谷幸正編	4,175円
ブッダのターミナルケア	吉元信行著	1,300円
親鸞の生と死〈増補新版〉 デス・エデュケーションの立場から	田代俊孝著	4,300円
仏教と医療・福祉の近代史	中西直樹著	2,600円
ささえあいの人間学 私たちすべてが「老人」＋「障害者」＋ 「末期患者」となる時代の社会原理の探求	森岡正博編	3,495円
生と死のケアを考える	カール・ベッカー編	2,800円

法藏館　　　　価格税別